O LIVRO DE JEREMIAS

Um comentário exegético-teológico

Nelson Kilpp

2025

© 2025 Editora Sinodal
Rua Amadeo Rossi, 467
93030-220 – São Leopoldo/RS
Tel.: (51) 3037-2366
editora@editorasinodal.com.br
www.editorasinodal.com.br

Em coedição com
Editora Paulinas
Rua Dona Inácia Uchoa, 62
04110-020 – São Paulo/SP
Tel.: (11) 2125-3500
editora@paulinas.com.br
www.paulinas.com.br
Telemarketing e SAC: 0800-7010081

Capa: Editora Sinodal

Produção editorial e gráfica: Editora Sinodal

Texto bíblico utilizado: A Bíblia (São Paulo: Paulinas, 2023)
Com autorização © Pia Sociedade Filhas de São Paulo, 2025

Dados Internacionais de Catalogação na Publicação (CIP)
(Câmara Brasileira do Livro, SP, Brasil)

Kilpp, Nelson
    O livro de Jeremias : um comentário exegético-teológico / Nelson Kilpp. -- São Leopoldo, RS : Editora Sinodal : Editora Paulinas, 2025.

    ISBN Sinodal: 978-65-5600-098-5
    ISBN Paulinas: 978-65-5808-343-6

    1. Bíblia N.T. Jeremias - Comentários 2. Bíblia N.T. Jeremias - Crítica e interpretação 3. Bíblia N.T. Jeremias - Meditações 4. Exegese bíblica 5. Jeremias (Personagem bíblico) 6. Teologia cristã I. Título.

25-260810   CDD-220.06

Índices para catálogo sistemático:
1. Jeremias : Antigo Testamento : Comentários 220.06
Aline Graziele Benitez - Bibliotecária - CRB-1/3129

Todos os direitos reservados. Nenhuma parte desta obra poderá ser reproduzida ou transmitida por qualquer forma e/ou quaisquer meios (eletrônico ou mecânico, incluindo fotocópia e gravação) ou arquivada em qualquer sistema ou banco de dados sem permissão escrita da editora.

Para Sônia,
companheira de todas as horas,
cujo incentivo possibilitou
a conclusão desta obra.

SUMÁRIO

Agradecimentos 9

Apresentação 11

Abreviaturas e siglas 13

Introdução 15

Primeira parte:
Ditos a Israel, Judá e Jerusalém – Jeremias 1-25 35
Jeremias 1: Vocação e envio do profeta 36
Jeremias 2-6: Primeiros ditos do profeta 55
  Jeremias 2-3: Primeiros ditos a Israel e Judá 56
    Jeremias 2 56
    Jeremias 3 73
  Jeremias 4-6: Ditos a Judá e Jerusalém:
    o inimigo do norte 87
    Jeremias 4 89
    Jeremias 5 99
    Jeremias 6 114
Jeremias 7-10: Ditos complementares 127
    Jeremias 7 128
    Jeremias 8 144
    Jeremias 9 153
    Jeremias 10 164
Jeremias 11-20: Perseguição e sofrimento 174
    Jeremias 11 175
    Jeremias 12 187
    Jeremias 13 192
    Jeremias 14 205
    Jeremias 15 217
    Jeremias 16 225
    Jeremias 17 233
    Jeremias 18 244
    Jeremias 19 254
    Jeremias 20 258

Jeremias 21-24: Sobre reis e profetas 268

Jeremias 21 269

Jeremias 22 274

Jeremias 23 286

Jeremias 24 304

Jeremias 25: Resumo e transição 310

Segunda parte:
Relatos e promessas de salvação – Jeremias 26-45 321

Jeremias 26-29: Os conflitos 322

Jeremias 26: Jeremias no tribunal 322

Jeremias 27-29: Um panfleto contra os profetas 332

Jeremias 27: A canga simbólica 333

Jeremias 28: Profetas em conflito 340

Jeremias 29: A carta aos exilados 347

Jeremias 30-33: Promessas de salvação 359

Jeremias 30-31: O "livro da consolação" 360

Jeremias 30 361

Jeremias 31 372

Jeremias 32-33: Adendos ao "livro da consolação" 391

Jeremias 32 391

Jeremias 33 406

Jeremias 34-35: Oportunidades perdidas 411

Jeremias 34 412

Jeremias 35: O exemplo dos recabitas 420

Jeremias 36-45: O fim da nação e o destino do profeta 426

Jeremias 36: Origem e destino do rolo 428

Jeremias 37-44: O fim de Judá e Jerusalém 437

Jeremias 37: A prisão de Jeremias 437

Jeremias 38: Jeremias na cisterna e o último
encontro com Sedecias 443

Jeremias 39: A conquista de Jerusalém 450

Jeremias 40: Jeremias sob o governador
Godolias 457

Jeremias 41: O assassinato de Godolias 463

Jeremias 42: A fuga para o Egito 468

Jeremias 43: Jeremias no Egito 473

Jeremias 44: Última profecia de Jeremias ... 478

Jeremias 45: Promessa a Baruc 487

Terceira parte:
Ditos sobre as nações – Jeremias 46-51 .... **493**
Jeremias 46: Sobre o Egito...496
Jeremias 47: Sobre os filisteus...502
Jeremias 48: Sobre Moab..505
Jeremias 49..514
Jeremias 50-51: Sobre a Babilônia......................................526

Jeremias 52: Apêndice histórico **553**

Excursos:
Verbos que expressam a dupla atuação de Deus......................46
Lista de líderes 53
Baal, o Deus das chuvas..61
O uso de "Israel" no livro de Jeremias 64
O culto sobre as colinas e sob as árvores 68
O culto à fertilidade e seus ritos..68
A mulher na metáfora do matrimônio.....................................76
O inimigo do norte 87
Expressões idiomáticas dtr para caracterizar a apostasia........108
O estilo dtr de pergunta e resposta......................................108
Os óstracos de Laquis 116
Linguagem, estilo e terminologia deuteronomistas 128
A pregação dtr de duas alternativas 134
A Rainha dos Céus 136
Moloc e o sacrifício de crianças 143
Lamento ou canto fúnebre 159
O culto e as imagens..169
As "confissões" de Jeremias 185
Ações simbólicas...196
A família de Safã...330
Os profissionais de práticas mânticas 339
Verdadeiros e falsos profetas..345
A vida dos exilados na Babilônia 357
A lei do resgate 397
A salvação futura de acordo com Jeremias.............................404
Lendas a respeito de Jeremias 485
Baruc 490
O fim da Babilônia...551

Bibliografia selecionada 559

Mapas

Palestina 568
Palestina Central 569
Antigo Oriente 570
O mundo de Jeremias 571
Jerusalém do séc. VII a.C. 572

AGRADECIMENTOS

Após terminar uma obra, costumamos olhar para o caminho percorrido até sua conclusão. Essa retrospectiva traz à memória muitos acontecimentos importantes e, principalmente, muitas pessoas que nos acompanharam nesse caminho e a quem devemos gratidão, porque sem elas não teríamos alcançado a meta. Não é diferente com o presente comentário. É impossível citar todas as pessoas que contribuíram com seus conhecimentos, impulsos, ideias e motivações para que esta obra chegasse a ser concluída. Lembro os professores e as professoras que despertaram meu gosto pelas línguas e pela exegese bíblica, que me estimularam em minhas pesquisas e me ajudaram a superar adversidades. Lembro alunos e alunas, em especial, das Faculdades EST e Faculdade Unida de Vitória, que com suas perguntas e seus questionamentos me motivaram a buscar novas respostas. Lembro as lideranças comunitárias e os agentes de pastoral que, em cursos de leitura popular, me alertaram para permanecer com os pés no chão de nossa realidade. Lembro colegas docentes de diversas instituições de ensino teológico que, em debates ou mesmo em rodas informais de conversa, ampliaram minha visão. Também lembro companheiros e companheiras na caminhada ecumênica, pois me fizeram ver com maior clareza a dimensão ecumênica da Bíblia. A todos e todas devo imensa gratidão.

Também cabe agradecer a instituições que auxiliaram, de uma ou outra forma, para a presente obra. Agradeço à Igreja Evangélica da Alemanha pela concessão de bolsa de doutorado na Universidade de Marburg e de um semestre de estudos na Universidade de Bonn. Também agradeço à Sendschriften-Hilfswerk do Martin-Luther-Bund, de Erlangen, por ter atendido a meus pedidos por literatura especializada, e aos funcionários da biblioteca da Faculdades EST por sua inestimável ajuda na busca e no envio de literatura relevante ao projeto. Um agradecimento especial devo a meu orientador, Dr. Werner H. Schmidt, por sua compreensão e paciência na orientação. Sinto-me também profundamente grato a Erhard S. Gerstenberger (*in memoriam*) por seu inestimável apoio durante meu projeto de pesquisa.

De modo especial, agradeço ao Me. Edmilson Schinello, que revisou a obra e deu importantes sugestões para aprimorá-la. Agradeço, por fim, à Editora Sinodal e à Editora Paulinas por aceitarem a publicação de meu comentário.

Nelson Kilpp
Epifania 2025

APRESENTAÇÃO

Imagine-se diante de uma coletânea de pequenos escritos ou de fragmentos de textos de seus antepassados, nenhum deles datado ou assinado, alguns com duas ou três cópias, que não conferem entre si. Alguns preservados em prosa, outros em poesia... Dos poemas, muitos chegam pela memória, recitados ou cantados por suas avós, às vezes com variantes.

Como organizar tudo isso? Que escolhas fazer para dar forma a essa polifonia de textos de modo que fatos e ditos que registram importantes experiências do passado também produzam sentido às pessoas leitoras em diferentes momentos? Ou então, como fazer para que esses diversos textos e fragmentos configurem, em sua "edição final", um mosaico que oferece riqueza de sentidos, questionamentos e respostas a novas situações?

Quem se depara com o livro de Jeremias, mesmo em uma leitura mais rápida, com certeza se pergunta como a redação final conseguiu responder a essas demandas, juntando o pulsar das experiências mais íntimas do personagem que dá nome ao livro à lucidez profética de quem se colocou a serviço de sua divindade. Um olhar mais atento, no entanto, permitirá elucidar que uma colcha de retalhos apresenta a beleza em seu conjunto, além de especificidades e riquezas em cada pedaço de tecido ali colocado.

Contemplar o conjunto da colcha e, ao mesmo tempo, como que por meio do *zoom* de uma boa lente, enxergar e analisar o detalhe de cada retalho, bem como os diferentes fios que fazem a costura do livro de Jeremias: é a oportunidade oferecida por meio desta obra de Nelson Kilpp.

Num trabalho de fôlego, recolhendo o que há de clássico e de mais atual na pesquisa bíblica (especialmente a alemã, mas também a latino-americana), o autor nos ajuda a mergulhar nos textos por meio de instigantes perguntas: Quem foi Jeremias? Quais os principais elementos políticos, geográficos e teológicos que influenciaram sua época, suas escolhas e sua postura? O que foi acrescentado no decorrer do tempo ao seu pensamento e à sua pregação? Com que interesses? É possível reconhecer o que provém de Jeremias e de sua época, distinguindo o que foi incorporado depois?

"Há condições de chegar, por meio do emaranhado de releituras, até a voz do profeta?", pergunta Nelson Kilpp. Sim, "com toda a cautela necessária e quando houver argumentos para tal",

12   *Apresentação*

é possível e necessário distinguir "entre o profeta Jeremias e o personagem Jeremias criado pelas releituras de redatores e complementadores". E mesmo para quem adota uma leitura sincrônica dos textos, buscando o valor do texto bíblico em seu conjunto, no formato que nos é apresentado hoje, a distinção se faz importante. Mais significativo ainda para quem faz uso da leitura diacrônica, buscando valorizar "cada camada de crescimento do texto e, com isso, também a diversidade de aspectos teológicos".

Há três maneiras (ou três distintos níveis) de se apreciar a presente obra: a) a quem deseja a leitura – seja para a oração, seja para o estudo – do livro de Jeremias, é-nos apresentada excelente tradução, fruto de longa pesquisa, de profundo trabalho de crítica textual e de comparação entre diferentes manuscritos e versões; b) oportunidade de um passo maior é oferecida pelos comentários e excursos temáticos, sempre bem fundamentados; c) e quem se interessa por informações técnicas e detalhes da crítica textual ou quer dialogar com a atual pesquisa, pode recorrer às abundantes notas de rodapé. O comentário é, portanto, exegético enquanto busca o sentido do texto para os ouvintes ou as leitoras de seu tempo, e teológico enquanto tenta formular uma teologia válida para além desse tempo.

Dois aspectos ainda merecem ser destacados. Em primeiro lugar, as dualidades da pessoa e da prática de Jeremias, bem como das diversas camadas redacionais, são apresentadas com toda a transparência. Nelson nos lembra, por exemplo, que muitos textos "não representam uma reflexão teórica sobre o tema da verdadeira e falsa profecia, mas são resultado de uma árdua disputa pela verdade, ou seja, pela verdadeira interpretação da vontade de Deus para o momento". Nesse sentido, a obra ajuda a superar leituras idealizadas de Jeremias, às vezes presentes em alguns comentários.

Em segundo lugar, a obra nos motiva não só a boas hermenêuticas, mas também a mudanças de vida e a práticas concretas. Encoraja-nos a refletir, por exemplo, sobre as variadas formas de intolerância. Reconhecer em Jeremias atitudes de intolerância religiosa (inclusive quando o culto é praticado por mulheres), tão presentes em nosso cotidiano, é provocação permanente a nossa conversão.

Gratidão, Nelson, por tamanha dedicação!

E a você, que tem o livro em suas mãos, que possa desfrutar de cada página!

Edmilson Schinelo

ABREVIATURAS E SIGLAS

(Para abreviaturas de outras obras, v. Bibliografia)

&	parágrafo
*	representa apenas parte do versículo ou capítulo citado
abs.	absoluto
a.C.	antes de Cristo
Aufl.	Auflage (edição)
AT	Antigo Testamento
Bd.	Band, Bände (volume[s])
BHS	Biblia Hebraica Stuttgartensia
cap.	capítulo(s)
cf.	confira, conforme
col.	coluna(s)
cs.	construto
d.C.	depois de Cristo
diss.	dissertação
dtr	deuteronomista(s)
ed.	editor(es), edição, edition, edidit
e.o.	entre outras (passagens)
et al.	et alii (e outro/as [autores])
f.	feminino
fasc.	fascículo
GK	Gesenius; Kautsch; Bergsträsser, Hebräische Grammatik
HAL	Hebräisch-Aramäisches Lexikon
Hg.	Herausgeber, herausgegeben (editor, editado)
hif.	hifil
hitp.	hitpael
hof.	hofal
ibid.	ibidem, na mesma obra
imperf.	imperfeito
ind.	indicativo
inf.	infinitivo
imper.	Imperativo
JSOT.SS	Journal of the Study of the Old Testament (Supplement Series)
km	quilômetro
LXX	Septuaginta
m.	masculino; metro
n.	número
ni.	nifal
NT	Novo Testamento
p.	pessoa(s); página(s)

part.	particípio
pass.	passivo
p. ex.	por exemplo
pi.	piel
pl.	plural
pu.	pual
RIBLA	Revista de Interpretação Bíblica Latino-Americana/ Revista de Interpretación Bíblica Latinoamericana
SBB	Sociedade Bíblica do Brasil
scil.	*scilicet*; ou seja, a saber
séc.	século(s)
sing.	singular
s(s)	e seguinte(s)
THAT	Jenni; Westermann, Theologisches Handwörterbuch zum Alten Testament
ThWAT	Theologisches Wörterbuch zum Alten Testament
TM	Texto massorético
v.	veja; versículo(s); volume
WiBiLex	Das wissenschaftliche Bibellexikon im Internet
ZAW	Zeitschrift für alttestamentliche Wissenschaft

Para os meses do ano usam-se as três primeiras letras.

Livros bíblicos
De acordo com *A Bíblia*. São Paulo: Paulinas, 2023.

Transliterações
Palavras hebraicas e árabes são transliteradas de forma simplificada:

' (aspa final)	'alef
' (aspa inicial)	'ayin
y	yod (consonantal)
h	he
w	waw (consonantal)
z	zayin
ḥ	ḥet
ṣ	tsade
sh	shin
s	sin e samek
k	kaf
q	qof
dj	djim (ğ) (árabe) (p. ex. *djébel*)

INTRODUÇÃO

Escrever um comentário sobre o livro de Jeremias, no atual momento da pesquisa, é uma ousadia. Os artigos e livros escritos sobre Jeremias são incontáveis. Uma visão abrangente sobre a literatura existente não mais é impossível. Várias abordagens disputam seu espaço; as opiniões sobre surgimento e interpretação do livro são as mais variadas. A enorme dissonância dos resultados da pesquisa representa um grande desafio para quem se dispõe a escrever um comentário sobre esse livro profético. Isso, no entanto, não deve ser uma desculpa para não tentar apresentar esses resultados ao público brasileiro de modo simples e compreensível dentro dos moldes de um comentário bíblico que tem o propósito de buscar o sentido do texto sagrado que a nós foi legado. Espero ter conseguido alcançar, ainda que parcialmente, esse objetivo e, assim, dar minha modesta contribuição para a discussão futura sobre esse fascinante livro.

1) Um livro, duas versões

Em nossas Bíblias, o livro de Jeremias ocupa o segundo lugar no rol dos livros proféticos. Com mais de 21 mil palavras no texto massorético (TM), é o mais longo dos livros do Antigo Testamento (AT). O livro está preservado em duas versões: a do judaísmo palestino, ou seja, o texto massorético (TM), e a do judaísmo alexandrino, a Septuaginta (LXX). As diferenças entre as duas versões apontam para uma complexa história da transmissão do texto. A primeira grande diferença é a estrutura. Na LXX, o bloco de ditos sobre as nações (TM 46-51) não se encontra no final, mas no meio do livro (após 25,1-13); e a perícope do cálice do juízo (TM 25,15-38) encerra o bloco das nações (LXX 32). Além disso, a sequência das nações na LXX difere da ordem em que aparecem no TM. Por tudo isso, a numeração dos capítulos do livro de Jeremias na LXX é diferente da do TM.

Há indícios de que o bloco das nações já se encontrou, em uma determinada fase da história do texto, no meio do livro. Em favor disso depõe o fato de a narrativa do cálice do juízo sobre as nações (TM 25,15-38; LXX 32) relacionar-se melhor com o bloco das nações do que com seu atual contexto no TM (veja a análise de Jr 25). Isso, no entanto, ainda não significa que esse bloco

16   *Introdução*

já sempre esteve no meio do livro. Sua posição central na LXX pode ser fruto de reflexão teológica posterior. Pois a estrutura do livro grego obedece ao chamado esquema escatológico tripartite, de acordo com o qual os ditos de juízo contra Judá/Israel são colocados no início do livro, os ditos de juízo contra as nações, no meio, e as promessas de salvação a Judá/Israel, no final. Estrutura semelhante também encontramos em outros livros proféticos (Is; Ez; Sf). Esse esquema expressa a convicção de que a salvação escatológica de Judá/Israel é esperada após o juízo sobre as nações opressoras.

A sequência das nações dentro do bloco TM 46-51 obedece a critérios geográficos, como ocorre também em outros livros (Am 1,3-2,6; Is 13-20; Ez 25-32). A sequência na LXX, por outro lado, provavelmente segue critérios teológicos (veja a análise do bloco TM 46-51). Em geral, dá-se preferência à ordem do TM.

A estrutura do livro é, portanto, a seguinte:[1]

TM	LXX[2]	
1,1-25,13	1,1-25,13	
25,14	(falta)	
25,15-38	32	(o cálice da ira)
26-45	33-51	
46	26	(sobre o Egito)
47,1-7	29,1-7	(sobre os filisteus)
48	31	(sobre Moab)
49,1-5	30,1-5	(sobre Amon)
49,6	(falta)	
49,7-22	29,8-23	(sobre Edom)
49,23-27	30,12-16	(sobre Damasco)
49,28-33	30,6-11	(sobre Cedar e Hasor)
49,34-39	25,15-26,1	(sobre Elam)
50-51	27-28	(sobre a Babilônia)
52	52	

---

[1] Para detalhes da equivalência de conteúdos entre TM e LXX bem como para os excedentes no TM, cf. Meyer, 2016, p. 400s.

[2] De acordo com a edição de Göttingen, seguida pela Septuaginta Deutsch; a edição da Septuaginta editada por Rahlfs apresenta uma sequência parcialmente diferente dos ditos sobre as nações.

Introdução

No presente comentário segue-se a estrutura tradicional do TM:[3]

I. Jeremias 1-25: Primeira parte: ditos a Israel, Judá e Jerusalém

II. Jeremias 26-45: Segunda parte: relatos e promessas de salvação

III. Jeremias 46-51: Terceira parte: ditos sobre as nações

IV. Jeremias 52: Apêndice histórico

A segunda grande diferença entre TM e LXX é o tamanho do livro. A LXX é quase um sétimo mais breve do que o TM (em torno de três mil palavras). Como na formação de um livro bíblico os textos tendem a crescer durante sua fase criativa, ou seja, antes de sua canonização, muitos afirmam que o texto hebraico à disposição dos tradutores gregos teria sido mais breve, portanto, também mais antigo do que o atual TM. Essa tendência predomina na pesquisa atual. Ela se apoia em fragmentos do livro de Jeremias encontrados em Qumrã.[4] Alguns desses fragmentos atestam a mesma tradição que subjaz à LXX, no caso de Jeremias, em especial o fragmento 4Q71. Esse argumento, no entanto, não é decisivo, já que outros fragmentos do livro de Jeremias atestam a tradição protomassorética (4Q70 e talvez também 4Q72).

A crítica textual mostrará que alguns trechos ausentes na LXX são claramente inclusões posteriores no TM. Por outro lado, também é possível constatar que a LXX tende a abreviar e simplificar o texto hebraico ou por motivos estilísticos ou para evitar duplicações. Por isso, não se pode concluir definitivamente que a LXX sempre preserva a versão mais antiga do texto. Pode-se afirmar, no entanto, que, antes da canonização do texto, circulavam diversas cópias do livro de Jeremias e que a cópia em mãos do tradutor grego pertencia a uma tradição distinta da que desembocou no TM. Também após a tradução da LXX, deve-se presumir que tanto o texto grego quanto o texto protomassorético sofreram alterações antes de atingir sua forma atual. A crítica textual deve decidir, portanto, caso a caso, qual a provável forma mais antiga do texto. Ponto de partida continua sendo o TM, mas o constante diálogo com a LXX torna-se imprescindível.

A LXX procura ser uma tradução bastante fiel do texto hebraico, mas, como qualquer tradução, ela adapta conceitos hebraicos à cultura de seu público. Ela ameniza, p. ex., afirmações escandalosas

---

[3] Para uma estrutura detalhada veja o Sumário.

[4] Trata-se de cinco fragmentos da quarta caverna de Qumrã. Os fragmentos mais antigos podem remontar a 200 a.C. Cf., também para o que segue, Fischer, 2013, p. 62, 68ss; Fischer I, p. 39ss.

sobre Deus no TM. Em 15,18 (TM), Jeremias chama Deus de "ribeiro enganador"; na LXX, no entanto, esse qualificativo é transferido à ferida do profeta. A LXX também não chama Nabucodonosor de "servo" de Deus, certamente por achar esse título por demais escandaloso (TM 27,6; LXX 34,6). Além disso, podem ser encontradas atualizações na LXX: a "espada opressora" de 46,16; 50,16 (TM), p. ex., se transforma em "espada grega" (LXX 26,16; 27,16).

2) As fases de formação do livro[5]

a) Antes de atingir sua forma atual, o livro de Jeremias teve uma longa e complexa história. Essa história é muito difícil de ser desvendada. As teorias são as mais variadas. É muito raro encontrar aspectos em que atualmente haja consenso. Neste comentário somente se pode esboçar uma possível história da formação do livro. Até o final do século XIX, não havia grandes dúvidas sobre seu surgimento. De acordo com Jr 36, no ano de 605, Baruc escrevera todas as palavras de Jeremias num rolo – o chamado "rolo original" – que, após ter sido destruído pelo fogo, foi reescrito e complementado por palavras adicionais do profeta (36,32). Bastava, agora, apenas delimitar as palavras que pertenciam ao "rolo original" e quais ao ampliado. Além desse rolo de palavras do profeta, o escriba Baruc, o amigo de Jeremias que o acompanhou em todas as fases importantes de sua vida, teria escrito, por conta própria, relatos sobre a vida do profeta.

Essa visão não logrou sustentar-se. Não se alcançou um consenso quanto à delimitação precisa do "rolo original". Suspeitava-se que ele compreendia os primeiros sete capítulos do livro, sendo que os demais perfaziam a complementação. Essa hipótese não chegou a convencer, em especial, por causa da grande diversidade de estilos, gêneros literários, linguagens e conteúdos – por vezes contraditórios – no mesmo bloco de textos, além da constante alternância entre poesia e prosa. No início do século XX, o estudo sobre o livro de Jeremias recebeu novos impulsos.[6] A partir das

---

[5] Aqui não é possível apresentar os resultados da pesquisa por causa dos inúmeros artigos e comentários sobre o tema. O mais recente relato de pesquisa (Liwak, 2011s) contém 195 páginas e abarca apenas quarenta anos de investigação do livro de Jeremias (1970-2010) do hemisfério Norte. Estudos asiáticos, africanos e latino-americanos não foram contemplados. Uma boa resenha da pesquisa sobre Jeremias também se encontra em Römer, 2010, p. 424-430, e Kepler, 2019, p. 36ss.

[6] Bernhard Duhm, com seu comentário sobre Jeremias de 1901, e Sigmund Mowinckel, em 1914, com seu artigo sobre a composição do livro.

Introdução   19

pesquisas realizadas no Pentateuco, buscou-se entender o livro de Jeremias como uma compilação de diversas "fontes". Ou seja, escritos existentes foram unidos por redatores numa única obra. Postularam-se quatro "fontes", identificadas pelas primeiras letras do alfabeto: a "fonte" **A** compreendia os ditos proféticos em forma de poesia e os relatos em primeira pessoa, quase todos eles atribuídos ao próprio profeta; a "fonte" **B** consistia nos relatos biográficos sobre o profeta atribuídos a Baruc; a "fonte" **C**, por sua vez, era formada pelos discursos em prosa com linguagem e conteúdos deuteronomistas (dtr);[7] por fim, a "fonte" **D** compreendia a coletânea de promessas de salvação (30s). O apêndice histórico (Jr 52) e os ditos sobre as nações foram desconsiderados nessa teoria, certamente por terem sido, de antemão, considerados (teologicamente) secundários.

Essa teoria das "fontes" nos legou algumas conclusões preciosas. Em primeiro lugar, o profeta se comunicou, com raras exceções como relatos de visões e de ações simbólicas, em forma de poesia, sendo o dito profético o principal gênero por ele utilizado.[8] Essa percepção continua válida apesar de nem todo texto poético poder ser considerado jeremiânico. Com isso também se chegou à conclusão de que a grande maioria dos versículos do livro não procede da boca do profeta.[9] Em segundo lugar, destacou-se a especificidade da terminologia e da teologia deuteronomista (dtr), encontrada na suposta "fonte" **C**. Expressões idiomáticas, estilo prolixo e repetitivo como de um sermão, formas e gêneros próprios, concepções bem definidas sobre a função dos profetas, a culpa de Israel e a causa do juízo – tudo isso foi considerado "complementação", ou seja, um midraxe da mensagem profética.[10]

Também a teoria das "fontes" não conseguiu sustentar-se. Os motivos para tal são diversos. Uma vez, há indícios da existência de diversas coletâneas menores que aparentemente tinham vida autônoma antes de ocuparem seu atual lugar no livro. Depois, foi impossível ver uma progressão de conteúdo nas supostas "fontes",

---

[7] A abreviação dtr será utilizada sempre que nos referirmos à escola deuteronomista responsável pela redação principal do livro de Jeremias.

[8] Preferimos utilizar o termo "dito" (profético) em vez de "oráculo", por este designar a resposta a uma consulta feita. Com raras exceções, no entanto, a proclamação profética não consiste em respostas a consultas.

[9] De acordo com os cálculos de Duhm, 1901, p. XVI, somente 280 versículos do TM podem ser atribuídos ao profeta, 220 devem proceder de Baruc e os restantes 850 pertencem a "complementadores" (*Ergänzer*). Portanto, apenas 20% do conteúdo do livro pode ser atribuído ao profeta.

[10] Sobre as diversas características da tradição dtr no livro de Jeremias veja os diversos excursos pertinentes ao longo do comentário.

20 *Introdução*

ou seja, o material disperso no livro não consegue ser colocado em ordem de modo a dar um relato contínuo ou um discurso construído. Além disso, a alternância entre textos de cunho dtr maiores em lugares estratégicos e trechos dtr menores em prosa comentando textos poéticos depunha a favor de um trabalho redacional sobre textos existentes e contra um escrito autônomo. Por isso se impôs, a partir da segunda metade do séc. XX, a hipótese de que o livro de Jeremias tenha surgido através de sucessivas redações. E a visão de que uma escola dtr tenha sido responsável pela redação maior – a que deu o atual formato básico do livro – recebeu ampla aceitação.[11] Ainda persistem diversas dúvidas sobre as etapas redacionais pré-dtr, sobre lugar, época e diversidade de mãos da redação dtr e sobre extensão e procedência de acréscimos pós-dtr. Mas, de modo geral, pode-se afirmar que uma escola dtr que atuou na época exílica e pós-exílica não só foi responsável pela produção da História Deuteronomista (Js-2Rs), mas também pela redação que deu o atual formato básico Jr 1-45.[12]

b) Apesar de ainda haver controvérsias, devemos supor diversas fases de crescimento do livro. Mesmo que não reflita com exatidão o acontecido, Jr 36 mostra como um texto profético provavelmente surge: um núcleo é gradativamente ampliado (Jr 36,32). Como a atuação profética é essencialmente oral – o que ainda se evidencia nos ditos breves e marcantes destinados a públicos concretos –, as breves unidades retóricas de diversos contextos e épocas foram reunidas primeiramente em unidades literárias menores, provavelmente de acordo com critérios temáticos ou cronológicos. Com a demora da concretização do profetizado e o consequente ceticismo quanto à credibilidade do profeta, era importante registrar o anúncio profético por escrito, pois, ao expor a mensagem à verificação de gerações futuras, o texto reforçava a legitimidade da palavra profética.[13]

Assim devem ter surgido diversas coletâneas ainda no decorrer da atividade de Jeremias. Uma delas certamente foi o bloco Jr 2-6, muitas vezes identificado com o chamado "rolo original", já que 6,27-30 forma um tipo de autoavaliação sobre toda a atividade

---

[11] A contribuição de W. Thiel nessa questão não pode ser subestimada. Sua minuciosa pesquisa terminológica, estilística, formal e de conteúdo está disponível em dois volumes (1973 e 1981). O presente comentário adota, em grande medida, as conclusões desse autor.

[12] A escola dtr também é responsável pela edição do livro de Amós.

[13] Assim, p. ex., a argumentação de Schmidt I, p. 30.

Introdução 21

profética. O bloco é bipartite: enquanto Jr 2s colocam o peso na denúncia e têm como destinatário privilegiado "Israel", Jr 4-6 acentuam o anúncio de juízo através do inimigo do norte e se destinam, em especial, a Judá e Jerusalém. Jr 1 é reconhecidamente uma introdução a esse bloco – ou, mais provavelmente, a toda a primeira parte do livro (Jr 2-25) – que busca legitimar a atuação profética, contestada por grande parte de seus ouvintes.

Outras coletâneas se destacam por seus títulos: 21,11 ("a respeito da casa real de Judá") introduz uma coletânea de ditos contra a corte real (21,11-23,8); e 23,9 ("a respeito dos profetas") abre uma coletânea sobre o conflito de Jeremias com profetas contemporâneos. Pode-se postular também uma pequena coletânea de promessas de salvação, que formam, agora, o cerne de Jr 30s. Todas essas coletâneas existiam antes da redação dtr e receberam acréscimos nas diversas fases de sua tradição, tanto antes quanto após a referida redação. Esta, no entanto, fez o trabalho editorial decisivo de colocar essas coletâneas em lugares que condiziam com sua concepção do livro.

Outra possível coletânea pré-dtr poderia ter sido Jr 11-20, formada pelas chamadas "confissões" de Jeremias e pelos relatos na primeira pessoa do profeta. Mas, neste caso, o caráter hipotético é maior. Hipotético também permanece se Jr 8-10 constituíam ou não uma coletânea antes de serem adicionados pela redação dtr ao bloco Jr 2-6.

c) Uma classe especial de literatura formam os chamados relatos biográficos em que Jeremias aparece em terceira pessoa. Eles se encontram, em especial, na segunda parte do livro, especificamente nos trechos isolados Jr 26; 28; 29; 34; 36 e no bloco que narra a conquista de Jerusalém (Jr 37-44), mas também já dão sinal de vida em Jr 20,1-6. Tradicionalmente eles são atribuídos ao escriba Baruc, apesar de ele aparecer na terceira pessoa em Jr 26 e 36.[14] Mesmo não havendo certeza sobre a autoria desse grupo de textos, eles trazem detalhes que somente alguém próximo ao profeta poderia conhecer. O autor, além disso, tem bom trânsito nos corredores do poder e conhece políticos influentes da época. Os relatos em terceira pessoa não são, a rigor, uma biografia do profeta. Eles não estão interessados nos momentos importantes da vida de Jeremias como data de nascimento ou detalhes sobre os atentados

---

[14] Mayer, 2016, p. 413, menciona como outros possíveis autores: Aicam, filho de Safã (26,24), o sacerdote Sofonias, filho de Maasias (29,29), e o cuchita Ebed-Melec (38,7-13).

22   *Introdução*

contra sua vida, mas nas reações, quase sempre adversas, de seus
ouvintes e nas consequências do anúncio profético para sua vida
pessoal, em geral de perseguição, zombaria e sofrimento. Por ainda não haver uma designação mais adequada para esse grupo de
textos, uso neste comentário a linguagem tradicional "relatos biográficos" ou "relatos de Baruc".

Atualmente se discute se esse grupo de textos formava uma
"fonte" que foi introduzida pelos redatores dtr em lugares histórica ou teologicamente estratégicos ou se eles formam uma camada redacional pré-dtr. Alguns trechos isolados podem, é verdade,
ser entendidos como complementações redacionais a relatos em
primeira pessoa (p. ex., Jr 20,1-6 após o gesto simbólico da destruição da bilha em 19,1s.10s; ou Jr 28 após o gesto simbólico da
canga em 27,2s.10s). No entanto, o bloco que trata da conquista
de Jerusalém e da época sob Godolias (Jr 37-44) não apresenta
características de uma camada redacional, configurando, antes,
uma obra coesa de historiografia. Na descrição da situação após a
destruição de Jerusalém, Jeremias também não está no centro das
atenções (Jr 39-43). Não vejo argumentos suficientes para postular
autorias diferentes para esses dois tipos de relatos. Esses devem,
em todo caso, ser anteriores à redação dtr, pois também eles foram
complementados e relidos por ela.

d) Como já afirmado acima, a atual forma do livro se deve
principalmente à redação dtr. Essa abarca os capítulos 1 a 45. Na
época exílica e pós-exílica, o trabalho dtr se dedica a elaborar teologicamente a catástrofe de 587 e a crise dela decorrente. Assim,
adapta e reinterpreta a mensagem de Jeremias para sua época.
Seu labor redacional não se limita, portanto, a colocar coletâneas
existentes em uma determinada sequência (cf. os títulos estrutu-
radores em 7,1; 11,1; 18,1; 21,1). É também responsável por costuras e breves interpretações inseridas em coletâneas existentes,
bem como por introduzir longos discursos em lugares estratégicos
em forma de sermões destinados a ouvintes e leitoras de sua época
(p. ex., 7,1ss; 9,11-15; 11,1-15; 19,5-12). Os redatores falam para a
sua época através da boca de Jeremias. Não se deve, portanto, buscar mensagem jeremiânica nos discursos e nas releituras dtr. Isso
não impede de a redação dtr ter, ocasionalmente, preservado ditos
isolados de Jeremias que circulavam oralmente (p. ex., 7,28b.29). As
discrepâncias menores existentes nessa ampla camada dtr apontam para mais do que uma mão. Fala-se, portanto, de uma escola
de teólogos que deve ter atuado por mais de um século. A mesma
linguagem e teologia, no entanto, torna praticamente impossível –

Introdução

mas, por causa dessa homogeneidade, também desnecessário – distinguir as diferentes mãos dtr.

A redação dtr não atribui a catástrofe de 587 à fraqueza de Deus, mas à culpa do povo. E essa reside na não observância da Lei, cristalizada no primeiro mandamento. A culpa da idolatria é a marca do povo desde a época dos "pais". Os profetas são entendidos como pessoas que chamam ao arrependimento e à conversão, mas não são ouvidos. Assim, a destruição de Jerusalém, o fim da autonomia política de Judá e a dispersão do povo judaíta são juízo justo de Deus. O anúncio profético de juízo incondicional é transformado pelos redatores numa ameaça que poderia ter sido evitada. Essa mudança de enfoque tem a ver com a situação dos destinatários da pregação dtr: eles vivem após a concretização do anúncio profético. Além disso, a tentação de abandonar YHWH, o Deus de Israel, era muito concreta nas épocas exílica e pós-exílica. Mas, em meio à situação de juízo, os teólogos dtr também buscam sinais de esperança por salvação. Essa, por vezes, extrapola toda e qualquer experiência humana (31,31-34). Em todo caso, as visões de salvação futura apresentadas pelos autores dtr são bem mais fantásticas do que as modestas promessas jeremiânicas.[15]

Quanto ao culto, a posição dtr é ambígua. Ao contrário do valor que lhe atribui o Dt, a redação dtr de Jr relativiza – na esteira da crítica jeremiânica contida em Jr 7 – a importância do santuário e do culto sacrificial (7,21s), também por reconhecer, após 587, a ineficácia de templo e sacrifícios para salvar o povo. Por outro lado, espera-se a restauração do culto sacrificial tradicional no santuário com a salvação futura (17,26), quando a Lei, no caso o descanso sabático, novamente for observada.

Quanto ao local da redação dtr, não há consenso. Alguns textos falam da dispersão e do retorno de exilados na perspectiva dos que residem na Palestina (p. ex., 8,3; 9,15; 16,13; 22,26.28; 23,3.8 e.o.). Por outro lado, existe a visão de que a história futura de Israel passa pelo grupo de exilados à Babilônia (24,5s). Isso, no entanto, não precisa necessariamente depor a favor de uma localização na Babilônia, já que a tendência pró-babilônica pode refletir a realidade pós-exílica da predominância dos grupos exilados que retornaram à Palestina. A época de atuação da escola dtr deve estender-se provavelmente de 597/587 ao início do séc. IV.

---

[15] Veja excurso "A salvação futura de acordo com Jeremias", sob Jr 32.

24 *Introdução*

O livro editado pela redação dtr compreendia, então, os cap. 1 a 45, divididos em duas partes: a primeira (1-25) contém principalmente ditos poéticos, interrompidos ocasionalmente por sermões, relatos de visões e de ações simbólicas e culmina num resumo da atuação profética (25,1-13). A segunda (26-45) é formada principalmente por relatos, tanto na primeira quanto na terceira pessoa do profeta. O bloco inicia com o relato sobre as consequências do discurso de Jeremias contra o templo (26), talvez a palavra de maior impacto nas mentes jerosolimitas; segue um panfleto contra os profetas "da mentira" (27-29) e outro com palavras de salvação, parcialmente em forma de poesia (30-33). A segunda parte termina narrando as possibilidades desprezadas de evitar a catástrofe (34-38), a conquista de Jerusalém, o governo efêmero de Godolias e a fuga ao Egito, para culminar com um último sermão dtr contra a idolatria (39-44). A promessa a Baruc (Jr 45) forma o fecho da obra dtr.

O terceiro bloco do livro – os ditos sobre as nações (46-51) – foi acrescentado ao livro dtr, certamente após ter passado, ele próprio, por diversas fases de crescimento. Não é impossível que ele tenha preservado alguns ditos de Jeremias. A análise de cada texto deverá verificar essa possibilidade. O apêndice histórico (Jr 52), retirado de 2Rs 23-25, deve ser atribuído a uma mão pós-dtr que buscou inserir as palavras proféticas em seu contexto histórico à semelhança de Is 36-39 no fecho do livro do chamado Proto-Isaías.

e) As mãos citadas até agora não foram as únicas que trabalharam no livro de Jeremias. Esporadicamente encontram-se trechos que provêm de outros círculos teológicos. Há visíveis sinais da influência da sabedoria israelita, p. ex., em Jr 17,5ss; 9,22s. Também há vestígios de textos litúrgicos que refletem o uso de partes do livro em cultos e celebrações (Jr 14s). Por fim, encontramos textos com temáticas pós-dtr, como a polêmica contra os ídolos (Jr 10) e a questão do oráculo-fardo de Deus (Jr 23,33ss).

Esse breve apanhado sobre o surgimento do livro de Jeremias pressupõe a participação de muitas mãos. O presente comentário distancia-se, portanto, de uma tendência moderna de conceber o livro bíblico como um produto de escrivaninha do séc. V ou IV, fruto da reflexão teológica de um escriba talentoso. Caso esse tenha existido, ele somente poderia ter dado o retoque final.[16] A demorada e

---

[16] Fischer I, p. 93s, fala de uma "personalidade religiosa com o talento literário de um gênio", que viveu no fim da época persa (*"religiöse Persönlichkeit mit genialer literarischer Begabung"*). No contexto latino-americano temos reservas quanto a atribuir a formação de livros e tradições teológicas a intelectuais de escrivaninha. Busca-se valorizar, pelo

Introdução   25

complexa história do livro mostra que a mensagem de Jeremias foi relevante para muitas gerações após sua atuação profética. As palavras proferidas pelo profeta serviram de consolo e esperança para o povo nas situações difíceis que se seguiram por várias décadas, talvez séculos após 587. Elas formam uma tradição que vai gerar, com o decorrer do tempo e a cada nova situação, novas reflexões e posicionamentos teológicos.[17] Há, portanto, na mensagem de Jeremias, conteúdos que desencadeiam um processo sucessivo de ressignificações que desembocam na aceitação do livro como texto canônico, ou seja, autoritativo para a fé e a ética da comunidade.

A pergunta que cabe fazer é se ainda há condições de chegar, através do emaranhado de releituras, até a voz do profeta do final do séc. VII. Alguns pesquisadores acham isso impossível, pois entendem que o profeta histórico e sua mensagem se encontram soterrados sob as camadas redacionais.[18] Outros acham bem natural que a maior parte dos textos reflita a mensagem profética, desconsiderando a multiplicidade de gêneros literários e linguagens.[19] Apesar das dificuldades em distinguir a mensagem do profeta da virada do séc. VII para o séc. VI, esse comentário procura distinguir, com toda a cautela necessária e quando houver argumentos para tal, entre o profeta histórico e o personagem Jeremias criado pelas releituras de redatores e complementadores. Isso é importante por três motivos. Primeiro, eventuais discrepâncias de conteúdo podem ser explicadas pela diferença de contextos históricos e de públicos ouvintes ou leitores.[20] Além disso, a diversidade de formas, linguagens e conteúdos expressa uma realidade que se nota em quase todos os livros bíblicos. Ela resulta da pluralidade

---

contrário, a participação de grupos do povo no surgimento de propostas teológicas. Também a metodologia de Torreblanca, 2000, valoriza demasiadamente a coesão do texto final, atribuindo ao redator final um "projeto teológico" com "coerência e unidade artística" (p. 72). Ela desconsidera a diversidade de formas e linguagens existentes no livro.

[17] Brueggemann, 2007, p. 9, fala em "tradição geradora" (*generative tradition*). Para Croatto, 2000, p. 8, a mensagem de um profeta "sigue llevando su nombre aunque se le sume una y outra voz diferente a lo largo de los decenios y siglos. Como se cada uno de los profetas abriera una ruta seguida y ensanchada por otros".

[18] P. ex., Carroll, 1981, p. 36. Também Gerstenberger, 2005, p. 251ss, entende que todo o livro de Jeremias reflete, com raríssimas exceções, a situação litúrgica da época persa.

[19] P. ex., Holladay, 1989, p. 24. Conforme esse autor, os textos poéticos são, em grande parte, do próprio profeta, que, além disso, complementou seus ditos com trechos em prosa. Por causa de seu interesse na biografia do profeta, Holladay tenta salvar a autenticidade da maioria dos textos. Por motivos pastorais, também Mesters, 2016, desenvolve seu comentário em torno da biografia do profeta.

[20] Não creio que as contradições dentro do livro sejam fruto da liberdade de um teólogo do séc. IV, como sugere Fischer II, p. 666, 671s.

26 *Introdução*

de ideias no mesmo livro, que, por sua vez, é fruto de um trabalho de mutirão, demonstrando que diversas opiniões podem coexistir num mesmo livro.[21] A palavra de Deus pode manifestar-se de diversas maneiras, não é a mesma em todas as situações. Por fim, a busca pela voz do profeta também ajuda a determinar os conteúdos que sucessivas gerações posteriores ressignificaram por considerá-los importantes para sua vida e, conferindo-lhes, assim, gradativamente autoridade canônica.

3) O profeta e sua época

a) A época

Informações confiáveis do livro situam a atuação do profeta Jeremias nas últimas décadas da existência do reino de Judá.[22] De acordo com Jr 1,1-3, Jeremias atuou desde o décimo terceiro ano de Josias (627/6) até o décimo primeiro ano de Sedecias (587/6) e, conforme Jr 40-42, até a morte de Godolias (582?), abrangendo os reinados de Josias, Selum, Joaquim, Joiaquin e Sedecias e o governo de Godolias.[23] Trata-se de uma época de grandes transformações no cenário macropolítico do antigo Oriente Médio, que vai resultar numa nova constelação do poder internacional. Como o pequeno Judá sempre foi um joguete nas mãos dos grandes impérios, as mudanças radicais do final do séc. VII também provocaram uma profunda crise para Judá e Jerusalém.[24] O gradual declínio do poder imperial assírio, a partir da metade do séc. VII, levou a movimentos de independência nas beiradas do império, tanto no Egito quanto no sul da Mesopotâmia. Além disso, novos grupos populacionais apareceram no horizonte em busca de espaço. A nordeste do território assírio surgem os medos e, no sul da Mesopotâmia, os caldeus ou neobabilônios. Uma coalizão medo-babilônica consegue conquistar a famosa Nínive (612) e pôr fim ao resto do poder assírio na batalha de Carquêmis, junto ao rio Eufrates (605). Os novos candidatos a ocupar o domínio imperial na região do Crescente Fértil eram os caldeus. Foi um rei caldeu,

---

[21] Cf. García Bachmann, 2007, p. 329.

[22] A cronologia adotada é a de Donner, 1997. Detalhes do período histórico podem ser conferidos no segundo volume desta obra (p. 387ss). Cf. a argumentação de Koenen, 2013, em favor dessa cronologia.

[23] Antropônimos e topônimos de acordo com *A Bíblia* da Editora Paulinas.

[24] Cf. o título do artigo de García Bachmann (2002): "Jeremías: profeta en tiempo de crisis".

Introdução 27

Nabucodonosor, que determinou a sorte do reino de Judá na virada do séc. VII para o séc. VI.

O rearranjo de poderes no Oriente Médio teve consequências significativas na vida do pequeno reino de Judá (2Rs 22-25). A gradativa decadência do império assírio possibilitou, em 622, uma reforma política e religiosa sob Josias (639-609). Josias iniciou uma campanha de incorporação de partes da província assíria de Samaria, o antigo reino do norte, Israel, em seu território, Judá (2Rs 23,15.29: Betel, Meguido). Extirpou imagens e emblemas assírios do templo de Jerusalém. Também tentou promover a unidade nacional por meio da unificação do culto e sua centralização em Jerusalém.[25] Essa chamada reforma josiânica, expressão da reconquista da autonomia política de Judá, foi, no entanto, interrompida com a morte do rei (609) numa batalha contra tropas egípcias na planície litorânea. Após a morte de Josias, a aristocracia rural coloca no trono Selum/Joacaz,[26] filho de Josias (609), mas o faraó Necao II o substitui – numa demonstração de que retomara sua autoridade sobre Judá – por um outro filho de Josias, Eliaquim/Joaquim (609/8-598).

A coalizão egípcio-assíria foi derrotada fragorosamente na batalha de Carquêmis (605; cf. Jr 46,2). Joaquim teve que adaptar-se à mudança da constelação política daí decorrente e tornou-se vassalo babilônico (2Rs 24,1). Mas, após três anos, Joaquim rompeu esse acordo de vassalagem, provavelmente por pressão do Egito. Esse ato de insubordinação levou a retaliações por parte da Babilônia que culminaram no cerco de Jerusalém em 598/7. Entrementes o rei Joaquim morrera e fora substituído por seu filho, Jeconias/Joiaquin (598/7), que para salvar a cidade se entregou, após somente três meses de reinado, aos babilônios que sitiavam a cidade. Esses saquearam o templo de Jerusalém e levaram os objetos preciosos para a Babilônia (março de 597). Também levaram para o exílio diversos profissionais e grande parte da elite política, militar e religiosa judaíta, liderada pelo rei Joaquim e por sua família (2Rs 24,10ss). Em seu lugar, Nabucodonosor colocou um outro filho de Josias, Matanias/Sedecias (598/7-587).

---

[25] Há controvérsias quanto à extensão da reforma de Josias; para Zabatiero, 2013, p. 193, p. ex., "a noção de centralização cultual como pivô da reforma de Josias, baseada na lei deuteronômica, é um construto interpretativo".

[26] Os primeiros nomes são dados por ocasião do nascimento, os segundos, por ocasião da entronização.

28   *Introdução*

A situação econômica de Judá sob Sedecias era péssima: as riquezas acumuladas haviam sido levadas pelos babilônios e a carga fiscal imposta pelo novo império era pesada. A situação política era influenciada pelas oscilações na macropolítica oriental: o partido pró-Egito disputava o poder com o partido pró-Babilônia. O primeiro conseguiu impor-se, e o rei Sedecias renunciou ao status de vassalo babilônico. A reação do império foi fulminante. Os babilônios novamente cercaram Jerusalém. A cidade ficou sitiada por um ano e meio (598/7) antes de ser conquistada. O rei Sedecias foi cegado e levado preso à Babilônia, parte da elite foi executada e outra levada à Babilônia. Um mês depois de sua conquista, Jerusalém foi arrasada. Para administrar o que restara de Judá, os babilônios designaram a Godolias, que foi assassinado após breve período de governo.

b) A atuação profética

Podemos dividir os quarenta anos de atuação de Jeremias em quatro fases: 1) sob Josias (e Selum), 2) sob Joaquim (e Joiaquin), 3) sob Sedecias e 4) após a destruição de Jerusalém (cf. Jr 1,1-3). Como as diversas palavras do profeta geralmente não são datadas, escrever a história da atuação jeremiânica é um projeto bastante hipotético. Apenas linhas mestras podem ser traçadas. De acordo com o cabeçalho, Jeremias foi vocacionado em 627 (décimo terceiro ano de Josias). Aí teria iniciado sua atuação profética. Essa primeira fase sob Josias é contestada por muitos. De fato, as referências a Josias aparecem em trechos considerados secundários (1,2; 3,6; 25,3; 36,2). O dito contra Joaquim fala de Josias no passado (Jr 22,15). A primeira palavra datável de Jeremias é seu anúncio sobre Selum/Joacaz, que pressupõe a morte de Josias (22,10s). Também não há nenhuma manifestação inequívoca do profeta sobre a reforma josiânica, em 622. Ainda assim, há vários indícios de uma atuação jeremiânica sob Josias. A menção da divindade Baal (2,8.23ss) e de aspectos de seu culto (2,20.23ss) tem mais sentido antes da reforma josiânica de 622. A referência à Assíria como potência ao lado do Egito (2,18.36) compreende-se melhor antes da queda de Nínive, em 612. Além disso, as promessas feitas aos israelitas do reino do norte (3,12s; 31,4ss.15ss.18ss) cabem melhor no período de expansão territorial do rei Josias. A crítica profética aos cultos a divindades estranhas está em concordância com a intenção da reforma, ainda que a veemente crítica ao templo (7,4.14) pareça ir na direção oposta. Também a pena mentirosa de 8,8s pode aludir à manipulação das leis que ocorreu em consequência

Introdução 29

do achado de um livro no templo (2Rs 22).[27] Do fato de Hulda e não Jeremias ter sido consultada sobre a autenticidade desse livro depreendeu-se, por vezes, que Jeremias ainda não estaria atuando. Mas essa hipótese não convence, porque Hulda pode muito bem ter sido a profetisa de referência reconhecida na época ou, então, Jeremias ainda não profetizava em Jerusalém, mas apenas em sua cidade natal, Anatot. Por fim, o fato de Jeremias não identificar, em seus primeiros anúncios (Jr 4,5ss), o inimigo do norte com os babilônios também pode ser indício de que eles foram proferidos antes de 612, quando os babilônios ainda não eram considerados candidatos à potência hegemônica da região.

Todos esses indícios corroboram a tese de que, sob Josias, Jeremias atuou preponderantemente na região de Anatot. Seus principais destinatários eram, inicialmente, os habitantes do antigo reino do norte, Israel, em cujas proximidades a cidade natal de Jeremias se encontrava. Na região de Anatot viviam muitos descendentes daquelas pessoas que, ante o avanço do exército assírio que resultou na conquista de Samaria, em 722, buscaram refúgio em Judá. A esse povo refugiado, que ainda sofria e lamentava a perda de suas propriedades e famílias, Jeremias anuncia um novo início pela graça de Deus. A atuação dessa fase tem traços pastorais, pois o profeta auxilia pessoas a elaborarem seus traumas, dando-lhes conforto e renovando suas esperanças.[28]

A segunda fase, sob o rei Joaquim (e Joiaquin: 608-597), é mais palpável nos textos. Aqui se manifesta claramente o profeta do juízo e da denúncia. A invasão do inimigo do norte forma o pano de fundo de toda a sua mensagem profética. Esse inimigo causará grande destruição e provocará o fim de Judá e Jerusalém. A destruição provocada por esse inimigo assume contornos mais claros. Um dos anúncios mais marcantes e provocadores certamente foi o da destruição do templo de Jerusalém (7,15; 26,6). Ele, sem dúvida, mexeu com a liderança religiosa e política da capital. A crítica ao culto (7,9s) e à monarquia (21,11-22,30) caracteriza essa época, o que leva a conflitos com sacerdotes e com o próprio rei. Diversos relatos apontam para as consequências da atuação profética nesse período (20,1-6; 26; 36). A segunda fase termina com a primeira deportação de judaítas à Babilônia (597).

---

[27] Trata-se, certamente, do cerne do atual Dt.

[28] Kilpp, 2013, p. 43ss. Também Kramer, 2011, p. 30s, admite que partes de Jr 2-6;30-31 tenham sido proferidas aos israelitas do reino do norte sob Josias. Também Mayer, 2016, p. 407, admite que o cerne de Jr 30s foi originalmente destinado ao reino do norte.

30 *Introdução*

A fase seguinte, sob Sedecias, abarca o período entre as duas deportações (597 e 587). A pergunta se o juízo anunciado por Jeremias se concretizou ou não com a primeira deportação é respondida pela visão dos dois cestos de figos (24): a parte do povo que foi exilada e que, portanto, se encontra em situação de juízo, será agraciada com a promessa de vida nova e abençoada (cf. Jr 29); para a parte que permaneceu em Judá o juízo ainda está por vir. Acirra-se, aqui, o conflito com os profetas de salvação, que anunciam o contrário (23,13ss; 27s). Nesse período, o profeta é perseguido, preso e ameaçado de morte (37s). Durante grande parte do cerco de Jerusalém (589-587), Jeremias se encontra preso (32,6-15; 37,11ss).

A última fase de atuação, depois da segunda deportação e da destruição de Jerusalém (587-582?), é breve e lacônica (Jr 39-44). Jeremias decide permanecer na Palestina com Godolias (40,5s), onde previra a retomada de uma vida normal (32,15). Entretanto, após o assassinato de Godolias, foi levado contra sua vontade ao Egito juntamente com Baruc. Aí realizou um gesto simbólico e se envolveu num debate sobre a Rainha dos Céus (44). Depois disso desaparece de cena.

c) A pessoa do profeta

O livro fornece muitas informações sobre a pessoa de Jeremias, muito mais do que conhecemos de qualquer outro profeta. Vimos acima, no entanto, que muitos textos podem ser releituras posteriores e, assim, corresponderem mais à visão de seus autores do que retratarem o Jeremias histórico. Apesar disso, alguns aspectos podem ser considerados autênticos. Assim como Amós e Miqueias, Jeremias não é da capital, mas do interior, de Anatot. Por isso faltam aspectos da teologia do Sião em sua mensagem e predomina uma posição crítica frente a Jerusalém. As autênticas promessas jeremiânicas de salvação nunca contemplam Jerusalém.[29] Jr 1,1 afirma que ele provém de uma família de sacerdotes. Não sabemos se ele é um descendente do sacerdote Abiatar, que foi expulso por Salomão para Anatot (2Rs 2,26ss). Em todo caso, Jeremias não exerceu a profissão sacerdotal, pois está em constante conflito com a classe sacerdotal. Em Anatot, está em contato com descendentes de refugiados do extinto reino do norte, Israel. Talvez isso explique sua proximidade com a mensagem de Oseias. Jeremias toma por empréstimo de Oseias terminologia e metáforas

---

[29] Veja excurso "A salvação futura de acordo com Jeremias", sob Jr 32.

Introdução   31

para descrever o pecado de Israel: a metáfora do matrimônio entre Deus e o povo (Jr 2,2.20-24; 3,1-4; cf. Os 2,4.7), o conceito "prostituição" para designar o abandono de YHWH para cultuar Baal (Jr 3,1s; cf. Os 2,4ss; 9,10; 13,1), a menção dos ritos vinculados ao culto da fertilidade (Jr 2,23ss; cf. Os 4,12ss; 13,2). Em suas promessas de nova oportunidade de vida para os habitantes do reino do norte (Jr 3,12s; 31,4-6.15-20), também se encontram conceitos de Oseias (Os 11,8; 14,5). Para ambos os profetas havia uma relação harmoniosa do povo com seu Deus na época do deserto (Jr 2,2; 31,2; Os 2,16s; 9,10).[30]

À semelhança de Oseias, também Jeremias transforma sua vida em uma mensagem. Mas ao contrário de Oseias, que se casou com Gomer, apresentada como prostituta, e com quem teve filhos, Jeremias permaneceu solteiro e não teve filhos (Jr 16) para mostrar como seria o futuro do povo. Mais angustiante do que essa vida anormal para os parâmetros da sociedade da época certamente foi o conflito interior de Jeremias sobre sua vocação. As chamadas confissões refletem momentos em que Jeremias não apenas expressa seu sofrimento por causa da rejeição de sua mensagem por parte de seus ouvintes, mas também se queixa de Deus que o constrange a proclamar coisas que ele próprio não deseja (15,15; 17,15s; 18,20; 20,7ss).[31] Para o profeta, Deus tornou-se um "ribeiro enganador, águas em que não se pode confiar" (15,18). Quando reflete sobre sua missão de profetizar desgraça, não tem medo de expressar a Deus suas dúvidas, sua angústia e seu ceticismo quanto à eficácia de sua pregação. Não há outro profeta que tenha sofrido tanto sob o peso da vocação.[32] Talvez não seja mero acaso que uma das formas preferidas de anunciar o juízo de Deus sobre o povo é o lamento (4,19-21; 8,4s.22; 13,17; 14,17s; 23,9).

3) Sobre este comentário

Minha ocupação com o livro de Jeremias começou nos anos 1980 com meu estudo de doutorado e minhas aulas no curso de Teologia na atual Faculdades EST, bem como em cursos de

---

[30] Cf. Almeida, 1997, p. 33: Jeremias é "filho espiritual" de Oseias.

[31] Cf. o excurso "As 'confissões' de Jeremias".

[32] De acordo com Duemes; Rayman, 2001, p. 15: "Em Jeremias vemos as feridas causadas pela sua fidelidade ao chamado do SENHOR". Muitas vezes, o sofrimento e as angústias do profeta são vistos como espelho bem como motivo de consolo para o atual sofrimento e angústia (Almeida, 1997, p. 74; Füglister, 2004, p. 246; Mesters, 2016, p. 13s).

32 *Introdução*

formação do Centro de Estudos Bíblicos. No início, o comentário foi pensado para ter formato simples e popular, sem discussão com a pesquisa e sem notas de rodapé. Porém, com o correr do tempo, surgiram na América Latina estudos muito bons de cunho popular e pastoral para animar as comunidades e os grupos de estudo bíblico. Faltava um comentário que incorporasse os resultados e os problemas da atual pesquisa e, assim, pudesse fornecer uma base mais sólida para uma interpretação relevante do texto. Contudo, não se podia pensar num diálogo amplo com as diversas correntes de interpretação existentes. Isso tornaria o comentário ilegível. Portanto foi necessário fazer algumas opções. Privilegiei o diálogo com a recente pesquisa alemã – como atestam as notas de rodapé – por ela ter sido parte de meu fazer bíblico-teológico passado e também porque obras em língua inglesa são bem mais conhecidas e traduzidas em nossos trópicos.[33] O motivo mais importante, no entanto, é que me identifico com a corrente da pesquisa bíblica alemã que utiliza o instrumental histórico-crítico que busca o sentido do texto em cada fase de crescimento e, com isso, dá expressão à diversidade de aspectos teológicos que nele se encontram.[34] Além disso, procurei dar maior visibilidade à pesquisa latino-americana, que é bastante diversificada e nem sempre de fácil acesso. Até hoje, ela não tem recebido o destaque que merece.

No presente comentário não traduzi nem vocalizei o tetragrama sagrado YHWH. Deixo, assim, ao leitor e à leitora a liberdade de pronunciá-lo de acordo com sua tradição religiosa. A

---

[33] O mais recente comentário em língua inglesa traduzido para o português é o de John Arthur Thompson (*O comentário de Jeremias*. São Paulo: Shedd Publicações, 2022). O original inglês foi publicado em 1980 (*The Book of Jeremiah*. Grand Rapids: Eerdmans) na série The New International Commentary on the Old Testament.

[34] O leitor e a leitora perceberão que as obras mais citadas concernem três aspectos do texto bíblico que considero importantes. Para buscar a versão mais antiga do texto, recorro ao comentário do editor das notas do aparato crítico do livro de Jeremias da Bíblia Hebraica Stuttgartensia (BHS), Wilhelm Rudolph (*Jeremia*. 3. ed. Tübingen: J.C.B. Mohr, 1968), que, apesar de ser antigo, dá excelentes contribuições para a crítica textual. Para entender a intrincada crítica literária do livro de Jeremias, recorro à excelente obra de meu professor Winfried Thiel, em dois volumes (*Die deuteronomistische Redaktion von Jeremia 1-25 / Jeremia 26-45*, 1981 / 1993), que, a meu ver, é fundamental para a crítica literária e redacional do livro. Para os aspectos históricos e sociológicos foram de grande ajuda o comentário de Günter Wanke, também em dois volumes (1995 e 2003), e diversos estudos latino-americanos, geralmente artigos de periódicos, teses e dissertações. Por fim, para não me desviar do foco principal de um comentário, ou seja, explicitar a intenção teológica do texto e, portanto, sua possível relevância para nossos dias, recorri ao recente comentário de meu professor Werner H. Schmidt (*Das Buch Jeremia*, também em dois volumes, 2008 e 2013).

Introdução 33

reprodução tradicional por "Senhor" em diversas versões da Bíblia respeita a tradição judaica e se tornou corrente nas igrejas. Há, no entanto, uma crescente sensibilidade e crítica à linguagem colonial em nosso meio, de modo que decidi não usar um vocábulo que, de antemão, pudesse qualificar Deus negativamente como um senhor colonial. Também uso "Deus" e "Deusa" com inicial maiúscula quando designa uma divindade singular definida ou absoluta, inclusive quando não se trata do Deus de Israel. O plural "deuses" e o termo genérico "divindade", porém, serão grafados com inicial minúscula.

Para evitar a repetição de temas recorrentes no livro, intercalei alguns excursos temáticos em lugares estratégicos. O texto bíblico utilizado segue basicamente a mais recente versão da Bíblia da Editora Paulinas.[35] Também as abreviaturas e o modo de citar textos bíblicos bem como antropônimos e topônimos seguem a versão mencionada. O uso de notas de rodapé foi necessário para não sobrecarregar o corpo do texto com informações secundárias. Os puristas que me perdoem se desrespeitei algumas normas técnicas. Não coloquei, p. ex., os sobrenomes dos autores citados em caixa alta, uma vez para não tornar as notas de rodapé demasiadamente agressivas, outra vez, por entender que o destaque maior cabe ao texto bíblico e não a seus intérpretes.

O presente comentário quer ser acessível também a pessoas que não conhecem as línguas bíblicas. Termos hebraicos aparecem esporadicamente quando necessários à compreensão do texto. Eles sempre estarão transliterados de forma simplificada para que possam ser lidos. As notas de rodapé buscam compilar argumentos a favor da tradução adotada ou de argumentos apresentados no corpo do texto. Elas podem ser desconsideradas por leitoras e leitores não interessados em detalhes exegéticos ou em opções da atual pesquisa.

---

[35] A BÍBLIA. São Paulo: Paulinas, 2023. Eventuais diferenças decorrem da natureza deste comentário exegético.

PRIMEIRA PARTE:
DITOS A ISRAEL, JUDÁ E JERUSALÉM
JEREMIAS 1-25

A primeira parte do livro de Jeremias é formada por Jr 1,1-25,14. Ela contém preponderantemente ditos proféticos que se encontram em diversos blocos temáticos. Após a relato de vocação e envio de Jeremias (Jr 1), que serve de abertura da primeira parte e, assim, de todo o livro de Jeremias, encontra-se um bloco que recolhe a mensagem mais antiga do profeta (Jr 2-6). Esse bloco, também chamado de "rolo original", é bipartido: enquanto Jr 2-6 contempla preponderantemente ditos a Israel, Jr 4-6 se destina a Judá/Jerusalém. Um segundo bloco é formado pelos capítulos 7 a 10, com ditos complementares ao "rolo original". Uma terceira parte (Jr 11-20) é formada principalmente por relatos na primeira pessoa do profeta, com ênfase nas chamadas "confissões". Seguem-se, nos capítulos 21 a 24, coletâneas de ditos sobre os reis e profetas. Jr 25,1-14 forma o fecho dessa primeira parte. O trecho que segue, o cálice da ira (25,15ss), deve ser considerado uma introdução ao bloco dos ditos sobre as nações, que, no TM, se encontra em Jr 46-51, a terceira parte do livro.

JEREMIAS 1: VOCAÇÃO E ENVIO DO PROFETA

Jr 1,1-3 Cabeçalho do livro

1 Palavras de Jeremias, filho de Helcias, um dos sacerdotes que residiam em Anatot, na terra de Benjamim, 2 ao qual foi dirigida[1] a palavra de YHWH, nos dias de Josias, filho de Ámon, rei de Judá, no décimo terceiro ano de seu reinado, 3 e também nos dias de Joaquim, filho de Josias, rei de Judá, até o fim[2] do décimo primeiro ano de Sedecias, filho de Josias, rei de Judá, até a deportação de Jerusalém, no quinto mês.

O cabeçalho é a porta de entrada do livro. Ele traz as informações necessárias para contextualizar a atuação do profeta Jeremias. Os v. 1-3 formam uma construção um tanto incomum. Há algumas tensões que, sem dúvida, são resultado do processo de crescimento do texto. O v. 1 não constitui uma oração completa, deve, portanto, ser considerado o título. A expressão "palavras de Jeremias, filho de Helcias, um dos sacerdotes que residiam em Anatot" pode ter sido o título original da primeira coletânea de ditos (Jr 1-6) ou até do complexo maior Jr 1-25.[3] Esse título contém o nome do profeta e os seguintes complementos: filiação, profissão ou grupo de pertença e lugar de procedência. Notória é a semelhança com o título de Am 1,1, que contém três dos quatro elementos: "(palavras de) Amós", procedente de "Técua"[4], complementado pela profissão ("que era entre os pastores"). Também Is 1,1 segue o mesmo formato, porém com apenas dois elementos: "(visão de) Isaías", seguido pela filiação ("filho de Amós")[5]. Essa forma, que atribui as palavras ao profeta, é considerada mais antiga do que a outra, mais frequente, que atribui as "palavras" a YHWH: "a palavra de YHWH que aconteceu/foi dirigida a..." (v. 2).[6] Esta última revela uma reflexão teológica que ainda não existe na primeira.

Mesmo que a informação sobre o local de origem, Anatot, e a vinculação do profeta a uma família de sacerdotes sejam, para

---

[1] Literalmente "ao qual aconteceu (a palavra)".
[2] LXX omite o termo "fim".
[3] Thiel I, p. 50, entende que o título original só continha "palavras de Jeremias, filho de Helcias", sem v. 1b, portanto.
[4] Esse seria o título original conforme Wolff, 1975, p. 147-149.
[5] O pai de Isaías não deve ser confundido com o profeta Amós.
[6] Cf. Os 1,1; Mq 1,1; Sf 1,1; LXX Jr 1,1; Jl 1,1.

Jeremias 1: Vocação e envio do profeta 37

alguns, acréscimos redacionais[7], não há por que colocar sua historicidade em dúvida. A pertença de Jeremias a uma família sacerdotal é uma informação singular no livro, mas digna de confiança. Essa associação do profeta à profissão sacerdotal não pode ser mera criação literária, já que a mensagem de Jeremias não tem características sacerdotais. Além disso, o profeta critica asperamente os sacerdotes, tendo sido até agredido por um (Jr 20,1-3) e levado a julgamento por outros por causa de seu anúncio contra o templo (Jr 26).

O nome Jeremias é bastante comum (cf. 35,3; 52,1).[8] Formado pela raiz *rum* "elevar, exaltar" (hif.) e pelo elemento teofórico *Yahu*, o nome significa: "YHWH queira elevá[-lo]". O pai de Jeremias, Helcias ("YHWH é minha porção"), nada tem a ver com o sumo sacerdote que aparece no contexto da reforma josiânica (2Rs 22,4). Nada sabemos sobre o pai do profeta.

Anatot deve ter tido como madroeira[9] a Deusa semítico-ocidental Anat, uma Deusa da guerra, conhecida desde o século XVIII em Mari. Em Ugarit, ela é irmã de Baal. No século VII, menciona-se uma Anat-Betel e, nos papiros de Elefantina, a colônia militar judaica no Egito do século V, aparece uma Anat-Yahu, aparentemente como consorte de YHWH.[10] De resto, a Deusa tem pouca importância no Antigo Testamento (Js 19,38; Jz 1,33 mencionam uma localidade chamada Bet Anat). A forma plural (Anatot) poderia indicar a existência de imagens da Deusa ou apenas ser designativa de topônimo: "localidade da Deusa Anat". Anat não deve ser confundida com a "Rainha dos Céus", mencionada em Jr 7,18; 44,17ss. Em todo caso, pode-se pressupor uma antiga religiosidade cananeia na região em que o profeta nasceu.

Anatot se localiza no território de Benjamim e, conforme Js 21,18, era uma cidade levita/sacerdotal. De acordo com 1Rs 2,26, o sacerdote Abiatar possuía terras em Anatot, para onde foi expulso por Salomão por motivos políticos. Sua localização não é totalmente certa. De acordo com Is 10,28-32, ela fica na rota que vai de Gaba e passa por Ramá, Gabaá, Bat-Galim e Laísa antes de chegar a Anatot (Is 10,30). Pela semelhança toponímica, busca-se Anatot tradicionalmente em *tell 'anata*, 4,5 km a nordeste do portão

---

[7] Thiel I, p. 49s, admite que a informação sobre o local de origem, Anatot, poderia ter sido retirada de outras partes do livro (29,27; 32,7s; de acordo com Js 21,18, Anatot é uma cidade sacerdotal).

[8] Mayer, 2016, p. 414, conta dez outros personagens de nome Jeremias.

[9] "Mãe protetora"; devo o neologismo a Edmilson Schinelo.

[10] Cf. Cornelius, 2008, também para o que segue.

38 Primeira parte: Ditos a Israel, Judá e Jerusalém – Jeremias 1-25

de Damasco, em Jerusalém, e 3 km a sudeste de Gabaá. Mas, por não se haver encontrado cerâmica do Ferro II em *tell 'anata*, sugeriu-se identificar Anatot com *ras el-harubbe*, um local a 700 m a sudoeste de *tell 'anata*, onde há vestígios da época do Ferro II.[11]

Também o v. 2 não contém uma oração principal. Através da partícula relativa (*asher*) constrói-se uma oração subordinada relativa que acrescenta dois dados históricos ao título do v. 1: o primeiro é mais genérico (v. 2aβ): "nos dias de Josias..." (639/8-609), o segundo, mais específico (v. 2b): "o décimo terceiro ano de seu reinado" (cf. 25,3). Como relacionar ambos? O décimo terceiro ano de Josias (627/6) deve provavelmente ser entendido como início da atuação profética de Jeremias, que, então, se estendeu pelo restante do governo de Josias.[12] Essa data é uma informação singular no livro.[13]

Como já aludido acima, há uma pequena incongruência entre os v. 1 e 2: de um lado, temos "palavras de Jeremias" (v. 1), de outro, "palavra de YHWH" (v. 2). A LXX lê, no início do v. 1: "A palavra de Deus que aconteceu a Jeremias...". Assim ela tenta harmonizar o título "profano" do v. 1 com a forma teologicamente refletida do v. 2 e também com os títulos de outros livros proféticos (como Os 1,1). A preferência, no entanto, deve ser dada ao TM por ser mais difícil explicar sua origem de que o inverso.[14] Ou seja: é mais fácil entender que o v. 2 sentiu a necessidade de interpretar "as palavras" do homem Jeremias como "palavra" de Deus. Enquanto o plural engloba os mais diversos ditos e talvez também relatos proféticos, o singular se concentra no conteúdo dos discursos e gestos proféticos: o conteúdo procede de YHWH, enquanto os substantivos e verbos fazem parte do vocabulário do profeta.

A transmissão da palavra é considerada algo dinâmico: a palavra literalmente "acontece" (*hayah*) ao profeta.[15] O v. 2 inicia com a oração relativa "ao qual aconteceu a palavra de YHWH" (v. 2); o v. 3 inicia afirmando: "e [a palavra também] aconteceu". O verbo *hayah*,

---

[11] Koenen, 2018. Mais recentemente, no entanto, novas buscas encontraram cerâmica do Ferro II também em *tell 'anata*. Existe ainda a proposta que identifica Anatot com *hirbet der es-sidd*, 1,4 km a leste de *tell 'anata*, por ter sido, na época do Ferro II, uma localidade bem maior do que *tell 'anata* e *ras el-harubbe*.

[12] Rudolph, 1968, p. 3; Liwak, 1987, p. 65, entendem que o v. 2b era originalmente a introdução do relato de vocação, fazendo, portanto, parte do v. 4.

[13] Thiel I, p. 51.

[14] Liwak, 1987, p. 62.

[15] Cf. Silva, 1987, p. 16. Fala-se, a seguir, de "fórmula do acontecimento da palavra"; cf. nota 1.

Jeremias 1: Vocação e envio do profeta   39

usado para expressar a transmissão da palavra de Deus ao profeta,
é vertido de diversas maneiras nas traduções atuais, p. ex.: a palavra de Deus "veio" ou "foi dirigida" ao profeta. O verbo não fornece
indícios de como se dá esse movimento de comunicação.

O v. 3 estende o acontecimento da palavra e, por conseguinte, a atuação profética até a deportação de Jerusalém, citando, à
semelhança de Am 1,1; Os 1,1; Is 1,1; Mq 1,1, os reis sob os quais
Jeremias atuou após Josias. Mencionados são Joaquim (608/7-598)
e Sedecias (598/7-587), ambos filhos de Josias. Omitidos foram
Joacaz (609) e Joiaquin (598), certamente por ambos terem reinado apenas três meses (2Rs 23,31ss; 24,8ss). Há outras inconsistências no v. 3. A datação "fim do décimo primeiro ano de Sedecias"
conflita com os dados de Jr 39,2; 52,5s, que afirmam que já no
quarto mês do undécimo ano o rei Sedecias foi preso e levado a
Ribla, onde foi cegado e depois levado cativo à Babilônia.[16] Aqui, o
"fim" deve ser entendido, portanto, como o final do reinado de Sedecias no undécimo ano de seu governo.[17]

Também há uma inconsistência entre a informação do v. 3a
de que a palavra de Deus veio a Jeremias até o fim do governo de
Sedecias, no quarto mês do undécimo ano, e a informação do v. 3b:
"até a deportação de Jerusalém, no quinto mês" (cf. 2 Rs 25,8;
Jr 52,12). Mas essa incongruência entre quarto e quinto mês é facilmente explicável por causa da proximidade cronológica de diversos acontecimentos trágicos correlacionados: conquista da cidade,
prisão do rei, incêndio da cidade, início do exílio babilônico. Curioso, no entanto, é que o v. 3 parece não conhecer a atuação de Jeremias após a ida de judaítas e jerosolimitas ao exílio na Babilônia.
Os capítulos 40ss, que terminam com a atuação de Jeremias no
Egito, não estão contemplados no cabeçalho? Os editores responsáveis pelo cabeçalho provavelmente entenderam o exílio de Judá/
Jerusalém como o marco histórico e teológico mais importante do
povo e que a fuga ao Egito fazia parte desse marco maior. O fim da
atuação profética coincide, portanto, com o fim da existência de
Judá como nação.

Foram levantadas dúvidas quanto ao início da atuação de
Jeremias no ano 627/6, alguns anos antes da reforma de Josias,
em 622 (2Rs 22s). Os motivos são os seguintes: os textos datados
na época de Josias, além de 1,2 (3,6; 25,3; 36,2), seriam de

---

[16] A LXX tenta eliminar essa inconsistência lendo apenas: "até o décimo primeiro
ano...".
[17] Liwak, 1987, p. 66s.

40 *Primeira parte: Ditos a Israel, Judá e Jerusalém – Jeremias 1-25*

lavra dos editores deuteronomistas (dtr) interessados em colocar o profeta em conexão com o livro do Dt. Mas a origem dtr de 3,6 e 36,2 é improvável. Mesmo que fosse, ainda não seria necessariamente indício de falta de base histórica. Também se afirmou que, por ocasião do achado do livro da lei no templo de Jerusalém, uma delegação foi consultar a profetisa Hulda e não Jeremias (2Rs 22,11ss). Também isso não precisa causar surpresa, já que Hulda, além de ser esposa de um funcionário do palácio e, portanto, acessível, pode ter sido a profetisa de referência na época. Pergunta-se também por que Jeremias teria permanecido em silêncio durante os dezoito anos que separam sua vocação em 627/6 e o momento de seu primeiro anúncio datável, em 609 (sobre Selum/Joacaz, em 22,10-12). Mas esse silêncio, de fato, não existiu, pois há diversos indícios de Jeremias ter atuado junto aos descendentes dos habitantes do antigo reino do norte, Israel (Jr 2s; 31). Essa atuação cabe melhor na época de Josias.[18] Nesses textos talvez se preserve, além de Jr 8,8, uma reação – um tanto vaga e ambígua, é verdade – do profeta à reforma josiânica. Também não se pode exigir que um profeta tenha sempre à mão uma palavra de Deus sobre cada questão do momento.[19]

Há ainda a hipótese de William Holladay,[20] a princípio até bastante convincente. Ele afirma que o décimo terceiro ano do rei Josias é o ano de nascimento do profeta. De acordo com 1,5 – vocação de Jeremias no ventre materno –, o início da atividade profética se daria com seu nascimento. Em 622, por ocasião da reforma de Josias, o profeta teria, então, apenas cinco anos de idade. Sua atividade profética teria iniciado, conforme Holladay, apenas em 615, por ocasião da leitura do livro do Deuteronômio (cf. Dt 31,9-13), quando estava com doze anos. Desse modo, a pregação de Jeremias se restringiria aos últimos anos do rei Josias. Mas essa hipótese esbarra em muitas dificuldades.[21] Não há comprovação histórica de uma leitura do Deuteronômio a cada sete anos, como propõe Dt 31,10-13. Se ela tivesse ocorrido, ainda não explicaria por que ela desencadearia a atuação do profeta. A hipótese de o editor do livro ter entendido a vocação no útero materno como início da atuação profética é muito frágil. Além disso, pelo que sabemos, as

---

[18] Lohfink, 1981, p. 351ss; Albertz, 1982, p. 20ss; Thiel I, p. 58.
[19] Thiel I, p. 59.
[20] Holladay II, 1989, p. 25-27. A hipótese já havia sido levantada anteriormente.
[21] Kilpp, 2013, p. 48s.

Jeremias 1: Vocação e envio do profeta

tradições proféticas nunca se interessaram pelo ano de nascimento de um profeta, mas unicamente por sua mensagem e atuação.

O cabeçalho revela, portanto, muitos dados relevantes sobre procedência e atuação de Jeremias. Mais importante é outra função dos cabeçalhos nos livros proféticos. Eles mostram que seus autores, que são também os editores dos respectivos livros, entendiam que Deus fala aos profetas em determinados contextos históricos e que suas palavras e gestos são destinados a pessoas concretas em situações específicas. A citação de reis evidencia, além disso, que a atuação profética sempre guarda momentos de tensão com a monarquia e o sistema político vigente.

Jr 1,4-19 Comissionamento do profeta

No início do livro de Jeremias os editores colocaram os textos que dão legitimidade à atuação de Jeremias como verdadeiro profeta de YHWH.[22] O complexo 1,4-19 é uma composição formada de três unidades independentes, mas interligadas. Muito bem elaboradas, elas provêm de situações distintas da vida e atuação profética. Um relato de vocação (v. 4-10) abre a unidade temática e um relato de envio (v. 17-19) a encerra. Ambos têm assuntos correlatos e formam a moldura para a parte central: dois relatos de visões (v. 11s e v. 13-16). A composição da unidade temática é obra dos redatores do livro que, com ela, colocam todas as palavras e ações de Jeremias registradas no livro que segue (Jr 2-45) sob a autoridade de YHWH.

1,4-10 Vocação

4 A palavra de YHWH veio a mim:
5 "Antes de formar-te no ventre, eu te conheci,
antes de saíres do útero, eu te consagrei;
profeta para as nações te constituí".
6 Mas eu disse: "Ah,[23] Senhor YHWH, eis que não sei falar, pois ainda sou jovem!"
7 Então YHWH me respondeu:
"Não digas: 'Ainda sou jovem!'

---

[22] Cf. Kirst, 1984, p. 36; Silva, 1992, p. 18.
[23] De acordo com Kirst, 1984, p. 48, o termo *'ahah* expressa "inconformismo" e até "rebeldia".

42   *Primeira parte: Ditos a Israel, Judá e Jerusalém – Jeremias 1-25*

Pelo contrário, irás a quem quer que eu te enviar,
e falarás tudo que eu te ordenar!
8 Não tenhas medo de suas faces,
pois estarei contigo para te salvar" – dito de YHWH.
9 Então YHWH estendeu sua mão e fê-la tocar minha boca.[24]
E YHWH me disse: "Eis que coloco minhas palavras em tua boca.
10 Vê, hoje te confiro autoridade sobre as nações e sobre os reinos para
arrancar e derrubar, para arruinar e demolir, para edificar e plantar".

A fórmula do acontecimento da palavra (v. 4: "a mim") indica que segue um relato em primeira pessoa.[25] Trata-se de um relato de vocação em prosa (v. 5-9), com elementos poéticos na fala divina. O relato usa a roupagem do gênero literário que encontramos também na vocação de Moisés (Êx 3,4b.6.9-15; 4,1-17), Gideão (Jz 6,11b-17) e Saul (1Sm 9,1-10,16). O gênero é composto pelos seguintes elementos formais:

1) palavra de YHWH que chama ou envia: v. 5 (cf. Êx 3,10; Jz 6,14; 1 Sm 9,20);
2) objeção do comissionado: v. 6 (cf. Êx 3,11; 4,10; 6,12.30; Jz 6,15; 1 Sm 9,21);
3) rejeição da objeção: v. 7 (cf. Êx 4,11);
4) promessa de auxílio divino: v. 8 (cf. Êx 3,12; 4,12; Jz 6,16);
5) sinal de confirmação da vocação: v. 9 (cf. Êx 3,12; Jz 6,17ss; 1 Sm 10,2ss).

Assim como a fórmula do acontecimento da palavra (v. 4) nada diz sobre a maneira como se deu o processo de comunicação ao profeta, o uso de um gênero literário não permite deduzir detalhes sobre o que, de fato, aconteceu, ou seja, não sabemos como se deu a vocação de Jeremias. Não se devem esperar informações pessoais e biográficas concretas, já que o roteiro e, em parte, a linguagem seguem um padrão. A função de um relato de vocação ou envio é legitimar o vocacionado ou enviado.[26] Isso geralmente se torna necessário quando se manifestam dúvidas sobre a legitimidade do enviado. Amós apela para sua vocação ao ser contestado pelo sacerdote de Betel e confessa: "YHWH me tirou de após o gado" (Am 7,15). Quando Jeremias é acusado de heresia, em Jr 26,12, ele se defende dizendo: "YHWH me enviou!" Dúvi-

---

[24] Cf. nota 39 abaixo.
[25] Os códices Alexandrino e Sinaítico da LXX adaptam o v. 4 ao cabeçalho (v. 2s) ao lerem "[veio] a ele".
[26] Schmidt I, p. 46.

Jeremias 1: Vocação e envio do profeta 43

das sobre a legitimidade de uma pessoa vocacionada costumam surgir após um determinado tempo de atuação. O mesmo se pode dizer dos relatos de vocação. Apesar de as tentativas de justificar a vocação não serem necessárias no início da atuação profética, é teologicamente correto vincular a vocação ao início dessa atuação. É, portanto, hermeneuticamente compreensível colocar o relato de vocação no início do livro. Nesse caso, dificuldades e tensões já experimentadas no decorrer da missão podem ser incorporadas no próprio relato de vocação (cf. Is 6,9s).

Contudo, como não se trata de um formulário de ordenação pública num cargo oficialmente instituído e reconhecido,[27] mas, antes, expressão de um evento pessoal, é possível que se tenham preservado elementos particulares apesar da forma padronizada. A análise detalhada terá que revelá-los.

Ao contrário da vocação de Isaías (Is 6) e Ezequiel (Ez 1ss), em que o elemento visionário predominante desemboca numa audição, Jr 1,5ss inicia com uma audição (v. 5-8; cf. Is 40,1ss) que se desenvolve para um diálogo e culmina num gesto simbólico que pressupõe uma visão (v. 9). O v. 5a guarda um belo paralelismo. Dois termos são usados para designar o útero materno: *béten,* "ventre", e *réhem,* o "útero" propriamente dito. Além disso, dois vocábulos sinônimos servem para designar a eleição: conhecer e consagrar. "Conhecer" aponta para a escolha de Deus, comparável ao *bahar* ("eleger") de Am 3,2 ou ao *proégno* de Rm 8,29. Jeremias é, por assim dizer, "um pensamento de Deus"[28]. O termo "consagrar, tornar sagrado" (*qadesh* hif.) acentua a separação do escolhido para uma missão ou serviço especial. Na verdade, Deus não *chama* Jeremias para uma tarefa, mas comunica-lhe uma decisão sua tomada antes de o profeta ter nascido. A formação no ventre materno, um ato criador de Deus, lembra o servo de YHWH, que afirma em Is 49,5aα: "que desde o ventre me modelou para ser seu servo" (cf. também a consagração do nazireu "desde o seio materno", em Jz 13,5, e a eleição do apóstolo Paulo "desde o ventre materno", em Gl 1,15). Deus conhece Jeremias antes de este conhecê-lo, e decide por ele antes de o profeta poder tomar qualquer decisão.

---

[27] Reventlow, 1963, p. 24ss, pensa na possibilidade de 1,4-10 refletir um ato litúrgico de ordenação realizado no culto por um ministrante em nome de Deus, pressupondo que havia um cargo público de profeta para o qual se ingressa através de um rito de instalação. Todo esse rito estaria previamente estabelecido, inclusive a objeção do candidato. Essa tese, no entanto, teve pouca aceitação, cf. Rudolph, 1968, p. 9s, nota 3; Schmidt I, p. 45s.

[28] Duhm, 1901, p. 5.

44 *Primeira parte: Ditos a Israel, Judá e Jerusalém – Jeremias 1-25*

A metáfora e a linguagem da eleição no útero materno também são conhecidas na ideologia real do antigo Oriente. Numa estela do rei núbio Pianque/Piiê (750-716 a.C.), fundador da 25ª dinastia egípcia, o Deus Amon lhe dirige a seguinte palavra: "No ventre de tua mãe falei a teu respeito que reinarias sobre o Egito; quando ainda eras semente e estavas no ovo, eu te conheci, que tu serias Senhor"[29]. Numa sucessão dinástica, a eleição do próximo governante antes de seu nascimento não representa nenhuma surpresa. No caso do faraó núbio, no entanto, havia provavelmente a necessidade de legitimar a dinastia estrangeira sobre o Egito. Jeremias é, portanto, comparado não só com Moisés e com líderes carismáticos do povo de Israel como Gideão e Saul, mas também com monarcas orientais.

O v. 5b informa para que finalidade YHWH escolheu Jeremias: para ser "profeta para as nações". Chama a atenção que a tarefa de profetizar não se restringe ao próprio povo, mas engloba o anúncio da atuação divina às nações.[30] Certamente a mensagem de Jeremias contém, já cedo, uma dimensão universal.[31] O profeta chama o povo a comparar seu comportamento com o de outras nações (2,10s; 18,13), convoca as nações como testemunhas da ação divina (6,18s), o inimigo do norte é chamado de "destruidor das nações" (4,7) e, em Jr 27, o profeta envia uma mensagem às nações vizinhas por meio de seus delegados reunidos em Jerusalém. À medida que o anúncio de Jeremias a Judá e Jerusalém envolve um acontecimento político internacional, ele afeta naturalmente também outras nações. Mas o principal destinatário das palavras proféticas são membros de seu próprio povo. O v. 10aα amplia a missão universal do profeta: além de anunciar a mensagem divina "para as nações", ele é investido de autoridade para decidir, como comissionado de YHWH (*paqad* hif.), "sobre as nações e os reinos". Pode-se perguntar se essa compreensão tão ampla e ousada da missão do profeta é compatível com a autocompreensão do próprio Jeremias. É improvável.[32] A série de verbos que expressam a dupla atuação divina (v. 10aβb) é considerada de lavra dtr – compare o v. 10 com a reflexão dtr sobre como Deus age com as

---

[29] Gilula, 1967, p. 114.
[30] Essa ideia incomum fez com que alguns códices da LXX lessem o singular: "para uma nação", no caso, Israel.
[31] Schmidt I, p. 52s.
[32] Duhm, 1901, p. 10.

Jeremias 1: Vocação e envio do profeta 45

nações (Jr 18,7ss) – de modo que esse versículo deve ser obra da redação.[33] Mesmo admitindo que o v. 10 seja um acréscimo redacional, permanece o acento insólito na missão "para as nações" no relato de vocação de Jeremias.[34] Ela provavelmente reflete a visão um tanto idealizada dos discípulos do profeta que experimentaram o impacto da concretização de suas profecias.

A objeção de Jeremias a seu comissionamento (v. 6) traz dois motivos correlatos: "não sei falar, pois ainda sou jovem". Não se sabe ao certo com quantos anos alguém ainda era considerado jovem na época. Quando, em 1Rs 3,7, Salomão afirma ser muito jovem para assumir o reinado, devemos pensar num jovem homem.[35] Normalmente se considera jovem alguém que ainda não tem todos os direitos de um homem adulto (contrair matrimônio, ter voz na assembleia, ir à guerra). Certamente Jeremias era solteiro e não tem idade suficiente para se manifestar na assembleia do povo. "Não sei falar" não seria, então, falta de capacidade retórica como no caso de Moisés (Êx 4,10), mas falta de experiência.[36] Apesar do roteiro e da linguagem padronizada do gênero, não há motivo para duvidar da historicidade da informação de que Jeremias ainda era jovem ao ser vocacionado, uma vez que combina com a proibição de contrair matrimônio (Jr 16)[37] e com sua atuação profética ao longo de quarenta anos.

A rejeição da objeção é acompanhada pela confirmação da vocação, agora expressa como envio e ordem de falar (v. 7). O envio não explicita um destinatário específico; não mais se mencionam as nações, as aparentes destinatárias no v. 5. Tampouco se menciona o conteúdo da mensagem do profeta. Como profeta ideal do futuro, semelhante a Moisés, Jeremias deverá ater-se ao conteúdo que YHWH ordenar (cf. Dt 18,18).

A promessa de auxílio (v. 8) se dá num oráculo de salvação, introduzido por "Não temas!"[38]. Deus promete não abandonar seu

---

[33] Thiel I, p. 69ss; para Thiel I, p. 65ss, também o v. 7bβ ("e falarás tudo que eu te ordenar") e 9bβ ("Eis que coloco minhas palavras em tua boca") são dtr por dependerem de Dt 18,18b.

[34] Ela lembra a missão do servo de YHWH em Is 49,6bα: "eu te constituo para seres luz das nações"; uma analogia se encontra na autocompreensão de Paulo como apóstolo "entre as nações" (Gl 1,15s).

[35] Würthwein, 1977, p. 30.

[36] Rudolph, 1968, p. 6s; Kirst, 1984, p. 49.

[37] Schmidt I, p. 48.

[38] Begrich, 1964, p. 217-231. A forma do oráculo de salvação é utilizada nos anúncios de salvação de Dêutero-Isaías: Is 41,8-13.14-16; 43,1-7; 44,1-5 (cf. Kirst, 1984, p. 52: "oráculo sacerdotal"; sobre o oráculo de salvação, cf. a tese de Schmitt, 2020).

46   *Primeira parte: Ditos a Israel, Judá e Jerusalém – Jeremias 1-25*

enviado em momentos de adversidade e perigo. Pressupõem-se momentos de conflito e até de risco de vida para o profeta – o termo vertido por "salvar", *naṣal* hif., significa literalmente "arrancar" (*scil.*: "da boca da morte"; cf. Am 3,12). Não se promete ao profeta, portanto, eliminar as adversidades, mas auxiliá-lo em meio a elas. Não se mencionam os grupos que poderão infundir medo no profeta.

O relato termina com um gesto simbólico no v. 9: YHWH coloca, por meio do toque, suas palavras na boca de Jeremias.[39] O gesto é semelhante ao do relato de vocação de Isaías, onde o serafim toca os lábios do profeta com uma brasa (Is 6,7). Mas, neste caso, o gesto tem por finalidade purificar o profeta para sua missão, enquanto, em Jr 1,9, o gesto simboliza a transmissão da palavra de Deus ao profeta inexperiente. O v. 9bβ ("Eis que coloco minhas palavras em tua boca") é quase idêntico a Dt 18,18bα ("E colocarei minhas palavras em sua boca").[40] Certamente isso não significa que toda e qualquer palavra a ser proferida pelo profeta no futuro já foi colocada em sua boca naquele instante. Sabemos que, muitas vezes, o profeta não tinha a palavra de YHWH adequada para o momento (28,11; 42,7). É o próprio Jeremias que elabora os ditos que proclama em público. Mas um profeta está imbuído de um conteúdo central, que acredita revelado por Deus; as palavras que veiculam esse conteúdo, no entanto, são formuladas pelo próprio profeta. Assim, Jeremias torna-se boca de Deus (15,19).

Como vimos acima, a tarefa do profeta de anunciar às nações (v. 5b) é transformada, no v. 10aα, na missão de decidir, como representante de Deus, sobre o destino das nações. Esse destino resulta de uma dupla atuação divina: para a desgraça ou para a salvação (v. 10aβb). A série de verbos que reflete essa dupla atuação divina com as nações aparece, nessa intensidade, somente no livro de Jeremias, sempre em contextos dtr.[41]

> **Verbos que expressam a dupla atuação de Deus**
>
> A série que expressa a atuação divina para o juízo e a salvação contém seis verbos em 1,10, quatro negativos e dois positivos. Uma série de sete verbos, cinco negativos e dois positivos, se encontra em 31,28. Já na reflexão de Jr 18,7.9, encontram-se três verbos de juízo e dois de salvação. A série com quatro

---

[39] Conforme o TM, Deus não toca pessoalmente a boca de Jeremias, mas "faz" com que sua mão a toque (hif. de *naga*), enquanto a LXX e a Vulgata não têm essa reserva e utilizam a forma verbal no qal: "e toca a boca".

[40] Por este motivo Thiel I, p. 69ss, atribui todo o v. 9 (bem como o v. 10) ao redator dtr.

[41] Thiel I, p. 69s. Kirst, 1984, p. 54, entende os v. 9s como "outorga da procuração divina".

Jeremias 1: Vocação e envio do profeta

elementos, dois negativos e dois positivos, encontra-se em 24,6; 42,10; 45,4 (somente com os elementos negativos, em 31,40). Os verbos positivos sempre são "plantar" e "edificar". Nos textos com dois elementos positivos e dois negativos, mencionados acima, encontramos o mesmo par positivo com seus antônimos: "plantar" x "arrancar" e "edificar" x "demolir". Um olhar para fora do livro de Jeremias vai deparar-se com os seguintes dados: Ez 36,36 contém apenas o par positivo "edificar-plantar"; Ml 1,4; Sl 28,5 e Jó 12,14 conhecem apenas o par "edificar" x "demolir". Tudo indica que o binômio positivo "edificar" (*banah*) – "plantar" (*nata'*) esteja na origem dessa série. Ele é utilizado na carta aos exilados na Babilônia, Jr 29,5 (cf. 32,15). A partir desse par positivo surgem os respectivos antônimos: "demolir (*haras* [uma construção])", respectivamente "arrancar (*natash* [uma planta])". O par positivo ("edificar [uma casa ou família]" – "plantar [uma vinha]") tem seu lugar de origem na vida do agricultor israelita e pode ter sido um voto de felicidade por ocasião do nascimento de uma criança. (Bach, 1961, p. 7-32; cf. também Borges de Sousa, 1997, p. 25-34.)

No relato de vocação, apesar de seus elementos formais padronizados, ecoam diversos aspectos da vida e mensagem de Jeremias.[42] O gesto de Deus colocando suas palavras na boca de Jeremias lembra 15,19, onde o profeta é chamado por Deus de "minha boca". A rejeição da objeção de Jeremias (1,7) ecoa o sentimento do profeta de ter sido coagido involuntariamente a ser mensageiro de Deus (20,7.9). A juventude de Jeremias combina bem com a ordem divina de não contrair matrimônio (16,2). Os conflitos que surgirão por causa da pregação do profeta, pressupostos em 1,8, lembram os confrontos em diversos momentos de sua atuação (11,8ss; 20,2; 26,8ss). O oráculo de salvação de 1,8 pode refletir a resposta de Deus ao lamento do profeta em 15,20s. O desejo de ter morrido no útero materno (20,17s; cf. 15,10) deve estar relacionado com a vocação antes do nascimento (1,5). Ter sido conhecido por Deus antes de nascer lembra a frase: "Tu, YHWH, me conheces" (12,3). Essas observações sugerem que o relato de vocação enriqueceu o evento da revelação inicial com experiências posteriores.

Não se pode negar, porém, o caráter genérico do relato: nada se diz sobre o conteúdo a ser transmitido; não se mencionam Judá, Israel ou Jerusalém como destinatários. Contra toda a expectativa, o v. 5 sugere que a missão de Jeremias será profetizar "às nações". Essa universalização dificilmente se coaduna com a prática do profeta. As tentativas de colocar Jeremias na companhia de Moisés

---

[42] Para o que segue, cf. Schmidt I, p. 48s.

48 Primeira parte: Ditos a Israel, Judá e Jerusalém – Jeremias 1-25

(v. 6.7bβ.9bβ), de líderes carismáticos como Gideão, Sansão e Saul (v. 5s.8s) e até de reis orientais (v. 5) destoam bastante do que conhecemos sobre a pessoa do profeta, que humildemente reconhece sua fragilidade e seu insucesso. Essa exaltação de Jeremias é compreensível na pena de um discípulo que busca, em sua reverência ao mestre, engrandecer os fatos da vida e a atuação do profeta. Dessa forma, o profeta inexperiente, perseguido, fracassado e marginalizado se torna o verdadeiro e legítimo profeta, investido de autoridade para proclamar os desígnios de Deus a todas as nações. O profeta, escolhido antes de ter condições de tomar uma decisão[43] e ao qual não é dada a oportunidade de escapar de sua missão, sabe, no entanto, que Deus o conhece bem antes de ele próprio encontrá-lo.

A leitura de Jr 1,4-10 está prevista no Lecionário Ecumênico para o Quarto Domingo do Tempo Comum (ou Quarto Domingo após Epifania) do ano C, para secundar a leitura do Evangelho de Lucas 4,21-30, no qual Jesus explica sua rejeição em Nazaré com o fato de que os profetas sempre tiveram mais sucesso no exterior ("nações") do que em sua própria terra.

1,11-16 Duas visões

11 E a palavra de YHWH veio a mim: "Que estás vendo, Jeremias?" Eu respondi: "Estou vendo um ramo de amendoeira!" 12 Então YHWH me disse: "Viste bem! Pois eu estou vigiando sobre minha palavra a fim de realizá-la!"
13 Então a palavra de YHWH veio a mim uma segunda vez: "Que estás vendo?" E eu respondi: "Estou vendo uma panela fervendo, e sua borda[44] está inclinada a partir do norte". 14 Então YHWH me disse: "Do norte se derramará[45] a desgraça sobre todos os habitantes do país! 15 Pois eis que convocarei todos os clãs[46] dos reinos do norte – dito de YHWH –, para que venham e coloquem cada um seu trono à entrada dos portões de Jerusalém, e contra todas as muralhas ao redor dela, e contra todas as cidades de Judá. 16 E proferirei minhas sentenças sobre eles, por causa de toda a sua maldade, por me

---

[43] Schmidt I, p. 65; Almeida, 1997, p. 37.
[44] Literalmente "boca".
[45] Literalmente "se abrirá, se liberará, prorromperá"; LXX traduz por "se incendiará"; cf. nota 49 abaixo.
[46] "Os clãs" não constam na LXX e podem ter sido inseridos de 25,9.

Jeremias 1: Vocação e envio do profeta 49

terem abandonado e terem queimado incenso a outros deuses, pros-trando-se diante das obras de suas próprias mãos".

A segunda parte da unidade temática é constituída de duas visões. Devido à expressão "segunda vez", no v. 13, elas já formavam um par ao serem colocadas no capítulo de abertura do livro. Ambas as visões são introduzidas pela fórmula do acontecimento da palavra e são dirigidas em discurso direto ao profeta. Originalmente, as visões talvez não tenham sido previstas para a proclamação pública, já que têm a intenção de transmitir e confirmar ao profeta os planos de Deus. Assim como o relato de vocação, elas se tornam extremamente relevantes para Jeremias quando sua mensagem é contestada. Ao serem colocadas na abertura do livro, o que estava restrito ao foro íntimo recebe notoriedade e adquire, além disso, a função de diretriz hermenêutica para a mensagem que segue.[47]

Os dois relatos de visões seguem a mesma estrutura e forma dos relatos de visões em Amós (7,8; 8,2) e Zacarias (4,2; 5,2). A visão propriamente dita é aprofundada por um diálogo entre Deus e o profeta. Esse diálogo é importante, pois oportuniza a articulação oral do objeto visto, o que é essencial para perceber seu significado. Podem-se estruturar os relatos da seguinte maneira:

1) pergunta de YHWH para certificar-se do objeto que o profeta vê: v. 11aβ.13aβ (cf. Am 7,8aα; 8,2aα; Zc 4,2a; 5,2a);
2) resposta do profeta confirmando o objeto visto: v. 11b; 13b (cf. Am 7,8aβ; 8,2aβ; Zc 4,2bss; 5,2b);
3) resposta de YHWH com a interpretação da visão: v. 12.14 (cf. Am 7,8b; 8,2b; Zc 4,6; 5,3s).

Ao contrário do relato de vocação, os relatos das duas visões contêm elementos bem concretos e únicos. Devem preservar, portanto, aspectos específicos da experiência visionária de Jeremias. O profeta vê objetos comuns do dia a dia – uma amendoeira e uma panela sobre o fogo. A experiência não ocorreu, portanto, em estado de êxtase, mas em plena consciência do profeta. A palavra-chave da primeira visão (v. 11s) é "amendoeira" (*shaqed* "vigilante"). A árvore recebeu esse nome provavelmente por ser a primeira a florir na primavera, causando a impressão de que não "dormira".[48] Ao responder a Deus o que está vendo, o profeta articula em voz alta a

---

[47] Cf. Schmidt I, p. 57.
[48] Rudolph, 1968, p. 6.

50 *Primeira parte: Ditos a Israel, Judá e Jerusalém – Jeremias 1-25*

palavra e, ao fazê-lo, percebe o significado da visão na resposta de Deus: "eu estou vigiando" (*shoqed 'ani*). Trata-se, portanto, de uma visão de assonância. A experiência visionária confirma que a palavra de Deus transmitida ao profeta e por ele anunciada, de fato, se concretizará. Não se fala do conteúdo dessa palavra divina. Pelo contexto, deve-se supor que o conteúdo seja o anúncio de juízo a Judá e Jerusalém. Como esse conteúdo foi contestado pelos contemporâneos de Jeremias (11,19.21; 15,15; 17,15; 18,18), pode-se muito bem imaginar que a visão da amendoeira tem a função de confirmar ao profeta a veracidade do conteúdo anunciado, ou seja, que o juízo certamente se concretizará.

Na segunda visão (v. 13s), o profeta observa uma panela sobre o fogo. Apoiada irregularmente sobre pedras, a panela está inclinada na direção sul, onde se encontra o profeta, de modo que o conteúdo em efervescência ameaça transbordar e espalhar-se para o sul. Essa visão de algo bem cotidiano recebe uma interpretação inusitada: "do norte se derramará a desgraça!". Dois aspectos da visão da panela podem ter levado a essa interpretação. Em primeiro lugar, o posicionamento da panela fornece o elemento geográfico: norte. Em segundo lugar, não tão visível na tradução, é uma assonância entre as palavras vertidas acima por "fervendo" (*napuᵃḥ*, literalmente: "[panela] atiçada [pelo fogo]") e por "se derramará" (*tipataḥ*, literalmente: "abrir-se-á, prorromperá").[49] Não se pode deduzir da visão, no entanto, a informação de que virá uma "desgraça". Mas esses dois termos – norte e desgraça – estão de tal forma imbricados que marcarão a mensagem de Jeremias em todos os períodos de sua atuação (4,4ss.15ss; 6,1ss.22ss). Por isso, é provável que essa tenha sido uma visão inaugural, ou seja, aquela que está no início da atuação de Jeremias e determina seu conteúdo. O fato de ela se encontrar, no atual contexto, em segundo lugar não necessariamente depõe contra sua primazia cronológica. No momento da compilação das duas visões, certamente era mais urgente comprovar que a mensagem de desgraça anunciada por Jeremias, de fato, se cumprirá, como expresso na primeira visão.

Pelo aspecto formal, as duas visões são breves e se concentram no decisivo. Para alguns, a segunda visão termina, em analogia formal à primeira, no v. 14.[50] Os v. 15s seriam, então, um

---

[49] Há diversas propostas de alterar, a partir da LXX, a forma verbal do v. 14 para torná-la mais parecida com a do v. 13 e, assim, tornar a assonância mais perceptível. Cf. BHS.

[50] De acordo com Schmidt I, p. 62s e Wanke I, p. 31, os v. 15s são acréscimos à visão da panela.

Jeremias 1: Vocação e envio do profeta　　　　　51

desdobramento da visão da panela, pois acrescentam detalhes sobre a natureza da desgraça.

Ao contrário dos verbos do v. 10, que indicam uma dupla atuação divina, o v. 14 declara explicitamente que a mensagem será unicamente de desgraça (*ra'ah*). Aqui ainda não se entra em detalhes sobre a natureza dessa "desgraça" ou "mal". Também a indicação geográfica "do norte" é vaga. Ainda não se mencionam eventos ou nomes. A terceira informação tem a ver com o grupo afetado pela "desgraça": "todos os habitantes do país". O contexto não deixa dúvidas de que aqui *ha'areṣ* deve ser traduzido por "país" e não "terra, mundo". Afetadas não são as nações como sugerem os v. 5 e 10 do relato de vocação, mas unicamente o território de Judá. Essa indicação política e geográfica recebe uma complementação genérica ("todos os habitantes"), que só mais tarde vai ser caracterizada.

Os v. 15s carecem de elementos poéticos inequívocos. O v. 15 complementa as duas informações básicas, mas um tanto vagas, do v. 14: a indicação geográfica "norte" recebe conotação política: os reinos do norte serão convocados para serem os protagonistas da desgraça. Essa é concebida como uma invasão militar que avançará contra Jerusalém e conquistará as cidades de Judá. Nos tronos colocados à entrada das cidades estarão sentados os reis do norte para coordenar a conquista e decidir sobre os governantes do país. É difícil dizer se a imagem dos tronos ao redor de Jerusalém reflete um acontecimento histórico ou não. Não se mencionam os nomes dos "reinos" que participarão dessa conquista.

A desgraça futura não ocorre por acaso. Deus convoca os reinos (v. 15) e os utiliza como instrumento para seu propósito: julgar os habitantes (v. 16). O v. 16 caracteriza a desgraça (*ra'ah*) como juízo divino por causa da maldade (*ra'ah*) humana. O leitor espera que os reis, sentados em seus tronos, profiram as sentenças sobre os governantes das cidades conquistadas. Mas é o próprio Deus que assume essa tarefa. As pessoas julgadas não são especificadas, mas o contexto parece indicar os habitantes de Jerusalém e das outras cidades sitiadas (v. 15). A terminologia que descreve a culpa humana é típica dos redatores dtr (v. 16).[51] Também é uma característica da literatura dtr entender a idolatria como o pecado por excelência do povo de Israel. Para os redatores dtr,

---

[51] Cf. a tabela comparativa entre Jr 1,16; 2Rs 22,16s; Jr 19,3s; 44,3 e 44,7s, todos textos com linguagem e teologia dtr típicas, em Thiel I, p. 75: "abandonar Deus", "queimar incenso a outros deuses", "obras de suas mãos". Cf. também o excurso "Expressões idiomáticas dtr para caracterizar a apostasia", sob Jr 5,15-19.

52 *Primeira parte: Ditos a Israel, Judá e Jerusalém – Jeremias 1-25*

que viviam após 587, era importante deixar claro que o motivo da catástrofe não foi a incapacidade de YHWH, mas a culpa do povo de Judá. A insistência em caracterizar a culpa de Judá como adoração de deuses estranhos e de ídolos – como transgressão do primeiro e segundo mandamentos – é visível em quase todos os trechos redacionais do livro.

Os relatos de visões e suas complementações compreendem, portanto, o profeta como porta-voz de um anúncio de juízo, num futuro próximo, para seu próprio povo. Não se fala que esse anúncio também se dirige às nações. O juízo futuro acontecerá através da invasão de um exército inimigo, ainda não nominado, que virá do norte. Nada indica que essa mensagem seja mera ameaça que ainda pudesse ser evitada nem que a função do profeta é a de chamar o povo à conversão.

Jr 1,17-19 Envio

17 "Tu, porém, cinge teus quadris, levanta-te e fala para eles tudo que eu te ordenar! Não te apavores diante deles, para que eu não te deixe apavorado diante deles! 18 Mas eis que eu faço de ti, neste dia, uma cidade fortificada, uma coluna de ferro e uma muralha[52] de bronze diante de todo o país: diante dos reis de Judá, seus ministros, seus sacerdotes e o povo da terra. 19 Eles lutarão contra ti, mas não te dominarão, pois eu estarei contigo – dito de YHWH – para te salvar."

A última parte da unidade temática 1,4-19 retoma elementos do relato de vocação (v. 4-10) e os complementa com trechos de outras partes do livro para formar a conclusão do capítulo de abertura do livro. O redator elaborou esse trecho para realçar que o verdadeiro profeta de Deus deve esperar oposição e hostilidade (cf. Ez 3,8s). Para executar o trabalho para o qual é enviado, o profeta precisa arregaçar e prender, com ajuda de um cinto, a túnica solta que veste, de modo que ela não atrapalhe no trabalho, na caminhada ou na luta (cf. 1Rs 18,46). O v. 17aβγ ("fala tudo que eu te ordenar") retoma a ideia dtr do v. 7bβ ("falarás tudo que eu te ordenar"); e o v. 17b ("não te apavores") ecoa a primeira parte do oráculo de salvação do v. 8a ("não temas") para estimular o profeta a assumir uma postura corajosa de resistência diante de seus

---

[52] Leia-se o sing. de acordo com muitos manuscritos e versões.

Jeremias 1: Vocação e envio do profeta   53

opositores, que aqui ainda não são mencionados. Por meio de uma construção bem conhecida das chamadas confissões de Jeremias, que une ação humana e ação divina ("não te apavores... para que não te deixe apavorado"),[53] o profeta é advertido de que Deus poderá deixar a pessoa medrosa à mercê de seu próprio medo.

Os v. 18s contêm elementos do oráculo de salvação. A imagem de cidades e muralhas atacadas e cercadas pelo exército inimigo (v. 15) é adaptada à pessoa do profeta no v. 18: este resistirá aos ataques inimigos como uma cidade fortificada e uma muralha de bronze (cf. 15,20). Esses símbolos de resistência a um ataque militar foram enriquecidos pelo da coluna de ferro, que representa a firmeza e capacidade de sustentar peso.[54] O v. 18 menciona, pela primeira vez, os opositores do profeta; a designação vaga "todo o país" é explicitada por quatro grupos: reis, ministros, sacerdotes e povo da terra, ou seja, os grupos políticos, econômicos e religiosos que detêm o poder na época. São esses os grupos que, de acordo com o v. 19, oferecerão oposição ao profeta, sem, no entanto, conseguir calá-lo. A segunda parte do oráculo de salvação (19b) retoma quase literalmente o v. 8a ("pois eu estarei contigo para te salvar"). A linguagem do trecho reflete situações de conflito e de luta, antecipa, portanto, os conflitos que o profeta enfrentará por causa de sua mensagem. Deus não poupará Jeremias de conflitos, mas, quando surgirem, estará ao lado dele para protegê-lo.[55] A chamada fórmula de citação – "dito de YHWH"[56] – encerra a unidade.

Lista de líderes

Em diversas passagens do livro encontramos listas de líderes políticos e religiosos identificados como opositores de Jeremias: 1,18; 2,26; 4,9; 8,1; 13,13; 17,25; 32,32; 44,17.21. Todas as ocorrências a partir do capítulo 8 se encontram em contextos dtr. O mesmo pode ser dito de 1,8. Apenas 2,26 e 4,9 podem reivindicar autoria jeremiânica. Estas duas passagens contêm quatro grupos de opositores: reis, ministros, sacerdotes e profetas. Elas parecem ter sido a base para as demais ocorrências, que, no entanto, podem

---

[53] Cf. 15,19; 17,14; 20,7.
[54] A LXX não lê "a coluna de ferro" e, além disso, simplifica a leitura do v. 18. Mas não há motivos para supor que, aqui, ela tivesse em mãos um texto melhor ou mais antigo.
[55] Kirst, 1984, p. 78s.
[56] A fórmula de citação *ne'um* YHWH ("dito de YHWH") é vertida pela maioria das traduções em língua portuguesa por "oráculo de YHWH". Eu procurei evitar o termo "oráculo" por estar vinculado a Delfos, onde oráculos eram respostas divinas a consultas feitas à divindade. Os ditos dos profetas bíblicos, no entanto, raramente são respostas a pessoas que os consultam. A fórmula de citação aparece geralmente no final, mas, às vezes, também no meio do dito profético.

apresentar variações, cortando ou substituindo grupos ou inserindo novos. Em 1,8 e 44,21 é inserido "o povo da terra".

O termo vertido, em 1,18, por "ministro" (*sar*, pl. *sarim*) é traduzido, em algumas Bíblias, na esteira da Vulgata, por "príncipe". Trata-se, de fato, de um funcionário do primeiro escalão da administração política, militar ou judiciária, com poder de decisão em questões de estado. 1Rs 4,2-6 relaciona os *sarim* do governo de Salomão. Aqui se trata, sem dúvida, do conselho de ministros. No livro de Jeremias, encontramos ministros reunidos na câmara do escriba real Elisama, no palácio do rei (36,12); em 26,10ss, esses *sarim* assumem funções judiciárias em Jerusalém. Também os oficiais do primeiro escalão militar são denominados *sarim*; eles aparecem, p. ex., como comandantes militares ou oficiais de tropas dispersas após 587 (2Rs 25,23.26; Jr 40,7.13; 41,11.13.16; 42,1.8; 43,4.5). Durante o cerco babilônico, os *sarim* são responsáveis pela defesa da cidade de Jerusalém, assumindo, portanto, uma função de comando militar (37,14s; 38,4). O mesmo termo é usado para designar os comandantes babilônicos mencionados em 38,17s.22; 39,3. Nem sempre fica claro qual a função que um *sar* exerce em determinada passagem. O profeta teve uma experiência ambígua tanto com os ministros como com os oficiais de tropas. Enquanto os ministros de Joaquim tinham compreensão e até simpatia para com o profeta (36), o mesmo não acontecia com os ministros de Sedecias (37s).

O termo "povo da terra" parece ter sido, antes do exílio babilônico, a classe proprietária rural de Judá, que formava a base de sustentação política da dinastia davídica (2Rs 11,19; 21,24; 23,30). Essa importante força política baseada na economia rural de Judá tinha, na época de Jeremias, influência na corte e formava um grupo especial ao lado dos *sarim* e dos funcionários de segundo escalão da corte (Jr 34,18s; 37,2). Durante o cerco de Jerusalém, essa aristocracia rural fez parte do acordo (aliança) para libertar seus escravos para ajudar na defesa da cidade (34,8ss.19). Somente depois do exílio, o "povo da terra" foi vinculado à população que não foi exilada em 587, aos quais os judeus que retornaram do exílio (*golah*) não permitiram participar da reconstrução do templo (Ed 4,1-4), certamente por se tratar de uma população multiétnica e multirreligiosa (Esd 9,1s; 10,2.11; Ne 10,29.31s). A partir daí o "povo da terra" tornou-se um termo pejorativo no judaísmo.

Na lista estão arroladas as lideranças políticas, militares, ideológicas e religiosas que, para os redatores dtr, foram as maiores responsáveis pela catástrofe de 587. (Rüterswörden, 1985; Siqueira, 1994, p. 9-16; Borges de Sousa, 1994, p. 53-58.)

JEREMIAS 2-6: PRIMEIROS DITOS DO PROFETA

Há relativo consenso em que, nos capítulos 2 a 6, encontram-se as palavras mais antigas de Jeremias, isto é, proferidas antes de 605, quando teriam sido ditadas ao escriba Baruc, que as escreveu num rolo – o chamado "rolo original" – para serem lidas publicamente no templo (Jr 36). De fato, Jr 2,2 utiliza a mesma expressão ("clamar/anunciar aos ouvidos") usada em 36,6.10.13.14s.21 para designar a leitura pública do livro no templo e no palácio. Não sabemos, no entanto, quais palavras desse bloco, de fato, constaram nessa primeira coletânea de ditos proféticos.

O complexo de cinco capítulos subdivide-se em duas partes: a primeira contém ditos predominantemente destinados a Israel (Jr 2,1-4,4), a segunda, principalmente a Judá e Jerusalém (Jr 4,5-6,30). Também a temática de ambas as partes difere: enquanto a primeira enfoca a culpa de Israel e a possibilidade de retorno a YHWH, a segunda está marcada pelo anúncio da iminente invasão do inimigo do norte. Os ditos destinados à "casa de Israel" pertencem, em grande parte, à atuação jeremiânica junto aos habitantes do extinto reino do norte que residiam na província assíria da Samaria ou mesmo no território de Benjamim, para onde muitos haviam migrado por ocasião da conquista da Samaria pelos assírios, em 722.[1] Pode-se facilmente imaginar que as palavras dirigidas a essa gente tenham sido proferidas na época de Josias (627-609), pois cabem bem na política de expansão territorial desse rei, que procurou recuperar, em tempos de decadência do império assírio, partes do antigo reino do norte, Israel. Mas também há diversos ditos contra Judá e Jerusalém que refletem uma situação anterior ao expurgo de símbolos religiosos estrangeiros e à eliminação de cultos locais promovidos pelo projeto josiânico de centralização do culto em Jerusalém (622 a.C.; 2Rs 23).

A maioria dos ditos dos capítulos 4-6, entretanto, repercute o conteúdo da visão inaugural de 1,13s e foi destinada a Judá e Jerusalém. Na atual configuração de Jr 2-6, no entanto, as palavras querem ser entendidas como endereçadas a todo o povo, Israel, Judá e Jerusalém (2,2).

---

[1] De acordo com Duhm, 1901, p. 15, os anúncios contidos em 2,1-4,4 foram proferidos pelo profeta em Anatot. Cf. também para o que segue, Scharbert, 1981, p. 40-57, em especial, p. 56s; Albertz, 1982, p. 20-47, em especial, p. 43ss.

JEREMIAS 2-3: PRIMEIROS DITOS A ISRAEL E JUDÁ

JEREMIAS 2

Jr 2,1-3 A afeição da juventude

*1 E a palavra de YHWH veio a mim: 2 "Vai e clama aos ouvidos de
Jerusalém o seguinte: 'Assim disse YHWH:
Lembro-me de ti, da devoção de tua juventude,
do amor da época de teu noivado
quando me seguias no deserto,
em uma terra em que não se semeia.
3 Israel era, então, santo para YHWH,
as primícias de sua colheita.
Todos os que o devoravam se tornavam culpados,
de modo que a desgraça vinha sobre eles' – dito de YHWH."*

Um breve dito profético (2,2aβ-3) recebe uma tripla introdução: a fórmula do acontecimento da palavra (em 2,1) conecta o dito
com o relato de vocação e as duas visões do capítulo 1 (cf. a mesma
fórmula em 1,4.11.13); a ordem de clamar (ou ler publicamente;
2,2aα) forma a introdução do "rolo original" (cf. Jr 36); e, por último,
a fórmula do mensageiro ("Assim disse YHWH") introduz o dito profético. Na atual configuração, os capítulos que seguem se dirigem a
Jerusalém, independentemente se foram destinados originalmente
aos habitantes do antigo reino do norte ou de Judá e Jerusalém.

O dito isolado 2,2aβ-3 parece estar fora de contexto, uma vez
que o v. 4 já apresenta nova ordem para ouvir, dirigida, ao contrário de v. 2s, a uma segunda pessoa do plural. Esses dois versículos
revelam linguagem jeremiânica e parecem ser uma junção de dois
anúncios, já que no v. 3, ao contrário do v. 2, Israel se encontra na
terceira pessoa. No início do bloco 2,1-4,4, o dito serve de chave de
leitura para toda a mensagem dirigida à casa de Israel nos cap. 2s:
a relação amorosa entre YHWH e seu povo que existia no passado
(época do noivado) também é uma possibilidade no presente. Nesses dois versículos, Israel é o povo de Deus do passado que, liberto
da escravidão do Egito, está rumando para a terra prometida.

Jeremias 2   57

Diversas metáforas descrevem essa época ideal do relacionamento entre Deus e seu povo no deserto. A relação é comparada ao amor entre noivos, caracterizado por mútua lealdade. A ideia da relação amorosa na época da peregrinação pelo deserto é adotada de Oseias (Os 2,16s). Também a imagem da relação entre um homem e uma mulher para representar a relação entre Deus e o povo é tomada por empréstimo de Oseias (Os 1-3). Aqui se evidencia o quanto Jeremias foi influenciado pela mensagem e pelo imaginário de Oseias. Mas enquanto Oseias fala de matrimônio, Jr 2,2aβ fala de noivado. No deserto, a relação ainda não estava contaminada por influências estranhas e nocivas; o povo ainda era fiel e devotado e prestava culto ("seguia") a YHWH.

O v. 3 traz uma nova imagem para esta relação ideal da época do deserto: Israel é comparado às primícias da colheita, que eram reservadas para Deus e que, portanto, não podiam ser consumidas por estranhos (Lv 22,10). "Santa" é parte da produção separada para Deus, portanto intocável. Os inimigos que ousassem eliminar (na metáfora das primícias: "devorar, consumir") o povo sofriam as consequências. A relação amorosa representava, portanto, também proteção para o povo. A metáfora do "devorador" das "primícias" permanece vaga; ela não permite identificar personagens ou eventos específicos na história do povo de Israel.

Jr 2,4-13 Israel abandona seu Deus

4 Escutai a palavra de YHWH, casa de Jacó, e todos os clãs da casa de Israel! 5 Assim diz YHWH:
"Que delito foi que vossos pais encontraram em mim,
para que se afastassem de mim
e andassem atrás do nada,
transformando-se, também eles, em nada?
6 Eles não perguntaram: 'Onde está YHWH,
que nos fez subir da terra do Egito,
que nos conduziu pelo deserto,
por uma terra de estepes e desfiladeiros,
por uma terra árida e sombria,
por uma terra pela qual ninguém passa
e na qual nenhum humano mora?'
7 Mas fui eu que vos fiz entrar na terra de pomares,
para comerdes de seus frutos e de suas delícias.
Vós, porém, entrastes e contaminastes minha terra,
transformando minha herança em abominação.

58 *Primeira parte: Ditos a Israel, Judá e Jerusalém – Jeremias 1-25*

8 Os sacerdotes não perguntaram: 'Onde está YHWH?'
Os guardiões da lei não me conheceram,
os pastores se rebelaram contra mim,
os profetas profetizaram por Baal,
de modo que se andasse[2] atrás dos que não ajudam.
9 Por isso, ainda demandarei contra vós – dito de YHWH –
e demandarei contra os filhos de vossos filhos.
10 Passai, pois, às ilhas de Cetim e vede!
Enviai a Cedar e informai-vos bem!
Vede se alguma vez já aconteceu algo semelhante!
11 Acaso uma nação já trocou seus deuses?
– E esses nem deuses são! –
Meu povo, contudo, trocou sua glória
por algo que não pode ajudar.
12 Espantai-vos[3] com isso, ó céus,
arrepiai-vos e ficai muito abalados[4] – dito de YHWH.
13 Porque meu povo cometeu dois males:
a mim me abandonaram,
uma fonte de água viva,
e para si cavaram cisternas,
cisternas rachadas
que não conseguem conter a água."

As palavras são dirigidas à "casa de Jacó" e aos clãs da "casa de Israel" (v. 4). No livro de Jeremias é muito difícil dizer com absoluta certeza se o termo "Israel" se refere ao território do reino de Israel (norte) e seus habitantes ou se Judá já adotara esse nome como sucessor do antigo povo de Deus, após a memória do reino do norte, Israel, ter desvanecido. O paralelismo com "casa de Jacó" e o uso de linguagem tribal ("clãs") podem indicar que a palavra fora originalmente endereçada às famílias dos descendentes dos que sobreviveram o fim do reino do norte.[5] Ela cabe bem na época de Josias, anterior à reforma, e talvez tenha sido proferida em Anatot.

---

[2] Também pode ser traduzido por: "e andaram/correram (*scil.* os profetas) atrás dos...)". Na tradução se dá preferência ao sujeito indeterminado; cf. Hollenberg; Budde, 1972, § 43a.

[3] Há um jogo de palavras entre "céus" (*shamayim*) e o verbo "espantar-se, ficar estupefato" (*shamam*).

[4] Com a versão Siríaca (*ḥirdu*, de *ḥarad* "tremer, abalar-se"). O TM lê um imperativo incomum de *ḥarab* "ficar seco, devastado", o que dá pouco sentido.

[5] Wanke I, p. 36. Cf. o excurso "O uso de 'Israel' no livro de Jeremias", sob Jr 2,14-19.

Jeremias 2 59

Do ponto de vista formal, o texto trabalha com elementos de um processo jurídico, no qual YHWH se defende, perante um tribunal imaginário, de acusações que lhe são feitas pelo povo. Não se diz explicitamente de que delitos YHWH é acusado. Primeiramente, Deus se dirige aos que o acusam para afirmar que nada fez de errado para que o povo o abandonasse, e contra-ataca acusando, por sua vez, o povo e sua liderança, prometendo levar o caso a juízo (v. 4-9). Dirigindo-se ao tribunal, YHWH traz sua argumentação em favor de sua causa reforçando o erro cometido pelo povo (v. 10s). Por fim, YHWH invoca suas testemunhas, mostrando-lhes o caráter insólito do comportamento do povo (v. 12s).

O v. 5 fala das gerações passadas de Israel que se afastaram de Deus. Conforme o v. 5b, este afastamento consistiu no "andar atrás do nada". O termo *hébel* "sopro, hálito, vazio, nada" é utilizado para designar os ídolos (8,19; 14,22; 16,19), que não têm poder, mas podem levar à aniquilação do povo. Talvez se pense, aqui, no fim do reino do norte e na queda de Samaria (cf. 2Rs 17,15).[6] A acusação que pesa sobre o povo é que se esqueceram de seu Deus e de seus feitos em favor do povo: a libertação do Egito, a direção no deserto e a dádiva da "terra de pomares". Esse esquecimento (v. 6) contrasta com a lembrança que Deus tem da relação amorosa inicial com seu povo (v. 2). Aparentemente as pessoas faziam distinção entre o Deus dos feitos da história (YHWH) e o Deus que concedia fertilidade à terra e aos animais (Baal). Essa divisão de competências não cabia na teologia do profeta. Mas também se vislumbra uma outra diferença entre YHWH e Baal: enquanto YHWH é apresentado como o Deus que está presente onde não existe nada, no deserto inóspito e perigoso (v. 6), Baal é adorado onde há fartura, abundância e prosperidade (v. 7s). Também por isso o culto a Baal era tão sedutor.

As consequências da veneração a Baal resultaram na contaminação da terra (v. 7): a terra ficou "contaminada" (impura) e tornou-se uma "abominação". Os termos revelam delitos cultuais. Provavelmente se alude aqui a ritos de fertilidade vinculados ao culto a Baal, que incluíam componentes de ordem sexual (cf. 2,20). O v. 8 retoma o v. 6 ("eles não perguntaram"), evidenciando que a liderança política e espiritual do povo promoveu ou incentivou essa apostasia. Os sacerdotes são responsáveis pela instrução do povo,

---

[6] O v. 5b é considerado por muitos uma interpretação dtr do "afastamento" de YHWH por parte do povo, uma vez que, para essa escola, a idolatria é o pecado por excelência de Israel; cf. Thiel I, p. 80s.

60   *Primeira parte: Ditos a Israel, Judá e Jerusalém – Jeremias 1-25*

porque têm o conhecimento da lei (18,18; Ez 7,26). Mas os guardiões da lei não necessariamente conhecem Deus (cf. Os 4,6; 5,4). Conhecer Deus implica não só um conhecimento teórico, mas, sobretudo, um comportamento prático. Os "pastores" são a liderança política (Jr 10,21;12,10; 23,1ss). Na lista de líderes eles são identificados com reis e ministros (2,26; 4,9; 17,25). Os responsáveis pela interpretação da realidade à luz da revelação de Deus, os profetas, estão obcecados pela prosperidade vinculada a Baal.[7] A vinculação da profecia com Baal remete aos profetas do antigo reino do norte (23,13).

No v. 9, abandona-se a retrospectiva histórica e volta-se ao presente. Aparentemente nada mudou: o erro dos pais é o mesmo cometido pelos filhos e netos. Esses "netos" talvez apontem para a terceira geração dos que se refugiaram em Judá após o colapso do reino do norte em 722. O juízo do v. 9 ainda não está relacionado à invasão do inimigo do norte. Mas também os atuais habitantes do reino do norte terão que prestar contas em juízo. Aquele que foi processado entrará em juízo contra quem o processou.

Os membros do tribunal são exortados, nos v. 10s, a fazer uma pesquisa entre todas as nações, do extremo oeste – os habitantes da ilha de Chipre (Cetim) – ao extremo leste – a tribo árabe de Cedar (cf. Is 18,2; Am 6,2). O tema da pesquisa é o comportamento religioso das nações. A pergunta retórica do v. 11 só pode ser respondida negativamente: não há nação que abandona seu Deus. Essa comparação entre as religiões dos povos pressupõe que cada nação tenha seu Deus e sua religião. Ainda que as outras nações desconheçam, conforme o texto, o verdadeiro caráter da divindade, elas não podem ser acusadas de infidelidade a seu Deus.[8] Com essa atitude positiva das nações contrasta o comportamento inusitado de Israel, que troca aquilo que deveria representar seu orgulho e sua honra *(kabod)* por algo que não tem nenhuma eficácia (v. 11b).

No final de seu discurso de defesa, YHWH se dirige aos céus, que servem de testemunhas no julgamento (cf. Is 1,2), e lhes apresenta o comportamento absurdo e irracional de seu povo em forma de metáfora. Além de preferir a água estagnada e choca de uma cisterna à água corrente e limpa de uma fonte, o povo ainda está

---

[7]   Para Snoek, 1992, p. 97, a adoração a Baal servia para a busca da prosperidade individual em contraposição a YHWH, que quer a justiça e promoção do bem comum. Quanto às implicações econômicas do culto da fertilidade, cf. Silva, 1992, p. 72-76.

[8]   Wanke I, p. 37.

Jeremias 2   61

sujeito a perder a água que tem devido a rachaduras que podem surgir no cimento das cisternas.

> ### Baal, o Deus das chuvas
>
> Baal ("senhor, proprietário"), o Deus mais importante da Síria, é atestado em textos ugaríticos a partir do século XIV a.C. e identificado com a divindade arameia Hadad. Sua residência se encontra no monte Ṣafon ("norte"). Baal é o Deus da tempestade e das chuvas ("o que cavalga sobre as nuvens") e, portanto, da fertilidade da terra e dos animais e, por extensão, da prosperidade e da fartura. Imagens o mostram de pé sobre um touro, símbolo da força procriativa, segurando raios em ambas as mãos ou, então, empunhando uma lança de cujo cabo nasce uma planta. Nos mitos é descrito como quem derrota a divindade Yam ("mar"), mas é derrotado e morto por seu inimigo Mut ("morte"), descendo à região dos mortos, de onde é salvo por sua irmã Anat. A morte de Baal coincide com a morte da natureza no estio do verão, sua ressurreição, com a renovação da vegetação no início da época das chuvas. Em outro mito, Baal mantém relações sexuais com Anat, de cuja união nasce um novilho que simboliza a força da procriação humana e animal. A forma plural ("baalins") remete às diversas representações da divindade nos diversos locais de culto. A partir do século VIII, houve uma gradativa assimilação de traços típicos de Baal por parte de YHWH (cf. Os 6,3: YHWH é o Deus das chuvas; cf. Sl 65,10-14; 135,7). (Keel, 1972, p. 193s; Ringgren, 1979, p. 205ss; Keel; Uehlinger, 1992, p. 296s.)

Jr 2,14-19 Uma lição da história

14 Por acaso Israel é um escravo
ou um servo nascido em casa[9]?
Por que se tornou uma presa
15 sobre a qual jovens leões rugem
e lançam seus bramidos?
Eles transformaram sua terra em desolação;
suas cidades estão queimadas,
sem nenhum habitante.[10]
16 Até os filhos de Nof e Táfnis
te raspam a cabeça![11]

---

[9] A Vulgata: *vernaculus*.

[10] O v. 15 inicia com imperfeito ("rugem"), continua com perfeito ("lança[ra]m"), imperfeito consecutivo ("[e] transformaram") e finaliza novamente com perfeito ("estão [=foram] queimadas"). A tradução acima entende que se fala de um evento no passado cujas consequências perduram até o presente.

[11] Literalmente: "pastam (*scil.* o cabelo)".

62   *Primeira parte: Ditos a Israel, Judá e Jerusalém – Jeremias 1-25*

17 Acaso não foste tu quem ocasionou isso,
por teres abandonado YHWH, teu Deus?[12]
18 Agora, que fazes a caminho do Egito
para beber as águas do Sior?
E que fazes a caminho da Assíria
para beber as águas do rio?
19 Tua maldade é que te castiga,
e tuas rebeldias é que te repreendem.
Reconhece e vê como é mau e amargo
teres abandonado YHWH, teu Deus,
e não teres sentido temor diante de mim –
dito do Senhor, YHWH dos Exércitos.

A interpretação desse trecho tropeça em diversos problemas vinculados aos tempos verbais. Não se sabe ao certo quando o texto se refere ao passado, quando ao presente e quando ao futuro. A proposta de tradução acima entende que, aqui, se trata de eventos do passado. Mas permanece a pergunta: quais são esses eventos mencionados nos v. 15s.18?

Formalmente, o trecho é uma retrospectiva histórica com elementos de uma discussão entre o profeta e seus ouvintes. Isso se evidencia nas perguntas retóricas que perpassam o texto. No início de uma discussão, a pergunta retórica tem a função de estabelecer um ponto em que os ouvintes podem concordar com o profeta. A primeira pergunta, no v. 4, naturalmente receberá dos ouvintes um "não" como resposta. A partir desse consenso inicial, o profeta inicia uma argumentação que leva os interlocutores a concordarem com suas conclusões. Se Israel é um povo livre (v. 14), até algo sagrado para Deus e, portanto, intocável (v. 3), não se explica o que aconteceu no passado: o povo tornou-se qual presa nas garras de leões (cf. Is 5,29). A imagem dá a entender que Israel tornou-se dependente de outras nações; estas deixaram suas cidades queimadas e suas terras devastadas. A hipótese mais viável é que se trata, nos v. 14s, dos efeitos da invasão assíria em 722, no reino do norte, e em 701, no reino do sul. Nesse caso, o termo Israel se refere, aqui, aos habitantes de ambos os territórios (v. excurso abaixo).

A partir do v. 16, o anúncio se dirige a uma 2ª p. f. sing.: imagina-se Israel como sendo mulher. Também o v. 16 deve estar

---

[12]   O TM acrescenta, no final do v. 17, "na época daquele que te conduz pelo caminho", o que, no entanto, deve ser ditografia do início do v. 18. A LXX omite o trecho.

Jeremias 2 63

relacionado a eventos da história passada, apesar da forma verbal no imperfeito (imperfeito iterativo). O v. 16 parece aludir a uma ingerência imperialista dos egípcios – representados, aqui, pelos habitantes de Mênfis e de Dafne[13] – na Palestina que resultou em ritos de luto e vergonha como "raspar a cabeça" (cf. Is 3,24; Am 8,10). O v. 18, introduzido por "agora", marca a mudança da retrospectiva histórica para a descrição do momento atual. Ele pressupõe uma época em que a Assíria, ao lado do Egito, ainda tinha alguma influência política na Palestina. Isso aponta para a época anterior à destruição de Nínive, em 612, quando as duas potências orientais ainda disputavam a hegemonia sobre o corredor sírio-palestinense.

O povo de Israel, que deveria ter uma vida de filho livre, torna-se presa de inimigos e politicamente dependente das grandes potências da época. Como estado dependente precisa fazer uma política de aliança que, dependendo do momento, pende para um ou para o outro lado. Este é o destino dos estados pequenos na região, que ora buscam a benevolência do império ao sul, o Egito ("beber as águas do Sior"), ora do império do norte, a Assíria ("beber as águas do rio [Eufrates]").[14] Na interpretação de Jeremias, o próprio povo deve ser responsabilizado por essa situação. Como causas são mencionadas: abandono de Deus (v. 17.19), maldade, rebeldias e falta de temor de Deus (v. 19). São termos bem genéricos que não permitem explicitar a que práticas ou delitos específicos o profeta se refere. O termo "maldade" (v. 19) sugere que também havia delitos sociais. Em todo caso, a política de alianças é considerada "abandono de Deus" e falta de "temor de Deus". Ela é responsável pela situação de dependência do povo (cf. Is 30,1ss). Toda a retrospectiva histórica quer levar os interlocutores do profeta a reconhecerem que a situação "amarga" em que se encontram é devida à política de alianças de seu governo e à prática social e cultual que não se coaduna com a relação do povo com seu Deus. O profeta espera que o povo aprenda com sua história.

---

[13] Nof, do egípcio *mnf*, é a cidade egípcia de Mênfis, na região do delta do Nilo, o mais importante centro do baixo Egito na época. *Taḥpanḥes* ou Táfnis ("casa dos núbios"; cf. Liwak, 1987, p. 168), chamada por Heródoto de Dafne, atual *tell-defenneh*, no delta oriental, era um forte fronteiriço egípcio. Os dois lugares aparecem também em Jr 44,1 (cf. 43,7s).

[14] Sior ("açude de Hórus") é o braço oriental do rio Nilo. O rio assírio é o Eufrates.

O uso de "Israel" no livro de Jeremias

O vocábulo "Israel" pode referir-se a diversos grupos no livro de Jeremias. Numa primeira acepção, o vocábulo designa as tribos israelitas do passado, tanto em trechos atribuídos ao próprio profeta – como as retrospectivas históricas de 2,3; 7,12; 31,2 – quanto em trechos dtr como 12,14; 16,14; 23,7. O termo "Israel" também é utilizado para o antigo reino do norte e seus habitantes tanto por Jeremias (3,12.20.21; 4,1; 5,11; 23,13; 31,4.7.9) quanto pela redação dtr (p. ex., 11,10.17;13,11; 30,3; 31,27; 32,30). Essa segunda acepção fica bem evidente quando Israel se encontra em paralelo com Judá. Mas aparentemente o profeta também já transferira o termo Israel para os habitantes de Judá, que, após a queda do reino do norte em 722, se entendiam como herdeiros da história israelita e, por isso, adotaram esse título honorífico (cf. já Mq 3,1.8s). Isso se pode constatar em textos como Jr 5,15; 6,9; 18,6.13. Essa terceira acepção não se encontra em textos dtr, onde, no entanto, já se vislumbra um quarto uso de Israel: o futuro povo da salvação (Jr 16,15; 31,1).
Deve-se ter em conta também que o profeta pode ter usado o termo Israel para habitantes de ambos os reinos simultaneamente, pois, em especial na época de Josias, as divisas entre o território de Judá e a província assíria de Samaria se haviam tornado fluidas. Em todo caso, quando os mais antigos ditos proféticos foram reunidos no chamado "rolo original", certamente não mais havia necessidade de diferenciar destinatários, pois entendia-se que todos os ditos, independentemente de quando ou para quem foram proferidos, eram fala divina para todo o povo. Isso possibilitou não só a mescla de ditos de diferentes contextos como também favoreceu a compreensão de Israel como uma grandeza única. (Thiel I, p. 212s; Liwak, 1987, p. 173; Schmidt I, p. 80.)

Jr 2,20-28 Crítica ao culto

20 Sim, desde tempos remotos quebraste teu jugo,
rompeste tuas correias,
disseste: "Não servirei!"
Contudo, sobre toda colina elevada
e sob toda árvore frondosa
te deitavas como prostituta.
21 Mas eu te havia plantado como videira nobre,
toda ela de cepa autêntica.
Como te transformaste em ramos estragados[15]
de uma videira bastarda?

---

[15] De acordo com proposta de Rudolph, 1968, p. 18; cf. BHS. O TM separa incorretamente as três palavras hebraicas.

Jeremias 2   65

22 Ainda que te laves com natrão
e uses bastante potassa,
a mancha de teu delito permaneceria diante de mim – dito do Senhor
YHWH.

23 Como podes dizer: "Não me tornei impura,
não andei atrás dos baalins!"
Observa tua conduta no vale,
reconhece o que fizeste:
eras uma jovem e ágil camela
que corria sem rumo[16],
24 uma asna selvagem acostumada ao deserto,
que resfolega no ardor de seu cio,[17]
sua paixão – quem poderá contê-la?
Todos os que a procuram não precisam cansar-se,
eles a encontram no mês dela.
25 Evita que teu pé esteja descalço,
e que tua garganta tenha sede!
Mas tu dizes: "Não! É em vão!
Pois amo os estranhos,
quero andar atrás deles!"

26 Como a vergonha de um ladrão ao ser flagrado,
assim se envergonhará a casa de Israel:
eles, seus reis, seus ministros,
seus sacerdotes e seus profetas,
27 que dizem à madeira: "Tu és meu pai!"
e à pedra: "Tu me deste à luz!"
Contudo, a mim voltam as costas
e não a face;
mas, no tempo de sua desgraça, dizem:
"Levanta-te e ajuda-nos!"
28 Mas onde estão teus deuses que fabricaste para ti? Que se levan-
tem, se é que podem te ajudar no tempo de tua desgraça. Sim, tão
numerosas quanto tuas cidades são teus deuses, ó Judá.[18]

---

[16] Literalmente: "que trançava seus caminhos; ziguezagueava".
[17] Literalmente: "no desejo ardente de sua alma/vida".
[18] A LXX acrescenta "e tão numerosas como as ruas de Jerusalém são os que queimam incenso a Baal", o que provavelmente é um acréscimo a partir de 11,13.

66   *Primeira parte: Ditos a Israel, Judá e Jerusalém – Jeremias 1-25*

O trecho pode ser dividido em três partes: v. 20-22, v. 23-25 e v. 26-28. As duas primeiras são fala de YHWH a Israel concebida como uma mulher (2ª p. f. sing.), enquanto a última é uma fala sobre Israel, provavelmente do profeta (v. 26s), acrescida de um comentário em prosa que menciona Judá (v. 8). A linguagem é rica em imagens e mostra dependência de profetas que antecederam Jeremias, em especial de Oseias. A primeira parte denuncia a "culpa" ou o "delito" (*'awon*) de Israel (v. 22), imaginada como uma mancha encardida que nenhuma lavadeira consegue tirar com os produtos de limpeza da época. Natrão e potassa eram utilizados como alvejantes e tira-manchas em roupas e outros objetos. A imagem da novilha obstinada que se recusa a trabalhar no arado e arrebenta os canzis e as amarras que formam a canga (v. 20) é adotada de Os 4,16 (cf.10,11) e também é pressuposta em Jr 5,5. A imagem recebe sua interpretação a partir do verbo "servir", que tem tanto o sentido de "trabalhar para alguém" como de "cultuar" uma divindade. A recusa de "servir" é, portanto, a recusa de "cultuar" YHWH. O delito é, sem dúvida, de cunho religioso ou cultual. Nesse sentido, o v. 20b identifica corretamente o tipo de delito com apostasia, apesar de esta ser uma típica interpretação da redação dtr. Também a expressão "sobre toda colina elevada e sob toda árvore frondosa" é típica linguagem dtr (Dt 12,2; 1 Rs 14,23; 2Rs 16,4; 17,10; Jr 3,6.13; 17,2), mas tem sua origem em Oseias (4,13). Também a imagem da "prostituição" para qualificar o culto apostático faz parte do imaginário desse profeta (Os 1s; 4,11ss). O termo está vinculado à imagem da relação amorosa de YHWH com seu povo Israel, que é comparada ao noivado ou matrimônio (cf. 2,2).[19] Nesse caso, a infidelidade do povo e seu abandono de YHWH puderam ser qualificados como adultério ou mesmo como "prostituição". Esse termo certamente também foi escolhido por causa dos ritos sexuais vinculados ao culto da fertilidade.[20]

A segunda parte da unidade (v. 23-25) espelha uma discussão real ou aparente do profeta com interlocutores que afirmam ser inocentes. Também esse grupo é concebido como sendo uma mulher. Citam-se duas afirmações desse grupo que revelam sua falta de consciência de ter cometido algum delito cultual (v. 23a). Aparentemente o povo crê que o culto que realiza é um culto legítimo a YHWH. Os elementos do culto a Baal provavelmente já se

---

[19] Veja excurso "A mulher na metáfora do matrimônio", sob 3,1-5.
[20] Veja excursos no final da unidade.

Jeremias 2

haviam assimilado ao culto a YHWH de tal forma que muitos não mais podiam distingui-los. O culto ao Deus Baal adota diferentes expressões ("baalins") nos diversos santuários (cf. 2Rs 1,6). Em sua fala, o profeta aponta para a conduta no "vale", que pode ser uma referência ao sacrifício de crianças no vale Ben-Enom (7,31; 19,5) ou, então, a cultos da fertilidade realizados nos vales. É o que indicam as imagens escandalosas que seguem (v. 23b-24): Israel é comparado a uma camela (v. 23b) e a uma asna (v. 24) no cio. Como um animal sem rumo e sem controle, dominado por seu próprio impulso, Israel se deixou levar pelas promessas de fartura e prosperidade dos cultos da fertilidade (cf. Jr 5,7s).

A admoestação do v. 25 parece aludir à prática de andar (em procissão?) ou correr atrás de deuses (amantes) "estranhos". O profeta adverte para eventuais consequências negativas: quem corre descalço pode machucar os pés e ficar com a garganta seca. Mas o povo desconsidera a advertência e reafirma sua vontade de continuar com seu culto desvirtuado. Essa sua opção é consciente.

O último trecho da unidade (v. 26-28) abandona o discurso direto a uma 2ª p. f. sing. para falar sobre a "casa de Israel" na 3ª p. m. pl. A imagem utilizada, agora, é a de um ladrão que não tem desculpa nem argumento em sua defesa, porque foi pego em flagrante. O v. 26b – talvez um acréscimo redacional dtr (cf. 1,18; 32,32) – restringe a culpa à liderança política (reis e ministros) e religiosa (sacerdotes e profetas) do povo. O delito de Israel consiste em confessar que as divindades representadas pela "madeira" (*asherá*) e pela "pedra" (*maṣebá*) são divindades geradoras de vida. Ao contrário do costumeiro, a "madeira" é considerada, aqui, a divindade masculina e a "pedra", a divindade feminina. Parece que o povo se dirigia, em suas necessidades individuais e familiares, a divindades protetoras particulares (v. 27a), mas, em época de necessidade ou ameaça nacional, a YHWH (v. 27b). YHWH se havia tornado, por causa de sua vinculação com instituições nacionais como o templo e a monarquia, um Deus tão distante que, nas necessidades imediatas, o povo se acostumara a buscar uma ajuda alternativa? Para o profeta não há essa dissociação: YHWH é o Deus da história do povo e também o Deus pessoal de cada israelita.

O v. 28 é um acréscimo redacional em prosa, pois além de introduzir "Judá" como destinatário da palavra profética, pressupõe, ao contrário do v. 27, que, também em tempos de desgraça nacional, invocam-se os deuses "criados" pelo povo. O versículo

68   *Primeira parte: Ditos a Israel, Judá e Jerusalém – Jeremias 1-25*

desqualifica ironicamente as outras divindades, confundindo-as com as imagens que as representam.[21]

O culto sobre as colinas e sob as árvores

Os cultos sobre morros ou colinas eram celebrados ao ar livre e consistiam basicamente de sacrifícios de comunhão, bem como de sacrifícios queimados à divindade sobre um altar simples. Apesar de esses cultos locais ao ar livre terem sido originalmente celebrados a YHWH (1Sm 9,13), eles foram, a partir de Oseias (4,13) e em especial pelo Deuteronômio e pela literatura deuteronomista (Dt 12,2; 1Rs 3,3; 11,7s), desqualificados por adotarem aspectos da religiosidade cananeia que eram escandalosos para a fé israelita tradicional. Um desses aspectos deve ter sido a presença de objetos de culto vinculados a divindades cananeias (Os 4,12; Jr 2,27), representadas por objetos de madeira (troncos, postes, *asherás*) ou de pedra (estelas, colunas, *maṣebas*). Os postes de madeira simbolizavam a árvore sagrada, representando a divindade feminina (no caso Asherá). Não por acaso, as celebrações eram realizadas sob "árvores frondosas" (cf. Dt 12,2; 1Rs 14,23; 2Rs 16,4; 17,10; Jr 3,6.13; 17,2). As colunas de pedra, por sua vez, representavam a divindade masculina (YHWH ou Baal). Esses objetos cultuais podem ter sido utilizados para consultas à divindade (Os 4,12) ou venerados como representação do Deus criador e doador de vida (Jr 2,27). No santuário de Arad, p. ex., foi encontrada uma estela no santo dos santos para representar a presença de YHWH (cf. também Gn 28,18). O mais escandaloso, no entanto, parece terem sido os ritos sexuais vinculados ao culto da fertilidade, que receberam, a partir de Oseias, a designação "prostituição". (Keel; Uehlinger, 1992, p. 259ss.)

O culto à fertilidade e seus ritos

Geralmente se mencionam dois ritos vinculados ao culto da fertilidade. O primeiro é um rito de iniciação de moças em idade de casar-se. Conforme o relato de Heródoto (História I, 199), jovens mulheres babilônicas entregavam, em recintos sagrados, sua virgindade a estranhos para receberem da divindade a capacidade de procriação. O rito ocorria uma única vez na vida da mulher. Ele podia ser repetido somente como cumprimento de um voto. O costume também é atestado na Fenícia. O segundo rito é a prática costumeiramente chamada de "prostituição sagrada", cujo objetivo era provocar, com o ato sexual em espaço sagrado, uma ação análoga por parte das divindades responsáveis de modo a garantir a fertilidade de campos e animais. Para esse rito havia pessoas especializadas consagradas (hierodulos e hierodulas), também chamadas de prostitutos ou prostitutas sagradas (*qedeshim* "sagrados"; *qedeshot* "sagradas"; Os 4,14; Dt 23,18;

---

[21] Veja o excurso "O culto e as imagens", sob 10,1-16.

Jeremias 2 69

Gn 38,21s) que, como os sacerdotes, eram funcionários do templo. As relações sexuais ocorriam regularmente em espaço sagrado e buscavam reproduzir a união entre a divindade masculina e feminina que garantia a renovação da natureza. Na Mesopotâmia, a união matrimonial entre Dumuzi e Inana se dá através da relação sexual entre o rei e uma sacerdotisa, representando a Deusa, no festival do ano-novo com o objetivo de promover o crescimento da vegetação e a abundância de animais. Os termos hebraicos mostram claramente que não se tratava de prostituição como a conhecemos hoje, mas de um rito vinculado a um culto. (Ringgren, 1979, p. 237s; Wolff, 1976, p. 109s.)

Jr 2,29-37 Falta de percepção do povo

29 Por que estais em litígio comigo?
Vós todos vos rebelastes contra mim – dito de YHWH.
30 Em vão castiguei vossos filhos,
eles não aceitaram correção.
Vossa espada devorou vossos profetas
como um leão voraz.
31 (Vós sois esta geração! Observai a palavra de YHWH!)[22]
Acaso tornei-me um deserto para Israel,
ou uma terra de densas trevas?
Por que meu povo diz:
"Queremos vaguear livremente;
não mais queremos voltar a ti"?
32 Acaso uma virgem se esquece de seus adornos?
ou uma noiva, de seu cinto[23]?
Mas meu povo se esqueceu de mim,
desde dias sem conta!
33 Como planejas bem teu caminho
para ir em busca de um amor!
Por isso também habituaste
teus caminhos ao crime:
34 até nas orlas de tuas vestes[24] se encontra
o sangue de pobres inocentes.
E não os surpreendeste no ato de roubar!
E, além disso tudo,[25]

---

[22] "Vós sois essa geração! Vede a palavra de YHWH!" deve ser uma observação colocada à margem do texto por um leitor que aplicou a palavra à sua realidade. A observação foi posteriormente incluída no corpo do texto por um copista.

[23] Significado incerto da palavra vertida por "cinto".

[24] A LXX apresenta uma leitura mais fácil: "em tuas mãos".

[25] O fim do v. 34 não é claro ("e, além disso tudo"). A leitura da LXX ("mas sobre cada terebinto") não dá sentido.

70 Primeira parte: Ditos a Israel, Judá e Jerusalém – Jeremias 1-25

35 tu ainda dizes: "Sou inocente!
Pois certamente a ira dele se afastou de mim!"
Eis que entrarei em juízo contra ti
por teres dito: "Não pequei!"
36 Com que facilidade[26] mudas teu caminho!
Também do Egito sairás envergonhada,
como saíste envergonhada da Assíria.
37 Também dali sairás
com as mãos sobre tua cabeça.
Pois YHWH rejeitou aqueles em quem confias;
não terás êxito com eles!

A unidade temática é uma composição de quatro ditos proféticos de conteúdo semelhante: a) v. 29-30 é uma fala divina a uma 2ª p. m. pl. em que Deus se dirige ao povo para defender-se de acusações feitas; b) em v. 31aβb-32, a fala divina se dirige a um tribunal fictício para contestar a legitimidade da acusação do povo; c) nos v. 33-35, Deus se dirige novamente ao povo, na 2ª p. f. sing., dessa vez para acusá-lo e ameaçá-lo de entrar em juízo contra ele; d) os v. 36-37 acrescentam, também numa fala divina a uma 2ª p. f. sing., uma crítica à política de alianças de Israel.

No ambiente fictício de um tribunal, a pergunta inicial de YHWH a seus interlocutores já indica que a acusação feita em juízo contra ele não tem fundamento (v. 29a), pois tudo que aconteceu no passado tem sua causa no fato de o povo ter rompido com Deus ("rebelião"). Parece que uma acusação trazida pelo povo foram as derrotas militares de Israel no passado (v. 30a: "castiguei vossos filhos"). Deus se defende, afirmando que os acontecimentos adversos do passado servem para corrigir erros e para aprender a não repeti-los (cf. Is 9,12; Jr 5,3). A reação do povo, no entanto, foi assassinar seus profetas (30b). Não sabemos a que caso específico de assassinato se alude aqui. Talvez se tenha em mente tradições como 1Rs 18,4.13; 19,14, da época de Acab, ou mesmo o sangue de inocentes derramado por Manassés (2Rs 21,16; 24,4). O livro de Jeremias conhece a execução de Urias pela espada (Jr 26,23). Aqui, o próprio povo é comparado a um leão voraz ("destruidor"). Mais tarde, a imagem do "leão destruidor das nações" será utilizada para qualificar a voracidade do inimigo do norte (4,7; cf. 5,6; 12,8).

---

[26] De acordo com a proposta da BHS e as versões (cf. Rudolph, 1968, p. 22).

Jeremias 2 71

Após o comentário do leitor (v. 31aα), que conclama a "observar" a "palavra de YHWH" como se a mesma já estivesse sob forma escrita e pudesse ser vista, Deus se dirige ao júri fictício para defender-se da acusação de ter sido um "deserto" para seu povo (31aβ). O deserto não tem, aqui, a conotação positiva da época da relação harmoniosa entre o povo e seu Deus como em Jr 2,2 e 31,2. Pelo contrário, o deserto representa, nesse versículo, a terra que nada produz e onde os perigos ameaçam a vida. Seria uma alusão ao fato de que, na ótica do povo, YHWH é o Deus do "deserto" e, como tal, não tem competência sobre a fertilidade e a renovação da natureza? As terras sombrias seriam uma alusão à morte da natureza que vem com a estiagem? Ou seria uma referência a um Deus distante e inacessível? Em todo caso, também essa situação de esterilidade ou distanciamento foi ocasionada pela decisão do próprio povo de livrar-se do vínculo que o unia a YHWH (v. 31b). Diante dos jurados, YHWH tenta mostrar o absurdo da decisão do povo de deixar seu Deus ("esquecer") com a imagem da jovem mulher que nunca desprezaria ("esqueceria") os adornos que destacam sua beleza e lhe concedem status (v. 32). Mas esse absurdo não é novidade, o esquecimento de Deus faz parte da história do povo ("desde dias sem conta").

No v. 33, YHWH se dirige novamente ao povo, imaginado como mulher, para acusá-lo de saber muito bem como andar em busca de amores. Deve-se pensar, aqui, na promiscuidade cultual (v. 23s) com outras divindades (amantes; 2,20-25). Novo é que a prática cultual está levando a uma conduta ética nociva à sociedade ("maldade/crime"). O v. 34 explicita este crime: derramamento de sangue inocente. Não se trata, aqui, de crimes isolados ou cometidos em legítima defesa – quanto à morte de um ladrão em flagrante delito, cf. Êx 22,1 – mas de algo costumeiro ("habituaste teus caminhos"). A relação entre culto a Baal e prática criminosa não fica clara. Pensa-se nos sacrifícios de crianças do vale de Enom (7,6; 19,4) ou no sangue derramado por Manassés (21,16) na esteira de sua política de submissão à Assíria e de aceitação de cultos estrangeiros? Em todo caso, de acordo com o profeta, dar as costas a YHWH tem implicações éticas. Curioso é que o povo se considera inocente desses crimes. Será que certas práticas vinculadas a cultos não eram consideradas criminosas? Ou pensava-se que assassinatos políticos eram necessários por motivos de segurança? O argumento para sustentar a afirmação de inocência é inusitado: Deus não demonstrou sua ira (v. 35a). Conforme o v. 30, os castigos divinos não levaram a corrigir a conduta do povo. Agora, no entanto, a falta do castigo divino (v. 35a: "certamente a ira [de Deus] se afastou de mim") é interpretada pelos interlocutores do profeta como concordância de Deus com suas práticas. Aqui, o sucesso ou insucesso torna-se, para o povo, critério para que uma prática seja considerada certa ou errada. Talvez haja uma relação com o culto ao Deus da fartura e da prosperidade: até sacrifícios humanos são legítimos quando alcançam seu objetivo. Mas YHWH não aceita esse tipo de argumentação, de modo que entrará em juízo contra o povo.

Os últimos versículos (36s) enfocam a política de alianças de Israel/Judá e retomam os v. 16 e 18. A situação histórica desse dito não pode ser precisada. Ao contrário de 2,18, o v. 36 parece supor que a aliança com a Assíria já é algo passado, enquanto que a aliança com o Egito continua sendo uma possibilidade presente. Isso situaria o dito na época de Josias (após a queda de Nínive, em 612) ou de Joaquim (antes da derrota dos egípcios na batalha de Carquêmis, em 605 [2Rs 23,34s; Jr 46,2]). Criticada é a facilidade com que se rompe com um aliado e se busca aliança com outro (cf. Os 7,11). Uma nação pequena como Judá pode até ter necessidade de aliar-se com uma nação mais forte para manter sua estabilidade política. Em tempos de incerteza sobre qual potência assumiria a hegemonia política regional, também é compreensível que haja incerteza em Judá com qual nação fazer uma aliança. O momento parece indicar que se deve apostar no Egito. Mas assim como a potente Assíria, também o poderoso Egito decepcionará o pequeno Judá, que sairá humilhado (com as "mãos sobre a cabeça"; cf. 2Sm 13,19). Os impérios não são confiáveis, pois só se importam com a expansão de seu próprio poder e influência. Quem neles coloca sua confiança será, mais cedo ou mais tarde, decepcionado. YHWH também põe fim aos poderosos como a Assíria e o Egito (cf. 46,2ss).

JEREMIAS 3

Jr 3,1-5 Conversão impossível

1 No caso[1] de um homem repudiar sua mulher,
e ela separar-se dele
e se casar com outro homem,
pode ela novamente voltar a ele?[2]
Não seria totalmente profanada
aquela terra?[3]
E tu, que te prostituíste com muitos parceiros,
poderias voltar para mim? – dito de YHWH.
2 Ergue teus olhos para os altos desnudos
e vê: onde não foste desonrada?
Sentada à beira dos caminhos, esperavas por eles
como um árabe no deserto.
Tu profanaste a terra
com tua prostituição e maldade,
3 de modo que as garoas ficaram retidas,
e as chuvas tardias falharam.
Mas tu mantiveste a testa de uma prostituta
e te recusaste a tomar vergonha.
4 Não é que há pouco ainda gritaste por mim:
"Meu pai! Tu és o amigo de minha juventude!?
5 Ficará ele irado para sempre,
ou guardará rancor eternamente?"[4]
Assim falavas, mas fazias as maldades,
Pois eras capaz de realizá-las.

O trecho introduz uma nova temática, que vai perpassar todo o capítulo (3,1-4,4): o tema do retorno (*shub*) a YHWH. Difícil é determinar os destinatários do dito. Caso endereçado aos habitantes do antigo reino do norte, Israel, o trecho teria que ser entendido como uma conscientização da culpa histórica desse povo com o

---

[1] O *le'mor* no início do capítulo não tem sentido; não consta na LXX nem na Siríaca. Teria sido resquício de uma antiga introdução?
[2] Assim a LXX. Essa forma condiz melhor com o contexto (v. 1b). O TM parece ter sido adequado à lei de Dt 24,1-4: "pode ele novamente voltar a ela?"
[3] A LXX e Vulgata leem "mulher" em vez de "terra". Por causa de 2b ("profanaste a terra"), a preferência deve ser do TM.
[4] O sentido de "irado" e "rancor" foi inserido de acordo com o contexto.

74 *Primeira parte: Ditos a Israel, Judá e Jerusalém – Jeremias 1-25*

objetivo de prepará-lo para a possibilidade de conversão e oferta de salvação, assunto que será tratado abaixo sob 3,12s.21ss; 4,1s. Mas dada a colocação do trecho no rolo original, destinado aos ouvidos de Jerusalém (2,2), os destinatários também podem ter sido os habitantes de Judá. Nesse caso, a temática da idolatria remete provavelmente à época de Josias ou ao início do governo de Joaquim (cf. 2,16ss.36). De acordo com muitos pesquisadores, 3,1-5 tem sua continuidade em 3,19s.

O profeta traz à discussão um caso jurídico com o objetivo de demonstrar a seus interlocutores que o retorno de Israel a Deus é legalmente impossível. Evoca-se um caso específico da lei do divórcio que está registrado em Dt 24,1-4. Conforme a versão de Dt, a lei impede a um homem que deu carta de divórcio a sua mulher de retornar para ela caso ela tenha contraído matrimônio com um segundo marido e for repudiada pelo mesmo ou ter enviuvado. Não se proíbe a esta mulher um terceiro matrimônio, mas ao homem de retornar a sua ex-mulher (cf., no entanto, 2Sm 3,13-16). Essa lei parece ser bastante antiga, pois está assentada sobre tabus sexuais não mais totalmente claros. Terminologia e perspectiva jeremiânicas se distinguem da deuteronômica, de modo que não se pode falar em dependência em uma ou outra direção. De acordo com Jr 3,1b, é a mulher-povo que não mais pode legalmente voltar ao primeiro marido-YHWH e não, conforme Dt 24,4, onde o primeiro marido é que está impedido de voltar a sua ex-mulher. O atual TM Jr 3,1 ("pode ele novamente voltar a ela") deve ser uma tentativa de harmonização com Dt 24,4.

A norma matrimonial é apresentada em forma de perguntas, levando os interlocutores a participarem do raciocínio do profeta e a concordarem com sua argumentação. Se a lei proíbe que uma mulher repudiada volte a seu primeiro marido, muito menos tem Israel o direito de voltar, uma vez que abandonou seu Deus e se prostituiu com muitos parceiros (v. 1b).[5] Após levar seus interlocutores a responderem negativamente às questões levantadas, o profeta mostra os lugares onde ocorre aquilo que ele chama de "prostituição": os "altos desnudos" e "a beira dos caminhos". O culto ao Deus das chuvas e da prosperidade, Baal, e as práticas sexuais vinculadas aos ritos de fertilidade desse culto levaram o profeta a empregar o termo "prostituição", cunhado por Oseias para qualificar o rompimento da relação de confiança entre Israel e YHWH

---

[5] Argumento *a minori ad maius*.

Jeremias 3

como idolatria. Os "altos desnudos" ou clareiras sem vegetação devem ser os mesmos lugares conhecidos por "colinas elevadas", "morros" ou "elevações" (Jr 2,20; 3,6.23; 17,2), onde se realizavam as mencionadas práticas sexuais, provavelmente até com requintes de violência.[6] A imagem de Israel sentado à beira da estrada pode aludir à prostituta à beira do caminho (Ez 16,25; Pv 7,12) e ao beduíno à espreita de caravanas para assaltar. Ela evoca os "muitos parceiros" ou "amantes" (v. 1b) com quem Israel se relaciona.

O culto tem consequências para a terra e a natureza (v. 1aβ.2b). Essa convicção está na base do culto à fertilidade. Aqui, no entanto, ao contrário da esperada fertilização da terra e do gado, as chuvas faltaram, tanto as primeiras chuvas ("garoas"), necessárias para a brotação, quanto as chuvas tardias, responsáveis pelo amadurecimento do cereal. O profeta usa um termo forte para descrever esse resultado, vertido acima por "profanar" (v. 1aβ.2b): a terra e a natureza foram pervertidas em sua função e, assim, desrespeitadas em sua santidade ("profanadas"). O desregramento da natureza é, portanto, resultado da maldade humana.[7]

Aparentemente Israel não vê a relação existente entre sua prática e os efeitos maléficos da mesma. Tampouco está consciente da incoerência entre sua confissão e sua prática. De acordo com o v. 4, o povo continua se dirigindo a YHWH em época de necessidade nacional, como numa estiagem ou em períodos de fome, chamando-o carinhosamente de "pai"[8] – que cuida de seus filhos – ou de "amigo de minha juventude" – relembrando a relação de confiança dos inícios da história do povo (2,2). Ao invocar YHWH por ajuda, o povo expressa a confiança de que a ira divina que se abateu sobre ele, provavelmente em forma de uma estiagem, seja passageira (v. 5). Ele não vê, portanto, nenhum mal em cultuar YHWH e, ao mesmo tempo, persistir em práticas vinculadas ao culto da abastança. O trecho certamente tem por objetivo mostrar que legalmente não há possibilidade de Israel voltar a Deus. Se optarmos pela versão deuteronômica da lei, oferecida pelo TM, a situação se torna ainda mais drástica, pois impediria legalmente o próprio Deus de receber seu povo de volta. Mas o texto permanece aberto

---

[6] "Ser desonrada" verte o *pual* da raiz *shagal*, que também pode significar "ser violentada" (cf. Is 13,16; Zc 14,2).

[7] De acordo com García Bachmann, 2007, p. 350, a desobediência a Deus tem consequências ecológicas (na análise de Jr 12,13).

[8] Como a figura do "pai" não cabe bem no imaginário do matrimônio, muitos consideram o termo inserção a partir do v. 19 e sugerem suprimi-lo; mas cf. 2,27.

76 Primeira parte: Ditos a Israel, Judá e Jerusalém – Jeremias 1-25

para outras possibilidades: o que é juridicamente impossível continua sendo possível para a graça divina.[9]

> **A mulher na metáfora do matrimônio**
>
> Jeremias adotou de Oseias (Os 1-3) a metáfora do matrimônio para expressar a relação idealizada entre YHWH e Israel, que existiu no passado e que foi rompida no presente. Para designar esse rompimento utilizam-se termos como "divórcio" e, por causa do culto a várias outras divindades, também "prostituição" (Os 2,7). Como YHWH foi historicamente concebido como divindade masculina, ficou reservada ao povo a figura feminina nessa relação. A pergunta que se coloca é se ou em que medida a figura da mulher foi depreciada com estereótipos que revelam preconceitos masculinos da sociedade patriarcal da época. Como o profeta é filho de sua época e compartilha com seus contemporâneos a mesma linguagem e cultura, isso, a princípio, não só é possível como também provável. Algumas pessoas acham que 2,20-25, p. ex., passa a impressão de que são as mulheres que têm desejos sexuais insaciáveis como animais no cio. Jr 3,3 parece pressupor que é a mulher que deve ter vergonha de sua atitude. A condenação do erotismo é fruto da rigidez moral da época ou característica do judaísmo masculino que tem medo da sexualidade feminina? O fato de a metáfora identificar Deus com a parte masculina da relação leva forçosamente a jogar os aspectos negativos sobre a mulher-povo. Como o leitor e a leitora são induzidos a dar razão a Deus-homem, inconscientemente são levados a "desprezar" a mulher. Devemos ser cautelosos para não identificar conceitos culturais da época como verdade divina, ou seja, devemos também evitar transformar maridos em Deus simplesmente porque a metáfora fala de Deus como marido e evitar que delitos e pecados do povo sejam transferidos para as mulheres. (Brenner, 1995; Brenner; van Dijk-Hemmes, 1996.)

Jr 3,6-13 Duas irmãs e uma promessa

6 E YHWH falou a mim nos dias do rei Josias: "Por acaso viste o que fez a Rebelde[10] Israel? Como ela se dirigia a cada morro elevado e para debaixo de cada árvore frondosa para ali se prostituir? 7 E eu pensei: 'Depois de ela fazer tudo isso, ela vai voltar para mim!' Mas ela não voltou! E a Infiel Judá, sua irmã, viu isso. 8 Ela[11] também viu que eu repudiei a Rebelde Israel por causa de seu adultério e que lhe dei a carta de divórcio. Mas a Infiel Judá, sua irmã, não se

---

[9] Almeida, 1997, p. 43.

[10] Os adjetivos "rebelde" e "infiel" são, aqui, equiparáveis a nomes próprios.

[11] Leia 3ª p. f. sing. conforme a Siríaca e alguns manuscritos da LXX; a 1ª p. sing. não faz sentido na fala de Deus.

Jeremias 3   77

*atemorizou; pelo contrário, também ela foi e se prostituiu. 9 E com
sua prostituição leviana[12] contaminou[13] a terra, cometendo adultério
com a pedra e a madeira. 10 Mas, mesmo depois disso tudo, a Infiel
Judá, sua irmã, não voltou para mim de todo o seu coração, mas
apenas de mentira" – dito de YHWH. 11 Então YHWH me disse: "A
Rebelde Israel se mostrou mais justa que a Infiel Judá!"
12 "Vai e clama estas palavras para o norte e dize:
'Volta, ó Rebelde Israel! – dito de YHWH –
Não mais desviarei minha face de vós,[14]
pois sou misericordioso – dito de YHWH –
e não guardo rancor para sempre.
13 Reconhece, porém, tua culpa:
que te rebelaste contra YHWH, teu Deus,
e desperdiçaste teus caminhos com os estranhos sob cada árvore
frondosa; mas minha voz não escutastes'"[15] – dito de YHWH.*

A unidade é composta por um trecho em prosa com a alegoria
das duas irmãs, Israel e Judá (v. 6-11), e um dito profético em poesia (v. 12aβ-13ba1), emoldurado por uma introdução (v. 12aα) e
por pequenos acréscimos no final (v. 13ba2β). Há muita controvérsia sobre origem e significado dessa unidade. A tendência é admitir
a autenticidade profética do dito poético (v. 12aβ-13ba1) e atribuir
o trecho em prosa (v. 6-11) e os acréscimos ao trabalho redacional.[16] Mas, além de alguns acréscimos no v. 13b ("sob cada árvore
frondosa" e "mas minha voz não escutastes"[17]) e expressões como
"cada morro elevado e debaixo de cada árvore frondosa" (v. 6)[18]
e "de todo seu coração" (v. 10)[19], não se encontra linguagem dtr.
Chamam a atenção, no entanto, as diversas remissões ao contexto
imediato. O termo *meshubah* (v. 8.11.12) aparece, com outro sentido, em 2,19; 3,22. O tema da prostituição (v. 6) remete a 2,20 e 3,1.
A 3,1ss remetem também a carta de divórcio (v. 8) e a profanação
("contaminação") da terra (v. 9). Os "morros elevados" e as "árvores

---

[12] Da raiz *qalal*.
[13] Leia-se a forma verbal no *hifil*.
[14] Literalmente: "Não mais farei minha face cair sobre vós".
[15] Assim o TM (2ª p. m. pl.) em dissonância com "desperdiçaste" (2ª p. f. sing.). Essas
incoerências não são raras na pena dos redatores.
[16] Cf. a argumentação de Thiel I, p. 86-93.
[17] Cf. Thiel I, p. 86; v. excurso "Expressões idiomáticas dtr para caracterizar a apostasia", sob 5,15-19.
[18] V. excurso "O culto sobre as colinas e sob as árvores", sob 2,20-28.
[19] V. excurso sobre "Linguagem, estilo e terminologia dtr", sob 7,1-8,3.

78 *Primeira parte: Ditos a Israel, Judá e Jerusalém – Jeremias 1-25*

frondosas" (v. 6.13) lembram 2,20, e a menção da pedra e da madeira (v. 9b) remete a 2,27. Além disso, 3,12bβ coincide com 3,5aα: "guardar rancor para sempre". É, portanto, grande a probabilidade de que o trecho em prosa não tenha conhecido uma existência autônoma, mas foi redigido para o atual contexto[20] com a finalidade de inserir o dito profético v. 12aβ-13bα como mensagem contrastante a 3,1-5 e de interpretar essas mensagens conflitantes através da alegoria das duas irmãs. O conteúdo irá confirmar essa hipótese. Isso ainda não diz nada sobre a autoria da unidade. A redação dtr aparentemente já encontrou a reflexão que se encontra em 3,6-13. Se ela não proceder de Jeremias, por ocasião da edição do rolo original, deve ser atribuída a uma redação pré-dtr que deu formato ao atual "livrinho" Jr 2-6. A redação dtr só contribuiu com alguns poucos acréscimos a essa reflexão teológica de suma importância.

O v. 6, que introduz a interpretação da história dos dois reinos, situa o dito 3,12aβ-13bα e, com isso, também 3,1-5 na época do rei Josias. Não há nenhum indício de que essa datação não mereça nosso crédito, pois ambos os textos tratam da temática da apostasia, cuja erradicação foi um dos objetivos da reforma de Josias em 622. O relato em prosa deve ser posterior a 622, pois parece aludir ao fracasso parcial da reforma quando afirma que Judá só retornou "de mentira" a YHWH. Por meio da alegoria das duas irmãs – desenvolvida posteriormente por Ez 23 – o autor quer explicar por que Israel recebe a chance de um futuro de salvação, mas não Judá, já que ambos os reinos cometeram o mesmo delito. Os epítetos das duas irmãs que corporificam Israel – *meshubah* ("Rebeldia/e") – e Judá – *bagodah/bogedah* ("Infiel") – provavelmente provêm de 3,12.22 e, respectivamente, de 3,20. No substantivo *meshubah*, a raiz *shub* significa "apartar-se de" YHWH (portanto o contrário da acepção da raiz no v. 7 ["voltar para" YHWH]). Ela designa, assim como a raiz *bagad* ("ser infiel"), a apostasia de Israel. O relato preserva a memória de que o culto a Baal foi difundido primeiramente no reino do norte, Israel, e identifica a carta de divórcio dada à primeira irmã com a queda do reino do norte por meio dos assírios e o exílio de parte de seus habitantes, em 722 (2Rs 17). Judá não se atemorizou com as possíveis consequências da prática de Israel e foi leviano ao andar pelos mesmos caminhos (v. 8-10). Além disso, Judá só retornou superficialmente a YHWH

---

[20] Assim Thiel I, p. 88. O autor atribui esse trabalho à redação dtr.

Jeremias 3 79

(v. 10). O projeto de reforma de Josias aparentemente não teve o resultado esperado.[21]

O relato parece entender que os ditos 3,1-5.19s, que não oferecem a possibilidade de um futuro feliz para o povo, são endereçados a Judá, enquanto que os ditos 3,12aβ-13bα.22ss, que oferecem essa possibilidade, destinam-se aos habitantes do extinto reino do norte. Há, portanto, a necessidade de explicar essa mensagem contraditória. O v. 11 dá a resposta do autor: por causa da leviandade de Judá, que não aprendeu a lição que a história ensinou com a queda do reino do norte, o reino do sul se torna mais culpado do que Israel (cf. 23,13s). Em outras palavras: à porção do povo que vive em situação de juízo (Israel) abre-se um futuro promissor, mas à porção do povo que não aprendeu com a história (Judá) está reservado o juízo.

Na continuação da mesma fala, YHWH ordena que Jeremias se dirija aos habitantes do norte com o chamado à conversão que se encontra nos versículos poéticos 12aβ-13bα. Com exceção do final do v. 13 ("sob cada árvore frondosa; mas minha voz não escutastes [*sic*!]"), esse dito pode provir do próprio profeta. Trata-se, neste caso, de um dito isolado colocado aqui pelo autor da reflexão histórico-teológica de 3,6-11. A favor disso depõe o uso de expressões idênticas – mas com significado oposto – de 3,5aα ("por acaso [YHWH] guarda rancor eternamente?") e de 3,12bβ ("eu [=YHWH] não guardo rancor para sempre"). A paronomásia no início do v. 12 ("volta, ó Rebelde"; cf. 3,22), a terminologia utilizada no v. 13 ("[reconhece] tua culpa" e "te rebelaste") e o contexto anterior (3,1-5) mostram claramente que aqui não se trata de uma convocação dos exilados do antigo reino do norte para voltar para casa, mas de um chamado ao arrependimento. Por Deus não mais estar irado, por seu rancor ter um fim, por ser ele misericordioso, existe a possibilidade de conversão. A condescendência divina torna possível o retorno a YHWH. A única condição é reconhecer o erro cometido: a rebeldia contra Deus (v. 13). O "desperdício dos caminhos" (v. 13) deve estar relacionado com o tempo perdido com a dedicação aos amores de outras divindades.

Esse chamado à conversão cabe bem na primeira fase de atuação de Jeremias, na época de Josias, quando o profeta anuncia a possibilidade de salvação aos habitantes do antigo reino do norte,

---

[21] Cf. Schmidt I, p. 107s.

80   *Primeira parte: Ditos a Israel, Judá e Jerusalém – Jeremias 1-25*

que já experimentaram o juízo e ainda vivem sob as consequências do mesmo (cf. 31,4ss.15ss.18ss).[22] Para o profeta, Deus não anuncia juízo a quem está vivendo nele, mas procura levar ao reconhecimento de suas causas para, assim, oferecer uma nova perspectiva de vida a quem sofre.

Jr 3,14-18 Promessa para Sião

14 "Voltai, filhos rebeldes – dito de YHWH – pois eu sou senhor sobre vós; eu vos tomarei um de cada cidade e dois de cada clã e vos trarei a Sião. 15 Então vos darei pastores segundo meu coração, para que vos apascentem com conhecimento e inteligência. 16 E, quando vos multiplicardes e vos tornardes fecundos na terra, naqueles dias – dito de YHWH – não mais se dirá: 'A arca da aliança de YHWH!' Ela não mais virá à mente[23], não mais se lembrarão dela, nem a procurarão, tampouco a reconstruirão. 17 Naquele tempo, chamarão Jerusalém de 'Trono de YHWH'; e nela se reunirão todos os povos (no nome de YHWH, em Jerusalém);[24] e não mais andarão segundo a obstinação de seu coração maldoso. 18 Naqueles dias, a casa de Judá irá à casa de Israel, e juntas voltarão da terra do norte para a terra que dei por herança a vossos pais."

A unidade em prosa é um conjunto de anúncios de salvação destinados a exilados judaítas (v. 14-17).[25] Apesar de iniciar com a mesma paronomásia (v. 14a) de 3,12 e 3,22 (*shubah meshubah* respectivamente *shubu shobabim*), o presente trecho não chama à conversão, ao retorno a YHWH, mas convoca para um retorno geográfico: das terras do exílio dos judaítas (v. 14b.18) para Jerusalém. O autor da unidade sentiu falta de um anúncio de salvação a Judá após o antigo reino do norte ter sido contemplado com uma oferta de nova vida em 3,6-13. Dois aspectos desse retorno chamam a atenção. Ele é possível, porque YHWH tornou-se "senhor (*ba'al*) sobre vós". Como não mais se pressupõe a imagem da relação matrimonial, já que se fala de "filhos", o título *ba'al* não significa "marido", mas alude ao poder do senhor da história

---

[22] Cf. Silva, 1987, p. 19, que, no entanto, atribui todos os cap. 2 a 6 a essa época.
[23] Literalmente: "não mais subirá ao coração".
[24] O trecho entre parênteses é uma glosa explicativa para "nela". O acréscimo identifica Jerusalém com "nome de YHWH", ou seja, o lugar da revelação de Deus (cf. Jr 7,11ss).
[25] Thiel I, p. 91ss, arrola diversos argumentos em favor de um autor pós-dtr.

Jeremias 3 81

(cf. 31,32). YHWH dirige a história de tal forma que possibilita o retorno dos exilados das terras da Mesopotâmia. Também chama a atenção que somente poucos retornarão ou serão escolhidos para retornar. Será que somente poucos escolhidos terão o privilégio de retornar a Jerusalém? Será que o texto já reflete a realidade das primeiras levas de regressos à Palestina, que não foram nada expressivas (cf. Ageu)?

Pastores são, no antigo Oriente, os governantes, responsáveis pela segurança e bem-estar de seus governados ("apascentar"). O v. 15 anuncia governantes de acordo com a vontade ("coração") de Deus, antecipando a profecia de Jr 23,1-4. Espera-se que, sob os novos governantes – aqui não se fala de reis –, a população possa multiplicar-se para formar novamente um povo (v. 16aα; cf. 23,3). A "arca da aliança de YHWH" simbolizava a presença de Deus na história de Israel (Nm 10,35s; 1Sm 4,1-11; 6,1ss; 2Sm 6,1ss). Ela liderou o povo nas batalhas, foi trazida por Davi a Jerusalém e colocada no santo dos santos do templo de Salomão. A denominação arca da "aliança" reflete a concepção deuteronômico-deuteronomista (Dt 10,1-5 e 1Rs 8,9) de que a arca abrigava as tábuas do decálogo. Por sobre a arca também se imaginava o trono invisível de Deus ("entronizado sobre os querubins"; 1Sm 4,4; 2Sm 6,2; 2Rs 19,15). A arca foi destruída juntamente com o templo e a cidade de Jerusalém, em 587.[26] Ela não mais é mencionada depois disso. Aqui se anuncia que ela não mais será lembrada. Tampouco se construirá uma nova arca, porque a presença de YHWH não mais estará restrita a ela, mas será transferida para toda a cidade de Jerusalém, que receberá o título honorífico de "trono de YHWH". Não se menciona especificamente um novo santuário.

Como lugar da manifestação de YHWH, Jerusalém será alvo de peregrinação dos povos (cf. Is 2,2-4; Mq 4,1-3). Também as nações têm a possibilidade de deixar de andar conforme a "obstinação do coração" (v. 17), o que era antes reservado ao próprio povo (Jr 7,24; 11,8 e.o.). Assim se lhes abre também a possibilidade de participar da salvação futura. O v. 18 foi acrescentado com o objetivo de estender a salvação destinada aos judaítas e centralizada em Jerusalém (v. 14-17) às duas "casas", Judá e Israel. Com isso, consegue-se um fecho adequado para a salvação anunciada a Israel (v. 6-13) e a Judá (v. 14-17): os exilados de ambos os reinos

---

[26] 2 Macabeus 2,4ss conhece outra versão.

82 *Primeira parte: Ditos a Israel, Judá e Jerusalém – Jeremias 1-25*

retornarão juntos de seus países de exílio, dessa vez não individualmente como em v. 14, mas como dois grandes grupos que ocuparão novamente a terra prometida.

Jr 3,19-20 O pensamento de Deus

19 Então pensei:
"Como te[27] colocarei entre os filhos,
para dar-te uma terra desejável,
a herança mais esplendorosa das nações?"
E pensava que me chamarias[28] de "Meu Pai!"
e não te afastarias de mim.
20 Todavia, como[29] uma mulher se torna infiel por causa de seu amante,
assim vós vos tornastes infiéis a mim, casa de Israel – dito de YHWH.

Essa pequena unidade é continuação de 3,1-5 e conclui a parte da denúncia de Israel. Os trechos anteriores, mais recentes (v. 6-13 e v. 14-18), interrompem essa conexão. Assim como os v. 1-5, a denúncia é endereçada à casa de Israel que, aqui, no entanto, deve ser entendida como Judá e Jerusalém. O texto se apresenta como uma reflexão de Deus, na qual ele manifesta seu desejo. O v. 19a deve ser entendido a partir de Dt 32,8s, onde Deus Elyon ("Altíssimo") distribui os territórios por herança às diversas nações. Nessa divisão, o povo de YHWH é duplamente favorecido. Primeiramente, Israel recebe, como filha – evidente nos pronomes pessoais femininos no v. 19a ("te") –, os mesmos direitos que filhos na herança, o que não era comum em tempos antigos (cf. Nm 27,1-11; Rt 4,3-5). Em segundo lugar, recebe a mais "esplendorosa" parte da herança. Essa visão idealizada da Palestina acentua a importância dessa terra na história do povo.

A expectativa de Deus era que a filha passasse a confiar em YHWH, reconhecendo-o como protetor e doador de vida ("pai"; cf. 2.27; 3,4). Essa expectativa, no entanto, foi frustrada: o povo se afastou de YHWH. No v. 19bβ, usa-se a raiz *shub* no sentido de "afastar-se, dar as costas" a Deus, como em *meshubah* (3,6.8.12) e *shobabim* (3,12.22). No v. 20, abandona-se a imagem da filha e volta-se

---

[27] Os dois sufixos do v. 19a são da 2ª p. f. sing.
[28] As formas verbais "chamarias" e "afastarias" estão, de acordo com o *qere*, na 2ª p. f. sing.; o *ketib* lê 2ª p. m. pl.
[29] De acordo com a LXX e a Vulgata; cf. BHS.

Jeremias 3 83

à metáfora da esposa infiel (3,1ss). O povo ("vós") tornou-se infiel. O uso da raiz *bgd* para designar a apostasia de Judá já se verificou nos epítetos *bagodah/bogedah yehudah* "Infiel Judá" (3,7.8.10.11).

A crítica à idolatria é bem menos ríspida nesse trecho. Ela mais parece um lamento de Deus pelo afastamento do povo e um velado desejo de que ele retorne. Assim, esses versículos já apontam para o lamento e a confissão do povo que segue.

Jr 3,21-4,4 Liturgia de penitência

21 Ouve-se uma voz dos altos desnudos,
o choro suplicante dos filhos de Israel,
pois perverteram seu caminho,
esqueceram YHWH, seu Deus.
22 "Voltai, filhos rebeldes,
eu vou curar vossas rebeldias!"
"Eis-nos aqui, viemos a ti,
pois tu és YHWH, nosso Deus!
23 Sim, enganosas são as colinas
e a algazarra[30] dos morros.
Sim, somente em YHWH, nosso Deus,
é que há salvação para Israel!
24 Desde nossa juventude, a Vergonha[31] consumiu
o fruto do trabalho de nossos pais:
suas ovelhas e seu gado,
seus filhos e suas filhas.
25 Deitemo-nos em nossa vergonha,
que nos cubra nossa desonra,
pois pecamos contra YHWH, nosso Deus,
nós e nossos pais,
desde nossa juventude até o dia de hoje,
e não escutamos a voz de YHWH, nosso Deus!"
4,1 "Se quiseres voltar, Israel – dito de YHWH –,
podes voltar para mim!
Se afastares tuas imundícias,
não precisarás fugir de mim.

---

[30] Em conformidade com LXX, Siríaca e Vulgata; TM tem construção difícil.
[31] Usa-se o termo *boshet* "vergonha" em substituição à divindade Baal.

84   Primeira parte: Ditos a Israel, Judá e Jerusalém – Jeremias 1-25

2 Se jurares pela vida de YHWH,
na verdade, no direito e na justiça,
nele[32] serão abençoadas as nações
e nele elas se gloriarão".
3 Pois assim diz YHWH
aos homens de Judá e a Jerusalém:
"Desbravai para vós um campo novo,
não semeeis entre espinhos!
4 Circundai-vos para YHWH,
retirai o prepúcio de vosso coração,
homens de Judá e habitantes de Jerusalém,
para que minha ira não saia como fogo
e queime sem que ninguém possa apagá-lo,
por causa da maldade de vossos atos!"

A unidade é introduzida por uma audição profética (v. 21: "ouve-se") e estruturada como uma liturgia de penitência[33], na qual se alternam as falas de diversos personagens: no v. 21, se manifesta o profeta, que apresenta a síntese da audição; no v. 22a, Deus chama seus filhos à conversão; em 22b-25, Israel reconhece e confessa sua culpa e se submete a ritos de penitência; por fim, os v. 4,1s contêm uma resposta de Deus à confissão do povo e 4,3s acrescentam uma exortação ao povo.

Não se pode dizer com certeza se a liturgia de penitência ocorre, de fato, na atualidade do profeta ou se é uma celebração futura ouvida por ele antecipadamente. Se for um rito concreto da época de Jeremias, a comparação com 31,15-17.18-20 apontaria para cultos de lamentação dos moradores do antigo reino do norte, que estão conscientes das causas de sua situação de aflição e querem retornar a YHWH, possivelmente na época de Josias. Se for uma audição visionária, o profeta Jeremias estaria esperando uma conversão futura do povo de Israel, o qual deveria ser, então, identificado com todo o povo de Deus, não apenas com os moradores do norte. Aumentam as vozes, no entanto, que pensam que a unidade não é jeremiânica devido a seu caráter compósito e formalmente pouco preciso. Nesse caso, ideias e palavras isoladas do profeta foram utilizadas em contextos litúrgicos da época exílica. A presente unidade teria sido, então, composta por elementos formais e terminológicos retirados do contexto literário imediato e dos

---

[32] O TM lê o sufixo da 3ª p. m. sing. nas duas ocorrências da preposição enclítica *be*, ou seja, "nele" (*scil.* "em YHWH"); BHS (cf. Rudolph, 1968, p. 28) propõe ler ambas as vezes "em ti" (*scil.* "Israel"), de acordo com Gn 12,2; 18,18; 22,18; 26,4. Veja a explicação.

[33] Weiser I, p. 32.

Jeremias 3 85

lamentos de Raquel (31,15-17) e de Efraim (31,18-20). Esses dois últimos textos são considerados mensagem autêntica de Jeremias à população do antigo reino do norte.[34]

O choro de Israel acontece nos "altos desnudos" (v. 21a: *shefayim*), ou seja, nos mesmos lugares onde Israel celebrava seus ritos de fertilidade (3,2). A escolha do mesmo termo já aponta para a causa do lamento do povo: o esquecimento de YHWH (v. 21b). A algazarra dos morros (v. 23) dá lugar a choro e súplica. O chamado de Deus ao arrependimento (v. 22a) se baseia em sua disposição de curar (cf. Os 14,5). A ação humana é uma reação à oferta divina. Aqui se abandona a metáfora da mulher-esposa (3,1ss) em favor da relação de um pai com seus filhos rebeldes (cf. 3,12). A esse chamado a voltar a YHWH o povo atende prontamente e confessa: "YHWH, nosso Deus" (v. 22bβ.23b). Essa confissão vem acompanhada de um reconhecimento de culpa (v. 23b.25a). O que não aconteceu em 2,23.35; 3,3b agora se concretiza. Além da culpa, o povo também reconhece que o culto a Baal ("vergonha") é enganoso, portanto, não confiável (*shéqer:* "mentira"), já que a expectativa de receber de Baal a fertilidade do solo e a fecundidade de animais é frustrada. O culto cananeu, em vez de cumprir as promessas de fartura de cereais e frutas e de multiplicação do gado, de fato, consumiu o fruto do trabalho humano (v. 24a), provavelmente por causa dos inúmeros sacrifícios exigidos, não só de animais, mas também de crianças (v. 24b; cf. 7,31; 19,5).

O reconhecimento da culpa leva à vergonha. No v. 25, o povo arrependido está disposto a expressar sua culpa em ritos de penitência que consistem em deitar-se no pó da terra (2Sm 12,16) e cobrir-se apenas com o manto da humilhação. O reconhecimento e a confissão de culpa por parte do povo, seus gestos de arrependimento e sua disposição de voltar a YHWH são acolhidos por Deus. A resposta divina à confissão se encontra em 4,1s.

A fala divina (4,1s) se dá na forma de três conjuntos de prótases (v. 1aα, v. 1bα e v. 2a) e apódoses (v. 1aβ, v. 1bβ e v. 2b). As prótases apresentam as condições para o restabelecimento da comunhão do povo com YHWH: "voltar", ou seja, converter-se, "afastar as imundícias" do culto a Baal, e "jurar" em nome de YHWH de forma reta e honesta. A segunda e a terceira condição são desdobramentos da primeira: retornar a YHWH. Esse retorno é, ao mesmo tempo, condição e promessa: "se quiseres voltar, podes voltar" (4,1; cf. 15,19; 31,18). As "imundícies" a serem afastadas devem

---

[34] 3,21ss e 31,15-20 usam a mesma linguagem ("voz", "ouvir", "choro", "filhos", "volta/retorno/conversão", "vergonha" e "desonra/humilhação", "juventude") e as mesmas formas (lamento, confissão de culpa e a confissão: "YHWH é nosso Deus".

86 *Primeira parte: Ditos a Israel, Judá e Jerusalém – Jeremias 1-25*

ser os objetos e os símbolos do culto à fertilidade. A promessa vinculada a essa ação é a de que o povo não mais andará errante, longe de Deus (cf. Gn 4,12). A terceira condição é usar a fórmula do juramento pela vida de YHWH ("tão certo quanto YHWH vive...") de forma honesta, ou seja, não para mentir, enganar ou encobrir injustiças. O juramento por YHWH equivale a uma confissão de fé. A promessa a Israel não aparece de forma explícita. O TM afirma que também as nações serão beneficiadas ("abençoadas") com o retorno de Israel a YHWH, de modo que terão motivo suficiente para glorificá-lo. Se adotarmos a conjectura de ler, no v. 2, o pronome pessoal sufixo da 2ª p. m. sing. ("em ti [Israel]"; cf. Gn 12,2; 18,18; 22,18; 26,4), o significado muda: com seu retorno a YHWH, Israel viverá tão bem que as nações se desejarão mutuamente a mesma bênção que Israel recebe de seu Deus.

Em 4,3, a fórmula do mensageiro introduz uma nova fala divina dirigida, agora, não mais a Israel (como em 3,21; 4,1), mas a Judá e Jerusalém. Em vez da 2ª p. m. sing. ("tu"), usa-se, em 4,3s, a 2ª p. m. pl. ("vós"). Os imperativos têm a intenção de advertir: em caso de não cumprimento da ordem, a ira de Deus se derramará sobre a terra (v. 4). Trata-se de um acréscimo com a aparente função de fazer a costura entre a mensagem de salvação a Israel (3,6-4,2) e a mensagem de juízo contra Judá e Jerusalém de Jr 4,5ss. O v. 4b ("para que minha ira não saia como fogo e queime sem que ninguém possa apagá-lo, por causa da maldade de vossos atos") é idêntico a 21,12b, onde cabe melhor.

Duas metáforas aprofundam e radicalizam a noção de conversão. A primeira (v. 3) provém da agricultura e já se encontra em Os 10,12. Preparar uma roçada nova sem espinhos nem ervas daninhas onde a semente possa germinar e crescer significa fazer um início totalmente novo. A segunda (v. 4) transfere o rito da circuncisão ao coração humano e se encontra também em Dt 10,16; 30,6 (cf. Jr 9,25). A circuncisão é o sinal de pertença do circuncidado ao povo de Deus e marcava, a partir do exílio babilônico, a identidade do homem judeu. Para o autor do trecho, o rito externo da circuncisão ainda não é sinal de adesão total a YHWH. É necessária uma decisão interior que expresse a vontade, o desejo e a decisão ("coração")[35] da pessoa. A colocação do acréscimo 4,3s antes dos ditos proféticos de juízo de Jr 4,5ss fornece uma chave hermenêutica alheia a esses. O anúncio do futuro juízo incondicional contra Judá e Jerusalém (Jr 4-6) é transformado, aqui, em ameaça que pode ser evitada em caso de conversão verdadeira.[36] Essa é a compreensão dos redatores dtr do livro.

---

[35] Cf. Wolff, 2008, p. 79ss.
[36] Schmidt I, p. 123.

JEREMIAS 4-6: DITOS A JUDÁ E JERUSALÉM: O INIMIGO DO NORTE

Os capítulos 4 a 6 desenvolvem a visão do caldeirão fervente (1,13s): a desgraça que vem do norte sobre o território de Judá e a cidade de Jerusalém se dará em forma de invasão militar. De forma dramática são narrados os efeitos da iminente invasão do exército inimigo: imagens, vozes, ruídos, movimentos, emoções e figuras de linguagem ilustram as diversas formas em que a catástrofe será experimentada pela população. O cerne desses três capítulos deve fazer parte do chamado "rolo original" de 605 (Jr 36). Eles contêm, com poucas exceções, ditos do próprio profeta. As diversas unidades retóricas menores, proferidas em ocasiões distintas a públicos diferentes de Judá e Jerusalém, foram reunidas em unidades literárias tematicamente afins, de modo que não mais podem ser delimitadas com precisão. As subdivisões abaixo são mera tentativa de delimitar essas unidades retóricas. No capítulo 4, predominam as visões e audições proféticas da desgraça vindoura, descrita, muitas vezes, no perfeito profético. No capítulo 5, predomina o elemento da denúncia profética, que aponta as causas da catástrofe futura. O capítulo 6 reúne ambos os elementos do dito profético, o anúncio e a denúncia, e conclui com uma avaliação geral por parte do profeta (6,27-30).

O inimigo do norte

A segunda visão fala da desgraça que irromperá do norte (1,13s). Em Jr 4,5-6,26, a vinda dessa desgraça é vista como invasão de um exército inimigo, que é descrito em cores vivas, mas que não recebe nenhum nome. Esse inimigo é entendido como instrumento do juízo de Deus contra Judá e Jerusalém. As pesquisas tentaram identificar esse inimigo. A informação pouco confiável de Heródoto (História I, 105s), que menciona uma invasão da Síria-Palestina por citas, um povo das estepes a nordeste do mar Negro, em torno de 626 a.C., levou alguns pesquisadores a identificar o inimigo do norte com os citas. Mas as características do povo anunciado pelo profeta são demasiadamente genéricas para relacioná-las a um povo específico: ele vem de longe, fala uma língua desconhecida e incompreensível, se aproxima em seus carros e cavalos com a rapidez do vento, cerca e conquista cidades e devasta territórios. Essa descrição está baseada provavelmente em tradições proféticas mais antigas, como a de Is 5,25-30, não faltando possíveis aspectos míticos como: um povo antigo, persistente, que vem de longe e fala um idioma desconhecido (Jr 5,15), sendo seu alarido comparável ao bramido do mar (6,23).

No início de sua atividade profética, Jeremias aparentemente ainda não identificou o inimigo do norte com nenhum povo específico. Na época de Josias, os caldeus ou neobabilônios eram praticamente desconhecidos na Palestina. Somente a partir da batalha de Carquêmis, em 605, é que se podiam conhecer detalhes sobre esse povo. Ao que tudo indica, só com o decorrer do tempo, o profeta começou a ver nos caldeus o inimigo anunciado por YHWH (Jr 20,6; 27,11ss). (Schmidt I, p. 124s; Wanke I, p. 58s.)

JEREMIAS 4

Jr 4,5-8 Alarme em Judá

5 Anunciai em Judá,
fazei ouvir em Jerusalém![1]
Tocai a trombeta[2] no país,
gritai em alta voz!
Dizei: "Reuni-vos! Entremos
nas cidades fortificadas!
6 Erguei um sinal: 'Para Sião!'
Fugi, não fiqueis parados!"
Pois trago uma desgraça do norte,
uma grande destruição.
7 Um leão subiu de seu matagal,
um destruidor de nações se pôs a caminho,
saiu de seu lugar
para transformar tua terra em desolação.
Tuas cidades serão devastadas,
ficarão sem habitantes.
8 Por isso, vesti-vos de luto[3],
lamentai e gemei:
"Não se afastou de nós
o ardor da ira de YHWH!"

A unidade inicia com alguém dando ordens a sentinelas para que toquem rebate diante do perigo de inimigos e a arautos para que proclamem nas aldeias e nas vilas de Judá a necessidade de fugir e buscar refúgio nas cidades fortificadas. Não há mais tempo de organizar a resistência no interior e deter o inimigo. Tudo tem que acontecer depressa, pois o tempo urge. Os fugitivos devem erguer sinais – setas ou bandeirolas em estacas – para indicar aos retardatários a rota de fuga tomada. Jerusalém (Sião) é uma das cidades fortificadas, onde quem vem do norte pode encontrar

---

[1]   O TM contém um "dizei" a mais e, assim, acrescenta um nível de comunicação inesperado e destrói a métrica; deve ser um acréscimo proveniente de 5b.
[2]   Trata-se do *shofar*, o chifre de carneiro utilizado para emitir som.
[3]   Literalmente "(de) pano-saco", um tecido rudimentar de qualidade inferior, geralmente preto, usado em situação de luto ou grande necessidade.

90   *Primeira parte: Ditos a Israel, Judá e Jerusalém – Jeremias 1-25*

refúgio. O v. 6b revela que essa é a desgraça que YHWH fará vir do norte e que foi revelada ao profeta na visão de 1,13s. O v. 6b introduz um termo-chave para descrever a catástrofe: *shéber*. O termo traduzido acima por "destruição" tem um amplo espectro de significados, desde a "quebra" ou "ruptura" de um membro do corpo e sua consequência, a "ferida", até a "quebradeira" – destruição, desastre ou ruína – de uma cidade ou país (cf. 4,20; 6,1.14 e.o.).

O apelo à fuga é dirigido, aqui, aos habitantes das vilas e aldeias; os moradores de Jerusalém serão alertados para a enxurrada de fugitivos. Em 6,1, no entanto, também os habitantes de Jerusalém serão exortados a fugir, pois a cidade já não conseguirá oferecer segurança.

A imagem do leão que sai de seu matagal (v. 7) para devorar sua presa é usada com frequência para designar o agente destruidor (2,30; 5,6; 12,8 e.o.; cf. Os 5,14; Am 3,4). Aqui ele é metáfora para o "destruidor das nações". Não se menciona o nome desse destruidor, somente a abrangência de sua atuação destruidora: as nações. Para Israel, a destruição significa concretamente a devastação das cidades do país com o consequente abandono de seus habitantes (v. 7).

A invasão é futura, mas tão certa que parece que já iniciou. Há uma dramaticidade e uma urgência no anúncio profético. Não há como evitar a invasão, mas existe a possibilidade de preparar-se para ela, a fim de, eventualmente, escapar com vida. Também já é possível lamentar e realizar os rituais de luto pelas consequências da iminente invasão militar. Para tanto convida o v. 8. O mantra que se repetirá no lamento é o reconhecimento de que, dessa vez, a ira de Deus não poupou o próprio povo (cf. 2,35).

Jr 4,9-12 A grande desilusão

9 E acontecerá naquele dia – dito de YHWH –
que esmorecerá a coragem[4] do rei,
e a coragem dos ministros;
os sacerdotes ficarão apavorados,
e os profetas, estarrecidos.
10 E dirão[5]: "Ah, Senhor YHWH!

---

[4]   Literalmente "coração" do rei e "coração" dos ministros.
[5]   Assim o códice alexandrino da LXX e a versão árabe. O TM lê "e direi" (cf. 14,13).

Jeremias 4   91

Realmente enganaste esse povo e Jerusalém
quando dizias: 'Vós tereis paz!'
E agora uma espada nos chega à garganta[6]."
11 Naquele tempo se dirá
a este povo e a Jerusalém:
"Um vento ardente dos altos desnudos
se lança do deserto contra[7] a filha de meu povo".
Não é um vento para joeirar ou limpar,
12 mas um vento impetuoso[8] que vem a meu comando[9].
Agora eu mesmo vou proferir
sentenças sobre eles.

Dois breves anúncios de desgraça, cada um com introdução
própria ("naquele dia"; "naquele tempo"), interrompem a conexão
temática entre v. 5-8 e v. 13ss. O primeiro (v. 9s) não dá continuidade à descrição do avanço do exército inimigo, mas reflete sobre
os efeitos do mesmo na liderança política (reis e ministros) e espiritual (sacerdotes e profetas) de Judá e Jerusalém.[10] O terror e o de-
sânimo tomam conta dos líderes com a consequente somatização
do medo: a paralização (v. 9: "estarrecidos"). O v. 10 certamente
faz alusão à mensagem de paz e bem-estar dos profetas da mentira
(5,31; 6,13s; 14,13-16; 23,9ss; 28). Para as autoridades, o anúncio
desses profetas foi considerado palavra de YHWH. Por isso, culpam
o próprio Deus de tê-las enganado. As pessoas revelam, aqui,
não ter conseguido distinguir entre falsa e verdadeira profecia
(cf. 1Rs 22,19ss), deixando-se iludir por falsas seguranças, sem
dúvida, mais agradáveis aos ouvidos do que duras críticas.

O v. 11 compara a desgraça futura a um vento oriental proveniente do deserto, que não traz as chuvas benéficas como o vento
que vem do mar. Tampouco é um vento suave, muito útil na tarefa de separar a palha do grão, mas um vento que faz as plantas
murcharem por causa do calor. A metáfora do vento do deserto se
confunde, aqui, com os ventos fortes de uma tempestade (23,19;

---

[6]   Essa é a melhor tradução do termo *néfesh* – tradicionalmente vertido por "alma, vida"
      – nesse contexto (cf. Wolff, 2007, p. 87).
[7]   Literalmente "(põe-se) a caminho (da filha de meu povo)".
[8]   Literalmente "um vento cheio"; a palavra que segue, *m^{e}eleh*, deve ser ditografia. A tradu-
      ção "um vento mais cheio que estes (*scil.* os ventos mencionados)" também é possível.
[9]   Não é totalmente clara qual relação a preposição *l^e* ("para [mim]") estabelece entre a
      forma verbal ("vem") e a primeira pessoa de YHWH.
[10] Cf. excurso "Lista de líderes", sob 1,17-19.

92   *Primeira parte: Ditos a Israel, Judá e Jerusalém – Jeremias 1-25*

25,32; 30,23s; cf. 4,13). O texto toma elementos do ideário do Deus da tempestade, Baal, e os transfere a YHWH? Em 4,11, o autor imagina que o anúncio de juízo será proferido a Jerusalém na forma de um provérbio que circula entre o povo ("se dirá"), mas o final do v. 11 ("meu povo") pressupõe uma fala divina, antecipando a fala do v. 12 ("a meu comando"). A comparação do juízo com um vento impetuoso (v. 11s) prepara o próximo dito (4,13), enquanto as sentenças judiciais (*mishpat[im]*) retomam e concluem o litígio mencionado em 2,9.

Jr 4,13-18 Avanço do inimigo

13 Eis que ele[11] avança como nuvens carregadas,
seus carros são como um furacão,
seus cavalos são mais rápidos que águias.
"Ai de nós, pois seremos destruídos!"
14 Lava teu coração da maldade, Jerusalém,
para que sejas salva!
Até quando pernoitarão em teu meio
teus planos iníquos?
15 Sim, uma voz ressoa a partir de Dã,
e das montanhas de Efraim se anuncia uma calamidade:
16 "Adverti Judá,[12]
fazei ouvir sobre Jerusalém:
'Inimigos[13] vêm de uma terra distante
e lançam seus gritos de guerra contra as cidades de Judá'."
17 Como vigias de um campo, eles a[14] cercam,
pois contra mim ela se rebelou – dito de YHWH.
18 Tua conduta e teus atos,
foram eles que te trouxeram isso.
Esse é o resultado de tua maldade, bem amargo,
que te atinge no próprio coração.

---

[11] O "destruidor das nações" do v. 7.

[12] O TM lê "lembrai as nações: eis", o que não dá sentido. Como o exército inimigo avança do norte para o sul, o lugar provável a ser alcançado depois de Dã e das montanhas de Efraim é o território de Judá (ou Benjamim), antes de chegar a Jerusalém. A substituição de "nações" por "Judá" é uma conjectura; cf. BHS.

[13] "Inimigos" de acordo com a LXX; o TM lê "guardas" (cf. a imagem do v. 17: "vigias").

[14] Trata-se ou de Jerusalém ou da terra de Judá, de acordo com o v. 16.

Jeremias 4

Os v. 13ss dão continuidade à descrição da invasão inimiga dos v. 5-8. As metáforas destacam a rapidez do avanço do exército: as nuvens carregadas que se erguem no horizonte prenunciando uma tempestade de verão, o vento que sopra em turbilhões e a agilidade da águia na captura de sua presa. Não resta muito tempo. A citação colocada na boca das pessoas a serem atingidas é um grito de desespero (v. 13b). A admoestação do v. 14 destoa do contexto porque se dirige em discurso direto a Jerusalém (na 2ª p. f. sing.), interrompendo a dramática descrição do avanço inimigo (v. 13.15ss), e porque admite, ao contrário do contexto, a possibilidade de evitar, de última hora, a desgraça da invasão inimiga no caso de uma purificação interior.

Os v. 15-17 retomam a invasão do inimigo do norte sob forma de audições. O profeta ouve mensageiros trazendo as terríveis notícias do avanço do inimigo, desde a fronteira setentrional, Dã, por onde o inimigo entra no país. Em sua marcha para o sul, o exército passa pela região central, as montanhas de Efraim, e está prestes a chegar a Judá e Jerusalém. O v. 17 lança mão da imagem dos guardas que cercam um campo para proteger sua plantação. Também os soldados invasores cercam as cidades de Judá, mas não no intuito de protegê-las. O v. 18 deve ser mais recente, pois se dirige, como o v. 14, em discurso direto a uma 2ª p. f. sing. e procura realçar a causa da catástrofe, desdobrando, assim, a "rebeldia" mencionada no v. 17b. A má conduta dos habitantes é a razão de o povo estar passando pela situação amarga. A reprimenda do v. 18 parece pressupor a experiência do juízo.

4,19-22 Lamento do profeta

19 Meu ventre, meu ventre! Tenho que contorcer-me[15] de dor.
Paredes de meu coração!
Meu coração se agita dentro de mim.
Não consigo calar-me,
pois ouço[16] o som da trombeta,[17]
o alarido de guerra.

---

[15] Modo exortativo de *ḥyl/ḥul*. A raiz é utilizada para designar as contrações que antecedem o parto.

[16] Literalmente: "minha alma ouve".

[17] Trata-se do *shofar*, o chifre do carneiro, também no v. 21.

20 Grita-se: "Desastre sobre desastre!"
Sim, toda a terra está devastada.
De repente, foram devastadas as minhas tendas,
num instante, minhas lonas.
21 Até quando tenho de ver o estandarte,
e ouvir o som da trombeta?
22 "Sim, meu povo é ignorante,
a mim não me conhecem.
São filhos insensatos, sem inteligência.
São sábios para fazer o mal,
mas fazer o bem não sabem."

Os v. 19-21 formam um lamento do profeta diante da iminência da catástrofe que ele próprio anuncia. Após o grito de dor (v. 19a), a descrição da aflição (v. 19b-20) e a pergunta por sua duração (v. 21), esperar-se-ia um oráculo divino de salvação, mas a fala divina do v. 22 é antes uma queixa de Deus sobre a insensatez de "seu povo".

Jeremias não é um expectador neutro, que não se comove com o futuro sofrimento do povo. Diante da catástrofe inevitável que vê e ouve, o profeta irrompe num desolado lamento, marcado por interjeições, frases breves, gritos e contrações na região do estômago e dos intestinos, aceleração do batimento cardíaco e dores no peito. As imagens evocam, em especial, as dores da mulher na região do abdômen ("ventre"). Os sons e ruídos da batalha, as vozes dos mensageiros e a visão dos estandartes dos agrupamentos militares provocam um terror que invade o corpo de Jeremias. As tendas e as lonas (v. 20) não são propriedade particular do profeta, mas as habitações do povo, com o qual Jeremias se identifica a ponto de poder dizer "minhas tendas e lonas".

A palavra de YHWH não representa um consolo ao que lamenta. O "até quando?" (v. 21) ainda não recebe resposta. A queixa de Deus (v. 22) parece dar continuidade ao lamento profético, uma vez que sua causa persiste. A falta de "conhecimento de Deus" é o motivo da destruição do povo também em Oseias (Os 4,6). Esse conhecimento não é meramente teórico, mas eminentemente prático: "não sabem fazer o bem" (cf. Jr 5,4s; 13,23).

Jeremias 4

95

Jr 4,23-28 Retorno ao caos

23 Eu olhei para a terra,
e eis que estava sem forma e vazia;
e para o céu, e estava sem sua luz!
24 Olhei para os montes,
e eis que tremiam,
e todas as colinas vacilavam.
25 Olhei, e eis que não havia nenhum ser humano,
e todas as aves do céu haviam fugido.
26 Olhei, e eis que o pomar[18] virara deserto,
e todas as suas cidades estavam arrasadas,[19]
diante de YHWH, diante do ardor de sua ira.
27 Pois assim diz YHWH:
"Toda a terra será uma desolação,
eu a[20] destruirei completamente.
28 Por isso, a terra ficará de luto,
e, no alto, o céu escurecerá.
Pois[21] eu falei e não me arrependo[22],
eu decidi e não volto atrás".

O relato da visão nos v. 23-26 é completamente diferente dos dois relatos das visões do primeiro capítulo. A catástrofe anunciada afetava, até agora, apenas Judá e Jerusalém. Agora ela atinge todo o cosmo (céu e terra), a natureza (os montes, as colinas), as criaturas (seres humanos e aves) e suas realizações (pomares e cidades). As consequências desastrosas da invasão inimiga recebem traços míticos, como o tremor das montanhas, e até apocalípticos, pois toda a ordem da criação é desfeita, volta-se ao estágio anterior à criação: a terra volta a ser "sem forma e vazia" (*tohu vabohu*; cf. Gn 1,2). Por causa dessas características não usuais e pela

---

[18] A LXX e a Vulgata entendem que *karmel* é topônimo ("[monte] Carmelo").

[19] Diversos manuscritos hebraicos e a LXX leem "queimadas" (da raiz *yaṣat*) em vez de "arrasadas" (da raiz *nataṣ*). Trata-se de uma metátese.

[20] O TM lê "não (destruirei completamente)"; a negação contradiz o contexto. A inclusão do "não" só é compreensível se o versículo for uma correção por parte de alguém que vive após a catástrofe e sabe que ela não foi total (cf. 5,10.18). Alguns comentaristas propõem substituir o *lo'* ("não") por *lah* ("a ela", *scil.* "a terra"), na função de objeto do verbo "destruir" (v. BHS). A tradução acima acompanha essa proposta.

[21] A preposição *'al*, no início do v. 28b, deve ser ditografia.

[22] A sequência dos verbos em 28b foi modificada de acordo com a LXX. Não se altera o conteúdo, mas se restabelece a poesia.

possível dependência do relato de Gn 1, o trecho é considerado por muitos uma composição posterior, construída com terminologia presente no livro de Jeremias.[23] A visão do retorno ao caos também pode ser entendida como uma hipérbole da futura catástrofe que atingirá Judá e Jerusalém.[24]

Em todo caso, a ordem da criação que garantia a vida é desfeita: a luz dos astros não mais ordena os tempos e as estações; a fertilidade do solo já não possibilita pomares (cf. 2,7); as montanhas, que dão estabilidade ao orbe terrestre (Jn 2,7) e que sustentam o firmamento do céu, tremem (Na 1,5); animais e seres humanos não mais conseguem viver nos lugares que agora estão desertos (cf. Gn 2,5) e devastados. O v. 26 volta o olhar para a realidade histórica das consequências de uma invasão inimiga e aponta para a causa da destruição: trata-se de juízo de Deus por erros humanos (v. 26). Assim, culpa humana pode colocar em perigo toda a criação divina.

A palavra divina dos v. 27s complementa a visão do profeta. No v. 27, "a terra" não mais é o orbe terrestre como em v. 23, mas o país de Judá. Por causa da destruição, terra e céu pranteiam e vestem luto ("escuridão"). Aqui, o cosmo não é afetado diretamente pelas consequências da catástrofe, mas participa empaticamente dos ritos de luto da população (v. 28a). A veste de luto era geralmente escura por ser feita dos pelos de cabras pretas. A frase final (28b), reconstruída de acordo com a LXX, lembra Is 14,24: a decisão divina é irrevogável.

Jr 4,29-31 Beleza inútil

29 Ao grito de "Cavaleiros e arqueiros!",[25]
todo o país[26] se põe em fuga:
eles entram em cavernas[27],

---

[23] Wanke I, p. 64. Ribeiro, 2018, p. 561ss, advoga, pelo contrário, que Gn 1,1-3 é dependente do texto de Jeremias: "Não é que Jr 4,5-31 narre Gn 1,1-3 às avessas: ao contrário, é Gn 1,1-3 que narra Jr 4,5-31 de trás para frente", ou seja, "Gn 1.1-3 tem como objetivo transignificar teológica-mitologicamente a reconstrução de Jerusalém" (p. 563). Essa relação entre Jerusalém e Gn 1, no entanto, é demasiadamente hipotética.

[24] Liwak, 1987, p. 282

[25] A tradução "ao estrépito de cavalos e arqueiros" também é possível.

[26] De acordo com a LXX. O TM lê "cidade" em vez de "território, país", antecipando o v. 29b.

[27] De acordo com a LXX. O TM não lê "em cavernas e se escondem"; suspeita de omissão devido a homoteleuto, ou seja, duas palavras hebraicas com final semelhante no mesmo contexto provocaram o desvio do olhar do copista da primeira à segunda.

Jeremias 4   97

e se escondem na brenha,
e sobem nos rochedos.
Cada cidade[28] foi abandonada,
não mais há quem more nelas.
30 E, tu, que fazes,[29]
que te vestes de púrpura
e te enfeitas com joias de ouro
e alargas teus olhos com pinturas?[30]
Em vão te embelezas!
Os amantes te desprezam,
eles atentam contra tua vida.
31 Sim, ouço um grito como o de uma parturiente,
gemidos[31] como os de quem dá à luz pela primeira vez.
É o grito da filha de Sião,
que, ofegante, estende suas mãos:
"Ai de mim, que desfaleço;
minha vida sucumbe a assassinos!"

O profeta descreve como a notícia sobre o avanço do exército inimigo (v. 29: "Cavaleiros e arqueiros" é citação; cf. 4,5-8.13.15-18) é gritada por mensageiros aos habitantes das cidades do interior, que não conseguem garantir sua segurança, fogem apavorados em busca de lugares inacessíveis a carros e cavalos para salvar suas vidas. A geografia acidentada da Judeia oferece diversas possibilidades de fuga e esconderijo: penhascos, cavernas, matagais cerrados.

Já o v. 30 é uma repreensão dirigida a Jerusalém ("filha de Sião"), que, na visão profética, foi poupada, até o momento, do ataque inimigo. Jerusalém é comparada a uma bela mulher (cf. Sl 50,2; Lm 2,15) que se enfeita com seus mais ricos adornos, coloca vestes tingidas de carmim e aplica pintura preta ao redor dos olhos para aumentar seu tamanho na expectativa de impressionar seus amantes (cf. 2 Rs 9,30). A metáfora é mais plausível se pensarmos em grupos palacianos responsáveis pela política exterior e acostumados a recepções pomposas de delegações de países estrangeiros ("amantes") que precisavam ser agradadas para garantir acordos diplomáticos

---

[28] Essa tradução é preferível (em vez de "toda a cidade") por causa do plural ("nelas"). Trata-se das cidades do interior de Judá.
[29] De acordo com a LXX. O TM apresenta adicionalmente o part. pass. m. *shadud* "violentado, destruído", o que não combina com o discurso direto a uma 2ª p. f. sing.
[30] Trata-se provavelmente de antinômio preto utilizado no fabrico de cosméticos.
[31] De acordo com a LXX. O TM lê "angustiada" em vez de "gemidos"; cf. BHS.

vantajosos (2,16ss.36). A pergunta retórica "Que fazes?" já aponta para o fato de que esses grupos não conseguem perceber a realidade política: não é época de fazer acordos, mas de temer pela vida. Os inimigos não mais podem ser comprados com regalias.

O trecho culmina numa audição profética: gritos e gemidos como de uma mulher que se encontra em trabalho de parto. A comparação de situações de pânico e desespero com gritos de uma parturiente aparece com frequência no livro de Jeremias (6,24; 13,21; 22,23; 30,6; 48,41; 49,22.24; 50,43; cf. Sl 48,7). Ironicamente os gritos da parturiente que prenunciam uma nova vida se transformam, aqui, em gritos de desespero da bela e formosa Jerusalém, prestes a perder sua vida. Já sem forças, estende suas mãos ao céu num derradeiro lamento: seus amantes se tornaram seus algozes. Temos, aqui, pela primeira vez, uma alusão à destruição de Jerusalém.

JEREMIAS 5

Jr 5,1-6 Corrupção geral de Jerusalém

1 Percorrei as ruas de Jerusalém,
observai e buscai saber!
Procurai em suas praças,
se encontrais alguém,
se há alguém que pratique o direito,
que busque a verdade!
– Nesse caso, eu a perdoaria!
2 Mas, mesmo quando dizem:
"Tão certo quanto vive YHWH",
com certeza[1] juram falsamente.
3 YHWH, não é para a verdade
que teus olhos se voltam?
Tu os feriste, mas nada sentiram;
todos eles[2] recusaram aceitar correção.
Endureceram sua face mais que uma rocha
e recusaram-se a voltar atrás.
4 Mas eu pensei: "São somente os humildes,
eles agem como tolos,
pois não conhecem o caminho de YHWH
nem o direito de seu Deus!
5 Quero ir aos grandes
e falar com eles,
pois eles devem conhecer o caminho de YHWH
e o direito de seu Deus."
Mas todos eles quebraram o jugo,
romperam as correias.
6 Por isso, um leão do mato os ferirá,[3]
um lobo da estepe os destruirá,
um leopardo rondará suas cidades,
quem delas sair será estraçalhado.
Pois numerosas são suas transgressões,
e incontáveis, suas rebeldias.

---

[1] De acordo com diversos manuscritos hebraicos e a Siríaca. O TM lê "por isso".
[2] "Todos eles" é conjectura; cf. BHS. O TM lê "tu acabaste com eles", o que dificilmente dá sentido no contexto. O texto consonantal hebraico de ambas as formas é quase idêntico.
[3] A ação está no perfeito profético, mas ainda está por acontecer.

100 *Primeira parte: Ditos a Israel, Judá e Jerusalém – Jeremias 1-25*

O capítulo 5 aprofunda e detalha as causas da catástrofe anunciada no capítulo 4. O anúncio da desgraça que sobrevirá em forma de invasão militar do inimigo do norte ainda ressoa esporadicamente no capítulo (5,6.15-17), mas predominam as denúncias dos pecados sociais e religiosos de Jerusalém.

A unidade 5,1-6 é difícil de caracterizar formalmente. Os v. 1-5 dão a impressão de que se trata de uma fala do profeta a seus interlocutores (v. 1s), a Deus (v. 3) e consigo mesmo (v. 4s) para culminar numa fala divina (v. 6). No contexto de uma fala do profeta (v. 1s), no entanto, não cabe a fala de Deus do v. 1b: "Nesse caso, **eu** a perdoaria". Por isso muitos consideram o v. 1b uma inclusão que antecipa a pergunta retórica do v. 7, que implica a impossibilidade do perdão. Se, por outro lado, todo o v. 1 for considerado fala divina a um grupo de pessoas (2ª p. m. pl.), também o v. 2 deveria fazer parte dela, pois há um nexo íntimo entre ambos os versículos. Isso, no entanto, conflitaria com o uso de YHWH na terceira pessoa. Em suma: se o v. 1b não for uma inclusão posterior, temos que admitir que há, nesses versículos, uma confusão entre fala profética e fala divina, o que não seria algo totalmente incomum em textos de livros proféticos.

O mais provável, no entanto, é que o profeta convoca, aqui, seus interlocutores a vasculharem os locais públicos de Jerusalém (ruas, becos, praças, largos) em busca de alguém que vive de acordo com a vontade de Deus. Provavelmente não se trata aqui de uma tentativa desesperada de encontrar pelo menos uma pessoa justa para que a cidade possa ser poupada, como é o caso de Gn 18,22-32 em relação a Sodoma e Gomorra, mas, antes, de que as pessoas convocadas possam dar-se conta da situação e comprovar o que, para o profeta, já estava claro: a corrupção é total.

Duas atitudes são mencionadas: praticar o direito e buscar a verdade (v. 1). O tema do "direito" (*mishpat*) reaparece nos v. 4s na forma "direito de Deus" em paralelo a "caminho de YHWH". O tema "verdade" (*'emunah*) reaparece na afirmação de que Deus quer a verdade (v. 3: "teus olhos se voltam [para a verdade]") e no exemplo do perjúrio, no qual aparentemente se quer mostrar onde, na vida concreta, acontece a falta de verdade: no falso juramento em nome de Deus. Ao termo *mishpat* vinculam-se disposições, procedimentos, decisões e atitudes que buscam preservar ou restabelecer a integridade (*shalom*) da vida de uma sociedade por meio da

Jeremias 5   101

solidariedade e justiça social (*ṣedaqah*).[4] O "direito de Deus" a ser buscado deve referir-se a determinados deveres necessários para que haja uma vida social harmoniosa, que, no entanto, não são especificados. O termo "verdade" está bastante vinculado à fala, o que se pode deduzir do antônimo "mentira", em 5,2 (*shéqer*, cf. 9,2), e da polêmica de 9,2, onde aparece explicitamente a "língua". Mas o trecho 9,2ss também mostra que o termo deve ser entendido de forma mais ampla: não somente o discurso, mas toda a conduta pessoal deve ser "verdadeira", ou seja, sincera, franca, honesta, confiável, avessa a falsidade ou fraude. Nesse caso, o falso testemunho em juízo também é um exemplo de que não se pode confiar nem na palavra nem na pessoa. Essa falta de sinceridade e honestidade é, para Jeremias, um exemplo de que toda a rede social está deteriorada (outros exemplos em 5,26ss).

A pergunta indireta do v. 1aβ ("se encontrais alguém, se há alguém que...") deve ser respondida negativamente. Isso se confirma em 5b: "todos eles quebraram o jugo". Obviamente a conclusão de que não há uma só pessoa justa na cidade é conscientemente exagerada, pois certamente havia exceções (cf. 22,15s; 26,24). O exagero do profeta, no entanto, justifica a impossibilidade do perdão.[5] Em todo caso, ele aponta para o fato de que o sistema social está totalmente contaminado pela corrupção.

Em seu diálogo consigo mesmo, o profeta pensa inicialmente que a corrupção se deve à falta de conhecimento formal dos "humildes/pequenos", ou seja, de pessoas simples e não instruídas como artesãos, carregadores, lavradores e pequenos comerciantes.[6] Mas teve que experimentar que também os "grandes", ou seja, as pessoas de posses e instruídas como altos funcionários da corte, oficiais, ministros, sacerdotes, escribas e profetas não praticavam o que deveriam saber a respeito do direito de Deus (quanto a "pequenos e grandes", cf. 6,13; 8,10). Conhecer "o caminho de YHWH" é uma questão eminentemente prática.

Os golpes do destino e as situações adversas que o povo enfrentou em sua história (v. 3aβ) deveriam ter aberto os olhos para

---

[4]   Sobre o binômio "justiça" e "direito", cf. Garmus, 2015, p. 36s.
[5]   Dias da Silva, 2020, p. 7: a generalização da culpa é uma "hipérbole" para "justificar a impossibilidade do perdão".
[6]   De acordo com Siqueira, 1999, p. 42s, um *dal* (traduzido em 5,4 como "humilde") não é um miserável, economicamente incapaz, mas um empobrecido. Schwantes, 1977, p. 121 usa o termo *Stadtproletariat*, "proletariado urbano", para caracterizar essa camada social. O mesmo termo aparece, no plural, em Jr 39,10 e, no feminino, em 40,7; 52,16.

102 *Primeira parte: Ditos a Israel, Judá e Jerusalém – Jeremias 1-25*

seus erros de conduta, mas o que ocorreu foi uma total perda de sensibilidade para a realidade de corrupção e, por conseguinte, uma perda da capacidade de corrigir-se (v. 3b; cf. 5,21.23). O v. 5b expressa a recusa do povo de viver de acordo com as exigências de respeito ao próximo e, assim, de obediência a Deus, através da figura da rês indomável que quebra o jugo e rompe as correias, porque não quer sujeitar-se às normas (cf. 2,20; Os 4,16). O v. 6 tira as consequências dessa atitude: como animais ferozes o exército inimigo atacará as cidades de Judá (cf. 2,15; 4,7; Hab 1,8). O v. 6b acrescenta a causa da desgraça apontando para delitos inespecíficos da população de Jerusalém: "numerosas transgressões" e "incontáveis rebeldias" (cf. Am 5,12; quanto à "rebeldia", cf. Os 11,7; 14,5; Jr 2,19; 3,12).

Jr 5,7-11 Apostasia de Jerusalém

7 Por que te perdoaria?
Teus filhos me abandonaram,
eles juraram por deuses que não o são.
Quando os saciei, cometeram adultério,
passaram a frequentar[7] a casa de uma prostituta.
8 Tornaram-se garanhões cevados e no cio[8];
cada um relincha atrás da mulher de seu próximo.
9 Não deveria eu castigá-los[9] por isso? – dito de YHWH.
Ou não deveria eu vingar-me[10] de uma nação como esta?
10 Subi aos terraços de sua vinha e a destruí!
Aniquilai-a[11] totalmente!
Arrancai seus ramos,
porque não são de YHWH!
11 Pois eles me foram de todo infiéis,
a casa de Israel e a casa de Judá – dito de YHWH.

---

[7] De acordo com a LXX e alguns poucos manuscritos hebraicos. O TM lê "fizeram incisões em si mesmos", provavelmente um erro de cópia.

[8] O sentido de cada um dos dois termos hebraicos vertidos por "cevado" e "no cio" não está totalmente assegurado. Já o significado geral está claro.

[9] Inclua-se o objeto (*bam* = "los"), de acordo com alguns manuscritos hebraicos (cf. 9,8).

[10] Literalmente "não deveria minha alma vingar-se".

[11] O TM inclui uma negação: "não (aniquileis totalmente)". Essa inclusão deve provir de um leitor que vive após a catástrofe de 587 e sabe que a destruição não foi completa; o mesmo vale para 4,27; 5,18.

Jeremias 5

O trecho é composto por duas unidades menores: a primeira (v. 7-9) é uma denúncia, a segunda (v. 10s), um anúncio de juízo. Ambas estão vinculadas ao dito precedente (v. 1-6) temática e terminologicamente. O tema do perdão impossível (v. 7) apareceu em v. 1b; o falso juramento do v. 2 reaparece como juramento em nome de outros deuses no v. 7. Além disso, há conexões temáticas com diversos outros trechos do livro, como se verá durante a explanação. Mas isso não é motivo suficiente para considerar o cerne do presente trecho não jeremiânico.

A primeira unidade está emoldurada por perguntas retóricas (v. 7aα.9) que buscam a anuência do interlocutor ao conteúdo do anúncio: a impossibilidade do perdão (v. 7aα) e a inevitabilidade do juízo (v. 9).[12] A fala divina se dirige a uma mulher, provavelmente Jerusalém, talvez também Judá, para repreendê-la por causa de seus filhos (cf. Os 2,4s) – os habitantes da cidade ou país – que abandonaram seu Deus e juraram invocando outras divindades como testemunhas da veracidade do juramento. Essa crítica ao descumprimento do primeiro mandamento retoma a temática de Jr 2 e 3. Também em 2,11, as outras divindades são consideradas não--deuses; o tema do abandono de Deus é recorrente nos primeiros capítulos do livro (Jr 1,16; 2,13.17.19); também a imagem um tanto grosseira do garanhão relinchando no cio lembra 2,23ss.[13] Os indícios apontam para o culto a Baal e seus ritos sexuais de fertilidade. O verbo "saciar" (v. 7) poderia ser uma alusão à fertilidade concedida por YHWH, mas entendida pelo povo como sendo presente de Baal (cf. Os 2,10). Também o "adultério" (Jr 3,8.9; cf. Os 2,4; 4,14) e a "prostituição" (Jr 2,20ss; 3,1.2.6.8.9; cf. Os 2,4; 4,12ss) são mencionados, diversas vezes, em conexão com o culto a Baal.

No entanto, a crítica à idolatria e ao descumprimento do primeiro mandamento não é a única nesse trecho. A "casa da prostituta" dificilmente pode ser identificada com o culto nos altos. E o tema do adultério, em 5,8, parece estar mais relacionado com o sétimo e décimo mandamentos: adulterar e cobiçar a mulher do próximo (Êx 20,14.17). Isso se comprova nas outras ocorrências do tema em textos jeremiânicos onde o adultério é visto em conexão com as proibições do decálogo (7,9; 9,1; 23,14). Além da conhecida crítica religiosa, temos, aqui, também uma denúncia de delitos morais, o que se alinha perfeitamente com o conteúdo de 5,1-6,

---

[12] O v. 9 aparece literalmente também em 5,29 e 9,8 sem que se possa dizer, com certeza, qual o seu lugar original.

[13] García Bachmann, 2007, p. 343, usa o termo "pornoprofecia" para as imagens dos v. 7s.

104   *Primeira parte: Ditos a Israel, Judá e Jerusalém – Jeremias 1-25*

em que se destacam o perjúrio e a falsidade, ambos vinculados à proibição do falso testemunho. O descumprimento da primeira tábua do decálogo tem consequências para a vida que se espera na segunda tábua. O castigo (v. 9) é expresso como vingança de Deus. Esse vocábulo forte deve ser entendido como retribuição jurídica a delitos cometidos ou – o que, no fundo, vem ser a mesma coisa – como confirmação inevitável da equação de causa (mal-maldade) e efeito (mal-desgraça) da tradicional sabedoria israelita. Em Jr 5,9, Deus justifica sua atuação com a culpa humana.[14]

A segunda unidade (v. 10s) parece ser uma fala profética a inimigos, convocando-os a destruírem Jerusalém (ou Judá), imaginada, aqui, como uma vinha. Também em 2,21, o povo é comparado a uma vinha nobre que, no entanto, não deu certo (cf. 6,9; Is 5), devendo, portanto, ser destruída. Leitores da época do exílio, que sabem que a destruição de Judá e Jerusalém não foi total, corrigiram o texto inserindo a negação: "não [a aniquileis totalmente]" (cf. 4,27). O motivo da destruição da vinha, no v. 11, é expresso em fala divina, sendo que os destinatários são, agora, as "casas" de Israel e Judá. O conteúdo é bastante genérico: infidelidade ou traição. Esta pode referir-se tanto à adoração exclusiva de YHWH (3,8.11.20) quanto a delitos morais (9,1ss). Também aqui não há como distinguir precisamente entre as duas tábuas do decálogo. O fim de Judá/Jerusalém não é destino cego, mas consequência do comportamento de sua população.

Jr 5,12-14 Negação da intervenção divina

12 Eles negaram YHWH!
Disseram: "Ele não é nada!
Nenhuma desgraça nos atingirá!
Não veremos nem espada nem fome!"
13 Mas os profetas não passam de vento,
a palavra[15] não está com eles.
(Isto acontecerá com eles:)[16]
14 Por isso, assim diz YHWH, o Deus dos Exércitos:

---

[14] Dias da Silva, 2020, p. 2, afirma que os três versículos idênticos no livro (Jr 5,9.29; 9,8) são fórmulas conclusivas para justificar a atuação divina de juízo ("teodiceia").

[15] A LXX entende corretamente: "a palavra de YHWH"; cf. HAL, p. 204a.

[16] Alguns códices da LXX omitem essa oração que pouco sentido faz no atual lugar. Existe a proposta de transpô-la para após "Deus dos Exércitos" (Rudolph, 1968, p. 38s), onde, de fato, faria melhor sentido. Permanecendo onde se encontra agora, a oração deve ser considerada o comentário de um leitor escrito à margem do texto.

Jeremias 5 105

"Por terem eles[17] falado essa palavra,
eis que farei com que minhas palavras
sejam fogo em tua boca,
e esse povo, a lenha
que ele devorará".

Essa pequena unidade é composta por uma denúncia
(v. 12.13a), em que o profeta cita uma palavra de um grupo não
identificado ("eles"; v. 12aβb), e um anúncio de juízo por parte de
Deus (v. 14) sobre um grupo que aparentemente é o mesmo que
se expressa na citação inicial. A unidade apresenta alguns problemas de compreensão. O primeiro é de ordem formal: até onde vai
a citação do grupo que "nega" YHWH? Gramaticalmente a citação
poderia estender-se até o v. 13a ("não está com eles"). Nesse caso,
o v. 13 estaria falando de todos os profetas, também os que, como
Jeremias, anunciam o juízo (a conjunção adversativa "mas" teria
que ser, então, eliminada). Nenhum deles teria legitimidade ("a palavra não está com eles"). Mas o v. 12b corresponde exatamente à
mensagem dos profetas de salvação: nenhuma desgraça atingirá o
povo (cf. 14,13-15; 23,17); e a afirmação do v. 13a corresponde à
opinião de Jeremias sobre esses profetas (cf. 14,14s; 23,21s). Por
isso é mais provável que o v. 13a seja um comentário de Jeremias
sobre a natureza e mensagem dos profetas de salvação: eles não
têm o "espírito (ru^ah) de Deus", pelo contrário, eles próprios são
vazios, ou seja, apenas "vento" (ru^ah).

O segundo problema é a identificação do grupo que "nega"
YHWH. Provavelmente não se trata dos profetas de salvação, pois
esses dificilmente diriam que Deus "não é nada", ou seja, que ele
é ineficaz e incapaz de interferir na história para concretizar um
anúncio profético (cf. Sf 1,12). Os destinatários do dito profético
5,12-14 podem, é verdade, ser um grupo de pessoas influenciadas
pela mensagem dos profetas de salvação, mas ele parece ser tão
cético que não mais conta com nenhum tipo de intervenção divina (Sl 10,4.11; Sf 1,12). Aqui não se trata de negar a existência de
Deus, mas sua capacidade de intervir na história.

O anúncio de juízo, v. 14, se dirige a esse grupo. Ele compara
a palavra profética autêntica a um fogo abrasador (23,29; cf. 20,9).

---

[17] O TM lê "por terdes falado", mas YHWH se dirige a Jeremias e não ao grupo de céticos do v. 12.

106 *Primeira parte: Ditos a Israel, Judá e Jerusalém – Jeremias 1-25*

As pessoas que em sua arrogância e autossuficiência negam a eficácia da atuação divina terão que experimentá-la pessoalmente.

Jr 5,15-19 A nação inimiga

15 Eis que trarei contra vós
uma nação de longe,
ó casa de Israel – dito de YHWH –
uma nação persistente,
uma nação antiga,
uma nação cuja língua não conheces,
e cuja fala não entendes.
16 Sua aljava é qual sepultura aberta,
todos eles são guerreiros valentes.
17 Ela devorará tua colheita e teu pão,
devorará[18] teus filhos e tuas filhas,
devorará tuas ovelhas e teu gado,
devorará tua videira e tua figueira,
destruirá tuas cidades fortificadas,
nas quais confias, pela espada.
18 Mas também naqueles dias – dito de YHWH – não vos aniqui-
larei completamente. 19 Quando perguntarem[19]: "Por que YHWH,
nosso Deus, nos fez tudo isso?", tu lhes responderás: "Assim como
vós me abandonastes para servir a deuses estranhos em vossa
terra, assim também vós servireis a estrangeiros em uma terra que
não é vossa!"

O trecho é formado por duas partes, sendo a primeira, em forma poética, um anúncio de juízo através do exército inimigo (v. 15-17), e a segunda, uma explicação da causa da catástrofe em prosa (v. 18s). As quatro menções do termo "devorar" (v. 17) provavelmente ocasionaram a inclusão do presente trecho, que retoma o tema do inimigo do norte, após o v. 14 ("o fogo que devorará"). A "casa de Israel" não se refere, aqui, ao antigo reino do norte, mas a Judá e Jerusalém, destinatários privilegiados do anúncio sobre a invasão do inimigo do norte, que, aqui, ainda não é identificado com nenhuma nação específica. Sua descrição se baseia em

---

[18] O plural do TM ("devorarão") sofre influência do v. 16b ("guerreiros").
[19] O TM lê "perguntardes", ou seja, os redatores se dirigem diretamente aos interlocutores da época do exílio. Mas, no v. 19, a fala de YHWH se dirige ao profeta para que ele repasse a mensagem ("tu lhes responderás").

Jeremias 5

107

elementos tradicionais, muitos dos quais também se encontram em Is 5,25-29 e Dt 28,49-52.[20] O texto de Dt deve ser mais recente que o de Jeremias, enquanto que o texto de Isaías pode ter influenciado o de Jr 5,15-17. Esse povo que vem de longe e cuja língua é desconhecida (cf. 4,16; Is 5,26; Dt 28,50) chega a ter dimensões míticas: é muito antigo e sua existência não sofreu nenhuma descontinuidade até o momento do anúncio profético ("nação persistente"). A figura da aljava como sepultura aberta que "devora" tudo pode não ser muito adequada, mas é compreensível, já que a aljava contém instrumentos de morte. Os soldados desse exército são especialmente treinados para a guerra e experimentados em batalhas ("valentes"). Toda a descrição deixa a impressão de um inimigo misterioso e invencível.

As consequências de sua invasão são desastrosas para as plantações, as colheitas, os animais, os seres humanos e suas construções. O verbo "devorar" foi escolhido por causa da metáfora da "sepultura aberta" que engole suas vítimas. A visão é bastante realista, pois a invasão de um exército inimigo não conhece escrúpulos e vem normalmente acompanhada de pilhagem de produtos agrícolas e animais, morte e escravização de pessoas e destruição de aldeias e cidades pelo fogo.

A fórmula escatológica ("naqueles dias") introduz um complemento ao anúncio de juízo ("mas *também*") em forma de um diálogo que busca esclarecer o motivo dessa destruição.[21] O *waw* inicial deve ser entendido como conjunção adversativa ("mas"), pois o complemento traz uma correção ao que é anunciado pelo profeta. A partir da perspectiva de quem experimentou a catástrofe de 587, não houve uma destruição total. Essa experiência é transferida para o tempo de Jeremias e transformada em anúncio seu. O trecho provém da redação dtr, de acordo com a qual toda a desgraça provém da idolatria do povo. Existe uma correspondência entre delito ("*servir* a deuses estranhos") e castigo ("*servir* a estrangeiros").[22] No contexto da redação dtr, a negação da destruição total faz sentido, ao contrário de 4,27 e 5,10, onde a negação é uma inserção isolada no anúncio jeremiânico.

---

[20] V. o excurso "O inimigo do norte", no início de Jr 4.
[21] Cf. o excurso "O estilo dtr de pergunta e resposta", abaixo.
[22] García Bachmann, 2007, p. 343, chama essa correspondência de "castigo poético".

Expressões idiomáticas dtr para caracterizar a apostasia

Conforme a visão dtr, a culpa do povo reside basicamente na transgressão do primeiro mandamento: o abandono de YHWH e o culto a outras divindades. Diversas expressões descrevem esse pecado (não são citadas todas as ocorrências): "abandonar YHWH" (Jr 5,19; 16,11; 19,4; cf. 2Rs 22,17); "queimar incenso/servir a deuses estranhos" (Jr 5,19; 19,4; 44,3.8; cf. 2Rs 22,17); "andar após/servir/adorar outros deuses" (16,11; muito frequente); "deuses que não conheceis" (Jr 19,4; 44,3; cf. Dt 11,28; 13,3.7); "não escutar a voz de YHWH" (Jr 32,23; muito frequente) nem "dar ouvidos/prestar atenção" a ela (Jr 7,24.26; 11,8; 17,23); "rejeitar/abandonar a Lei/Torá" (16,11; 32,23); "não aceitar correção" (Jr 17,23; 35,13); "ofender a YHWH" (Jr 7,18s; 8,19; 11,17; 25,6s; cf. Dt 31,29; 32,16; 1Rs 16,7). De forma mais geral, o pecado de Israel se deve à "obstinação/dureza do coração" (Jr 7,24; 9,13; 11,8; 13,10; cf. Dt 29,18); à "dureza da cerviz" (Jr 17,23; 19,15; cf. 2Rs 17,14); à "maldade de suas ações" (Jr 4,4=21,12; 23,2.22; 25,5; 26,3; cf. Dt 28,20) ou ao fato de "terem feito o que é mau aos olhos de YHWH" (7,30; 32,30; cf. Dt 9,18 e as avaliações dos reis de Israel e Judá em 2Rs). A apostasia se estende às gerações anteriores ("pais": 11,4; 17,22s; cf. Jz 2,20; 3,4; 2Rs 17,13s). (Thiel I e II.)

O estilo dtr de pergunta e resposta

Em alguns trechos (Jr 5,19; 9,11-15; 16,10-13; 22,8s; cf. Dt 29,23-26; 1Rs 9,8s), revela-se a função catequética dos redatores dtr. Na época do exílio, buscam explicar as causas da grande desgraça ocorrida em 587. As perguntas são feitas por pessoas atingidas pela catástrofe (de forma direta: 5,19; 16,10; de forma indireta: 9,11) ou por nações estrangeiras (Jr 22,8; cf. Dt 29,23-26; 1Rs 9,8s). Para os autores dtr, o evento catastrófico a que os textos se referem já ocorreu, mas continua sendo algo futuro no contexto do profeta Jeremias. A resposta à pergunta é, portanto, colocada na boca de Jeremias (profecia *ex eventu*). Dessa forma se confirma que a desgraça se deve aos delitos dos israelitas e ocorreu com a anuência de Deus. (Thiel I, p. 295ss.)

Jr 5,20-25 Povo sem inteligência

20 Anunciai isto na casa de Jacó,
fazei-o ouvir em Judá:
21 "Escutai isto,
povo tolo e sem inteligência![23]

---

[23] Literalmente "sem coração".

Jeremias 5 109

Eles têm olhos, mas não veem,
têm ouvidos, mas não ouvem.
22 Não devíeis vós temer-me – dito de YHWH –
ou tremer diante de mim?
Eu que coloquei a areia como limite para o mar,
barreira eterna que ele não pode ultrapassar!?
Ainda que ele[24] se agite, nada alcançará;
ainda que suas ondas rujam, não a ultrapassarão.
23 Mas este povo tem um coração teimoso e rebelde;
eles se afastaram e foram embora.
24 Eles não disseram em seu coração:[25]
'Temamos, pois, a YHWH, nosso Deus,
que, a seu tempo, dá as chuvas – as primeiras e as tardias[26] –
e que nos assegura as semanas certas para a sega'.
25 Vossos delitos alteraram isso,
vossos pecados retiveram esse bem de vós".

O trecho destoa de seu contexto em diversos aspectos. Enquanto, nos capítulos 4 a 6, são relatadas situações desastrosas em consequência da invasão do inimigo do norte, os v. 24s mencionam uma situação dramática devido a distúrbios do ritmo da natureza. Vocabulário (*sakal* "tolo, insensato, néscio"[27]; uso de "coração" como sede da inteligência[28]) e temática (temor de YHWH[29]; ordem da criação[30]) têm grande afinidade com a literatura sapiencial. Também causa estranheza a menção de "casa de Jacó" em paralelo a "Judá", já que dificilmente se têm, neste capítulo, em mente os habitantes do antigo reino do norte como destinatários. As duas "casas" abarcam, portanto, nesse caso, a totalidade ideal do povo de Deus. Por tudo isso há quem considere impossível atribuir esse trecho a Jeremias.[31]

A unidade, com caráter de denúncia ou reprimenda contra pessoas que não demonstram temor de YHWH e desconsideram a

---

[24] De acordo com LXX e Siríaca, referindo-se ao "mar". O TM lê os dois verbos da linha no plural (influenciado pelo plural "águas" [do mar] ou "ondas" do v. 22bβ).

[25] No sentido de "a si mesmos".

[26] As primeiras chuvas caem no outono, as tardias (Jr 3,3), na primavera do hemisfério Norte.

[27] Além de Jr 4,22; 5,21 somente em Ec 2,19; 7,17; 10,3.

[28] P. ex., Jó 17,4; Pr 2,2; 28,26; Ec 7,2 e.o. Cf. Wolff, 2007, p. 89ss; Stolz, THAT I, 1978, col. 862s.

[29] P. ex., Sl 19,10; Pr 1,7.29; 2,5; 8,13; 9,10 e.o.

[30] Cf., em especial, Sl 104,9.19; Jó 38,8-11 e Pr 8,27-29.

[31] Cf. Wanke I, p. 74.

110 *Primeira parte: Ditos a Israel, Judá e Jerusalém – Jeremias 1-25*

ordem da criação, alterna discurso direto ao povo (21s.25) e descrição do povo (v. 23s). Ela é introduzida por uma instrução a arautos (v. 20; cf. 4,5). Esses denunciam, nos v. 21s, a falta de inteligência do povo que é incapaz de entender ("ver" e "escutar") sua realidade, determinada pela ordem estabelecida por Deus na criação do universo. Conhecer e viver de acordo com essa ordem é, conforme a sabedoria tradicional israelita, "temer a YHWH". Quem teme a YHWH é considerado sábio e, ao mesmo tempo, justo. O conceito tem, portanto, uma dimensão ética: temer a YHWH não é apenas um ato intelectual, mas, sobretudo, uma prática de respeito às normas sociais e da natureza (cf., p. ex., Jó 1,1.8; Pr 3,7; 8,13). A forma de pergunta, em 22aα, dá a entender que não existe o necessário "temor de YHWH" entre o povo. O restante do v. 22 aponta para aquilo que o povo deveria saber e respeitar: Deus criou o espaço de vida para os seres humanos, a terra habitável que não é ameaçada pelas águas do mar caótico. Na compreensão oriental, o ato de criação é basicamente uma ordenação do espaço e do tempo. O mar agitado de águas salgadas é considerado uma ameaça para a terra habitada, de modo que o ato criador divino consiste na separação entre águas e terra firme (Gn 1,19) e o ato preservador de Deus, no estabelecimento de limites intransponíveis para as águas destruidoras, no caso, a areia do mar com suas dunas (Pr 8,29). Essa ordem da criação possibilita a vida, por isso é necessário reconhecê-la e respeitá-la.

De acordo com os v. 23s, o povo não apenas não é inteligente para reconhecer e viver de acordo com a ordem da criação, mas tampouco o quer: ele é "rebelde" e se afasta. Aqui, no v. 23, o "coração" não mais é a sede do conhecimento, mas da vontade humana.[32] Em seu coração, o povo decide conscientemente afastar-se de YHWH e desrespeitar as normas da criação divina. No v. 24, a falta de temor de YHWH afeta o ritmo das estações do ano: as chuvas que vêm em seu devido tempo e as semanas certas para o corte dos cereais. Em oposição às águas destruidoras, impedidas de invadir o espaço de vida humano, trata-se, no v. 24, das águas das chuvas, vitais para o cultivo da terra.

O v. 25 conclui, em discurso direto ao povo, que esse é responsável pela situação presente. Não se diz qual é essa situação, mas do v. 24 se pode induzir que a falta de chuva ou chuva insuficiente ou fora de época tenha provocado estiagem e frustração de safra, o que, por sua vez, resultou em fome. Em todo caso, o texto

---

[32] Cf. Wolff, 2007, p. 96s.

Jeremias 5

entende que há uma relação entre distúrbios do ritmo da natureza e delitos humanos. Mesmo que não explique como se dá essa relação de causa e efeito, ele percebe intuitivamente que distúrbios e fenômenos anormais da natureza são causados pela falta de responsabilidade humana em prejuízo da própria vida.

Jr 5,26-31 Os malfeitores e seus atos

26 Sim, há malfeitores no meio de meu povo;
eles ficam à espreita, como passarinheiros na tocaia,[33]
montam armadilhas[34] e apanham gente.
27 Como um cesto cheio de pássaros,
assim estão suas casas cheias de fraude.
Por isso ficaram poderosos e ricos,
28 gordos e reluzentes.[35]
Ultrapassam os limites do mal,
não julgam as causas:
a causa dos órfãos não levam a bom termo,
e o direito dos pobres não promovem.
29 Não deveria eu castigar por isso?[36] – dito de YHWH.
Não deveria eu vingar-me de uma nação como esta?
30 Algo horrível e abominável acontece na terra:
31 os profetas profetizam pela mentira,
os sacerdotes trabalham[37] em seu próprio proveito,[38]
e meu povo gosta disso!
Mas que fareis ao final disso?

As duas partes dessa unidade dão continuidade à demonstração da culpa pela desgraça que atingirá o povo, acrescentando exemplos de "pecados" (v. 25) dos "grandes" (v. 5) de Jerusalém: a liderança econômica e política, com influência decisiva na jurisdição (v. 26-28), e a liderança espiritual e moral (30s). O v. 29 caracteriza a primeira parte da unidade (v. 26-29) como fala de YHWH.

---

[33] O texto apresenta vários problemas lexicológicos e gramaticais. A tradução desse e dos próximos versículos procura ater-se, o máximo possível, ao texto consonantal hebraico. Veja BHS, HAL, p. 1345, e comentários para as diferentes propostas.

[34] Literalmente "um destruidor".

[35] "Reluzente": significado incerto; cf. HAL, p. 850.

[36] Cf. Jr 5,9; 9,8.

[37] Da raiz *radah* II: literalmente "recolher"; Duhm, p. 64: "recolhem [para seus próprios bolsos]".

[38] Literalmente "para suas próprias mãos".

112 *Primeira parte: Ditos a Israel, Judá e Jerusalém – Jeremias 1-25*

Seu tema é a opressão dos pobres e socialmente fracos por parte dos abastados e influentes de Jerusalém. O v. 26 destaca um grupo de pessoas chamadas *resha'im* ("ímpios, malfeitores"). "Ímpia" é a pessoa que, ao contrário da "justa", representa uma ameaça à vida de seus concidadãos. E todo o comportamento que prejudica a vida social é, ao mesmo tempo, um comportamento que ofende a Deus.[39] A imagem do passarinheiro que fica à espreita em sua tocaia, aguardando o momento oportuno para apanhar um pássaro (cf. Os 9,8) dá a entender que alguns usam de astúcia e dolo para "apanhar" pessoas desavisadas ou fragilizadas. Não se sabe se há, aqui, uma referência à escravização de pessoas incapazes de saldar suas dívidas ou se "apanhar" tem o significado mais genérico de enganar pessoas por meio de fraude. A imagem do cesto cheio de pássaros para designar a casa dos malfeitores alude à apropriação indevida de propriedades ou bens materiais mediante negócios fraudulentos. A riqueza material, por sua vez, concede poder político e influência social. Em sua riqueza e poder adquiridos injustamente, os malfeitores não só têm condições de viver uma vida farta, mas também se tornam insensíveis às pessoas necessitadas.[40]

O v. 28 introduz uma prática já criticada pelos profetas que antecederam Jeremias: a manipulação da jurisdição (Am 2,6ss; 5,10ss; Mq 3,11; Is 1,23). A jurisdição israelita aos portões da cidade é bastante frágil, pois se assenta basicamente em testemunhos, o que facilita a compra de testemunhas e a corrupção. Além disso, as pessoas importantes de um lugar fazem normalmente parte do grupo de anciãos que constitui o tribunal e que tem, portanto, a responsabilidade de decidir as questões jurídicas que lhe são trazidas. Essas pessoas geralmente também são abastadas. Por isso, é fácil entender que, muitas vezes, o interesse pessoal se sobrepõe às determinações legais que defendem os pobres e os socialmente fracos como os órfãos e as viúvas (Êx 22,20-26; Dt 15,7s; Pr 23,10; Is 1,17 e.o.) Essa atitude de não promover o que está determinado por lei se designa "ultrapassar os limites do mal" (v. 28). A ordem divina da criação estabelece que as águas caóticas não ultrapassem seus limites para não destruir a terra cultivada (v. 22). Os malfeitores "ultrapassam os limites" impostos pela lei, trazendo, assim, a injustiça social que ameaça a vida em comunidade. As

---

[39] Cf. Leeuwen, THAT II, col. 814.817.
[40] Schmidt I, p. 154.

Jeremias 5

consequências do comportamento desse grupo atingem, de acordo com o v. 29, todo o povo.

Os v. 30s acrescentam as lideranças espirituais de Israel: os profetas e sacerdotes (cf. 2,8; 23,14). Os profetas são responsáveis pela divulgação da palavra revelada de Deus; os sacerdotes respondem pelo ensino da vontade divina. O comportamento desses dois grupos é caracterizado por dois termos fortes: "horrível" e "abominável". Em vez de se importar com o que Deus lhes revela, os profetas anunciam mentiras, certamente na tentativa de agradar seus ouvintes e obter vantagens pessoais. Aqui, portanto, "mentira" não é eufemismo para Baal (cf. 2,8; 23,11.13). Os sacerdotes, responsáveis pelo ensino do povo e pela transmissão da teologia correta, trabalham visando a seu próprio benefício, aceitando propinas e favores.

O mais inusitado, para o v. 31aβ, nem é que haja grupos na sociedade que somente busquem seu próprio benefício, mesmo que às custas de outros, mas que a população esteja não só conformada, mas também satisfeita com a situação. O texto não esclarece os motivos dessa reação surpreendente do povo. Será que ele compartilha e participa dessa corrupção geral da sociedade? Ou será que aquilo que a liderança religiosa e espiritual comunica é agradável aos ouvidos da população porque não a compromete? Em todo caso, aceitar a situação como está sem se opor ou se indignar torna o povo corresponsável. O destino de todas as pessoas implicadas é imprevisível quando todo o sistema social vir à ruína.

JEREMIAS 6

Jr 6,1-8 Ataque contra Jerusalém

1 Fugi, filhos de Benjamim,
do meio de Jerusalém!
Fazei soar a trombeta em Técua![1]
Erguei um luzeiro sobre Bet-Acarém!
Pois uma desgraça surge a partir do norte,
um grande desastre.
2 Acaso a filha de Sião
se assemelha a uma bela campina?[2]
3 A ela vêm os pastores com seus rebanhos;
armam as tendas ao redor dela,
cada um apascenta seu lote.
4 "Consagrai contra ela a guerra!
Levantai-vos, subamos ao meio-dia!
Ai de nós, pois o dia já declina,
pois as sombras da tarde se alongam.
5 Levantai-vos, subamos à noite,
e destruamos seus palácios."
6 Pois assim diz YHWH dos Exércitos:
"Cortai suas árvores! Erguei
uma rampa de assalto contra Jerusalém!
Esta é a cidade da qual se constatou:
'Tudo em seu meio é exploração!'
7 Como uma fonte que deixa jorrar suas águas,
assim ela deixa jorrar sua maldade.
'Violência e opressão' é o que se ouve nela;
diante de mim só há doença e ferida.
8 Aprende a lição, Jerusalém,
para que eu não me desprenda de ti,
para que eu não te transforme em desolação,
em terra desabitada."

---

[1] "Fazer soar" (*tiq'u*) forma um jogo de palavras com a aldeia de Técua (*t^{e}qo^a*).

[2] O TM do v. 2 dá pouco sentido: "a formosa e a mimada, eu comparo/destruo (?) a filha de Sião"; a proposta acima é defendida por Rudolph, 1968, p. 42 (v. BHS). Depõe a favor dessa proposta o fato de que a comparação de Sião com uma campina persiste no v. 3.

Jeremias 6 115

A unidade inicia com uma fala profética (v. 1-5), que inclui um apelo à fuga (v. 1), a comparação de Jerusalém com uma bela campina (v. 2s) e citações de comandos de oficiais de um exército (v. 4s). Segue, então, uma fala divina (v. 6-8) com uma ordem de ataque contra Jerusalém e a respectiva motivação (v. 6s). Um versículo final adiciona uma admoestação (v. 8). O trecho dá continuidade ao tema da invasão do exército inimigo (Jr 4) e retrata um estágio mais avançado dessa invasão, que iniciou no extremo norte do país e se expande para o sul. Enquanto em 4,5s o povo do interior era estimulado a buscar refúgio nas cidades fortificadas, inclusive em Jerusalém, agora, em 6,1, o profeta convoca as pessoas refugiadas em Jerusalém – representadas pelo provável grupo maior, os benjaminitas – a abandonarem a cidade e fugirem para os desfiladeiros e escarpas do deserto de Judá, ao sul da capital, porque esta já não tem condições de oferecer segurança. A localidade de Técua, a aldeia natal de Amós, fica a 8 km ao sul de Belém. A localização de Bet-Acarém é incerta; por alguns ela é identificada com Ramat Rahel, a 5 km ao norte de Belém. Os sinais de trombeta de Técua e os sinais luminosos de Bet-Acarém devem orientar os fugitivos que vêm de Jerusalém e alertar os moradores da região para a ameaça de invasão inimiga. Sinais luminosos são importantes meios de comunicação entre as cidades. Na carta nº 4 de Laquis (*tell ed-Duwer*), enviada por Osaías, o oficial de um posto avançado no interior de Judá, a Jeús, seu superior, estacionado em Laquis, consta que o remetente ainda consegue ver os sinais (luminosos) de Laquis, mas não mais consegue ver os de Azeca (*tell Zakariye;* linhas 10 a 13, verso).[3]

Esse relato dramático da iminência do perigo é interrompido por uma cena bucólica e totalmente pacífica (v. 2s). Em forma de pergunta, o profeta compara Jerusalém a uma bela campina verdejante que atrai pastores; de longe eles trazem seus rebanhos para nela pastarem. Os pastores que armam suas tendas ao redor da campina, no entanto, representam as tropas inimigas que cercam Jerusalém com circunvalações e rampas de assalto.

Os v. 4s mudam novamente de cenário: o profeta ouve e cita comandos e apelos que ecoam dentro da tenda dos oficiais do exército. As citações revelam a disposição e o entusiasmo dos oficiais de atacar a cidade. "Consagrar uma guerra" significa marcar, com ritos especiais, o início das atividades bélicas. Além de quererem iniciar

---

[3] Ver excurso "Os óstracos de Laquis", abaixo.

116 *Primeira parte: Ditos a Israel, Judá e Jerusalém – Jeremias 1-25*

logo o ataque, os oficiais também estão dispostos a lutar sem descanso, mesmo sob o calor do meio-dia e na escuridão da noite.

A fórmula do mensageiro (v. 6) introduz uma fala de YHWH que se estende até o v. 8. Em vez de interferir em favor de Jerusalém, a cidade de seu templo, YHWH estimula os oficiais inimigos a cortarem as árvores dos arredores da capital (cf. Dt 20,19s) e, com elas, construírem as valas de sítio e as rampas de assalto, como se ele próprio fosse o comandante do cerco. O motivo para essa atitude de Deus retoma a crítica social do profeta (2,33s; 5,1ss.26-28; 9,2-5; 22,17). Os termos-chave que caracterizam o grupo de criminosos jerosolimitas são "exploração", "maldade", "violência" e "opressão"; as vítimas, por sua vez, são caracterizadas pelos termos "doença (tormento)" e "feridas". Os termos inespecíficos podem abarcar muitas situações de exploração social. De acordo com a afirmação "tudo em seu meio é exploração" (v. 6), o mal observado e experimentado em Jerusalém extrapola determinados grupos, pois se trata de um mal estrutural que afeta todos os segmentos da sociedade. Esse mal social é como uma fonte que não para de jorrar. Ela não pode ser estancada com reformas localizadas. Somente a ruína de todo o sistema corrupto pode eliminar o cancro.

O v. 8 destoa de seu contexto, já que a admoestação ("aprende a lição") parece admitir uma possibilidade de evitar, de última hora, o ataque inimigo. A mudança de destinatário da fala divina – dos inimigos à cidade de Jerusalém –, a adoção de terminologia e temática do entorno literário (*yasar* "aprender a lição/aceitar correção": 2,19.30; 5,3; "terra sem habitantes": 2,2b.6.15; 4,29) e, sobretudo, a possibilidade de evitar a catástrofe, que não condiz com a impressão geral deixada pelo relato dramático dos versículos que antecedem e seguem (cf. v. 10), depõem a favor de um acréscimo. O versículo provavelmente é uma atualização da palavra profética para as gerações posteriores a Jeremias, que são exortadas a evitar que se repita a catástrofe que atingiu os antepassados (cf. 4,4.14).[4]

Os óstracos de Laquis

Excavações realizadas em *tell-ed Duweir*, identificada por grande parte dos especialistas com a cidade fortificada de Laquis, em 1935 e 1938, revelaram 21 óstracos (cacos de cerâmica utilizados como material de escrita), encontrados nas imediações do portão principal da cidade. Mais tarde, campanhas israelenses encontraram outros mais. Alguns desses óstracos contêm

---

[4] Assim Wanke I, p. 79; Schmidt I, p. 157.

Jeremias 6   117

apenas listas de nomes, outros são cartas destinadas ao oficial Jeús, comandante das tropas estacionadas em Laquis. A carta nº 3 menciona como emissário Osaías, provavelmente o oficial de um posto militar avançado no interior de Judá. Geralmente a correspondência é datada nos anos de 589/8, uma época bastante tensa em que os babilônios estavam em vias de ocupar as cidades do interior de Judá. Ainda havia contato entre as tropas estacionadas no interior e a capital, Jerusalém (óstracos nº 4 e 6) e ainda se podia viajar ao Egito (óstraco nº 3).

A carta nº 4 talvez contenha uma indicação que também se encontra em Jr 34,7. As linhas 10 a 13 (no verso) dessa carta têm o seguinte teor: "E (meu senhor=Jeús) saberá que estamos atentos aos sinais luminosos de Laquis, de acordo com todos os sinais que meu senhor dá, pois não podemos ver Azeca". Os sinais luminosos eram importantes meios de comunicação entre as tropas estacionadas em diversos locais do território de Judá (cf. Jr 6,1). O fato de que os sinais de Azeca não mais serem vistos pode significar que a cidade já tenha sido tomada pelos babilônios. Jr 34,7 menciona que, a uma certa altura da ocupação de Judá pelos babilônios, somente duas cidades fortificadas ainda resistiam: Laquis e Azeca.

A carta nº 3 informa, além disso, que o comandante do exército judaíta, Conias, filho de Elnatã, viajou ao Egito. Essa poderia ter sido a tentativa de buscar auxílio militar no Egito. Sabemos de Jr 34,21 e 37,5.11 que o faraó Apries/Hofra enviou uma tropa que logrou uma suspensão temporária do cerco de Jerusalém. (Smelik, 1987, p. 108ss; Donner II, 1997, p. 429s; Zammit, 2016.)

Jr 6,9-15 Fim da vinha Israel

9 Assim diz YHWH dos Exércitos:
"Rebusca⁵ cuidadosamente o resto de Israel,
como a uma vinha!
Leva tua mão repetidamente aos ramos,
como faz quem vindima!"
10 A quem falarei,
quem advertirei, para que ouçam?
Eis que seus ouvidos são incircuncisos
e não conseguem ouvir.
Eis que, para eles, a palavra de YHWH tornou-se
objeto de zombaria; não têm prazer nela.
11 Mas eu estou repleto da ira de YHWH,
não consigo mais contê-la!
"Derrama-a sobre as crianças na rua,

---

⁵ O TM lê "eles rebuscam", mas o contexto (v. 2b) exige a 2ª p. m. sing. do imperativo, pois YHWH se dirige a Jeremias.

118   *Primeira parte: Ditos a Israel, Judá e Jerusalém – Jeremias 1-25*

e sobre as turmas de jovens,
pois tanto homens como mulheres serão feitos prisioneiros,
tanto anciãos como os cheios de dias.
12 Suas casas passarão a outros,
junto com seus campos e mulheres;
pois estenderei minha mão
contra os habitantes do país – dito de YHWH.
13 Pois, desde o menor até o maior deles,
todos estão ávidos por lucro;
do profeta ao sacerdote,
todos praticam a falsidade.
14 Curam a ferida de meu povo
de modo superficial, dizendo:
'Paz! Paz!', quando não há paz.
15 Eles serão envergonhados,[6]
pois cometeram abominação.
Não aprenderam, de modo algum, a ter vergonha,
tampouco conhecem o rubor.
Por isso cairão com os que caem,
tropeçarão no tempo em que eu os castigar" – disse YHWH.

A unidade, introduzida pela fórmula do mensageiro (v. 9) e concluída pela fórmula de citação (v. 15), forma um diálogo entre Deus e o profeta: à ordem de YHWH para observar atentamente o comportamento do povo (v. 9: "rebusca a vinha"), o profeta expressa seu ceticismo quanto à eficácia de sua pregação (v. 10); também afirma que está cheio da "ira de YHWH" (v. 11aα), ao que Deus reage com um anúncio de desgraça sobre Jerusalém e sua liderança com a respectiva motivação (v. 11aβ-15).[7]

O profeta é incumbido de "rebuscar" a vinha. O ato do rebusco é conhecido pelos viticultores. Após a colheita normal, o vindimador repassa todas as videiras para ver se um cacho não foi esquecido por ter ficado oculto entre a folhagem. Da mesma forma, Jeremias deve investigar acuradamente a população de Jerusalém para verificar se as observações feitas até o momento (cf. 5,1ss.26ss; 6,6ss) conferem ou não. A expressão "resto de Israel" abarca toda a população de Judá e Jerusalém; ela foi escolhida por

---

[6]   Perfeito profético.
[7]   Wanke I, p. 80, afirma haver incerteza sobre se os v. 12s são palavra de Deus ou do profeta.

Jeremias 6   119

causa da imagem do rebusco dos "restos" da vindima, não tendo,
portanto, aqui, significado teológico especial.

À ordem de rebuscar Jeremias responde que sua atuação
profética tem-se mostrado ineficaz, pois seus interlocutores não o
querem ouvir, antes fazem zombaria de seu anúncio (v. 10b). Não
só não querem, mas também são incapazes de ouvir, pois têm
os ouvidos como que tampados por uma pele ("incircuncisos";
v. 10aβ). Não querer e não poder vão de mãos dadas. A imagem de
que Jeremias está "repleto da ira de YHWH" (v. 11aα) dá a entender
que a mensagem de juízo está trancada no peito do profeta; ele
ainda tenta segurá-la, porque não quer que seu povo sofra, mas
não mais consegue resistir (cf. Am 3,8).

YHWH, então, ordena que o profeta derrame a ira represada
sobre os habitantes de Jerusalém, incluindo crianças inocentes
(v. 11aβ-12). A visão de que o juízo de Deus também atinge crianças inocentes vai contra nossa compreensão de Deus. Prevalece,
aqui, certamente, a experiência de que a guerra não costuma diferenciar entre culpados e inocentes: todas as pessoas serão afetadas; mulheres e homens serão escravizados e sofrerão perdas
materiais. A desgraça da invasão do exército inimigo atingirá todas
as faixas etárias: crianças, jovens, mulheres e homens adultos e
até pessoas idosas. A sorte mais cruel caberá às crianças e mulheres, pois serão distribuídas entre os conquistadores assim como se
distribuem as propriedades e os despojos (v. 12a).[8] A intervenção
poderosa de Deus em favor do povo ("estender a mão"; cf. o "braço
estendido" em Dt 4,34; 5,15 e.o.) se transforma em ação contra os
habitantes do país (v. 12b; cf. Is 5,25 e.o.).

O motivo da catástrofe encontra-se no comportamento das
pessoas: todas elas são gananciosas e sempre estão buscando vantagens ilícitas, isto é, que vão em prejuízo de outros. Na opinião
do profeta, ninguém escapa dessa crítica (v. 13a: "do menor ao
maior"; cf. 5,4s: "os humildes e os grandes"), pois os que se omitem ou se conformam com a situação de corrupção geral não estão
isentos de culpa (cf. 5,31). Jeremias pensa, aqui, provavelmente
numa culpa alimentada por um sistema de tal forma corrompido
e difundido que é praticamente impossível escapar de seus ten-
táculos. Em outra ocasião, o profeta fala da falta de sinceridade
e honestidade (*shéqer:* "mentira") que perpassa todos os âmbitos

---

[8] Jr 6,12; 8,10 certamente revelam pensamento patriarcal, de acordo com a qual as
mulheres são consideradas propriedade de um homem; García Bachmann, 2007,
p. 346, fala em mensagem "androcêntrica".

120 *Primeira parte: Ditos a Israel, Judá e Jerusalém – Jeremias 1-25*

da vida, inclusive o ambiente íntimo da família (5,2s; 9,2ss). No v. 13b, a falsidade é vinculada à liderança espiritual do povo: sacerdotes e profetas. Por causa de sua posição e influência, cabe-lhes responsabilidade maior. Não se sabe exatamente em que medida a atuação sacerdotal teria sido mentirosa. Sua função de ensinar a Torá era influenciada por sua ganância (5,31)? Os profetas da mentira são, em todo caso, aqueles que profetizam paz, felicidade e bem-estar quando a situação está a exigir mudança de rumo (4,9s; 14,15; 23,14.16). Pode-se perguntar se os profetas da paz tinham dolo em suas mensagens ou se achavam que estavam, de fato, anunciando a palavra de Deus. Afinal, a tradição da eleição de Israel (Dt 7,6ss; cf. Am 3,2; Jr 2,2s; 31,2ss) bem como a teologia da presença de Deus em Sião (Sl 46; 48) davam razão àqueles que afirmavam que YHWH nunca abandonaria seu povo. É claro que existiam profetas desonestos que anunciavam paz ou juízo a indivíduos de acordo com o pagamento recebido (Mq 3,5), mas seria difícil que todos os "profetas de mentira" da época conseguissem enganar todo o povo por muito tempo. Muitos profetas de paz certamente não pensavam estar curando apenas superficialmente a ferida do povo (v. 14a). Eles provavelmente não tinham uma visão tão radical da realidade de corrupção social ("ferida do povo") como Jeremias a tinha.[9] A unidade conclui com um anúncio de juízo contra a liderança espiritual: eles serão humilhados ("envergonhados") por suas previsões otimistas não se concretizarem. Eles não terão um castigo diferente daquele que atingirá todos (v. 15b: "cairão com os que caem"). Não há, portanto, um desejo de vingança por parte de Jeremias contra seus colegas de profissão.

Os v. 12-15 se encontram quase que literalmente também em 8,10-12 (que omite 6,12b). É difícil saber se há uma relação de dependência. Por um lado, Jr 8,10-12 é mais breve, por outro lado, 6,12-15 cabe melhor em seu contexto.[10]

Jr 6,16-21 Obstinação de Israel

16 Assim disse YHWH:
"Postai-vos nos caminhos e observai,

---

[9] Schmidt I, p. 162s. Rudolph, 1968, p. 45, afirma que a "mentira" dos profetas pode ter sido meramente "objetiva", mas não "subjetiva". Cf. Torres, 1999, p. 168, 176, trata-se de diferentes maneiras de ler a realidade. Cf. excurso "Verdadeiros e falsos profetas", sob Jr 28.

[10] Cf. a discussão em Schmidt I, p. 162.

Jeremias 6

121

e perguntai pelas veredas antigas
qual o caminho do bem, e andai nele,
e encontrareis um lugar de descanso para vós.
Mas eles disseram: 'Não andaremos!'
17 Também coloquei[11] sentinelas sobre vós:
'Prestai atenção ao som da trombeta!'
Mas eles disseram: 'Não prestaremos atenção!'
18 Por isso, escutai, ó nações,
(toma conhecimento, ó comunidade, do que houve com eles)[12]
19 ouve, ó terra:
Eis que trarei uma desgraça sobre este povo,
o fruto de suas maquinações,
pois não deram atenção a minhas palavras,
e minha instrução desprezaram.
20 Que me importa o incenso que vem de Sabá
ou a preciosa cana aromática de uma terra distante?
Vossos holocaustos não são agradáveis,
e em vossos sacrifícios não tenho prazer."
21 Por isso, assim diz YHWH:
"Eis que colocarei obstáculos diante deste povo,
para que neles tropecem,
tanto os pais como os filhos,
o vizinho e seu companheiro perecerão."[13]

A unidade dá a impressão de um mosaico.[14] Formalmente toda ela é fala divina, ora dirigida ao povo (na denúncia dos v. 16-17.20), ora aos céus e a toda a terra (v. 18-19). Os anúncios de desgraça sobre o povo não são dirigidos diretamente a ele (v. 19aβ.21). Quando o povo recusa, por duas vezes, as ofertas de YHWH (v. 16b: "não andaremos", e v. 17b: "não prestaremos atenção"), abandona-se, no entanto, a forma do discurso direto e apresenta-se um comentário de YHWH ou do profeta feito a terceiros.[15] Além disso, o v. 20 introduz a polêmica contra os sacrifícios, um tema totalmente inesperado no contexto e que lembra Am 5,20ss. O v. 18b (a parte entre parênteses) interrompe o paralelismo entre v. 18a e 19aα. A unidade dos

---

[11] O perfeito com *waw* consecutivo expressa, aqui, o tempo iterativo ("por diversas vezes coloquei sentinelas").
[12] Quanto à explicação do v. 18b (entre parênteses), v. o comentário.
[13] Dê-se preferência ao *ketib*.
[14] Thiel I, p. 100.
[15] McKane I, p. 148.

122 *Primeira parte: Ditos a Israel, Judá e Jerusalém – Jeremias 1-25*

v. 16-21 é, portanto, uma composição de diversos ditos e temas. Palavras autênticas de Jeremias talvez encontremos nos v. 16-17.21.

No v. 16, Deus ordena o povo a colocar-se diante de caminhos. Parece pressupor-se que o povo se encontra numa encruzilhada e tem que escolher, agora, o caminho a ser trilhado no futuro. YHWH sugere buscar "as veredas antigas", pois essas são as conhecidas trilhas do bem que levam à segurança e ao bem-estar ("lugar de descanso"). As veredas antigas, que representam a conduta correta do povo no passado, lembram o caminho no deserto (2,2b-3; 31,2s), caracterizado pela afeição que o povo tinha por YHWH. Esse deveria ser o caminho a ser percorrido – ou seja: a conduta a ser adotada – também no futuro, pois é a opção mais promissora. O texto não entra nos detalhes dessa conduta, mas certamente se deve pensar em um comportamento ético condizente com o apego a YHWH. O povo, no entanto, recusou optar por esse caminho (cf. Is 28,12).

O v. 17 introduz uma nova metáfora, a da sentinela ou vigia que alerta os moradores de uma cidade para perigos iminentes através do toque da trombeta (*shofar*). A metáfora certamente lembra os profetas, que têm a função de chamar a atenção de seus ouvintes para seus erros e para as eventuais consequências de sua conduta (Is 52,8; Ez 3,17; 33,1ss). Mas o povo também recusou ouvir esses alertas.

As denúncias dos v. 16s resultam no anúncio de juízo introduzido por "por isso" (*laken*; v. 18). Entretanto, YHWH se volta, agora, a um outro público: as nações (v. 18a) e a terra (v. 19aα), que, aqui, deve ser todo o orbe terrestre. A esse novo público é anunciado o que Deus pretende fazer com seu povo: "eis que trarei uma desgraça sobre este povo" (v. 19aβ). Já foi visto acima que o v. 18b interrompe o paralelismo ("escutai, ó nações"/"ouve, ó terra") e, na forma em que se encontra atualmente no TM, dá melhor sentido como o comentário de um leitor da comunidade (*'edah*) pós-exílica: as e os ouvintes são advertidos a aprender com os erros dos antepassados.

Após o anúncio de desgraça menciona-se novamente o motivo: o povo não prestou atenção às palavras de Deus e desprezou sua instrução (Torá; v. 19b). A terminologia indica que, aqui, as metáforas iniciais da vereda antiga e da sentinela (v. 16s) são entendidas, respectivamente, como a Torá e a mensagem dos profetas (prestar "atenção" aparece tanto no v. 17 quanto no v. 19b). Os v. 18s dão uma dimensão universal à catástrofe que atingiu Judá e Jerusalém.

Jeremias 6 123

No v. 20, Deus se dirige em discurso direto novamente ao povo introduzindo um assunto inesperado: a crítica ao culto sacrificial. A temática não é muito importante em passagens autênticas de Jeremias, mas não se pode descartar a possibilidade de o versículo ter preservado um dito isolado do próprio profeta, que foi inserido no atual contexto. Nesse caso, Jeremias se encontra na continuidade de seus antecessores (Am 5,21ss; Os 6,6; Is 1,10ss). Destacam-se, aqui, os preciosos incensos provenientes de Sabá, ao sul da península arábica, e as canas aromáticas talvez procedentes da Índia.[16] Mas a mensagem profética é uníssona: o culto não substitui a ética.

A fórmula do mensageiro introduz novo anúncio de desgraça contra o povo, dirigido, no entanto, a terceiros (v. 21). Retoma-se a metáfora do caminho (v. 16): o próprio Deus colocará obstáculos no caminho dos habitantes de Jerusalém, sobre os quais tropeçarão, ou seja: perecerão. A unidade pretende destacar a história de obstinação do povo, que despreza, consciente ou ingenuamente, as experiências positivas dos inícios.

Jr 6,22-26 O destruidor às portas de Jerusalém

22 Assim disse YHWH:
"Eis que um povo vem da terra do norte,
uma grande nação se levanta dos confins da terra.
23 Eles empunham arco e cimitarra,
são cruéis e não têm compaixão.
Seu alarido é como o bramido do mar,
eles vêm montados em cavalos,
cada um[17] armado para o combate
contra ti, ó filha de Sião!
24 'Ouvimos a notícia sobre eles,
e nossas mãos ficaram frouxas,
uma angústia apoderou-se de nós,
uma dor como a da parturiente.'
25 Não saias para o campo
nem andes pelo caminho,
pois ali está a espada do inimigo,
terror por todos os lados.

---

[16] Rudolph, 1968, p. 47.
[17] Leia-se *kol 'ish* ("cada homem") em vez de *ke'ish* ("como um só homem"); cf. BHS.

124 *Primeira parte: Ditos a Israel, Judá e Jerusalém – Jeremias 1-25*

26 Veste luto,[18] filha de meu povo,
revolve-te na poeira,
lamenta como pelo filho único,
um pranto amargo:
'Ai! De repente, o destruidor veio sobre nós!'"

Esse é o último dos textos que tratam do inimigo do norte no bloco Jr 4-6 (4,5-8.13-18.29-31; 5,15-17; 6,1-5).[19] Os v. 22-24 aparecem quase literalmente também em 50,41-43, onde estão relacionados à "filha de Babilônia". A fórmula do mensageiro que introduz a unidade entende o trecho inteiro como fala divina. Devido às citações de lamentos do povo ("nós") nos v. 24 e 26b, no entanto, é mais provável que se tenha tratado originalmente de uma fala profética transformada secundariamente em fala de Deus.

A descrição do inimigo do norte nos v. 22s retoma motivos já conhecidos e destaca, aqui, seu terrível poder militar e o terror que infunde na população. A nação grande vem dos confins da terra; suas armas são o arco e a cimitarra, ou seja, a espada curva; a infantaria é reforçada pela cavalaria e provavelmente também por carros de guerra; a crueldade dos soldados é proverbial e seus gritos de guerra são comparáveis ao barulho das ondas do mar. O objetivo do ataque é Jerusalém. Já as notícias que chegam aos ouvidos dos habitantes de Jerusalém os deixam estarrecidos de pavor. As imagens das mãos frouxas de medo, incapazes de qualquer reação, e da mulher em trabalho de parto são típicas para expressar a iminência de uma grande tragédia (Jr 4,31; cf. Sl 48,7; Is 13,7s; Ez 21,12). O v. 24 cita o lamento antecipado do povo em virtude da desgraça iminente.

Os v. 25s se dirigem a Jerusalém (2ª p. f. sing.). O v. 25 é uma advertência aos moradores da cidade para que não saiam ao campo para realizarem suas tarefas agrícolas ou pastoris ou para empreenderem viagens, uma vez que, fora das muralhas da cidade, ronda a morte pela espada. Segundo alguns comentaristas, a advertência é dirigida aos soldados judaítas de Jerusalém, que são exortados a não saírem em combate contra o inimigo, pois a derrota é certa.[20] Do "terror por todos os lados" (20,4.10; 46,5; 49,29) ninguém consegue escapar. No v. 26, a população é conclamada antecipadamente para o luto (cf. v. 24). Mencionados são a tradição

---

[18] Literalmente o pano de saco (preto).
[19] Veja o excurso "O inimigo do norte", no início do bloco Jr 4-6.
[20] Wanke I, p. 85.

Jeremias 6   125

de vestir pano de saco (4,8) e os ritos de revolver-se no pó ou na cinza (Mq 1,10; Jr 25,34; Ez 27,30) e entoar um lamento fúnebre. O lamento é tão amargo como se fosse pela morte do filho único, o que significaria a extinção da família. A unidade conclui, como em 4,31, com um grito de desespero (v. 26b).

Jr 6,27-30 Jeremias, o examinador

27 "Eu te pus em meu povo como examinador[21],
para que conheças e examines seu caminho."
28 "Todos eles são obstinados[22],
só andam caluniando,[23]
todos eles agem de maneira danosa.
29 O fole sopra,
para que o fogo derreta[24] o chumbo.
Em vão funde o fundidor:
os maus não se deixam separar.
30 Serão chamados 'prata de refugo',
pois YHWH os refugou."

A última unidade do complexo Jr 2-6 remete à história da vocação: em 1,5, Jeremias foi instituído profeta para as nações, aqui ele é constituído examinador do povo. O texto apresenta diversas dificuldades de compreensão, mas o sentido global está bastante claro. Trata-se de um diálogo entre Deus e o profeta: YHWH fala no v. 27, o profeta responde nos v. 28 a 30. Jeremias recebe, aqui, uma função que ultrapassa a de ser meramente porta-voz de Deus. O profeta não deve somente anunciar, mas também observar atentamente e avaliar a conduta ("caminho") do povo. Essa função Jeremias já vinha desempenhando. A busca por alguém em Jerusalém que pratique a justiça leva o profeta ao exame da sociedade jerosolimita e à constatação de seus males (5,1ss.7ss.20ss.26ss; 6,9s.13ss.17ss). O resultado do diagnóstico é péssimo: ninguém é totalmente inocente, todos têm sua parte de culpa (v. 28). Também essa conclusão não é nova (cf. 2,29; 5,5; 6,13).

---

[21] O TM acrescenta *mibṣar* "fortaleza" no fim do estíquio, o que não combina com a imagem usada. Seria uma glosa explicativa de *bḥn*? Cf. BHS.

[22] O TM lê "os desviados dos obstinados"; um tipo de superlativo?

[23] O TM ainda lê "bronze e ferro", provavelmente um acréscimo, pois os metais não cabem na imagem. Eles querem caracterizar o povo como um metal menos nobre que a "prata (de refugo)"?

[24] Leia-se o *qere*, que separa uma palavra hebraica em duas; cf. BHS.

Nova e marcante é a metáfora do acrisolador, que deve separar, pelo processo de copelação, o metal precioso das impurezas (cf. Is 1,22.25). Pensa-se, aqui, na extração da prata que se encontra misturada a outros minerais de valor menor, geralmente a galena ou sulfeto de chumbo. O fole do fundidor bufa para levar o mineral à temperatura de fusão do chumbo (v. 29). Mas o resultado é decepcionante: o processo de fundição não consegue separar a escória do metal nobre. A imagem é abandonada quando se fala em "maus" em vez de impureza. Os "maus" já haviam sido designados, no versículo anterior (v. 28), de "obstinados" e "caluniadores". Esses dois qualificativos querem sintetizar todos os delitos e males constatados nos capítulos anteriores (Jr 2-6). O resultado da análise do profeta não é, portanto, a ausência de prata, mas a impossibilidade de separá-la da escória: por isso ela só pode ser rejeitada.

A unidade que encerra o conjunto dos ditos mais antigos do profeta é, na verdade, um resumo da atuação profética e uma constatação de sua ineficácia. Essa avaliação se baseia na experiência pessoal de Jeremias. Ela é, portanto, subjetiva e não pode ser considerada resultado de uma análise científica da sociedade jerosolimita da época.

JEREMIAS 7-10: DITOS COMPLEMENTARES

O capítulo 7 introduz uma segunda coletânea de diversos ditos isolados (Jr 8-10), talvez um pouco mais recentes do que os contidos no bloco de Jr 2-6, considerados o "rolo original". A maior parte desses ditos está em forma poética. Nem todos eles podem reivindicar autoria jeremiânica. Os redatores dtr redigiram e colocaram o cap. 7 no início desse bloco de ditos como chave hermenêutica: o grande pecado de Judá e Jerusalém que levou à catástrofe de 587 foi sua apostasia, visível no culto ilegítimo. O bloco de ditos poéticos recebeu apenas acréscimos menores por parte da redação dtr. Detalhes serão dados na análise das unidades menores.

JEREMIAS 7

O discurso do templo (Jr 7,1-8,3)

O discurso do templo 7,1-8,3 é um único longo sermão composto pela redação deuteronomista, como o demonstram terminologia, estilo, expressões idiomáticas e conteúdos típicos. A visão crítica do templo não depõe contra a autoria deuteronomista do trecho, pois a visão deuteronômica positiva do templo de Jerusalém ficou bastante abalada após sua destruição em 587 (cf. 2Rs 23,27).[1] O discurso também revela o modo de trabalhar adotado pela redação. Nem tudo é criação própria dos redatores. Há trechos preexistentes que serviram de base e motivação para seu sermão.[2] Por isso não é raro encontrar no discurso midráxico dtr um cerne jeremiânico. Esse material tradicional preexistente pode, muitas vezes, ser destacado da linguagem estereotipada dtr, como se verificará nas quatro subunidades que compõem o discurso. Cada uma dessas subunidades tem temática própria:

7,1-15: crítica ao templo;

7,16-20: crítica ao culto à Rainha dos Céus;

7,21-29: crítica aos sacrifícios;

7,30-8,3: crítica ao culto no Tofet.

Linguagem, estilo e terminologia deuteronomistas

Os redatores dtr formam uma escola de teólogos da época exílica e pós-exílica que se dedicaram à edição de literatura histórica e profética de Israel com a intenção de explicar os motivos da catástrofe que atingiu Judá e Jerusalém em 587 e de instruir o povo na lei divina para, assim, evitar que a desgraça se repita no futuro. A edição do livro do Deuteronômio, da História Deuteronomista (Josué a 2 Reis) e dos livros proféticos de Jeremias e Amós, além de intervenções menores no restante do Pentateuco, formam a extensa obra dtr. Por causa de algumas variações estilísticas, terminológicas e de conteúdo, admite-se a participação de mais de um autor. Por isso se fala de uma escola deuteronomista, que pode ter atuado durante décadas, talvez até séculos. O que a caracteriza são uma terminologia e teologia marcadas pelo livro do Deuteronômio, o uso repetido das mesmas expressões idiomáticas, linguagem típica, estilo prolixo e repetitivo com

---

[1] Thiel I, p. 104.
[2] Thiel I, p. 104; Wanke I, p. 87.

Jeremias 7

129

períodos longos e predominância de orações secundárias. O estilo lembra longos sermões barrocos.

Os redatores dtr do livro de Jeremias têm preferência por diversas fórmulas mais ou menos fixas. Dentre elas destacamos as mais frequentes. As passagens bíblicas citadas são representativas e não abarcam todas as ocorrências. Típica é sua fórmula do acontecimento da palavra: "a palavra que foi dirigida/veio/aconteceu a Jeremias por (parte de) YHWH" (7,1; 11,1; 18,1; 21,1; 25,1; 30,1; 32,1; 34,1.8; 35,1; 40,1; 44,1). Ela é, na verdade, um título formado por um substantivo, colocado destacadamente no início – "a palavra" – acrescido de uma oração subordinada relativa ("que..."). O dualismo interior-capital os autores dtr expressam pela fórmula: "homens de Judá e habitantes de Jerusalém" (Jr 4,4; 11,2.9; 17,25; 18,11; 32,32; 35,13; cf. 2Rs 23,2) ou por "as cidades de Judá e as ruas de Jerusalém" (7,17.34; 11,6; 44,6.9.17.21). A atuação incessante e incansável de Deus no intuito de admoestar o povo e levá-lo à obediência, especialmente através dos profetas, pode ser expressa pela *fórmula da insistência*, construída com o auxílio de *hashkem* (inf. abs. hif. de *shakam*; literalmente: "fazer algo cedo ou repetidas vezes") e o inf. abs. do verbo principal, p. ex.: "tenho *falado e falado (falado com insistência)* a vós, mas não ouvistes" (7,13) ou "YHWH vos *enviou sem cessar* seus servos, os profetas" (7,25; 25,3s; 26,5; 29,19; 35,14s; 44,4). Outras fórmulas e expressões idiomáticas são: a *fórmula da aliança* ("sereis meu povo e serei vosso Deus"; Jr 7,23; 11,4; 24,7); a expressão "a terra (o solo) que foi dada/prometida aos pais" (Jr 16,15; 25,5; 32,22; cf. Js 21,43; 1Rs 8,48); quando se refere ao templo, "a casa sobre a qual se chama/invoca/fiz habitar meu nome" (7,11s; cf. Dt 12,11; 14,23; 1Rs 8,43); para designar a adesão total usa-se "de todo o coração (e de toda a alma)", na forma longa (Jr 32,41; cf. Dt 6,5; 11,13) ou na forma breve (Jr 24,7; 29,13; cf. 1 Sm 7,3; 12,20.24; 1Rs 8,23); o poder de Deus se exprime por "mão poderosa e braço estendido" ou semelhante (Jr 32,21; cf. Dt 4,34; 1Rs 8,42); o prolongamento da história passada até a situação atual se expressa por "como hoje se vê" (Jr 32,20; 44,6.23; cf. Dt 8,18; 10,15: "conforme este dia"). A redação dtr privilegia algumas fórmulas e expressões para descrever o juízo. Já vimos que em 1,10 faz-se uso de um conjunto de quatro verbos para expressar a ação punitiva de Deus: arrancar, derrubar, arruinar e demolir (v. excurso "Verbos que expressam a dupla atuação divina", sob 1,4-10). Com frequência são mencionados três executores do juízo de Deus: a espada, a fome e a peste. Essa *tríade do juízo* aparece 15 vezes no livro de Jeremias, sempre em textos dtr (14,12; 21,7.9; 24,10; 27,8 e.o.). As consequências da desgraça são pintadas em cores vivas mediante uma série de substantivos que colocam, na chamada *fórmula da catástrofe*, Judá e Jerusalém como exemplo de desolação e objeto de zombaria no concerto das nações como, p. ex.: "farei deles um objeto de espanto, uma desgraça..., um exemplo de humilhação e um motivo de chiste, escárnio e execração..." (Jr 24,9; cf. Jr 19,8; 42,18; 44,12.22 e.o.). A grande quantidade de mortos pode ser expressa pela expressão "deixar os cadáveres

130 *Primeira parte: Ditos a Israel, Judá e Jerusalém – Jeremias 1-25*

como alimento para as aves do céu e para as feras da terra" ou "como esterco no campo" (7,33; 16,4; 19,7; 34,20; cf. Dt 28,26). Quanto à terminologia para designar a culpa do povo, v. o excurso "Expressões idiomáticas dtr para caracterizar a apostasia", sob 5,15-19. (Thiel I e II.)

Jr 7,1-15 Contra o templo

1 A palavra que veio a Jeremias da parte de YHWH: 2 "Posta-te à porta da casa de YHWH e ali proclama esta palavra e dize: 'Ouvi a palavra de YHWH, vós todos de Judá que entrais por estas portas para adorar a YHWH.[3] 3 Assim disse YHWH dos Exércitos, Deus de Israel: Melhorai vossos caminhos e vossas obras, e eu vos farei habitar neste lugar![4] 4 Não confieis em palavras mentirosas como: templo de YHWH, templo de YHWH, templo de YHWH é este![5] 5 Se realmente melhorardes vossos caminhos e vossas obras, se realmente praticardes o direito cada um com seu próximo, 6 se não oprimirdes o migrante, o órfão e a viúva, nem derramardes sangue inocente neste lugar, nem andardes atrás de outros deuses para vossa desgraça, 7 então vos farei habitar neste lugar,[6] na terra que dei a vossos pais, desde os tempos antigos e para sempre. 8 Eis que confiais em palavras mentirosas que em nada ajudam. 9 Não é assim? Furtais, matais, cometeis adultério, jurais falso, queimais incenso a Baal e andais atrás de outros deuses que não conheceis 10 e, depois, vindes e vos apresentais diante de mim nesta casa, sobre a qual meu nome é invocado, e dizeis: Estamos salvos! para continuar praticando todas essas abominações. 11 Será esta casa, sobre a qual meu nome é invocado, porventura, um covil de ladrões a vossos olhos? Mas também eu consigo ver – dito de YHWH. 12 Ide, pois, a meu lugar, que está em Silo, onde fiz habitar meu nome no princípio, e vede o que lhe fiz por causa da maldade de meu povo Israel! 13 E agora, visto que praticastes todos esses atos – dito de YHWH – e que, mesmo tendo eu falado e falado a vós, não escutastes e, mesmo vos tendo chamado, não respondestes, 14 tratarei a casa sobre a qual meu nome é invocado, na qual confiais, e o lugar que dei a vós e a vossos pais, do mesmo modo como tratei Silo. 15 Eu vos expulsarei de minha presença como expulsei todos os vossos irmãos, todos os descendentes de Efraim'".

---

[3] A LXX é bem mais breve nos v. 1-2.

[4] Áquila e Vulgata vertem por "habitarei convosco neste lugar" (cf. BHS). Mas "este lugar" designa a terra de Judá ou a cidade de Jerusalém (v. 7) e não o templo de Jerusalém, designado de "casa" (v. 10s). Somente o santuário de Silo é designado de "lugar" (v. 12).

[5] O TM lê plural ("são estes") provavelmente por causa das diversas edificações que compõem o espaço do templo; cf. Rudolph, 1968, p. 50.

[6] A Vulgata verte por "habitarei convosco", cf. nota 4 acima.

Jeremias 7 131

Após a introdução dtr típica (v. 1), essa primeira unidade do longo sermão posiciona Jeremias à porta de entrada do templo, onde deve dirigir-se aos judaítas que buscam o lugar sagrado. O discurso que segue tem seu paralelo em Jr 26: o lugar da proclamação (7,2 e 26,2) e o conteúdo central da mensagem são os mesmos: o templo de Jerusalém será destruído como o santuário de Silo (7,14 e 26,6). Jr 26 traz uma versão bem mais breve da pregação jeremiânica do que Jr 7, pois está mais interessado nas consequências dessa pregação.

À entrada do templo acontecia a liturgia de entrada, retratada nos Salmos 15 e 24,3s, que conferia se os peregrinos que vinham ao santuário estavam em condições de entrar nele. A pergunta "Quem permanecerá no lugar santo?" (Sl 24,3; cf. 15,1) deve receber como resposta: "aquele que tem mãos inocentes" (Sl 24,4; cf. 15,2ss). Mas, a partir da constatação de que a vida do povo nem sempre condiz com a fé em YHWH, os redatores constroem um sermão em que o povo é colocado diante de duas alternativas com as respectivas consequências (veja excurso abaixo): caso cumpra as normas da lei divina, receberá a promessa de habitar na terra prometida e em Jerusalém (v. 3.5-7); caso contrário, será expulso da terra (v. 13-15), assim como os irmãos do reino do norte foram expulsos de sua terra em 722 a.C. A primeira alternativa – a de continuar morando na terra –, no entanto, não mais é uma possibilidade real: a desobediência do povo já é fato consumado (v. 13).

Grande parte dos comentaristas procura identificar, dentro desse sermão de alternativas, um eventual material traditivo pré-redacional, a ser resgatado suprimindo os trechos com linguagem, estilo e terminologia típicos da redação dtr, respectivamente destacando trechos com linguagem atípica e elementos singulares. Mesmo que, desse modo, não se consiga alcançar a *ipsissima vox* do profeta, é possível diferenciar entre material tradicional e interpretação do mesmo. Esse exercício é importante e compatível com o que sabemos do processo de formação do livro de Jeremias, mas os resultados sempre permanecerão mais ou menos hipotéticos. Quem envereda por esse caminho geralmente concorda que material tradicional isento de linguagem dtr se encontra no v. 4 e em partes dos v. 9a, 10a, 11, 12 e 14. O texto na base do discurso dtr se aproxima, portanto, do que segue.[7]

---

[7] Assim Thiel I, p. 114; Schmidt I, p. 176s; e Wanke I, p. 90.

132 Primeira parte: Ditos a Israel, Judá e Jerusalém – Jeremias 1-25

"4 Não confieis em palavras mentirosas como: 'templo de YHWH, templo de YHWH, templo de YHWH é este!' 9 Não é assim? Furtais, matais, cometeis adultério e jurais falso 10 e, depois, vindes e vos apresentais diante de mim nesta casa e dizeis: Estamos salvos! 11 Será esta casa, porventura, um covil de ladrões? Mas também eu consigo ver – dito de YHWH. 12 Ide, pois, a meu lugar, que está em Silo e vede o que lhe fiz! 14 Tratarei [esta] casa, na qual confiais do mesmo modo como tratei Silo."

Esse texto hipotético segue fielmente a sequência do texto hebraico, suprimindo apenas os trechos com linguagem dtr típica. Seu conteúdo é perfeitamente compatível com a mensagem jeremiânica. Aparentemente, os redatores conheciam um dito profético não preservado em outro lugar, que serviu de base para seu sermão.

O tema que predomina nesse texto recuperado é o da confiança no templo, o lugar da presença de YHWH. A ideia de que a presença divina nunca permitiria que algum mal atingisse seu povo, sua casa e sua cidade, Jerusalém, é tema central da teologia de Sião, encontrada, p. ex., nos Salmos 46 e 48. De acordo com essa teologia, Sião nunca poderia ser conquistado pelos inimigos. Essa ideia da inexpugnabilidade de Jerusalém parecia ter sido comprovada pela história: depois de Davi, Jerusalém nunca mais foi conquistada. A reforma de Josias, em 622 a.C., com a centralização do culto sacrificial em Jerusalém, certamente fomentou essa confiança no santuário jerosolimita. A tríplice menção do "templo" (*hekal* só aqui, de resto "*bet* [casa de] YHWH") pode ser manifestação de admiração ou, então, uma fórmula mágica para invocar proteção.[8]

Essa confiança no templo de Jerusalém e em seus ritos não encontra eco no profeta. Na esteira dos profetas que o antecederam,[9] também Jeremias aponta para a ineficácia de um culto sem a ética correspondente. Em forma de pergunta, o profeta apresenta os delitos sociais e morais numa versão mais breve, talvez mais antiga, do decálogo, correspondendo às quatro proibições de Êx 20,13-16; Dt 5,17-20, apontando, assim, para a discrepância entre o recurso ao templo e o comportamento ético. Às quatro proibições do decálogo mencionadas no cerne – roubar, matar, cometer adultério e jurar falso (v. 9; cf. Os 4,2) – a redação acrescenta a

---

[8] Veja a tríplice menção de termos também em Is 6,3 (fórmula litúrgica: "santo, santo, santo"); Jr 22,29 ("terra") e Ez 21,32 ("ruína").

[9] Am 4,4s; 5,5; 9,1; Os 6,6; 10,2.8 e.o.

Jeremias 7

proibição de derramar sangue inocente (v. 6),[10] de oprimir os três grupos sociais vulneráveis – imigrantes, órfãos e viúvas (v. 6)[11] – e da idolatria (v. 6.9s), o pecado por excelência de Israel conforme o Deuteronômio e a literatura deuteronomista, pecado este que, conforme os redatores, levou ao fim da existência de Israel e Judá.[12]

Marcante é a comparação do templo com um covil de ladrões (v. 11; cf. Mc 11,17 e paralelos). Num covil, assaltantes podem encontrar refúgio e esconder o produto de seu crime. O templo assumira, portanto, a função de acobertar os delitos e garantir segurança e tranquilidade a criminosos e, assim, justificar seu comportamento.[13] O texto afirma, no entanto, que a segurança depositada no templo é ilusória. Deus não está preso a um determinado lugar. Essa liberdade do Deus de Israel abre a possibilidade de sua adoração em qualquer lugar, inclusive no estrangeiro, como se verá em Jr 29,5-7. Ela também abre a possibilidade de Deus contrariar o sentimento de segurança do povo e agir contra sua própria "casa". Pois YHWH não é um cego que não percebe o mecanismo que regula a religiosidade do templo. Os delitos apontados no v. 9 servem para mostrar as causas que levarão ao juízo anunciado a seguir: a destruição do templo de Jerusalém.

Através da convocação retórica a peregrinar às ruínas do antigo santuário de Silo[14], a cerca de 30 km ao norte de Jerusalém (v. 12), o profeta anuncia simbolicamente o fim do templo de Jerusalém. No início da história do Israel, Silo abrigava a arca da aliança, símbolo da presença de Deus, em especial, nas batalhas que o povo travava. A destruição do santuário de Silo pode ter ocorrido no contexto dos eventos narrados em 1Sm 4 ou, então, por ocasião da ocupação assíria no final do século VIII a.C. Em todo caso, com o anúncio da destruição do templo de Jerusalém, Jeremias abala um dos pilares mais caros da fé judaíta, o que vinculava sua existência como povo de Deus à presença de YHWH no templo (cf. Mc 13,2;14,58 e paralelos). Não é por acaso que, após esse anúncio, o profeta corre risco de vida (Jr 26).

A redação dtr faz do anúncio de destruição do templo de Jerusalém um longo discurso a seus contemporâneos que vivem após a concretização do anúncio profético. Ela concorda com o profeta em

---

[10] Dt 19,10; cf. 2Rs 21,16; 24,4; Jr 22,3.
[11] Dt 10,18; 14,29; 16,11.14; 24,17.19-21; 26,12s.
[12] Cf. excurso "Expressões idiomáticas dtr para caracterizar a apostasia", sob 5,15-19.
[13] Sobre a função legitimadora do templo, cf. Silva, 2016, p. 85ss.
[14] Usa-se, aqui, o termo *maqom* "lugar" para designar o santuário de Silo.

134 *Primeira parte: Ditos a Israel, Judá e Jerusalém – Jeremias 1-25*

que o culto autêntico não pode estar dissociado da ética cotidiana. Ela amplia a lista de normas éticas, acrescentando os grupos sociais fragilizados e, em especial, a necessidade da adoração exclusiva de YHWH. Ela, no entanto, transforma a denúncia profética em admoestação: "melhorai vossos caminhos e vossas obras" (v. 3). E até vincula essa obediência à vontade divina com uma promessa: a de "habitar neste lugar" (v. 5-7). "Esse lugar" não mais designa o templo, mas o território de Israel e a cidade de Jerusalém (v. 7.14). O enfoque não mais se concentra no templo, mas se amplia à terra prometida aos pais e dada a Israel (v. 14),[15] uma tradição muito cara para o Dt. Mas a desobediência acarretará – para os ouvintes do discurso dtr isso já ocorreu – a perda da terra prometida ("expulsão"; v. 15). A visão amplamente positiva do templo como lugar da manifestação e presença de YHWH no Dt[16] teve que ser retocada após 587 (cf. 2Rs 23,27).

A pregação dtr de duas alternativas

Diversos sermões dtr colocam os ouvintes diante de duas opções e, assim, tornam a ação divina futura dependente da opção que o povo tomar. Sermões que colocam alternativas ao povo encontramos em 7,1-15; 17,19-27; 22,1-5 (cf. 1Rs 9,4-7). Eles têm a seguinte estrutura:
a) o profeta recebe de Deus a ordem de anunciar (7,2; 17,19s; 22,1s);
b) o profeta coloca exigências ao povo: imperativos (7,3s; 17,21s; 22,3);
c) o profeta coloca a primeira opção: fazer o que é correto (7,5s; 17,24; 22,4a);
d) e sua consequência: a salvação (7,7; 17,26s; 22,4b);
e) o profeta coloca a segunda opção: não fazer o que é correto (7,8-13; 17,27a; 22,5a);
f) e sua consequência: a desgraça (7,14s; 17,27b; 22,5b).
Essa prática sermonária dtr é dirigida a seus ouvintes ou suas leitoras no exílio e pós-exílio e cumpre dupla função. Em primeiro lugar, ela quer mostrar que a catástrofe ocorrida em 587 não foi um mero acaso nem sinal da impotência de Deus, mas culpa dos próprios israelitas, que fizeram a opção errada. Em segundo lugar, as pessoas atingidas pela catástrofe devem aprender com a história e não repetir os mesmos erros do passado para, assim, evitar que a desgraça se repita. Esse tipo de sermão, no entanto, modifica a mensagem profética. O juízo anunciado por Jeremias em caráter incondicional se transforma em mera ameaça que pode ser evitada. Além disso, juízo ou salvação, conforme essa visão, dependem da ação humana, o que contradiz a liberdade e soberania de Deus, expressa, p. ex., em Jr 18,6. (Thiel I, p. 290ss.)

---

[15] A polissemia do termo *maqom* facilita sua transferência do templo à terra.
[16] Jr 7,10.11.14.30 falam em "casa sobre a qual se invoca o nome" de YHWH; Jr 7,12 traz o termo "fiz habitar [meu nome]". "Fazer habitar" é a expressão preferida por Dt (Dt 12,11; 14,23; 16,6.11; 26,2).

Jeremias 7 135

Jr 7,16-20 A Rainha dos Céus

16 "Tu, porém, não ores em favor desse povo e não eleves em seu favor nem lamentos nem preces, tampouco me importunes com teus pedidos, pois não te ouvirei. 17 Por acaso não vês o que eles fazem nas cidades de Judá e nas ruas de Jerusalém? 18 Os filhos ajuntam lenha, os pais acendem o fogo e as mulheres preparam a massa para fazerem bolos para a Rainha[17] dos Céus; e fazem libações a outros deuses para me ofender. 19 Mas será a mim que ofendem? – dito de YHWH. Não será a eles mesmos, para sua própria vergonha? 20 Por isso, assim diz o Senhor YHWH: 'Eis que minha ira e meu furor se derramarão sobre este lugar, sobre os humanos e os animais, sobre as árvores do campo e os frutos da terra; arderá e não se apagará'."

Essa nova unidade não mais trata do templo, mas de uma forma específica de culto. A fala de Deus se dirige ao profeta; aqui, a mensagem não se destina, a princípio, à divulgação pública. Jeremias recebe a ordem de não interceder pelo povo. Isso é um tanto inesperado, pois não se menciona, no contexto, nenhuma intercessão do profeta. A mesma ordem também se encontra em 11,14 e 14,11. Somente essa última passagem é precedida por um lamento do povo (14,7-9), que eventualmente poderia desembocar numa intercessão, já que uma das funções do profeta podia ser interceder em favor do povo.[18] O próprio Jeremias foi procurado pelo povo para orar a YHWH (37,3; 42,2) e o profeta também confessa ter intercedido pelo povo (Jr 15,11; 18,20).

A unidade apresenta expressões idiomáticas dtr.[19] Alguns comentaristas[20] discernem um núcleo tradicional preexistente no v. 18abα: "Os filhos ajuntam lenha, os pais acendem o fogo e as mulheres preparam a massa para fazer bolos para a Rainha dos Céus". A polêmica contra esse culto astral, dedicado provavelmente à Ishtar assíria (veja excurso abaixo), pode muito bem ter feito parte da denúncia do profeta Jeremias. A polêmica reaparece entre os judaítas que se refugiam no Egito (44,15ss). Esse "fragmento"[21]

---

[17] A LXX lê "exército".
[18] Am 7,2.5 (cf. Gn 20,7; Nm 21,7).
[19] "Cidades de Judá e ruas de Jerusalém" (v. 17), "para ofender YHWH" (v. 18s); v. excurso "Linguagem, estilo e terminologia deuteronomistas" e, para "derramar a ira e o furor" de Deus (v. 20), cf. 2Rs 22,17; Jr 42,18; 44,6.
[20] Thiel I, p. 120s; Wanke I, p. 91; Schmidt I, p. 181.
[21] Thiel I, p. 121.

136 *Primeira parte: Ditos a Israel, Judá e Jerusalém – Jeremias 1-25*

de denúncia profética foi utilizado pelos redatores como exemplo da idolatria geral do povo (v. 18bβ: "outros deuses"). Pode-se perguntar se o culto a Ishtar era, de fato, uma alternativa ao culto a YHWH ou, antes, um culto doméstico complementar ao culto oficial.[22] Como as mulheres não tinham funções destacadas no culto oficial, pode-se imaginar que o culto a Ishtar, do qual toda a família participava, mas onde se evidenciava o protagonismo das mulheres, se tornasse bastante popular.

A proibição de interceder em favor do povo pressupõe que se esgotaram as possibilidades de Deus mudar sua decisão: o juízo tornara-se inevitável. Não se diz como ele ocorrerá, mas ele é considerado resultado do próprio comportamento humano: a ofensa que busca ferir Deus redundará em ferida humilhante do povo. Esse deve ser o sentido das perguntas retóricas do v. 19. O v. 20 ressalta que os delitos humanos têm consequências nocivas também para o meio ambiente.

A Rainha dos Céus

O epíteto "Rainha dos Céus" aparece em Jr 7,18; 44,15-19.25 sem que esteja vinculado a nenhuma divindade específica. Há diversas divindades no antigo Oriente que levam o título "Rainha dos Céus" (*regina caeli*) ou "Senhora dos Céus". Os textos mencionados acima apontam para um culto realizado no ambiente doméstico (7,18; 44,15ss) especialmente entre as camadas altas de Judá e Jerusalém (44,17.21). Quanto à forma de culto, mencionam-se ofertas incineradas, libações e oferenda de bolos ou broas que "retratavam" a divindade (44,19). Bolos no formato da divindade representada ou bolos nos quais se imprimia a imagem da divindade são mencionados em textos acádicos como oferendas à Deusa Ishtar. Em Mari, foram encontrados moldes para imprimir a imagem de uma Deusa na massa do pão. Essa semelhança depõe a favor da identificação da "Rainha dos Céus" com a Deusa acádica-assíria Ishtar, equivalente à Inana suméria. A Deusa Ishtar tornou-se uma das mais influentes divindades da Assíria, onde tinha dupla competência: era a Deusa do amor – que gera vida – e da guerra – que destrói vidas. Ishtar era considerada uma divindade astral, simbolizada pela estrela matutina (da guerra) e vespertina (do amor). Ela era, muitas vezes, representada por uma coroa de raios ou estrelas, frequentemente também junto com o sol e a lua (cf. Ap 12,1). A Deusa guerreira Ishtar era conhecida iconograficamente na Palestina do século VII. Durante a dominação assíria, no início do século VII, a religião astral assíria teve significativa influência nas camadas altas da sociedade jerosolimita, como se percebe de Sf 1,4s.8s (cf. 2Rs 21,3-5; 23,5.11s). No imaginário popular israelita, a Rainha dos Céus provavelmente já combinava sincreticamente aspectos

---

[22] Assim Schmidt I, p. 182.

Jeremias 7

de outras divindades femininas da Síria-Palestina como Anat, Ashera e Astarte.
O grupo de pessoas da elite judaíta que se refugiou no Egito retomou o culto à "Rainha dos Céus", pois entendeu que a catástrofe de Judá e Jerusalém, em 587, era um duplo fracasso de YHWH. Em primeiro lugar, YHWH não conseguira garantir a "fartura de pão" (44,17s) existente antes da reforma josiânica de 622, que proibiu os cultos estrangeiros no país. Em segundo lugar, YHWH não fora, conforme esse grupo, suficientemente poderoso para obter a vitória sobre o exército inimigo. Essa interpretação da história não obteve adesão na literatura exílica e pós-exílica. (Maier, 2010; Ringgren, 1979, p. 122ss.)

Jr 7,21-29 Contra os sacrifícios

21 Assim diz YHWH dos Exércitos, o Deus de Israel: "Acrescentai holocaustos a vossos sacrifícios e comei carne! 22 Pois eu não disse nada a vossos pais e nada lhes prescrevi no dia em que os fiz sair[23] da terra do Egito, em relação a holocaustos e a sacrifícios. 23 Mas eu lhes ordenei isto: 'Escutai minha voz, e eu serei vosso Deus, e vós sereis meu povo; andai em todo caminho que vos ordeno para que vos suceda o bem!' 24 Mas não escutaram nem deram ouvidos, e andaram de acordo com os próprios desígnios[24], na dureza de seu coração perverso, e me deram as costas em vez da face. 25 Desde o dia em que vossos pais saíram do Egito até o dia de hoje, eu vos enviei sem cessar todos os meus servos, os profetas.[25] 26 Mas eles não me escutaram nem deram ouvidos, endureceram sua cerviz e foram piores do que seus pais. 27 Tu lhes dirás todas essas palavras, mas eles não te escutarão. Tu os chamarás, mas eles não te responderão. 28 E lhes dirás:[26] 'Esta é a nação que não escutou a voz de YHWH, seu Deus, e não aceitou correção.
Pereceu a verdade, foi eliminada de sua boca.
29 Corta teus cabelos compridos[27] e lança-os fora,
entoa sobre os altos desnudos uma lamentação,
pois YHWH refugou e rejeitou a geração que provocou sua ira'".

A unidade não mais fala do culto ilegítimo à Rainha dos Céus, mas de um elemento essencial do autêntico culto a YHWH, já abordado em 6,20: os sacrifícios. Trata-se de uma composição

---

[23] Leia-se o *qere* (com sufixo da 1ª p. sing.).
[24] A LXX não lê "de acordo com os próprios desígnios".
[25] Após "os profetas", o TM lê *yom* ("dia"), que deve ser ditografia; veja BHS.
[26] A LXX tem uma forma mais breve do v. 27 e início do v. 28; a Siríaca, uma forma mais breve do v. 28.
[27] Os cabelos consagrados de nazireu (cf. Nm 6,19).

138   *Primeira parte: Ditos a Israel, Judá e Jerusalém – Jeremias 1-25*

da redação dtr, caracterizada por sua linguagem típica,[28] em torno de fragmentos da pregação de Jeremias, que se encontram no início e no final da unidade (v. 21b.28b.29):

21b "Acrescentai holocaustos a vossos sacrifícios e comei carne!
28b Pereceu a verdade, foi eliminada de sua boca.
29 Corta teus cabelos compridos e lança-os fora,
entoa sobre os altos desnudos uma lamentação,
pois YHWH refugou e rejeitou a geração que provocou sua ira."[29]

Formalmente a unidade toda (dtr) é uma fala divina a diversos destinatários. Nos v. 21-26, Deus se dirige ao povo através do profeta (2ª p. m. pl.), sendo que, no v. 23, cita-se uma fala aos "pais" do povo; nos v. (26)27-28, a fala se dirige ao profeta (2ª p. m. sing.); e, no v. 29, a Jerusalém ou Judá (2ª p. f. sing.). Essa construção complexa advém da tentativa dos redatores de juntar fragmentos traditivos preexistentes, cuja relação com a temática nem sempre é clara.

Após a fórmula do mensageiro, o profeta conclama ironicamente o povo, em nome de YHWH, a não comer somente da carne dos sacrifícios comunitários (*zebahim*), mas também dos holocaustos (*'olot*). Ao contrário do *zebah*, que era quase todo consumido pelos participantes da celebração como refeição sagrada na presença de YHWH, a *'olah*, o holocausto, era toda ela dedicada a Deus, por isso queimado integralmente. Aqui Deus abre mão de sua parte do sacrifício para que os participantes do culto tenham mais o que comer. Jeremias quereria aludir à avidez consumista dos que buscam o templo com seus sacrifícios? Como os sacrifícios têm a função de criar, reforçar ou renovar a comunhão entre Deus e o povo, a rejeição dos mesmos equivale à rejeição total, por parte de Deus, da comunhão com o povo.[30] Aqui, Jeremias se coloca na continuidade dos grandes profetas pré-exílicos que criticaram os sacrifícios (Am 5,21-24.27; Os 6,6; 8,13; Is 1,11ss; Mq 6,6-8).

---

[28] Quanto à linguagem dtr típica, veja excursos sob 5,15-19 e 7,1-8,3. Além disso, cf. "no dia em que fiz sair" (trechos dtr Jr 31,32; 34,13); "não prescrevi/ordenei" (Dt 17,3; Jr 7,31;19,5; 32,35); "andar no caminho" de YHWH (Dt 5,33); "para que vos/te suceda/vá bem" (Dt 5,16.29; 6,18; 12,25.28; 22,7); "meus servos, os profetas" (2Rs 9,7; 17,13.23; 21,10; 24,2).

[29] Assim Thiel I, p. 125; Wanke I, p. 93; Schmidt I, p. 184, que apontam para os seguintes indícios de autenticidade: linguagem singular e marcante; a grande semelhança de Jr 7,21b com Os 8,13; a retomada, no v. 28b, do tema da verdade/fidelidade de Jr 5,1; e a forma poética do v. 29.

[30] Cf. Schmidt I, p. 185, com nota 66.

Jeremias 7 139

Os v. 22s apresentam um motivo inusitado da crítica aos sacrifícios: eles não foram ordenados por YHWH nos inícios da história do povo. Essa afirmação contradiz o testemunho bíblico (Êx 20,24; 23,18; Dt 12,6ss). A mesma ideia encontra-se em Am 5,25, considerado um acréscimo exílico à mensagem de Amós.[31] Foram feitas diversas tentativas de explicar a afirmação estranha de que sacrifícios não foram ordenados por YHWH. Há quem argumente que historicamente a maioria dos sacrifícios de Israel não é produto da fé javista, mas foi adotada dos cananeus, em especial os sacrifícios vinculados à agricultura.[32] Certamente muitas práticas religiosas israelitas foram adotadas das nações vizinhas, mas também há sacrifícios específicos vinculados a grupos que mais tarde fizeram parte de Israel, como os clãs patriarcais e o grupo do êxodo. Outros afirmam que a maioria dos textos que tratam dos sacrifícios provém, como Lv 1-7, de épocas posteriores aos redatores dtr de Jr 7,22s.[33] Parte dos pesquisadores entende que a expressão "no dia em que os fiz sair da terra do Egito" deva ser entendida literalmente: na ocasião ainda não havia nenhuma ordem divina de realizar sacrifícios; essa só ocorreu no Sinai. Contra essa opinião, no entanto, depõe, além dos argumentos acima, o texto de Êx 5,3. Aqui, em Jr 7,21s, os redatores provavelmente radicalizam a ideia já existente (1Sm 15,22) de que, entre oferecer sacrifícios e praticar a vontade de YHWH, a primazia recai sobre esta última. Nesse ponto, eles repercutem toda a crítica profética da época pré-exílica e, na impossibilidade de manter um culto sacrificial após a destruição do templo, impulsionam um culto centrado na palavra e vivido no cotidiano.[34]

Os v. 24-26 traçam a história da desobediência do povo desde o êxodo até o presente: ele não escutou a voz de YHWH nem andou de acordo com sua palavra, mas conforme sua própria vontade. E isso apesar de muitos profetas terem sido enviados para anunciar a palavra divina e chamar o povo de volta ao caminho de YHWH. Esta é, conforme os dtr, a função dos profetas: chamar ao arrependimento e à prática da vontade de Deus. O v. 25 confunde as gerações dos antepassados com os judaítas contemporâneos quando fala do envio dos profetas ("eu vos enviei").[35] A identificação das gerações passadas com a atual não é algo incomum. Todas elas estão unidas na

---

[31] Wolff, 1975, p. 306, 309, considera Am 5,25s um acréscimo deuteronomista.
[32] Assim Rudolph, 1968, p. 58; McKane I, p. 174.
[33] Wanke I, p. 93.
[34] Nesse sentido Thiel I, p. 127; cf. Schmidt I, p. 185, nota 67.
[35] Alguns alteram o TM de acordo com LXX e Siríaca e leem "eu lhes enviei".

140 *Primeira parte: Ditos a Israel, Judá e Jerusalém – Jeremias 1-25*

desobediência. A visão negativa que os redatores têm da época do deserto, após o êxodo (v. 25s), não corresponde à visão que o próprio profeta tem dessa época. Como discípulo de Oseias (Os 2,16s; 11,1-4), Jeremias considera a época do deserto um "noivado" (Jr 2,2s; 31,2s), ou seja, um período de intenso afeto mútuo.

Os v. 27s colocam Jeremias na continuidade dos profetas que fracassaram junto ao povo na tarefa de transmitir a palavra de Deus e chamar o povo de volta a YHWH. Ao anunciar um futuro fracasso do profeta, antecipa-se a experiência da ineficácia da atuação profética (Jr 1,17-19; cf. Is 6,9s; Ez 3,7ss). O v. 28b retoma a ideia de Jr 5,1s: a verdade desapareceu de Jerusalém. O tema da verdade não casa muito bem com os sacrifícios. Os redatores devem ter entendido essa crítica isolada do profeta como um exemplo de como o povo anda "de acordo com os próprios desígnios" (v. 24).

O v. 29 é uma convocação ao lamento fúnebre; é, portanto, indiretamente, anúncio de uma desgraça futura. YHWH se dirige a uma carpideira e lhe ordena que corte os longos cabelos em sinal de luto (Jr 16,6) e entoe um lamento sobre as colinas. De modo bem genérico, o versículo retoma 6,30 ("refugo") para anunciar o fim da relação entre YHWH e o povo.

Jr 7,30-8,3 Contra o Tofet

30 "Sim, os filhos de Judá fizeram o mal diante de meus olhos – dito de YHWH –, colocaram suas imundícias na casa sobre a qual é invocado meu nome, a fim de profaná-la. 31 Edificaram o lugar alto[36] de Tofet, que se encontra no vale de Ben-Enom, para queimar seus filhos e suas filhas no fogo, o que não ordenei nem me passou pela mente.[37] 32 Por isso, eis que virão dias – dito de YHWH – em que não mais se dirá Tofet nem vale de Ben-Enom, mas vale da Matança[38]; e enterrarão em Tofet por falta de lugar. 33 Os cadáveres deste povo serão alimento para as aves do céu e para os animais da terra, e ninguém os enxotará. 34 Farei cessar nas cidades de Judá e nas ruas de Jerusalém os gritos de júbilo e os gritos de alegria, a voz do noivo e a voz da noiva, porque a terra se tornará uma devastação. 8,1 Naquele tempo – dito de YHWH – tirarão[39] de suas sepulturas os ossos dos reis de Judá, os ossos de

---

[36] Conforme a LXX e o Targum que leem o singular; o TM lê o plural ("lugares altos").
[37] Literalmente "coração".
[38] LXX, Siríaca e Targum leem "vale dos mortos".
[39] Leia-se o *qere*.

Jeremias 7   141

seus ministros, os ossos dos sacerdotes, os ossos dos profetas e os ossos dos habitantes de Jerusalém. 2 Eles os espalharão diante do sol, da lua e de todo o exército dos céus, a quem amaram, serviram, seguiram, consultaram e adoraram. Não mais serão reunidos e sepultados, mas serão como esterco sobre a terra. 3 E, para todos aqueles que restarem desse clã maldoso, a morte será preferível à vida em todos os lugares[40] para onde eu os tiver dispersado" – dito de YHWH dos Exércitos.

Essa última seção do discurso contra o templo e o culto é uma livre composição da redação dtr. Não se podem detectar textos prévios que tivessem servido de impulso para essa unidade.[41] O tema da seção é o culto ilegítimo e impuro que profana o lugar de culto e a própria terra. O v. 30 fala das imagens e estátuas ("imundícias") no templo de Jerusalém. A idolatria é o pecado por excelência conforme o movimento dtr. A impureza das imagens torna o lugar de sua adoração impuro. Conforme 2Rs 23,6.11s, Josias havia retirado as imagens do templo. Mas esse episódio desaparece na retrospectiva dos redatores, que abrange toda a história precedente de idolatria em Judá. No v. 31, o tema se desloca para fora do templo e de Jerusalém, mais precisamente para o vale de Ben--Enom (ou vale de Enom[42]), que se encontra ao sul da cidade (*wadi er-rababe*). Aí se teria edificado um altar ao ar livre (*bamah* "lugar alto") chamado Tofet ("forno" ou "fogueira"). Nesse altar teriam ocorrido sacrifícios de meninos e meninas (cf. excurso abaixo). Em outros textos, afirma-se que esses sacrifícios eram oferecidos à divindade Moloc. Em Jr 7,31 não se menciona nenhuma divindade. O fato de YHWH não ter ordenado esse tipo de sacrifício poderia dar a entender que os celebrantes pensavam estar realizando um ritual autenticamente javista. E como os mesmos autores dtr mencionam tanto Baal quanto Moloc nos textos paralelos, Jr 19,5 e 32,35, tratava-se presumivelmente de um culto javista corrompido por práticas cananeias-púnicas. Não sabemos a extensão dessa prática de "passar crianças pelo fogo" em Judá. Por causa de informações desencontradas nos textos que abordam o assunto, alguns autores chegam a duvidar de que houvesse sacrifícios de

---

[40] De acordo com a LXX, Siríaca e um manuscrito hebraico; o TM lê adicionalmente "que restaram" após "os lugares".

[41] Quanto à linguagem dtr, cf. os excursos sob 5,15-19 e 7,1-8,3.

[42] Enom é um antropônimo; Ben-Enom = "filho de Enom". Seria o mesmo vale mencionado em Jr 2,23?

142 *Primeira parte: Ditos a Israel, Judá e Jerusalém – Jeremias 1-25*

crianças no Tofet. As práticas seriam apenas rituais mágicos não sangrentos. A menção do sacrifício de crianças seria uma tentativa de desqualificar a prática ali realizada. Todavia, o sacrifício de crianças não era desconhecido nas culturas semíticas. Para os dtr, que mencionam frequentemente o sacrifício de crianças, essa prática era, em todo caso, o aspecto mais cruel e perverso do culto idolátrico em Judá.[43]

As consequências do culto ilegítimo são devastadoras (v. 7,32-8,3). O anúncio de juízo após a fórmula escatológica ("eis que virão dias") descreve a situação de devastação e morte causada por uma guerra. A mudança de nome do vale de Ben-Enom para vale da Matança evoca os massacres após a conquista de cidades. O número de cadáveres é tão grande que, por falta de lugar, serão sepultados no espaço sagrado do vale, de modo que o contaminam e profanam (v. 32). Mas nem todos os cadáveres podem ser sepultados por falta de quem os sepulte, de modo que ficarão expostos para serem dilacerados por abutres e chacais (v. 33). Por falta de gente também não haverá quem enxote os animais como Rispa o fez (2Sm 21,10). Cadáveres insepultos são considerados uma maldição em Israel (Dt 28,25s; 1Rs 16,3s). O v. 34 descreve um ambiente sem festas e sem alegrias. Predomina um silêncio sepulcral.[44]

O juízo se estende para além da morte. Em 8,1s, as sepulturas dos mortos da elite judaíta serão profanadas por ladrões de túmulos em busca de objetos de valor. A exumação de ossadas também era prática de conquistadores orientais para infundir terror e demonstrar desprezo ao povo derrotado.[45] Os cadáveres exumados não serão devolvidos a suas sepulturas, mas ficarão estendidos no chão para que se decomponham e se tornem adubo para a terra (cf. 25,33; 2Rs 9,37). Os cadáveres jogados ao relento são comparados, de forma sarcástica, a pessoas prostradas diante das divindades (8,2). Assim, o destino após a morte reflete seu comportamento em vida. A unidade conclui afirmando que a sorte dos que escaparam com vida e foram dispersos entre as nações será pior do que a morte. A descrição dessas cenas horrendas preserva a memória de pessoas que experimentaram os terríveis eventos em torno do ano de 587? Ela quer alertar o público da época exílica e pós-exílica para o fato de que nada aconteceu por acaso, tudo foi resultado da idolatria do povo (v. 30s). Assim admoesta também a que não se repitam os erros dos antepassados.

---

[43] Thiel I, p. 129.
[44] Rudolph, 1968, p. 59: *Totenstille.*
[45] Fischer I, p. 321; García Bachmann, 2007, p. 345.

Jeremias 7   143

Os textos paralelos de 7,30-33, a saber, 19,5-12 e 32,34s, também são de lavra dtr e estão bem integrados em seus respectivos contextos. Não há necessidade de supor um texto original e duas cópias colocadas em outros contextos. Os redatores tendem a repetir argumentos, motivos e expressões idiomáticas onde encontrarem oportunidade.

O texto de Jr 7,31ss foi responsável para que o vale de Ben--Enom (*ge [ben-] hinom*) se tornasse o lugar do castigo infernal. Através do aramaico, a expressão adotou, no grego neotestamentário, a forma *geena* (Mt 5,22.29s; Mc 9,43ss e.o.), o eterno fogo do inferno.

Moloc e o sacrifício de crianças

Moloc era uma divindade sírio-palestinense vinculada ao culto aos mortos em Ebla, Mari e Ugarit. Também grafado como Milku ou Malik, o nome é, na origem, um epíteto genérico com o significado de "rei, governante" (*mélek*). Muitos entendem que "moloc" era apenas o termo técnico de um determinado tipo de oferenda ou ritual ("oferenda-moloc"). Mas, no contexto fenício-púnico, havia oferendas de crianças, como comprova a descoberta de inúmeros esqueletos de crianças nos arredores de espaços de culto púnicos. Esses lugares de culto também recebiam o nome de Tofet ("lugar do fogo, fornalha"). Presume-se que, nesses locais, se prestava culto aos mortos. Na Palestina, não há testemunhos arqueológicos de um culto a Moloc com sacrifícios de crianças. Há, no entanto, pinturas em paredes de templos egípcios que mostram o sacrifício de crianças em cidades cananeias (p. ex., durante o sítio de Ascalom). Isso lembra 2Rs 3,27, onde se relata que o rei de Moab sacrifica seu primogênito e sucessor sobre as muralhas de Quir-Hares por ocasião do cerco da cidade. Esse texto, no entanto, não menciona Moloc.
No Antigo Testamento, o termo Moloc aparece em Lv 18,21; 20,2-5; 1Rs 11,7 (aqui se propõe ler Melcom", o Deus dos amonitas); 2Rs 23,10; Is 30,33 (conjectura em substituição a *mélek* "rei"); e Jr 32,35. O termo Tofet, por sua vez, aparece em 2Rs 23,10; Is 30,33 (conjectura); Jr 7,31ss; 19,6.11-14. O sacrifício de crianças parece não estar apenas atrelado a Moloc, pois, em 2Rs 17,31, o sacrifício é dedicado às divindades de Sefarvaim, a saber, Adramelec e Anamelec, e, no Sl 106,37, aos "demônios". A própria redação dtr fala, em Jr 19,5, em "sacrifício a Baal". Em Jr 32,35, o sacrifício dedicado a Moloc parece ter sido realizado num altar de Baal, enquanto, em Jr 7,31, não aparece nenhuma divindade (cf. Dt 12,31; 18,10; 2Rs 16,3; 21,6). Essa confusão ainda aumentaria se fossem considerados os sacrifícios de primogênitos (Êx 22,28; cf. Gn 22; 2Rs 3,27; Ez 20,26). Esses são, no entanto, algo distinto, pois envolviam apenas meninos. Para os textos do Antigo Testamento, aparentemente já não havia muita clareza sobre origem e real extensão da prática de "passar crianças pelo fogo". (Soggin, 1978, col. 918s; Baucks, 2016.)

JEREMIAS 8

Jr 8,4-7 A incompreensibilidade do comportamento de Judá

4 E dirás a eles:[1] "Assim diz YHWH:
'Por acaso alguém cai sem que se levante?
Ou quem se desvia por acaso não retorna?
5 Por que esse povo se desvia,
e Jerusalém[2] permanece no desvio?
Firmaram-se no engano
e recusaram converter-se!
6 Eu prestei atenção e ouvi;
falam o que não é verdade!
Ninguém se arrepende de sua maldade,
dizendo: O que foi que eu fiz?
Todos se afastam em sua corrida,
como um cavalo que se lança ao combate.
7 Até a cegonha no céu
conhece seu tempo;[3]
a rolinha, a andorinha[4] e o tordo
observam o tempo de sua migração.[5]
Mas meu povo não conhece
o direito de YHWH'".

O capítulo 8 é formado por ditos jeremiânicos isolados. Ver-se-á, a seguir, que há também alguns acréscimos que pressupõem a catástrofe de 587. Essa primeira unidade é apresentada como fala de Deus ao profeta, mas os v. 6a e 7b (aqui "YHWH" na 3ª p.) parecem ser fala profética. Já vimos que não é algo raro que, no livro de Jeremias, palavras do profeta são transformadas em fala divina pela anteposição da fórmula do mensageiro.

A partir da observação do comportamento humano dos habitantes de Jerusalém, o profeta inicia a construção de sua mensagem

---

[1] LXX omite essa ordem.
[2] "Jerusalém" falta na LXX.
[3] O singular de acordo com as versões; o TM lê o plural: "seus tempos".
[4] Leia-se *qere* (*sis*); o *ketib* (*sus* "cavalo") não se presta à imagem, a não ser que *sus* seja designação de um pássaro de resto desconhecido. Aliás, há muita incerteza na identificação das aves do v. 7.
[5] Literalmente: "de sua entrada/volta" (inf. cs. qal de *boʻ* com sufixo da 3ª p. f. pl.).

Jeremias 8   145

com duas perguntas retóricas, que os ouvintes certamente responderão negativamente. É óbvio que uma pessoa que cai procure levantar-se. E é natural que quem erra o caminho queira mudar o rumo ou retornar. O v. 4b introduz o termo-chave em torno do qual vai girar a reflexão que segue: o verbo *shub* pode significar tanto "desviar-se" do caminho (no sentido negativo) como "retornar" (no sentido positivo).[6] O povo de Judá e Jerusalém não se comporta como se esperaria, porque persiste nos desvios do caminho (v. 5). Ou seja: afastou-se de YHWH e não quer voltar; pelo contrário, continua no afastamento (cf. 2,31; 5,3). O v. 6 retoma o tema da mentira e da falsidade já abordado em Jr 5,1ss e tratado com detalhes em 9,2ss. Nesse clima de falta de honestidade, talvez nem haja consciência do erro: "O que foi que eu fiz?" (cf. 2,35). Compara-se o povo a um cavalo que dispara cegamente para dentro do fervor da batalha e não mais consegue parar (v. 6b).

O v. 7 aponta para o comportamento das aves migratórias, que sabem, por instinto, a época de migrar e a época de voltar. Elas respeitam naturalmente a ordem da criação divina. Judá e Jerusalém, ao contrário, se comportam em desacordo com essa ordem divina, que no v. 7 é designada "direito (*mishpat*) de YHWH". Judá e Jerusalém ferem, portanto, a ordem da criação, que quer promover a convivência social harmoniosa e solidária em Israel. Em 5,4s, esse *mishpat* é designado "caminho de YHWH" e, na unidade que segue, será identificado com a "Lei (*torah*) de YHWH" (8,8).

Jr 8,8-12 Falsificação da lei

8 Como podeis dizer: "Somos sábios,
a lei de YHWH está conosco"?
Sim, eis que a[7] transformou em mentira
a pena mentirosa dos escribas.
9 Os sábios serão[8] envergonhados,
ficarão atônitos e serão capturados.
Eis que rejeitaram a palavra de YHWH.
Que sabedoria lhes restou?

---

[6] Para expressar as diversas nuanças da raiz *shub*, ela foi traduzida, na presente unidade, de diversas formas: "desviar-se" e "retornar" em v. 4b; "desviar-se" e "desvio", no v. 5a; "converter-se", no v. 5b; "afastar-se" (em sua corrida), no v. 6b.

[7] Acrescente-se o pronome pessoal sufixo da 3ª p. f. sing. no final do verbo (ou seja, um *mappiq* no *He* final).

[8] Perfeito profético.

146 *Primeira parte: Ditos a Israel, Judá e Jerusalém – Jeremias 1-25*

10 Por isso darei suas mulheres a outros,
seus campos a conquistadores.
Pois[9] desde o menor até o maior,
todos estão ávidos por lucro;
do profeta ao sacerdote,
todos praticam falsidade.
11 Curam a ferida da filha de meu povo
de modo superficial, dizendo: "Paz! Paz!"
quando não há paz.
12 Eles serão envergonhados,
pois cometeram uma abominação.
Não aprenderam, de modo algum, a ter vergonha,
desconhecem o rubor.
Por isso cairão com os que caem,
no tempo de seu castigo tropeçarão – disse YHWH.

A unidade é composta de duas partes: uma breve fala do profeta (v. 8s) é seguida por uma fala divina (v. 10-12) quase idêntica à de 6,12-15. Os v. 8s foram colocados após a unidade 8,4-7 por causa da semelhança da temática entre "direito de YHWH" (v. 7) e "Lei (*torah*) de YHWH" (v. 8). Trata-se, aqui, de uma controvérsia entre o profeta e um grupo que se entende por "sábio" e se arroga o direito de ter a lei a seu lado. É muito difícil identificar esse grupo de sábios. É provável que sábios (v. 9) e escribas (v. 8) pertençam ao mesmo grupo, já que o anúncio de juízo (v. 9) menciona somente os sábios, faltando, portanto, um anúncio específico para os escribas. Há quem identifique esse grupo com os sacerdotes, já que esses eram responsáveis pela instrução (*torah*).[10] A favor dessa identificação poderia depor Jr 2,6, onde sacerdotes e responsáveis pela lei se encontram lado a lado, e também Jr 18,18, onde a lei está vinculada à classe sacerdotal. Mas, por outro lado, o termo escriba remete a um alto cargo da administração real na época de Jeremias, com status de ministro (2Rs 18,18; 19,2; 22,3ss; Jr 36,10.20). Escribas eram, possivelmente, também consultados em questões jurídicas por causa de sua experiência e conhecimento de causa. Além disso, o v. 8b menciona "a pena (*'et*) do escriba", ou seja, dependendo do caso, o pedaço de junco utilizado para escrever com tinta sobre papiro ou, então, o ponteiro ou estilete para

---

[9] Todo o trecho v. 10aβ-12 não consta na LXX, talvez por ter sido considerado repetição de 6,13-15.
[10] Rudolph, 1968, p. 60.

Jeremias 8 147

gravar as letras em argila ou pedra.[11] Disso se pode deduzir que o grupo de escribas não tinha a função principal de instruir a lei ao povo, mas de escrever ou copiar leis. Esse trabalho escribal pode ser mais facilmente atribuído a escribas profissionais, como Baruc, vinculados ou não à chancelaria real. Certamente ainda não se trata da classe de escribas e intérpretes da lei que se conhecem no judaísmo das épocas helenística e romana.

Também é difícil determinar o que é a *torah* de YHWH. Quem identifica os escribas com sacerdotes entende a *torah* como instrução sacerdotal, em especial, sobre aspectos do culto. Nesse caso, Jr 8,8s seria parte da crítica profética contra as práticas cultuais, como se expressa, por exemplo, em Jr 7. Mas a instrução sacerdotal era basicamente oral. Em 8,8s, no entanto, a *torah* não é mera instrução oral, mas lei escrita. Nesse caso, poder-se-ia pensar no registro por escrito de códigos legais como o Código da Aliança ou, então, a lei deuteronômica, que é identificada com o "livro da lei" que impulsionou a reforma de Josias (2Rs 22,8.11; cf. Dt 17,18s). No último caso, nossa breve unidade seria uma crítica do profeta à reforma josiânica, especialmente à centralização do culto no templo de Jerusalém. A "pena do escriba" (v. 8) apontaria para as novas leis formuladas em conexão com a reforma josiânica.

Mas o que se deve entender sob pena "mentirosa" no v. 8? O que há de falso e errado na atuação da pena escribal? São leis novas que interpretam e atualizam erroneamente tradições antigas? Parece que o texto aponta para as consequências da formulação e do registro de leis: elas dão sustentação legal a grupos influentes da sociedade que foram privilegiados pela reforma de Josias, mas cujos interesses não se coadunam com a "palavra de YHWH". Além de denunciar esses interesses por trás da formulação de leis, o profeta anuncia o juízo de Deus aos que se consideram sábios e confiam na eficácia dessas leis.[12]

Diante das incertezas apontadas acima, também há quem situe o dito no contexto da polêmica pós-exílica entre aqueles que se apoiam exclusivamente na "escritura" e aqueles que também consideram a proclamação profética oral como revelação de Deus.[13] Mas essa polêmica não é palpável. Além disso, a denúncia contra

---

[11] Sobre o material de escrita, cf. Fischer, 2013, p. 6ss,12ss.
[12] Schmidt I, p. 196, cf. Dietrich; Silva, 2020, p. 84ss, que apontam para a violência que resultou da centralização do culto e da adoção do "livro da lei/aliança" sob Josias. Para esses autores, a centralização do culto já fora uma medida adotada pelo rei Ezequias.
[13] Wanke I, p. 98.

os sábios cabe bem dentro do todo da mensagem profética. O v. 9 é um anúncio de juízo contra os sábios arrogantes: também eles serão levados ao cativeiro ("capturados"). Assim ficará patente que toda sua sabedoria foi mera ilusão.[14] Não há nenhum sentimento de vingança nesse anúncio, pois o juízo dos sábios escribas não será diferente daquele que atingir toda a cidade de Jerusalém.

A segunda parte (v. 10-12) foi introduzida no atual contexto para complementar a lista de grupos dominantes responsáveis pela desgraça de Judá e Jerusalém: além dos sábios escribas, também sacerdotes e profetas serão atingidos pela catástrofe. Sobre a interpretação desse trecho ver Jr 6,12-15. A LXX não lê os v. 10aβ-12. É o primeiro trecho maior que falta na LXX. Para alguns pesquisadores, a LXX omite esses versículos, porque ela costuma cortar a segunda ocorrência de um texto duplicado.[15] Para outros, o TM teria acrescentado esses versículos por causa da semelhança entre 8,10aα e 6,12a.[16] Não há critérios objetivos para decidir essa questão.

Jr 8,13-17 Proximidade da desgraça

13 Quando eu quiser recolher sua colheita – dito de YHWH –
não haverá uvas na vinha,
nem figos na figueira,
e a folhagem terá murchado.
Já designei os que vêm sobre eles.[17]
14 "Por que ainda estamos sentados? Reuni-vos!
Vamos para as cidades fortificadas,
e ali pereçamos.
Sim, YHWH, nosso Deus, nos fará perecer
e nos fará beber água envenenada,
porque pecamos contra YHWH.
15 Esperávamos a salvação, mas não há nada de bom;
o tempo da cura, mas eis o terror!
16 De Dã ouve-se
o resfolegar de seus cavalos;
ao ruído dos relinchos de seus garanhões

---

[14] Para os que advogam uma origem pós-exílica, os verbos do v. 9 retratam eventos já ocorridos no passado (587) e não, como na tradução acima, anúncio de juízo futuro (perfeito profético).

[15] Rudolph, 1968, p. 63.

[16] Wanke I, p. 99.

[17] Toda essa oração (três últimas palavras hebraicas do versículo) não se encontra na LXX. Talvez seja um acréscimo para formar uma transição para os v. 14ss.

Jeremias 8 149

estremece toda a terra.
Eles vieram para devorar a terra e o que ela contém,
a cidade e seus habitantes."
17 Sim, eis que envio contra vós
serpentes venenosas,
contra as quais não há encantamento,
e elas vos morderão – dito de YHWH.

A diversidade de gêneros e conteúdo, a falta de coesão e a existência de costuras e trechos tirados de outros contextos depõem a favor de uma composição de ditos isolados e soltos nessa unidade. Duas falas divinas (v. 13 e 17) emolduram uma citação em que o povo passa do apelo à fuga para o lamento diante da iminente invasão do exército inimigo (v. 14-16).

No v. 13, Judá é comparado a uma vinha e a uma figueira. Essas são metáforas tradicionais para o povo de Israel (Is 5,1-7; Jr 2,21; 6,9; Os 9,10; 10,1; Mq 7,1; cf. Jr 24,1-6). Aqui, YHWH se compara com um agricultor que não encontra uvas na videira nem figos na figueira. Além disso, ele observa que a folhagem está murcha, o que indica que a planta está doente e já não é capaz de produzir frutos. Por isso ele contratou alguém para cortar essas plantas doentes que não mais produzem nada (cf. Is 5,5s; Lc 13,7).

Esse anúncio da vinda de "lenhadores" é motivo para o apelo que segue: buscar refúgio nas cidades fortificadas (v. 14). Essa exortação lembra os ditos sobre o inimigo do norte (4,5ss): a menção de Dã, no v. 16, retoma 4,15, quando o exército inimigo ingressa em território israelita por sua divisa setentrional; o ruído dos cavalos a galope lembra 6,22s; por fim, a destruição da terra provocada pelo exército ("devorar") ecoa 5,17. O estímulo à busca de refúgio (v. 14a) curiosamente já revela a consciência da inutilidade dessa fuga às cidades, pois essas não conseguirão salvar a vida ("e ali pereçamos"; cf. 6,1). Essa consciência da inutilidade de procurar salvação nas cidades fortificadas talvez reflita a situação durante o cerco de Jerusalém (589-7). Diante da certeza da desgraça, a exortação se transforma em lamento (v. 14b-16). A imagem da "água envenenada" (v. 14) talvez queira adaptar o ordálio de Nm 5,11-31 a Judá. Em Nm 5, a água se torna venenosa quando a mulher suspeita de adultério é, de fato, culpada. Aqui, em Jr 8,14b, a água ingerida por Judá teria ficado venenosa por causa de sua culpa. Ou haveria uma alusão à água insalubre de Jerusalém à época do cerco? A esperança por cura, em todo caso, é frustrada (o v. 15 provém de 14,19b).

No anúncio de juízo que encerra a unidade (v. 17), a desgraça é comparada a serpentes venenosas, de cuja mordida ninguém

150   *Primeira parte: Ditos a Israel, Judá e Jerusalém – Jeremias 1-25*

estará a salvo. A tradição da praga das serpentes durante a peregrinação no deserto (Nm 21,6ss) pode ter emprestado a imagem para transmitir que, ao contrário da época da relação harmoniosa entre Deus e povo no deserto, agora não há esperança de cura.

O caráter compósito da unidade não mais possibilita discernir claramente entre ditos de Jeremias e atualizações posteriores.[18]

Jr 8,18-23 Lamento do profeta

18 Uma tristeza incurável[19] me invade[20],
meu coração está doente.
19 Eis o grito de socorro da filha de meu povo
em todas as partes da terra[21]:
"YHWH não está mais em Sião?
Não está nele seu Rei?[22]
– Por que eles me ofenderam com seus ídolos,
com deuses estrangeiros? –
20 Passou a sega, findou o verão,
mas não fomos salvos!"
21 Por causa da ferida da filha de meu povo fiquei ferido,
estou de luto, a desolação tomou conta de mim.
22 Não há bálsamo em Galaad?
Não há médico lá?
Por que não progride
a cura[23] da filha de meu povo?
23 Quem dera minha cabeça fosse um manancial de água,
e meu olho, uma fonte de lágrimas,
para prantear, dia e noite,
os mortos da filha de meu povo.[24]

---

[18] Schmidt I, p. 200, cogita a possibilidade de a unidade ser uma liturgia de penitência da época exílica ou pós-exílica, mas os indícios são parcos.

[19] A primeira palavra hebraica do v. 18 (*mabligiti*) é de difícil tradução, algo como "minha alegria". Isso, no entanto, faria pouco sentido no início desse lamento do profeta. Na esteira de alguns manuscritos hebraicos, um fragmento da gueniza de Cairo, a LXX e Teodócio, muitos dividem a palavra em duas (*mibbeli gehot*): "sem cura, incurável" (cf. BHS e Rudolph, 1968, p. 62, que, no entanto, coloca as duas palavras no final do v. 17).

[20] A segunda palavra hebraica do versículo deve ser entendida como uma forma verbal: literalmente "sobe (a mim)"; cf. BHS.

[21] Literalmente "de uma terra distante" (cf. Is 33,17). Aqui, porém, não se trata dos países do exílio, mas do território de Judá.

[22] O "Rei" deve, aqui, ser título de YHWH.

[23] Literalmente: "cicatrização".

[24] Na Vulgata, o último versículo do cap. 8 (8,23) se encontra no início do cap. 9 (9,1). As Bíblias editadas pela Sociedade Bíblica do Brasil seguem essa numeração da Vulgata.

Jeremias 8 151

A unidade é formalmente um lamento do profeta (v. 18.21-23: 1ª p. sing.) que incorpora um lamento do povo (v. 19aβ.20: 1ª p. pl.). À semelhança de 4,19ss, o profeta toma sobre si as dores do povo a ponto de elas afetarem sua própria saúde. Em torno do termo polissêmico *shéber*, que pode significar "quebradeira, ruptura, ruína, desastre, ferida" (v. 21), se forma a analogia entre o sofrimento do povo e do profeta: o desastre do povo é a ferida do profeta. Jeremias sofre junto com o povo. Esse é comparado a um soldado mortalmente ferido, para quem não há remédio ("bálsamo") nem médico (v. 22).

O lamento do povo citado pelo profeta (v. 19aβ) expressa o sentimento de total abandono de Deus. A situação espelha momentos bem próximos da catástrofe de 587? YHWH parece já ter deixado seu lugar de moradia em Sião. A resposta de YHWH às duas perguntas retóricas do v. 19aβ é inesperada e fora de contexto, pois introduz o tema da culpa do povo (v. 19b; marcado por duplo travessão na tradução acima). Além disso, a linguagem[25] e a menção da idolatria – a culpa por excelência do povo de acordo com o movimento dtr – apontam para a origem redacional da segunda metade desse versículo.

Também o v. 20 não cabe bem no contexto. Ao contrário do v. 21, que aponta para um contexto de guerra, o v. 20 menciona uma situação de frustração de safra de grãos ("passou a sega, findou-se o verão") e uma possível fome no inverno. Essa combinação de duas situações distintas também se encontra no lamento de Jr 14 e pode ter origem no uso litúrgico do mesmo lamento em ocasiões distintas. Ou o v. 20 aponta para uma consequência da guerra?[26] Frequentemente a produção agrícola de um país conquistado era confiscada para manter as tropas invasoras, deixando os agricultores locais à míngua.

Os v. 21-23 mostram que Jeremias não consegue se desvincular da sorte de seu povo. O profeta que anuncia a desgraça não fica feliz quando ela se concretiza. Pelo contrário, sofre junto com as pessoas atingidas. Ele tem "com-paixão"[27] (sofre junto) com seu povo. A "ferida" – o desastre – do povo é a causa de sua própria "ferida" e dor. Já vimos, em 4,19ss, que Jeremias chega a somatizar a desgraça por ele anunciada. O povo está tão ferido e doente que não há nem médico nem remédio que possa curá-lo (v. 22). A região de Galaad, na Transjordânia, era conhecida por seu bálsamo,

---

[25] Quanto a "ofender" YHWH, cf. Jr 7,18; 11,17; 32,29 e.o.
[26] Schmidt I, p. 202, sugere essa possibilidade.
[27] Schmidt I, p. 201.

a resina aromática do lentisco (*Pistacia lentiscus*), muito utilizada para fins medicinais (Gn 37,25; Jr 46,11; Ez 27,17).

A catástrofe é inevitável, ao profeta só resta lamentar e prantear junto com as vítimas. Essa explosão de emoções doloridas não se dirige explicitamente a ninguém, mas deve-se pressupor que seu endereço último é YHWH, o Deus que aparentemente se ocultou.

JEREMIAS 9

Jr 9,1-10 Corrupção moral de Judá

1 Quem me dera houvesse no deserto
uma pousada de peregrinos,
para que eu pudesse abandonar meu povo
e ir para longe deles!
Pois todos são adúlteros,
uma corja de traidores.
2 Eles retesam sua língua como um arco;
é a mentira, e não a verdade[1], que prevalece na terra.
Pois avançam de maldade a maldade,
mas não me conhecem – dito de YHWH.
3 Cada um se acautele de seu amigo,
e não confieis em nenhum irmão.
Pois todo irmão com certeza trapaceia,[2]
e todo amigo anda caluniando.
4 Cada um engana o outro,
e a verdade nunca falam.
Habituaram suas línguas à mentira,
fazem o que é errado
e são incapazes de converter-se.[3]
5 Opressão sobre opressão, fraude sobre fraude,
eles recusam conhecer-me – dito de YHWH.
6 Por isso, assim diz YHWH dos Exércitos:
"Eis que eu os acrisolarei e provarei.
Pois como poderia eu agir com a filha de meu povo?
7 Uma flecha mortífera é sua língua,
falsa é a palavra[4] de sua boca.
Alguém fala amistosamente com seu amigo,
mas, por dentro, lhe prepara uma cilada.
8 Não deveria eu castigá-los por isso? – dito de YHWH.

---

[1] Omita-se, conforme a LXX e a Vulgata, a preposição *le* antes de *'emunah* ("para a verdade"); veja BHS.

[2] O verbo *'qb* "trapacear" pode ser uma alusão ao patriarca Jacó (*ya'aqob*).

[3] A primeira palavra do v. 5 deve ser dividida em duas (*shub+tok*), sendo que a primeira ("converter-se") ainda pertence à última oração do v. 4, e a segunda ("opressão") inicia o v. 5 (cf. BHS e LXX).

[4] Leia-se um substantivo em vez de uma forma verbal (cf. LXX).

154 Primeira parte: Ditos a Israel, Judá e Jerusalém – Jeremias 1-25

Ou não deveria eu vingar-me de uma nação como esta?[5]
9 Sobre as montanhas elevo o choro e o pranto;
sobre as pastagens da estepe, um lamento fúnebre.
Pois estão abrasadas, de modo que ninguém passa por lá,
e não mais se ouve o balido do rebanho.
Das aves do céu aos animais domésticos
todos fugiram e se foram.
10 Eu farei de Jerusalém um monte de ruínas,
um abrigo de chacais,
e das cidades de Judá, uma desolação,
sem nenhum habitante".

A unidade é uma composição um tanto complexa. Em sua atual forma é uma fala de Deus ao profeta queixando-se do comportamento do povo. Isso fica evidente nos v. 2bβ ("mas não me conhecem"), 5b ("eles recusam conhecer-me"), 6 (fórmula do mensageiro), 8 e 10. Mas o desejo concreto de morar numa estalagem no deserto (v. 1) e o lamento fúnebre marcante do v. 9 são difíceis de imaginar na boca de YHWH. Também a admoestação a uma 2ª p. m. pl. no v. 3aβ ("não confieis") não se enquadra numa fala divina ao profeta. Por fim, a palavra de YHWH do v. 8 é repetição de 5,9.29. Tudo isso revela trabalho redacional, que deve ser pré--dtr, já que não há evidência de linguagem típica da redação dtr. O núcleo da unidade, no entanto, pode ser atribuído ao profeta Jeremias.[6] Quanto à estrutura, temos três partes desiguais: a uma primeira queixa-denúncia (v. 1-5) segue um anúncio de juízo (v. 6); a uma segunda queixa-denúncia, bem mais breve (v. 7), um segundo anúncio de juízo (v. 8); por fim, um lamento fúnebre (v. 9) que desemboca igualmente num anúncio de juízo (v. 10).[7]

Jeremias expressa o desejo de viver numa pousada no deserto e, assim, distanciar-se de seu povo por causa do comportamento deste. Colocada na boca de Deus, a fala ganha uma inesperada ousadia: YHWH prefere uma simples estalagem, longe das pessoas, à sua morada no templo de Jerusalém![8] Tudo por causa do comportamento do povo que corrói as relações sociais e interpessoais.

---

[5] Cf. Jr 5,9.29.
[6] P. ex., Rudolph, 1968, p. 65 e Wanke I, p. 104.
[7] A desigualdade entre as partes leva Rudolph, p. 64, a transferir o v. 7 para após os v. 1-3, de modo que as denúncias passam a formar uma seção coesa que precede o anúncio de desgraça. Isso, no entanto, é preciosismo desnecessário.
[8] Schmidt I, p. 204.

Jeremias 9

O v. 1 menciona o adultério e a traição. Aqui, adultério e traição ou infidelidade aparentemente nada têm a ver com apostasia, representam, antes, a quebra de uma relação de confiança entre parceiros. O v. 2 introduz o termo central das duas primeiras partes da unidade: a mentira (cf. 5,1ss; 8,6). A mentira não somente corrói as relações pessoais, mas pode, em juízo, determinar a pena de morte de um acusado (v. 7: "flecha mortífera"). O v. 3 adverte a não confiar nem nas pessoas mais próximas, tidas normalmente como confiáveis, como irmãos e amigos. A mentira e a falsidade levam à trapaça, à calúnia, à fraude e à opressão. Como a mentira se tornou hábito, ela não mais é considerada algo errado, mas perfeitamente normal (v. 4). Se o verbo "trapacear" ('*aqab*), no v. 3, for uma alusão ao ancestral Jacó (*ya'aqob*), a desonestidade estaria vinculada à própria natureza dos descendentes de Jacó/Israel. Essa ousada autocrítica não destoa do restante da mensagem jeremiânica. A fraude leva à opressão (v. 5), porque transforma a outra pessoa em objeto que se usa para benefício próprio. A mentira e a falsidade solapam até as relações interpessoais mais íntimas como as existentes no matrimônio e no seio da família e podem levar à ruína de um povo. Conforme v. 2bβ.5b, por alguns considerados secundários, os delitos interpessoais e sociais são considerados uma consequência do "não conhecimento de YHWH". Teologia e ética andam de mãos dadas.

No anúncio de desgraça (v. 6), o próprio YHWH assume a tarefa de acrisolador, delegada ao profeta em 6,27-30. Mas o resultado da avaliação já está claro de antemão: os judaítas são culpados, por isso Deus na vê outra possibilidade senão deixar que seu povo sofra as consequências de seus delitos (v. 6.8).

O lamento do v. 9 parece pressupor que o interior de Judá já esteja ocupado pelo exército inimigo. Em consequência da guerra, o território está abandonado, todos fugiram, tanto as pessoas como os animais, até as aves desapareceram do céu. Conforme o anúncio de juízo do v. 10, no entanto, Jerusalém e algumas cidades de Judá ainda estão intactas. Os animais que desapareceram do território reaparecerão para habitar as ruínas da cidade destruída (cf. Is 32,14; Jr 26,9.18; Mq 3,12). O lamento fúnebre do v. 9 terá continuidade em 9,16ss.

156   *Primeira parte: Ditos a Israel, Judá e Jerusalém – Jeremias 1-25*

Jr 9,11-15 Como entender o juízo

11 Quem é tão sábio para entender essas coisas?
A quem a boca de YHWH falou, para que possa anunciar
por que perece a terra,
está abrasada como um deserto por onde ninguém passa?
12 Diz YHWH: "Por terem abandonado minha lei, que eu lhes dei,
e não terem ouvido minha voz e não a terem seguido, 13 mas te-
rem andado na obstinação de seu coração e seguido os Baalins que
seus pais lhes fizeram conhecer". 14 Por isso, assim diz YHWH dos
Exércitos, o Deus de Israel: "Eis que eu os[9] farei comer absinto e
lhes darei de beber água envenenada. 15 E os dispersarei entre as
nações que nem eles nem seus pais conhecem, e enviarei atrás deles
a espada até que os tenha exterminado".

Com exceção do v. 11, o trecho está em prosa e separa os
lamentos que se encontram no v. 9 e nos v. 16ss. Os v. 12-15
contêm linguagem e conteúdos tipicamente dtr;[10] o v. 11 retoma a
ideia do v. 9 (as estepes abrasadas por onde ninguém passa) e de
Os 14,10, também considerado um trecho dtr;[11] o v. 14, por fim,
toma emprestada a metáfora da "água envenenada" de 8,14
(cf. 23,15). Esse caráter compósito do texto e a forma catequética
de pergunta e resposta são característicos da redação dtr. Por isso
a unidade é considerada, por grande parte dos pesquisadores, uma
reflexão dos redatores sobre as causas do exílio.[12]

Formalmente se trata de um diálogo entre YHWH (v. 12-15) e
um interlocutor não identificado (v. 11). Este procura pelas causas
da catástrofe de 587, mas não expressa isso de forma direta, como
é o caso em 5,19; 16,10 e 22,8. Ele está à busca de uma pessoa
sábia capaz de interpretar a realidade ou de um profeta que tenha
uma revelação divina ("a quem a boca de YHWH falou") que possa
explicar a situação existente após 587, pressuposta no v. 11. Com
terminologia típica, os v. 12s apontam para as causas da catástrofe.

Em primeiro lugar, menciona-se o fato de o povo ter abandonado a lei que lhes foi dada. Essa lei (*toráh*) provavelmente é o

---

[9]   Depois do pronome sufixo "os", o TM ainda lê "este povo", obviamente uma glosa
      explicativa; a LXX omite.
[10] Cf. os excursos sob 5,15-19 e 7,1-8,3.
[11] Wolff, 1976, p. 310s.
[12] Thiel I, p. 136; Wanke I, p. 106; Schmidt I, p. 207; cf. também já Rudolph, 1968,
      p. 67 ("comentário posterior").

Jeremias 9   157

Deuteronômio, na forma do livro da lei encontrado no templo de Jerusalém em 622 a.C. (2Rs 22,8.11). Abandonar a lei equivale a não escutar a voz de YHWH. Presume-se uma identidade entre palavra de Deus e o livro da lei. Quem se posiciona contra a *toráh* deuteronômica também se posiciona contra YHWH. Por isso, para mudar a relação com YHWH, torna-se necessária uma mudança radical diante da *toráh* (31,33).[13]

Em segundo lugar, faz-se menção ao culto às diversas manifestações do Deus Baal (cf. 2,23). Cultuar Baal significa "andar na obstinação do coração", o oposto, portanto, de "seguir a lei" (v. 12b). O v. 13 faz remontar esse culto a Baal aos antepassados: a história de Israel é uma corrente de gerações que caem na apostasia e na idolatria (cf. 12,16).

Os v. 14s concluem com um anúncio de juízo, apesar de esse já ser pressuposto no v. 11. É que os redatores se deslocam, aqui, novamente à época de Jeremias, antes da concretização do juízo. O primeiro castigo retoma a metáfora da água envenenada (8,14), mas utiliza a forma longa de 23,15: "comer absinto e beber água envenenada". O absinto é conhecido por sua amargura, que pode estragar o sabor da comida ao ponto de torná-la intragável. Absinto e veneno aparecem lado a lado em Dt 29,17, onde são considerados frutos da adoração de outras divindades, já que essas podem arruinar a vida das pessoas. O segundo castigo é a dispersão entre as nações (Dt 4,27; 28,64; cf. Jr 16,13); e o terceiro, a perseguição nas terras do exílio até o extermínio total (cf. Jr 24,10; 29,17). Essa drástica medida divina de exterminar seu povo não é corrigida, aqui, como em 4,27; 5,10.18, certamente por motivos pedagógicos: alertar futuras gerações para as terríveis consequências da apostasia.

Jr 9,16-21 Lamentação em Sião

16 Assim diz YHWH dos Exércitos:
"Atenção![14] Chamai as carpideiras, para que venham!
Mandai buscar as mulheres sábias, para que venham!
17 Que elas se apressem
e entoem sobre nós um lamento,
para que nossos olhos derramem lágrimas,
e nossas pálpebras vertam água".

---

[13] Thiel I, p. 137.
[14] A palavra falta na LXX e Siríaca.

158   *Primeira parte: Ditos a Israel, Judá e Jerusalém – Jeremias 1-25*

18 Sim, o som de um lamento se ouve em Sião:
"Ah, como fomos maltratados,
sobremaneira envergonhados!
Pois tivemos de abandonar a terra,
porque fomos lançados para fora de nossas moradas".[15]
19 Escutai, pois, ó mulheres, a palavra de YHWH,
e esteja aberto vosso ouvido à palavra de sua boca!
Ensinai a vossas filhas o lamento,
e cada uma à sua companheira, o canto fúnebre:
20 "Sim, a morte subiu por nossas janelas,
entrou em nossos palácios,
acabando com as crianças na rua
e os jovens na praça".
21 Fala! Este é o dito de YHWH:[16]
"Cadáveres humanos caem
como esterco na superfície do campo,
e como feixes atrás do ceifador,
e não há quem os recolha".

A fórmula do mensageiro introdutória transforma a unidade em fala divina, mas a menção de YHWH na terceira pessoa no v. 19 sugere que, na origem, esteja uma palavra do profeta ao povo (que está na 2ª p. pl.). A convocação ao lamento fúnebre (ver excurso a seguir) retoma motivos de 8,18-23 e 9,9. Em nosso trecho, são convocadas as carpideiras para dirigirem os ofícios fúnebres, em especial o lamento ou canto fúnebre. As carpideiras não são apenas profissionais do choro, mas especialistas ("sábias") no quefazer com a morte e o luto. Fazem parte desse seu conhecimento tradicional palavras e ritos apropriados para todas as etapas do funeral. O canto ou lamento fúnebre por elas entoado dá vazão à dor das pessoas enlutadas, facilitando o choro e o desabafo (v. 17). Desse modo, quando a morte deixa as pessoas mudas, as carpideiras sabem o que dizer e o que fazer, ainda que sejam fórmulas ou ritos fixos.[17]

O v. 18 fornece a motivação para a convocação das carpideiras: sobre a colina do templo, pessoas estão reunidas para lamentar a expulsão de suas terras e a perda de suas propriedades. Se

---

[15] Cf. BHS e HAL, p. 1415. Também é possível traduzir "nossas moradas foram lançadas (=destruídas)"; cf. Wanke I, p. 107; Schmidt I, p. 209.

[16] Essa introdução do v. 21 não se encontra na LXX. Muitos comentaristas a cortam (cf. Rudolph, 1968, p. 68; McKane I, p. 208).

[17] Schmidt I, p. 210.

Jeremias 9 159

não for antecipação visionária de um evento futuro, o lamento citado pode apontar para a situação dos habitantes de Judá e Benjamim que se refugiaram em Jerusalém diante do avanço do inimigo. Aqui o profeta se inclui entre as vítimas que choram e se lamentam ("nossos olhos", "nossas pálpebras", no v. 17; no v. 18: "nós").

O v. 19 introduz uma ordem de Deus às carpideiras. Elas devem ensinar a suas filhas e amigas o ofício da carpidura, porque a grande quantidade de mortos está a exigir a colaboração do maior número possível de mulheres competentes no ofício do lamento fúnebre. O v. 20 cita o canto fúnebre a ser ensinado a todas. O que se descreve é a morte personificada buscando suas vítimas na cidade: como um ladrão, entra pelas janelas; mesmo os muros mais altos e espessos dos palácios não conseguem impedi-la; ela não poupa nenhuma classe social e nenhuma faixa etária. Até inocentes crianças e jovens cheios de vida serão vítimas da morte (cf. 6,10s). O texto não esconde a triste e trágica realidade de uma guerra: ela não faz diferença entre culpados e inocentes.

O v. 21, aparentemente uma fala de YHWH a Jeremias, descreve as cenas de morte fora da cidade. Usa-se a imagem do ceifador que, com sua foice, corta o cereal e o deixa deitado no chão para que alguém o ajunte. Cadáveres humanos caem como feixes por onde passa o "ceifador". Só que esses feixes não serão recolhidos, mas deixados no lugar onde caíram. A visão de cadáveres insepultos deve ter sido muito terrível para a época, pois vai contra tudo que se concebia como dignidade humana (cf. o episódio de Rispa em 2Sm 21,8-10).[18]

Lamento ou canto fúnebre

A morte de uma pessoa evoca emoções que se expressam de diversas formas nas diferentes culturas. O Antigo Testamento e, em especial, o livro de Jeremias contêm vários indícios de costumes, gestos e ritos que acompanham os diversos momentos de um funeral. Além de expressar a dor, todos eles buscam manifestar a solidariedade de amigos e parentes e elaborar a perda dolorosa de um ente querido. O conjunto de práticas e gestos vinculados aos funerais (*misped*, da raiz *safad*) é designado, nas versões em língua portuguesa, "lamento fúnebre", "funeral", "lamentação", "luto", "pranto", entre outros (Gn 50,10; Sl 30,12; 2Sm 3,31; Jr 4,8; 6,26; 16,5s e.o.). O processo funerário iniciava na moradia da pessoa falecida, onde amigos prestavam sua homenagem à pessoa morta e davam as condolências aos parentes. Aí também se partilhava o pão da solidariedade e se bebia o

---

[18] Cf. McKane I, p. 212.

160 *Primeira parte: Ditos a Israel, Judá e Jerusalém – Jeremias 1-25*

cálice da consolação (Jr 16,5-7). Muitas vezes havia uma procissão que seguia o esquife até o lugar do sepultamento. Um conjunto de gestos e ritos marcava as diversas etapas do funeral: chorar (2Sm 3,32.34; Is 15,2 e.o.); rasgar as vestes (Gn 37,34; 2Sm 1,11; 3,31 e.o.); vestir luto, ou seja, usar uma veste grosseira, geralmente preta (*saq*), feita de pelo de cabra (2Sm 3,31; Is 22,12 e.o.); bater no peito ou na coxa (Is 32,12); cortar, rapar ou arrancar o cabelo ou a barba (Is 15,2; 22,2: Jr 16,6; Mq 1,16; Esd 9,3 e.o.); jogar pó ou cinza sobre a cabeça (1Sm 4,12; 2Sm 1,2; Ez 27,30 e.o.); revolver-se no pó ou na cinza (Ez 27,30 e.o.); cobrir o rosto (2Sm 19,5 e.o.); fazer incisões (Jr 16,6; 41,5; 47,5; proibidas em Dt 14,1; Lv 19,28); tirar o turbante e as sandálias (Ez 24,17); e entoar o canto ou lamento fúnebre (*qinah*; 2Sm 1,17; 3,33; Jr 7,29; 9,9; Ez 19,14; Am 5,1 e.o.). Esse lamento era entoado pelos parentes da pessoa falecida (Jr 22,18) ou por profissionais, geralmente mulheres (carpideiras; Am 5,16; Jr 9,16-19). Essas mulheres tinham o conhecimento tradicional dos gestos e ritos a serem executados em caso de uma morte. Elas também conheciam as palavras a serem proferidas na ocasião. Por tudo isso eram chamadas de "sábias" (Jr 9,16). Sua função principal era recitar a *qinah* e fazer com que as pessoas presentes realizassem os gestos apropriados e gritassem seus "ais" (*hoy;* Jr 22,18; 34,5 e.o.) sobre a pessoa falecida. Os profetas pré-exílicos utilizavam a forma do lamento fúnebre como encenação antecipada do que aconteceria após uma desgraça que atingiria o povo no futuro. O choro e lamento pela destruição de uma cidade (*néhi*; Jr 9,17ss), gênero conhecido no antigo Oriente, se confundem, em Jeremias, com o lamento pelas vítimas da guerra que devastará Judá e Jerusalém. Como não há possibilidade de evitar essa catástrofe, só resta o choro solidário na desgraça. (Hardmeier, 2007; Auerbach, 2007; Köhlmoos, 2012.)

Jr 9,22-23 Conhecimento de Deus

22. Assim diz YHWH:
"Que o sábio não se glorie de sua sabedoria,
que o forte não se glorie de sua força,
que o rico não se glorie de sua riqueza!
23 Mas quem quiser gloriar-se, glorie-se disto:
de ter inteligência e conhecer-me;
que eu sou YHWH, que pratica a solidariedade,
o direito e a justiça na terra.
Pois é isso que me agrada" – dito de YHWH.

Esse dito de cunho sapiencial é geralmente considerado um adendo proveniente de círculos da sabedoria. Em seu atual contexto, busca desenvolver o tema do conhecimento de Deus, abordado em 9,2.5, e da sabedoria, apresentado em conexão com os manipuladores da lei (8,8s) e as carpideiras (9,16). A sabedoria

Jeremias 9 161

tradicional israelita, condensada no livro de Provérbios, conhece as limitações humanas (Pr 16,1.9), valoriza a humildade (Pr 15,33; 16,19; 18,12; 22,4) e adverte contra a soberba (16,5.18). Aqui se exorta a não supervalorizar as próprias capacidades e realizações. Áreas que facilmente podem levar a prestígio e fama e, por conseguinte, à soberba e vanglória eram, aparentemente, a sabedoria, a força e a riqueza (v. 22). A advertência contra a vanglória não vem acompanhada de nenhuma motivação; tampouco se diz quais seriam as eventuais consequências da vanglória. O peso é colocado naquilo que se contrapõe à sabedoria, força e riqueza: o conhecimento de Deus (v. 23).

O termo traduzido por "inteligência" (*haskel*, inf. hif. da raiz *sakal*) é muito utilizado na sabedoria e denota a capacidade de percepção da realidade que leva ao conhecimento e, por fim, eventualmente ao sucesso (Pr 15,24; 16,20).[19] Também o binômio "direito" e "justiça" está firmemente ancorado na sabedoria tradicional (Pr 2,8s; 8,20; 16,8.13; 21,3.15). Fora do âmbito estritamente jurídico, o "direito" (*mishpat*) designa, grosso modo, aquilo que é comumente considerado correto e justo, que esteja, portanto, em conformidade com o que a ordem social espera de uma pessoa. De forma mais abstrata, o direito é a ordem criada – pressuposta, mas raramente explicitada nos textos – que busca manter a paz social e possibilitar a convivência harmoniosa dos membros da sociedade. A justiça (*şedeq* ou *şedaqah*), por sua vez, é a soma dos atos e comportamentos que correspondem a essa ordem de coisas criada por Deus. São as atitudes que buscam estabelecer, reforçar ou recriar uma situação de bem-estar coletivo. Trata-se de um conceito funcional: justo é o que está em conformidade com as exigências e necessidades da coletividade e que visa ao benefício comum.[20]

A afirmação de que a verdadeira sabedoria é conhecer YHWH ainda permanece dentro do âmbito da sabedoria tradicional. Levando em consideração que "conhecer YHWH" não é mero conhecimento teórico, mas eminentemente prático (Jr 5,1-5; 9,2.5; 22,15s), esperar-se-ia que o pensamento sapiencial culminasse numa sentença como: a pessoa que tiver conhecimento de YHWH e expressar isso na busca por direito e justiça é uma pessoa que agrada a Deus.[21] Mas o v. 23 ultrapassa o âmbito da sabedoria ao afirmar que Deus se agrada da solidariedade, do direito e da justiça que ele

---

[19] Cf. Saebo, 1979, col. 824-828.
[20] Cf. Wolff, 1975, p. 288; Koch, 1979, col. 507-530; Liedke, 1979, col. 999-1009.
[21] Cf. Wanke I, p. 110.

162 *Primeira parte: Ditos a Israel, Judá e Jerusalém – Jeremias 1-25*

próprio pratica no mundo.[22] O único motivo pelo qual podemos nos gloriar é, portanto, o agir solidário de Deus no mundo em busca dos direitos de cada pessoa no intuito de estabelecer uma sociedade justa. O apóstolo Paulo afirma que não temos motivos para nos gloriar de nossas próprias capacidades, realizações ou sabedoria, pois Deus transformou a sabedoria do mundo em loucura através do escândalo da morte de Jesus na cruz (1Cor 1,18-31). A atuação do poder de Deus por meio da pequenez e da fragilidade das comunidades evidencia que é somente nele que podemos nos gloriar. Em 2Cor 10,12-17, o apóstolo busca não imitar seus concorrentes, que se vangloriam das próprias capacidades e realizações, mas assume uma postura de comedimento e humildade.[23]

Jr 9,24-25 Circuncisão carnal não basta

24 Eis que virão dias – dito de YHWH – em que visitarei todos os circuncidados no prepúcio: 25 Egito, Judá, Edom, os filhos de Amon, Moab e todos os que raspam as têmporas e moram no deserto. Pois todas as nações são, na verdade, incircuncisas,[24] e toda a casa de Israel é incircuncisa de coração.

Esse breve anúncio de juízo em prosa dificilmente provém do profeta, uma vez por causa da fórmula escatológica introdutória, utilizada, no livro de Jeremias, somente em textos redacionais ou recentes ou, então, nos ditos sobre as nações,[25] outra vez, por causa da temática do coração incircunciso (cf. 4,4)[26]. Sugestiva é sua colocação no atual contexto, após a advertência contra a vanglória e a admoestação para gloriar-se somente no conhecimento de Deus (9,22s). Estaria isso a indicar que também a circuncisão foi motivo de vanglória no judaísmo? Isso remeteria o texto à época pós-exílica.

O maior problema do texto se encontra na oração causal em v. 25b: "Pois todas as nações são incircuncisas". Essa oração contradiz o v. 24, que se dirige justamente às nações que praticam a circuncisão. Para eliminar essa inconsistência alguns exegetas recorrem a alterações do texto.[27] Ou será que o v. 25b fala de todas

---

[22] Cf. Schmidt I, p. 212
[23] Para a ressignificação que Paulo faz desse trecho, cf. Adriano Filho, 2019, p. 175ss.
[24] A LXX lê "incircuncisas na carne"; cf. Vulgata e Targum.
[25] Jr 7,32; 16,14; 23,5.7; 31,27.31.38; 48,12; 49,2; 51,47.52.
[26] Ver o comentário sobre 4,4.
[27] Cf. Rudolph, p. 70, e BHS: substituição de "incircuncisas" pelo pronome demonstrativo "(todas) essas (nações)".

Jeremias 9 163

as outras nações, ou seja, as que não foram mencionadas no v. 25a?[28] A maioria dos pesquisadores,[29] no entanto, entende que todas as nações são, como Israel (v. 25bβ), "incircuncisas de coração". Essa incircuncisão todos os povos têm em comum com Israel.

As nações a serem responsabilizadas no futuro são as que praticam a circuncisão. Mencionados são, além de Judá, o Egito, os três vizinhos da Transjordânia – Amon, Moab e Edom – bem como as tribos árabes do deserto a leste da Palestina, que se destacam por seu corte de cabelo.[30] De fato, a circuncisão não era uma prática exclusiva de Israel. A existência do costume no Egito se infere de Ez 31,18; 32,19.32; para os três povos da Transjordânia não há evidência direta dessa prática (mas cf. Ez 32,29). Ela poderia, no entanto, ser deduzida do fato de que, na Palestina, somente os filisteus se destacavam por serem incircuncisos. Devido à ausência na lista de v. 25a de outras nações da Palestina que também praticavam a circuncisão, como a Fenícia, há os que pensam que os povos da circuncisão mencionados são aqueles que formaram uma coalizão liderada pelo Egito contra os babilônios, que não conheciam a circuncisão.[31] Mas essa vinculação com um evento histórico concreto é bastante hipotética e contradiz a dimensão escatológica do trecho.

Anuncia-se o juízo a Judá e às nações por serem incircuncisas do coração. No atual contexto, isso significa que não têm o verdadeiro conhecimento de Deus (v. 23). Ou seja: Judá – ou a grandeza teológica "casa de Israel" que substitui a grandeza política Judá no pós-exílio – não é diferente de outras nações. A circuncisão "da carne" – a marca de identidade por excelência do homem judeu no pós-exílio – não é suficiente para expressar a pertença à comunidade de YHWH. Há que tirar a pele do coração, a sede do entendimento e da vontade, e abrir-se à proposta de Deus. O trecho deixa em aberto qual será a desgraça que atingirá Israel e as nações caso isso não aconteça. As nações mencionadas se encontram sob a mesma ameaça de juízo que Judá/Israel. Isso sugere que também elas têm a possibilidade de ter o verdadeiro conhecimento de Deus.

---

[28] Assim o teria entendido São Jerônimo, de acordo com Fischer I, p. 370s.
[29] Na esteira de Duhm, 1901, p. 98.
[30] Lv 19,27 proíbe esse corte aos israelitas.
[31] Rudolph, 1968, p. 70s.

JEREMIAS 10

Jr 10,1-16 Polêmica contra a idolatria

1 Escutai a palavra que vos fala YHWH, ó casa de Israel! 2 Assim diz YHWH:
"Não aprendais os costumes[1] das nações,
não vos espanteis com os sinais do céu,
ainda que as nações com eles se espantem!
3 Sim, os preceitos[2] dos povos nada são,
apenas madeira cortada da mata,
obra de mãos de um artífice com o cinzel.
4 Eles a enfeitam com prata e ouro,
com pregos e martelos a firmam,
para que não balance.
5 São como um espantalho[3] num campo de pepinos:
não conseguem falar,[4]
precisam ser carregados,
pois não conseguem andar!
Não tenhais medo deles,
pois não podem fazer o mal,
nem fazer o bem conseguem."
6 Ninguém[5] é como tu, YHWH,
grande és tu!
E grande é teu nome em poder!
7 Quem não te temerá, rei das nações?
Sim, isso te é devido!
Pois, entre todos os sábios das nações,
e em todos os seus reinos,
não há ninguém como tu!

---

[1]   Literalmente "o caminho".
[2]   Provavelmente se trata de "ritos".
[3]   Significado incerto (cf. HAL, p. 1617s).
[4]   LXX transpõe para cá o v. 9.
[5]   Os v. 6-8.10 não constam na LXX.

Jeremias 10

8 Todos eles são estúpidos e insensatos;
ensinamento de ídolos[6]: um objeto de madeira![7]
9 Prata batida trazida de Társis,[8]
e ouro de Ufaz,[9]
obra de artífice e de mãos de ourives;
sua veste é púrpura roxa e escarlate,
tudo obra de mestres[10].
10 Mas YHWH é verdadeiramente Deus,
ele é o Deus vivo e o rei eterno.
Diante de sua ira a terra treme,
e as nações não podem suportar seu furor.
11 Assim lhes direis: "Os deuses que não criaram os céus e a terra
desaparecerão da terra e de debaixo dos céus!"[11]
12 Foi ele quem fez a terra em seu poder,
estabeleceu o mundo em sua sabedoria,
e por sua inteligência estendeu os céus.[12]
13 Quando ressoa sua voz,[13]
as águas nos céus se agitam.[14]
Ele faz subir as nuvens dos confins da terra,
produz os raios para a chuva,
e faz sair o vento de seus reservatórios.
14 Todo ser humano fica bobo, sem entender,
todo ourives se envergonha do ídolo,
pois suas esculturas fundidas são fraude,
não há nelas fôlego.
15 Elas nada são, obra ridícula.
No tempo de seu castigo, elas perecerão.
16 A porção de Jacó não é como elas,
porque ele formou o universo,
e Israel é a tribo de sua herança.
Seu nome é YHWH dos Exércitos!

---

[6] Literalmente "nada", "vaidade" (*hébel*), cf. v. 3.

[7] Tentativa de tradução respeitando tanto quanto possível o TM, mas o v. 8b não mais é totalmente compreensível.

[8] Geralmente identificada com Tartessos, no sul da Espanha (Jn 1,3).

[9] Localização desconhecida (Dn 10,5); a Siríaca e o Targum leem "Ofir" (1Rs 9,28), localizado usualmente no sudoeste da Arábia ou nordeste da África.

[10] Literalmente "sábios".

[11] O v. 11 está em língua aramaica.

[12] Os v. 12-16 são quase idênticos a 51,15-19.

[13] Inverta-se a ordem das duas primeiras palavras hebraicas (cf. BHS). A voz é identificada, aqui, com o trovão.

[14] O resto do v. 13 (v. 13aβb) é quase idêntico a Sl 135,7.

166   *Primeira parte: Ditos a Israel, Judá e Jerusalém – Jeremias 1-25*

A unidade apresenta diversos indícios de uma movimentada história. Em primeiro lugar, a LXX apresenta um texto bem mais breve: além de não ler algumas palavras nos v. 9, 13 e 16, faltam completamente os v. 6-8.10. Além disso, ela coloca o v. 9 após o v. 5aα (após "não conseguem falar"). Em segundo lugar, o v. 11, uma fórmula de conjuro, encontra-se em língua aramaica. Em terceiro lugar, os v. 12-16 são quase idênticos a 51,15-19, e o v. 13aβb ecoa o Sl 135,7. Apesar de os v. 1s serem uma palavra de Deus dirigida ao povo (2^a p. m. pl.), os v. 6s se dirigem em discurso direto a YHWH, enquanto, nos v. 10.12s.16, Deus aparece na terceira pessoa. Em matéria de conteúdo, a polêmica contra os ídolos é muito parecida com a que se encontra em textos de Dêutero--Isaías (Is 40,19s; 41,6s; 44,9ss; 46,5-7). Por tudo isso, a unidade é geralmente considerada uma reflexão teológica pós-exílica[15] e pertence a uma tradição que deságua, p. ex., na Carta de Jeremias (Baruc 6). Existe também a tendência de considerar o texto mais breve da LXX como o mais antigo, uma vez que ele é corroborado por um texto de Qumrã (4QJer[b]).[16] A composição final, no entanto, não deixa de ter uma estrutura – litúrgica? – mais ou menos clara, em que se alternam a polêmica contra ídolos (v. 2-5.8-9.11.14-15) e a exaltação do Deus de Israel, o incomparável Criador do universo (v. 6-7.10.12-13.16).

No início do trecho adverte-se o povo a não "aprender" e adotar os costumes (o caminho) das nações. Trata-se, aqui, provavelmente de costumes religiosos e cultuais. Mencionam-se, nesse contexto, fenômenos astronômicos anormais ("sinais do céu"), tais como eclipses do sol ou da lua, atribuídos, muitas vezes, a poderes cósmicos ou demoníacos que podiam aterrorizar as pessoas por serem entendidos como prenúncios de desastres ou catástrofes. A influência dos astros na vida das pessoas bem como as diversas maneiras de se proteger dos males que pudessem advir dos poderes por trás de fenômenos astronômicos faziam parte da religiosidade de assírios e babilônios. De acordo com o v. 3a, não há necessidade de temer esses fenômenos, pois eles são "nada", uma "nulidade" (*hébel*), e as práticas e os ritos mágicos vinculados ao culto astral ("preceitos") são ineficazes e inócuos.

---

[15] Rudolph, 1968, p. 71; McKane I, p. 217s; Wanke I, p. 113; Schmidt I, p. 217. A partir de argumentos linguísticos se postula que o v. 11 – que está em aramaico – provenha do século V a.C. E esse talvez não seja o versículo mais recente.

[16] McKane I, p. 217; Wanke I, p. 112; Schmidt I, p. 217, nota 18. Contra esse argumento se posiciona Fischer I, 40s.

Jeremias 10 167

O v. 3b introduz inesperadamente um novo tema: a fabricação de imagens de divindades. Como o termo "nulidade" também é usado, no livro de Jeremias, para designar outras divindades ou ídolos (2,5; 8,19; 14,22; 16,19), acrescentou-se, aqui, um discurso racionalista, eivado de sarcasmo, no intuito de desacreditar as imagens de divindades. De forma bastante simplista o significado das imagens é reduzido a sua materialidade (ver excurso a seguir).

O trecho aponta para as diversas fases de fabricação de imagens – tirar madeira da mata, trabalhar a madeira com o cinzel, para dar-lhe a forma adequada, revesti-la ("enfeitá-la") com lâminas de prata e ouro e firmá-la com pregos num suporte – para chegar à conclusão de que a imagem é nada menos, mas também nada mais do que uma obra de arte (v. 3s). O v. 9 acrescenta, não sem ironia, o elevado custo dessas imagens, uma vez que os metais nobres empregados são de alta qualidade e importados de lugares distantes[17] e as vestes utilizadas são tingidas em tonalidades de púrpura reservadas a vestes reais (Ez 23,6), dado o alto custo de fabricação do corante. O auge do sarcasmo está no v. 5: como são peças criadas, as imagens são como "espantalhos num campo de pepinos": mudas e imóveis. Dada essa sua condição, elas não têm autonomia de ação, não podendo, portanto, causar nenhum mal. Por isso não há motivos para ter medo delas. Mas também não se pode esperar delas nenhuma ação em benefício das pessoas. É claro que essa visão que identifica divindade e imagem não condiz com a complexa realidade do culto no antigo Oriente. As imagens eram representações simbólicas das divindades; o culto prestado diante das imagens era dedicado às divindades que elas representavam. A visão que ironiza e despreza as imagens nasce de situações em que essas se tornam uma ameaça à fé em YHWH por serem utilizadas como instrumentos de dominação política.[18]

Os v. 6-7 formam um hino de exaltação a YHWH, o poderoso "rei das nações". A esse rei, sim, se deve respeito e temor. Ninguém é comparável a esse "rei". Talvez por causa do título "rei", afirma-se, no v. 7, algo quase óbvio, ou seja, que não existe, em nenhum reino, uma pessoa sábia que seja comparável a YHWH. Talvez também esteja implícito que é necessário temer mais a YHWH do que a reis, por mais poderosos que eles sejam.

---

[17] Veja notas 8 e 9 acima.
[18] Cf. a suspeita de Schmidt I, p. 217; veja excurso a seguir.

168   *Primeira parte: Ditos a Israel, Judá e Jerusalém – Jeremias 1-25*

O v. 8 vai além: ele afirma a incomparabilidade de YHWH no confronto com outras divindades. Em todo caso, é assim que geralmente se entende esse difícil versículo. Normalmente os adjetivos "estúpidos e insensatos" são relacionados aos "ídolos" ("nada", "vaidade"), uma vez que se usa o termo (*hébel*) no plural. Mas o v. 8b é quase impossível traduzir. Deve significar algo como: de ídolos de madeira não se pode esperar nenhum ensinamento.[19]

O v. 10 dá continuidade ao hino de exaltação a YHWH que se encontra nos v. 6-7: ao contrário de outras divindades, deve-se respeitar e temer a YHWH. Dois atributos fundamentam essa afirmação: ele é um Deus eterno e um Deus vivo. Ao contrário dos ídolos fabricados por artesãos, YHWH não tem início, tampouco depende de outras pessoas para locomover-se ou agir. O v. 10 também antecipa o tema do juízo de YHWH contra as nações: "as nações não podem suportar seu furor".

O versículo em aramaico (v. 11) parece estar deslocado. Quem é que deve dizer para quem a citação que segue: "os deuses que não criaram os céus e a terra devem desaparecer da terra e de debaixo dos céus"? Geralmente se entende essa frase como sendo uma fórmula mágica de conjuro, com a qual as pessoas procuram proteger-se de males que possam advir de divindades e poderes desconhecidos. Essa fórmula pode ter sido a contribuição de um leitor escrita à margem do texto que, numa cópia do mesmo, foi integrada no corpo do texto.[20]

A última parte da unidade, v. 12-16, é um hino de louvor ao Deus Criador. O imaginário evoca a criação com o auxílio da sabedoria (Pv 3,19s) e preserva as características do Deus da tempestade Baal: Deus se manifesta através de trovões, relâmpagos, chuvas e temporais (Sl 18,13-15; 29,3; 68,34; 135,7). Diante desse Deus Criador, os artesãos ficam constrangidos por causa da pequenez de suas obras. Há uma distância enorme entre Criador e criatura. Como todas as outras criaturas, também as imagens terão um fim.

O v. 16, por fim, repercute a concepção expressa em Dt 32,8s (LXX): quando o Deus Elyon distribuiu a cada nação sua herança territorial, também atribuiu a cada "filho de Deus"[21] – cada divindade – uma nação. Cada nação está, portanto, vinculada a um território e a uma divindade. A Israel coube a divindade YHWH. Assim

---

[19] Cf. a conjetura da BHS.
[20] Assim Duhm, 1901, p. 101.
[21] Cf. a LXX: "anjos de Deus"; o TM lê "filhos de Israel" (cf. BHS).

Jeremias 10   169

se estabelece uma relação de pertença recíproca: a porção de Jacó é YHWH, e a herança de YHWH é Israel.

O culto e as imagens

As imagens eram parte essencial no culto do antigo Oriente. Elas faziam com que uma divindade abstrata e distante pudesse tornar-se uma realidade visível e presente. A presença do Deus ou da Deusa representada na imagem podia ser garantia de bem-estar à população e de estabilidade do estado. As imagens geralmente traziam as características da divindade representada: um Deus de fenômenos meteorológicos podia trazer relâmpagos estilizados na mão, uma Deusa da guerra podia empunhar armas. No culto, as imagens assumiam a função das divindades ausentes. Diante delas se realizavam ritos e sacrifícios; eram carregadas em procissões, como na procissão do ano-novo na Babilônia. Na Mesopotâmia, costumavam ter forma humana; podiam ser feitas de madeira, metal ou pedra. Eram geralmente confeccionadas com bastante cuidado de acordo com preceitos da própria divindade. Eram geralmente obras de arte feitas com esmero; ritos especiais, como a lavagem da boca, buscavam assemelhar as imagens a seres humanos capazes de ingerir alimentos e falar. Mesmo assim, os adeptos dessas religiões não identificavam a imagem com a divindade representada.

Além dessas imagens em forma de busto ou estátua utilizadas no culto oficial, havia imagens em forma de plaquetas, figuras ou amuletos, que eram importantes na religiosidade familiar e individual. Há indícios arqueológicos de que essas figuras, em especial femininas representando a Deusa-mãe, eram bastante difundidas em Israel antes do século VII. Mas não há nenhuma prova conclusiva de que tenha havido imagens com forma humana representando YHWH no culto oficial javista. Sabe-se, no entanto, que símbolos anicônicos como, p. ex., a estela ou coluna de pedra (*maṣṣebah*; Gn 28,18.22; 31,13; Js 24,26s; cf. as estelas no templo da cidade de Arad) ou o poste de madeira ou árvore estilizada (*'asheráh* Aserá; cf. Dt 7,5; 16,21; Jz 6,26; 1Rs 14,15; 16,33 e.o.) eram aceitos sem nenhum problema como representações de YHWH, pelo menos no início da fé javista. Também a arca da aliança simbolizava a presença de Deus (Nm 10,35s; 1Sm 4-6). Supõe-se que também imagens em forma de animais pudessem ter representado YHWH em santuários: os querubins e a serpente de bronze em Jerusalém (Nm 21,9; 1Sm 4,4; 2Rs 18,4: Neustã), e o touro em Betel e Dã (1Rs 12,28s), antes do movimento deuteronômico do séc. VII, que anatematizou todas essas formas de religiosidade.

No encontro com as religiões do império babilônico, com suas ricas imagens e pomposas procissões e festas, a discussão sobre as imagens se tornou uma questão de importância crucial, pois elas ameaçavam a identidade cultural e religiosa do povo deportado. A polêmica contra as imagens ganhou, em Dêutero-Isaías, traços satíricos (Is 40,19s; 41,6s.21-29; 42,17; 44,9-20; 46,5-7;

cf. Sl 115,4-8; 135,15-18; Jr 10,2-16; Sb 14,12ss). Criticavam-se os materiais dos quais eram confeccionados, e os métodos utilizados em sua fabricação para concluir que nem o material retirado da natureza nem a perícia humana podem criar divindades. Em sua polêmica contra as imagens, muitos textos bíblicos identificam erroneamente as imagens com as divindades representadas, o que certamente contribuía para o sucesso de sua argumentação. Mas, na verdade, a crítica atingia apenas uma prática religiosa, a representação icônica de um Deus ou uma Deusa, algo não permitido na fé javista oficial (Êx 20,4-6; Dt 5,8-10). Para essa não existem, no mundo criado, analogias para o Deus Criador. Esse não pode, portanto, ser enquadrado em nenhum molde. Cada imagem de Deus sempre será mera projeção de quem a criou. (Nunn, 2014; Steymans, 2007; Ammann, 2018.)

Jr 10,17-25 Lamento sobre a queda

17 Ajunta da terra tua trouxa,
tu que te encontras sitiada[22].
18 Pois assim diz YHWH:
"Eis que, desta vez, lançarei para longe
os habitantes da terra
e os afligirei para que me encontrem[23]".
19 Ai de mim por causa de minha ruína!
Minha ferida é incurável!
Mas eu dizia: "É apenas uma doença,
eu a suportarei!"
20 Minha tenda está destruída,
e todas as cordas, cortadas.
Meus filhos me deixaram[24]
e não mais existem.
Não há quem possa estender minha tenda de novo
nem quem levante minhas lonas!
21 Sim, os pastores foram estúpidos
e não procuraram YHWH.
Por isso não tiveram sucesso,
e todo o seu rebanho foi disperso.

---

[22] Também é possível traduzir: "tu que vives na aflição".

[23] Assim a Siríaca (com sufixo da 1ª p. sing.: "me"); o TM omite o sufixo. A Vulgata lê: "para que sejam encontrados" (outra vocalização do texto consonantal).

[24] Literalmente: "saíram para longe de mim".

Jeremias 10   171

22 Atenção! Eis que chega uma notícia!
Grande alarido vem da terra do norte,
para transformar as cidades de Judá
em lugares desolados, abrigo de chacais.
23 Eu sei, ó YHWH,
que o ser humano não determina seu caminho,
e nenhum caminhante estabelece seus passos.
24 Corrige-me, YHWH, mas na medida justa,
não em tua ira, para não me reduzir demais!
25 Derrama tua ira sobre as nações
que não te conhecem,
e sobre os clãs
que não invocam teu nome!
Pois devoraram Jacó e acabaram[25] com ele,
devastaram suas pastagens.[26]

A unidade é uma compilação de anúncios de desgraça (v. 17s.22), um lamento coletivo em primeira pessoa (v. 19s), uma denúncia contra pastores (v. 21), uma reflexão sapiencial (v. 23) e duas preces (v. 24s), uma das quais cita Sl 79,6s. Nem sempre a relação lógica entre essas partes fica evidente. A proveniência jeremiânica dos v. 17-20.22 raramente é contestada, enquanto os v. 21.23-25 são geralmente considerados reflexões que buscam aprofundar a temática a partir do exílio.

No v. 17, o profeta convoca uma 2ª p. f. sing., provavelmente a cidade de Jerusalém, que está sitiada, a recolher a trouxa com os poucos pertences pessoais que podem ser levados ao exílio (cf. Ez 12,3ss). Esse gesto simbólico antecipa a destruição de Jerusalém e a deportação de parte de sua população à Babilônia e está fundamentado numa palavra divina recebida por Jeremias (v. 18). Enquanto a primeira parte do v. 18 anuncia a deportação dos "habitantes da terra" para países distantes, a segunda parte do versículo é de difícil compreensão. Já as versões não conseguiram entender a relação entre as duas formas verbais utilizadas: "afligir" e "encontrar". Tampouco há unanimidade nas traduções modernas e nos comentários bíblicos. A tradução sugerida acima entende que a aflição dos exilados servirá de estímulo para que busquem e

---

[25] Assim a LXX, alguns manuscritos hebraicos e o Sl 79,7; o TM traz duas vezes o verbo "devorar": "devoraram Jacó e o devoraram e acabaram com ele", o que, sem dúvida, é ditografia.

[26] O v. 25 é quase idêntico a Sl 79,6s.

172 *Primeira parte: Ditos a Israel, Judá e Jerusalém – Jeremias 1-25*

encontrem novamente YHWH. Os comentários que seguem a Vulgata ("para que sejam encontrados") entendem que, nos países do exílio, os judaítas continuarão sendo afligidos, perseguidos e "encontrados" pelos inimigos.[27] Os v. 17s talvez reflitam a situação de cerco de Jerusalém antes da derrocada final em 587, quando não somente a elite urbana, mas "todos os habitantes da terra" serão atingidos pela desgraça. O v. 22, no entanto, parece espelhar uma situação anterior: o início do avanço do inimigo do norte.

O anúncio de juízo dos v. 17s desemboca num lamento (v. 19s). É um lamento coletivo, pois o v. 20 fala dos "filhos" que se foram. O sujeito por trás do "eu" que fala deve ser, portanto, Jerusalém, a cidade personificada: os filhos são seus habitantes, e as tendas, suas moradias. Esse lamento antecipa profeticamente a futura destruição da cidade, quando as tendas não mais serão montadas por falta de habitantes. O termo *shéber*, traduzido, no v. 19, por "ruína", é polissêmico: ele pode significar tanto a quebradeira e destruição de construções como também as feridas de seres humanos (cf. 8,21s). A ruína de prédios é comparada a uma ferida ou doença. A citação, dentro do v. 19 ("é apenas uma doença, eu a suportarei"), revela que Jerusalém e Judá não levaram a sério a situação política que conduziu à ruína do estado e da cidade. Ao pronunciar o lamento, o profeta assume as dores e o sofrimento dos que pranteiam. No "eu" coletivo do povo está incluído o "eu" do profeta (cf. 8,21s; 9,16-21).

O v. 21 nasce da reflexão exílica sobre a culpa do ocorrido. Os governantes ("pastores") são responsabilizados pela catástrofe, porque, em sua estupidez, não consultaram YHWH, ou seja, não ouviram a pregação de um profeta como Jeremias. Isso fez com que o povo ("rebanho") se dispersasse. O v. 22 é um dito profético de juízo que lembra os textos do inimigo do norte (4,15; 6,22-24; 8,16). Ele é, sem dúvida, jeremiânico, mas está deslocado no atual contexto.

Também os v. 23s são uma tentativa exílica de explicar as causas da catástrofe. A reflexão da sabedoria (v. 23) argumenta que nem sempre as pessoas são capazes de determinar seu próprio caminho. Em outras palavras: as pessoas são apenas parcialmente responsáveis por aquilo que acontece. Sempre há causas externas que as pessoas não podem controlar. Mas admite-se a própria

---

[27] Assim, p. ex., Schmidt I, p. 221. Wanke I, p. 115, desiste de traduzir essa parte do versículo.

Jeremias 10   173

culpa; não se chega a afirmar que, no fundo, a culpa é de YHWH, por ser ele quem "dirige os passos" das pessoas (cf. Pr 16,9; 20,24). Sobre essa argumentação se baseia a prece dirigida a Deus (v. 24): castigar, sim, mas na justa medida (*mishpat*), não com raiva. Essa tentativa de argumentar com Deus quer motivá-lo a ser brando na aplicação do castigo. A prece do v. 25 cita o Sl 79,6s: que a ira de YHWH se derrame sobre as nações que não o conhecem. Essa prece certamente não deveria ser repetida por nós.[28] Mas podemos entender o sentimento do orante, que se sente indignado com as potências que destruíram ("devoraram") seu povo e que, agora, apela para a justiça divina. É bem verdade que, em sua prece, o orante também coloca seu desejo de vingança nas mãos de Deus.

---

[28] Schmidt I, p. 224.

JEREMIAS 11-20: PERSEGUIÇÃO E SOFRIMENTO

Este terceiro bloco é composto por material bastante diversificado. Sobressaem relatos em primeira pessoa sobre ações simbólicas e, em especial, lamentos do profeta, dentre eles as chamadas "confissões" de Jeremias (Jr 11,18-12,6; 15,10-21; 17,14-18; 18,18-23 e 20,7-13). Essas expressam não só sofrimento do profeta devido à perseguição e humilhação por parte de seus ouvintes por causa de sua mensagem, mas também seus conflitos internos por causa da missão desagradável e indesejada que recebeu de Deus. A redação colocou, no início desse bloco, o trecho sobre o rompimento da aliança por parte do povo (Jr 11,1-14) como chave para entender a perseguição e o sofrimento de Jeremias.

JEREMIAS 11

Jr 11,1-14 As palavras da aliança

1 A palavra que veio a Jeremias da parte de YHWH: 2 "(Escutai as palavras desta aliança[1]). Fala[2] aos homens de Judá e aos habitantes de Jerusalém 3 e dize-lhes: 'Assim diz YHWH, o Deus de Israel: Maldito o homem que não escutar as palavras desta aliança, 4 que ordenei a vossos pais no dia em que os fiz sair da terra do Egito, da fornalha de ferro, dizendo: Escutai minha voz e fazei[3] de acordo com tudo que vos ordenei. Então sereis meu povo, e eu serei vosso Deus, 5 de modo a cumprir o juramento que fiz a vossos pais de lhes dar uma terra em que corre leite e mel, como hoje é o caso'". E eu respondi: "Amém, YHWH!"
6 E YHWH me disse: "Proclama todas estas palavras nas cidades de Judá e nas ruas de Jerusalém, dizendo: 'Escutai as palavras desta aliança e praticai-as! 7 Pois[4] adverti e adverti vossos pais desde o dia em que os fiz subir da terra do Egito e até hoje os adverti sem cessar, dizendo: Escutai minha voz! 8 Mas eles não escutaram nem deram ouvidos. Pelo contrário, cada um andou na obstinação de seu coração mau. Então fiz cair sobre eles todas as palavras dessa aliança que ordenara que observassem, mas não observaram'".
9 E YHWH me disse: "Existe uma conspiração entre os homens de Judá e os habitantes de Jerusalém. 10 Eles retornaram aos delitos de seus ancestrais, que se recusaram a escutar minhas palavras e foram atrás de outros deuses para servi-los. A casa de Israel e a casa de Judá anularam minha aliança, que eu havia firmado com seus pais. 11 Por isso – assim diz YHWH – eis que trarei sobre eles uma desgraça, da qual não poderão escapar; eles clamarão a mim, mas eu não os escutarei. 12 Então as cidades de Judá e os habitantes de Jerusalém irão e clamarão aos deuses, aos quais queimam incenso,

---

[1] O v. 2a ("Escutai as palavras desta aliança") se dirige a uma 2ª p. pl., mas os versículos que seguem são uma fala de Deus ao profeta, que, no v. 5b, responde a YHWH. A glosa antecipa o v. 6b.

[2] O TM lê "e as falarás" ou "e as fala", mas o sufixo pronominal, que se refere às "palavras da aliança" do v. 2a, deve ter sido acrescentado para adequar-se à glosa mencionada na nota anterior.

[3] De acordo com LXX e Vulgata, ou seja, sem o objeto direto 'otam; o TM lê: "fazei-as" (scil. "as palavras da aliança").

[4] Os v. 7 e 8 (com exceção das últimas palavras: "mas não observaram") não constam na LXX.

176 *Primeira parte: Ditos a Israel, Judá e Jerusalém – Jeremias 1-25*

mas esses não poderão, de forma alguma, ajudá-los no tempo de sua desgraça. 13 Porque tão numerosas quanto tuas cidades são teus deuses, ó Judá![5] E tão numerosas quanto as ruas de Jerusalém são os altares que erigistes à vergonha, os altares para queimar incenso a Baal. 14 E, quanto a ti, não ores em favor desse povo, nem eleves em favor deles lamento ou prece, pois eu não escutarei quando clamares[6] a mim por causa de sua desgraça!"

A unidade é um discurso em prosa do tipo sermão que contém expressões idiomáticas e o estilo prolixo e redundante característicos da redação dtr. A grande concentração de terminologia típica depõe a favor de uma composição formulada integralmente pelos redatores.[7] Algumas repetições no texto e mudanças de destinatários e perspectivas na unidade não exigem a participação de mãos diferentes na escrita, já que são comuns em textos deuteronomistas.[8] A unidade forma um diálogo entre Deus e o profeta e se subdivide em três partes: uma maldição condicional (v. 2b-5), uma retrospectiva histórica (v. 6-8) e um anúncio de juízo (v. 9-14). Todas elas giram em torno do tema da aliança.

A questão mais discutida da unidade é a identificação dessa aliança. Como os v. 4.7 falam do êxodo (cf. 31,32), é mais provável que a aliança seja a da geração do êxodo, ou seja, a do Sinai/ Horeb (Êx 24). As "palavras da aliança" consistiriam, nesse caso, basicamente do decálogo (Êx 20; Dt 5). Por causa da alusão, nos v. 3b.5b, ao cerimonial da maldição de Dt 27,15ss e do uso da expressão "palavras da aliança" (Dt 28,69; 29,8), os termos dessa aliança também poderiam ser identificados com a lei deuteronômica (Dt). E, como a lei deuteronômica foi introduzida oficialmente por ocasião da reforma josiânica (622), pensou-se que o trecho em análise pudesse ser uma alusão à aliança promovida pelo rei Josias (2Rs 23). Mas o texto bíblico não menciona essa reforma.

---

[5] O v. 13a corresponde a Jr 2,28b.

[6] De acordo com o Targum; o TM lê 3ª p. m. pl. ("clamarem"); cf. 7,16.

[7] Há grande concordância sobre a origem dtr desse discurso (Rudolph, 1968, p. 77; Thiel I, p. 140ss; Wanke I, p. 119s; Schmidt I, p. 226). Típicas expressões e fórmulas dtr são (além das apontadas nos excursos "Expressões idiomáticas dtr para caracterizar a apostasia" e "Linguagem, estilo e terminologia deuteronomistas" sob 5,15-19; 7,1-8,3): a introdução (v. 1), a metáfora "fornalha de ferro" (Dt 4,20; 1Rs 8,51), a caracterização da Palestina como "terra em que corre leite e mel" (Dt 11,9; 26,15; 31,20; Jr 32,22), a expressão "anular a aliança" (Dt 31,16.20; Jz 2,1; Jr 31,32), além do esquema de maldição (v. 3) com a respectiva confirmação ("Amém!", v. 5), adotado de Dt 27,15ss. Compare o v. 4aβ ("de acordo com tudo que vos ordenei") com Dt 26,14b.

[8] Schmidt I, p. 226

Jeremias 11 177

Aliás, seu conteúdo é por demais genérico para que se possa inferir uma situação histórica específica. Em Jr 34,13ss, a aliança com a geração do Egito é identificada com a lei de Dt 15,12. Isso talvez mostre que não precisa haver conflito entre as duas opções mencionadas – aliança no Sinai/Horeb ou lei deuteronômica – pois os deuteronomistas consideram o Deuteronômio uma repetição das leis dadas a Moisés no Sinai/Horeb, e entendem a lei deuteronômica como autêntica interpretação do documento básico dessa aliança, o decálogo (Dt 4,13). As "palavras da aliança" devem, portanto, referir-se à vontade de Deus expressa no decálogo e na interpretação dada pelo Deuteronômio.[9] Essa é a concepção deuteronomista – que também entende que os profetas em geral e Jeremias em particular são pregadores dessa lei deuteronômica (v. 7) –, que não pode ser transferida automaticamente ao Jeremias histórico. Tampouco se pode tirar dela uma conclusão sobre o posicionamento do profeta diante da reforma josiânica.

A maldição proferida por YHWH segue o modelo de Dt 27,15ss, onde os levitas proferem ao povo, no monte Garizim, diversas maldições contra a pessoa que praticar delitos de difícil comprovação objetiva. Essas maldições são confirmadas pelo povo através de um solene "Amém!". Em 11,5, Jeremias assume a função que cabe ao povo. Esse modelo de maldição ainda dá a possibilidade de salvação e preservação da aliança em caso de observância da lei (v. 3-5; cf. a fórmula da aliança no v. 4b), mas a história mostrou que essa possibilidade foi rejeitada (v. 7s).

Em forma de relato em primeira pessoa, Jeremias expõe a palavra recebida de Deus e a ser transmitida a seus ouvintes judaítas e jerosolimitas (v. 6): praticar os termos da aliança. Entretanto, os v. 7 e 8a lembram que, no passado, essa pregação profética não teve êxito, de modo que o povo sofreu as consequências reservadas aos que romperam a aliança (v. 8b; cf. Dt 28,15ss). A desgraça a que se refere o v. 8b não só alude ao fim do reino setentrional de Israel, em 722, mas também já pressupõe o exílio babilônico já que fala do fim da aliança com ambas as casas, Israel e Judá (v. 10b). Isso não é de estranhar, porque os redatores, que vivem na época exílica e pós-exílica, transitam sem problemas em dois contextos distintos: o da época de Jeremias, anterior à catástrofe de 587, e o de seu próprio tempo. As palavras colocadas na boca de Jeremias

---

[9] Thiel I, p. 147.

178   *Primeira parte: Ditos a Israel, Judá e Jerusalém – Jeremias 1-25*

ora se dirigem ao público imaginário do profeta, ora aos ouvintes ou leitoras dos redatores dtr, como é o caso aqui.

O início da terceira parte da unidade retorna ao contexto histórico de Jeremias e constata a desobediência de Judá e Jerusalém (v. 9-10a). A geração do profeta vive na continuidade dos pecados das gerações anteriores. A história de Israel é uma história ininterrupta de apostasia. O termo "conspiração" lembra a ruptura de uma aliança entre duas nações por parte de um signatário, o que tem consequências políticas. Aqui se ressaltam as consequências políticas do rompimento das relações com YHWH: o fim dos dois reinos (v. 11). Ninguém poderá evitar essa desgraça, pois YHWH não ouvirá as preces do povo; os deuses estranhos tampouco ajudarão (cf. Jz 10,13s; Jr 2,27s).

Provavelmente por se tratar de uma citação de Jr 2,28, o v. 13a, ao contrário dos versículos anteriores, não mais se dirige a Jeremias, mas a Judá/Jerusalém (sufixos pronominais da 2ª p. f. sing.). A forma verbal do v. 13b, por sua vez, resvala para a 2ª p. m. pl. ("erigistes"), pois enfoca seus habitantes. Essas mudanças de destinatários no meio do discurso devem-se ao fato de os redatores repetirem ideias e expressões já utilizadas em outros contextos. Chama a atenção o paralelismo entre "altares à vergonha (*boshet*)" e "altares a Baal". A identificação de Baal com "vergonha" também se encontra em Os 9,10 e Jr 3,24.[10] A unidade conclui com a proibição dirigida ao profeta de não interceder pelo povo no intuito de evitar a desgraça (cf. Am 7,2.5; Jr 7,16). Essa já não pode ser evitada.

Jr 11,15-17 Contra os sacrifícios

15 Que faz minha amada[11] em minha casa –
ela que só realiza planos perversos?
Podem votos[12] e carne sagrada
afastar[13] de ti[14] tua desgraça[15]?
Então exultarias!

---

[10] Em escritos recentes e entre copistas do texto sagrado observa-se a tendência de evitar o termo "Baal", preferindo-se substituí-lo por *boshet*; cf. o antropônimo *Isbaal* (*'esh-ba'al*: 1Cr 8,33; 9,39), substituído, p. ex., em 2Sm 2,8.10, por *Isboset* (*'ish-boshet*).

[11] Prefira-se a forma feminina de acordo com a LXX e em conformidade com os sufixos; o TM lê o masculino ("meu amado").

[12] De acordo com a LXX; o TM lê "os muitos", o que é incompreensível; também há a proposta de ler "(animais) cevados" (v. BHS).

[13] Pontue-se a forma verbal no hif., de acordo com as versões.

[14] O *ki* deve ser ditografia.

[15] O termo vertido por "desgraça" também pode significar "maldade".

Jeremias 11   179

16 "Uma oliveira viçosa, de estatura[16] formosa",
assim te chamou YHWH.
Uma grande crepitação:
ele ateou fogo nela,
e seus ramos ficaram estragados.
17 E YHWH dos Exércitos, que te plantou, decretou contra ti uma
desgraça, por causa da maldade que a casa de Israel e a casa de
Judá praticaram, a fim de me ofender, queimando incenso a Baal.

O texto dos v. 15s está malconservado, de modo que qualquer tradução não passará de uma tentativa de aproximação a seu conteúdo. Esses dois versículos são geralmente considerados poesia, mas a forma poética nem sempre pode ser reconstruída de modo convincente. O dito pode ser atribuído a Jeremias. O v. 17, por sua vez, é uma reflexão em prosa com clara linguagem dtr. Sua intenção é vincular o dito jeremiânico isolado à unidade precedente (cf. os dois reinos no v. 10b). No atual contexto, a unidade quer mostrar um exemplo da desobediência que levou à anulação da aliança (v. 10).

O v. 15 é uma fala divina que pretende apontar para um delito. As formas femininas dos sufixos indicam que provavelmente se fala de Jerusalém. Duas perguntas apontam para um contexto de controvérsia. A primeira pergunta usa a metáfora da "amada", sem dúvida tomada da antiga relação harmoniosa entre Deus e seu povo (2,2s; 31,3), para expor um contrassenso: a "amada" está no templo, a casa do amado, mas forja planos próprios que não se coadunam com a vontade do amado. Não se diz de que planos "perversos" se trata. Seriam maquinações políticas? A segunda pergunta enfoca o culto sacrificial. Aparentemente há um zelo em oferecer sacrifícios, tanto os obrigatórios quanto os votivos, com os quais se pretende apagar a culpa e, assim, evitar a desgraça. Mas os sacrifícios não terão o efeito esperado. Portanto não há motivo para exultar.

O v. 16 é uma fala do profeta a uma 2ª p. f. sing., que deve ser a mesma do v. 15. A fala desemboca num anúncio de juízo. Também aqui a metáfora é tomada da relação amorosa entre Deus e seu povo em tempos antigos: a oliveira viçosa e verdejante.[17] Mas essa relação positiva com Deus foi rompida, de modo que a oliveira

---

[16] Omita-se, com a LXX, o termo *peri* ("fruto"); o TM lê algo como "formosa quanto ao fruto da estatura (?)".

[17] A árvore verdejante também pode ser imagem para a pessoa justa, que se orienta na lei de YHWH (Sl 1,3; 52,10; 92,13-15; Jr 17,7s).

180   *Primeira parte: Ditos a Israel, Judá e Jerusalém – Jeremias 1-25*

será destruída pelo fogo. O ruído que o fogo produz ao queimar folhas e ramos ("crepitação") quer aludir ao alarido do campo de batalha (cf. Ez 1,24)?

O v. 17 não mais é discurso direto, mas uma reflexão dos redatores dtr,[18] que, além de introduzir o breve dito profético isolado no atual contexto, também interpreta os sacrifícios a YHWH mencionados no v. 15 como sacrifícios a Baal. O v. 17 estranhamente distingue a 2ª p. f. sing., à qual se dirige, dos sujeitos que praticaram os delitos, a saber, as casas de Israel e Judá. Seria isso um indício de que a redação faz distinção entre povo e instâncias políticas, por serem essas as únicas responsáveis pela catástrofe? Essa hipótese deporia a favor da ideia de que as maquinações mencionadas no v. 15 ("planos perversos"), de fato, pertencem ao campo da política. Mas a alternância entre discurso direto e narrativa em terceira pessoa não é rara, especialmente, em textos redacionais.

Jr 11,18-12,6 Atentado contra o profeta (Primeira "confissão")

11,18 YHWH me fez saber, e eu fiquei sabendo. Naquela ocasião tu me fizeste perceber suas artimanhas.[19] 19 Mas eu era como um cordeiro ingênuo que se leva ao matadouro; e não percebi que haviam tramado planos contra mim: "Destruamos a árvore em seu vigor;[20] exterminemo-lo da terra dos vivos, de modo que não mais se tenha lembrança de seu nome!"

20 Mas, ó YHWH dos Exércitos, tu que julgas com justiça
e que sondas os rins e o coração!
Verei tua vingança contra eles,
pois a ti confiei minha causa.[21]

21 Por isso, assim diz YHWH a respeito dos homens de Anatot que atentam contra minha[22] vida, dizendo: "Não profetizarás em nome de YHWH, senão morrerás por nossa mão!" 22 Por isso, assim diz YHWH dos Exércitos: "Eis que eu os punirei: os jovens morrerão pela espada, e seus filhos e suas filhas morrerão pela

---

[18] Quanto às expressões idiomáticas, veja o excurso "Expressões idiomáticas dtr para expressar a apostasia", sob 5,15-19.

[19] Alguns pesquisadores inserem aqui o v. 12,6. De fato, o v. 12,6 está deslocado em sua atual posição no final do trecho e daria mais sentido entre o 11,18 e o 11,19; cf. BHS; Rudolph, 1968, p. 80; Thiel I, p. 157s.

[20] "Vigor" é conjectura; cf. BHS; o TM lê "pão".

[21] O versículo se encontra com poucas diferenças também em 20,12.

[22] O pronome pessoal da 1ª p. sing. de acordo com a LXX; o TM lê o pronome da 2ª p. m. sing. ("tua[vida]").

Jeremias 11 181

fome. 23 E não restará ninguém deles, pois trarei a desgraça sobre
os homens de Anatot no ano de sua punição".
12,1 Tu permanecerias com razão, YHWH,
se contigo eu quisesse contender.
Ainda assim te apresento uma questão de direito:
por que prospera o caminho dos ímpios,
e vivem despreocupados todos os que procedem com perfídia?
2 Tu os plantaste, e já lançaram raízes,
eles crescem[23] e já dão fruto.
Estás perto de sua boca,
mas longe de seus rins.
3 Mas tu, YHWH, me conheces e me vês,
e examinaste meu coração, que está contigo.
Separa-os como ovelhas para o matadouro,
consagra-os para o dia da matança!
4 Até quando a terra estará de luto,
e ficará seca a erva de todo campo?
Devido à maldade de seus habitantes
perecem o gado e as aves.
Porque eles dizem: "Ele não vê nosso futuro!"[24]
5 "Se corres com os caminhantes, e eles te cansam,
como queres competir com cavalos?
Se apenas em uma terra de paz te sentes seguro,
como farás no matagal do Jordão?
6 Porque até teus irmãos e a casa de teu pai, até eles te traíram.
Até eles gritaram atrás de ti. Não confies neles quando te falarem
coisas boas!"

O complexo 11,18-12,6 não é um texto coeso. Além de haver
uma mescla de poesia (11,20; 12,1-5) e prosa (11,18s.21-23; 12,6),
o conteúdo do lamento sobre o sucesso dos ímpios (12,1ss) nada
tem a ver com o lamento do profeta por causa do atentado contra
sua vida realizado pelos homens de Anatot (11,18ss). Além disso,
tanto o v. 21 quanto o v. 22 introduz, com fórmula do mensageiro
própria, um anúncio de juízo. E o v. 12,6 parece estar deslocado
em sua atual posição no final do trecho dedicado ao sucesso dos
ímpios, já que retoma a traição da gente de Anatot, sendo, por
isso, colocado por diversos comentaristas entre 11,18 e 11,19.[25]
Tudo isso leva a crer que 11,18-12,6 é uma composição dos

---

[23] Literalmente "andam".
[24] A LXX lê: "Deus não vê nossos caminhos".
[25] Veja nota 19 acima.

182 *Primeira parte: Ditos a Israel, Judá e Jerusalém – Jeremias 1-25*

redatores que tenta juntar dois lamentos originalmente distintos numa única unidade devido a algumas ideias e imagens comuns: a ovelha para o matadouro (11,19 e 12,3), a planta viçosa (11,19bβ e 12,2a) e YHWH, o juiz justo (11,20a e 12,1) que examina os rins e o coração (11,20a e 12,3). A composição não revela linguagem dtr, pode, portanto, ser anterior a ela.

A unidade é considerada a primeira confissão de Jeremias.[26] À semelhança das outras confissões, ela apresenta motivos dos salmos de lamentação, mas também aspectos proféticos. Em especial os trechos em prosa vinculam os lamentos com a vida do profeta Jeremias, que sofre perseguição por causa de sua mensagem. A estrutura dos dois lamentos apresenta os seguintes elementos:

I. 11,18-23
a) 11,18b-19: lamento ou descrição da aflição
b) 11,20: expressão de confiança
c) 11,21-23: resposta de YHWH (oráculo de salvação)

II. 12,1-6
a) 12,1-2: lamento em forma de pergunta acusadora ("por quê!")
b) 12,3a: protesto de inocência
c) 12,3b.4b: pedido de vingança com justificativa (v. 4a deve ser secundário)
d) 12,5-6: resposta de YHWH

No início do primeiro lamento, Jeremias relata sobre uma informação não especificada recebida de YHWH (v. 18a). Aqui, YHWH aparece na terceira pessoa. Já em 18b, o profeta se dirige diretamente a YHWH ("tu"). Num lamento dirigido a Deus, a segunda pessoa seria o óbvio. A terceira pessoa do v. 18a deve ser, portanto, uma adequação redacional ao versículo precedente[27] ou, então, sinalizar a transmissão da experiência individual a terceiros.[28] A resposta de YHWH se assemelha a um oráculo de salvação (v. 22s).

O v. 19 traz um elemento essencial do lamento, que é a descrição da situação aflitiva do orante. Trata-se, aqui, de um atentado contra a vida do suplicante executado por pessoas ainda não identificadas (cf. o motivo do atentado contra a vida, p. ex., em Sl 21,12; 35,4; 41,8). Usa-se a imagem do cordeiro ingênuo que é

---

[26] Veja excurso "As 'confissões' de Jeremias" no final da unidade.
[27] Thiel I, p. 158.
[28] Schmidt I, p. 240. Também o v. 20 inicia com a terceira pessoa de YHWH para passar ao discurso direto em 20b.

Jeremias 11

183

levado ao matadouro sem desconfiar da sorte que o aguarda (cf. Is 53,7; Jo 1,36). As palavras dos inimigos do profeta, citadas no v. 19b, usam uma outra imagem: a vida do profeta será destruída como se destrói uma árvore em seu viço (cf. 11,16). Os planos incluem a destruição da memória do profeta. Se ninguém mais se lembrar dele, também sua mensagem será esquecida. À investida dos inimigos o orante contrapõe sua confiança no Deus da justiça (11,20). Esse conhece os pensamentos ocultos e as emoções mais íntimas do ser humano, que se encontram nos rins e no coração. Uma tradição paralela encontra-se em 20,12.

Mais detalhes sobre o grupo de pessoas que planejou a morte do profeta aparecem na resposta de YHWH ao lamento (11,21-23). O v. 21 menciona os "homens de Anatot", a localidade de onde provém o profeta. Também é citado um motivo concreto: a mensagem anunciada por Jeremias em nome de YHWH. Esse motivo ainda não havia sido expresso em 11,19, quando se cita o plano pérfido dos inimigos do suplicante. Aliás, somente a menção de Anatot no v. 21 identifica o orante definitivamente com Jeremias. Não sabemos detalhes sobre esse complô. O v. 12,6 afunila ainda mais o grupo de inimigos: os parentes mais próximos estão por trás da trama para tirar a vida do profeta. Uma reação negativa à mensagem de Jeremias, como a mencionada no v. 21, já havia sido prevista no relato de vocação.[29] Vestir o manto da profecia raramente traz recompensas. Para Jeremias, o sofrimento causado por seu anúncio torna-se, aqui, parte integrante de sua mensagem. É o que também as outras "confissões" demonstram. A prece por vingança do v. 20b é atendida por Deus. Sobre a cabeça dos inimigos do profeta recai o mesmo destino planejado para Jeremias: além de perderem sua vida por ocasião do cumprimento do anúncio profético de juízo, eles também perderão seus descendentes, ou seja, aqueles que preservariam sua memória (11,22s).

O segundo lamento (12,1-4) introduz um tema distinto, que aparentemente nada tem a ver com o sofrimento do profeta: o sucesso dos ímpios, ou seja, uma questão bastante discutida no âmbito da sabedoria israelita (cf., p. ex., Jó 24; Sl 73,3.12). Não se explicita quem são esses ímpios ou pérfidos. O contexto sugere que sejam os inimigos do profeta. O v. 1 contém linguagem jurídica.

---

[29] A hipótese de que o complô contra Jeremias se deva à perda do santuário local de Anatot, ao qual estariam vinculados familiares do profeta (Mesters, 2016, p. 57), é improvável, já que a mensagem de Jeremias dificilmente se coaduna com o projeto de centralização do culto (cf. Silva, 1992, p. 63).

184   *Primeira parte: Ditos a Israel, Judá e Jerusalém – Jeremias 1-25*

Ainda que o orante admita humildemente que YHWH sempre ficará com a razão numa demanda jurídica (12,1a), ele acusa, em forma de pergunta, o próprio Deus de promover o sucesso de pessoas más, dando-lhes uma vida tranquila. A imagem da árvore que dá frutos abundantes, normalmente reservada para designar as pessoas justas (Sl 1,1-3; Jr 17,7s), é utilizada, no v. 2, para descrever a vida bem-sucedida das pessoas ímpias. Essas utilizam o nome de YHWH, mas aparentemente da boca para fora, por dentro não se interessam por Deus ("perto da boca, mas longe dos rins"). Os rins representam, aqui, a consciência moral da pessoa (Sl 16,7).[30] A intimidade do orante ("coração"), pelo contrário, está do lado de Deus (12,3), o que não é nenhum segredo para aquele que "sonda os rins e o coração (11,20). O protesto de inocência (12,3a) desemboca num pedido de vingança num futuro determinado, mas não explicitado (12,3b), que utiliza o mesmo imaginário de 11,19 ("ovelhas para o matadouro").

O v. 4bβ ("Porque dizem: 'Ele não vê nosso futuro!'") é de difícil compreensão. Ele quer ser uma justificativa para o pedido de vingança do v. 3b? A versão da LXX ("Deus não vê nossos caminhos") tenta facilitar a compreensão, pois, além de identificar o sujeito do verbo "ver" (Deus), remete explicitamente ao "caminho dos ímpios" mencionado em 12,1. Nesse caso, os ímpios estariam negando a Deus a possibilidade de ver suas verdadeiras intenções ou, então, afirmando o desinteresse de YHWH por sua conduta. Caso, no texto massorético, o sujeito do verbo "ver" for o profeta, os ímpios estariam duvidando da capacidade profética de "prever" seu futuro? Em sendo YHWH o sujeito do verbo "ver" – o que parece mais provável –, pode-se também entender que a Deus é negada a possibilidade de interferir na vida das pessoas. Explicar-se-ia, assim, por que nem sempre o sucesso se restringe às pessoas justas?

O restante do v. 4 (4a.bα) introduz um assunto totalmente diferente: uma estiagem tomou conta do país a ponto de animais e aves desaparecerem dela. Essa estiagem é atribuída à "maldade" dos habitantes. Trata-se de um acréscimo secundário, provavelmente ocasionado pelo uso litúrgico do lamento numa situação de seca prolongada.[31]

O v. 5 representa, na atual configuração, a resposta de Deus ao que lamenta, ou seja, faz as vezes de um oráculo de salvação.

---

[30] Wolff, 2007, p. 119.
[31] Wanke I, p. 157.

Jeremias 11　　　　185

Mas o conteúdo do v. 5 é completamente oposto ao que se espera de um oráculo de salvação, a saber, a confirmação de que YHWH ouviu o clamor do orante e lhe anuncia uma palavra de conforto. Pelo contrário, aqui a resposta de Deus corrige a postura daquele que lhe apresenta o lamento e o clamor. Por meio de duas perguntas, YHWH dá a entender que o profeta se queixa de coisas que não são tão graves e o alerta de que ameaças maiores ainda estão por vir. As imagens utilizadas acentuam as diferenças entre o que o profeta está sofrendo no momento (a caminhada apressada; a tranquilidade do espaço seguro) e o que ainda o aguarda no futuro (competir com cavalos de corrida; ficar exposto à insegurança das brenhas do Jordão). O v. 5 foge, portanto, do gênero salmo de lamentação para adaptar-se à situação específica de Jeremias. O v. 6 encerra a unidade com uma advertência ao profeta de não confiar nem mesmo no círculo das pessoas mais próximas: a família. Além de trazer inimizade e sofrimento, a missão do profeta também o leva à vida solitária.

O profeta perseguido e sofredor recebe destaque na literatura latino-americana por diversos motivos. O profeta que sofre por causa de sua missão pode ser comparado com muitas pessoas perseguidas injustamente nos dias de hoje.[32] Essa identificação pode trazer consolo e motivação para pessoas que sofrem hoje, em especial, as que sofrem devido à sua dedicação ao serviço do Reino do Deus.[33] Jeremias pode ser exemplo de que o serviço dedicado à causa de Deus, quando autêntico, não é um caminho glorioso, mas árduo, com altos, mas também com muitos baixos.[34] Mas a experiência do profeta também mostra que Deus não abandona seus servos no sofrimento.

As "confissões" de Jeremias

Como nenhum outro profeta, Jeremias reflete sobre a missão recebida por Deus e incorpora essa reflexão em sua mensagem. Os textos que evidenciam, de forma especial, essa reflexão são chamados tradicionalmente de "confissões"; trata-se de Jr 11,18-12,6; 15,10-21;17,(12)14-18;18,18-23 e 20,7-13(18). As confissões são diálogos entre Jeremias e YHWH, em que o profeta traz diante de Deus, em forma de lamento, sua aflição, suas frustrações e suas dúvidas quanto à sua missão e vocação bem como sua queixa sobre o desprezo e a perseguição que sofre por causa de sua

---

[32] Mesters, 2016, p. 13s.
[33] Cf. Almeida, 1997, p. 74.
[34] Kirst, 1984, p. 159.

atuação profética. As respostas de Deus a esses lamentos são diversificadas. Nem sempre são favoráveis e consoladoras ("oráculos de salvação"). Algumas vezes o diálogo assume também a forma de reflexão (diálogo do profeta consigo mesmo). Todas as confissões fazem uso de elementos do gênero literário lamento individual. Mas também aparecem características marcadamente particulares (15,10.16-18; 17,16; 20,7-9).

Não há consenso em como interpretar as confissões. Alguns afirmam que são mero produto literário pós-exílico com a intenção de retratar o sofredor ideal; outros veem nas confissões um cerne atribuível ao próprio profeta. Em favor da primeira hipótese depõe o argumento de que os elementos do gênero "lamento individual" podem ser utilizados em diversas épocas e situações por diversas pessoas, não sendo restritos a uma pessoa ou situação específica. Em favor da segunda falam os aspectos particulares que apontam para a pessoa do profeta e, além disso, diversos outros textos – que não fazem parte das confissões – em que Jeremias lamenta por causa do juízo futuro que afetará o povo (4,19-21; 8,18-23; 13,17; 14,17s; 23,9). Nesses textos, como também nas confissões, manifesta-se a tensão existente entre a pessoa de Jeremias, com suas expectativas e desejos, e o profeta Jeremias, com sua missão. Por isso podemos admitir que um cerne das "confissões" pode ser atribuído a Jeremias ou, melhor, reflete a situação do profeta.

Jeremias experimenta o Deus distante e oculto, que não mais se deixa motivar a interferir em favor de seu povo (proibição de intercessão) e sofre com essa distância de Deus. Ao mesmo tempo, sofre com a difamação, o desprezo e o isolamento social imposto a ele pelo povo e com as tentativas, por parte de sua liderança, de fazê-lo calar. Esse sofrimento *por causa* de Deus é algo novo na história do profetismo. Em Jeremias ele se torna elemento constitutivo de sua pregação e dá credibilidade à sua mensagem.

Quem admite um cerne jeremiânico nas "confissões" geralmente supõe fases de crescimento do conjunto até seu atual formato e distribuição no complexo Jr 11-20. Não há consenso quanto à delimitação de acréscimos nem sobre uma possível sequência lógica do conjunto das "confissões". As particularidades de cada confissão serão apresentadas no decorrer da análise. (Ittmann, 1981; Diamond, 1987; Finsterbusch, 2015; Schmidt I, p. 233-235; Wanke I, p. 15s; Rad, 2006, p. 624-629.)

JEREMIAS 12

12,7-13 Deus abandona Judá

7 *"Abandonei minha casa,*
rejeitei minha herança,
entreguei o amor de minha vida
na mão de seus inimigos.
8 Minha herança tornou-se para mim
como um leão na mata.
Ergueu contra mim sua voz,
por isso a odiei.
9 Será minha herança uma ave de rapina colorida[1]
para que aves de rapina a cerquem?
Ide! Reuni todos os animais do campo,
trazei-os para que devorem!
10 Muitos pastores destruíram minha vinha,
pisotearam minha propriedade.
Fizeram de minha preciosa propriedade
um deserto desolado.
11 Transformaram-na[2] em desolação,
está de luto diante de mim, desolada.
Toda a terra está desolada,
e[3] não há quem ponha isso em seu coração!"
12 Sobre todos os altos desnudos do deserto
vieram os destruidores;
pois uma espada de YHWH devora
de uma extremidade da terra à outra;
não há paz para nenhuma carne.
13 Semearam trigo, mas ceifaram espinhos,
fatigaram-se sem nenhum proveito.
Envergonhados estão diante de suas[4] colheitas,
por causa do ardor da ira de YHWH.

---

[1] Em vez de "ave de rapina colorida", a LXX traz "caverna da hiena".
[2] Assim a Vulgata; o TM lê "transformou-a"; cf. BHS.
[3] O TM lê "pois não há"; cf. BHS.
[4] O TM tem "vossas colheitas".

188 *Primeira parte: Ditos a Israel, Judá e Jerusalém – Jeremias 1-25*

O trecho é um lamento de YHWH sobre o território devastado de Judá, apesar de, nos v. 12s, YHWH aparecer em terceira pessoa. Essa mudança deve ser indício de trabalho redacional. Os v. 7s apontam para as causas da devastação do país: YHWH abandonou o templo ("minha casa"; cf. Ez 11,22-25), o país e seus habitantes ("minha herança"). O termo "herança" significa a propriedade de terra, mas as imagens mostram que nem sempre se distingue entre território de Judá e população judaíta. O "amor de minha vida" (v. 7b) deve designar, como o "leão na mata" (v. 8a), a população de Judá. YHWH entregou esse povo na mão dos inimigos (v. 7b). O motivo é dado no v. 8: foi a hostilidade de Judá para com Deus, comparável à agressividade de um leão. Ela fez com que o amor se transformasse em ódio.

A comparação com animais, no v. 9a, não é muito clara. Há diversas propostas de tradução, parcialmente apoiadas pelas versões. A LXX entende *'ayit ṣabuᵃ'* – traduzido acima por "ave de rapina colorida"[5] – como "caverna da hiena"[6]. Mas não dá sentido traduzir por "caverna" a segunda ocorrência do termo *'ayiṭ* no mesmo versículo. Aparentemente o colorido das listas é responsável para a identificação de *ṣabuᵃ'*[7] com "hiena". Entretanto não há por que não vincular esse particípio passivo com uma ave de rapina. Em todo caso, o sentido da metáfora parece claro. O território de Judá e seus habitantes são atacados por todos os lados assim como um chamariz colorido é atacado pelas aves de rapina. O v. 9b convoca, além disso, os "animais do campo" para se juntarem ao banquete de despojos.

O v. 10 introduz a imagem dos pastores para designar os inimigos: eles invadem, com seus rebanhos de cabras e ovelhas, a preciosa terra cultivada e, ao pisotearam a plantação, destroem lavouras, pomares e vinhas transformando-os em terra improdutiva ("deserto desolado"). A raiz *shamam,* "(estar) desolado", predomina no contexto (quatro ocorrências nos v. 10s). À enorme devastação material se soma a completa falta de interesse (ninguém "põe no coração") das pessoas pela amada e preciosa herança (v. 11).

O v. 12 parece dar informações mais precisas sobre esses inimigos ("pastores"): eles não vêm do norte, como em outros textos jeremiânicos (4,5ss.13ss; 6,1ss.22ss; cf. 4,29ss; 5,15ss), mas do deserto, ao leste da Palestina. Como o lamento se dá possivelmente

---

[5] Assim também a Vulgata.
[6] HAL, p. 772 e 936.
[7] Da raiz *ṣaba'* "colorir"; cf. HAL, p. 936s.

Jeremias 12 189

por causa de eventos já ocorridos, pensa-se geralmente na invasão de bandos arameus, moabitas e amonitas que ocorreu em 601 a.C., sob o rei Joaquim, e é mencionada em 2Rs 24,2.[8] A devastação atinge aparentemente apenas o interior do território de Judá. A consequência dessa invasão é a destruição da colheita, de modo que os agricultores ficam envergonhados diante da inexistência ou insignificância da safra e diante do esforço não recompensado (v. 13). O TM do v. 13b sugere a tradução: "Ficai envergonhados (2ª p. pl. imper.) diante de *vossas* colheitas!" De acordo com essa leitura, o narrador abandona o estilo narrativo e se volta diretamente a seus ouvintes ou a suas leitoras ("vós"). Na tradução acima, mantivemos o estilo narrativo do início do versículo. Em todo caso, a unidade reforça, também no final, que o abandono por parte de Deus resulta em decepção e perda de segurança para o povo.

Jr 12,14-17 Juízo e salvação para as nações

14 Assim diz YHWH sobre todos os meus maus vizinhos, que tocaram na herança que dera a meu povo Israel: "Eis que eu os arrancarei de seu solo, mas também a casa de Judá arrancarei do meio deles. 15 Contudo, depois de arrancá-los, terei novamente misericórdia deles e os trarei de volta, cada um à sua herança e cada um à sua terra. 16 E se, de fato, aprenderam os caminhos de meu povo, a jurar por meu nome 'tão certo quanto vive YHWH!', como ensinaram meu povo a jurar por Baal, então serão edificados no meio de meu povo. 17 Mas se não escutarem, arrancarei aquela nação a ponto de exterminá-la" – dito de YHWH.

O trecho é uma reflexão teológica em prosa sobre o destino das nações vizinhas de Judá. Ele se encontra no atual lugar provavelmente porque o trecho precedente menciona uma invasão inimiga vinda do leste, justamente onde vivem os vizinhos mais próximos de Israel. A origem jeremiânica da unidade é contestada por diversos motivos.[9] O profeta nunca teria, p. ex., incentivado as nações a aprenderem "os caminhos" de Israel tão criticados por ele (5,1ss). O tema da acolhida de estrangeiros no meio do povo parece refletir a situação pós-exílica da inclusão de prosélitos

---

[8] Rudolph, 1968, p. 87s; Wanke I, p. 130; Schmidt I, p. 243.
[9] Rudolph, 1968, p. 90; Thiel I, p. 163ss; Wanke I, p. 130 (pós-exílico); pela autenticidade jeremiânica, p. ex., Weiser I, p. 107.

190   *Primeira parte: Ditos a Israel, Judá e Jerusalém – Jeremias 1-25*

na comunidade judaica. Apesar de não apresentar uma clara linguagem dtr, contém alguns termos típicos da redação exílica e semelhanças com a tese dtr sobre o destino das nações (Jr 18,7-10; cf. 1Rs 8,41-43).[10] Uma datação mais precisa, no entanto, é impossível.

Formalmente a mensagem de YHWH sobre as nações vizinhas se dirige a alguém indeterminado (o profeta?). Os destinatários indiretos, no entanto, são as próprias nações mencionadas. No trecho precedente, 12,7-13, a devastação de Judá é considerada obra de Deus. Isso, no entanto, não isenta as nações inimigas de responsabilidade; elas serão castigadas pelo que fizeram a Judá assim como o próprio Judá foi castigado por suas ações. Judá e as nações vizinhas têm o mesmo destino: o exílio (v. 14: "arrancar de seu solo" ou "do meio delas"). Parece que a experiência comum aproxima Judá de seus vizinhos e antigos inimigos, criando uma solidariedade na dor. A deportação de moabitas e amonitas pode ter ocorrido por ocasião de uma campanha de Nabucodonosor na região da Síria, em 582, mencionada por Fávio Josefo.[11] Certamente não é mero acaso que, nesse mesmo ano, o vigésimo terceiro de Nabucodonosor, também ocorreu, conforme Jr 52,30, a deportação de 745 judaítas.

A solidariedade no infortúnio leva à mesma esperança de salvação: as nações vizinhas serão levadas de volta à sua pátria – por misericórdia de Deus (v. 15). Esse anúncio de salvação às nações aproxima o presente texto de trechos do bloco de ditos sobre as nações que contêm anúncios semelhantes (46,26; 48,47; 49,6). À promessa incondicional de retorno das nações exiladas, o v. 16 acrescenta duas condições para que essas nações sejam aceitas "no meio de meu povo". A primeira condição é "aprender os caminhos de meu povo". O "caminho" provavelmente designa os costumes ou, mais especificamente, a religião de Israel (10,2).[12] A segunda condição é um exemplo da primeira: jurar pelo nome de YHWH. Jurar sob invocação de uma divindade equivale a confessar que se confia totalmente nessa divindade (cf. Jr 16,14s). Lembra-se, ainda, que as nações vizinhas antigamente ensinaram Israel a jurar por Baal. Cumpridas as condições mencionadas, as nações serão "edificadas no meio de meu povo". Geralmente se relaciona essa

---

[10] Thiel I, p. 163ss.
[11] Josefo, 1992, p. 251; cf. Noth, 1966, p. 265.
[12] Rudolph, 1968, p. 90.

Jeremias 12   191

promessa com a possibilidade de não israelitas participarem da
comunidade judaica. Nesse caso, quem será "edificado" não são
outras "nações", mas indivíduos pertencentes a outras nações,
já que somente indivíduos podiam tornar-se prosélitos. Em todo
caso, o povo de Deus deixa de ser uma grandeza étnica.[13] A unidade conclui com a advertência de que, em caso de não cumprimento das condições apontadas, a respectiva nação será exterminada
(cf. Jr 18,7-10). Judá e as nações vizinhas compartilham, portanto,
as mesmas advertências e as mesmas promessas de salvação.

---

[13] Wanke I, p. 131.

JEREMIAS 13

Jr 13,1-11 O cinto de linho

1 Assim me disse YHWH: "Vai e compra um cinto de linho, coloca-o em tua cintura, mas não o ponhas na água!" 2 Então eu comprei o cinto de acordo com a palavra de YHWH e o coloquei em minha cintura. 3 E veio a palavra de YHWH a mim pela segunda vez: 4 "Toma o cinto que compraste e que trazes na cintura, levanta-te e vai ao Eufrates[1] e ali o esconde na fenda de uma rocha!" 5 Então eu fui e o escondi no Eufrates, assim como YHWH me ordenara. 6 Após muitos dias, YHWH me disse: "Levanta-te e vai ao Eufrates e pega de lá o cinto que te mandei esconder ali!" 7 E eu fui ao Eufrates, procurei[2] e peguei o cinto do lugar onde o havia escondido. E eis que o cinto estava podre, já não servia para nada. 8 Então veio a palavra de YHWH a mim. 9 Assim diz YHWH: "Assim farei apodrecer o orgulho de Judá e o grande orgulho de Jerusalém. 10 Este povo mau, que se recusa a escutar minhas palavras e que anda na obstinação de seu coração, seguindo outros deuses para servi-los e adorá-los, será como este cinto que para nada mais presta. 11 Pois, como um cinto fica preso na cintura de alguém, assim também prendi a mim toda a casa de Israel e toda a casa de Judá – dito de YHWH – para que fossem meu povo, meu renome, minha glória e meu esplendor, mas eles não escutaram".

A unidade é um relato sobre uma ação simbólica, escrito na primeira pessoa do profeta. A forma segue o padrão formal dos relatos de ações simbólicas:[3] a) a ordem ao profeta para executar uma ação, b) a execução dessa ordem e c) a interpretação da ação ou gesto. Em Jr 13,1-11, a ordem (a) e sua execução (b) são tríplices:

1) ordem para comprar e vestir um cinto de linho e execução da mesma (v. 1s);
2) ordem para levar o cinto ao Eufrates e escondê-lo e execução da ordem (v. 3-5);

---

[1] A tradução grega de Áquila verte o termo *perat*, geralmente traduzido por Eufrates, por Farã, identificando, assim, o curso de água provavelmente com o *wadi fara*, a uns seis quilômetros de Anatot (Js 18,23). O rio Eufrates fica a cerca de oitocentos quilômetros de Jerusalém.

[2] Literalmente "cavei".

[3] Veja o excurso no final da unidade.

Jeremias 13 193

3) ordem para buscar o cinto no Eufrates e respectiva execução com constatação do resultado: cinto podre e imprestável (v. 6-7).

Na atual configuração do texto, também a interpretação da ação (c) é tríplice:

1) fazer apodrecer o orgulho de Judá e Jerusalém (v. 9);
2) tornar o povo imprestável (v. 10);
3) mostrar que o povo desprezou o apego que Deus lhe tinha (v. 11).

Os v. 1-9 do relato geralmente são considerados jeremiânicos. Os v. 10s revelam linguagem dtr e serão tratados mais adiante. A primeira dúvida a ser esclarecida tem a ver com o caráter do relato: ele é uma ficção literária, uma visão ou uma ação que realmente aconteceu? Os relatos de ações simbólicas no livro de Jeremias normalmente retratam ações reais executadas pelo profeta na presença de testemunhas. As ações visam, portanto, a ouvintes reais.[4] Mas a menção do rio Eufrates (*perat*) depõe contra a factibilidade do gesto. O Eufrates fica a cerca de oitocentos quilômetros de Jerusalém, um caminho que se faz em torno de três a quatro meses (cf. Esd 7,9). Dificilmente Jeremias teria feito quatro vezes esse trajeto – duas vezes ida e volta. Por isso alguns consideram a ação uma visão, um tipo de parábola ou uma ficção literária.[5] Nesse caso, a ação poderia ter por objetivo ilustrar que a culpa do povo reside na apostasia procedente da região do Eufrates (Assíria e Babilônia): a apostasia estraga o cinto.[6] Para outros, ela mostra que Deus leva seu povo para o exílio da Babilônia, onde ele desapareceria ("apodreceria").[7] Essas duas opiniões, no entanto, não convencem. Por que utilizar uma forma tão complicada para afirmar a culpa do povo, se as outras passagens que tratam do tema o fazem de forma clara e direta? A primeira opinião esbarra no fato de que os verbos dos v. 9s indicam uma ação futura de Deus e não uma culpa do passado do povo. A afirmação de que o profeta, em lugar de YHWH, leva simbolicamente o povo ao exílio babilônico, onde "apodrecerá", para depois levá-lo de volta à sua terra, onde não mais prestará para nada, contradiz tudo que sabemos sobre a mensagem de Jeremias aos exilados (cf. 29,4-7) e aos que futuramente viverão na terra de Judá (cf. Jr 32,15).

---

[4] Exceções são Jr 25,15ss e 51,59-64, consideradas não jeremiânicas.
[5] Rudolph, 1968, p. 93; Weiser I, p. 110s; Fischer I, p. 450.
[6] Rudolph, 1968, p. 93.
[7] Weiser I, p. 111-113.

194 *Primeira parte: Ditos a Israel, Judá e Jerusalém – Jeremias 1-25*

Podemos concluir, portanto, que, também aqui, a ação simbólica é uma encenação real da mensagem profética com o intuito de causar impacto na audiência. Para obter esse efeito, ela precisa de testemunhas. No Eufrates, Jeremias dificilmente encontraria testemunhas judaítas. Por isso a tentativa de identificar *perat* com um curso de água na redondeza de Jerusalém ou Anatot, onde a presença de testemunhas é perfeitamente possível, ainda é a mais provável. Geralmente se chega, a partir da versão grega de Áquila, a identificar *perat* com o *wadi fara* (Js 18,23: Fara), a uns seis quilômetros de Anatot, portanto, caminho de uma hora.

Na primeira etapa da ação simbólica, Jeremias usa um cinto de linho novo (v. 1s). Trata-se de uma faixa de tecido que é colocada em torno dos quadris (ou rins; 2Rs 1,8). Esse cinto pode ser uma peça do vestuário interno, a última a ser tirada, um tipo de tanga para cobrir a região pubiana.[8] Em alguns textos, no entanto, a função da cinta é prender as vestes soltas para que não atrapalhem na batalha ou no trabalho (Is 5,27; Jr 1,17). Esse também deve ser o caso aqui, uma vez que o cinto deveria ser visível. Como a água provoca a decomposição das fibras do linho, o cinto não deve ser lavado. O texto quer, assim, ressaltar o contraste entre o cinto novo adquirido por Jeremias e o cinto que ficou algum tempo no rio.

Na segunda etapa da ação simbólica, o profeta "esconde" o cinto na fenda de uma rocha, onde ficará preso sem ser levado pela correnteza. Na terceira etapa, após "muitos dias", o cinto é retirado de onde estava escondido e se constata o estado do cinto: "E eis que o cinto estava podre, já não servia para nada" (v. 7). Essa é a frase para a qual conflui todo o relato. É ela que vai fornecer as duas expressões-chaves para a interpretação: *nishhat* (de *shahat* "estar podre/estragado/destruído") e *loʻ yislah lakkol* ("não servir/prestar para nada; não ter sucesso").

O primeiro termo fornece a chave para comparar o estado do cinto e com o futuro estado do "orgulho" (ou "glória") de Judá e Jerusalém: "eu (o/a) farei apodrecer/destruirei" (*'ashhit*; v. 9).[9] O estado do cinto é, portanto, comparado com uma ação futura de Deus. A comparação guarda alguma semelhança com os figos que de tão ruins não podiam ser consumidos (Jr 24,2.8): o estado dos

---

[8]   HAL, p. 26; cf. Ez 23,15.
[9]   O perf. nif. do v. 7 ("estava podre") é retomado como hif (causativo: "farei apodrecer"). A mesma raiz também se usa em Jr 18,4 para expressar o vaso do oleiro que não deu certo no torno.

Jeremias 13   195

figos também é comparado com uma ação futura de Deus. Jr 13,9 contém a primeira interpretação.

A segunda se dá com a expressão *lo' yišlaḥ lakkol*, que reaparece literalmente no final do v. 10 ("não presta/serve para nada") onde está vinculada ao "povo mau" e desobediente. Também aqui o verbo indica uma ação futura: "(o povo mau) *será* como este cinto que para nada mais presta" (v. 10b). Como entender isso? Antes de responder a essa pergunta, faz-se necessário analisar a linguagem dos v. 10s.

No v. 11 predomina a linguagem da redação dtr. A raiz hebraica traduzida (no qal) por "estar preso, apegado, colado a" respectivamente (no hif.) "prender, aderir, colar, tornar apegado" é típica do Dt e da literatura dtr,[10] e o trinômio "renome, glória e esplendor" (v. 11aβ) certamente provém de Dt 26,19aβ. A constatação de que o povo não escutou, rejeitando, assim, a dedicação de seu Deus, é típica teologia dtr.[11] Também a parte central do v. 10, que caracteriza o povo, apresenta terminologia e teologia dtr: a apostasia é o pecado por excelência do povo. O início e o final do v. 10 ("Este povo mau ... será como este cinto que para nada mais presta"), no entanto, não têm linguagem típica; poderiam, por isso, ser considerados parte do relato autobiográfico jeremiânico original.[12] Nesse caso teríamos uma ação simbólica com dois escopos: a destruição do orgulho de Judá (v. 9) e a condição imprestável ou, talvez melhor, a falta de sucesso do povo (v. 10).

Se persistem dúvidas sobre a origem dessa segunda interpretação (início e fim do v. 10), não resta nenhuma dúvida sobre a terceira interpretação, que se encontra no v. 11: todo o versículo é criação da redação. Além da linguagem típica, coloca-se, aqui, um aspecto secundário do relato – o cinto apegado ao corpo – no centro para mostrar que o juízo se deve à recusa do povo de corresponder ao apego e à dedicação de Deus. A redação achou necessário realçar a culpa do povo, como já o fez no v. 10. Além disso, a mensagem não fica restrita a Judá e Jerusalém (v. 9), mas é ampliada a todo o povo de Deus: Israel e Judá. O redator pensa, aqui, em seu próprio público?

Em suma, não há por que duvidar de que o relato (13,1-9) seja profético e retrate algo que, de fato, aconteceu. A ação simbólica, sem dúvida, teve testemunhas, sem as quais o anúncio dos v. 8-10(11) não faria sentido. O alvo do relato está no estado final

---

[10] Dt 10,20; 11,22; 13,5; 30,20; Js 22,5; 23,8; 2Rs 18,6.
[11] Cf. o excurso sob Jr 5,15-19, também quanto à terminologia do v. 10.
[12] Assim decidem Thiel I, p. 170; Wanke I, p. 133; Schmidt I, p. 249s.

196 *Primeira parte: Ditos a Israel, Judá e Jerusalém – Jeremias 1-25*

do cinto (v. 7), a partir do qual se dão (uma ou) duas interpretações (v. 9[10]). A redação sentiu falta de mencionar a culpa do povo e, por isso, acrescentou parte do v. 10 e o v. 11.

Ações simbólicas

Ações ou gestos simbólicos fazem parte do dia a dia no antigo Israel. Conhecidos são exemplos como entregar a sandália (Rt 4,7) ou sacudir a dobra do manto (Ne 5,13). Eles também fazem parte da proclamação profética. A palavra falada podia vir acompanhada de gestos ou ações que encenavam o conteúdo a ser transmitido. Assim, não só os ouvidos, mas também os olhos podiam perceber a mensagem profética. Essa dramatização pública da mensagem causava, sem dúvida, um impacto bem maior do que a simples fala. O Antigo Testamento conhece diversos relatos de ações simbólicas de profetas, p. ex.: a divisão do manto de Aías (1Rs 11,29-32); as flechas de Eliseu (2Rs 13,14-19); o profeta nu e descalço (Is 20,1-6); os nomes dos filhos do profeta (Os 1,2-9); o cerco simbólico de Jerusalém (Ez 4,1-3) ou o destino dos cabelos e da barba do profeta (Ez 5,1-4). No livro de Jeremias os seguintes relatos se enquadram nesse gênero:
13,1-11: o cinto de linho
16,1-4: o celibato
16,5-7: abstenção de cerimônias fúnebres
16,8-9: abstenção de festas de casamento
18,1-6: o vaso do oleiro
19,1-11: a bilha quebrada
25,15s.27-29: o cálice da ira
27,1-4.11: Jeremias carrega uma canga
28,10-11: Hananias quebra a canga
32,6-15: a compra de um campo
35,1-12.18-19: o vinho dos recabitas
43,8-13: as pedras no Egito
51,59-64: o rolo no rio Eufrates
O gênero não é uniforme; ele conhece variações. A maioria das ações são realizadas pelo profeta Jeremias, mas algumas não: em 18,1-6, o oleiro é o autor do gesto; em 51,59-64, Seraías é incumbido de realizá-lo; em 28,10-11, é o profeta Hananias; e em 35,1ss, o gesto é obra conjunta de Jeremias e dos recabitas. Todas as ações são exequíveis com exceção da oferta do cálice do vinho da ira de Deus às nações (25,15ss). Não há diferença entre mensagem oral e ação simbólica. A grande maioria dos gestos confirma o anúncio de juízo de Jeremias. Há três exceções: o gesto do profeta Hananias reforça sua mensagem do breve retorno dos exilados (28,10-11); a compra do campo de Anatot sublinha a mensagem de que haverá um futuro de bem-estar na Palestina (32,6-15); e a recusa dos recabitas de beber vinho simboliza a obediência que será recompensada (35,18s).
Apesar das diferenças, os relatos apresentam uma estrutura comum que consiste de três elementos básicos:
a) ordem para realizar a ação (13,1.4.6; 16,2.5.8; 18,2; 19,1s.10; 25,15s.27; 27,2s; 32,7s; 35,2; 43,9; 51,61ss);

Jeremias 13

b) a execução da ordem (13,2.5.7; 18,3.4; 25,17ss; 28,10; 32,9-14; 35,3-5); e
c) a interpretação da ação (13,9.10.11; 16,4.5-7.9; 18,6; 19,11; 25,29; 27,11; 28,11; 32,15; 35,8s; 43,10-13; 51,64). Dentro desse padrão pode haver variações. A ordem, p. ex., pode ser simples ou composta. Há uma tríplice ordem em 13,1ss (comprar e usar; esconder; desenterrar) e em 27,2s (fazer, carregar e enviar a canga aos delegados dos países). Em Jr 32,7s, a ordem de Deus é expressa pelo pedido do primo de Jeremias. Também há uma ocorrência em que se omite a ordem (Jr 28,10s). Em diversos casos, a execução da ordem não é relatada, mas apenas subentendida (16,1ss; 19,1ss; 43,8ss; 51,59ss). Em outros casos, pode-se falar em dupla execução: em Jr 18,3 o profeta desce à casa do oleiro conforme a ordem de Deus, mas é em 18,4 que o oleiro realiza o gesto no torno. As interpretações da ação são o objetivo último do relato. Geralmente são palavras de Deus dirigidas ao profeta que as deve passar adiante. As interpretações são imprescindíveis, pois, ao contrário de ritos mágicos, as ações simbólicas querem ser entendidas. Geralmente são antecipações de um evento futuro. Por causa de sua importância, as interpretações tendem a receber complementações.
Ainda que as ações simbólicas possam ter sua origem na magia, no livro de Jeremias elas não mais têm cunho mágico, ou seja, elas não colocam automaticamente em movimento a energia que as concretizará. Ações mágicas geralmente acontecem sem testemunhas; as vítimas envolvidas, em todo caso, raramente estão presentes. Em Jeremias, pelo contrário, os destinatários das ações simbólicas também as testemunham. As testemunhas são ou mencionadas ou subentendidas; às vezes, suas reações são relatadas. Há uma exceção, já apontada acima: é impossível que todas as nações tomem do mesmo cálice (25,15s.27-29). Talvez também o afundamento do livro no Eufrates (51,63s) teria sido realizado sem a presença de testemunhas babilônicas. Esses dois últimos relatos, no entanto, dificilmente refletem prática jeremiânica. Sobre a exequibilidade da ação simbólica do cinto de linho (13,1-11), veja o comentário acima. (Fohrer, 1952; Werner, I, p. 134-136.)

Jr 13,12-14 Jarras da embriaguez

12 E lhes dirás a seguinte palavra: "Assim disse YHWH, o Deus de Israel:[13] 'Toda jarra se enche de vinho!'" E se te responderem: "Por acaso não sabemos que toda jarra se pode encher de vinho?", 13 então lhes dirás: "Assim disse YHWH: 'Eis que encherei de embriaguez todos os habitantes desta terra: os reis que estão assentados sobre o trono de Davi, os sacerdotes, os profetas e todos os habitantes de Jerusalém. 14 Então eu os quebrarei uns contra os outros, tanto os

---

[13] A LXX tem um texto mais breve; em vez de "E lhes dirás a seguinte palavra: 'Assim disse YHWH, o Deus de Israel'", a LXX apenas lê: "E dirás ao povo". É muito difícil saber se ela preserva uma versão mais antiga ou apenas abrevia o texto.

198   *Primeira parte: Ditos a Israel, Judá e Jerusalém – Jeremias 1-25*

pais quanto os filhos – dito de YHWH. Eu os destruirei sem pena, sem piedade e sem misericórdia.'"

O breve trecho retrata uma discussão ou um diálogo do profeta com bebedores de vinho, no qual um dito jocoso, recorrente entre bebedores, serve de base para um anúncio de juízo. De acordo com o TM, o diálogo com os bebedores é entendido como instrução ao profeta. O pronome pessoal "lhes" (v. 12) se refere aos destinatários pressupostos na unidade precedente (13,10s), objetiva, portanto, conectar o presente trecho ao relato da ação simbólica (v. 1-11). O mesmo se pode dizer do v. 14b, pois retoma a raiz da palavra-chave da ação simbólica (*shaḥat*, "apodrecer, ser destruído", em 13,7.9) no anúncio: "Eu os destruirei (*shaḥat* hif.)." A última oração do v. 14, por sua vez, tem seu paralelo em Jr 21,7bβ, um trecho dtr. Essas observações evidenciam um trabalho redacional que se confirma na especificação dos habitantes do país: "os reis que estão assentados sobre o trono de Davi, os sacerdotes, os profetas e todos os habitantes de Jerusalém". É uma característica da redação dtr atribuir a responsabilidade pela catástrofe que atingiu Judá e Jerusalém às lideranças políticas e espirituais de Jerusalém.[14] A redação dtr, portanto, elaborou, aqui, um dito isolado do profeta.

Um gracejo que circula entre bebedores de vinho é tomado pelo profeta para iniciar um diálogo com os festeiros: "Toda jarra se enche de vinho!" (v. 12aβ). Ou seja: as jarras não estão aí para ficarem vazias. Ao lançar esse dito a um grupo de bebedores, esses reagem afirmando que todos já sabem disso (v. 12b). Assim, Jeremias alcança um consenso mínimo entre seus interlocutores, sobre o qual pode fundamentar sua mensagem. Esta é um anúncio de juízo em forma de fala divina (v. 13): "Eis que encherei de embriaguez todos os habitantes desta terra!" As jarras vazias a serem preenchidas de bebida inebriante tornam-se uma metáfora para os habitantes de Judá. Trata-se, aqui, da "embriaguez" cega e insensível que leva à autodestruição de todos os habitantes do país. Talvez também se reflita, nesse anúncio, o imaginário do cálice da ira ou do atordoamento.[15] Dessa forma, um chiste se transforma em coisa muito séria.

---

[14] Cf. excurso "Lista de líderes", sob 1,17-19, em especial, os textos de Jr 8,1; 32,32; 44,17.21.

[15] Cf. Jr 25,15s.27; 48,26; 49,12 e.o.; veja também Is 51,17.22; Lm 4,21; Ez 23,31-34; Na 3,11; Hab 2,16 e.o.

Jeremias 13 199

No v. 14a, outra imagem da vida de farristas serve para complementar o anúncio de juízo. Durante a bebedeira podem ocorrer brindes mais ousados a ponto de se romperem as taças ou, então, arruaças entre bebedores exaltados que resultam em jarros quebrados. A imagem das taças que se despedaçam qualifica o juízo futuro como autodestruição da população, já que esta não tem consideração nem mesmo com os parentes mais próximos. O fecho redacional do trecho (v. 14b) acentua o fim da misericórdia divina.

Jr 13,15-17 Contra a arrogância

15 Escutai e prestai atenção! Não sejais arrogantes!
Pois YHWH falou.
16 Dai glória a YHWH, vosso Deus,
antes que escureça,
e antes que vossos pés tropecem
sobre os montes do crepúsculo.
E esperais por luz,
mas ele fará dela trevas,
e a transformará em escuridão.
17 Mas, se não escutardes,
minha alma chorará em segredo,
por causa da arrogância,
pranteará amargamente.[16]
E meus olhos derramarão lágrimas,
porque o rebanho de YHWH foi levado cativo.

O conjunto 13,15-27 é formado por diversos ditos poéticos, atribuídos geralmente ao próprio Jeremias, relacionados ao tema da arrogância. O primeiro desses ditos, v. 15-17, combina uma advertência com um lamento profético, cuja costura é formada pelo v. 17a ("mas se não escutardes"). O profeta adverte contra a arrogância, entendida, aqui, como o comportamento autossuficiente que não vê necessidade de Deus e que, portanto, tampouco lhe rende a honra e a glória devidas (v. 15s). O conteúdo permanece um tanto vago. Não se explicita, por exemplo, o que Deus falou (v. 15) nem o que deveria ser acatado (v. 17a). As consequências da atitude de arrogante vanglória são expressas pela imagem do caminhante surpreendido pela escuridão da noite (v. 16): os passos se tornam incertos e os pés, trôpegos. Até a luz que se espera

---

[16] Na LXX faltam essas duas palavras; cf. BHS.

200 *Primeira parte: Ditos a Israel, Judá e Jerusalém – Jeremias 1-25*

encontrar no final do caminho se transforma em trevas. No final do v. 17 descobrimos o que a imagem significa: a arrogância e a desobediência do povo resultarão em cativeiro.

O cativeiro parece ser realidade ou, então, algo iminente. Por isso o trecho é, muitas vezes, datado em torno do primeiro exílio de judaítas para a Babilônia, em 597, quando também o rei Joiaquin e a rainha-mãe foram deportados. Em vista do cativeiro e da arrogância que o causou, só resta ao profeta chorar (v. 17; cf. 8,21-23).

Jr 13,18-19 Humilhação da família real

18 Dize ao rei e à rainha-mãe:
"Sentai-vos no chão!
Pois caiu de vossa cabeça[17]
vossa coroa de esplendor.
19 As cidades do Negueb estão trancadas,
não há quem possa abri-las.
Todo o Judá foi deportado,
deportado completamente".

Essa pequena unidade contém uma ordem ao profeta para dirigir-se ao rei e à rainha-mãe. A mensagem é um convite à humilhação: ambos devem descer da altura do trono e sentar-se no chão, rebaixando-se à condição de pessoas simples (v. 18; cf. Is 47,1). Esse gesto de humilhação representa, diante do pano de fundo do "orgulho" enfocado na unidade precedente, a perda da dignidade real, simbolizada na coroa do rei e no diadema da rainha-mãe. A rainha-mãe tinha muita importância no sistema dinástico, em particular, no momento da sucessão (1Rs 2,19; 15,13; 2Rs 11,1-3). Ela podia ter um trono próprio (1Rs 2,19). Particularmente a mãe do jovem rei Joiaquin, Neustã, é mencionada várias vezes ao lado do rei (Jr 22,26; 29,2; 2Rs 24,8.12.15). Por isso se costuma vincular o presente dito profético ao rei Joiaquin e a sua mãe, um pouco antes da primeira deportação, em 597. Mas também poderia ter sido proferida a Sedecias e sua mãe, Amital, um pouco antes da queda de Jerusalém, em 587.

O v. 19 dá informações mais detalhadas sobre a situação da época: as cidades fortificadas do Negueb, ou seja, a região de transição entre a terra de cultivo e o deserto, ao sul de Judá, estão sitiadas ("trancadas"), pois não se tem mais acesso a elas. Isso

---

[17] De acordo com LXX, Siríaca e Vulgata (cf. HAL, p. 596).

Jeremias 13 201

significa que o interior do território está parcialmente ocupado. Em breve também a capital será alvo dos inimigos, que aqui não são identificados. A informação de que "todo o Judá" foi deportado é uma hipérbole; nem todos os judaítas foram deportados.

Jr 13,20-27 Jerusalém desonrada

20 Ergue teu olhar e vê[18]
aqueles que vêm do norte!
Onde está o rebanho que te foi confiado,
tuas ovelhas magníficas?
21 Que dirás quando
te chamarem[19] à responsabilidade
aqueles que tu mesma ensinaste,
e os amigos se tornarem teus chefes[20]?
Não te dominarão, então, dores
como as de uma parturiente?
22 E, se falares em teu coração:
"Por que isso está acontecendo comigo?",
é por causa do tamanho de tua culpa
que foram levantadas as barras de tua saia
e violentados teus calcanhares.[21]

23 Pode o cuchita mudar sua pele?
Ou o leopardo, suas manchas?
Então também vós podeis fazer o bem,
vós que estais acostumados ao mal!
24 Eu os espalharei como palha que voa
ao sabor do vento do deserto.

25 Esta é tua sorte, a porção
que medi para ti – dito de YHWH –
porque me esqueceste
e confiaste na mentira.
26 Também eu levantarei a barra de tua saia

---

[18] De acordo com a LXX, que reproduz o pronome possessivo e as formas verbais no singular. O *ketib* do TM também apresenta as formas no singular, mas os massoretas querem que se leia, no v. 20a, tudo no plural; no v. 20b, no entanto, retomam o singular. O destinatário é Jerusalém, sede do governo (v. 27).
[19] Plural de acordo com a LXX; o TM lê o sing.
[20] A tradução é incerta.
[21] Eufemismo para órgãos genitais.

202   *Primeira parte: Ditos a Israel, Judá e Jerusalém – Jeremias 1-25*

até a altura de teu rosto,
para que seja vista tua vergonha:
27 teus adultérios e teus gritos sensuais,[22]
a vergonha de tua prostituição!
Sobre as colinas do campo aberto
vi tuas imundícias!
Ai de ti, Jerusalém, que não és pura!
Até quando ainda!?[23]

O complexo é formado por três pequenas unidades. A primeira (v. 20-22) e a terceira (v. 25-27) apresentam o mesmo tema – a humilhação de Jerusalém – e o mesmo imaginário – a mulher sofredora e violentada – de modo que devem ter formado um conjunto antes de serem separadas pela atual segunda unidade (v. 23-24), que enfoca a impossibilidade de mudança do povo.

Na primeira unidade (v. 20-22), o profeta se dirige, por meio de uma série de perguntas retóricas, a uma 2ª p. f. sing., muito provavelmente a personificação de Jerusalém (cf. v. 27), para conscientizá-la da gravidade do momento histórico, talvez o mesmo em que foi proferido o dito precedente (13,18s). O inimigo do norte aparentemente ocupou o interior de Judá e avança contra a capital; a população ("rebanho") da cidade parece ter sido abandonada (v. 20). A terminologia utilizada tem conotação política: o "rebanho" designa geralmente a população sob a responsabilidade e guarda de um governante ("pastor"). As "ovelhas magníficas" devem, portanto, ser os habitantes de Judá e Jerusalém, que não receberam de seus governantes a devida proteção. Por isso os governantes serão responsabilizados (v. 21a). O v. 21a, no entanto, está muito danificado de modo que é difícil fazer uma tradução precisa. Não se sabe ao certo quem será o agente dessa responsabilização. "Aqueles que tu mesma ensinaste" ou – o que também é possível – "aqueles aos quais te afeiçoaste" podem ser uma referência a antigos aliados políticos ("amigos") que, agora, se tornam os prepostos da classe dominante de Judá. Mas é impossível identificar esses aliados: as nações vizinhas de Judá, os caldeus ou mesmo grupos influentes dentro da elite judaíta. Em todo caso, os governantes de Jerusalém estão sozinhos, sem receber ajuda de ninguém, de modo que a catástrofe é inevitável assim como as dores de parto inevitavelmente

---

[22] Literalmente "relinchos".
[23] Literalmente "depois de quando ainda" (?).

Jeremias 13 203

acometerão a mulher que está prestes a dar à luz (v. 21b).[24] No v. 22, o profeta estimula Jerusalém a refletir sobre sua própria culpa no trágico desfecho do momento histórico. Para simbolizar a catástrofe é utilizada uma imagem chocante: a violência sexual contra a mulher--Jerusalém. A imagem reflete, aqui, a triste realidade de violência contra a população, em especial contra as mulheres quando uma cidade é conquistada por soldados inimigos (cf. Jz 5,30).

A segunda unidade (v. 23s) abandona a imagem da "senhora" Jerusalém. Os destinatários, no entanto, também devem ser jerosolimitas (2ª p. m. pl.). Duas perguntas retóricas buscam a concordância dos interlocutores do profeta. É óbvio que nem o cuchita nem o leopordo conseguem mudar sua pele. O cuchita é o habitante de Cuche, a antiga Núbia, um território situado no médio vale do Nilo, ao sul da segunda catarata, região ocupada atualmente em parte pelo Egito e em parte pelo Sudão (cf. Am 9,7). As imagens mostram coisas que não podem ser mudadas por serem características inatas. A constante prática do mal tornou-se um hábito tão inveterado na população judaíta (cf.8,6) que poderia ser qualificado como "segunda natureza".[25] O castigo anunciado é sua dispersão: como a palha ao vento (v. 24; cf. 4,11; 18,17).

A terceira unidade (v. 25-27) retoma a imagem da mulher--Jerusalém. Trata-se, aqui, de uma fala divina que denuncia a apostasia (v. 25b.27) e anuncia o juízo (v. 25a.26). A sorte que cabe a Jerusalém é um castigo não especificado. Como o contexto é de apostasia ("abandonar" Deus), a "mentira" em que Jerusalém confia deve referir-se às divindades cananeias, em especial Baal, que não são capazes de ajudar (cf. 2,11.28). Aliás, todo esse trecho remete a motivos tratados em textos que denunciam os ritos de fertilidade vinculados ao culto a Baal (Jr 2,20-28; 3,1-5.6-10; 5,7s). Reaparecem os termos "adultério" e "prostituição" (v. 27) para designar a apostasia como também o erotismo e a sensualidade relacionados aos ritos de fertilidade (v. 27: "gritos sensuais" ou "relinchos"; cf. 5,8).[26]

O castigo de Jerusalém é descrito com uma metáfora chocante: a senhora Jerusalém será despida para que suas vergonhas

---

[24] Quanto ao tema das dores de parto, cf. 4,31; 6,24; 22,23; 30,6; 48,41 e.o.

[25] Rudolph, 1968, p. 97. De acordo com Borges de Sousa, 1993, p. 273, as ações humanas não são somente expressão da mente humana, mas também a determinam ("[...] *das Handeln [gleichzeitig] das Wesen des Menschen affiziert und offenbart*).

[26] Quanto aos traços machistas que subjazem às afirmações sobre mulheres, cf. o excurso "A mulher na metáfora do matrimônio", sob 3,1ss.

204　　*Primeira parte: Ditos a Israel, Judá e Jerusalém – Jeremias 1-25*

sejam expostas (v. 26). Com a exposição de sua nudez, também os delitos de Jerusalém se tornam visíveis (v. 27). Essa é certamente a máxima humilhação da dignidade humana. Ela aparece em diversos livros proféticos.[27] Até que ponto a metáfora reflete práticas concretas dos conquistadores? É, certamente, escandaloso imaginar o próprio Deus como agente dessa humilhação.[28] Para Jeremias, a conquista e destruição de Jerusalém – sua total humilhação, portanto – não são apenas consequência de uma ação militar do exército babilônico, mas também castigo merecido por causa da apostasia e arrogância da capital (cf.13,15). Diante dessa humilhação só se consegue emitir um surdo lamento: "Ai de ti!" A pergunta retórica que fecha a unidade ("até quando!?") não mais expressa nenhuma esperança.

---

[27]　Cf. Os 2,5; Is 47,2s (com relação à Babilônia); Na 3,5 (com relação à Nínive).

[28]　Também aqui cabe o termo "pornoprofecia", utilizado por García Bachmann, 2007, p. 343, para Jr 5,7-9.

JEREMIAS 14

Jeremias 14,1-15,4 Lamentações sem resposta

1 O que foi dirigido[1] como palavra de YHWH a Jeremias a respeito da grande seca[2]:
A.1
2 "Judá está de luto,
suas cidades[3] desfalecem,
de tristeza se curvam ao chão,
e o clamor de Jerusalém se levanta.
3 Seus nobres enviam seus servos a buscar água,
eles chegam às cisternas,
mas não encontram água,
retornam com suas vasilhas vazias,
envergonhados e humilhados cobrem sua cabeça.[4]
4 Por causa do solo ressequido[5]
pela falta de chuva na terra,
envergonhados, os camponeses cobrem sua cabeça.
5 Sim, até a corça do campo
dá à luz e abandona sua cria,
porque não há mais nada verde.
6 Os asnos selvagens, de pé nos altos desnudos,
farejam o vento como chacais,
seus olhos estão sem brilho
por falta de pasto."
A.2
7 "Se nossos delitos depõem contra nós,
age, YHWH, por causa de teu nome!
Pois numerosas são nossas traições,
contra ti pecamos.
8 Ó, esperança de Israel,
seu salvador no tempo da angústia!

---

[1] LXX e Siríaca têm a fórmula mais simples do acontecimento da palavra: "A palavra de YHWH veio a...", a versão do TM também se encontra em 46,1; 47,1; 49,34.

[2] O TM usa o plural intensivo (GK §124i).

[3] Literalmente "portões".

[4] Essa linha pode ser secundária, já que reaparece de forma quase idêntica no versículo seguinte.

[5] Literalmente "rachado, fendido".

Por que és como um migrante na terra,
como um viajante que só deseja pernoitar?
9 Por que te portas como um homem perplexo,
como um guerreiro que não pode salvar?
Mas tu estás em nosso meio, YHWH,
e teu nome é invocado sobre nós.
Não nos abandones!"
A.3
10 Assim disse YHWH a este povo: "Sim, eles gostam de vagar e não detêm seus pés". Mas YHWH não se agrada deles, agora se lembrará de seu delito e castigará seus pecados. 11 E YHWH me disse: "Não ores em favor desse povo para que vá bem. 12 Se eles jejuarem, não escutarei sua súplica, e se me oferecerem holocaustos e oferendas, não me agradarei deles. Pelo contrário, eu os exterminarei pela espada, pela fome e pela peste!" 13 E eu disse: "Ah, Senhor YHWH! Eis que os profetas lhes dizem: 'Não vereis a espada, e não haverá fome entre vós! Pelo contrário, eu vos darei verdadeira paz neste lugar!'". 14 E YHWH me respondeu: "É mentira o que os profetas profetizam em meu nome. Eu não os enviei, não lhes ordenei nada e não lhes falei. Visão mentirosa, vã adivinhação e fantasias de seu coração é o que eles vos profetizam". 15 Por isso, assim diz YHWH:[6] "Os profetas que profetizam em meu nome sem que eu os tivesse enviado e que dizem: 'Espada e fome não atingirão esta terra!', estes mesmos profetas perecerão pela espada e pela fome! 16 E o povo ao qual eles profetizam será jogado nas ruas de Jerusalém por causa da fome e da espada, e não haverá quem os sepulte, nem a eles, nem a suas mulheres, nem a seus filhos, nem a suas filhas. Derramarei sobre eles sua própria maldade!"
B.1
17 E lhes dirás esta palavra:
"Meus olhos derramam lágrimas,
de noite e de dia, sem encontrar descanso.
pois a virgem, filha de meu povo,
foi atingida por um grande desastre,
uma ferida incurável.
18 Se saio para o campo,
eis os feridos pela espada,

---

[6] Omita-se a preposição *'al* "sobre"; o TM (com a preposição) lê: "Por isso, assim diz YHWH sobre os profetas que profetizam em meu nome...". Cf. Rudolph, 1968, p. 100, e BHS.

Jeremias 14

se entro na cidade,
eis as vítimas da fome.
Sim, até o profeta e o sacerdote
vagueiam pela terra sem compreender".
B.2
19 "Acaso rejeitaste Judá completamente,
ou tua alma tomou nojo de Sião?
Por que tu nos feriste tanto
de modo que não há cura para nós?
Esperávamos a salvação, mas não há nada de bom;
o tempo da cura, mas eis o terror!
20 Reconhecemos, YHWH, nossa perversidade
e o delito de nossos pais,
porque contra ti pecamos.
21 Não rejeites por amor de teu nome!
Não desprezes teu glorioso trono!
Lembra-te, não anules tua aliança conosco!
22 Há entre os ídolos[7] das nações quem faça chover?
Ou são os céus que dão as garoas?
Não és tu, YHWH, nosso Deus?
Assim, em ti esperamos,
pois tu fazes tudo isso!"
B.3
15,1 Então YHWH disse para mim: "Ainda que Moisés e Samuel[8]
ficassem de pé diante de mim, eu ficaria insensível a esse povo.[9]
Afasta-os[10] de minha presença para que saiam! 2 E quando te disse-
rem: 'Para onde iremos[11]?', tu lhes responderás: 'Assim diz YHWH:
O que for da morte, para a morte,
o que for da espada, para a espada,
o que for da fome, para a fome,
o que for do cativeiro, para o cativeiro.
3 Castigá-los-ei com quatro tipos[12] de castigo – dito de YHWH –: a es-
pada para matar, os cães para dilacerar, as aves do céu e as feras
da terra para devorar e destruir. 4 E os transformarei em exemplo de

---

[7] Literalmente "sopros, nulidades".
[8] O códice alexandrino da LXX substitui Samuel por Arão.
[9] Literalmente "minha alma não estaria para este povo".
[10] De acordo com Vulgata e Siríaca; o TM lê apenas "afasta".
[11] Literalmente "sairemos".
[12] Literalmente "clãs, linhagens".

208 Primeira parte: Ditos a Israel, Judá e Jerusalém – Jeremias 1-25

terror para todos os reinos da terra, por causa de Manassés, filho de Ezequias, rei de Judá, pelo que fez em Jerusalém'".

Esse longo trecho forma uma estrutura simétrica com dois conjuntos paralelos (A e B), compostos cada um por três elementos litúrgicos (1,2 e 3). Os elementos são os seguintes:
a) descrição da situação de aflição: 14,2-6 (A1) e 14,17-18 (B1)
b) lamento coletivo: 14,7-9 (A2) e 14,19-22 (B2)
c) resposta (negativa) de Deus: 14,10-16 (A3) e 15,1-4 (B3)

Apesar dessa simetria formal, não existe uniformidade de conteúdo. O título (v. 1) menciona uma estiagem. Essa, no entanto, só aparece explicitamente em 14,2-6 (A1) e 14,19 (B2). Nos elementos A2, A3 (14,7-9.10-16), B1 (14,17-18) e B3 (15,1-4), pressupõe-se uma situação de guerra. Estes dois temas – estiagem e guerra –, no entanto, não coincidem com os dois conjuntos litúrgicos. Observa-se também que a primeira resposta de Deus (14,10-16; A3) desemboca num diálogo que introduz um terceiro tema, estranho em uma liturgia: os profetas de salvação. Todas essas observações, somadas à existência de textos poéticos ao lado de trechos em prosa (14,10-16 e 15,1-4), levam à conclusão de que se trata, aqui, de uma composição de diversos textos.

A origem desses textos e as fases do trabalho redacional da composição são complexos e, por isso, também controvertidos. Predomina, atualmente, a ideia de que textos jeremiânicos foram, numa primeira etapa, reunidos numa pequena liturgia (pré-exílica), posteriormente reelaborada pela redação dtr (exílica/pós-exílica). Quanto à delimitação desses textos e à amplitude de cada etapa de trabalho redacional, no entanto, não há consenso.[13]

O jejum, os sacrifícios, as súplicas (14,12), a confissão de culpa (14,7) e os elementos mencionados acima – lamento coletivo,

---

[13] Apesar de encontrar linguagem dtr somente no v. 14,12b.14; 15,4, Thiel I, p. 181ss, considera ambos os trechos em prosa (14,10-16 e 15,1-4) integralmente de lavra dtr. Por isso considera a redação dtr responsável pela forma final da composição que se formou a partir de um trecho litúrgico pré-dtr 14,2-10, ditos jeremiânicos (14,12a.17s) e uma liturgia exílica (14,19-22). Pschibille, 2001, 60s, atribui os v. 2-10a.12a.16b.17aβb ao profeta; os v. 10b.11a.17aα, à redação pré-dtr; e o restante à redação dtr. Wanke I, p. 140, pelo contrário, afirma que todo o complexo é uma composição exílica ou pós-exílica, mas deixa em aberto sua proveniência. Schmidt I, p. 264, encontra linguagem jeremiânica em 14,2-6.7-9.10.17s e linguagem mais recente – dtr e outra – somente em 14,12b-16.19-22; 15,3s. O autor está interessado em mostrar que a proibição de interceder (14,11; 15,1) retrata autêntica experiência profética. Rudolph, 1968, p. 97, por sua vez, afirma que todo o complexo provém de Jeremias e forma uma unidade orgânica sob uma única temática.

Jeremias 14 209

descrição da situação de aflição – apontam para uma situação litúrgica. Por esse motivo, o trecho 14,1-15,4 também é chamado "liturgia profética". Israel conhecia a prática de convocar, em ocasiões especiais de calamidade ou perigo, um dia de lamento do povo ou da comunidade no recinto do templo ou santuário: o dia do "jejum" (1Rs 21,9; Jr 36,6). Na época exílica e pós-exílica, o jejum tornou-se prática litúrgica regular, entre outros, para lamentar a queda de Jerusalém e a destruição do templo (Lm; Sl 74; 79; 83; Zc 7,3.5). Nessas celebrações, era importante a figura do liturgo, que, por um lado, dirigia as preces do povo a Deus ou, então, intercedia pelo povo e transmitia a resposta divina ao povo. Esse duplo papel podia ser assumido por um sacerdote, pelo rei ou também por um profeta (1Sm 7,5; Jr 27,18). Também Jeremias assumiu a função de intercessor de acordo com suas próprias palavras (15,11b; 18,20); ele intercedia por pessoas que o consultavam (37,3; 42,2). A pergunta é se Jeremias exercia essa função de intercessor e intermediário também em celebrações oficiais de lamento coletivo.[14] Dadas as tensas relações que tinha com a classe dos sacerdotes e dos profetas profissionais, isso é improvável. Sabe-se, no entanto, que ditos proféticos foram utilizados em celebrações litúrgicas de lamentação na época exílica e pós-exílica.[15] O longo trecho 14,1-15,4 provavelmente foi construído a partir de uma autêntica liturgia de lamentação pré-exílica por ocasião de uma estiagem, que foi enriquecida, no exílio, por elementos litúrgicos de lamentação sobre as consequências da guerra que levou, em 587, à destruição de Judá e Jerusalém. Nesse caso, além de possivelmente espelhar uma realidade litúrgica existente, a composição final também tinha a intenção de explicar os motivos dessa catástrofe apesar da penitência do povo e da atuação do profeta: Jeremias havia sido proibido de interceder em favor do povo (14,11s; 15,1). Essa intenção fica evidente naquilo que distingue a presente unidade de um genuíno lamento coletivo, a saber: a resposta de Deus ao lamento. Em vez de transmitir uma palavra de consolo e salvação ("oráculo de salvação"), o liturgo anuncia que Deus rejeita a súplica do povo e, além disso, impede que se interceda em seu favor (14,11ss e 15,1ss).

O título, no v. 1, tem a forma incomum de uma oração subordinada introduzida pela partícula relativa *'ashér* (cf. 46,1; 47,1; 49,34); não há oração principal. O atual título deve ser secundário;

---

[14] Reventlow, 1963, p. 149ss, 186ss, afirma que Jeremias ocupava o cargo oficial de intermediário entre Deus e o povo (p. 186: "ministério litúrgico").

[15] Cf. Kilpp, 2017, p. 112ss, sobre a liturgia exílica em Jr 30.

210 *Primeira parte: Ditos a Israel, Judá e Jerusalém – Jeremias 1-25*

presume-se que o original tenha sido simplesmente: "a respeito da grande estiagem" (cf. 21,11; 23,9; 46,2). É provável que esse título breve tenha tido em mente apenas o trecho 14,2-6. O atual título evidentemente abarca toda a composição (14,1-15,4). Para ele não somente as falas divinas em 14,10ss; 15,1ss – que têm suas próprias introduções –, mas também a descrição da desgraça e o lamento do povo são, em última análise, palavra de Deus. A introdução ao segundo conjunto, v. 17aα ("e lhes dirás esta palavra"), retoma o título para assegurar que a palavra de Deus não é uma palavra particular para o profeta, mas está destinada à proclamação pública.

O primeiro conjunto litúrgico é aberto por uma descrição da situação de miséria reinante devido a uma estiagem (v. 2-6; A1). O sujeito desse relato parece ser o profeta. A descrição da situação de calamidade é um elemento constitutivo das lamentações individuais e coletivas nos salmos.[16] Ela busca comover Deus a interferir. Uma catástrofe ambiental de enormes proporções atinge todo o país, Judá, tanto o interior quanto as cidades. Também a capital não é poupada. Estiagens são um fenômeno comum na Palestina, uma região que depende das chuvas periódicas no inverno do hemisfério Norte. Quando essas falham ou são insuficientes, a terra não produz os alimentos necessários para o ano. Uma estiagem podia prolongar-se por mais de um ano (1Rs 17,1). Tanto as cidades (v. 2s) quanto o campo (v. 2.4) sofrem com as consequências da seca. Os verbos do v. 2, que as descrevem, expressam, ao mesmo tempo, o luto do interior do país (Judá) e das cidades.[17] As pessoas ricas da cidade podem enviar servos a cisternas ou depósitos naturais de água mais distantes (v. 3). Mas a estiagem nivela ricos e pobres, pois também os nobres não mais encontrarão água. Os agricultores se preocupam com o campo ressequido e rachado por causa da falta de chuvas (v. 4). Como nada se pode plantar, também não há perspectiva de colheita. Uma colheita farta é o orgulho do agricultor, uma safra frustrada, sua vergonha. O gesto de cobrir a cabeça manifesta sua profunda consternação (2Sm 15,30). Também os animais do campo sofrem com a falta de água e comida (v. 5s). Dois exemplos acentuam a situação dramática em que vivem: a corça tem que abandonar sua cria por falta de comida e até o animal mais resistente da região, o asno selvagem, desfalece de

---

[16] Sobre a estrutura de um salmo de lamentação, cf. Schmidt, 2013, p. 296s. Cf. as descrições da realidade de aflição, p. ex., nos lamentos coletivos Sl 44,10ss; 74,3ss; 79,1ss; 83,3ss; Lm (cf. Jl 1).

[17] Wanke I, p. 141.

Jeremias 14   211

fraqueza enquanto estica seu pescoço – como um chacal ao uivar – tentando farejar umidade.

O segundo elemento do primeiro conjunto (14,7-9; A2) é um lamento coletivo ("nosso/nós"). Como componentes típicos aparecem a invocação, a confissão de culpa, a expressão de confiança, as súplicas, e as queixas introduzidas por "por quê?". De acordo com a fala divina do v. 11, esse lamento do povo ou da comunidade é levado a Deus pelo profeta. O texto não faz referência explícita à seca. Poderia, portanto, ser um lamento proferido também em outra circunstância. A designação de Deus como "guerreiro" (v. 9) parece apontar para uma situação de confronto bélico (cf. Sl 24,8).

No v. 7 predominam a consciência de culpa e a confissão dos pecados do povo. No atual contexto, a catástrofe ambiental que atinge a fauna, a flora, os habitantes do campo e da cidade (v. 2-6) é considerada consequência de delitos humanos. Esses se resumem, em última análise, ao abandono de Deus (*meshubah*, "traição") por parte do povo. Ao trazerem sua confissão a Deus, os orantes têm a esperança de serem ouvidos e de motivarem a ação divina. A súplica – "age por causa/por amor de teu nome!" (cf. v. 21) – reconhece que, por serem culpados, os orantes por si só não oferecem condições suficientes para comover YHWH. Pede-se, então, que YHWH aja de acordo com o que seu próprio "nome" representa para Israel: um Deus misericordioso que se compadece e salva na aflição (cf. Sl 79,8s) ou, como declara a manifestação de confiança do v. 8a: "esperança de Israel" e "salvador no tempo da angústia". Essa presença salvadora de YHWH (v. 9b: "tu estás em nosso meio"), no entanto, não é o que o povo experimenta no momento. As duas perguntas retóricas introduzidas por "por quê?" (v. 8b. 9a) indicam exatamente o contrário: Deus é um estrangeiro em sua própria terra, um viajante que só se desvia do caminho porque necessita de pouso urgente por uma única noite. O povo se queixa de que o "salvador" não se mostra como um herói "guerreiro", antes se comporta como alguém indeciso e até incapaz de ajudar.

Apesar disso, os orantes não desistem de confiar na presença libertadora de YHWH. Provavelmente o v. 9b ("tu estás em nosso meio") se refira à presença de Deus no templo, onde também o nome de YHWH é invocado sobre o povo por ocasião da bênção. O lamento encerra com um grito: "Não nos abandones!" Deus está, agora, com a palavra.

Essa sua palavra nos é apresentada de forma múltipla em 14,10-16 (A3). O v. 10 introduz uma fala divina sobre "este povo" – mas não dirigida diretamente a ele –, na qual o próprio Deus

212 *Primeira parte: Ditos a Israel, Judá e Jerusalém – Jeremias 1-25*

aparece em terceira pessoa (10b). O v. 11 introduz outra fala divina, agora dirigida explicitamente ao profeta. Essa fala inaugura um diálogo entre Deus e Jeremias que desemboca numa terceira fala divina especificamente contra os profetas de salvação (v. 15). Por causa da linguagem dtr nos v. 12b.14-16[18] e por causa da temática deslocada dos falsos profetas no contexto da liturgia de lamentação, os v. 12b-16 devem ser considerados dtr ou – dito de forma vaga – acréscimos secundários.[19]

Essa resposta de Deus ao lamento não é um "oráculo de salvação", como se esperaria, mas uma denúncia que forma a justificativa de um anúncio de juízo sobre o povo (v. 10). A denúncia não é nada específica: "eles gostam de vagar e não detêm seus pés". A metáfora talvez aluda à inconstância e volubilidade do povo, que, uma vez corre atrás de outras divindades, outra vez, busca socorro em YHWH (2,27). O anúncio de juízo, v. 10b, é uma citação de Os 8,13aβbα, o que explica a terceira pessoa de YHWH na fala divina. O termo utilizado – "(não) agradar-se" – é típico do juízo que o sacerdote emite sobre se um sacrifício pode ser aceito ou não (6,20; cf. Lv 1,4; 7,18; 22,25.27). No v. 12, Deus não se agrada dos sacrifícios que o povo oferece. No v. 10, é o próprio povo que desagrada a Deus. Já que Deus não mais ouvirá nenhum lamento, nem atenderá nenhuma súplica, nem levará em consideração o culto e os sacrifícios oferecidos (v. 12a), a intercessão não tem mais sentido. O profeta Jeremias é, portanto, proibido de dar continuidade à sua função de intercessor (15,11b; 18,20). Também Amós intercedeu, nas duas primeiras visões (Am 7,2.5), em favor de Israel. Nas duas visões seguintes (7,8; 8,2), no entanto, não mais intercede, porque a decisão de Deus tornou-se irrevogável.

O v. 13 introduz o tema inesperado dos profetas de salvação, também chamados, de acordo com a LXX, "falsos" profetas. O fato não precisa causar estranheza, pois havia profetas vinculados ao culto que proferiam oráculos de salvação quando consultados. No próprio livro de Jeremias, os profetas aparecem lado a lado com os sacerdotes como adversários de Jeremias (2,8; 4,9; 5,31; 23,11; 26,7.8.11 e.o.). Chama a atenção que Jeremias reage ao anúncio

---

[18] Cf. nota 13 acima. A tríade dtr "espada, fome e peste" do v. 12b reaparece quatro vezes como "espada e fome" nos v. 13-16; o termo *qésem* do v. 14, que desqualifica os profetas, também se encontra em Dt 18,10; 2Rs 17,17; o v. 16 alude aos cadáveres insepultos do trecho dtr Jr 8,2.

[19] Thiel I, p. 182ss; Wanke I, p. 144s; Schmidt I, p. 271; Pschibille, 2001, p. 61 (com exceção do v. 16b: "Derramarei sobre eles sua própria maldade").

Jeremias 14 213

divino de juízo e procura desculpar o povo, ou seja, age como seu intercessor (v. 13).[20] A culpa é lançada sobre os formadores de opinião e influenciadores do comportamento do povo: os profetas. Esses vendem ilusões de tranquilidade, bem-estar e felicidade "neste lugar". O lugar não é especificado. Provavelmente se trata de Jerusalém, a cidade protegida pela mera presença do templo de YHWH. O que se diz sobre os profetas de salvação repete afirmações que se encontram em outras partes do livro (4,10; 5,12; 6,14=8,11; 23,16-22; cf. 27,10.14-16; 29,8s).[21] Em suma, eles não foram autorizados por Deus. Por isso o seu destino será experimentar aquilo que eles próprios profetizaram que não aconteceria (v. 15). Mas o protagonismo dos profetas não isenta o povo de sua própria responsabilidade; profetas e população terão o mesmo destino (v. 16).

O v. 17aα introduz o segundo conjunto (B) de elementos litúrgicos ("E lhes dirás esta palavra"). O primeiro elemento desse conjunto é a descrição de uma situação de desgraça (v. 17-18; B1). Mas não mais se trata de uma estiagem. A terminologia utilizada aponta para as consequências de um conflito bélico: "grande desastre", "feridos" fora e "fome" dentro da cidade. Na origem, esse elemento litúrgico é um lamento profético sobre a desgraça futura do povo como o encontramos em outras partes do livro (4,19-21; 8,18-23; 13,17). Por isso não há motivos para duvidar da autoria jeremiânica desse lamento (14,17s). Mais difícil é saber se o lamento foi, na origem, proferido sobre um evento já ocorrido ou se é antecipação visionária de um evento futuro.[22] Mas sabemos que as descrições da catástrofe futura prevista pelo profeta tornaram-se, após o cumprimento da profecia, no exílio, descrição da situação de miséria do povo em sua época.[23] Portanto, as duas opções não são necessariamente excludentes. Em todo caso, a situação vista ou vivida é a de um cerco da cidade de Jerusalém: fora dos muros que a protegem, veem-se pessoas mortas; dentro dos muros existe fome, porque o sítio impede o fornecimento de alimentos à população urbana. O lamento conclui com a constatação de que a liderança religiosa já não sabe o que fazer (v. 18b). Conforme o redator,

---

[20] Reventlow, 1963, p. 169.
[21] Cf. excurso "Verdadeiros e falsos profetas", sob Jr 28.
[22] Rudolph, 1968, p. 101, pensa numa visão profética; Wanke I, p. 145s, afirma que é uma reação do profeta à catástrofe já ocorrida de 587; Schmidt I, p. 272, propõe que seja uma visão, que, no entanto, já conhece alguns prenúncios da realidade futura.
[23] Cf. Kilpp, 2017, p. 112ss, sobre a liturgia exílica em Jr 30.

214 *Primeira parte: Ditos a Israel, Judá e Jerusalém – Jeremias 1-25*

também o lamento profético é palavra de Deus a ser transmitida pelo profeta (v. 1.17aα).

O segundo elemento do segundo conjunto litúrgico (14,19-22; B2) é um lamento coletivo como 14,7-9 (A2). Terminologia, conteúdo e afinidade com salmos exílicos depõem contra o surgimento pré--exílico do trecho.[24] Comparado com A2, o trecho B2 contém verbos com maior carga emotiva e súplicas que beiram a reivindicações. Três perguntas refletem a queixa dos suplicantes e questionam a atitude de YHWH (v. 19). Ações que refletem emoções fortes e demasiadamente humanas como "rejeitar completamente", "(a alma) tomar nojo" e "ferir com ferimento incurável" são atribuídas a Deus. Percebe-se um tom de crítica. Afinal, as expectativas vinculadas a YHWH – salvação e cura – foram totalmente frustradas. Mas não falta reconhecimento da culpa; tampouco se desconhece uma história de culpa do povo, que abarca os antepassados dos suplicantes (v. 20). Tudo isso deveria motivar a intervenção divina em favor das pessoas que a ele se dirigem. As quatro súplicas que seguem, no v. 21, são apelos a YHWH para que reaja, se não por misericórdia, pelo menos por interesse próprio ("por amor de teu nome").[25] Deus deveria estar interessado em preservar a imagem que se vincula a seu nome ("não rejeites"; cf. Is 52,5s; Jr 14,7) e em valorizar sua própria morada, "seu glorioso trono". Esse pode ser o templo (17,12) ou, então, por extensão, Sião e Jerusalém (3,17). As duas últimas súplicas dizem respeito à aliança (*b^{e}rit*): "lembra" e "não anules". Deus é intimado, aqui, a cumprir sua parte do compromisso (Jr 2,1), apesar de Israel e Judá não terem feito a parte que lhes cabia (Jr 11,1ss; 31,32). Apesar do tom reivindicatório, existe a consciência de que somente a ação unilateral de Deus pode sustentar a aliança.[26]

O lamento termina com uma expressão de confiança (v. 22). Existe esperança em YHWH, o Deus criador do universo (10,12s.16). Esse versículo final retoma, em forma de três perguntas, o tema da estiagem de 14,4: somente YHWH é capaz de fazer chover. Nem as divindades ou os ídolos ("nulidades"; cf. 2,5b; 8,19) das nações nem mesmo os céus são, por si só, capazes disso. Existe a compreensão de que também os fenômenos da natureza acontecem por

---

[24] "A alma toma nojo" (Lv 26,11.30.43), "lembrar/anular a aliança" (Lv 26,15.42.44), "trono glorioso" (Jr 3,17); a incomparabilidade de YHWH (Is 40,25s; 44,6s; Jr 10,6s e.o.) e o tema da aliança (11,1ss), além da afinidade com Sl 74,1; Lm 5,22 (cf. Sl 44,10.24).

[25] Fischer I, p. 487.

[26] Fischer I, p. 488.

Jeremias 14   215

iniciativa e vontade divinas. O lamento conclui com a esperança de
que Deus intercederá em favor dos orantes.

A resposta divina é dada no trecho em prosa 15,1-4 (B3). Ela
forma o fechamento de toda a composição e é dirigida ao profeta
para que ele a transmita ao povo. Linguagem e motivos indicam a
origem ou, ao menos, a influência dtr.[27] Em vez do esperado oráculo de salvação, o povo receberá o anúncio da rejeição definitiva
de Deus (v. 1). Ela é definitiva, porque nem mesmo importantes
personagens da história de Israel e grandes intercessores como
Moisés[28] e Samuel[29] não conseguiriam demover Deus de seu plano.[30] A rejeição é descrita com termos que expressam forte envolvi-
mento emocional de Deus: "ficarei insensível" (v. 1) é uma tentativa
de traduzir a expressão "minha alma não mais está em favor do
povo". A alma representa, aqui, o mais íntimo do ser de YHWH. O
povo deve ser afastado ("lançado") para longe da presença de Deus
(no templo de Jerusalém?). Esse afastamento equivale a uma exco-
munhão. A antecipação da pergunta do povo "para onde iremos?"
(cf. Jo 6,68) possibilita a introdução do breve, mas marcante trecho
poético (v. 2b). O conhecido trio do juízo – espada, fome e peste – é,
aqui, substituído por um quarteto do juízo: morte, espada, fome e
cativeiro.[31] Na perspectiva da realidade do exílio, pode-se, em todo
caso, explicar a inclusão do cativeiro. A estiagem mencionada no
início da composição foi completamente esquecida. O foco está na
catástrofe que atingiu o povo em 587.

O v. 3 acrescenta outros quatro "tipos de castigo". A morte pela
espada não é o fim; os cadáveres ficarão insepultos e serão arrasta-
dos por cães (cf. 1Rs 21,19; 2Rs 9,35-37), dilacerados, consumidos
e destruídos por abutres e chacais (cf. 7,33). Cadáveres insepultos
são considerados uma maldição (Dt 28,26; 2Sm 21,8-10; 1Rs 16,4;
21,24; cf. Dt 21,22s; Tb 2,7). Não se pode conceber ultraje maior
contra seres humanos do que a dilaceração e o consumo macabro
de seus cadáveres. A composição termina de forma estranha: a

---

[27] Thiel I, p. 187ss; Wanke I, p. 148. Quanto à fórmula da catástrofe abreviada "exemplo de terror", no v. 4, cf. Dt 28,25; quanto às outras ocorrências da fórmula, cf. o
excurso "Linguagem, estilo e terminologia deuteronomistas", em Jr 7,1-8,3; sobre
Manassés como causa do juízo divino, cf. 2Rs 21,1-17; 23,26s; 24,3s; quanto aos
cadáveres que servirão de pasto para aves e animais, cf. Dt 28,26; Jr 7,33.
[28] Êx 32,11-14.31-33; Nm 14,13-20; Dt 9,18-29; Sl 99,6.
[29] 1Sm 7,8s; 12,19-23; Sl 99,6.
[30] Para Kirst, 1984, p. 182, Jr 15,1s "é um dos textos mais chocantes do livro de Jeremias".
[31] De acordo com Rudolph, 1968, p. 103, "morte" substitui, aqui, o tradicional termo
"peste" (cf.14,12).

216   *Primeira parte: Ditos a Israel, Judá e Jerusalém – Jeremias 1-25*

culpa de toda essa enorme calamidade é de uma única pessoa, o rei Manassés. Não mais se menciona a culpa do povo, que ele próprio admitiu e confessou (14,7.20). É uma tendência da história dtr atribuir a catástrofe de 587 aos reis que levaram o povo à apostasia. E o rei mais visado pelos redatores é Manassés (2Rs 21,1-17; 23,26s; 24,3s). A questão sobre se a narrativa de 2Rs 21,1-17 e a visão dtr sobre o rei Manassés estão baseadas em fatos históricos é bastante controvertida.

JEREMIAS 15

Jr 15,5-9 Jerusalém desolada

5 Quem tem pena de ti, Jerusalém?
Quem te dá os pêsames?
E quem se desvia do caminho
para perguntar se estás bem?
6 Tu me rejeitaste – dito de YHWH –,
tu me deste as costas!
Então estendi minha mão contra ti e te arruinei;
cansei-me de ter piedade.
7 Eu os joeirei com uma pá,
nas cidades[1] do país;
eu desfilhei, destruí meu povo,
por não terem voltado de seus caminhos.
8 Suas viúvas tornaram-se mais numerosas
do que a areia do mar.
Sobre a mãe do jovem guerreiro eu trouxe
o destruidor ao meio-dia;
de repente, fiz cair sobre ela
o medo e o terror.
9 Desfalece a que deu à luz sete filhos,
sua respiração torna-se ofegante.
O sol se lhe põe enquanto ainda é dia,
ela está envergonhada e desonrada.
O que resta deles entregarei à espada
diante de seus inimigos – dito de YHWH.

O trecho constitui uma fala divina a Jerusalém, imaginada como mulher (2ª p. f. sing.). Esse tratamento, no entanto, sofre variações: os v. 7 e 9b usam a 3ª p. m. pl. quando falam da desgraça que sobreveio ao povo. Também há uma inconstância nos tempos verbais: todos estão no perfeito, menos o verbo do v. 9b ("entregarei"). Além disso, o trecho apresenta uma curiosa mistura de formas. De um lado, predomina o aspecto da descrição da aflição, típica do lamento (v. 5.8aα.9a), de outro, o anúncio de juízo com a respectiva justificativa ou denúncia (v. 6.78aβb.9b).

---

[1] Literalmente "portões".

218   *Primeira parte: Ditos a Israel, Judá e Jerusalém – Jeremias 1-25*

Essa mescla depõe a favor de uma composição literária que, no entanto, deve preservar mensagem profética original.[2] Os verbos no perfeito podem ser interpretados como descrição de eventos já ocorridos ou como eventos futuros antevistos pelo profeta (perfeito profético). Quem se decide pela primeira opção pensa em eventos relacionados a um cerco de Jerusalém, em 598 ou 587, pois o inimigo espalha terror nas cidades do interior, mas a desgraça ainda não atinge a capital.[3]

O v. 5 abre o trecho com três perguntas retóricas que receberiam uma única resposta: "Ninguém!" Ninguém tem pena de Jerusalém, ninguém lhe presta as condolências e lhe manifesta solidariedade no luto (cf. Is 51,19; Na 3,7), ninguém sequer pergunta por seu bem-estar. Jerusalém está abandonada e solitária em sua dor. A causa está na ruína que atingiu a cidade por ela ter abandonado YHWH. A medida de paciência e compreensão de Deus se enchera (v. 6). Jerusalém, portanto, provocou sua própria ruína. A imagem de joeirar o cereal ao vento (v. 7a) pode significar positivamente o processo de separar o grão da palha (Jr 4,11) ou, então, negativamente, a dispersão da palha ao sabor do vento (Is 41,16; Jr 51,2; Ez 5,2). Num contexto de anúncio de juízo, a segunda opção é a mais provável, ou seja, o povo foi ou será disperso. O processo de joeirar equivale, em 7b, a uma "desfilhação": o povo perdeu seus filhos, uma vez que foram ou mortos ou levados ao cativeiro.

Os v. 8 e 9 apresentam três outras imagens, todas elas de mulheres. As mulheres são as que mais sofrem numa guerra. A morte de soldados deixa para trás viúvas sem proteção e, na grande maiora das vezes, sem recursos. A areia do mar que servia de metáfora para a numerosa descendência de Israel (Gn 22,17; 32,13; Is 48,19) se transforma na imagem da dizimação da população. As mulheres não perdem apenas seus maridos, mas também seus filhos na guerra. O destruidor do meio-dia já foi entendido como o ladrão que não assalta às escondidas, mas à vista de todos.[4] Mas o meio-dia também pode se referir ao momento da batalha em que tudo se decide (1Sm 11,11).[5] Por fim, a grande alegria de uma mulher que deu à luz sete filhos (cf. 1Sm 2,5) se transforma em

---

[2]   Wanke I, p. 150, atribui o texto a Jeremias com exceção das partes em que aparece a 3ª p. m. pl. (v. 7a.9b).

[3]   Rudolph, 1968, p. 103, e Weiser I, p. 128, optam por 598; Wanke I, p. 150, permanece indeciso.

[4]   Rudolph, 1968, p. 102.

[5]   Cf. Wanke I, p. 150

Jeremias 15 219

profunda tristeza. Sem marido e sem filhos, a mulher não só precisa suportar vergonha, mas também tem poucas chances de sobreviver numa sociedade patriarcal. Essa situação sem perspectiva é como uma morte prematura: para ela o sol já se põe enquanto é dia (v. 9a). Como se tudo isso não bastasse, o trecho acrescenta, no final, o anúncio de um extermínio futuro do resto da população pela espada do inimigo. Essa ameaça deve ser entendida como um alerta aos que se salvaram da catástrofe de 597 ou 587, para que não incorram no mesmo erro das gerações anteriores?

Jr 15,10-21 Lamento e repreensão (Segunda "confissão")

10 Ai de mim, minha mãe, por me teres dado à luz,
um homem de briga e de discórdia para todo o país!
Não sou credor nem devedor de ninguém,
mas todos me amaldiçoam![6]
11 Certamente te servi[7] com boas intenções, YHWH,
e intercedi junto a ti pelo inimigo,
em época de desgraça e de necessidade.
12 "Pode-se quebrar ferro, ferro do norte, e bronze?
13 Tua riqueza e teus tesouros
darei por presa, gratuitamente,[8]
por causa de todos os teus pecados,
em todo o teu território.
14 Eu te farei servir[9] a teus inimigos
em uma terra que não conheces,
pois um fogo se acendeu em minha ira,
ele arde contra vós."
15 Tu o sabes![10]
YHWH, lembra-te de mim, intervém em meu favor,
e vinga-me dos que me perseguem!

---

[6] Cf. proposta de BHS; Rudolph, 1968, p. 104: separação incorreta de palavras no TM.

[7] Literalmente: "Que assim seja (*'amen*), YHWH, se não te tivesse servido" (em resposta à maldição mencionada no versículo anterior). A pesquisa tem geralmente seguido Duhm, 1901, p. 134, na reconstrução do v. 11; cf. Rudolph, 1968, p. 104, e BHS.

[8] Literalmente "não a preço de custo".

[9] De acordo com o texto paralelo de Jr 17,4, a LXX e a Siríaca. O TM lê: "eu farei passar teus inimigos" (troca de letra).

[10] Supõe-se que essas duas palavras hebraicas tenham formado originalmente o final do v. 11, tendo sido deslocadas com a interpolação dos v. 12-14; BHS; Rudolph, 1968, p. 104; veja comentário.

Que a lentidão de tua ira não me destrua![11]
Reconhece que por tua causa sofro humilhação!
16 Quando encontrava palavras tuas, eu as devorava;
tua palavra era para mim um deleite,
e uma alegria para meu coração,
pois teu nome era invocado sobre mim,
YHWH, Deus dos Exércitos.
17 Nunca me sentei, para me divertir, na roda dos que se alegram.
Por causa de tua mão sentava sozinho,
pois tu me encheste de cólera.
18 Por que minha dor dura tanto
e minha ferida é incurável
e se recusa a sarar?
Tu és para mim como ribeiro enganador,
águas em que não se pode confiar.
19 Por isso, assim diz YHWH:
"Se retornares, eu te farei retornar
para estares diante de mim.
Se proferires coisas preciosas e não levianas,
serás minha boca.
Então eles se voltarão para ti,
mas tu não te voltarás para eles.
20 Eu te farei, para este povo,
uma muralha de bronze, invencível;
eles lutarão contra ti,
mas nada poderão contra ti,
pois eu estou contigo
para te salvar e livrar – dito de YHWH.
21 Eu te livrarei da mão dos perversos,
e te resgatarei das garras dos violentos".

Esse trecho é considerado a segunda confissão de Jeremias. Há muita controvérsia quanto à sua autoria. Há aqueles que não têm nenhuma dúvida quanto à sua autenticidade profética;[12] mas também há os que afirmam que o trecho nada tem de profético.[13]

---

[11] Literalmente: "que não me arranques [desta vida] por causa da lentidão de tua ira (*scil.* contra os perseguidores)".
[12] Rudolph, 1968, p. 106; Weiser I, p. 30; Ittmann, 1981, p. 126ss, 158ss, e.o.
[13] Reventlow, 1963, p. 210ss (o texto é um formulário litúrgico lido pelo profeta); Wanke I, p. 152s (composição pós-exílica com o objetivo de mostrar como o profeta sofreu por causa de sua missão).

Jeremias 15 221

Uma decisão a respeito depende de como se avalia a combinação de elementos proféticos com elementos dos salmos de lamentação nas confissões. Quem acentua a linguagem e a forma dos salmos tende a defender que um redator compôs um lamento litúrgico e inseriu nele conteúdos proféticos oriundos de outras partes do livro. Inversamente, quem acentua os conteúdos proféticos tende a afirmar que o próprio profeta usou elementos litúrgicos para expressar sua dor. Talvez nunca se possa chegar a um consenso nessa discussão. Aqui partimos do pressuposto de que os elementos proféticos refletem o conteúdo da mensagem de Jeremias, independentemente de quem escreveu a unidade. Nesse sentido, a "confissão" é "autêntica". Mas a linguagem litúrgica, vaga e inespecífica por natureza, não nos permite tirar conclusões apressadas sobre a vida interior do profeta ou sobre situações e inimigos concretos de sua vida.[14]

A confissão tem a forma de um lamento individual de três partes (10-11.15-18.19-21). O anúncio de juízo dos v. 12-14 interrompe esse lamento. Por isso é provável que ele tenha sido intercalado no lamento.[15] Em favor disso depõe o fato de 15,13s ser muito parecido com 17,3s. É bem possível que 15,12-14 tenha sido formulado a partir de empréstimos de 17,3s. Sua introdução no atual contexto pode ter ocasionado o deslocamento da conclusão do v. 11 para seu atual lugar no início do v. 15 ("tu o sabes!").[16]

Um grito de dor e desespero ("Ai de mim!"), quase tão forte quanto a maldição do dia do nascimento (20,14; cf. Jó 3,3), abre o lamento (v. 10). Embora dirigido à mãe, o grito questiona Deus, o doador da vida. O profeta não mais vê sentido em sua vida, porque se tornou um "homem de briga e de discórdia". Apesar de os termos pertencerem ao ambiente jurídico, não se pode afirmar que o profeta esteja sendo processado. Mas é óbvio que os conflitos devem estar relacionados com sua mensagem, que desagradava muitos de seus ouvintes e criou inimizades. Tomar dinheiro emprestado ou emprestar dinheiro a alguém pode se tornar motivo de brigas. Mas isso não quer dizer que esse seja o motivo concreto de o profeta ser amaldiçoado. Trata-se, antes, de um exemplo de como alguém pode fazer inimigos. Em todo caso, o profeta não fez nada de errado para merecer a maldição de seus contemporâneos. Esses não são identificados; "todos" e "em todo o país" são uma hipérbole. Dirigindo-se diretamente a YHWH, o profeta também afirma que

---

[14] Veja excurso "As 'confissões' de Jeremias", sob 11,18ss.
[15] Schmidt I, p. 276.
[16] V. nota 10 acima.

222 *Primeira parte: Ditos a Israel, Judá e Jerusalém – Jeremias 1-25*

cumpriu suas obrigações para com Deus (v. 11)[17] e até intercedeu por seus inimigos quando estavam em apuros. Assim, o profeta afirma ser inocente diante de Deus e de seus contemporâneos, não merecendo, portanto, estar na situação de desespero em que se encontra. As duas primeiras palavras do v. 15 "(Tu o sabes") devem ser a conclusão dessa primeira parte do lamento, como vimos acima. Deus sabe que o profeta intercedeu pelos inimigos. Aqui (ainda?) não há nada que reflita a proibição de interceder pelo povo.

Os v. 12-14 são um anúncio de desgraça inseridos no lamento para exemplificar o pedido de vingança do v. 15. Originalmente o anúncio deve ter sido proferido contra Judá (cf. 17,1-4); no atual contexto, a fala divina se destina aos inimigos do profeta. A pergunta retórica se bronze ou ferro do norte podem ser quebrados – a ser respondida negativamente – pode ser uma alusão à invencibilidade do inimigo do norte (Jr 6,22ss). Esse exército poderoso saqueará as propriedades do país – no atual contexto, os tesouros dos inimigos do profeta – e as levará ao cativeiro. Tudo por causa de seus pecados.

O lamento iniciado nos v. 10s continua, no v. 15, com diversos imperativos dirigidos a YHWH. Os dois primeiros imperativos têm significado positivo: "lembra-te de mim" e "intervém a meu favor"/"preocupa-te (comigo)"; o terceiro é um pedido de vingança contra os inimigos ("vinga-me"). A vingança pressupõe que o Deus da justiça não permite a impunidade. A vingança, delegada a Deus, permite a reabilitação daquele que sofreu uma injustiça (cf. 11,20; 12,3; 18,21s). Aparentemente o pedido de vingança contra o inimigo não está em contradição com a intercessão do profeta em favor do inimigo (v. 11). A proibição do v. 15aβ ("que não me destrua a lentidão de tua ira") está relacionada com o pedido de vingança. O profeta suplica que a reconhecida compaixão e longanimidade de Deus (Êx 34,6s; Sl 103,8; Jl 2,13; Jn 4,2 e.o.) não venham a retardar ou até mesmo impedir a vingança desejada. Uma eventual demora da intervenção divina pode acarretar a morte do suplicante. O profeta lembra YHWH de que, em última análise, toda a humilhação que ele sofre é por sua causa. Assim espera comover Deus a intervir em seu favor.

O v. 16 fala da missão profética de ser mensageiro de Deus. Essa tarefa pressupõe a recepção da palavra. Essa é concebida

---

[17] O v. 11 adota a formulação complexa da automaldição ("que assim seja, YHWH, se não te servi... e não intercedi...") certamente por causa das maldições mencionadas no final do v. 10 (cf. nota 7 acima).

Jeremias 15 223

como algo de fora que "ocorre" ao profeta. Ela nem sempre está à disposição, mas pode ser encontrada. À semelhança de Ezequiel, que tem uma visão em que come um rolo com lamentos e ais, mas que deixa na boca um sabor doce como mel (Ez 2,8-3,3), também Jeremias se alegra quando encontra uma palavra de Deus. Isso confirma que o profeta foi designado por Deus para transmitir sua mensagem? Em todo caso, ter "o nome de YHWH invocado sobre" si significa estar a serviço de YHWH.

Por causa da mensagem de desgraça ("cheia de cólera") que o profeta é constrangido a anunciar, ele se torna um ser associal, obrigado a renunciar a uma vida despreocupada em companhia de amizades (v. 17). A "roda dos que se alegram" não é idêntica à "roda dos escarnecedores" do Sl 1,1, mas a convivência social saudável de pessoas que sabem alegrar-se com as coisas boas da vida. Porém sua missão transforma o profeta, contra a vontade, numa pessoa solitária.[18] O isolamento imposto pela sociedade leva ao autoisolamento (cf. Jr 16). O sofrimento decorrente dessa solidão é comparado a uma ferida incurável. A pergunta pelo porquê, típica do salmo de lamentação, desemboca numa terrível suspeita: Deus não é confiável (v. 18). Ele é comparado a um _wadi_, um córrego que nem sempre tem água, ou seja: promete algo que não cumpre. As expectativas vinculadas a YHWH não se concretizam. Em Jr 2,13, Deus ainda havia sido comparado a uma fonte de água viva, corrente; aqui, o profeta o experimenta como um "ribeiro enganador", um Deus que decepciona. "Essa é certamente uma das afirmações mais duras [sobre Deus] no Antigo Testamento."[19]

A terceira e última parte do lamento apresenta a resposta de Deus ao desespero e à decepção do profeta (v. 19-21). Esse oráculo de salvação, no entanto, inicia, como em 12,1-5, com uma reprimenda. O jogo de palavras com a raiz _shub_ ("voltar, retornar, dar meia volta, converter-se") não é muito claro: "se retornares, eu te farei retornar". Pelo visto, o profeta suplicante estava indo numa direção errada, da qual é chamado a voltar. Como esse retorno é impossível por próprias forças, Deus promete ajudá-lo. Esse rumo errado é descrito, em 19b, como "proferir coisas levianas". Quais seriam essas palavras levianas? Aquelas que tentam responsabilizar Deus pelas agruras do profeta? Ou aquelas que afirmam que a ação divina não tem sentido? Ou, então, aquelas que suspeitam

---

[18] Cf. Duemes; Raymann, 2001, p. 15.
[19] Schmidt I, p. 282.

224 *Primeira parte: Ditos a Israel, Judá e Jerusalém – Jeremias 1-25*

que, no fundo, Deus é arbitrário e não confiável?[20] Não sabemos ao certo. Em todo caso, cumpridas as condições de "retornar" e "proferir coisas preciosas", o profeta pode voltar ao "serviço de YHWH",[21] ou seja, ser seu porta-voz ("boca"). A consequência desse retorno do profeta será que seus inimigos deixarão de amaldiçoá-lo e de isolá-lo para novamente lhe dar atenção. É assim que Deus imagina concretizar a vingança contra os inimigos do profeta? Este, no entanto, não retribuirá essa atenção; ele não deixará que eles influenciem o conteúdo de sua pregação. Será que também deixará de interceder por eles? Em todo caso, Deus renova, no final, a promessa feita por ocasião da vocação (v. 20s; cf.1,8.18s): ele não abandonará seu profeta nas adversidades, mas lhe dará força suficiente para resistir aos ataques ("muralha de bronze"). Deus não promete eliminar os problemas de Jeremias, mas ajudá-lo a enfrentá-los.[22]

---

[20] Cf. Wanke I, p. 155.

[21] "Estar de pé diante de" pode referir-se ao serviço sacerdotal (Dt 10,8; Jz 20,28; 1Rs 8,11), mas também à missão profética (1Rs 17,1; 18,15; 2Rs 3,14).

[22] Cf. Füglister, 2004, p. 245.

JEREMIAS 16

Jr 16,1-9 A vida do profeta como sinal

1 E veio a mim a palavra de YHWH: 2 "Não tomes mulher para ti nem tenhas filhos ou filhas neste lugar! 3 Pois assim diz YHWH a respeito dos filhos e das filhas que nascerem neste lugar, e a respeito de suas mães que os derem à luz, e a respeito de seus pais que os gerarem nesta terra: 4 'Eles morrerão de doenças terríveis.[1] Não serão pranteados nem sepultados: servirão de esterco no campo. Perecerão pela espada e pela fome, e seus cadáveres servirão de alimento para as aves do céu e as feras do campo'". 5 Pois assim diz YHWH: "Não entres em casa onde haja velório[2] nem participes de lamentos nem lhes[3] prestes condolências! Pois retirei minha paz deste povo – dito de YHWH –, a solidariedade e a misericórdia. 6 Grandes e pequenos morrerão nesta terra e não serão sepultados; não se fará lamento fúnebre por eles, nem se farão incisões, nem se rasparão as cabeças por eles. 7 Não se partirá o pão[4] com o enlutado para consolá-lo por um falecido, nem se lhe dará o cálice da consolação por seu pai ou sua mãe. 8 Não entres em uma casa onde há festa a fim de sentar-se com eles para comer e beber. 9 Pois assim diz YHWH dos Exércitos, o Deus de Israel: 'Eis que farei cessar neste lugar, a vossos olhos e em vossos dias, o grito de júbilo e o grito de alegria, a voz do noivo e a voz da noiva'".

Introduzido pela fórmula do acontecimento da palavra típica para os relatos em primeira pessoa,[5] o trecho em prosa reúne três ações simbólicas que refletem a vida solitária de Jeremias, mencionada, p. ex., em 15,17. Geralmente se admite que o cerne do atual relato é do próprio profeta, por causa do conteúdo inusitado e difícil de ser inventado. Mas também é provável que o relato original tenha recebido alguns retoques da redação, em especial no v. 4aβb, que claramente contém linguagem dtr ("servirão de esterco no campo.

---

[1] Literalmente "(morrerão) de tipos de morte por doenças".
[2] Quanto a *bet marzeaḥ* ("casa de celebrações [fúnebres])" no antigo Oriente e no AT, cf. Fabry, 1984, col. 11-16, e Jeremias, 1995, p. 85s.
[3] O TM traz o pronome pessoal, apesar de não serem mencionadas pessoas.
[4] De acordo com a LXX; o TM lê "lhes" em vez de "pão"; cf. BHS.
[5] Cf. Jr 1,4.11.13; 13,3.8; 18,5 e.o. Cf. também o excurso "Ações simbólicas", sob 13,1-11.

226 *Primeira parte: Ditos a Israel, Judá e Jerusalém – Jeremias 1-25*

Perecerão pela espada e pela fome, e seus cadáveres servirão de alimento para as aves do céu e as feras do campo").[6]

As três ações simbólicas contêm apenas dois de seus elementos constitutivos: as ordens (v. 2.5a.8) e as interpretações (v. 3s.5b6.9). Faltam as execuções das respectivas ordens, provavelmente porque não se trata de ações pontuais, mas de condutas que se estendem por grande parte da vida do profeta.[7] Além disso, não são, a rigor, ações, mas não-ações. As interpretações são introduzidas pela fórmula do mensageiro, porque se destinam à transmissão.[8]

A primeira ordem proíbe o profeta de contrair matrimônio e constituir família (v. 2). O celibato era, no antigo Israel, incomum, pois filhos e filhas eram sinais da bênção divina (Sl 128) e, além disso, a garantia de sobrevivência da família e da memória dos pais. A falta de filhos, por sua vez, era considerada um destino cruel (Gn 18,9ss; 1Sm 1,4ss), a morte dos filhos, um castigo de Deus (Is 47,9; Os 9,12-14). Apesar de Jeremias ter recebido uma ordem contrária à de Oseias, que foi constrangido a contrair matrimônio e ter filhos, ambos os profetas integraram sua vida familiar em sua proclamação. Tanto os nomes dos filhos de Oseias (Os 1,4.6.9) quanto a falta de filhos de Jeremias prefiguram o futuro do povo de Deus, no caso de Jeremias, a morte de filhos e filhas por terríveis doenças (16,4).

A segunda ordem proíbe o profeta de participar de reuniões em espaços comunitários onde ocorriam celebrações acompanhadas de refeições (cf. Am 6,7). Em nosso caso, o profeta deve abster-se de ritos fúnebres. Os v. 6s mencionam alguns desses ritos: o lamento fúnebre ou pranto, as condolências, a raspagem da cabeça (Jr 41,5; 47,5; 48,37), as incisões (Jr 47,5; 48,37) e a oferta do pão e do cálice da consolação às pessoas enlutadas (Os 9,4; Ez 24,22). Na teologia oficial posterior, algumas dessas práticas foram proibidas (Lv 19,27-28; 21,5; Dt 14,1). Essa atitude

---

[6] Cf. Jr 7,33; 15,3; 19,7; 34,20 e Dt 28,26. Thiel I, p. 196, admite que, apesar da ausência de linguagem dtr, talvez também o v. 3b ("e a respeito de suas mães...") seja redacional por acrescentar mães e pais num anúncio que diz respeito aos filhos. Apesar de o final do v. 9 apresentar linguagem típica ("o grito de júbilo e o grito de alegria, a voz do noivo e a voz da noiva"; cf. 7,34; 25,10 e.o.), Thiel I, p. 197, afirma que o versículo faz parte do relato original. Seria, então, o versículo matriz das outras ocorrências.

[7] Também no relato da ação simbólica de 19,1s.10s, a execução da ordem está apenas implícita.

[8] Por isso a fórmula do mensageiro no início de v. 5a talvez tenha estado originalmente no início de 5b (cf. Schmidt I, p. 287, nota 10).

Jeremias 16 227

do profeta deve ter chamado a atenção, pois significava uma afronta às convenções sociais e uma falta de consideração para com a família enlutada. A negação do simples gesto de solidariedade para com pessoas que sofrem uma perda antecipa o drástico ato divino de retirar do povo a "paz, a solidariedade e a misericórdia" (v. 5).

A última ordem proíbe o profeta de participar de festas e comemorações alegres como casamentos. A alegria dos noivos simboliza o alegre convívio social. Também essa atitude antissocial de Jeremias, difícil de não ser notada, antecipa um futuro sem alegria nem comemoração nem festa. A mensagem do profeta vai mudar após a concretização do exílio de 597: os exilados são estimulados a constituir famílias e a multiplicar-se em terra estrangeira e, além disso, a buscar o bem-estar ("paz") no convívio harmonioso com os concidadãos babilônios (Jr 29,5-7).

As três ações simbólicas coincidem com o que, de resto, sabemos da pessoa do profeta: alguém que sofre a exclusão social e, com isso, também opta pelo autoisolamento (cf. 15,17).[9] Essa sua realidade Jeremias entende como sendo parte de sua missão profética.

Jr 16,10-18 Diversas interpretações do gesto

10 Quando anunciares a este povo todas essas palavras e te perguntarem: "Por que YHWH nos anunciou toda essa grande desgraça? Qual é nosso delito? Que pecado cometemos contra YHWH, nosso Deus?" 11 Então lhes dirás: "Porque vossos pais me abandonaram – dito de YHWH – e andaram atrás de outros deuses para servi-los e adorá-los, contudo a mim abandonaram e minha lei não guardaram! 12 Mas vós fizestes pior que vossos pais. Eis que cada um de vós segue a obstinação de seu coração mau, sem me dar ouvidos. 13 Eu vos lançarei desta terra para uma terra que nem vós nem vossos pais conheceram. E lá servireis a outros deuses, dia e noite, porque não mais terei misericórdia de vós".
14 Por[10] isso, eis que virão dias – dito de YHWH – em que não mais se dirá: "Tão certo quanto vive YHWH, que fez subir os filhos de Israel da terra do Egito!" 15 Mas sim: "Tão certo quanto vive YHWH, que fez subir os filhos de Israel da terra do norte e de todas as terras

---

[9] Silva, 1992, p. 87, caracteriza Jeremias como "um pária no mundo em que vive".
[10] Os v. 14s provêm de Jr 23,7s.

228 *Primeira parte: Ditos a Israel, Judá e Jerusalém – Jeremias 1-25*

para onde os havia dispersado". Eu os trarei de volta a seu próprio chão, o qual dei a seus pais.

16 Eis que mandarei buscar muitos pescadores – dito de YHWH – para pescá-los; depois mandarei buscar muitos caçadores para caçá-los sobre cada monte e sobre cada colina e nas fendas das rochas. 17 Pois meus olhos estão sobre todos os seus caminhos, eles não podem se esconder de mim, e seu delito não está oculto a meus olhos. 18 Assim, retribuirei (primeiramente)[11] em dobro seu delito e seu pecado por terem profanado minha terra com os cadáveres de suas imundícias, e por suas coisas repugnantes terem enchido minha herança.

A ação simbólica relatada em 16,1-9 recebeu diversas complementações, três das quais formam o trecho acima (10-13.14-15.16-18). A quarta (v. 19-21) conclui o capítulo e será tratada separadamente. Geralmente se admite que o anúncio de salvação dos v. 14s interrompe a composição 16,1-9.10-13.16-18. De fato, o v. 18 conecta os ditos dos v. 16-17 com a seção 10-13 pelos termos "delito" e "pecado" (v. 10) e revela a mesma linguagem dtr que se encontra em 10-13.[12] Dessa forma, é provável que o relato sobre a ação simbólica jeremiânica 16,1-9 tenha sido sucessivamente complementada, primeiro pela redação dtr (v. 4b e v. 10-13.16-18) e, num segundo momento, por uma mão pós-dtr que acrescentou os v. 14s.

O v. 10 dá continuidade à fala de Deus ao profeta iniciada no v. 9. O relato precedente (v. 1-9) não menciona a causa da desgraça que atingirá o país. Por isso os redatores acharam necessário acrescentar a culpa do povo. Como em 5,19 e 9,11-15, utilizam a forma de pergunta e resposta.[13] A perspectiva se desloca para a atualidade dos redatores dtr, a época exílica e pós-exílica, quando a pergunta pelas causas da catástrofe de 587 é candente. Mas as

---

[11] "Primeiramente" falta na LXX. O advérbio foi colocado no atual v. 18 pela mesma mão que inseriu os v. 14s entre v. 10-13 e v. 16-18, para deixar claro que o juízo dos v. 16-18 precede a salvação anunciada nos v. 14s.

[12] No v. 18, a caracterização das outras divindades como "imundícias" ou "abominações" (*shiquṣim*: Dt 29,16; 1Rs 11,5.7; 2Rs 23,13; Jr 4,1; 7,30) e "coisas repugnantes" (*to'abot*: Dt 32,16; 2Rs 23,13); nos v. 11s aparece todo o arsenal dtr para designar a apostasia de Israel: abandonar YHWH, andar após outros deuses, servi-los e adorá-los, não guardar a Torá, não dar ouvidos, seguir a obstinação do coração (cf. o excurso "Expressões idiomáticas dtr para caracterizar a apostasia", sob 5,15-19. Quanto à forma, v. a explicação.

[13] Cf. o excurso "O estilo dtr de pergunta e resposta", sob 5,15-19.

Jeremias 16

perguntas e sua resposta são transferidas para a época do profeta. Comparada com 5,19, a presente versão da instrução catequética é mais longa. As perguntas do v. 10 já admitem que a catástrofe se deve a algum delito ou pecado dos atingidos. O v. 11 menciona a culpa por excelência do povo na visão dtr: a apostasia. Mas acrescenta que, na história da apostasia, a geração atual foi pior que as anteriores, pois nada aprendeu da história passada por causa da teimosia ("obstinação do coração"). Como o relato 16,1-9 não havia especificado o tipo de castigo, o v. 13 dá a informação que faltava: o exílio babilônico. No exílio, os judaítas serão obrigados a fazer o que já faziam voluntariamente em Judá: servir outros deuses. Aí se concretiza o anunciado no v. 5: YHWH retira sua misericórdia.[14]

Um teólogo pós-dtr entendeu ser hermeneuticamente apropriado inserir uma palavra de salvação em todo esse contexto de desgraça, já que o juízo não é a última palavra de YHWH. Retirou, para tanto, a promessa contida em 23,7-8 e a colocou no atual contexto, onde interrompe a composição dtr 10-13.16-18.[15] A fórmula escatológica ("eis que virão dias") aponta para um futuro não tão próximo em que a confissão básica de Israel – o êxodo do Egito – será uma pálida versão do maravilhoso êxodo futuro: o retorno dos exilados à sua pátria. Embutida numa fórmula de juramento ("tão certo quanto vive YHWH..."), a confissão representa uma exaltação do Deus pelo qual se jura. O trecho pressupõe a existência da diáspora israelita ("todas as terras para onde os havia dispersado").

Os v. 16-18 dão continuidade ao trecho dtr v. 10-13 e acrescentam um exemplo de como se dará o juízo anunciado nos v. 9 e 13. Apesar de os v. 16s estarem em prosa, há certo consenso de que contenham mensagem jeremiânica,[16] dadas as imagens marcantes utilizadas para retratar o exílio (v. 16): pescadores e caçadores são encarregados de executar o juízo divino. Esse atingirá todas as pessoas – esse parece ser o significado original dos v. 16s: enquanto os pescadores alcançam grande parte do povo, os caçadores ("depois") alcançarão até aqueles que conseguiram fugir e se refugiar em lugares inacessíveis. O v. 17 confirma que ninguém pode se ocultar

---

[14] São dois termos diferentes traduzidos por "misericórdia": *raḥamim*, em 16,5, e *ḥaninah*, em 16,13.

[15] Rudolph, 1968, p. 112; Thiel I, p. 199; Wanke I, p. 160, concordam em que a promessa está melhor ancorada no contexto do capítulo 23 do que em Jr 16. Mas também 23,7s são pós-dtr.

[16] Rudolph, 1968, p. 112; Thiel I, p. 199s; Wanke I, p. 160.

230 *Primeira parte: Ditos a Israel, Judá e Jerusalém – Jeremias 1-25*

de YHWH (cf. Am 9,2ss). Esse juízo total foi entendido pelo redator como duas etapas do mesmo, ou seja, uma dupla retribuição (v. 18). No contexto dtr, em que o juízo se concretizou como exílio (v. 13), os pescadores e caçadores podem ter sido entendidos como os encarregados de reunir os grupos a serem deportados,[17] e a dupla retribuição podia ser compreendida como as duas deportações (597 e 587).[18] Como causa do castigo, o v. 18 – de cunho dtr – coloca novamente a apostasia, expressa, aqui, de forma dramática. As outras divindades são chamadas de "cadáveres de imundícias" (ou: "cadáveres imundos") que contaminaram a terra de Israel.[19] Os cadáveres evocam a ideia de que, ao contrário de YHWH, a fonte de água viva (2,13; cf. 10,10), as imagens das divindades de outras nações estão mortas (10,5). E como a impureza dos cadáveres é contagiante (Lv 21,11), também a idolatria contaminou a terra de Israel (cf. Jr 2,7b).

Jr 16,19-21 Conhecimento de Deus

19 YHWH, minha força e minha fortaleza,
meu refúgio no dia da tribulação!
A ti virão as nações
desde os confins da terra e dirão:
"Nossos pais somente herdaram mentira,
coisas vazias, que não servem para nada".
20 Pode o ser humano fazer para si deuses?
Mas esses não são deuses!
21 Por isso, eis que os farei conhecer,
desta vez os farei conhecer
minha mão e meu poder,
e eles saberão que meu nome é YHWH.

A unidade que fecha o capítulo 16 reflete o tema da salvação das nações, já abordado em 3,17 e 12,16. O trecho apresenta uma mistura de vocabulário litúrgico e profético nem sempre claramente delimitável. Há evidentes relações com outras partes do livro de

---

[17] Thiel I, p. 200.
[18] Duhm, 1901, p. 141; cf. Wanke I, p. 161; Schmidt I, p. 293 com nota 46.
[19] Dt 29,16; 1Rs 11,5.7; 2Rs 23,13; Jr 4,1; 7,30.

Jeremias 16   231

Jeremias,[20] mas o texto também reflete ideias de Dêutero-Isaías[21] e Ezequiel[22]. Por todos esses motivos, a unidade geralmente é considerada pós-deuteronomista.[23]

Uma invocação de YHWH, típica de salmos de lamentação e ação de graças, abre a unidade (19a). Os atributos divinos expressam confiança.[24] A peregrinação das nações do extremo da terra ao lugar de YHWH (19bα) – certamente a cidade sagrada de Jerusalém – se assemelha a um hino escatológico (Is 52,9s); a fala das nações, citada verbalmente em 19bβγ, por sua vez, é uma confissão de culpa: as nações herdaram uma falsa religião e adoraram divindades que se evidenciaram como sendo vazias e inócuas ("mentira", "coisas vazias" [*hébel*], que não ajudam ["para nada servem"]). Esses dois aspectos relacionados às nações – peregrinar a Jerusalém e abster-se da adoração de divindades herdadas – se encontram em paralelo com o que se espera do povo de Israel: retorno à pátria de todos os lugares (16,15) e conversão da apostasia herdada dos pais (3,21-24). As expectativas vinculadas ao próprio povo são, portanto, estendidas às nações.

O v. 20 aborda a adoração das divindades sob o aspecto da polêmica contra as imagens ("fazer deuses"; cf. 10,1-16). Da pergunta retórica, a ser respondida obviamente por "não!", se tira prontamente a conclusão: o que humanos criam não podem ser deuses (2,11a), apenas imagens ou estátuas. Não existe, por parte do autor, a consciência de que, no antigo Oriente, não se identificava a divindade com sua imagem, pois a imagem apenas representa a divindade invisível.[25]

O próprio YHWH fará com que as nações venham a conhecê-lo por aquilo que realizará e, assim, reconhecê-lo como único Deus (v. 21). Não se diz de qual evento futuro se trata. A hipótese mais viável é o retorno do povo de Israel de todas os cantos do mundo à Palestina, conforme a expectativa de 16,15.[26] A partir da expressão "desta vez", supôs-se que já tenha havido eventos anteriores que,

---

[20] Compare o v. 19a com 17,17b; o v. 19b com 2,5b.8b.11b; o v. 20 com 2,11a.

[21] Is 45,22; 52,10.

[22] Ez 36,23.

[23] Thiel I, p. 200: pós-dtr, da mesma mão que introduziu 16,14s; Rudolph, 1968, p. 113: pressupõe o retorno do primeiro grupo de exilados; Wanke I, p. 162: contém ideias da época pós-exílica.

[24] Sl 28,7; 31,4; 46,2; 59,17s e.o.

[25] Cf. excurso "O culto e as imagens", sob Jr 10,1-16.

[26] Rudolph, 1968, p. 113; Wanke I, p. 162.

232 *Primeira parte: Ditos a Israel, Judá e Jerusalém – Jeremias 1-25*

no entanto, não surtiram os efeitos desejados entre as nações. Esses eventos anteriores poderiam estar relacionados com o retorno dos primeiros grupos de exilados judaítas da Babilônia, a partir do édito de Ciro (Esd 1,1ss; 6,3ss), entre 530 e 520 a.C.[27]

Como já mencionado, a salvação das nações é entendida em analogia ao que se esperava para Israel: retorno à pátria e nova comunhão com Deus. Isso inclui as limitações nacionalistas como a peregrinação ao "lugar" de YHWH, que se encontra em Sião (Is 2,2-4; Zc 14,16-19). Mas o conhecimento de YHWH por parte das nações cria a possibilidade de superar, em Israel, o pedido de vingança contra as nações que não o conhecem (12,16) e forma a base para uma convivência pacífica entre Israel e as nações. Essas não mais vêm como inimigas (6,22s).[28]

---

[27] Rudolph, 1968, p. 113; cf. Donner, 1997, p. 465.
[28] Fischer I, p. 535.

JEREMIAS 17

Jr 17,1-4 Pecado indelével de Judá

1 O pecado de Judá está escrito
com estilete de ferro,
com ponta de diamante
foi gravado na tábua de seu coração
e nas pontas de seus[1] altares.
2 Assim seus filhos se lembram[2]
de seus altares e de seus postes sagrados,
ao lado de uma árvore frondosa,
sobre colinas elevadas
3 e nos morros[3] do campo.
Tua riqueza e todos os teus tesouros
darei por presa,
e teus altos,[4] por causa do pecado
em todo o teu território.
4 E tu renunciarás[5] à tua herança
que eu te havia dado;
e eu te farei servir a teus inimigos
na terra que não conheces.
Pois um fogo acendeste[6] em minha ira,
que arderá para sempre.

O texto hebraico apresenta dificuldades de compreensão, em especial no início do v. 2 ("assim seus filhos se lembram") e início do v. 3 ("e nos morros do campo"). Essas dificuldades podem ter sido causadas pela má preservação do texto ou, então, pela inclusão do complemento dtr no v. 2 e início do v. 3 ("de seus altares e seus postes sagrados, ao lado de uma árvore frondosa,

---

[1] "Seus altares" de acordo com muitos manuscritos hebraicos, Teodócio e Vulgata; o TM lê "vossos altares" (cf. BHS).

[2] Ou "lembrarão"; a tradução acima é a mais próxima do TM, mas há muitas dúvidas quanto ao significado dessa oração (duas palavras no hebraico) por causa da má preservação do texto. Quanto às alterações propostas v. BHS e Rudolph, 1968, p. 114.

[3] Assim Teodócio e a Siríaca. O TM lê "meu morro", tendo em mente talvez o monte Sião.

[4] Veja BHS sobre propostas de alteração do texto a partir de 15,13.

[5] Literalmente: "largarás tua mão (*yadeka*) de tua herança" (cf. BHS).

[6] De acordo com a Vulgata; o TM contém a 2ª p. m. pl. ("acendestes"). Alguns alteram a forma verbal de acordo com o texto paralelo de 15,14: "(um fogo) se acendeu" (cf. BHS).

234 *Primeira parte: Ditos a Israel, Judá e Jerusalém – Jeremias 1-25*

sobre colinas elevadas e nos morros do campo").[7] Os v. 3 e 4 têm paralelos parcialmente idênticos em 15,13-14, onde também foram considerados secundários. Além disso tudo, os v. 1-4 (e a fórmula do mensageiro no início de 17,5) faltam na LXX.[8]

Formalmente estamos diante de um dito profético com denúncia (v. 1s) e anúncio de juízo (v. 3s). Enquanto a denúncia fala de Judá na 3ª p. m. pl., o anúncio se dirige diretamente ao povo (2ª p. m. sing.). Admite-se a autoria jeremiânica do dito à exceção do complemento dtr mencionado acima.[9] As metáforas do v. 1 apontam para o caráter indelével da culpa de Judá (2,22; 13,23). Provavelmente se pensa numa gravação em pedra feita por estilete com ponta de diamante, à semelhança da lei de Moisés gravada sobre duas tábuas de pedra (Êx 24,12; 31,18; 32,15s; 34,1ss.28). A partir de Pr 3,3; 7,3, também se pode pensar em pequenos amuletos pendurados no pescoço ou nas mãos, que serviam como lembretes.[10] Em todo caso, a culpa gravada na "tábua do coração" sugere que ela foi de tal modo internalizada pela constante prática, que se tornou algo natural.[11]

As pontas do altar são as saliências em forma de chifre nos quatro cantos do altar de pedra. Elas eram untadas com o sangue do sacrifício para a expiação dos pecados (Lv 4,7.18.30 e.o.). Mas pecados gravados nas pontas de pedra do altar certamente não podem ser lavados com o sangue expiatório. Nesse caso, o culto sacrificial não consegue eliminar os males do povo. No atual contexto, o pecado inscrito no altar pode dar a entender que o próprio culto sacrificial seria o pecado de Judá. Essa certamente foi a compreensão da redação dtr ao ampliar o v. 2: "os altares" tornam-se, junto com os "postes sagrados", objetos do culto ilegítimo de Judá.

A primeira linha do v. 2 é de difícil compreensão. Há diversas propostas de alterar as duas primeiras palavras ("como/assim seus filhos se lembram/lembrarão").[12] Quem são os filhos? São os membros do povo de Israel ou uma geração futura? Eles são o sujeito

---

[7] Cf. as ocorrências dtr em Dt 12,2; 1Rs 14,23; 2Rs 16,4; 17,10; Jr 2,20; 3,6.13; 16,13; cf. também os excursos "Expressões idiomáticas dtr para expressar a idolatria", sob 5,15-19, e "O culto sobre as colinas e sob as árvores", sob 2,20-28.

[8] Muitos explicam a falta na LXX como haplografia por homoteleuto (a vista do tradutor escorregou do termo "YHWH" no final de 16,21 para o "YHWH" no final da fórmula do mensageiro no início de 17,5), cf. Rudolph, 1968, p. 113. Duhm, 1901, p. 142, entende que a LXX omitiu o texto por já tê-lo trazido em 15,13s e não querer repeti-lo.

[9] Rudolph, 1968, p. 113; Wanke I, p. 163.

[10] Wanke I, p. 163.

[11] Cf. Borges de Sousa, 1993, p. 273.

[12] V. nota 2 acima.

Jeremias 17   235

ou o objeto da forma verbal no infinitivo (*z^e^kor*)?[13] A atual forma do
texto parece dar a entender que o pecado dos judaítas estava tão
bem gravado na memória que gerações posteriores foram levadas a
repeti-lo. De acordo com o v. 2, esse pecado consiste na prática de
ritos da fertilidade cananeus (v. 2.3aα). Símbolos desse culto são um
altar a céu aberto sobre uma elevação e sob uma árvore verdejante,
um poste sagrado (*asherah*) representando a árvore sagrada e uma
estela de pedra (*maṣebah*). Os praticantes desse culto talvez não o
entendessem como apostasia de YHWH, como o faz a teologia dtr.

Os v. 3aβb-4 anunciam o juízo em forma de fala direta ao
povo ("tu"). Os versículos são quase idênticos a 15,13s. A consequência do pecado indelével é a ira implacável de Deus (4b: "fogo"),
que se concretiza na perda de bens e propriedades por pilhagem,
na perda do território de Judá ("herança") e dos lugares de culto
ilegítimos ("altos") – a causa do juízo de acordo com o v. 2 – e, por
fim, leva ao cativeiro em país estrangeiro. Há um limite para a longanimidade de Deus!

Jr 17,5-11 Reflexões da sabedoria

5 Assim disse YHWH:[14]
Maldito o homem que confia em humanos,
e faz da carne sua força,[15]
e de YHWH desvia seu coração!
6 Ele será como um arbusto[16] *na estepe,*
que nunca vê chegar coisa boa,
e habitará no solo pedregoso do deserto,
em terra salgada onde ninguém mora.
7 Bendito o homem que confia em YHWH,
cuja confiança é YHWH.
8 Ele será como árvore plantada junto às águas,
que lança suas raízes para o córrego.

---

[13] Schmidt I, p. 295, entende "filhos" como sujeito: "como seus filhos se lembram";
Fischer I, p. 540, como objeto: "como (eles) se lembram de seus filhos"; Rudolph,
1968, p. 114, e Wanke I, p. 163, alteram o texto, cada um à sua maneira.

[14] A LXX não lê a fórmula do mensageiro; v. nota 8 acima.

[15] Literalmente "braço".

[16] Significado incerto; HAL, p. 840: "zimbro".

236   *Primeira parte: Ditos a Israel, Judá e Jerusalém – Jeremias 1-25*

Ele não teme[17] quando chega o calor,
sua folhagem permanece verde,
também em ano de seca não fica preocupado,
e não para de produzir frutos.
9 O coração é enganador, mais do que qualquer outra coisa,
é incurável – quem consegue entendê-lo?
10 "Eu, YHWH, perscruto o coração
e examino os rins
para retribuir a cada um conforme sua conduta,
e de acordo com o fruto de suas obras."
11 Como[18] perdiz que choca ovos que não pôs
é quem ajunta riqueza sem respeitar o direito:
no meio de seus dias, ela o abandonará,
e, no final, terá sido um tolo.

Três pequenas reflexões do âmbito da sabedoria israelita foram inseridas no atual contexto (v. 5-8.9-10.11) provavelmente para servir de introdução à confissão de Jeremias dos v.(12s)14-18. Dificilmente elas provêm de Jeremias, uma vez que seu conteúdo não casa com a experiência do profeta (12,1-2; 15,17-18).[19] A fórmula do mensageiro introdutória talvez seja secundária, já que YHWH aparece na 3ª p. no v. 7. Uma fala divina aparece somente no v. 10.

A primeira reflexão é composta de duas sentenças (v. 5s.7s), agrupadas em paralelismo antitético, que contrapõem duas posturas existenciais humanas e apontam para suas respectivas consequências: por um lado, quem colocar sua confiança em seres humanos mortais ("carne") e, afastando-se de Deus, fundamentar sua existência nas próprias capacidades ("força") está fadado ao fracasso. Quem, por outro lado, depositar sua confiança em Deus, será bem-sucedido. As metáforas para ilustrar o fracasso e o sucesso são retiradas da natureza. A pessoa malsucedida é comparável a um arbusto na estepe, que, por falta de água e nutrientes, pouco se desenvolve. A pessoa bem-sucedida, porém, pode ser comparada a uma árvore cujas raízes têm acesso à água e a nutrientes e que, portanto, permanece verde mesmo no verão, e dá os frutos conforme o ritmo da natureza (Pr 11,28; Sl 1). O fundamento sobre o qual o ser humano constrói sua existência determina, em grande parte, sua história (Mt 7,24-27). Porém a forma de maldição e bênção

---

[17] De acordo com o *ketib*; o *qere* lê: "não verá (o calor chegar)".
[18] Comparação sem partícula comparativa (GK § 161a).
[19] Rudolph, 1968, p. 115: jeremiânico; Wanke I, p. 165: pós-exílico.

Jeremias 17

237

com que as duas sentenças se revestem relativizam o determinismo, ou seja, o automatismo de causa e efeito.

A segunda reflexão (v. 9s) vem ao encontro de uma objeção que podia ser feita à concepção contida nos v. 5-8: cada ação tem, de fato, o efeito que lhe corresponde? Pode-se, efetivamente, distinguir entre aqueles que confiam somente nas possibilidades humanas e aqueles que confiam em Deus? Afinal, como alguém pode saber o que vai pelo coração e pela consciência (rins)[20] das pessoas? Além de impenetrável, o coração pode, dada sua volubilidade e inconstância ("enganador" e "incurável"), ser um mistério até para a própria pessoa. Mas, embora nós humanos tenhamos dificuldades em discernir as vicissitudes do coração, Deus as conhece todas. Por isso, apesar de supostas evidências contrárias, o sucesso daquele que confia em Deus e o fracasso do que confia em meros mortais são, de fato, consequências da conduta humana. Humanos podem, é verdade, não o perceber por não conseguirem ver o coração com a devida nitidez.

A terceira reflexão (v. 11) dá um exemplo da equação conduta (causa) – consequência (efeito): o caso da riqueza adquirida desonestamente ("sem respeitar o direito"). As consequências do ato desonesto podem não ocorrer imediatamente após o delito, dando a impressão de que Deus não é justo. É que a riqueza acumulada por meios ilícitos, às vezes, não desaparece de imediato, mas somente no auge da vida do ímpio ("no meio dos dias"). A comparação com a perdiz não é muito clara. Geralmente se afirma que a perdiz tem o costume de chocar ovos de outras aves, de modo que os pintinhos que nascem abandonam a "mãe errada".[21] Também se defende a ideia de que, diante dos muitos perigos naturais, uma perdiz frequentemente perde a ninhada que está chocando.[22] Seja como for, a pessoa desonesta, que presume estar em segurança, pode, a qualquer momento, ser pega de surpresa e ficar com cara de bobo. A justiça de Deus permanece, portanto, em vigor em todos os casos arrolados acima.

---

[20] Wolff, 2007, p. 119.

[21] Gesenius; Buhl, p. 725; Rudolph, 1968, p. 116s.

[22] Nesse caso, o primeiro estíquio do v. 11 deve ser traduzido por: "Como perdiz que choca, mas não chega a pôr ninhada..."; cf. HAL, p. 1056; Wanke I, p. 166.

238   *Primeira parte: Ditos a Israel, Judá e Jerusalém – Jeremias 1-25*

Jr 17,12-18 Lamento e prece (Terceira "confissão")

12 Um trono de glória,
sublime desde o princípio,
é o lugar de nosso santuário.
13 Esperança de Israel és tu, YHWH!
Todos os que te abandonam sejam envergonhados.
Os que de ti[23] se afastam serão escritos na terra,
pois abandonaram a fonte de água viva, YHWH.
14 Cura-me, YHWH, e serei curado!
Ajuda-me e terei ajuda,
porque tu és meu louvor!
15 Eis que eles me dizem:
"Onde está a palavra de YHWH? Que se realize!"
16 Eu não te constrangi para a desgraça[24]
e não desejei o dia fatal.
Tu sabes o que saiu de meus lábios;
está diante de tua face.
17 Não sejas para mim motivo de pavor!
Tu és meu refúgio no dia da desgraça.
18 Envergonhem-se meus perseguidores, mas não eu!
Que eles se apavorem, mas não eu!
Traze sobre eles o dia da desgraça
e golpeia-os com duplo golpe!

O complexo 17,12-18 é composto por duas unidades claramente distintas: um hino de exaltação ao templo e a YHWH (v. 12s) e um lamento do profeta (v. 14-18). Muitos comentam as duas unidades separadamente, porque há poucos elementos conectivos. Mas o desejo manifesto no v. 13aβ de que "sejam envergonhados" os que abandonam YHWH claramente tem em mente a súplica do profeta de que seus perseguidores sejam envergonhados (v. 18a). O hino foi colocado antes do lamento do profeta para servir de chave de interpretação: YHWH certamente atenderá a súplica do profeta contra seus perseguidores, porque ele "envergonha" todos aqueles

---

[23] O TM tem "os que de mim se afastam", transformando o v. 13 em diálogo entre a comunidade (13a) e Deus (13b); assim Fischer I, p. 541, 558. Mas também no v. 13b, YHWH aparece na 3ª p.

[24] Áquila e Símaco vertem: "por causa da desgraça"; Rudolph, 1968, p. 116, propõe: "para a desgraça" (cf. BHS). Ambas as alternativas apontam para o fato de Jeremias não ter constrangido Deus a planejar a desgraça. O TM lê: "para deixar de ser pastor".

Jeremias 17 239

que o abandonam. Por suas posições sobre o templo, o hino 17,12s dificilmente provém de Jeremias. O lamento que segue (v. 14-18), no entanto, é atribuído por grande parte da pesquisa ao próprio profeta. É considerada a terceira confissão de Jeremias.

O hino de exaltação do templo entoado pela comunidade ("nós") lembra os salmos de Sião (Sl 46; 48), que exprimem a confiança no Deus presente no templo de Jerusalém. Ao enaltecer o espaço sagrado da manifestação divina também se glorifica indiretamente a YHWH (cf. Sl 48,2s). Orações nominais, típicas dos hinos de louvor, caracterizam o espaço sagrado ("lugar de nosso santuário") no v. 12: "trono de glória" ou trono glorioso (Jr 14,21) e "(lugar) sublime (elevado) desde o princípio". O templo como trono de Deus já transparece na expressão "entronizado sobre os querubins" (1Sm 4,4; Sl 80,2; 99,1), vinculados à arca da aliança guardada no templo (cf. Is 6,1). A "glória", literalmente o "peso", é a manifestação da majestade do rei YHWH (Sl 24,7-10; 29,3.9s). Por extensão, também Jerusalém pode ser designada de "trono de YHWH" (Jr 3,17). Esse existe desde tempos imemoriais ("desde o princípio"; cf. Sl 45,7; 93,1s).[25]

O v. 13 é uma manifestação de confiança em YHWH ("esperança de Israel"; cf. Jr 14,8), que agirá de forma correspondente ao que as sentenças sapienciais de 17,5-8 estabelecem e também de acordo com a prece de Jeremias proferida em 17,18. Os que se afastam da "fonte de água viva" (Jr 2,13) serão escritos na terra. Pensa-se, aqui, na transitoriedade dos nomes escritos no chão, ao contrário de nomes escritos na pedra (17,1) ou inscritos no livro da vida (Ex 32,32-33; Is 4,3).

Os v. 14-18 trazem os elementos típicos de um lamento individual: invocação de Deus com duas preces acompanhadas de manifestação de confiança (v. 14), descrição da situação que aflige o suplicante, com citação de uma fala dos inimigos (v. 15), protesto de inocência (v. 16), prece acompanhada de nova expressão de confiança (v. 17) e súplica por vingança (v. 18). Esses elementos comuns aos salmos de lamentação, que poderiam provir da boca de qualquer pessoa doente ("cura-me") ou necessitada ("ajuda-me"), estão, aqui, estreitamente relacionados à função profética. Mencionam-se a "palavra de YHWH" anunciada pelo profeta (v. 15) e seu conteúdo: a desgraça (v. 16s). Aparentemente o profeta é vítima de troça e escárnio, porque seu anúncio de juízo contra Judá

---

[25] Wanke I, p. 168.

240 *Primeira parte: Ditos a Israel, Judá e Jerusalém – Jeremias 1-25*

e Jerusalém não se concretiza. Esse hiato entre anúncio e cumprimento leva ao descrédito do profeta e o desautoriza como mensageiro de Deus (cf. Dt 18,22; Jr 28,9). Jeremias entende que essa acusação não é justa, porque apenas anuncia o que é obrigado a transmitir. Em verdade, está sofrendo por causa de Deus. O profeta não deseja anunciar desgraça a seu povo nem nunca insistiu junto a Deus para que viesse o dia da catástrofe (v. 16; cf. 28,5s).[26]

Nas preces finais, o profeta suplica que ele próprio seja poupado no dia da desgraça (v. 17), mas que seus inimigos sofram os golpes desse dia (v. 18). Assim, o profeta entrega a vingança contra seus inimigos nas mãos de Deus. O desejo de Jeremias de que o dia da desgraça venha para seus inimigos (v. 18) não contradiz sua afirmação de que nunca desejou a vinda desse dia fatídico para o povo (v. 16). No v. 18, só se pensa num grupo de pessoas, não em todo o povo. Para o profeta, há perspectiva de sobrevivência e salvação para indivíduos (39,17; 45,5) e grupos (35,19) em meio à catástrofe geral.[27]

Através dos v. 12s, o lamento de Jeremias (v. 14-18) foi incorporado, na época pós-exílica, no culto israelita como exemplo de sofrimento do justo que se dedica à missão que lhe foi confiada. Assim, gerações posteriores podiam identificar-se com essa experiência. Os v. 12s aproximam as convicções do profeta ao culto no templo de Jerusalém.[28]

Jr 17,19-27 Santificação do sábado

19 Assim me disse YHWH: "Vai e posta-te junto ao portão dos filhos do povo, pelo qual entram e saem os reis de Judá, e junto a todos os portões de Jerusalém. 20 E lhes dirás: 'Ouvi a palavra de YHWH, reis de Judá e todo Judá e todos os habitantes de Jerusalém que entrais por esses portões! 21 Assim diz YHWH: Por vossas vidas, guardai-vos de transportar cargas[29] em dia de sábado e de trazê-las para dentro dos portões de Jerusalém. 22 Também não leveis cargas para fora de vossas casas em dia de sábado nem façais nenhum trabalho, mas santificai o dia de sábado como ordenei a vossos pais. 23 Mas eles não obedeceram nem me deram

---

[26] V. nota 24 acima.
[27] Schmidt I, p. 306.
[28] Cf. Rudolph, 1968, p. 117; Reventlow, 1963, p. 229ss.
[29] O singular hebraico representa um coletivo.

Jeremias 17   241

ouvidos, antes endureceram sua cerviz para não escutar[30] nem aceitar correção. 24 Se realmente me escutardes – dito de YHWH – e não trazerdes cargas para dentro dos portões desta cidade em dia de sábado, mas santificardes o dia de sábado, e não fizerdes nele nenhum trabalho, 25 então entrarão pelos portões desta cidade reis e ministros[31] que se assentam no trono de Davi, entrarão em carros e cavalos, eles e seus ministros, os homens de Judá e os habitantes de Jerusalém, e esta cidade será habitada para sempre. 26 E das cidades de Judá e dos arredores de Jerusalém, da terra de Benjamim, da Sefelá, das montanhas e do Negueb virão para trazer holocaustos, sacrifícios, oferendas e incenso e para oferecer sacrifícios de ação de graças na casa de YHWH. 27 Mas, se não me escutardes quanto a santificar o dia de sábado não transportando cargas nem entrando com elas[32] pelos portões de Jerusalém em dia de sábado, então atearei um fogo em seus portões que devorará os palácios de Jerusalém e que não se apagará"'.

O trecho em prosa tem as características de um sermão deuteronomista. Além da linguagem típica,[33] do estilo difuso e prolixo, ele segue o modelo da prédica que coloca o povo diante de duas alternativas e suas repectivas consequências.[34] Existe um consenso de que o discurso não é jeremiânico. Há, no entanto, alguns que afirmam conter conteúdo da mensagem profética.[35] Mas o sábado nunca foi tema da mensagem jeremiânica. Quanto ao pano de fundo histórico, não é possível precisar se o texto é exílico ou pós--exílico.[36] Isso depende de quanto tempo o movimento dtr esteve ocupado com o livro de Jeremias. As evidências bíblicas disponíveis (Ne 13,15-22) mostram que a questão do sábado, em especial

---

[30] Leia-se o *qere*.

[31] Talvez "e ministros" seja inclusão, pois os ministros não sentam no trono de Davi; cf. BHS.

[32] O TM não lê "com elas" (haplografia?); mas sem as cargas era permitido entrar na cidade; cf. BHS.

[33] V. 21: "guardai-vos por vossas vidas" (*shamar* [ni.] *benéfesh*; cf. Dt 4,15; Js 23,11); para "não obedecer e não dar ouvidos", "não aceitar correção" e "endurecer a cerviz" cf. o excurso "Expressões idiomáticas dtr para expressar a apostasia", sob 5,15-19. Os trechos que falam do problema do transporte de cargas (v. 21s), por sua vez, não apresentam linguagem típica dtr; também os grupos sociais mencionados nos v. 20 e 25 não coincidem com o padrão dtr (cf. o excurso "Lista de líderes", sob 1,17-19).

[34] Cf. excurso "A pregação dtr de duas alternativas", sob 7,1-15. As semelhanças chegam ao ponto de Jeremias sempre receber a ordem de se postar num portão (ou mais portões) e clamar aos que por ele(s) entram ou saem (7,2; 17,19s; 22,2).

[35] Rudolph,1968, p. 120s; Weiser I, p. 149.

[36] Thiel I, p. 207ss: dtr, exílico; Wanke I, p. 170: pós-deuteronomista, pós-exílico, época de Neemias.

242 *Primeira parte: Ditos a Israel, Judá e Jerusalém – Jeremias 1-25*

o transporte de cargas e o comércio no dia de descanso, se tornou candente na época de Neemias, em torno de 440 a.C., portanto na época do império persa.

A estrutura do trecho é quase idêntica à dos outros sermões de alternativas (7,1-15; 22,1-5): após a introdução em forma de relato em primeira pessoa, Jeremias recebe a ordem de colocar-se junto ao portão dos "filhos do povo" para anunciar aos reis e à população de Judá a palavra de YHWH (v. 19s) proibindo o transporte de cargas no sábado (v. 21s). Segue uma retrospectiva histórica (v. 23), que não se encontra nos textos paralelos. Colocam-se, por fim, as consequências para o caso da observância (v. 24-26: alternativa positiva) e da não observância do sábado (v. 27: alternativa negativa).

Não se sabe onde fica o portão dos "filhos do povo". O próprio texto amplia imediatamente o cenário a "todos os portões de Jerusalém" (v. 19). Aparentemente não se pensa numa situação concreta, mas na maior audiência possível para a mensagem. A falta de concretude também se evidencia na menção de "reis" (plural) que entram e saem pelos portões, em vez do "rei" (singular) que, no momento, está no governo. Tudo isso depõe a favor de uma situação construída pelo autor e ambientada na época do profeta Jeremias, ou seja, uma ocasião em que o maior número possível de pessoas pudesse ser atingido pela mensagem profética ("todo Judá", "todos os habitantes de Jerusalém").

O conteúdo da mensagem profética é a proibição do transporte de cargas no sábado (v. 21s). Trata-se, de um lado, do transporte das mercadorias que os agricultores do interior de Judá trazem para vender no mercado de Jerusalém, situado no espaço interno dos principais portões, e, de outro, de produtos manufaturados de artesãos urbanos levados de suas residências para o mercado. Ne 13,16 menciona, além disso, comerciantes de Tiro que ofereciam seus produtos em Jerusalém. Em foco está, portanto, o comércio em dia de sábado (cf. Am 8,5).

O dia de sábado era um dia especial antigo (cf. 2Rs 4,23; Is 1,13; Os 2,13; Am 8,5), mas foi no exílio babilônico que ele obteve grande importância como dia de descanso (Ez 20,12-27). No entorno babilônico, não se conhecia um dia de descanso. Por isso o sábado chegou a ser considerado, na Babilônia, marca distintiva da fé israelita, já que o descanso sabático destacava o povo judaíta de outros povos e religiões.

Após constatar que já os pais desobedeceram – em sentido genérico – às normas de Deus (v. 23), anuncia-se uma promessa para o caso de os judaítas observarem o sábado (alternativa positiva):

Jeremias 17 243

a restauração da autonomia política, o povoamento eterno de Jerusalém e o pleno funcionamento do culto em seu templo (v. 25s). Tamanha importância do sábado é inconcebível na época de Jeremias. Em todo caso, seria inusitado, antes do exílio, condicionar a salvação ao cumprimento do sábado. A delimitação geográfica da futura grandeza política Judá (v. 26; cf. 32,44) espelha a situação pré-exílica ideal do país.[37] Ela abarca a cidade-estado Jerusalém e seus arredores, o território de Benjamim e as cidades fortificadas do interior, localizadas na região montanhosa de Judá, nas terras baixas a oeste (Sefelá) e na região semidesértica do sul, o Negueb. De todos esses lugares virão peregrinos a Jerusalém para cultuar a Deus com os mais diversos tipos de sacrifícios.

Caso o sábado não for santificado (alternativa negativa), a cidade de Jerusalém com seus palácios sucumbirá às chamas (v. 27; cf. Am 2,5). Para a atualidade dos autores, a destruição de Jerusalém já é um evento do passado. Assim, o sermão aponta para as consequências que a não observância do sábado teve no passado e, ao mesmo tempo, adverte para que o fato não se repita no futuro.

Ao dirigir-se a seus contemporâneos na ficção de um discurso de Jeremias, os redatores se servem da autoridade do profeta para avalizar sua própria mensagem. Isso não é ilegítimo, já que eles se entendiam como autênticos intérpretes da mensagem jeremiânica. A promessa de restauração da plena vida política e cultual em Jerusalém (v. 25s), no entanto, é muito diferente das expectativas de Jeremias, que consistiam numa vida normal na simplicidade do cotidiano, não necessariamente em Jerusalém ou vinculada ao templo (29,5-7; 32,15).[38] A novidade do texto é a preocupação com o sábado, tema ausente na pregação do profeta, mas da maior importância teológica na vida da comunidade judaica. O dia de descanso não era somente alento para servos e servas, mas também um constante alerta de que a busca cega e incessante por lucro não condiz com a vida que recebemos gratuitamente de Deus.

---

[37] Wanke I, p. 171.
[38] Cf. o excurso "A salvação futura de acordo com Jeremias", sob Jr 32.

JEREMIAS 18

Jr 18,1-12 Visita ao oleiro

1 A palavra que veio a Jeremias da parte de YHWH: 2 "Levanta-te e desce à casa do oleiro, e lá te farei ouvir minhas palavras!" 3 Então desci à casa do oleiro, e eis que ele estava trabalhando no torno. 4 Quando o vaso que ele estava modelando com argila saía mal na mão do oleiro, ele fazia dela[1] um outro vaso que parecesse bom aos olhos do oleiro. 5 Então veio a mim a palavra de YHWH: 6 "Não posso eu fazer convosco, ó casa de Israel, como esse oleiro? – dito de YHWH. Como a argila na mão do oleiro, assim também estais vós em minha mão, ó casa de Israel! 7 Ora anuncio a uma nação e a um reino para arrancá-lo, arrasá-lo e eliminá-lo. 8 Mas se essa nação, contra a qual falei, voltar atrás de sua maldade, então me arrependo do mal que planejara fazer contra ela. 9 Ora anuncio a uma nação e a um reino para edificá-lo e plantá-lo.[2] 10 Mas se ela fizer o que é mau a meus olhos, não escutando minha voz, então me arrependo do bem que anunciara lhe fazer. 11 Agora, dize aos homens de Judá e aos habitantes de Jerusalém: 'Assim diz YHWH: Eis que estou preparando[3] uma desgraça para vós e formulando um plano contra vós. Convertei-vos, pois, cada um de seu caminho maldoso e melhorai vossos caminhos e vossas obras!' 12 Mas eles dirão[4]: 'É inútil! Queremos seguir nossos planos e agir cada um de acordo com a obstinação de seu coração perverso!'"

O trecho em prosa pode ser dividido em três partes: o relato de uma ação simbólica (v. 2-6) é complementado por uma reflexão global sobre como Deus age com as nações (v. 7-10) e uma ameaça de juízo com a respectiva reação dos interlocutores (v. 11s). O relato da ação simbólica é autobiográfico; Jeremias aparece na primeira pessoa (v. 3). Deve ser considerado autêntico, pois tem

---

[1] O pronome sufixo no verbo "fazer" pode referir-se tanto ao vaso ("dele") quanto à argila ("dela").

[2] Borges de Sousa, 1997, p. 34, entende que o verbo "edificar" se refere a "nações" e o verbo "plantar", a "reinos"; e que "plantar reinos" seja uma metáfora para instituir um rei no intuito de empoderar um povo. A redação dtr, no entanto, é bastante genérica aqui.

[3] Literalmente "plasmando, modelando", para adequar-se ao trabalho do oleiro.

[4] A LXX e a Vulgata leem: "Mas eles disseram". A forma verbal possibilita, a rigor, ambas as traduções.

Jeremias 18 245

a mesma estrutura e a mesma intenção de outros relatos de gestos simbólicos (p. ex., 13,1-9; 19,1s.10s);[5] além disso, não contém linguagem dtr. Essa se evidencia, no entanto, nos dois complementos (v. 7-10.11s) e na introdução (v. 1).[6]

A introdução (v. 1), em que Jeremias aparece, ao contrário dos v. 3 e 5, na terceira pessoa, é típica da redação dtr e foi anteposta ao relato da ação simbólica v. 2-6. Ela provavelmente quer abranger todo o bloco temático dos capítulos 18 a 20.[7] A tudo que está contido nesse bloco maior, inclusive o sofrimento do profeta, ela dá o título "palavra de YHWH".

O relato da ação simbólica é formado pelos três elementos formais já constatados em Jr 13,1-9: a ordem ao profeta (v. 2), a execução da ordem (v. 3-4) e a interpretação do gesto (v. 5-6). A diferença reside no fato de que o gesto simbólico não é realizado pelo profeta, mas por um oleiro: sua atuação revela a atuação futura de Deus. A ordem é para que Jeremias "desça" à "casa" do oleiro. Em Jerusalém, os oleiros tinham suas oficinas na cidade baixa, onde havia água suficiente para moldar a argila no torno duplo. Conforme Eclo 38,29s, o oleiro faz girar o rebolo inferior com os pés, enquanto molda, no disco superior, a argila com as mãos. O espaço da oficina era provavelmente compartilhado com colegas de profissão, pois o v. 6 pressupõe testemunhas do gesto simbólico ("vós"). Na oficina do oleiro, o profeta observa o trabalho do artífice e constata o óbvio: quando um vaso não sai de acordo com o esperado, a argila é amassada e reaproveitada para moldar outro. No trabalho cotidiano do oleiro, o profeta reconhece a palavra de Deus (v. 6).

O v. 6 contém uma fala divina em duas orações paralelas, separadas pela fórmula de citação ("dito de YHWH"). A primeira é uma pergunta a testemunhas presentes e à "casa de Israel", que aqui designa os habitantes de Judá e Jerusalém (cf. v. 11):[8] "Não

---

[5] Veja o excurso "Ações simbólicas", sob 13,1-11.

[6] Os v. 7 e 9 apresentam os verbos designativos de salvação e juízo de 1,10 ("arrancar, arrasar, eliminar; edificar e plantar"; v. excurso "Verbos que expressam a dupla atuação de Deus", sob Jr 1,4-10); v. 8: Deus "se arrepende do mal planejado" (cf. Jr 26,3.13; 42,10; cf. Êx 32,14dtr); v. 10: "fazer o que é mau a meus olhos" e "não escutar a minha voz" é repertório dtr recorrente (v. o excurso "Expressões idiomáticas dtr para caracterizar a apostasia", sob 5,15-19); v. 11: a figura etimológica "formular/fazer um plano" (literalmente "planejar um plano") também se encontra nos textos dtr Jr 18,18; 29,11).

[7] A introdução é a versão da fórmula do acontecimento da palavra peculiar dos redatores dtr (cf. excurso "Linguagem, estilo e terminologia deuteronomistas", sob 7,1-8,3). A próxima ocorrência da fórmula está em 21,1. Jr 18-20 formam um bloco aparentemente construído a partir do elemento comum da cerâmica.

[8] Cf. excurso "O uso de 'Israel' no livro de Jeremias", sob 2,2-13.

246 *Primeira parte: Ditos a Israel, Judá e Jerusalém – Jeremias 1-25*

posso eu fazer convosco, ó casa de Israel, como esse oleiro?" A forma de pergunta busca a concordância dos interlocutores do profeta, que certamente responderão positivamente a ela. A pergunta já critica implicitamente uma atitude do povo que questiona a soberania de YHWH?[9] A segunda oração faz uma afirmação sobre a atuação futura de Deus: "Como a argila na mão do oleiro, assim também estais vós em minha mão, ó casa de Israel!" Como entender essa interpretação dada ao gesto simbólico? Há basicamente duas possibilidades. A população de Judá e Jerusalém é comparada à argila na mão do oleiro. Deus poderia fazer do povo que deu errado um povo novo assim como o oleiro faz um novo vaso quando o anterior não deu certo. Essa mensagem dificilmente seria contestada pelos interlocutores do profeta. Também se poderia entender que Deus repudia o povo assim como o oleiro despreza o vaso que deu errado e busca fazer da argila não um novo, mas um "outro" vaso.[10] Isso seria uma mensagem de juízo que combinaria com a mensagem jeremiânica de outros relatos de ações simbólicas (13,1-9; 16,1-9; 19,1s.10s) e de visões (1,11s.13s), e provavelmente suscitaria o protesto da plateia. Esse conteúdo negativo é o mais provável porque se alinha melhor com o argumento de que YHWH é livre e soberano para agir como quiser. Mas a interpretação da ação simbólica que segue (v. 7-10) entendeu que YHWH é livre para realizar ambas as coisas: trazer o juízo e promover um novo início.

O relato do ato simbólico (v. 1-6) recebe uma primeira interpretação nos v. 7-10. Os redatores dtr fazem uma reflexão teológica genérica sobre a atuação de YHWH com as nações e os reinos a partir de sua atuação com o povo de Israel. As duas possibilidades de interpretação abertas pelo v. 6 – a positiva e a negativa – são desenvolvidas na direção de uma dupla atuação de Deus, que retoma os verbos de Jr 1,10.[11] Essas duas formas de atuação – para a salvação e para a destruição – estão dispostas simetricamente nos v. 7s e 9s e seguem basicamente o modelo da pregação que coloca os ouvintes diante de duas alternativas.[12] Pressupõe-se que Deus não tem um único plano para as nações, mas dois: para umas planeja a desgraça (v. 7), para outras, a salvação (v. 9). Também se

---

[9] Wanke I, p. 173.

[10] Kirst, 1984, p. 126s, vê corretamente a diferença entre o v. 6a, que tende a comparar Israel com o vaso rejeitado (juízo), e o v. 6b, que identifica Israel com a argila que pode ser remodelada (novo início).

[11] Cf. excurso "Verbos que expressam a dupla atuação de Deus", sob Jr 1,4-10.

[12] Cf. o excurso "A pregação dtr de duas alternativas", sob 7,1-15.

Jeremias 18 247

pressupõe que as nações tomem conhecimento desse plano divino, saibam "o que é mau aos olhos" de YHWH e o que significa "escutar sua voz" e, ainda, reajam em bloco, como se fossem um único indivíduo.[13] Tudo isso reflete o caráter hipotético dessa reflexão. Em todo caso, a reação das nações determinará se o plano original de Deus será concretizado ou não. Deus reage quase que automaticamente e de forma previsível à conduta das nações, de modo que o destino de cada nação, na verdade, só depende de si própria. Essa compreensão se distancia muito do v. 6, que afirma a liberdade de Deus, e do restante da mensagem de Jeremias (2,21s; 13,23; 16,5). Sem dúvida, a intenção de toda a reflexão contida nos v. 7-10 é dar às nações a possibilidade de participar ou não do projeto divino de salvação. Se as nações podem converter-se tal qual Israel, o povo de Deus perde suas prerrogativas e privilégios.[14] O fato de Deus poder mudar de ideia ("arrepender-se") acentua a possibilidade de ele deixar-se influenciar pela conduta humana, assim como se deixa influenciar pela intercessão do profeta (14,11; Am 7,2.5).

O v. 11 volta à situação do relato da ação simbólica e a seus destinatários: a população de Judá e Jerusalém. O anúncio de desgraça incondicional jeremiânico (v. 6) transforma-se, no v. 11, numa ameaça capaz de ser evitada em caso de conversão. O chamado à conversão reflete a visão da redação dtr sobre a missão profética: chamar as pessoas ao arrependimento. Para o olhar exílico, quando a desgraça já se concretizou, os antepassados se negaram a atender a esse chamado por causa da "obstinação de seu coração perverso" (v. 12). Essa reação foi colocada posteriormente na boca dos interlocutores de Jeremias, que dificilmente se definiriam a si próprios como pessoas teimosas e perversas. O v. 12 também forma a costura para o anúncio de juízo que segue.

Jr 18,13-17 Conduta anormal do povo

13 Por isso, assim diz YHWH:
"Perguntai entre as nações!
Quem já ouviu algo parecido?
Coisas muito horríveis fez
a virgem de Israel!

---

[13] Schmidt I, p. 316.
[14] Thiel I, p. 216. Essa afirmação teológica se aproxima bastante da mensagem do livrinho de Jonas.

248 Primeira parte: Ditos a Israel, Judá e Jerusalém – Jeremias 1-25

14 Acaso se afasta das encostas rochosas[15]
a neve do Líbano?
Acaso secam[16] as águas estrangeiras,
frias e correntes?
15 Pois meu povo se esqueceu de mim,
queimam incenso aos que nada são
e que os fazem tropeçar[17] em seus caminhos,
nas veredas antigas,
para andar por trilhas,
por caminhos não abertos,
16 transformando sua terra em desolação,
em alvo de zombaria[18] eterna.
Cada um que por ela passa se espanta
e meneia sua cabeça.
17 Como um vento oriental eu os espalharei
diante do inimigo;
eu lhes mostrarei[19] a nuca e não a face
no dia de sua desgraça.

O trecho é um anúncio de juízo (v. 17) precedido pela denúncia que o justifica (v. 13-15a) com suas respectivas consequências (15b-16). No atual contexto literário constitui uma resposta de Deus à obstinação do coração do povo mencionada em 18,12, como revela o "por isso" antes da fórmula do mensageiro (v. 13). Geralmente o dito é atribuído ao profeta Jeremias e ambientado em sua primeira fase de atuação, por causa da semelhança com o conteúdo de 2,10ss.

A denúncia é introduzida por um chamado a buscar em outras nações algo similar à conduta constatada em Israel (v. 13). A pergunta retórica não espera uma resposta. Essa é fulminante: na comparação com as religiões de outras nações, Israel destoa negativamente (cf. 2,10s). Não se menciona de imediato quais são as "coisas horríveis" praticadas pela "virgem Israel",[20] mas o termo

---

[15] Quanto à tradução proposta cf. HAL, p. 953. A LXX é incompreensível; cf. BHS.

[16] O TM lê "são arrancadas"; mas certamente houve metátese (duas letras hebraicas trocadas); v. BHS e Rudolph, 1968, p. 120.

[17] Também é possível ler, de acordo com um manuscrito hebraico e a LXX, "e eles tropeçarão" (em vez de "e que os fazem tropeçar").

[18] Literalmente "assovio".

[19] De acordo com LXX, Siríaca e Vulgata, leia-se a forma verbal no hifil.

[20] "Virgem" é a personificação de um povo, como em 14,17; 31,4.21 (Israel) e 46,11 (Egito), Is 47,1 (Babilônia).

Jeremias 18   249

lembra a apostasia (Os 6,10). Somente o v. 15a dirá explicitamente
que o povo se esqueceu de Deus e o abandonou para servir a ídolos
vazios, sem consistência nem eficácia (2,11-13.32).

Dentro da denúncia são apresentadas, novamente em forma
de pergunta retórica, duas imagens, sem dúvida no intuito de contrastar a conduta de Israel com fenômenos da natureza (v. 14). As
imagens não são totalmente claras por causa do estado precário do
texto. A tradução acima é apenas uma proposta de compreendê-lo.
A neve nos picos do Líbano, visível também do norte de Israel, não
desaparece, permanece constante. O mesmo ocorre com as águas
frias do degelo que abastecem o rio Jordão ao norte de Israel. Também elas são, na percepção da época, constantes e não param de
correr. Os interlocutores do profeta são obrigados a responder negativamente a essas duas perguntas. Dessa forma são levados a reconhecer a estranheza do comportamento de Israel: ele é anormal,
vai contra as leis da natureza (cf. 8,4ss). A troca de divindades,
portanto, não é algo natural e, no entendimento do profeta, também não é costume das nações do entorno de Israel.

Os v. 15b e 16 apontam para as consequências da conduta
não natural de Israel: o povo é levado a andar por caminhos desconhecidos e ainda não trilhados, onde facilmente tropeça ou se
perde. As "veredas antigas" devem ser entendidas positivamente:
elas são os caminhos retos e conhecidos da história passada do
povo (6,16; cf. 2,2s). A nova espiritualidade faz com que o povo
veja nessas veredas apenas obstáculos. Por isso ele se desvia delas e procura por trilhas desconhecidas e perigosas. Também a
desolação em que se transformará o país é consequência desse
comportamento anormal do povo (v. 16). É possível que assobios
e meneios de cabeça sejam, além de manifestações de "zombaria",
gestos apotropaicos – que afastam o mal –, já que muitos acredita-
vam que localidades abandonadas e lugares ermos eram habitados
por maus espíritos que devem ser mantidos à distância com assobios.[21] As coisas horríveis praticadas por Israel transformam sua
terra em algo horrível e pavoroso.

Nos v. 15b.16, a desgraça que se abaterá sobre o povo é entendida como consequência do comportamento de Israel; o v. 17, por
sua vez, a entende como iniciativa de YHWH. Ambas as interpretações não se excluem. Com outra imagem retirada da natureza o
profeta anuncia a dispersão do povo. O vento oriental é o vento seco

---

[21] Wanke I, p. 175; cf. Jr 19,8.

250   *Primeira parte: Ditos a Israel, Judá e Jerusalém – Jeremias 1-25*

e quente do deserto que dispersa a palha (4,11; 13,24), mas não traz as chuvas benfazejas. Assim como o povo deu as costas a YHWH (2,27), agora YHWH dará as costas ("a nuca") a seu povo.

Jr 18,18-23 Lamento do profeta perseguido (Quarta "confissão")

18 Mas eles disseram: "Vamos! Maquinemos planos contra Jeremias! Pois não há de faltar ao sacerdote a instrução, nem ao sábio o conselho, nem ao profeta a palavra! Vamos! Firamo-lo com a língua[22] e não mais prestemos atenção a nenhuma de suas palavras!"
19 Dá-me atenção, YHWH,
escuta o que dizem meus adversários.
20 Acaso se paga o bem com o mal?[23]
Pois cavaram uma cova para mim![24]
Lembra-te de que estive diante de ti
para falar bem deles,
a fim de afastar deles tua ira!
21 Por isso, abandona seus filhos à fome
e entrega-os ao poder da espada!
Que suas mulheres percam os filhos
e se transformem em viúvas,
e seus maridos sejam alcançados pela morte,
e seus jovens, feridos pela espada no combate!
22 Que se ouçam gritos de suas casas,
quando trouxeres, de repente, contra eles um bando de ladrões.
Pois cavaram uma cova para me pegar
e esconderam armadilhas para meus pés.
23 Mas tu, YHWH, conheces
todos os seus planos de morte contra mim!
Não perdoes sua culpa
e não apagues[25] seu pecado diante de ti!
Que sejam derrubados[26] diante de ti;
no tempo de tua ira, age contra eles!

---

[22] Apoiado na Siríaca, pode-se também traduzir: "Firamo-lo através de sua (própria) língua". Nesse caso, busca-se levar o profeta a julgamento com base em algo que ele mesmo afirmou ou afirmará. Para tanto deve-se omitir a negação na oração que segue (assim LXX); Rudolph, 1968, p. 122.

[23] Essa oração Wanke I, p. 176s, entende como citação literal dos adversários. Mas isso faz sentido na boca dos adversários de Jeremias?

[24] Literalmente "para minha alma (vida)".

[25] Cf. HAL, p. 537s.

[26] De acordo com HAL, p. 478.

Jeremias 18 251

O lamento (v. 19-23), considerado a quarta confissão do profeta, é introduzido por um breve trecho em prosa (v. 18), anteposto secundariamente no intuito de fornecer os motivos do atentado à vida do profeta e dar detalhes sobre seus adversários. O versículo traz uma citação dos inimigos do profeta ("eles disseram"). No atual contexto, "eles" devem ser os mesmos que, em 18,12, se recusam a mudar de rumo e que ouvem o anúncio de juízo de 18,17. Apesar de não conter linguagem dtr,[27] essa introdução é redacional e não faz parte do lamento original.

Que sabemos sobre os inimigos? Geralmente eles são identificados com os três grupos do v. 18: sacerdotes, sábios e profetas. A favor dessa identificação depõem os diversos conflitos de Jeremias mencionados no restante do livro.[28] Esses adversários representam a visão tradicional de como Deus se manifesta ao povo: pela *torá* ("instrução") do sacerdote, que estabelece o que é puro ou impuro, o que é sagrado ou profano, qual é o sacrifício aceitável e qual não;[29] pelo conselho emitido pelos sábios;[30] e pela palavra transmitida pelo oráculo profético.[31] Para Jeremias, esses meios de comunicação da revelação divina não mais são adequados à situação, porque não conseguem interpretar realisticamente o momento histórico nem fornecer a devida orientação ao povo.[32]

Quais são os planos que essa liderança espiritual e social está tramando? Isso depende de como se entende a última exortação do v. 18: "Firamo-lo com a língua e não mais prestemos atenção a nenhuma de suas palavras!" Se permanecermos com o texto massorético,[33] pode-se pensar numa campanha orquestrada de difamação do profeta ou em acusações específicas a serem levadas a juízo. Uma iniciativa não exclui a outra. O v. 19 não fala em inimigos, mas em "adversários" que se defrontam num processo judicial.

A confissão (v. 19-23) contém os elementos constitutivos de um lamento individual, nem sempre numa ordem lógica: invocação com preces (v. 19), manifestação de inocência (v. 20aα.b), descrição da situação de sofrimento (v. 20aβ.22b), preces por vingança (v. 21-22a),

---

[27] A única expressão que poderia ser considerada dtr é a figura etimológica "maquinar planos" (literalmente: "planejar planos"; Jr 11,19; 18,11; cf.18,8; 26,3; 29,11; 36,3).

[28] Cf. 2,8; 4,9; 6,13s; 8,8s. Assim Rudolph, 1968, p. 124s; Schmidt I, p. 321.

[29] Lv 10,10s; Jr 6,20; Ag 2,10ss e.o.

[30] Ez 7,26 fala de "anciãos".

[31] Ez 7,26 acentua a recepção da revelação profética ("visão"). O oráculo é a resposta de Deus a uma consulta.

[32] Cf. Schmidt I, p. 322.

[33] Cf. a nota 22 acima.

252   *Primeira parte: Ditos a Israel, Judá e Jerusalém – Jeremias 1-25*

expressão de confiança (v. 23aα) e preces finais (v. 23aβγb). Mas também há partes que lembram a atuação profética como sua função de intercessor (v. 20b) e a mensagem da ira de YHWH (v. 23b).[34] Aliás, os v. 21s repercutem várias pregações proféticas, como veremos mais adiante. Por isso se admite, em geral, a origem jeremiânica desse lamento.[35]

O v. 19 espelha uma cena diante de um tribunal, na qual o profeta invoca o auxílio de Deus para si e roga que também preste atenção às acusações falsas e injustas de seus acusadores (cf. 8,6). O v. 23 expressa a confiança de que YHWH "sabe" quais são as intenções ocultas dos inimigos: seus discursos buscam a morte do profeta. Em sua defesa, Jeremias argumenta que seus adversários não agem de acordo com a norma de convivência social, pois retribuem o bem com o mal (v. 20aα). O profeta praticou o bem, pois "falou bem deles, a fim de afastar deles a ira" de Deus (v. 20b), aludindo, sem dúvida, a seu serviço ("estar diante de") de intercessor em favor do povo (15,11; cf. Am 7,2.5). O mal que estão fazendo é expresso, nos v. 22b.23a, com termos usuais entre caçadores: cavaram uma cova para o animal cair e armaram o laço para prender o pé da caça.

Jeremias sente-se como um animal caçado por causa das acusações injustas. Suplica, portanto, a intervenção divina para restabelecer a justiça e o faz com pedidos de vingança (v. 21.22a.23aβγb). Os termos utilizados nessas preces assustam por sua dureza e inclemência. Pessoas inocentes – os filhos e as mulheres dos adversários – são incluídas no rol das vítimas da vingança, que aqui se concretiza em fome, morte pela espada na guerra, saque, terror e desalento das mulheres que sobreviverem. Para encerrar, o profeta roga a Deus: "Não perdoes sua culpa e não apagues seu pecado diante de ti!" (cf. Lc 23,34: "Pai, perdoa-lhes...").

As preces por vingança, na verdade, repetem a mensagem de juízo transmitida por Jeremias a todo o povo. A "vingança", aqui, nada mais é, portanto, do que a concretização do anúncio de desgraça.[36] Não é algo diferente do anunciado a todos. Também

---

[34] Quanto à função de intercessor, cf. 7,16; 11,14, 14,11 e.o.; quanto à ira de Deus, cf. 4,8.26; 6,11; 12,13 e.o.

[35] Wanke I, p. 177, no entanto, atribui o lamento a um homem piedoso da época pós-exílica, que retrata o conflito teológico em torno da verdadeira compreensão da palavra de Deus.

[36] Alguns anúncios jeremiânicos se refletem nas preces por vingança: 6,11s; 9,20s; 11,22; 15,6-9 e.o.

Jeremias 18 253

a inclusão de pessoas inocentes deve ser vista no cenário global e realista de uma guerra, que não poupa pessoas inocentes e causa sofrimento maior justamente a mulheres e crianças (15,7ss; cf. Am 7,17). As preces buscam mover Deus a cumprir o anunciado, objetivam, portanto, o inverso das intercessões, que queriam demover Deus de realizar o juízo. A situação já avançou de tal maneira que passou o tempo da longanimidade de Deus (15,15)? Ou espelha-se, aqui, a proibição de interceder pelo povo (14,11)? Em todo caso, com sua prece, Jeremias desiste de tentar obter justiça com as próprias mãos e clama ao Deus da justiça que decida sobre a questão. Conseguimos entender o clamor do profeta ainda que não consigamos repetir suas palavras.

JEREMIAS 19

Jr 19,1-15 A bilha quebrada

1 Assim me[1] disse YHWH: "Vai e compra uma bilha de cerâmica[2] e leva contigo[3] alguns dos anciãos do povo e dos anciãos[4] dos sacerdotes 2a e vai[5] – ao vale de Ben-Enom que está – à entrada do porta dos Cacos
2b e proclama ali as palavras que eu te falar. 3 Dirás: 'Escutai a palavra de YHWH, ó reis de Judá e habitantes de Jerusalém. Assim diz YHWH dos Exércitos, o Deus de Israel: Eis que vou trazer uma desgraça sobre este lugar, que fará zunir os ouvidos de todos os que dela ouvirem falar! 4 Porque me abandonaram e desvirtuaram esse lugar queimando ali incenso a outros deuses, os quais eles não conheciam – nem eles, nem seus pais, nem os reis de Judá –, e encheram esse lugar com sangue de inocentes, 5 e edificaram lugares altos para Baal a fim de queimar seus filhos pelo fogo em holocausto a Baal, o que eu não lhes havia ordenado nem falado nem jamais me viera à mente.[6] 6 Por isso, eis que virão dias – dito de YHWH – em que esse lugar não mais se chamará Tofet ou vale de Ben-Enom, mas vale da Matança. 7 Aniquilarei, então, os planos de Judá e Jerusalém neste lugar e os farei cair pela espada diante de seus inimigos e pelas mãos dos que atentam contra suas vidas, e entregarei seus cadáveres como alimento para as aves do céu e para as feras da terra. 8 Farei desta cidade uma desolação e um alvo de zombaria[7]; todo aquele que por ela passar se espantará e assobiará por causa de todas as feridas dela. 9 E os farei comer a carne de seus filhos e a carne de suas filhas; um comerá a carne do outro por causa do cerco e do aperto que lhes infligirão seus inimigos e aqueles que buscam tirar suas vidas'. 10 E quebrarás a bilha diante dos homens que vieram contigo 11a e lhes dirás: 'Assim diz YHWH dos Exércitos: Assim

---

[1] Inclua-se "me", de acordo com dez manuscritos e a LXX; o TM omite o pronome.
[2] Literalmente "bilha de alguém que trabalha com argila".
[3] "Leva contigo" não se encontra no TM; introduzido a partir da LXX e Siríaca e em conformidade com o v. 10; cf. BHS.
[4] Os códices Vaticano e Sinaítico da LXX omitem "anciãos" e leem apenas "e alguns dos sacerdotes".
[5] Literalmente "sai".
[6] Literalmente "coração".
[7] Literalmente "assobio".

Jeremias 19   255

quebrarei este povo e esta cidade, da mesma forma como se quebra um objeto de cerâmica, de modo que não mais se pode consertá-lo. 11b E em Tofet serão sepultados por falta de lugar para sepultar. 12 Assim farei com este lugar – dito de YHWH – e com seus habitantes, transformando esta cidade em Tofet. 13 E as casas de Jerusalém e as casas dos reis de Judá serão impuras[8] como o lugar de Tofet, todas as casas em cujos terraços queimaram incenso a todo o exército dos céus e derramaram libações a outros deuses'''.
14 E Jeremias retornou de Tofet aonde YHWH o enviara para profetizar, e colocou-se no pátio da casa de YHWH e disse a todo o povo: 15 "Assim disse YHWH dos Exércitos, o Deus de Israel: 'Eis que trarei sobre esta cidade e sobre todas as suas cidades toda a desgraça que proferi contra ela, porque endureceram sua cerviz de modo que não escutaram minhas palavras'''.

Há relativo consenso na pesquisa atual de que o capítulo 19 é composto por duas camadas. Espera-se que o profeta se dirija, após receber a ordem, à porta dos Cacos para anunciar a palavra de Deus a um seleto grupo de anciãos e sacerdotes. Em vez disso, começa a discursar, no vale de Enom, aos reis de Judá e habitantes de Jerusalém (v. 3a) sobre as práticas idolátricas no Tofet (cf. 7,30ss). Admite-se que um relato de uma ação simbólica (19,1.2a*.10-11a) foi complementado por um longo discurso dtr (2a*.b.3-9.11b-15).[9] A tradução acima tentou separar essas duas camadas. Causa estranheza o fato de se usar a desconhecida porta dos Cacos como ponto de referência para a localização do conhecido vale de Ben-Enom; esparar-se-ia o contrário. Por isso o vale de Ben-Enom deve ser inclusão redacional no v. 2 com o intuito de ancorar o discurso contra o Tofet no relato do gesto simbólico.

---

[8] Veja BHS.

[9] No v. 2a, somente as palavras destacadas na tradução ("ao vale de Ben-Enom, que está") são inclusão dtr. A origem dtr dos outros versículos é amplamente comprovada por Thiel I, p. 221ss: o v. 3b praticamente repete 2Rs 21,12; o v. 4 recorre à típica terminologia para descrever a idolatria de Israel (cf. "Expressões idiomáticas dtr para caracterizar a apostasia", sob 5,15-19); a menção do sangue derramado em Jerusalém lembra 2Rs 21,16; 24,4; Jr 7,6; os v. 5ss correspondem ao trecho dtr 7,31-33; o v. 11b repete o conteúdo de 7,32b e nada tem a ver com 10-11a; quanto a "diante de seus inimigos e pelas mãos dos que atentam contra suas vidas" (v. 7a), cf. 21,7; 34,20s; 44,30; o v. 7b cita 7,33 (cf. Dt 28,26); quanto à fórmula da catástrofe (v. 8), cf. excurso "Linguagem, estilo e terminologia deuteronomistas", sob 7,1-8,3; o v. 9 cita Dt 28,53; quanto ao culto astral e às libações (v. 13b), cf. 7,18; 8,2; 32,29; o v. 15 retoma os conhecidos termos da denúncia dos pecados de Israel. Wanke I, p. 180, supõe diversas fases de complementação nesse trecho com linguagem dtr.

256 *Primeira parte: Ditos a Israel, Judá e Jerusalém – Jeremias 1-25*

Provavelmente a proximidade geográfica entre o vale e a porta foi responsável pela inclusão do discurso no relato preexistente sobre o gesto simbólico.

O relato da ação simbólica contém dois dos três elementos formais característicos:[10] a ordem e a palavra de Deus que interpreta o gesto. Falta a execução da ordem. Ela deve ser pressuposta como também ocorre em 16,1-9. Jeremias recebe a ordem de comprar uma bilha de cerâmica, um objeto de uso diário, reunir algumas testemunhas de importância – "anciãos do povo e anciãos dos sacerdotes"[11] – e deslocar-se para a porta dos Cacos. Esse só é mencionado aqui. Muitos o identificam com o portão do Esterco ou do Lixo, mencionado em Ne 2,13; 3,13; 12,31, na extremidade sudeste de Jerusalém, na desembocadura do vale Central no vale Cedron, não muito distante, portanto, do encontro deste com o vale de Ben-Enom.[12] À saída da portaão dos Cacos provavelmente se encontrava o lixão da cidade. Por isso o lugar da ação simbólica pode não ser mero acaso. Jeremias deve quebrar a bilha justamente na porta dos Cacos e anunciar a palavra que explica o gesto: "assim quebrarei este povo e esta cidade" de modo que não haja mais conserto (v. 10.11a). O gesto é dramático e, sem dúvida, deixou uma impressão forte nas testemunhas. O anúncio não entra em detalhes, mas os cacos de cerâmica apontam para uma total destruição da cidade de Jerusalém em consequência de uma guerra. O gesto simbólico não é um ato mágico, autoeficaz, ou seja, o gesto não coloca em movimento uma energia que automaticamente leva à concretização do anunciado, mas prenuncia uma futura ação divina.[13] O relato não menciona os motivos para o anúncio de juízo.

O discurso dtr do Tofet foi formulado para o presente contexto (cf. o jogo de palavras entre "aniquilar" e "bilha", no v. 7).[14] Para tanto, recorre a outros trechos dtr, em especial 7,31-33; reflete experiências dramáticas da época do cerco de Jerusalém, como casos de canibalismo (v. 9; cf. Lm 2,20; 4,10) e se dirige a uma plateia fictícia (v. 3: "os reis de Judá") no vale de Ben-Enom para ressaltar a responsabilidade das autoridades políticas ("reis") pelo

---

[10] Veja o excurso "Ações simbólicas", sob 13,1-11.

[11] Quanto a "anciãos do povo", cf., p. ex., 26,17; os "anciãos dos sacerdotes" (cf. 2Rs 19,2; Is 37.2) pertencem ao mais alto escalão da hierarquia sacerdotal. Jeremias teria acesso a eles? Rudolph, 1968, p. 124, suprime a segunda ocorrência de "anciãos (dos)", em conformidade com os códices Alexandrino e Sinaítico da LXX. V. nota 4 acima.

[12] Rudolph, 1968, p. 124.

[13] Veja excurso "Ações simbólicas", sob 13,1-11; Schmidt I, p. 328; Graupner, 1991, p. 35.

[14] Existe uma assonância entre *baqqoti* "aniqularei" (raiz *bqq*) e *baqbuq* "bilha".

Jeremias 19 257

derramamento de sangue inocente em Jerusalém (v. 4; cf. 2Rs 21,16; 24,4). Essas devem, portanto, sofrer as consequências de seus atos (v. 13). O discurso dtr quer acrescentar algo que faltava no relato da ação simbólica: o porquê da desgraça anunciada. Usando terminologia típica aponta para o grande pecado do povo, a apostasia a Baal, exemplificada no sacrifício de crianças no Tofet, o que, para a redação dtr, era a mais horrenda expressão do culto idólatra (v. 4s). O v. 13 acrescenta outras causas da destruição futura: o culto astral, praticado em especial por famílias da nobreza de Jerusalém na época de domínio assírio (cf. Sf 1,5), e a oferta de libações.

A dramática descrição dos detalhes da desgraça (v. 6-9.11b-13), ausentes no relato do gesto simbólico (v. 11a), repete, em grande parte, aspectos de Jr 7,30-8,3, para cujo comentário remeto. O destino da cidade de Jerusalém, anunciado no relato (v. 11a), é o mesmo que o destino do Tofet (v. 6s.12). Isso se tornou fácil por causa da polissemia da expressão "este lugar", que, às vezes, designa o Tofet (v. 6.13), outras vezes, Jerusalém (v. 12), e, algumas vezes, até ambos (v. 3.4). Assim como o Tofet se tornará impuro pelos cadáveres aí sepultados, também as casas de Jerusalém e de seus reis se tornarão impuras. Toda a cidade se tornará, portanto, imprópria para morar. Os transeuntes que se depararem com as ruínas só poderão zombar ou assobiar para espantar os maus espíritos (v. 8).

Os v. 14s formam uma costura dtr para o trecho que segue (20,1-6). O v. 14 já se amolda formalmente ao relato seguinte ao falar de Jeremias na terceira pessoa ("e Jeremias retornou"), característica dos relatos biográficos aos quais pertence também o trecho a seguir (20,1-6). Observa-se também uma mudança de cenário: do Tofet para o templo. Os redatores acharam necessária uma repetição da pregação profética no templo para possibilitar que o sacerdote Fassur, mencionado a seguir (20,1), ouvisse as palavras do profeta. Sem essa costura dtr, o relato biográfico 20,1-6 pode ter sido a continuação imediata do fim do relato do gesto simbólico, ou seja 19,11a. Neste caso, Fassur teria sido um dos sacerdotes que testemunharam o gesto de Jeremias na porta dos Cacos.[15]

---

[15] Graupner, 1991, p. 31. O autor entende que os relatos biográficos, tradicionalmente atribuídos a Baruc, não são uma fonte, mas uma camada redacional que, aqui, teria complementado o relato autobiográfico de 19,1.2a*.10-11com a narrativa que segue em 20,1-6.

JEREMIAS 20

Jr 20,1-6 Jeremias no tronco

1 O sacerdote Fassur, filho de Emer, que era o chefe da guarda da casa de YHWH, ouviu Jeremias profetizar essas palavras. 2 Fassur mandou, então, açoitar[1] Jeremias, o profeta, e colocá-lo no tronco, que se encontra na porta superior de Benjamim, que está na casa de YHWH. 3 No dia seguinte, quando Fassur libertou Jeremias do tronco, Jeremias lhe disse: "YHWH não mais te chama Fassur, mas 'Terror de todos os lados'[2]. 4a Pois assim diz YHWH: 'Eis que te entregarei ao terror, a ti e a todos os teus amigos[3]: eles cairão pela espada de seus inimigos, e teus olhos o verão! 4b E eu entregarei todo Judá na mão do rei da Babilônia, que os deportará para a Babilônia e os ferirá com a espada. 5 Eu entregarei todas as riquezas desta cidade, todos os seus bens, todas as suas preciosidades e todos os tesouros dos reis de Judá na mão de seus inimigos, que os saquearão, tomarão e levarão para a Babilônia. 6 Mas tu, Fassur, e todos os que moram em tua casa, ireis para o exílio! Irás para a Babilônia e lá morrerás e lá serás enterrado – tu e todos os teus amigos aos quais profetizaste mentiras'".

Com 20,1ss inicia uma nova tradição literária do livro de Jeremias: os relatos sobre Jeremias, tradicionalmente conhecidos como "biografia de Baruc". Essa biografia continua nos capítulos 28s; 36-43. Seu interesse maior não está nos ditos proferidos pelo profeta, mas na reação das pessoas à mensagem profética e nas consequências dessa mensagem para a vida do profeta. Para Jeremias, vida e mensagem estão imbricadas. Esses relatos trazem apenas breves ditos jeremiânicos embutidos em contextos narrativos. Eles utilizam amiúde a expressão "Jeremias, o profeta",[4] apresentam dados patronímicos e outras informações detalhadas de

---

[1] Literalmente "golpear".
[2] LXX omite "de todos os lados"; o que reproduzimos acima por "terror" a LXX traduz por "forasteiro" ou "estrangeiro residente" (de acordo com outra acepção da raiz *gur*; cf. HAL, p. 177).
[3] Literalmente "os que te amam".
[4] Ou "o profeta Jeremias". Conforme Graupner, 1991, p. 38, das 32 ocorrências da expressão no livro, 21 pertencem à biografia de Baruc (de acordo com Thiel I, p. 227, seriam 23).

Jeremias 20   259

seus personagens, que geralmente pertencem à classe alta de Jerusalém. Jr 20,1-6 provavelmente foi formulado para descrever as consequências da ação simbólica com a bilha na porta dos Cacos (19,1s.10-11a). O trecho biográfico recebeu pequenas complementações da redação dtr: os v. 4b.5 e o final do v. 6.

Fassur pode ter sido uma das testemunhas que presenciaram a ação simbólica descrita em 19,1s.10-11a ou, então, ele ficou sabendo do ocorrido por terceiros. O nome Fassur é recorrente no Antigo Testamento.[5] O sacerdote Fassur tinha o cargo de supervisor da polícia do templo. Como ele tem a tarefa de zelar pela ordem e eventualmente de aplicar as sanções previstas para pessoas que ameaçam a ordem no recinto do templo (cf. 29,26), manda açoitar[6] e prender o profeta por uma noite no tronco. Esse instrumento de tortura se encontrava na porta superior de Benjamim, no muro setentrional da área do templo (Jr 37,13; 38,7; cf. 2Rs 15,35), que provavelmente é idêntica à porta das Ovelhas (Ne 3,1.32; 12,39). Ao ser solto, na manhã seguinte, Jeremias anuncia a Fassur que YHWH trocara seu nome para "Terror de todos os lados" (v. 3). Tentativas de ver um jogo de palavras entre "Fassur" e "terror" pouco convencem, por causa da falta de aliteração, assonância ou semelhança de conteúdo entre os termos.[7] "Terror de todos os lados" é uma expressão-chave do anúncio jeremiânico a Judá e Jerusalém (6,25; 20,10). Ao atribuí-la a Fassur, o profeta concentra a desgraça que atingirá todos os judaítas numa única pessoa. Fassur se torna a personificação do juízo: "rodeado pelo terror". Isso mostra que Jeremias não age motivado por desejo de vingança, mas que a mensagem anunciada até o momento permanece a mesma também depois da sessão de tortura pela qual o profeta passou. O que significa concretamente esse "terror" para os amigos de Fassur encontra-se no v. 4a: eles cairão pela espada diante dos olhos do sacerdote. O que o termo significa para Fassur e seu grupo familiar

---

[5] Jr 21,1; 38,1; Esd 2,38; 10,22; Ne 7,41; 10,4; 11,12; 1Cr 9,12; também é atestado em textos extrabíblicos. O livro de Jeremias conhece, além de "Fassur, filho de Emer" (20,1), pelo menos um segundo portador do nome: "Fassur, filho de Melquias" (21,1; 38,1); talvez o pai de Godolias (38,1) seja um terceiro. O nome do pai de Fassur, Emer, é o ancestral de uma família de sacerdotes que regressou do exílio babilônico (Esd 2,37; Ne 7,40). O nome Fassur provavelmente é egípcio ("filho ou irmão de Hórus"); cf. Graupner, 1991, p. 37, nota 38.

[6] Quanto aos açoites, cf. Dt 25,1-3; 2Cr 11,24. Quanto ao tronco, cf. Jr 29,26; 2Cr 16,10.

[7] Assim, p. ex., Graupner, 1991, p. 36s, nota 38; Fischer I, p. 612. Quem optar por traduzir *magor* ("terror") como "forasteiro", como a LXX o faz, terá muita dificuldade em explicar o sentido da expressão "de todos os lados" ou será obrigado a cortá-la (assim Rudolph, 1968, p. 128, apoiado na LXX; v. BHS).

se encontra no v. 6: serão levados ao exílio onde morrerão e onde serão sepultados. O destino de morrer e ser sepultado em terra estrangeira e impura deve ser tão ou mais cruel que a própria morte, em especial para um sacerdote.

Chama a atenção, nesse relato, a semelhança com o conflito entre o profeta Amós e o sacerdote Amazias (Am 7,10-17). Também Amazias tinha a tarefa de supervisionar o santuário estatal de Betel. Por Amós ter anunciado o juízo sobre Israel e seu rei, teve que ser advertido e expulso do país. Jeremias foi castigado com açoites e uma noite no tronco. Também Amós inclui Amazias e sua família na desgraça que atingirá todo o reino do Norte: Amazias será levado, juntamente com outros, ao exílio, onde morrerá em terra impura. Verdadeiros profetas quase sempre entram em conflito com o poder instituído; esse, por sua vez, procura calá-los com os meios à sua disposição, no caso de Amós e Jeremias, respectivamente por degredo e tortura.

A complementação dtr nos v. 4b.5 confirma que o terror da desgraça vai alcançar "todo Judá" e consistirá na morte pela guerra e no exílio babilônico. Destaque é dado às "riquezas", "preciosidades" e aos "tesouros" de Jerusalém. O templo, o palácio e as casas da classe alta urbana serão os lugares mais visados e seus donos e ocupantes as pessoas mais atingidas. Afinal, uma campanha militar geralmente é paga com o saque dos bens do inimigo. O final do v. 6 – em destaque na tradução acima – transforma o sacerdote Fassur num profeta que, com sua mensagem mentirosa, enganou seus amigos, de cuja sorte já falara o v. 4a. É muito difícil que, além de sacerdote, Fassur também tenha sido um profeta de salvação. Essa complementação parece entender que todos os que não aceitam o anúncio de juízo de Jeremias estão alinhados com a pregação dos profetas, podendo ser identificados com eles. Um caso semelhante ocorre em 29,31, onde um graduado funcionário do templo é transformado em profeta pelos redatores.

Pela primeira vez cita-se a Babilônia como lugar de exílio dos judaítas, tanto no relato biográfico original (v. 6) quanto nas complementações (v. 4b.5). Se a palavra jeremiânica foi preservada com fidelidade pelo autor do relato, o confronto entre Jeremias e Fassur só pode ter ocorrido depois de 605 a.C., quando era possível vislumbrar que os babilônios tinham grande chance de se tornarem o próximo império a dominar o antigo Oriente Médio. Como, após a deportação de 597, o cargo de supervisor da polícia do templo não mais era ocupado por Fassur (cf. 29,26), existe a possibilidade de esse ter feito parte da primeira leva de deportados à Babilônia,

Jeremias 20

assim como o sacerdote Ezequiel. O conflito com autoridades do templo pode ter sido o motivo de Jeremias estar impedido de entrar no templo por ocasião da leitura do rolo (36,5).[8]

Jr 20,7-13 Lamento do profeta (Quinta "confissão")

7 Tu me seduziste, YHWH, e eu me deixei seduzir,
tu me agarraste e me dominaste.
Tornei-me motivo de riso todo dia,
todos zombam de mim.
8 Pois, sempre que falo, tenho de berrar,
preciso gritar: "Violência! Opressão!"
Pois a palavra de YHWH tornou-se para mim
vergonha e escárnio todo dia!
9 Então pensei:[9] "Não quero mais lembrá-la!
Não mais falarei em seu nome!"
Mas em meu coração havia algo como um fogo queimando,
encerrado em meus ossos.
Tentava suportá-lo,
mas não conseguia.
10 Sim, eu ouvia o falatório de muitos:
"Terror de todos os lados![10]
Denunciai-o! Vamos denunciá-lo!"
Todos os meus amigos[11] esperam por minha queda:
"Talvez ele se deixe enganar, então o dominaremos
e nos vingaremos dele!"
11 Mas YHWH está comigo qual poderoso guerreiro;
por isso meus perseguidores tropeçarão e não prevalecerão.
Ficarão muito envergonhados por não obterem êxito,
uma desonra eterna, inesquecível.
12 Ó YHWH dos Exércitos, tu que examinas o justo[12]
e que vês os rins e o coração!

---

[8] Silva, 1992, p. 82s.
[9] Literalmente: "dizia [*scil.* para mim]".
[10] Essas duas linhas do v. 10a coincidem com Sl 31,14aα, onde a expressão *magor missabib* ("terror de todos os lados") é omitida pela Siríaca. Continua controverso qual texto depende de qual. Fischer I, p. 617, afirma que Sl 31,14 é citação de Jr 20,10; cf. Schmidt I, p. 337.
[11] Literalmente "cada homem de minha paz".
[12] Também é possível traduzir "tu que examinas com justiça", cf. 11,20.

262 *Primeira parte: Ditos a Israel, Judá e Jerusalém – Jeremias 1-25*

Que eu possa ver tua vingança contra eles,
pois a ti confiei minha causa![13]
13 Cantai a YHWH,
louvai a YHWH!
Pois ele livrou a vida do pobre
da mão dos malvados.

O trecho é considerado a quinta e última confissão de Jeremias. Existem dúvidas sobre se o trecho que segue (20,14-18) ainda faz parte da confissão ou não. Aqui os dois trechos serão tratados separadamente. Por causa da linguagem sálmica em 20,10-13, em especial nos v. 12s, alguns pesquisadores tratam o trecho como uma composição pós-exílica formulada para o atual contexto a partir de elementos preexistentes.[14] Mas, apesar da existência de elementos formais típicos dos salmos de lamentação – que também aparecem nas outras confissões e não deveriam causar estranheza –, os v. 7-10 refletem uma experiência com Deus sem precedentes nos salmos. Os elementos que remetem à função profética predominam na maior parte da unidade, de modo que não podem ser considerados secundários. Somente os v. 12s devem ser tratados como adaptação litúrgica do lamento do profeta.

Essa última confissão é expressão do mais profundo desespero do profeta. Não por acaso, ela se encontra após a sessão de tortura no tronco (20,2). Mas as queixas apresentadas a Deus vão muito além desse episódio pontual: elas escancaram o grande dilema de toda a existência profética de Jeremias. A terminologia utilizada para expressar a queixa do profeta beira a blasfêmia (v. 7a).[15] O verbo traduzido por "seduzir" (*patah*) é utilizado em três possíveis situações:[16] em Êx 22,15, trata-se da "sedução" de uma moça para fins de relacionamento sexual; em Jz 14,15, Dalila deve "persuadir" Sansão a revelar o enigma; em 2Sm 3,25, trata-se de "enganar" deliberadamente alguém. Essas três nuanças ecoam quando Jeremias afirma ter sido seduzido por YHWH e ele, em sua ingenuidade, ter-se deixado seduzir. A segunda imagem do v. 7a faz lembrar um ringue de lutadores, em que o mais forte agarra, derruba e subjuga ("domina") o mais fraco. As imagens lembram

---

[13] O v. 12 retoma 11,20 com mínimas alterações.
[14] P. ex., Wanke I, p. 185.
[15] Kirst, 1984, p. 147.
[16] Cf. Kirst, 1984, p. 147-149.

Jeremias 20 263

o relato de vocação em que o profeta é obrigado a aceitar a missão profética contra sua vontade.

No v. 8a, Jeremias continua sua queixa, desta vez sobre sua atuação como profeta que anuncia mensagens incômodas. Em 6,7, o profeta denuncia a violência e a opressão dos fortes sobre os fracos na sociedade de Jerusalém. Aqui, em 20,8a, aparece o mesmo binômio: violência e opressão. Há três possibilidades de entender a passagem: a) os inimigos de Jeremias são acusados de cometerem violência e opressão assim como os fortes em 6,7; b) esses mesmos inimigos serão atingidos por um juízo opressivo e violento; ou c) o próprio profeta tornou-se, agora, vítima de maus-tratos violentos por parte de seus "perseguidores". A última alternativa é a mais aceita,[17] mas também as outras são plausíveis. A mensagem profética está marcada pela denúncia de opressão violenta, que também vitimiza o próprio profeta, e pelo anúncio de um juízo terrível (cf. 20,3.10: "terror de todos os lados"). Nem o anúncio nem a denúncia são benquistos.

Os v. 7b.8b, que marcam o início do relato da aflição do profeta, mostram as reações a sua mensagem: Jeremias se torna alvo de debexe e zombaria por parte de seus ouvintes.[18] A "palavra de YHWH"[19] que o profeta recebia, em 15,16, com alegria provoca escárnio, vergonha e desprezo (cf. 15,15). Mesmo sendo obrigado a assumir a missão profética contra sua vontade e ter que comunicar o que não gostaria, Jeremias não consegue se furtar da responsabilidade pelo conteúdo de sua mensagem e sofre as consequências de sua atuação.[20] Como fugir do dilema de ser, ao mesmo tempo, obrigado por Deus e escarnecido pelos humanos? No v. 9, o profeta cita seus próprios pensamentos a respeito. A saída que vê é desistir de seu ministério: esquecer a "palavra de YHWH" e parar de falar em nome de Deus. Essa saída, no entanto, mostrou-se impossível, pois o profeta sente a necessidade interior ("no coração e nos ossos") de falar. Também aqui o profeta experimenta a força irreprimível do "fogo" da palavra (cf. 5,14) que o constrange a continuar com sua missão.

---

[17] Rudolph, 1968, p. 130; Ittmann, 1981, p. 157; Wanke I, p. 185.
[18] Schmitt, 2019, p. 97, 107, fala em *bullying*.
[19] O uso da terceira pessoa de Deus ("palavra de YHWH") numa fala do profeta dirigida a Deus mostra que a "palavra" já adquiriu autonomia ou que está sendo direcionada a um público.
[20] Cf. Schmidt I, p. 335.

264 *Primeira parte: Ditos a Israel, Judá e Jerusalém – Jeremias 1-25*

O v. 10 desenvolve a zombaria e o escárnio mencionados em 7b.8b e traz diversas citações do grupo de inimigos do profeta ("muitos"). Na boca desse grupo, a expressão "terror de todos os lados" (*magor missabib*) é irônica: os inimigos zombam do anúncio aterrador de Jeremias (cf. 17,15).[21] Aparentemente a intenção dos inimigos é levar Jeremias a julgamento ("denunciá-lo") por causa de sua mensagem (cf. 18,18) e, assim, promover sua queda ou calá-lo. O profeta não pode confidenciar seu sofrimento a ninguém, pois até pessoas próximas deixaram de ser confiáveis. A citação, no v. 10b, retoma vocabulário do v. 7: "seduzir/enganar" (*patah*) e "dominar" (*yakhol*). As ações atribuídas, no v. 7, a Deus são, no v. 10, realizadas pelos inimigos. Além de sentir a mão pesada de Deus, o profeta sofre com o sarcasmo de seus contemporâneos.

Depois da descrição do sofrimento, o v. 11 traz a manifestação de confiança do orante na presença de seu Deus. O Deus que agarra e subjuga o profeta (v. 7) é também o guerreiro que o protege, como prometido no relato de vocação (1,8). Os atos dos inimigos se voltarão contra os próprios: a zombaria e a vergonha infligidas (v. 7b.8b) se transformarão em vergonha e desonra eterna sofridas.

Os v. 12 e 13 são fruto de uma adaptação do lamento jeremiânico para uso no culto comunitário. Lamentos proféticos foram repetidos pelos participantes de cultos de lamentação e receberam acréscimos litúrgicos, em especial anúncios de salvação, como em Jr 30,5-7.10s e 30,12-17,[22] ou, como aqui, uma súplica final (20,12) e o convite a um hino de louvor (20,13). O lamento profético carecia de uma súplica, que é o alvo de todo lamento: comover Deus a intervir em favor do orante. O desejo de vingança na boca dos inimigos de Jeremias (v. 10b) deu a senha para que se recorresse ao pedido de vingança da primeira confissão (11,20).[23] A vingança é delegada a YHWH, já que ele é o único a saber quem é e quem não é justo. Após essa prece, espera-se a resposta positiva de Deus – o chamado oráculo de salvação dito ao suplicante por um sacerdote ou profeta (cf. Lm 3,57; Sl 6,9ss).[24] Esse não está expresso aqui, mas – como costuma acontecer nos salmos – deve ser pressuposto quando existe uma abrupta mudança da angústia do lamento para

---

[21] Rudolph, 1968, p. 131. Cf. nota 10 acima.
[22] Kilpp, 2017, p. 118ss.
[23] Rudolph, 1968, p. 133, afirma que 20,12 é secundário.
[24] Begrich, 1964, p. 217ss; Schmitt, 2020. Kirst, 1984, p. 147, fala de "oráculo de atendimento".

Jeremias 20 — 265

a alegria do louvor (cf. Sl 22,23s; 109,30s). Isso ocorre no v. 13, onde o orante não mais se dirige a Deus, mas para a comunidade reunida e a conclama a entoar um hino de gratidão e louvor a Deus por ter libertado "a vida do pobre da mão dos malvados"[25]. Dessa forma, as palavras de Jeremias servem para que gerações posteriores veiculem sua própria aflição para receber, como ele, o consolo de Deus e, assim, poder cantar louvores no seio da comunidade.

Jr 20,14-18 Maldição do dia do nascimento

14 Maldito o dia em que nasci!
O dia em que minha mãe me deu à luz não seja bendito!
15 Maldito o homem que deu a boa-nova a meu pai:
"Nasceu-te um filho homem!", dando-lhe uma grande alegria.
16 Que aquele homem[26] seja[27] como as cidades
que YHWH destruiu[28] sem compaixão.
Que ele ouça gritos de socorro pela manhã
e gritos de guerra ao meio-dia,
17 por não me ter matado no[29] ventre materno,
de modo que minha mãe se tornasse meu sepulcro,
e seu ventre permanecesse grávido para sempre.
18 Por que saí do ventre materno
para ver fadiga e desgosto
e terminar meus dias[30] na vergonha?

Esse trecho é, por muitos, considerado continuação da quinta confissão (20,7-13), mas ele destoa após o hino do v. 13, e não se dirige, como as confissões, a Deus, nem contém elementos do lamento individual como súplicas ou expressões de confiança. Apesar de guardar alguma relação com as confissões (cf. 15,10: "Ai de mim, minha mãe!"), a analogia mais próxima é com Jó 3, onde também o dia do nascimento é maldito. Apesar de vozes contrárias,

---

[25] Aqui não se trata do socialmente "pobre", mas, como nos Salmos, a pessoa "perseguida e ultrajada" que necessita da ajuda de Deus (cf. Schwantes, 2013, p. 144s).

[26] Existe a proposta de substituir "homem" por "dia" (cf. BHS; Rudolph, 1968, p. 132), mas não há evidência externa que abone tal proposta.

[27] Leia-se o jussivo ("que [o homem] seja") de acordo com a LXX, Vulgata e Siríaca; o TM lê "[o homem] será". O mesmo vale para a forma verbal "ouça" no mesmo versículo.

[28] Literalmente "subverteu" (alusão a Sodoma e Gomorra).

[29] De acordo com LXX e Siríaca; o TM lê "para fora do ventre" (natimorto?).

[30] Literalmente "e meus dias terminem em vergonha".

266   *Primeira parte: Ditos a Israel, Judá e Jerusalém – Jeremias 1-25*

a explosão de emoções fortes desse trecho deve remontar, em sua essência, ao próprio profeta.

A passagem é "uma das páginas mais sombrias da Bíblia"[31]. Ela reflete "a mais profunda depressão"[32] do profeta. Aqui, até a depressão e a situação de desespero do profeta se transformam em mensagem. No início se encontra, em paralelismo quiástico, a maldição do próprio dia do nascimento como se fosse um inimigo pessoal (v. 14). Amaldiçoar o dia que dá início a uma vida nova – um dia alegre para a família, marcado por desejos de bênção – equivale a questionar toda a existência. Segue uma segunda maldição, no v. 15: a do mensageiro que levou a notícia alvissareira ao pai do profeta, o sacerdote Helcias. O destaque na citação do mensageiro – "um filho homem" – reflete a visão patriarcal de que o nascimento de um menino era motivo de alegria especial. Por que amaldiçoar o mensageiro? Provavelmente ele substitui os pais de Jeremias ou até o próprio Deus, o doador da vida, que não podem ser amaldiçoados (cf. as proibições Êx 21,17; 22,27).

O v. 16 desdobra a maldição do mensageiro. Seu destino é comparado, primeiramente (v. 16a), à sorte de Sodoma e Gomorra. Essas cidades não são mencionadas explicitamente, mas estão implícitas na expressão idiomática "subverter/destruir cidades" (*hafak*: Gn 19,25.29). A seguir, em 16b, sua sorte é comparada à de alguém condenado a ouvir os gritos de terror provocados pelo alarido de guerra. O anúncio profético da destruição de cidades em consequência de um conflito bélico se concretizará também para o mensageiro.

O v. 17 fornece o motivo da maldição do mensageiro: ele não matou o recém-nascido Jeremias. Na realidade, o mensageiro não teria tido a possibilidade de matar um bebê recém-nascido, pois não estaria presente por ocasião do nascimento. Isso mostra que toda a cena é imaginária: não se pensa concretamente no mensageiro, mas em Deus, como também comprovam as imagens tétricas que seguem. O profeta prefere ter morrido no ventre materno, que, assim, se teria tornado sua sepultura, enquanto sua mãe teria permanecido eternamente grávida.

A unidade termina com a sofrida pergunta do aflito pelo "porquê" (v. 18; cf. Sl 10,1; 22,2; 42,10; 88,15). Para o profeta, toda a existência já não tem sentido. Também seu ministério perdeu,

---

[31] Fischer I, p. 609.
[32] Rudolph, 1968, p. 133.

Jeremias 20

assim, o sentido, pois o "ventre materno", mencionado três vezes nesta unidade (v. 17s), remete ao relato da vocação no útero materno (1,5). Na avaliação que faz de sua atuação em 6,27ss, o profeta chega à conclusão de que sua missão foi inútil (6,29s). Aqui, ele chega à conclusão de que não só seu ministério, mas também toda a sua vida perdeu o sentido, pois tudo é "fadiga e desgosto"[33]. A pergunta fica, aqui, sem resposta. O profeta é obrigado a passar pela experiência do Deus oculto. Sofrimento, desespero e desgosto são também marcas da autenticidade do mensageiro de Deus.[34]

---

[33] "Fadiga/esforço" (*'amal*) é termo-chave de Eclesiastes (Ec 1,3; 2,10s e.o.); cf. Sl 10,14; 25,18 e.o.); quanto a "desgosto/tormento" (*yagon*), cf. Sl 13,3; 31,11 e.o.

[34] Fischer I, p. 609.

JEREMIAS 21-24: SOBRE REIS E PROFETAS

Os capítulos 21 a 24 formam um complexo redacional dtr, pois a típica fórmula do acontecimento da palavra (v. 21a), que geralmente abre blocos maiores,[1] reaparece somente em 25,1. Os trechos 21,1-10 e 24,1-10 formam a moldura em torno de duas coletâneas mais antigas que recolhem ditos contra reis (21,11-23,18) e profetas (23,9-40). Os textos da moldura tratam ambos de Sedecias, o último rei de Judá antes da catástrofe de 587.[2] Ao colocar o destino do último rei antes dos ditos sobre os reis que o antecederam, a redação dá a perspectiva de como se desenvolve a história de Judá sob seu governo.

---

[1] Jr 7,1; 11,1; 14,1; 18,1; 21,1; 25,1 e.o.

[2] Para Croatto, 2000, p. 22, o trecho Jr 21,1-10 (o Sedecias histórico) forma, juntamente com 23,1-6 (Sedecias simbólico), a moldura em torno da coletânea de ditos sobre os reis.

JEREMIAS 21

21,1-10 O pedido de Sedecias

1 Palavra que veio a Jeremias da parte de YHWH após o rei Sedecias ter-lhe enviado Fassur, filho de Melquias, e o sacerdote Sofonias, filho de Maasias, com o seguinte pedido: 2 "Consulta YHWH a nosso respeito, pois Nabucodonosor, rei da Babilônia, combate contra nós. Talvez YHWH realize em nosso favor um de seus numerosos milagres, de modo que o rei se afaste de nós!" 3 E Jeremias lhes respondeu: "Assim direis a Sedecias: 4 'Assim diz YHWH, o Deus de Israel: Eis que farei voltar as armas que empunhais para combater, fora dos muros, o rei da Babilônia e os caldeus que vos cercam, e as trarei para dentro desta cidade!³ 5 E eu mesmo combaterei contra vós com mão estendida e braço forte, com ira, furor e grande indignação. 6 Ferirei os habitantes desta cidade, tanto as pessoas quanto os animais: de grande peste morrerão. 7 Depois disso – dito de YHWH – entregarei Sedecias, rei de Judá, seus servos, o povo e aqueles que, nesta cidade, tiverem escapado da peste, da espada e da fome, nas mãos de Nabucodonosor, rei da Babilônia, nas mãos de seus inimigos e nas mãos daqueles que atentam contra sua vida; ele os passará ao fio da espada, não os poupará e não terá nem dó nem compaixão'".

8 E assim dirás a este povo: "Assim diz YHWH: 'Eis que colocarei diante de vós o caminho da vida e da morte: 9 Quem permanecer nesta cidade morrerá pela espada, pela fome ou pela peste; mas quem sair e se entregar aos caldeus que vos cercam viverá; sua vida lhe será por despojo. 10 Pois voltei minha face contra esta cidade para a desgraça e não para a felicidade – dito de YHWH. Ela será entregue nas mãos do rei da Babilônia, que a incendiará'".

Jr 21,1-10 é composto de duas partes: v. 1-7 e v. 8-10. Além do título (v. 1a), o trecho revela clara linguagem dtr a partir do v. 5.⁴ Geralmente se admite que o trecho é uma composição dtr

---

³ A LXX lê um texto mais breve no v. 4: "Isto diz o SENHOR: 'Eis que farei voltar as armas com as quais combateis os caldeus que vos cercam fora dos muros para dentro desta cidade!'".

⁴ V. 5: "com mão estendida e braço forte" (inversão dos qualificativos: Dt 4,34; 5,15; 7,19; 11,2 e.o.) e "com ira, furor e grande indignação" (Dt 29,27; Jr 32,37); v. 6: "tanto as pessoas quanto os animais" (Jr 7,20); ainda no v. 6: os grupos sociais "reis, seus servos, seu povo" (22,2), os três tipos de morte "peste, espada e fome" (Jr 14,12; 24,10;

270 *Primeira parte: Ditos a Israel, Judá e Jerusalém – Jeremias 1-25*

baseada no relato biográfico de Jr 37,3-10. Apesar da pequena diferença da situação e da composição da delegação, é bem provável que se trate do mesmo evento.[5] O v. 2 sugere que a consulta a Jeremias ocorreu no início do cerco babilônico a Jerusalém, em 589/8, enquanto 37,5 ambienta o ocorrido no breve período de suspensão do cerco babilônico por causa do avanço de uma tropa egípcia. O segundo integrante da delegação de Sedecias, ao lado do sacerdote Sofonias, é, em Jr 37,3, Jucal, enquanto que, em Jr 21,1, é Fassur, filho de Melquias. Esse Fassur é um dos ministros de Sedecias que não comungava as ideias de Jeremias (38,1) e não deve ser confundido com o sacerdote Fassur, filho de Emer, que feriu e prendeu Jeremias (20,1). Este já havia sido substituído pelo sacerdote Sofonias, filho de Maasias, o segundo membro da delegação, este simpático à causa de Jeremias (cf. 29,25.29). A substituição de Jucal (37,3) por Fassur (Jr 21,1) se deve à menção do homônimo no capítulo anterior (Jr 20,10)? Isso aumentaria a suspeita de que o trecho Jr 21,1ss foi redigido para o atual contexto literário de modo a formar um contraste entre o profeta perseguido e sofredor de Jr 20 e o profeta procurado em Jr 21.

Jeremias é consultado para que de Deus obtenha um oráculo sobre o futuro da cidade na situação de sítio. A consulta já vem embalada pela esperança de que Deus intervirá em favor de sua cidade e de seu povo como acontecera no passado. Pensa-se, aqui, na suspensão inexplicável do cerco assírio em 701 (2Rs 19; Is 37,5-7)? Mas a resposta de Jeremias difere da de Isaías: as armas direcionadas contra os inimigos babilônios fora da cidade serão redirecionadas e convergirão para dentro da cidade de Jerusalém. Existe a possibilidade de o v. 4 conter resquícios de um anúncio jeremiânico, dada a inexistência de linguagem redacional.[6] O v. 5 chega ao cúmulo de afirmar que o próprio YHWH peleja contra seu povo. Com a inversão dos atributos da conhecida expressão dtr – de "com mão forte e braço estendido" para "com braço forte e mão estendida" – a atuação salvífica de YHWH no passado é transformada em atuação contra o próprio povo. O v. 7 afunila o anúncio de desgraça na

---

27,8 e.o.), "entregar nas mãos de seus inimigos e nas mãos daqueles que buscam tirar/atentam contra sua vida" (Jr 19,7.9; 34,20s; 44,30 e.o.) e "sem dó nem compaixão" (Dt 13,18; Jr 13,14); v. 8: colocar diante do "caminho da vida e da morte" (Dt 30,15); v. 10: "voltar a face contra (algo/alguém) para a desgraça (mal) e não para a felicidade (bem)" (cf. Jr 24,6; 44,11).

[5] Rudolph, 1968, p. 135; Thiel I, p. 232; Wanke I, p. 190.

[6] Thiel I, p. 233, tenta reconstruir a forma poética de um possível dito jeremiânico no v. 4: "Eis que farei virar as armas de fora dos muros/e as trarei para dentro desta cidade".

Jeremias 21   271

pessoa do rei Sedecias e de sua corte, considerados pelos redatores os responsáveis últimos pela catástrofe.

Os v. 8-10 formam uma nova seção. Não mais é o profeta que fala à delegação real, mas é Deus que se dirige ao profeta com a ordem de anunciar a "este povo". A mensagem é destinada a um público maior. Embora não haja como evitar a catástrofe de todo o sistema, há chances de sobrevivência para pessoas e grupos. Esse conteúdo coincide com a mensagem jeremiânica. A fuga sempre fora uma possibilidade de salvação (4,5s; 6,1); indivíduos e grupos têm a possibilidade de sobreviver à catástrofe (cf. 35,19; 39,17; 45,5). Ao próprio rei foi anunciada a possibilidade de sobreviver em caso de capitulação (38,17s).[7]

O v. 9 sugere que os habitantes de Jerusalém se bandeiem para o inimigo. Certamente houve pessoas que passaram para o lado dos caldeus (38,19; 39,9). Numa situação dramática, escapar com vida já podia ser considerado algo positivo, ainda que essa vida roubada ("despojo"; 45,5) não seja nada tranquila. Para muitos, as mensagens de Jeremias eram antipatrióticas (cf. 38,4). Mas, dada a certeza do profeta de que o sistema político e social centrado em Jerusalém irá ruir por vontade divina, é preferível entregar a cidade e os bens materiais aos inimigos e, assim, preservar da vida. Não se trata, portanto, de uma atitude antipatriótica, mas, sim, de uma visão teológica da história: Nabucodonosor é o instrumento do juízo divino, do qual a monarquia e a cidade de Jerusalém com seu templo não podem escapar. Sabe-se que o próprio profeta não se bandeou para os babilônios (Jr 37,11-14).

O v. 10 recorre a Am 9,4b ("voltarei meus olhos contra eles para a desgraça [mal] e não para a felicidade [o bem]") e faz uma ponte para o final do complexo, mais especificamente para a visão dos figos bons de Jr 24,6 ("voltarei meus olhos sobre eles para a felicidade [o bem]").

Jr 21,11-14 Sobre a casa real e sua sede

11 A respeito da casa real de Judá.
Escutai a palavra de YHWH,
12 vós da casa de Davi! Assim diz YHWH:
"Julgai cada manhã segundo o direito,

---

[7] Apesar da linguagem dtr, o v. 9 pode ter sido construído em torno de uma palavra de Jeremias. Thiel I, p. 236, procura reconstruir um possível dito poético no v. 9: "Quem permanecer nesta cidade morrerá/mas quem sair aos caldeus viverá!"

272 *Primeira parte: Ditos a Israel, Judá e Jerusalém – Jeremias 1-25*

livrai o explorado da mão do opressor,
para que minha ira não saia como fogo
e queime sem que ninguém possa apagá-lo,
por causa da maldade de vossos[8] atos".
13 Eis que me volto contra ti, entronizada sobre o vale,
rochedo sobre a planície – dito de YHWH –,
vós que dizeis: "Quem poderá atacar-nos[9]?
E quem entrará em nossas residências?"
14 Mas eu vos castigarei de acordo com os frutos de vossos atos –
dito de YHWH.[10]
E atearei fogo em sua floresta,
e ele devorará tudo a seu redor!

O v. 11 serve de título para toda a coletânea sobre os reis de Judá (Jr 21,11-23,8). Ela contém palavras à "casa de Davi" (21,11-22,9), ditos contra reis específicos (22,10-30: Selum/Joacaz, Joaquim, Conias/Joiaquin) e promessas de salvação no final (23,1-8). Não há ditos dirigidos a Josias nem a Sedecias. Josias é mencionado positivamente em 22,15s. Sedecias aparece nos textos da moldura (21,1-10 e 24,1-1-10). Além disso, o anúncio de salvação 23,6 ("YHWH é nossa justiça") pode ser uma alusão a Sedecias (="YHWH é minha justiça").

No início da coletânea encontram-se dois ditos bem genéricos. O primeiro contém o lema que vai orientar a coletânea (v. 11b.12)[11] e se dirige à "casa de Davi"; o segundo é um anúncio de juízo contra a sede da casa real e seus habitantes (v. 13s). A "casa de Davi" se refere aos representantes da dinastia davídica, responsáveis pela jurisdição na "cidade de Davi", Jerusalém. Normalmente o rei delegava essa função a ministros da corte (cf. Jr 26,10ss).[12] O texto é uma advertência: a casa real deve zelar pelo direito e pela justiça, em especial pela proteção jurídica dos grupos mais fracos da sociedade, pois essa é a tarefa

---

[8] De acordo com o *qere* e 4,4b, pois combina melhor com os imperativos; o *ketib* lê "seus atos". Todo o v. 12b ("para que minha ira não saia como fogo... por causa da maldade de vossos atos") se encontra literalmente em 4,4b. A LXX não lê a oração causal do v. 12bβ ("por causa da maldade de seus atos"). Tanto 4,4b quanto 21,12b devem ser redacionais.

[9] De acordo com HAL, p. 653, trata-se de termo técnico militar: "marchar para baixo sobre (o acampamento inimigo)".

[10] Toda essa linha (v.14a) falta na LXX.

[11] Cf. Pixley, 2000, p. 102.

[12] Sobre o funcionamento da jurisdição em Jerusalém cf. Kilpp, 2006, p. 65ss.

Jeremias 21 273

mais importante dos reis (Sl 72,1-4.12-14; 101; Is 11,3-5). Essa era a expectativa que se vinculava aos monarcas do antigo Oriente.[13] Esse também é o critério pelo qual os reis judaítas serão avaliados e julgados. O anúncio de juízo condicional (v. 12b) é idêntico ao que se encontra em Jr 4,4b. Do ponto de vista do redator, ele se concretizou em 587. As palavras sobre os reis que seguem são, portanto, justificativas da grande catástrofe que redundou no fim da existência política de Judá, na destruição da sede do poder e na dispersão do povo judaíta.

O segundo dito (v. 13s) está vinculado ao primeiro pelos atos (de maldade) de seus destinatários e o fogo devorador que tudo consome (v. 12 e 14). Trata-se de um anúncio de juízo que se dirige inicialmente a uma 2ª p. f. sing (v. 13a: "tu"), mas continua com 2ª p. m. pl. (v. 13b e v. 14a: "vós") e termina com uma 3ª p. f. sing. (v. 14b: "sua/dela"). As formas femininas devem referir-se a Jerusalém, mais especificamente à parte alta da cidade, onde se encontram o templo e o palácio; os plurais masculinos devem ser, então, seus moradores. Duas metáforas tentam descrever a sede da casa real: "entronizada sobre o vale" e "rochedo sobre a planície". Jerusalém foi construída no cume de um rochedo difícil de ser conquistado militarmente; ela está como que sentada num trono que se ergue sobre os vales que a circundam. A posição geográfica também marca a índole de seus habitantes. Essa se evidencia nas duas citações em forma de perguntas retóricas do v. 13b. Em tom arrogante, os moradores da acrópole afirmam que suas residências nunca poderão ser tomadas pelos inimigos. Os símbolos do poder – o templo e o palácio – edificados não somente com pedras, mas também com o precioso cedro do Líbano ("floresta"; cf. 1Rs 7,2), serão, no entanto, consumidos pelas chamas. Assim, os arrogantes serão humilhados (1Sm 2,7s; Is 2,12-17; Lc 1,51s), como o será mais tarde a Babilônia (50,31s).

---

[13] Cf. Schmidt II, p. 8, e o epílogo do Código de Hamurábi. Sobre a função do rei na ideologia real do antigo Oriente com exemplos do código de Hamurábi, cf. Vitório, 2003, p. 35ss.

JEREMIAS 22

Jr 22,1-9 Contra o palácio e a cidade

1 Assim disse YHWH: "Desce à casa do rei de Judá e lá profere esta palavra. 2 Dirás: 'Escuta a palavra de YHWH, ó rei de Judá, que estás sentado sobre o trono de Davi, tu, teus servos e teu povo que entram por essas portas! 3 Assim diz YHWH: Praticai o direito e a justiça, e livrai o explorado da mão do opressor[1]; não oprimais o migrante, o órfão e a viúva, não façais uso de violência nem derrameis sangue inocente neste lugar! 4 Pois, se realmente cumprirdes essa palavra, entrarão pelas portas desta casa reis que se assentam no trono de Davi, montados em carros e cavalos – ele, seus servos e seu povo.[2] 5 Mas, se não escutardes[3] essas palavras, juro por mim mesmo – dito de YHWH – que esta casa se tornará uma ruína'".
6 Pois assim disse YHWH a respeito da casa do rei de Judá:
"Ainda que fosses para mim como Galaad,
ou como o cume do Líbano,
certamente farei de ti um deserto,
uma cidade sem habitantes.
7 Consagro contra ti destruidores,
cada um com suas ferramentas,
para que cortem teus melhores cedros
e os lancem ao fogo".
8 Pessoas de muitas nações passarão por esta cidade e uma perguntará à outra: "Por que YHWH tratou de tal forma esta grande cidade?" 9 Então lhes responderão: "Porque abandonaram a aliança de YHWH, seu Deus, e se prostraram diante de outros deuses e os serviram".

O trecho é uma composição redacional de três partes: um sermão em prosa que coloca seus ouvintes – aqui da casa real – diante de duas alternativas (v. 1-5); um dito profético contra o palácio real em forma de poesia (v. 6s); e um texto catequético em forma de pergunta e resposta em prosa (v. 8s). Os dois textos em prosa apresentam terminologia, forma e teologia da

---

[1] De acordo com 21,12 e a Siríaca; cf. LXX.
[2] Alguns consideram "ele, seus servos e seu povo" um acréscimo por causa da mudança para o singular (seu[s]=dele) no TM; cf. Rudolph, 1968, p. 140; Thiel I, p. 239, nota 27.
[3] A LXX entende corretamente "escutardes" como "fizerdes".

Jeremias 22 275

redação dtr, enquanto que o texto poético central geralmente é atribuído a Jeremias.

Os v. 1-5 retomam e desenvolvem a advertência de Jr 21,11s, que é colocada pela redação na forma de um sermão de duas alternativas.[4] A forma e a terminologia de 22,1-5 são muito semelhantes a dois outros sermões desse tipo (7,1-15 e 17,19-27).[5] No v. 1, o profeta recebe a ordem de "descer" ao palácio do rei. Pressupõe-se, portanto, que ele se encontre no templo, o que vincula a fala a seguir com o discurso contra o templo, em 7,1-15. Os destinatários da palavra profética são as pessoas que ocupam as áreas de moradia e trabalho do palácio (v. 2). Não se menciona o nome do rei, de modo que a palavra é destinada de forma geral aos reis de Judá. Os servos são os funcionários do palácio, não somente os serviçais, mas também os funcionários graduados da corte. Não se sabe se o povo mencionado no v. 2 é uma alusão à aristocracia local vinculada ao palácio ou, mais genericamente, à população judaíta, ou mesmo ao público-alvo dos redatores. O cerne do sermão, o v. 3, é um desdobramento de 21,12a ("Julgai cada manhã segundo o direito, livrai o explorado da mão do opressor"). A prática do direito e da justiça é dever da realeza, em especial a assistência a pessoas em situação de fragilidade econômica ou juridicamente dependentes como órfãos, viúvas e migrantes (Jr 7,6; 22,17; cf. Êx 22,20s; as *personae miserae* de Dt 10,18; 16,11.14; 24,17 etc.). Todas essas pessoas precisavam de proteção. Cita-se expressamente a proibição do uso de violência e o derramamento de sangue (Jr 7,6), porque essas eram possibilidades jurídicas concretas de "resolver" problemas, também por parte da casa real (cf. Dt 21,8s; 27,25; 1Rs 3,16ss; 21,1ss).

A prática da justiça social é, de acordo com a redação dtr, um dos critérios para avaliar os reis e sua administração. Os v. 4s apresentam as duas alternativas possíveis. Em caso de observância da "palavra" de Deus – a prática da justiça –, a dinastia davídica terá continuidade (v. 4); em caso negativo, o palácio se transformará num monte de ruínas (v. 5). Para os redatores dtr, que já conhecem o desfecho dessa história, esse pequeno sermão responsabiliza a casa real pela catástrofe de 587.

O dito poético contra o palácio real (v. 6s)[6] guarda semelhanças com 21,13s. Nesse último dito destacaram-se a posição elevada

---

[4] Cf. excurso "A pregação dtr de duas alternativas", sob 7,1-15.
[5] Compare 22,1s com 7,1s e 17,19s; 22,3b com 7,6; e 22,4b com 17,25.
[6] Alguns afirmam que o dito original se destinava à cidade de Jerusalém e que somente a introdução o redireciona ao palácio real (Wanke I, p. 195). Mas, nesse caso, os pronomes pessoais nos v. 16s deveriam estar no feminino.

276 Primeira parte: Ditos a Israel, Judá e Jerusalém – Jeremias 1-25

do rochedo sobre o qual se ergue o majestoso palácio real e a despreocupada arrogância de seus moradores. Em 22,6s, é o próprio Deus que considera o palácio real comparável ao planalto de Galaad, na Transjordânia, todo ele coberto de mata (2Sm 18,8), e aos picos do Líbano, com seus imponentes e valiosos cedros. Mas isso não impede que Deus transforme o palácio em ruínas sem habitantes. Esse anúncio de juízo (v. 6b.7) ocorre em forma de juramento divino, sinalizando a irrevogabilidade da destruição.

Com suas numerosas colunas de madeira de cedro, o palácio podia ser comparado a uma floresta (2 Sm 7,2; Jr 22,14). Por isso se usa, para representar as tropas inimigas, a imagem de lenhadores especialmente escolhidos ("consagrados") para, com suas serras e machados, executarem o plano divino: derrubar a mata e queimar a madeira palaciana. Também aqui o altivo e elevado é arrasado.

O terceiro e último trecho é um breve diálogo em prosa no estilo dtr de pergunta e resposta[7] que pressupõe a concretização do anúncio profético. Essa forma de catequese tinha a intenção de explicar as razões da catástrofe de 587 a seus sobreviventes. O dito profético contra o palácio (v. 6s) é ampliado a toda a cidade de Jerusalém (v. 8), que desperta, naqueles que observam suas ruínas, a pergunta pela causa de sua destruição. Diferentemente dos outros textos do mesmo tipo em Jr,[8] aqui são estrangeiros que fazem a pergunta. Até nações estrangeiras ficam impactadas com o grande desastre e, estranhamente, até conhecem as exigências de Deus que foram desprezadas por seu povo. As causas da catástrofe são velhas conhecidas da teologia dtr: abandono da aliança, apostasia e idolatria.[9] Sobre uma nova aliança falará o texto de Jr 31,31-34.

Jr 22,10-12 Lamento sobre Selum

10 Não choreis pelo morto, não o lamenteis![10]
Chorai, antes, por aquele que parte!
Pois não voltará
para rever sua terra natal.
11 Pois assim diz YHWH a respeito de Selum, filho de Josias, rei
de Judá, que sucedeu no trono a seu pai, Josias, e que teve de sair

---

[7] Cf. excurso "O estilo dtr de pergunta e resposta", sob Jr 5,15-19.
[8] Jr 5,19; 9,11; 16,10.
[9] Cf. o excurso "Expressões idiomáticas dtr para caracterizar a apostasia", sob 5,15-19. Jr 22,8s ecoa Dt 29,24s e 1Rs 9,8s.
[10] Literalmente "dar os pêsames balançando a cabeça" (cf. 15,5; 16,5); HAL, p. 640.

Jeremias 22 277

deste lugar:[11] "Não mais voltará para cá,[12] 12 mas morrerá no lugar para onde o deportaram. Contudo, esta terra ele não mais verá".

O trecho contém o primeiro dito profético sobre um rei específico. O dito original está no versículo poético (v. 10), geralmente considerado jeremiânico. Esse versículo não dá nenhum nome às duas pessoas mencionadas: a que morreu e a que teve que partir. Para os ouvintes do anúncio, isso não era necessário, pois eles sabiam de quem se tratava. A identificação tornou-se necessária mais tarde, quando se podiam confundir os personagens. Os v. 11s dão a informação que permite essa identificação. Não há por que duvidar dela.[13] A pessoa morta e chorada pela população é o rei Josias. Estamos, portanto, no ano de 609, quando Josias foi mortalmente ferido em Meguido ao tentar impedir o avanço do faraó Necao (2Rs 23,28-30). Os proprietários de terra de Judá ("o povo da terra") haviam eleito Joacaz como sucessor de Josias. No entanto, Joacaz reinou apenas três meses, quando foi levado pelo faraó Necao como refém ao Egito (2Rs 23,31-34). Jr 22,11 chama Joacaz de "Selum". Esse deve ter sido seu nome de nascimento, e Joacaz, o nome oficial, recebido por ocasião da entronização.[14]

Em seu dito, o profeta aconselha a não lamentar pelo rei Josias, que morreu, mas por seu filho Joacaz/Selum, que ainda está vivo. Isso porque o destino de uma pessoa morta, que pode ser pranteada conforme os ritos tradicionais e sepultada em sua própria terra, é preferível à sorte daquela pessoa que terá que passar o resto de seus dias longe de sua pátria e necessariamente será sepultada em terra estrangeira.

Dez anos mais tarde, ocorre algo semelhante: o rei Joaquim morre e seu filho Joaquin, após três meses de governo, é levado cativo à Babilônia (2Rs 24,5-6.8-12). Ez 19,1-9 retoma o tema dos dois reis (Joacaz e Joaquin: "leões jovens") que foram levados a uma terra estrangeira e não mais retornaram.

---

[11] Também é possível iniciar a fala divina com a partícula relativa: "Quem teve de sair deste lugar não mais voltará..."

[12] Literalmente "(para) lá", ou seja, "(para) este lugar".

[13] A terminologia dos v. 11s não contém indicativos quanto à sua autoria. Rudolph, 1968, p. 139, atribui os versículos a Baruc; Thiel I, p. 241, à redação dtr.

[14] Cf. a mudança do nome de Eliaquim para Joaquim, em 2Rs 23,34, e de Matanias para Sedecias, em 2Rs 24,17.

278   *Primeira parte: Ditos a Israel, Judá e Jerusalém – Jeremias 1-25*

Jr 22,13-19 Contra Joaquim

13 Ai daquele que edifica sua casa na injustiça,[15]
e seus aposentos superiores, sem direito,
que faz seu próximo trabalhar de graça,
e não lhe paga seu salário,
14 e que diz: "Edificarei para mim uma casa espaçosa,
com vastos[16] aposentos superiores",
e lhe abre janelas[17], reveste-a[18] de cedro
e a pinta de vermelho.
15 É assim que exerces a realeza,
competindo no cedro?
Teu pai por acaso não comia e bebia
e vivia bem?[19]
Mas ele praticou o direito e a justiça,
16 julgou a causa do oprimido e do pobre,
e as coisas iam bem.[20]
Não é isso conhecer-me? – dito de YHWH.
17 Mas tu não tens olhos nem coração,
a não ser para teu lucro,
para derramar sangue inocente
e praticar a opressão e a extorsão.
18 Por isso, assim diz YHWH a respeito de Joaquim, filho de Jo-
sias, rei de Judá:
"Não o lamentarão:
'Ai, meu irmão! Ai, irmã!'
Não o lamentarão:
'Ai, senhor! Ai, majestade!'
19 Será sepultado como um jumento:
será arrastado e lançado
para fora dos portões de Jerusalém!"

O trecho predominantemente poético é composto por duas partes: uma denúncia contra o rei (v. 13-17) e um anúncio de juízo

---

[15] Literalmente "sem justiça".

[16] Literalmente "arejados".

[17] Literalmente "minhas janelas"; BHS propõe o singular "uma janela" (Rudolph, 1968, p. 142).

[18] O verbo deve ser vocalizado como infinitivo absoluto; TM lê part. pass.; v. BHS.

[19] De acordo com a LXX; o TM coloca a expressão "e vivia bem" somente no final do v. 15 (cf. BHS).

[20] Essa linha ("e as coisas iam bem") falta na LXX; talvez seja duplicação de "e ia/vivia bem" do v. 15b (cf. BHS).

Jeremias 22

(v. 18s). A denúncia, por sua vez, pode ser subdividida em duas seções: um "ai" sobre o rei por causa de práticas injustas durante a reforma do palácio (v. 13s) e perguntas retóricas dirigidas diretamente ao rei (na segunda pessoa) sobre a função da realeza. O trecho todo forma uma unidade coesa. Além de pequenas exceções, não há indícios de trabalho redacional.[21] O dito profético é considerado unanimemente jeremiânico também porque, pelo que sabemos, não se concretizou (cf. 2Rs 24,6). Dificilmente alguém teria colocado na boca de Jeremias uma profecia que não se realizara.

A denúncia inicia com um "ai!", introdução típica do lamento fúnebre, que já antecipa, portanto, uma desgraça.[22] O "ai!" é seguido de um particípio que indica a ação criticada (v. 13). Ainda não se menciona o nome do autor do delito. Esse aparece somente no v. 18: o rei Joaquim. Motivo da crítica é uma reforma feita no palácio real. Trata-se da construção de um amplo pavimento superior com acabamentos considerados luxuosos na época: janelas, revestimento de madeira de cedro e pinturas em vermelho (v. 14).[23] Janelas não eram usuais em casas israelitas. Alguns pesquisadores pensam tratar-se de uma única grande janela, no andar superior, destinada às aparições oficiais do monarca em ocasiões especiais como era costume no Egito (cf. 2Rs 9,30.32).[24] Nesse caso, a ostentação seria ainda mais evidente. A madeira de cedro era produto de importação do Líbano e dava um requinte especial às frias paredes de pedra.

Essa construção contrariava o que se entendia sob o binômio "direito" e "justiça": ambos os termos são antecedidos por uma negação ("não" ou "sem").[25] A injustiça reside no fato de o monarca fazer seus compatriotas ("próximos") trabalharem sem salário. Tudo indica que se trata de trabalho compulsório,[26] muito comum no antigo Oriente e também em Israel, especialmente quando monarcas realizavam obras públicas (cf. 2Sm 20,24; 1Rs 5,27s; 9,15 e.o.). Cabe, então, a pergunta: por que ele é, justamente aqui, considerado uma injustiça? Joaquim deve ter tratado os trabalhadores de modo duro, cruel ou abusivo como aconteceu na época de Salomão (cf. 1Rs 12,4.

---

[21] Thiel I, p. 241, considera o v. 17b ("para derramar sangue inocente e praticar a opressão e a extorsão") acréscimo dtr com a intenção de adequar os pecados de Joaquim à exigência dtr de Jr 22,3 (cf. Schmidt II, p. 16).

[22] Cf. excurso "Lamento ou canto fúnebre", sob 9,16-21.

[23] A tinta usada era provavelmente o mínio.

[24] Rudolph, 1968, p. 139; Wanke I, p. 199; Reimer, 1996, p. 41; mas o singular ("janela") é uma conjetura.

[25] Quanto ao binômio "direito" e "justiça" cf. Garmus, 2015, p. 36s; quanto aos diversos termos que circunscrevem formas de injustiça, cf. Ripoli, 2014, p. 80ss, 126ss.

[26] Mas o termo técnico para trabalho compulsório (*mas*) não aparece.

280   *Primeira parte: Ditos a Israel, Judá e Jerusalém – Jeremias 1-25*

A menção do derramamento de sangue e da extorsão em Jr 22,17b aponta nessa direção). A coroa pode também não ter fornecido os víveres necessários ("salário") para a alimentação dos trabalhadores. O v. 17a menciona, além disso, que o rei só pensava em seu próprio benefício, ou seja, a obra efetuada não era de interesse público, mas vinha apenas ao encontro do desejo pessoal do rei por uma vida em luxo e ostentação. O contexto histórico agrega um motivo adicional para que o profeta considere a construção um abuso. Joaquim foi obrigado a pagar um alto tributo ao faraó (2Rs 23,33b). O dinheiro para esse tributo foi naturalmente arrecadado entre os proprietários de Judá (2Rs 23,35). Em todo caso, a combinação de cobrança de impostos, trabalho compulsório, levantamento adicional de recursos para a ampliação do palácio, que apenas serve para ostentar o luxo e o prestígio do monarca e, quem sabe, maus-tratos a trabalhadores justificaria plenamente o uso do termo "injustiça".

A segunda parte da denúncia (v. 15-17) contém três perguntas retóricas, nos v. 15 e 16, sobre a essência da realeza. A tarefa mais importante da realeza não é competir com outros monarcas em termos de luxo e suntuosidade, mas zelar pela justiça e pelo direito. O que faltou a Joaquim (v. 13) não faltou na época de seu pai, Josias (v. 15b). Interessante é que Jeremias não exige uma vida ascética dos reis. Concede-lhes uma vida boa e de bem-estar – comer, beber e viver bem – desde que façam o que deles se espera. Também chama a atenção que Josias não é elogiado por sua reforma religiosa, mas por sua preocupação com que pessoas pobres e pessoas juridicamente fracas não sejam prejudicadas nos processos (v. 16a). Detalhes sobre essa atuação de Josias não temos. A última pergunta retórica (v. 16b) – a ser respondida positivamente – relaciona a prática do direito e da justiça com a teologia ("conhecimento de Deus"). A fé em YHWH implica justiça social (cf. Os 4,1.6; 6,6). Também aqui se confirma que "o trono se estabelece pela justiça" (Pr 16,12).

O anúncio de juízo contra Joaquim, introduzido pela fórmula do mensageiro, retoma o "ai!" inicial da denúncia: o rei Joaquim terá uma morte inglória e não será pranteado. Um funeral com todos os ritos tradicionais e o sepultamento no túmulo da família eram muito importantes para um israelita. Nada disso é concedido a Joaquim. Nem os membros da família ("irmão, irmã") nem os súditos ("majestade") entoarão os lamentos fúnebres tradicionais. Na verdade, nem sepultamento haverá: o cadáver do rei será arrastado e jogado no lixão da cidade como se fosse um animal (cf. 36,30). Não poderia haver um fim mais vergonhoso. De acordo com 2Rs 24,6, Joaquim "adormeceu com os pais", o que indica que morreu de morte natural

Jeremias 22 281

e foi sepultado no sepulcro da família. Essa profecia não realizada ainda não transforma Jeremias num falso profeta.

Jr 22,20-23 Convite ao lamento

20 Sobe ao Líbano e grita,
e ergue tua voz em Basã!
Grita dos altos de Abarim,
pois todos os teus amantes foram esmagados.
21 Eu te falei quando estavas despreocupada,
mas tu respondeste: "Não quero escutar!"
Este foi teu caminho desde tua juventude:
não escutaste minha voz.
22 O vento apascentará todos os teus pastores,
e teus amantes irão para o cativeiro.
Sim, então serás envergonhada e humilhada
por causa de toda a tua maldade.
23 Tu que estás entronizada no Líbano,
e fazes teu ninho nos cedros,
como gemerás quando te vierem as dores de parto,
os espasmos como de uma parturiente!

O trecho é uma convocação a um lamento dirigida por Deus a uma mulher (2ª p. f. sing.) que, no contexto, só pode ser a cidade de Jerusalém. Expressões como "entronizada no Líbano" e aninhada "nos cedros" remetem aos altos de Sião e ao palácio real (cf. 21,13; 22,6.15). O texto ocupa seu atual lugar entre os ditos sobre os reis por causa dos "pastores" mencionados no v. 22. Tema e terminologia depõem a favor da procedência jeremiânica do dito (cf. Jr 2s; 13,18s). Será que ele reflete a situação imediatamente anterior a 597? Jerusalém é chamada a dirigir-se às maiores elevações ao redor da Cisjordânia para aí entoar seu lamento: o monte Líbano, ao norte, a região montanhosa de Basã, a sudeste do mar da Galileia (Dt 32,14; Is 2,13), e os altos de Abarim, com o monte Nebo, ao leste do mar Morto (Nm 27,12). Dessa forma, todo o país e também as nações vizinhas poderão ouvir os clamores de Jerusalém. O motivo do lamento parece ser o exílio da liderança política anunciado no v. 22 ("pastores").

Antes do juízo anunciado no v. 22, no entanto, menciona-se a culpa de Jerusalém: sua recusa em escutar as advertências em épocas de tranquilidade e bonança (v. 21). Essa desobediência não é um acontecimento isolado, mas um hábito ("caminho") de longa data. De

282 *Primeira parte: Ditos a Israel, Judá e Jerusalém – Jeremias 1-25*

tão costumeiro tornou-se parte de seu ser.[27] Aqui, o texto não especifica os delitos de Jerusalém; também o v. 22b permanece genérico ("por causa de toda a tua maldade"). Mas o anúncio de juízo (v. 22a) pressupõe uma estreita relação entre Jerusalém e a liderança política. Num jogo de palavras irônico – os pastores que deveriam apascentar seu povo serão "apascentados", ou seja, dispersos pelo vento – anuncia-se o exílio dos líderes políticos. Esses líderes são chamados "amantes" de Jerusalém. A capital Jerusalém é vista, aqui, como centro de poder nas mãos de uma elite governante. O infortúnio dessa elite também redundará na "humilhação" da cidade (v. 22b).

O v. 23 parece acrescentar o motivo último da catástrofe: a soberba de Jerusalém e de sua classe política (cf. 21,13; 22,6.14). A arrogância torna as pessoas da classe dominante cegas para a realidade que as cerca e imunes a quaisquer advertências. Jerusalém, o centro do sistema político e religioso dominante, não escapará das consequências do desastre futuro. Elas são inevitáveis como as dores e os espasmos que antecedem o parto.

Jr 22,24-30 Sobre Joiaquin

24 Tão certo quanto estou vivo – dito de YHWH – mesmo que Conias, filho de Joaquim, rei de Judá, fosse um anel em minha mão direita, eu o[28] arrancaria de lá. 25 Vou entregar-te nas mãos dos que atentam contra tua vida e nas mãos daqueles que temes, nas mãos de Nabucodonosor, rei da Babilônia, e nas mãos dos caldeus. 26 Lançarei a ti e a tua mãe, que te deu à luz, para uma[29] outra terra, onde não nascestes e onde morrereis. 27 Mas não retornarão para a terra para onde eles almejam[30] retornar.
28 Será este homem Conias um vaso desprezível a ser quebrado ou um utensílio que a ninguém agrada? Por que foram ele e seus descendentes expulsos e lançados para uma[31] terra que não conhecem? 29 Terra, terra, terra, escuta a palavra de YHWH! 30 Assim diz YHWH: "Registrai esse homem como sem filhos, um homem que não terá sorte em seus dias! Pois nenhum descendente seu terá a sorte de sentar-se sobre o trono de Davi e novamente governar sobre Judá".

---

[27] Borges de Sousa, 1993, p. 273.
[28] De acordo com a Vulgata; o TM tem 2ª p. m. sing. ("te"), que deve ser entendida como adequação aos pronomes dos versículos seguintes (v. 25s).
[29] De acordo com LXX; o TM lê "a (outra) terra"
[30] Literalmente "erguem sua alma para (retornar)".
[31] O TM lê "a terra".

Jeremias 22   283

O trecho em prosa reúne provavelmente três breves palavras proféticas sobre o rei Joiaquin, aqui chamado Conias,[32] que receberam interpretações e correções por parte dos redatores dtr. Todas elas cabem bem na época imediatamente anterior à primeira deportação, em 597. Pode-se detectar um primeiro dito profético no v. 24 que está em forma de trístico:

"Tão certo quanto estou vivo – dito de YHWH –
mesmo que Conias fosse um anel em minha mão direita,
eu o arrancaria de lá!"[33].

Trata-se de um anúncio de juízo em forma de juramento: Deus jura por sua própria vida que rejeitará Joiaquin, apesar de sua enorme consideração por ele. A metáfora do anel de selar é marcante. O selo ou sinete era muito valioso e bem guardado, pois era utilizado para confirmar a autenticidade de um documento. O sinete podia ter a forma de anel e ser carregado no dedo (Gn 41,42; Est 3,10; 8,10) ou, então, amarrado por um cordão ao pescoço (Gn 38,18.25) ou em torno do braço (Ct 8,6). Há uma relação muito próxima entre o sinete e seu proprietário: a autoridade do proprietário também está contida no objeto que o identifica. Apesar dessa grande dignidade conferida ao jovem rei, que somente governou por três meses, Deus o rejeitará. Essa palavra coincide com a mensagem de Jeremias em Jr 13,18. O anúncio cabe bem antes da primeira deportação, quando o rei Joaquin, sua mãe e suas mulheres foram levados, juntamente com a elite jerosolimita, para o exílio na Babilônia (2Rs 24,10-16).

Os v. 25-27 revelam linguagem dtr[34] e devem ser considerados complementações redacionais. Sua intenção, aqui, é dupla. Primeiramente eles interpretam a metáfora do anel arrancado do

---

[32] Há cinco formas do nome desse rei: *Yehoyakin* (2Rs 24,6 etc.; Jr 52,31), abreviado para *Yoyakin* (Ez 1,2), reproduzidos nesta tradução por "Joiaquin"; *Yekonyahu* (Jr 24,1), abreviado para *Yekonya* (Jr 27,20), reproduzidos nesta tradução por "Jeconias", além da forma breve *Konyahu* (só existente em Jr 22,24.28), reproduzido aqui por "Conias". "Jeconias" deve ser o nome de nascimento e "Joiaquin" o nome oficial adotado por ocasião da entronização. Todos os nomes são formados com a mesma raiz hebraica (*kun* hif.): "YHWH o firmará/consolidará/estabelecerá".

[33] Assim a proposta de Thiel I, p. 242s. Wanke I, p. 200, acrescenta um quarto estíquio: "eu te lançaria na terra/no chão".

[34] V. 25: "(entregar) nas mãos dos que buscam tirar/atentam contra a vida" (19,7.9; 21,7; 34,20s; 44,30) e "nas mãos daqueles que temes" (39,17); v. 26: "lançar para uma (outra) terra" (Dt 29,27; Jr 16,13); v. 27: "não mais retornar à terra" (22,11s); "para onde almejam/desejam retornar" (44,14).

284   *Primeira parte: Ditos a Israel, Judá e Jerusalém – Jeremias 1-25*

dedo de Deus como a submissão de Joiaquin ao poder imperial babilônico (v. 25). Além disso, acrescentam o detalhe histórico de que também a rainha-mãe foi deportada juntamente com Joiaquin para uma terra de onde não voltarão (v. 26s). Numa monarquia dinástica, a rainha-mãe sempre ocupa um lugar político de destaque. Dessa forma, os redatores confirmam, por fim, a concretização do anúncio profético.

Um segundo dito profético geralmente é identificado no v. 28 e um terceiro no v. 30a. Ambos chamam a atenção pelas metáforas singulares, mas não são facilmente destacáveis de suas complementações. Uma reconstrução do dito jeremiânico do v. 28 poderia conter o seguinte trístico:

"Será Conias um vaso desprezível
ou um utensílio que a ninguém agrada?
Por que foi lançado na terra (no chão)?"[35].

O v. 30a deve formar o terceiro dito:[36]

"Registrai esse homem como sem filhos,
um homem que não terá sorte em seus dias".

A metáfora da vasilha imprestável que se joga fora alude, de modo genérico, à humilhação da dignidade real. A complementação no v. 28b oferece uma explicação: "lançar na terra/no chão" é entendido como "lançar para uma terra/um país", aludindo, portanto, ao exílio de Joiaquin em 597. Além disso, acrescenta uma informação que somente é conhecida dos redatores: juntamente com o rei foram deportados "seus descendentes". Ao ser exilado, o jovem rei de dezoito anos tinha mulheres, mas não se mencionam filhos em 2Rs 24,8.15. Filhos lhe nasceram, no entanto, no exílio, como confirmam fontes extrabíblicas e 1Cr 3,17s. Essa informação contradiz o v. 30a, que prenuncia que, nos anais da história dos reis de Judá, Joiaquin será registrado como sem descendência. O não cumprimento dessa profecia depõe a favor de sua autenticidade, já que dificilmente teria sido inventada. A complementação (v. 30b) tenta corrigir essa profecia e ressignificá-la a partir da realidade histórica:[37] apesar de Joiaquin ter filhos, nenhum deles ocupou

---

[35]   Essa é a proposta de Thiel I, p. 244 (cf. Wanke I, p. 201).
[36]   Assim Thiel I, p. 245; Werner I, p. 197.
[37]   Thiel I, p. 245s; Schmidt II, p. 24.

Jeremias 22 285

o trono dinástico (30b). Essa ressignificação da palavra jeremiânica na época do exílio busca confirmar a autenticidade do profeta.

O v. 29 é bastante estranho e de difícil compreensão. Trata-se de um convite urgente para escutar a palavra de YHWH dirigido provavelmente ao "país" ou "território" de Judá ("terra").[38] A tripla menção de "terra" confere um caráter de ameaça ao convite. O versículo pode provir do uso do livro de Jeremias no culto. Um liturgo convoca a comunidade com insistência a ouvir a mensagem do profeta.[39]

Na época pós-exílica, a metáfora do sinete foi retomada por Ageu (2,23), que a aplica de forma positiva a um descendente do rei Joiaquin, seu neto Zorobabel (1Cr 3,17-19): Deus o constituirá como sinete.

---

[38] Vitório, 2003, p. 48, identifica a "terra" com a Babilônia.
[39] Schmidt II, p. 23.

JEREMIAS 23

Jr 23,1-8 Anúncio de bons pastores

1 Ai dos pastores que perdem e dispersam as ovelhas de minha pastagem[1] – dito de YHWH. 2 Por isso, assim diz YHWH, o Deus de Israel, sobre os pastores que apascentam meu povo: "Vós dispersastes minhas ovelhas, de modo que se espalhassem, e não cuidastes[2] delas! Eis que vos castigarei[2] pela maldade de vossas ações – dito de YHWH. 3 Eu mesmo reunirei o resto de minhas ovelhas dentre todos os países aonde as dispersei, e as farei voltar para sua pastagem; então elas serão férteis e se multiplicarão. 4 E estabelecerei sobre elas pastores que, de fato, as apascentarão, de modo que não mais tenham medo nem pavor, e nenhuma delas falte na contagem[2] – dito de YHWH.
5 Eis que virão dias – dito de YHWH –
em que suscitarei um rebento justo[3] para Davi.
Ele governará como rei e agirá sabiamente,[4]
praticará o direito e a justiça na terra.
6 Em seus dias Judá será salvo,
e Israel[5] habitará em segurança.
E este será o nome com que o chamarão:[6]
"YHWH é nossa justiça!"[7]
7 Por isso, eis que virão dias – dito de YHWH – em que não mais se dirá: "Tão certo quanto vive YHWH que fez subir os filhos de Israel da terra do Egito". 8 Mas sim: "Tão certo quanto vive YHWH que fez subir e retornar a descendência da casa de Israel da terra do norte e de todas as terras aonde eu[8] os dispersei, para que habitem em seu próprio chão"[9].

---

[1] Os códices Vaticano e Sinaítico da LXX leem "de sua pastagem (*scil.* dos pastores)"; cf. BHS.

[2] Os três verbos assinalados (nos v. 2 e 4) formam um jogo de palavras em torno de uma única raiz hebraica (*paqad*) com três significados distintos. A partir de um presumível significado original "estar atento, inspecionar" surge, em sentido positivo, "cuidar de", em sentido negativo, "castigar" (v. 2), e, por fim, "não faltar na inspeção/contagem" (v. 4). Quanto a essa última acepção, v. HAL, p. 901.

[3] A tradução "(um rebento) autêntico" também é possível.

[4] Também é possível traduzir "terá sucesso" em vez de "agirá sabiamente".

[5] O códice Sinaítico da LXX lê "Jerusalém", de acordo com Jr 33,16.

[6] Quanto à forma verbal irregular, v. HAL, p. 1053.

[7] Jr 23,5-6 tem seu paralelo em Jr 33,15-16.

[8] A LXX lê "ele", de acordo com 16,15.

[9] Jr 23,7-8 tem um paralelo em 16,14-15. LXX transfere ambos os versículos para o final do capítulo (após 23,40).

Jeremias 23   287

A coletânea de ditos sobre os reis recebe um fecho com perspectiva salvífica. Ao retomar as consequências do desastre da monarquia davídica, um conjunto de três ditos aponta para um futuro de salvação após a grande catástrofe da perda da independência política e da dispersão do povo. O objetivo é mostrar que o juízo não é a última palavra de Deus para seu povo.

Linguagem e conteúdo do conjunto 23,1-8 apontam para uma época posterior a Jeremias, pois já se pressupõe a diáspora judaíta.[10] A restauração da monarquia e o retorno dos exilados a sua pátria, em todo caso, não se enquadram na mensagem jeremiânica (cf. Jr 29,4-7; 32,15). Todos os três textos do conjunto aparecem, no todo ou em parte, também em outros contextos do livro de Jeremias: 23,3b-4 guarda semelhanças com o texto bem recente de 3,15-16aα; 23,5-6 reaparece em 33,15-16; e 23,7-8 tem seu paralelo em 16,14-15.

O primeiro dito (v. 1-4) está em prosa e inicia com um "ai!" (v. 1). Segue um anúncio de juízo, com a respectiva motivação (v. 2), que culmina numa promessa de salvação futura. Todo o trecho tem afinidade com a teologia dtr e pressupõe a diáspora judaica. O "ai!" do lamento fúnebre, que já prefigura o anúncio de juízo (v. 2; cf. 22,13.18), dirige-se contra os pastores que não se preocuparam com o rebanho, fazendo com que esse se perdesse ou dispersasse, ou seja, tivesse que ir ao exílio. O rebanho é o "povo de Deus" que foi disperso, aqui, por culpa exclusiva dos governantes. O castigo[11] que atingirá os governantes não é especificado (v. 2b). Trata-se de um resumo geral dos juízos precedentes emitidos contra os reis.

A salvação futura acontecerá por iniciativa de Deus, que novamente reunirá o povo disperso entre as nações em sua pátria (v. 3). O retorno dos dispersos não é uma expectativa jeremiânica. Na época de Jeremias, ela fazia parte da mensagem dos chamados profetas da mentira (Jr 28,3s). A promessa de multiplicação do povo, entretanto, coincide com a mensagem da carta de Jeremias aos exilados (29,6). A redação se apoia, portanto, na mensagem jeremiânica, mas também a desenvolve e reinterpreta. Depois da reunião dos dispersos, Deus estabelece novos governantes para que cumpram sua função de dar proteção e segurança ao povo. As

---

[10] Thiel I, p. 248s, afirma que Jr 23,1-4.7-8 é o fechamento dtr da coletânea de ditos sobre os reis, mesmo que haja poucos indícios de linguagem dtr (nos v. 7s), e que 23,5-6 seria pós-dtr. Mas quanto a isso, não há consenso entre os pesquisadores.

[11] Quanto ao jogo de palavras com a raiz *pqd*, v. nota 2.

288 *Primeira parte: Ditos a Israel, Judá e Jerusalém – Jeremias 1-25*

semelhanças de conteúdo com 3,14-16aα são o retorno a Sião, a instalação de novos pastores e a multiplicação do povo.

O segundo dito (v. 5-6) é poético e normalmente é incluído no rol das expectativas messiânicas do Antigo Testamento. Enquanto 23,4 promete o estabelecimento de "pastores", o dito 23,5s anuncia o estabelecimento ("suscitarei")[12] de um único rei da linhagem de Davi. Não precisa haver uma contradição entre a promessa da descendência de Davi e o anúncio de que Joiaquin não terá filhos (22,30a), já que havia ramos secundários da linhagem davídica (p. ex. Ismael: Jr 41,1).

A fórmula introdutória dos v. 7s, muitas vezes chamada de "fórmula escatológica" ("eis que virão dias"), muito utilizada pela redação e em textos recentes,[13] aponta para um futuro longínquo e indeterminado. A promessa de um "rebento" (*ṣémaḥ*) causa, a princípio, alguma estranheza, já que normalmente se usa, para seres humanos, o termo "descendência, semente" (*zéraʻ*). Parece que temos, aqui, influência de Is 11,1, onde o termo cabe bem dentro da imagem da raiz, da qual brota um "renovo".[14] Esse rebento davídico recebe o adjetivo "justo", que aponta para a qualidade de seu governo de justiça. Textos fenícios e cananeus do séc. III a.C. entendem a expressão *ṣémaḥ ṣaddiq* no sentido de "rebento legítimo", ou seja, designa um autêntico representante de uma linhagem.[15] Mas o conteúdo do v. 5 aponta para a qualidade do governo, não para a legitimidade do governante. Nos v. 5s, em todo caso, não mais há reservas em utilizar o termo "rei", evitado no dito anterior, que fala genericamente de "pastores".

A essência desse novo governo será a prática do direito e da justiça no país ("terra").[16] Espera-se por aquilo que reis do passado como Joaquim negligenciaram (22,15). A promessa implica, portanto, uma crítica. As ações do governo prosperarão, pois serão sábias e bem pensadas (cf. Is 11,2) e estarão assentadas na vontade de YHWH. As consequências de um governo de justiça serão bem-estar, tranquilidade e segurança para todo o povo (v. 6). Israel e Judá representam, aqui, todo o povo de Deus. O nome dado ao rei futuro reflete a essência de seu governo: "YHWH é *nossa* justiça". Não é improvável que o nome contenha uma crítica ao último rei de

---

[12] A forma verbal hebraica do v. 4 ("estabelecerei") e do v. 5 ("suscitarei") é a mesma.
[13] Cf. 7,32; 9,24; 19,6; 16,14; 30,3; 31,27.31 e.o.
[14] Is 11,1 utiliza, no entanto, um outro vocábulo: *neṣer* ("renovo").
[15] Cf. Wanke I, p. 205s.
[16] Quanto ao binômio "direito" e "justiça", cf. Garmus, 2015, p. 36s.

Jeremias 23 289

Judá, Sedecias ("YHWH é *minha* justiça"): o futuro governante terá as qualidades que reis como Sedecias não tiveram. O plural ("nossa") indica que todo o povo será beneficiado por esse governo de justiça.

Apesar de o binômio justiça e direito fazer parte da mensagem e teologia de Jeremias, a restauração da monarquia em Judá/ Israel não é um tema jeremiânico.[17] A promessa de um governante justo num futuro indeterminado se encontra dentro de uma história da tradição que provavelmente inicia com Isaías. Foi mencionado acima que Jr 23,5s recebeu influência de Is 11,1 ("rebento"); aparentemente também a tradição de Is 9,5 de conceder títulos ao governante esperado se reflete em Jr 23,6. O texto paralelo de Jr 33,14ss reduz o âmbito de atuação do novo governante a Judá e Jerusalém, ou seja, à pequena comunidade judaica pós-exílica. Já em Zc 3,8; 6,12, o "rebento" se torna título ou nome próprio do futuro governante.

O terceiro dito (v. 7-8) está em prosa e tem seu paralelo em 16,14s.[18] Introduzido pela mesma fórmula escatológica que o v. 5, aponta para um futuro distante e prenuncia, em forma de juramento ("tão certo quanto vive YHWH"), que uma nova confissão de fé substituirá a antiga. YHWH não mais será conhecido e confessado como o Deus que libertou da escravidão do Egito, mas como aquele que reuniu os judeus da diáspora ("todas as terras") e os reconduziu a sua pátria na Palestina. Essa atuação salvífica futura será bem mais maravilhosa do que o êxodo do Egito. Com a catástrofe de 587 – a perda da terra prometida, o fim da existência de um estado independente, a destruição de Jerusalém e do templo e a pulverização do povo em diversos núcleos dispersos – a história de Deus com seu povo parecia ter terminado. Tornava-se necessário um evento semelhante ao do êxodo para dar um novo início a essa história.

Os ditos pressupõem a existência da diáspora judaica. Por isso são certamente posteriores à época do profeta.[19] A LXX coloca 23,7-8 no final do capítulo 23 (após Jr 23,40), certamente para dar uma perspectiva salvífica também aos ditos sobre os profetas.

---

[17] Schmidt, II, p. 29, e Wanke I, p. 205, não atribuem o dito ao profeta Jeremias. Rudolph, 1968, p. 147s, considera o texto de 23,5s jeremiânico, mas afirma, ao mesmo tempo, que a ideia messiânica é secundária em Jeremias.

[18] As diferenças entre os dois textos (23,7s e 16,14s) afetam apenas detalhes. Esses apontam para o caráter secundário de 16,14s; cf. Schmidt II, p. 31s, com nota 40.

[19] Thiel I, p. 249, afirma que os v. 7s formam, juntamente com os v. 1-4, o fecho dtr à coletânea dos ditos sobre os reis. Ele localiza a redação na época exílica. Wanke I, p. 207s, por sua vez, afirma que a existência da diáspora reflete uma realidade pós-exílica.

Jr 23,9-15 Decadência moral da liderança espiritual

9 A respeito dos profetas.
Meu coração está partido dentro de mim,
todos os meus ossos tremem.
Sou como um bêbedo,
um homem dominado pelo vinho,
por causa de YHWH,
e por causa de suas santas palavras.
10 Sim, de adúlteros está cheia a terra,[20]
(por causa da maldição,[21] a terra está de luto,
e as pastagens da estepe estão secas)[22]
a corrida deles é atrás da maldade,
e sua força está na injustiça.[23]
11 Sim, até profetas e sacerdotes são ímpios,
até em minha casa encontro sua maldade – dito de YHWH.
12 Por isso seus caminhos lhe serão escorregadios,
resvalarão na escuridão,
e nela cairão.
Pois trarei sobre eles uma desgraça,
o ano de seu castigo – dito de YHWH.
13 Nos profetas da Samaria
vi coisas escandalosas:
profetizaram em nome de Baal
e desencaminharam meu povo, Israel.
14 Mas nos profetas de Jerusalém
vi coisas abomináveis:
cometem adultério e andam na mentira;
fortalecem as mãos dos perversos,
de modo que ninguém se converte de sua maldade.[24]
Todos eles são para mim como Sodoma,
e seus habitantes como Gomorra!

---

[20] Toda essa linha (v. 10aα) falta na LXX, mas o TM dificilmente é produto de ditografia.

[21] LXX, Siríaca e alguns manuscritos hebraicos leem "por causa deles" em vez de "por causa da maldição".

[22] O trecho entre parênteses provavelmente provém do uso litúrgico do texto numa ocasião de estiagem (cf. Rudolph, 1968, p. 148; Thiel I, p. 250, nota 67; Wanke I, p. 209).

[23] Ou "no que não é correto" (HAL 459); cf. 8,6.

[24] Toda essa linha contém terminologia dtr; trata-se de interpretação posterior, também porque comportamento ético não tem por objetivo levar outras pessoas à conversão.

Jeremias 23

15 Por isso, assim diz YHWH dos Exércitos sobre os profetas:
"Eis que os farei comer absinto
e lhes darei de beber água envenenada.
Pois dos profetas de Jerusalém
saiu a impiedade para toda a terra".

O conjunto 23,9-40 forma uma coletânea de ditos sobre os profetas com um título próprio ("a respeito dos profetas") à semelhança do título da coletânea "a respeito da casa real de Judá", em 21,11. Também os líderes espirituais de Jerusalém, os sacerdotes e profetas, foram considerados responsáveis pela catástrofe que se abateu sobre o povo em 587. O conflito de Jeremias com essa liderança espiritual já aflorou em outras partes do livro (2,8; 4,9; 5,31; 6,13s; cf. 14,13ss) e ainda aparecerá mais à frente (Jr 27-29). A coletânea 23,9-40 tenta sistematizar argumentos contra os chamados "falsos" profetas ou, melhor, os profetas da mentira[25]. Nesse conflito em que profetas de posições opostas postulam falar em nome de Deus, surge necessariamente a pergunta pela "verdade". Quando cada participante desse conflito emite sua mensagem a partir de seus pressupostos e com base em suas convicções pessoais – que não podem ser objetivamente desmentidas –, a pergunta pela verdade fica em suspenso. Uma verdade "objetiva" – se é que ela existe – percebe-se, na maioria das vezes, só na retrospectiva, a partir do cumprimento ou não da profecia (28,8s).[26] Os textos da presente coletânea não representam uma reflexão teórica sobre o tema da verdadeira e falsa profecia, mas resultado de uma árdua disputa pela verdade, ou seja, pela verdadeira interpretação da vontade de Deus para o momento.

A coletânea recolhe diversos ditos jeremiânicos. Esses, no entanto, nem sempre podem ser destacados claramente de sua embalagem redacional. As diversas releituras interpretativas dos ditos originais tampouco podem ser sempre atribuídas inequivocamente a correntes ou épocas. A atual configuração do texto mostra que o conflito entre falsa e verdadeira profecia se estendeu para muito além dos tempos de Jeremias.

O primeiro bloco de ditos, 23,9-15, é formado por três partes: o v. 9 coloca a experiência pessoal de Jeremias como norte para discernir entre verdadeira e falsa profecia; os v. 10-12 apresentam

---

[25] A LXX usa o termo "pseudoprofeta"; veja o excurso "Verdadeiros e falsos profetas", sob Jr 28.

[26] Kirst, 1984, p. 202.

292 *Primeira parte: Ditos a Israel, Judá e Jerusalém – Jeremias 1-25*

a situação de decadência geral dos habitantes de Jerusalém, inclusive sacerdotes e profetas, e os v. 13-15 enfocam especificamente a degradação moral dos profetas.

O v. 9 é uma fala do profeta em forma de lamento. O "desastre" anunciado a Judá e Jerusalém, literalmente o "quebra-quebra" (*shéber,* 4,6.20; 6,1; 8,11.21 ["ferida"]), é somatizado por Jeremias ("coração partido/quebrado"), como já se pôde ver em outros textos (4,19ss; 8,18.23; 10,19; 14,17): a quebradeira se torna quebranto. A experiência do encontro com Deus e com sua palavra é tão marcante que suas consequências se manifestam em agitação corporal e tremor das pernas. Talvez essa reação psicossomática seja indício de uma experiência extática do profeta. Mas, pelo que sabemos, suas visões sempre ocorriam em estado consciente. No início da coletânea sobre os profetas da mentira, o versículo tem a função de acentuar que a experiência com Deus e sua palavra deixa marcas inconfundíveis no verdadeiro profeta.

A segunda parte (v. 10-12) é, na atual configuração, uma fala divina, devido à fórmula de citação ("dito de YHWH") em 23,11 e 12b. Formalmente os v. 10s são uma denúncia à qual segue, no v. 12, como consequência, um anúncio de juízo. De acordo com alguns comentadores, os v. 10aβ (o trecho entre parênteses acima), 11 e 12b são interpretações secundárias. Neste caso, o texto básico formaria uma fala profética com o seguinte teor:[27]

"Sim, de adúlteros está cheia a terra, ...
a corrida deles é atrás da maldade,
e sua força está na injustiça...
Por isso, seus caminhos lhe serão escorregadios,
serão derrubados na escuridão,
e nela cairão...".

De acordo com essa proposta, tanto o elemento litúrgico do v. 10aβ[28] quanto os profetas e sacerdotes teriam sido incluídos secundariamente na denúncia da degradação moral geral dos habitantes de Jerusalém. É óbvio que a menção da estiagem no v. 10aβ não cabe no contexto e provém do uso litúrgico do texto. O caráter secundário dos v. 11.12b, no entanto, não é tão evidente. Como quer que seja, o trecho afirma que a sociedade como um todo está

---

[27] Wanke I, p. 208s; a proposta é adotada por Werner I, p. 201.
[28] Entre parênteses acima; cf. nota 22.

Jeremias 23   293

marcada por "adultério", "maldade" e "injustiça". Sacerdotes e profetas não são exceção. O objetivo de todo esforço dessa sociedade é a maldade, e o motor de cada ação sua, a injustiça. Esses termos são um tanto vagos para precisar os delitos concretos. Também o termo "adultério" pode ser usado, no livro de Jeremias, tanto no sentido da infidelidade conjugal (5,7s; 7,9; 9,1; 29,23) quanto metaforicamente como apostasia de YHWH (3,8s). Por causa de 23,14, no entanto, é provável que se pense, aqui, na degradação moral geral da sociedade, da qual participam os líderes espirituais: ela penetrou até no espaço sagrado do templo. Essa decadência moral tem seus reflexos na natureza: é uma maldição que se abateu em forma de estiagem sobre a terra (v. 10aβ).

A consequência desse desvirtuamento moral ("por isso") é a queda. A metáfora do caminhante que é surpreendido pela escuridão em trilhas perigosas na região montanhosa da Palestina é conhecida de 13,16. O caminho que a maldade segue (v. 10b) é uma trilha escorregadia, onde facilmente se cai. O "ano de seu castigo", mencionado em 12b, talvez aluda à destruição de Jerusalém em 587.

A terceira parte do conjunto (v. 13-15) – uma fala divina com denúncia (v. 13s) e anúncio (v. 15) – compara os profetas de Samaria e de Jerusalém para chegar à conclusão de que estes são piores do que aqueles. Comparada ao "escândalo" dos profetas de Samaria, capital do antigo reino do Norte, conquistado pelos assírios em 722 (2Rs 17,1ss), a "abominação" dos profetas de Jerusalém, destinatários da presente mensagem, representa um agravamento (cf. 3,6-11). Os profetas de Samaria são criticados por terem profetizado em nome de Baal (2,8.23). Pode-se perguntar se profetizavam explicitamente em nome de Baal ou se anunciavam em nome de um YHWH que adotara características de Baal. Em outras palavras: as revelações eram declaradamente de Baal ou eram consideradas como tal por zelosos javistas. Em ambos os casos, a denúncia é de que esses profetas desencaminharam o povo de Deus ("meu povo").

Dos profetas de Jerusalém se afirmam três coisas "abomináveis": adultério, mentira e fortalecimento de pessoas perversas (v. 14). Os termos apontam antes para delitos morais do que religiosos. Deve-se ter em mente o resultado da análise de Jeremias em 9,1ss: mentira, falsidade e infidelidade contaminam a sociedade a ponto de minar todo e qualquer tipo de relacionamento, desde as relações familiares mais íntimas até as relações profissionais e os processos jurídicos. Certamente esses delitos morais têm a ver com o distanciamento de Deus, mas aparentemente a apostasia não está no centro do foco nesse texto. Se a liderança religiosa e espiritual,

294 *Primeira parte: Ditos a Israel, Judá e Jerusalém – Jeremias 1-25*

responsável pela interpretação da vontade de Deus para o momento, se sente em casa nessa degradação moral geral ou, quem sabe, até se aproveita dela em benefício próprio, ela transmite um claro sinal de aprovação para os espertos e poderosos, que têm condições de lucrar com a degeneração geral. Assim promovem a disseminação da "impiedade" por todo o país (v. 15b).

A comparação do delito dos profetas com as cidades de Sodoma e Gomorra não se refere ao tipo de falta, mas à sua intensidade. Ela já implica juízo: a destruição. O castigo dos profetas não é explicitado, mas apresentado sob forma de metáfora: Deus se faz de anfitrião mortal, que oferece absinto[29] por comida e água envenenada por bebida (cf. 8,14; 9,14).

Pode-se perguntar se deslizes éticos podem ser critério decisivo para identificar falsos profetas. O profeta Miqueias, filho de Imlá, p. ex., fez uso da mentira para enganar o rei de Israel (1Rs 22,13-16). Ele, no entanto, entrou para a história como profeta verdadeiro. Também Jeremias optou pela mentira para não causar problemas para si e a para o rei Sedecias (Jr 39,24-27). Talvez a ética possa ser um indício de falta de credibilidade, mas dificilmente se pode afirmar que a verdade de uma revelação depende da integridade moral de seu mensageiro. Mais importante na busca pela verdade é o conteúdo da mensagem. O v. 14aβ ("de modo que ninguém se converte de sua maldade"), de possível lavra dtr,[30] dá uma pista importante na busca da verdade: quem só fala o que as pessoas querem ouvir, encobrindo, possivelmente, injustiças e evitando transformações radicais, dificilmente estará sempre do lado da verdade. Nessa direção também aponta o versículo inicial do panfleto sobre os profetas (v. 9): o verdadeiro mensageiro está sujeito a sofrer, porque nem sempre diz as coisas que as pessoas querem ouvir.

Jr 23,16-24 Profetas da ilusão

16 Assim diz YHWH dos Exércitos:
"Não escuteis as palavras dos profetas que vos profetizam,[31]
eles vos iludem;[32]
anunciam as visões de seu coração,
mas não o que vem da boca de YHWH.

---

[29] Além de ser amargo, o absinto pode ter efeitos tóxicos devido a um de seus componentes, a tujona.
[30] Cf. nota 24 acima.
[31] A oração relativa falta na LXX.
[32] Literalmente "levam a nada/transformam em nada" (cf. 2,5).

Jeremias 23   295

17 Dizem aos que desprezam a palavra[33] de YHWH:
'A paz estará convosco!'
E a todos que andam na obstinação de seu coração:
'Nenhuma desgraça vos atingirá!'"
18 Sim, quem esteve presente no conselho de YHWH
de modo que tenha visto e ouvido sua palavra?
Quem prestou atenção e ouviu sua[34] palavra?
19 Eis que sairá a tempestade de YHWH, o furor,
um furacão que redemoinha
e se abate sobre a cabeça dos perversos.
20 A ira de YHWH não se afastará
até que execute e realize o plano de seu coração.
No fim dos dias o compreendereis plenamente.
21 "Não enviei os profetas, mas eles correm;
não lhes falei, mas eles profetizam.
22 Se tivessem estado presentes em meu conselho,
teriam feito meu povo ouvir minhas palavras,
e os teriam feito retornar de seu mau caminho
e da maldade de suas ações.[35]
23 Por acaso sou um Deus apenas de perto? – dito de YHWH.
Não sou também um Deus de longe?[36]
24 Pode alguém se esconder em lugares secretos,
sem que eu o veja? – dito de YHWH.
Por acaso não sou eu
que encho os céus e a terra? – dito de YHWH.

A unidade é composta de vários ditos, muitos, sem dúvida jeremiânicos, que, no entanto, receberam diversas complementações, visíveis nas tensões e rupturas do texto, mas nem sempre claramente destacáveis. O texto oferece, além disso, algumas dificuldades de tradução. De acordo com a fórmula do mensageiro que introduz a unidade, trata-se de fala divina dirigida a um grupo não identificado ("vós"). O uso de YHWH na terceira pessoa nos versículos 16 até 20 sugerem, no entanto, que sejam palavras do

---

[33] De acordo com a interpretação que a LXX dá ao texto consonantal; v. BHS.
[34] De acordo com *qere*; *ketib* = "minha palavra".
[35] As duas últimas linhas desse versículo (22bβγ) são, por muitos, consideradas acréscimo dtr, já que correspondem à visão dtr de ver no chamado à conversão a tarefa precípua dos profetas.
[36] No v. 23, a LXX, Teodócio e a Siríaca não têm a forma de pergunta, de modo que o sentido é o oposto do TM; esse, no entanto, é confirmado por Áquila, Símaco e pela Vulgata.

296 Primeira parte: Ditos a Israel, Judá e Jerusalém – Jeremias 1-25

profeta ou de terceiros. A fala de YHWH propriamente dita parece restringir-se aos versículos 21 a 24.

A unidade anterior (23,9-15) tratou dos defeitos morais dos profetas; agora se aborda o conteúdo de sua mensagem. O v. 16 é uma advertência a não ouvir os profetas. Ela destoa do conhecido discurso dtr de que a desgraça da nação se deve ao fato de o povo *não* ter escutado as palavras dos profetas (2Rs 17,13s; Jr 7,25s; 25,4; 26,5; 29,19 e.o.). A única advertência dtr a não escutar os profetas é feita no caso de um convite à apostasia (Dt 13,2ss). O argumento apresentado por Jeremias para não ouvir os profetas é que esses seus colegas profetizam "as visões de seu próprio coração" e não o que vem de Deus. Isso muito chama a atenção, porque a visão é uma experiência que caracteriza o profeta (Is 1,1; Jr 1,11ss; 24,1; Ez 7,26). Para designar um profeta usa-se, com frequência, o título "vidente" (2Sm 24,11; Am 7,12). Aqui, no entanto, se questiona a legitimidade das visões como meio de comunicação divina. Elas podem ser mera expressão do desejo humano. A diferença certamente não é perceptível para as pessoas que ouvem os profetas, quando esses afirmam falar em nome de YHWH (v. 25; 28,2.11). Talvez o próprio profeta não perceba a diferença entre palavra de Deus e desejo humano. Não se pode, portanto, afirmar categoricamente que todos os profetas que Jeremias critica queriam conscientemente enganar ("iludir") o povo. A maioria provavelmente acreditava que sua mensagem procedia de YHWH. Mas ela diferia da mensagem de Jeremias. Qual o critério objetivo para distinguir entre o que é falso e o que é verdadeiro?

O v. 17 tenta dar uma resposta: os falsos profetas são aqueles que anunciam paz, bem-estar, salvação indiscriminadamente[37], ou seja, também a pessoas "obstinadas de coração" e que "desprezam a palavra". Mas essa caracterização dos ouvintes é bastante vaga e, também, subjetiva. A palavra desprezada certamente é, conforme o texto, o anúncio jeremiânico, ou seja, também apenas uma das interpretações da vontade de YHWH para o momento. É difícil dizer qual é a mensagem de Deus para o momento e a situação vivida por Jeremias: é a "paz" ou é o juízo? Também os profetas de salvação estão ancorados na antiga tradição do Deus misericordioso com seu povo e sua cidade.[38] Aparentemente não há critérios objetivos óbvios para afirmar que Deus rejeitara seu povo ou sua

---

[37] Kirst, 1984, p. 207: "profetas que *só* anunciam *shalom*" (grifo meu).

[38] Para Torres, 1999, p. 173, os "falsos" profetas corroboram os valores de Jerusalém, enquanto Jeremias desestabiliza.

Jeremias 23 297

cidade. Tudo isso mostra a complexidade do tema. A discussão
será retomada na análise de Jr 28.[39]

Também os v. 21s não trazem um critério objetivo. Os profetas são repreendidos por não terem sido enviados por Deus e, portanto, não terem uma revelação divina. Com isso, Jeremias contesta a legitimidade e autoridade profética de seus colegas. Esses
não estiveram no conselho celestial de YHWH, senão conheceriam
os planos de Deus. Imagina-se Deus como um rei que governa com
o auxílio de um conselho celestial (cf. 1Rs 22,19-22; Jó 1s). A afirmação de que os adversários de Jeremias não tiveram acesso às
deliberações do conselho celestial é impossível de ser verificada.
Trata-se de uma palavra dita no calor do confronto (cf. Jr 28).

O v. 18 deve ser uma reflexão sapiencial ocasionada pelo v. 22.
Ele expressa ceticismo quanto à possibilidade de qualquer pessoa –
não somente um profeta – espiar no bloco de anotações de Deus. A
pergunta cética se dirige, portanto, ao v. 22, que permite, em tese,
o acesso aos planos de Deus.

Os v. 19s confirmam a mensagem jeremiânica de juízo, totalmente oposta à mensagem de felicidade e bem-estar de seus colegas
(v. 17). A ira de Deus é comparada a um vento impetuoso que se abate
sobre os ímpios no intuito de dispersá-los. Talvez essa palavra de juízo
tenha sido originalmente dirigida a todas as pessoas ímpias. Aqui ela
se destina aos colegas de Jeremias. Há dúvidas sobre a compreensão
da expressão "no fim dos dias". Para alguns, ela dá uma dimensão
escatológica ao dito profético.[40] Para outros, ela aponta para o fato de
que uma profecia somente pode ser considerada falsa ou verdadeira
na retrospectiva, ou seja, "depois" de seu cumprimento ou não.[41] Aí
reconhecerão que houve um profeta em seu meio (Ez 2,5). Jr 23,19s
reaparece com mínimas diferenças em 30,23s.

Os v. 23s fecham a unidade apontando para um aspecto teológico fundamental, que transcende a polêmica profética. As perguntas retóricas buscam a concordância dos ouvintes. Já na nota
à tradução do v. 23 acima foi alertado para o fato de que a LXX
não tem a forma de pergunta, mas de afirmação: "eu sou um Deus
próximo e não um Deus distante". Isso inverte o significado do
TM. Além da tradução, também o sentido desse versículo não é
consensual. A partir do v. 24, que dá a entender que, aos olhos de
Deus, nada escapa, já que ele está presente em toda a sua criação

---

[39] Cf. o excurso "Verdadeiros e falsos profetas", sob Jr 28.
[40] Wanke I, p. 214.
[41] Schmidt II, p. 46.

298　　*Primeira parte: Ditos a Israel, Judá e Jerusalém – Jeremias 1-25*

(Am 9,2-4), é possível interpretar o binômio longe-perto no sentido espacial: um Deus que está distante tem uma visão melhor de tudo que acontece do que um Deus próximo, que somente enxerga o que está diante dos olhos. Tendo em vista os v. 17, 18 e 22, no entanto, deve-se entender o Deus distante como aquele que se torna inacessível a especulações humanas. No contexto do conflito profético, isso significa que o Deus próximo é aquele que sempre intervém em favor de seu povo (Sl 34,19; 85,10; Lm 3,57), enquanto o Deus distante é aquele que também pode se afastar de seu povo e esconder sua face (Sl 10,1; 22,12; 38,22). Nesse caso, a pergunta se assemelha à de 18,6, que aponta para a liberdade de Deus em sua atuação. Os adversários de Jeremias conhecem apenas um Deus, aquele que está sempre disposto a ajudar, enquanto Jeremias conhece também o Deus que julga.

Jr 23,25-32 Sonhos e palavra de Deus

25 "Eu ouvi o que dizem os profetas que, em meu nome, profetizam mentiras dizendo: 'Eu sonhei! Eu sonhei!' 26 Até quando?[42] Será que há algo na mente[43] dos profetas que profetizam a mentira e[44] os embustes de seu coração? 27 Será que, com seus sonhos, que contam um ao outro, procuram fazer meu povo esquecer meu nome, assim como seus pais esqueceram meu nome por causa de Baal? 28 O profeta que tiver um sonho, que o conte como sonho! E quem tiver minha palavra, que anuncie fielmente minha palavra!
Que tem a palha com o trigo? – dito de YHWH.
29 Minha palavra não é como fogo? – dito de YHWH.
E como um martelo que despedaça a rocha?
30 Por isso, eis que me volto contra os profetas – dito de YHWH – que furtam um do outro minhas palavras. 31 Eis que me volto contra os profetas – dito de YHWH – que abusam de sua língua para proferir ditos. 32 Eis que me volto contra os que profetizam sonhos mentirosos – dito de YHWH – e os contam adiante, seduzindo, assim, meu povo com suas mentiras e fanfarrices. Eu não os enviei nem lhes dei ordens; eles não são de nenhuma utilidade para esse povo" – dito de YHWH!

---

[42] "Até quando?" pode ter sido um comentário escrito à margem do texto (cf. Wanke I, p. 217).
[43] Literalmente "coração".
[44] O TM repete "os profetas (dos embustes)"; cf. BHS.

Jeremias 23

A unidade se apresenta como fala divina em prosa. Essa serve de moldura para um cerne poético (v. 28b.29). O trecho dá continuidade ao assunto da verdadeira e falsa profecia e enfoca especificamente o tema do sonho como meio de revelação divina. A primeira parte tem tom de crítica (v. 25-29), a segunda anuncia castigo divino (v. 30-32). Apesar da presença de ideias jeremiânicas e da situação de conflito existencial, muitos pesquisadores localizam a unidade na época exílica ou pós-exílica.[45]

O v. 25 afirma que os profetas falam mentiras em nome de YHWH ("em meu nome"). Como sinal de legitimidade de sua mensagem, eles apresentam seus sonhos. De fato, sonhos eram considerados meios legítimos da revelação de YHWH (Gn 28,12s; 37,5-11; 41; Nm 12,6; 1Sm 28,6.15; Jl 3,1 e.o.). As perguntas retóricas dos v. 26s, no entanto, desqualificam os sonhos ao considerá-los tentativas de enganar o povo e de fazer esquecer o "nome" de YHWH.[46] Não se diz nada sobre o conteúdo desses sonhos. Somente o contexto dá indícios de que deve se tratar da mensagem dos profetas de salvação e bem-estar (v. 17). Os v. 26s sugerem que esses profetas não são pessoas ingênuas, que pensam estar, de fato, transmitindo revelações divinas, mas que conscientemente querem iludir o povo. Tentar enganar o povo equivale a condenar o próprio YHWH ao esquecimento; é, portanto, comparável ao pecado dos antepassados que esqueceram YHWH por causa de Baal. Tudo indica que os sonhos estavam em alta entre os colegas de Jeremias. Não só a dupla menção de "Eu sonhei!", mas também o fato de uns contarem seus sonhos a outros mostra que devia haver uma concorrência entre os profetas sobre quem teve o sonho mais impressionante (v. 32: "fanfarrice"). Nesse caso, sonho e sonhador tornam-se mais importantes do que Deus.

Nos v. 25s, parece que o sonho é considerado um fenômeno ambivalente, que pode, mas não necessariamente é revelação divina. Já o v. 28a é restritivo: o sonho é um fenômeno humano; palavra de Deus é algo bem diferente. Sonhos podem ser contados, mas não identificados com a palavra. O cerne poético, por sua vez, procura, com perguntas retóricas, definir o que é, fundamentalmente, palavra de Deus. O v. 28b é categórico ao colocar sonho e palavra em oposição: palavra é "trigo", sonho é "palha". Enquanto a palavra de Deus contém os nutrientes necessários para a vida, o sonho não

---

[45] Werner I, p. 205; Wanke I, p. 216; mas cf. Thiel I, p. 252s, para quem a unidade é anterior à redação dtr.

[46] Veja o excurso "Os profissionais de práticas mânticas", sob Jr 27.

300   *Primeira parte: Ditos a Israel, Judá e Jerusalém – Jeremias 1-25*

alimenta, mas ilude. As duas outras metáforas que circunscrevem a palavra – revelada – de Deus são "fogo" e "martelo" (v. 29). A imagem do fogo – a força consumidora e purificadora – para caracterizar a palavra já apareceu em 5,14 e 20,9. Jeremias teve que experimentar o poder desse fogo. O martelo pesado que estraçalha a rocha (cf. 50,23) pinta em cores vivas a experiência de que não há coisa sólida o suficiente para resistir ao poder da palavra.

Os três versículos finais (v. 30-32) anunciam o castigo aos profetas da mentira, cada um introduzido pela chamada fórmula do desafio ("eis que me volto contra").[47] Não se explicita qual o tipo de castigo que aguarda esses profetas, mas mencionam-se algumas de suas práticas não arroladas acima: furto de palavras de Deus (v. 30), inflação de "ditos de YHWH" (v. 31) e "fanfarrice" (v. 32). Aparentemente havia uma grande demanda por revelações, de modo que os profetas competiam entre si sobre quem teria mais revelações ("ditos de YHWH"), não hesitando em plagiar seus próprios colegas para causar maior impacto nos ouvintes. Essa competição leva à autoexaltação ("fanfarrice") daqueles profetas que colhiam mais aplausos do público. Ainda assim, admite-se, no v. 30, a possibilidade de esses profetas terem uma autêntica "palavra de Deus" (furtam "*minhas* palavras").

Jr 23,33-40 Oráculo e fardo de Deus

33 "Se este povo (ou o profeta ou um sacerdote)[48] te perguntar: 'Qual é o oráculo[49] de YHWH?', tu lhes dirás: 'Vós sois o fardo;[50] e eu vos lançarei fora' – dito de YHWH. 34 O profeta ou o sacerdote ou o povo que disser: 'Oráculo de YHWH!', eu castigarei esse homem e sua casa. 35 Assim direis um ao outro, cada um a seu irmão: 'Que respondeu YHWH?' ou 'Que falou YHWH?' 36 Mas 'oráculo de YHWH' não mais deveis mencionar,[51] pois o fardo é a palavra própria de cada um.[52] Mas vós pervertestes as palavras do

---

[47] Cf. Thiel I, p. 252; Wanke I, p. 217; Fischer I, p. 703. Para Thiel I, p. 252s, o v. 32 pode ser dtr, pois pretende ser um resumo das acusações levantadas até aqui contra os profetas (23,13s.16.21.25.27; cf. 14,14).

[48] O trecho entre parênteses deve ser acréscimo do v. 34 (cf. BHS).

[49] O termo hebraico *massa'* tem dois significados: "oráculo" e "fardo". Acima ele é traduzido de acordo com o contexto; cf. HAL, p. 604.

[50] De acordo com a LXX e a Vulgata; o TM separa as palavras erroneamente (cf. BHS).

[51] De acordo com a LXX; a pontuação do TM propõe o tronco *qal* da raiz *zakar*: "(deveis) lembrar", em vez do hif. pressuposto pela LXX.

[52] Oração causativa de significado incerto. Rudolph, 1968, p. 154, transforma, alterando a vocalização, a oração em pergunta: "Deveria sua palavra (*scil.* de Deus) ser um

Jeremias 23   301

Deus vivo, YHWH dos Exércitos, nosso Deus.[53] *37 Assim pergunta-rás ao profeta: 'Que te respondeu YHWH?' ou 'Que falou YHWH?' 38 Se, porém, disserdes 'oráculo de YHWH', então assim diz YHWH: Já que dissestes 'oráculo de YHWH', apesar de vos ter proibido de dizer 'oráculo de YHWH', 39 eis que vos erguerei*[54] *e lançarei para longe de minha face, a vós e a cidade que dei a vós e a vossos pais. 40 E porei sobre vós desonra eterna e vergonha eterna que jamais serão esquecidas.*"[55]

A unidade que fecha a coletânea sobre os profetas é, na verdade, um apêndice, pois enfoca um tema totalmente periférico da profecia. Para grande parte dos exegetas, o trecho é um dos mais recentes do livro de Jeremias. Seu estilo repetitivo e sua metodologia exegética lembram o minucioso trabalho de escribas. Ele já foi caracterizado como "uma peça de erudição talmúdica"[56].

Formalmente se trata de uma fala de Deus ao profeta, na qual é citado um diálogo imaginário entre Jeremias e representantes do povo, em especial, profetas e sacerdotes (v. 33s). Todo o trecho gira em torno de um jogo de palavras com o termo *massa'*, que pode ter dois significados: "oráculo" e "fardo". Não está totalmente claro se se trata de homônimos ou de derivações diferentes da mesma raiz.[57] No livro de Jeremias o termo aparece na acepção "fardo, carga" (Jr 17,21.27 e.o.), mas não no sentido de "oráculo" (cf. 2Rs 9,25; Is 14,28; Ez 12,10s; e os títulos Is 13,1; 15,1; 17,1; Na 1,1 e.o.). Na tradição jeremiânica não se aborda o assunto.

Claro está, em todo o trecho, que se proíbe o uso do termo *massa'*, aqui traduzido por "oráculo", para designar a comunicação de Deus com humanos. O termo "oráculo" está vinculado a práticas utilizadas para auscultar a vontade divina, geralmente por intermediários. Conhecida é a médium Pítia, que transmitia, inspirada pelo Deus Apolo, oráculos no templo de Delfos. O termo

---

fardo para alguém?" Também é possível entender: "mas o oráculo/fardo é (reservado) para o homem de sua palavra (*scil.* Jeremias)".

[53] A última oração do v. 36 falta na LXX. Também os v. 37 e 38 são consideravelmente mais breves na LXX.

[54] De acordo com a maioria das versões e alguns manuscritos hebraicos; o TM lê "emprestarei" (outra pontuação do *ketib*); cf. HAL, p. 687. O verbo "erguer" (*nasa'*) forma um jogo de palavras com o termo *massa'* (oráculo/fardo).

[55] A LXX lê 23,7s após 23,40.

[56] Rudolph, 1968, p. 157: "*ein Stück talmudischer Schriftexegese*"; cf. Wanke I, p. 218: "*schriftgelehrte Exegese*" ("exegese de escribas eruditos").

[57] HAL, p. 604, deriva o substantivo *massa'* da raiz *nasa'* "erguer", ou seja: "erguer" algo pesado ("fardo") ou "erguer" a voz (emitir um "oráculo").

302   *Primeira parte: Ditos a Israel, Judá e Jerusalém – Jeremias 1-25*

"oráculo" pode, portanto, não reproduzir com exatidão o significado que *massa'* tinha na época do texto. Em todo caso, toda comunicação divina não mais deve ser chamada de "oráculo", mas de "palavra" ou "resposta" de Deus (v. 35.37).

O texto não esclarece por que se proíbe o uso do vocábulo *massa'*. Para termos uma resposta a essa questão deveríamos poder identificar quem, em que circunstâncias e com que finalidade utilizava o termo a ponto de ser ameaçado de terrível castigo. O v. 33 pode dar a entender que Jeremias é assediado por gente curiosa pela última palavra de YHWH. Por isso essa gente representa um "fardo" que deverá ser jogado no chão ("lançar fora"). Mas isso ainda não explica por que não se deve usar o termo "oráculo". Há quem entende que, no v. 33, a pergunta curiosa por um oráculo seja ironia: como o anúncio de juízo do profeta não se concretiza, o povo pede pela última versão dessa mensagem de pretensa desgraça.[58] Os versículos que seguem, no entanto, não mais tratam de um anúncio específico, mas da mera discussão em torno da menção do termo *massa'*. Também não se tem a impressão de que o assunto esteja vinculado ao profeta Jeremias.

Maior aceitação tem a hipótese de que o texto reflete a preocupação de grupos da comunidade pós-exílica com a grande quantidade de pessoas que se arrogam o direito de falar em nome de YHWH usando a terminologia tradicional ("oráculo de YHWH"). Essa deveria estar reservada aos profetas "clássicos", cujas profecias se realizaram (e já se encontram parcialmente em forma escrita?), confirmando, assim, sua autoridade. Não se admite, portanto, que novas manifestações proféticas usem a terminologia dos profetas do passado, no caso presente, do profeta Jeremias.[59] Essa hipótese pressupõe que o termo "oráculo" tenha um valor altamente positivo por atestar autêntica revelação divina. Contra isso depõe, no entanto, que no livro de Jeremias nunca se usa o termo *massa'* no sentido de "oráculo".

Há ainda a possibilidade de o trecho Jr 23,33-40 querer fechar as questões polêmicas vinculadas à profecia com uma visão positiva. Para a comunidade pós-exílica, as profecias de juízo de Jeremias – que já se concretizaram – não são a última palavra de Deus. Espera-se, agora, por uma atuação divina em favor da

---

[58] P. ex., Wanke I, p. 219.
[59] P. ex., Wanke I, p. 219; cf. Schmidt II, p. 54. Wanke I, p. 218, traduz, portanto, o v. 36ba da seguinte forma: "mas o oráculo fica reservado ao homem de sua palavra (*scil.* Jeremias)"; cf. nota 52.

Jeremias 23

comunidade. Por isso não se devia mais usar o termo *massa'* para designar uma revelação divina, já que essa palavra pode ser entendida negativamente como um fardo pesado para o povo. Para o texto, somente palavras humanas podem representar um fardo para as pessoas (v. 36), mas nunca a palavra de Deus. Assim, também a coletânea dos ditos sobre os profetas recebe um fecho positivo como já acontecera com a coletânea dos ditos sobre os reis (23,1-8).[60]

---

[60] Nesse sentido vai a sugestão de tradução do v. 36 proposta por Rudolph, 1968, p. 154 (cf. nota 52).

JEREMIAS 24

Jr 24 Os dois cestos de figos

1 YHWH me fez ver: eis que dois cestos de figos estavam colocados[1] diante do templo de YHWH, após Nabucodonosor, rei da Babilônia, ter desterrado de Jerusalém Jeconias, filho de Joaquim, rei de Judá, e os ministros de Judá, bem como os ferreiros e serralheiros, e tê-los levado à Babilônia. 2 Um cesto tinha figos muito bons, como figos da primeira colheita; o outro cesto tinha figos muito ruins, de modo que não podiam ser comidos de tão ruins que eram. 3 E YHWH me disse: "Que vês, Jeremias?" E eu respondi: "Figos! Os figos bons são muito bons; e os ruins são muito ruins, tão ruins que não podem ser comidos". 4 Então veio a mim a palavra de YHWH. 5 Assim diz YHWH, o Deus de Israel:[2] "Como a estes figos bons, assim eu olharei para o bem dos exilados de Judá, que expulsei deste lugar para a terra dos caldeus. 6 Pousarei meus olhos sobre eles para o bem e os trarei de volta para esta terra; vou edificá-los e não demoli-los, vou plantá-los e não arrancá-los. 7 E lhes darei um coração que reconheça que eu sou YHWH. Então serão meu povo, e eu serei seu Deus, pois retornarão para mim de todo o seu coração. 8 E, como a estes figos ruins, que de ruins não podem ser comidos – pois assim diz YHWH –, assim agirei com Sedecias, rei de Judá, e com seus ministros e o restante de Jerusalém, os que permaneceram nesta terra, e aqueles que habitam na terra do Egito. 9 Farei deles um objeto de espanto – para a desgraça – para todos os reinos da terra, um exemplo de humilhação, um motivo de chiste, escárnio e execração em todos os lugares para onde os expulsei. 10 E enviarei contra eles a espada, a fome e a peste até que desapareçam da terra que dei a eles e a seus pais".

A unidade é um relato de visão em prosa, escrito na primeira pessoa de Jeremias, datada após a primeira deportação de judaítas ao exílio babilônico em 597 (v. 1b; cf. 2Rs 24,12.14-16). Esse contexto ajuda a entender a visão, já que ela vai tratar da atuação futura de Deus com dois grupos distintos do povo de Israel: os que

---

[1] Seguem-se a LXX e a Vulgata; cf. BHS e Rudolph, 1968, p. 156; o TM lê "destinados (ao templo)".

[2] Rudolph, 1968, p. 156, propõe eliminar a fórmula do mensageiro, porque ela não tem sentido numa fala direta de Deus ao profeta.

Jeremias 24 305

foram exilados de Judá para a Babilônia em 597 e os que não foram, denominados, aqui, "o restante de Jerusalém" sob Sedecias. O relato forma juntamente com Jr 21,1-10 uma espécie de moldura em torno das coletâneas de ditos sobre reis e profetas. Essa moldura é obra redacional.

O texto adota os elementos formais de um relato de visão como os encontramos em Am 7,1s.4s.7s; 8,1s; Jr 1,11s.13s: a) a fórmula do recebimento da visão (24,1aα: "YHWH me fez ver") coloca Deus como origem da visão (Am 1,1.4.7; 8,1; Jr 1,11.13); b) o relato do que o profeta vê, descrito em orações nominais introduzidas por "eis" (24,1a.2), no caso, dois cestos de figos (cf. Am 7,1s.4.7;8,1; parte omitida em Jr 1,11.13); c) a pergunta de Deus pela confirmação da visão (v. 3aα: "Que vês, Jeremias?"), também em oração nominal (Am 7,8; 8,2; Jr 1,11.13). O profeta deve pronunciar o que vê; d) a resposta do profeta, que repete de forma abreviada o conteúdo da visão (24,3: "eu respondi...") em orações nominais (Am 7,8; 8,2; Jr 1,11.13). As palavras-chave da visão precisam ser ouvidas para serem entendidas. Por fim, e) a interpretação da visão com o auxílio da partícula comparativa "como – assim também" (em duas direções: 24,5-7.8-10), através de fala divina (Am 7,8s; 8,2s; Jr 1,12.14).

As palavras-chave para a compreensão da visão são os dois adjetivos que qualificam os figos dos dois cestos: bom (*ṭob*) e ruim (*ra'*). Ao pronunciar "figos muito bons" ouve-se o "bem" (*ṭobah*) e ao articular "figos muito ruins" ouve-se "desgraça" (*ra'ah*). Dois adjetivos concretos tornam-se dois substantivos abstratos que descrevem a atuação de Deus futura para com os dois grupos de judaítas existentes após 597. Aos deportados à Babilônia com Joiaquin/Jeconias anuncia-se o "bem", o "bem-estar", a "salvação"; aos que permaneceram em Jerusalém sob Sedecias, a "desgraça", o "mal", o "juízo".

À diferença de outros relatos de visão, Jr 24 contém uma dupla mensagem: uma para cada grupo de judaítas. Além disso, chama a atenção que as interpretações são comparativamente bastante longas: v. 5-7 (atuação para o bem) e v. 8-10 (atuação para o mal). Isso é sinal de que houve complementações redacionais. As duas palavras divinas que interpretam a visão oportunizam atualizações. De fato, a terminologia presente nesses últimos seis versículos é predominantemente dtr.[3]

---

[3] V. 6: o início ("Pousarei meus olhos sobre eles para o bem") repete a afirmação de v. 5b ("olharei para o bem...") e lembra os textos dtr de Jr 21,10; 44,11 (cf. Am 9,4); o retorno dos exilados à pátria é tema dtr recorrente (cf. trechos dtr como Jr 12,15;

306 Primeira parte: Ditos a Israel, Judá e Jerusalém – Jeremias 1-25

Há poucos exegetas que ainda atribuem todo o trecho ao profeta Jeremias.[4] A discussão atual é se todo o capítulo é produto da reflexão redacional ou se a redação reelaborou e complementou um texto já existente.[5] Dados os elementos formais intactos do gênero relato de visão, a ausência de linguagem dtr nos v. 1-5, a possibilidade de destacar acréscimos redacionais sem prejuízo de um eventual texto subjacente e, em especial, por causa de divergências entre o cerne da visão e a interpretação contida nos v. 6-10, é mais provável que um relato original em primeira pessoa, possivelmente jeremiânico, tenha sido atualizado para o contexto exílico ou pós--exílico. Segue uma tentativa de reconstrução desse relato original:[6]

1 YHWH me fez ver: eis que dois cestos de figos estavam colocados diante do templo de YHWH.[7] 2 Um cesto tinha figos muito bons, como figos da primeira colheita; o outro cesto tinha figos muito ruins, de modo que não podiam ser comidos de tão ruins que eram. 3 E YHWH me disse: "Que vês, Jeremias?" E eu respondi: "Figos! Os figos bons são muito bons; e os ruins são muito ruins, tão ruins que não podem ser comidos". 4 Então veio a mim a palavra de YHWH:[8] 5 "Como a estes figos bons, assim eu olharei para o bem dos exilados de Judá, que expulsei deste lugar para a terra dos caldeus. 6 Pousarei meus olhos sobre eles

---

23,3; 27,22; 30,3 e.o.); para os verbos de juízo e salvação, cf. o excurso "Verbos que expressam a dupla atuação de Deus", sob Jr 1,4-10. V. 7; quanto à transformação interior (do coração), cf. Dt 30,2.10; 1 Sm 7,3; Jr 3,10 e.o.; quanto ao coração que conhece YHWH e sua Torá, cf. Dt 29,3; Jr 31,33s; 32,39s; e quanto à fórmula da aliança, cf. Jr 7,23; 11,4 e.o. V. 9: quanto à fórmula da catástrofe, cf. o excurso "Linguagem, estilo e terminologia deuteronomistas", sob 7,1-8,3 (sendo que o termo--chave da visão [*ra'ah*] não faz parte da referida fórmula). V. 10: quanto à tríade do juízo e "à terra dada aos pais", cf. o mesmo excurso.

[4]   Weiser I, p. 213; Rudolph, 1968, p. 157.

[5]   A partir da posição de Thiel I, p. 260, também Wanke I, p. 221, e Werner I, p. 207, se decidem por uma criação dtr exílica ou pós-exílica. Kilpp, 1990, p. 30s, e Schmidt II, p. 57s, por outro lado, defendem a existência de um relato profético preexistente, adotando parcialmente as observações crítico-literárias de Thiel.

[6]   Kilpp, 1990, p. 30s; cf. Schmidt II, p. 56s. A tradução procura ser tão literal quanto possível.

[7]   A informação cronológica do v. 1b, embora correta, é quase consensualmente considerada acréscimo redacional, porque interrompe o relato da visão em lugar inapropriado. O mesmo acréscimo pode ser observado em Jr 29,2. Os dados de ambos são retirados de 2Rs 24,14-16, o único lugar onde também aparecem os "ferreiros e serralheiros".

[8]   A fórmula do mensageiro após uma fala divina ao profeta não faz sentido (cf. BHS). O mesmo vale para a segunda ocorrência da fórmula no trecho (v. 8b). A introdução da fórmula do mensageiro antes da interpretação divina comunicada ao profeta acentua a mensagem central do relato e aponta para a situação de transmissão da palavra profética ao público que a redação dtr tem diante de si.

Jeremias 24

307

para o bem. 8 E, como a estes figos ruins, que de ruins não podem ser comidos[8], da mesma forma agirei com Sedecias e o restante de Jerusalém para a desgraça".

Em analogia às visões do ramo de amendoeira e da panela ao fogo, também os cestos de figos devem ter sido objetos reais, não se tratando, portanto, de uma visão espiritual. A ideia da visão espiritual[9] se fundamenta na observação de que figos ruins não podiam ter sido oferendas trazidas ao templo. Mas os figos à entrada do templo não precisam necessariamente ser oferendas. Eles podem estar simplesmente à venda, os bons para consumo normal ou para oferendas, os ruins, para o trato do gado. O templo não tem nenhuma função na visão. Por isso não se deveria entendê-lo como símbolo da presença divina: dois grupos de pessoas estão diante de YHWH para serem julgados.[10] A pergunta comprobatória de YHWH: "Que vês, Jeremias?" exige a verbalização da visão; somente a articulação da palavra possibilita reconhecer seu significado através de assonância (cf. 1,11s; Am 8,2). A mera visão de figos podres não leva automaticamente ao significado "desgraça"; precisa-se ouvir no adjetivo "ruim" (*ra'*) o substantivo "desgraça" (*ra'ah*). Sem essa verbalização, chegar-se-ia provavelmente a comparar as qualidades dos figos com a qualidade dos dois grupos de judaítas existentes após 587. Porém a visão não pretende avaliar as qualidades morais desses grupos;[11] ela aponta para duas atuações distintas de Deus para dois grupos que se encontram em situações diferentes.

Por meio da fórmula do acontecimento da palavra (v. 4), uma fala divina interpreta a visão, através de comparação ("como" – "assim também"), em duas direções: a atuação de Deus "para o bem" do grupo de exilados de 597 (*galut Yehudah*: v. 5-7) e a atuação de Deus "para o mal/a desgraça" do resto de Jerusalém (*she'erit Yerushalayim*) e Sedecias (v. 8-10). Com a deportação de Joiaquin,

---

[9] Rudolph, 1968, p. 158: "alucinação" (*"halluzinatorische Schau"*).
[10] Rudolph, 1968, p. 158; cf. Thiel I, p. 259, afirma que o texto tende a ser uma alegoria.
[11] Weiser I, p. 213s: "entre os exilados havia gente piedosa" (p. ex., "os ministros de Joaquim"); em Jerusalém, contudo, havia "decadência moral e predomínio da idolatria"; Rudolph, 1968, p. 159: em Jerusalém ficaram os "arrogantes", "os pobres ignorantes (*Proleten*)", que se refestelavam com a súbita aquisição de bens, além de haver "idolatria da pior espécie"; no exílio, entretanto, se encontravam "homens excelentes", alguns até "inocentes" como "os virtuosos e piedosos ministros de Joaquim (36,25)"; para Mayer, 2016, p. 405, os figos ruins representam "os judaístas [sic!] corrompidos sob Sedecias". A tendência alegorizante leva, aqui, a uma moralização inexistente no texto.

308 *Primeira parte: Ditos a Israel, Judá e Jerusalém – Jeremias 1-25*

sua família e parte da elite de Jerusalém e Judá, em 597, poder-se-
-ia pensar que o juízo anunciado por Jeremias, afinal, se realizara.
Uma parte da população de Jerusalém certamente pensava que o
juízo atingiu os culpados (os que foram exilados) e poupou os inocentes (o resto de Jerusalém). Talvez a afirmação preservada em
Ez 11,3b – "Esta cidade é a panela e nós somos a carne" – reflita o
sentimento de segurança dos que foram poupados da desgraça em
597.[12] Para o próprio profeta se coloca, em 597, a pergunta se sua
missão de anunciar a mensagem de juízo, contida nas duas visões
iniciais (Jr 1,11-14), foi cumprida ou ainda não. Para o profeta,
Jr 24 tem, portanto, a função de uma visão inaugural em uma
nova situação:[13] o juízo deve continuar sendo anunciado aos que
ainda não o experimentaram, enquanto aqueles que o sofreram e
ainda convivem com ele serão contemplados com a promessa de
salvação. Para o profeta, há expectativa de salvação após e dentro
da situação de juízo. O anúncio de desgraça (v. 8) se contrapõe, assim, à autocompreensão arrogante dos que escaparam do exílio de
597, e a promessa de salvação se contrapõe ao desespero dos deportados (v. 5s; cf. Ez 37,11).[14] A salvação para os que vivem na Babilônia recebe traços mais concretos na carta aos exilados (Jr 29,4-7).

A redação achou necessário complementar essa dupla mensagem profética, um tanto vaga, a partir de sua situação após 587.
O que, afinal, é juízo e o que é salvação? Para o profeta isso talvez
ainda não estivesse totalmente claro. A palidez dos conteúdos da
visão não é sinal de sua inautenticidade.[15] A falta de concretude –
como e quando será o juízo ou a salvação – é algo recorrente nas
visões proféticas.[16] Ao contrário de Jeremias (cf. 29,4-7), a redação
dtr não consegue vislumbrar salvação para o povo sem retorno
dos exilados à pátria (v. 6). Além da restauração da vida normal
na pátria, expressa pelos verbos "edificar" e "plantar", faz parte da
salvação futura, na visão dtr, uma renovação interior, de modo que
o povo não mais se volte contra Deus, restabelecendo-se, assim, a
vontade de YHWH de ser Deus de seu povo e de ser por ele reconhecido como seu único Deus (v. 7; cf. 31,33s). Como a redação
dtr trabalha após a catástrofe de 587, seria muito estranho se ela

---

[12] Cf. Zimmerli, 1979, p. 243, 247.
[13] Silva, 1992, p. 95, afirma corretamente que a visão dos figos marca o início da atividade profética após 597.
[14] Schmidt II, p. 59.
[15] Como pensa Thiel I, p. 259.
[16] Schmidt II, p. 59.

Jeremias 24 309

diferenciasse as duas levas de exilados à Babilônia, a de 597 e de 587. Para o movimento dtr, os destinatários da promessa de salvação são todos os judaítas exilados e não apenas, como no relato original, os da primeira leva. No contexto exílico da redação dtr, os dois grupos distintos podem ser unificados, pois ambos vivem em situação de juízo, o que ainda não era o caso na época de Jeremias. A mudança de situação acarreta uma mudança de destinatários da mensagem de salvação.

Também a mensagem de juízo, destinada originalmente aos que não foram exilados em 597, recebe uma concretização nos moldes dtr: os destinatários serão expulsos de sua terra e dispersos pelas nações e se tornarão exemplo proverbial de desprezo e zombaria por parte de outras nações até desaparecerem da face da terra. Também aqui a redação altera os destinatários. Os dois grupos conhecidos de judaítas não deportados após a destruição de Jerusalém e o fim de Judá (587) são os que permaneceram na Palestina com Godolias e os que fugiram para o Egito (Jr 42-44). É para esses dois grupos que a redação redireciona o anúncio de juízo. Isso pode refletir uma rivalidade existente entre os diversos grupos de judaítas após 587.[17] Parece que os redatores entendem que o verdadeiro povo de Deus são apenas os expatriados para a Babilônia, mas não os outros dois grupos de judaítas. Para esses vale o juízo, para os descendentes daqueles continua a história salvífica de Deus.

---

[17] Wanke I, p. 221; Werner I, p. 207.

JEREMIAS 25: RESUMO E TRANSIÇÃO

Jr 25,1-14

1 A palavra que foi dirigida a Jeremias sobre todo o povo de Judá, no quarto ano de Joaquim, filho de Josias, rei de Judá (este é o primeiro ano de Nabucodonosor, rei da Babilônia)[1], 2 palavra que Jeremias, o profeta, anunciou a todo o povo de Judá e a todos os habitantes de Jerusalém: 3 "Desde o décimo terceiro ano de Josias, filho de Ámon, rei de Judá, até o dia de hoje – isso são vinte e três anos – a palavra de YHWH foi dirigida a mim, e eu vos tenho falado com insistência, mas não escutastes. 4 E YHWH[2] vos enviou, sem cessar, seus servos, os profetas, mas não escutastes nem prestastes atenção para ouvir 5 o que diziam: 'Convertei-vos cada um de seu caminho maldoso e da maldade de vossos atos! Então habitareis no solo que YHWH deu a vós e a vossos pais, desde sempre e para sempre. 6 Não andeis atrás de outros deuses para servi-los e prostrar-se diante deles; não me ofendais com a obra de vossas mãos,[3] e eu não vos farei nenhum mal. 7 Mas não me escutastes – dito de YHWH – para ofender-me[4] com a obra de vossas mãos para vossa desgraça'.

8 Por isso, assim diz YHWH dos Exércitos: 'Por não terdes escutado minhas palavras, 9 eis que mandarei buscar todos os clãs do norte – dito de YHWH – e a Nabucodonosor, rei da Babilônia, meu servo,[5] e os trarei contra esta terra e contra seus habitantes e contra todas estas nações ao redor. Vou consagrá-los ao extermínio e farei deles um objeto de espanto e zombaria e uma ruína[6] perpétua. 10 Farei cessar entre eles os gritos de júbilo e de alegria, a voz do noivo e da noiva, o ruído da mó e a luz da lâmpada. 11 E toda essa terra se tornará uma ruína e uma desolação. E estas nações servirão ao rei da Babilônia[7] por setenta anos. 12 Quando se completarem os

---

[1] A datação sincrônica, entre parênteses acima, falta na LXX. O texto da LXX, aliás, é bem mais breve que o TM. Nem todas as omissões da LXX podem ser anotadas aqui; cf. BHS. A tradução acima se atém o quanto possível ao TM.

[2] A LXX reproduz os v. 4-7 como sendo fala divina, enquanto o TM entende os v. 4s como fala do profeta, e os v. 6s como fala de Deus.

[3] Ou seja, os ídolos.

[4] Leia-se o *qere*.

[5] A LXX omite toda a referência a Nabucodonosor.

[6] A LXX lê "humilhação".

[7] A LXX omite "E estas nações servirão ao rei da Babilônia".

Jeremias 25: Resumo e transição

setenta anos, castigarei o rei da Babilônia[8] e aquela nação – dito de YHWH – por seus delitos, e também a terra dos caldeus,[9] e a transformarei em desolação eterna. 13 Farei cumprir contra aquela terra todas as minhas palavras que falei contra ela, tudo que está escrito neste livro, o que Jeremias profetizou sobre todas as nações.[10] 14 Sim, também elas servirão a numerosas nações e a reis poderosos, eu lhes retribuirei de acordo com seus atos e conforme a obra de suas mãos"[11]".

O capítulo 25 apresenta diversas dificuldades. Nele, as duas tradições do texto bíblico seguem caminhos distintos.[12] Enquanto o TM traz o bloco de ditos sobre as nações no final do livro (46ss), a LXX o coloca após Jr 25,13bα, entendendo que o livro mencionado ("tudo que está escrito neste livro") seja o bloco sobre as nações que vem logo a seguir. A visão do cálice da ira (TM 25,15ss) se encontra, na LXX, no final do bloco das nações. Esse bloco é introduzido, na LXX, pelo v. 13bβ do TM ("o que Jeremias profetizou sobre [todas] as nações"), onde tem a função de título.[13] Isso revela uma complexa história de formação do livro de Jeremias. Não há consenso sobre qual é a versão mais antiga: o TM ou a LXX.[14] Deve-se pressupor a existência de mais versões do texto hebraico em circulação: uma delas desembocou no TM e outra forneceu a cópia subjacente à LXX. Não se descarta influência mútua no decorrer da história da transmissão. A mensagem do livro, no entanto, não é afetada por esse problema. Neste comentário seguimos a sequência do TM, em conformidade com a tradição exegética e eclesial prevalente na atualidade, mantendo, no entanto, constante diálogo com a LXX.

---

[8] A LXX omite a referência ao rei da Babilônia.

[9] A LXX omite a referência à terra dos caldeus.

[10] A LXX coloca o v. 13bβ ("o que Jeremias profetizou sobre todas as nações"), de forma abreviada, no início do bloco sobre as nações (LXX 25,14: "o que Jeremias profetizou sobre as nações [de Elam]"); v. nota 13 abaixo.

[11] Todo o v. 14 falta na LXX. Ele provavelmente surgiu para preencher o vazio deixado quando o bloco de ditos sobre as nações foi retirado, no TM, do meio do livro para seu atual lugar no final do livro (TM Jr 46-51).

[12] Veja a Introdução.

[13] Conforme a edição de Rahlfs (editio minor), p. 712, que segue o códice Alexandrino da LXX, também a visão do cálice da ira (LXX 32,15ss) é introduzida pelo mesmo título; v. nota 10 acima. Os versículos da LXX são citados de acordo com essa edição.

[14] A tendência atual é de dar a primazia à LXX (p. ex., Wanke I, p. 13,224; Werner I, p. 208s); disso, no entanto, discordam, p. ex., Thiel I, p. 272ss; Fischer I, p. 744.

312 *Primeira parte: Ditos a Israel, Judá e Jerusalém – Jeremias 1-25*

O capítulo é composto por duas grandes unidades: v. 1-14 e v. 15-38. A primeira é um discurso com linguagem, estilo e conteúdos dtr; não há indícios de uma palavra jeremiânica subjacente.[15] O discurso lembra Jr 7 (em especial v. 25s); 11 e 35,14b-15, um texto paralelo de 25,3b-6. O estilo é redundante e o conteúdo repete as ideias dtr básicas: a desobediência a YHWH; a adoração de outras divindades; os profetas como servos de Deus que chamam à conversão; e a qualificação da terra de Israel como dádiva de Deus aos pais.

Nessa primeira unidade, a LXX apresenta um texto mais breve e mais coeso do que o TM. Há uma tendência de considerar esse texto mais antigo do que o atual TM.[16] Basicamente, a LXX omite, além do v. 14, todas as referências à Babilônia e a Nabucodonosor e aos caldeus (v. 1b.9a.11b.12a).

A partir da fórmula do acontecimento da palavra (v. 1) espera-se uma fala divina ao profeta, mas o v. 2 apresenta Jeremias como transmissor da palavra divina ao povo de Judá e Jerusalém. Também o v. 3 depõe a favor de uma fala profética, já que faz uma retrospectiva da atividade de Jeremias desde o décimo terceiro ano de Josias, o ano da vocação (1,2), até o ano 605, o mesmo ano da confecção do chamado "rolo original" (36,1). Além disso, o v. 3 contém, no TM, explicitamente a primeira pessoa do profeta. No entanto, o leitor é surpreendido, nos v. 3b e 4, com o insistente envio dos profetas, que sempre se encontra na boca de Deus.[17] O texto paralelo de 35,14b-15 também depõe a favor de uma fala divina. Os v. 6-7 são, por fim, mais fáceis de entender na boca de YHWH. Como explicar essa alternância entre palavra profética e palavra divina em 25,1-7? Buscou-se entender o atual TM 25,1-13 como tendo sido reelaborado no momento em que o bloco dos ditos sobre as nações foi inserido após o v. 13.[18] Nessa ocasião teriam sido introduzidos os nexos com esse novo bloco, que faltam na LXX. Surge,

---

[15] Nesse ponto existe um certo consenso na pesquisa (cf. Thiel I, p. 262s). A linguagem dtr é tão abundante que basta remeter aos excursos "Expressões idiomáticas dtr para caracterizar a apostasia" e "Linguagem, estilo e terminologia deuteronomistas", sob 5,15-19 e 7,1-8,3, onde se encontram textos paralelos às fórmulas introdutória (v. 1), da insistência (v. 3.4) e da catástrofe (v. 9.11), bem como ao dualismo interior-capital (v. 2) e às expressões "não escutar (os profetas, a voz de Deus)" (v. 3.4.7.8), "a maldade dos atos" (v. 5), "servir/adorar/andar atrás de outros deuses" (v. 6) e "ofender a YHWH" (v. 7).

[16] Wanke I, p. 224; Werner I, p. 208s.

[17] Jr 7,13; 11,7; 32,33; 35,14.

[18] Thiel I, p. 273, afirma que, com a introdução do bloco das nações após 25,13, uma redação pós-dtr teve que reelaborar o trecho 25,1-13, fazendo pontes para as nações,

Jeremias 25: Resumo e transição

313

dessa forma, um texto que postula ser, em parte, um resumo da atividade profética, e, em parte, uma projeção para o conjunto dos ditos sobre as nações.[19] Essa proposta consegue resolver diversos problemas do trecho.[20] A base para o comentário a seguir continuará sendo o TM.

Os problemas literários do texto pouco ou nada afetam o conteúdo. Em seu atual estado, ele é composto por uma introdução (v. 1-2), uma denúncia em forma de fala profética/divina (v. 3-7), um anúncio de juízo contra Judá, em forma de fala divina (v. 8-11), e um anúncio de juízo contra Nabucodonosor, a Caldeia e as nações (v. 12-14). O título introduz uma palavra de Deus ao profeta com uma datação sincrônica: o quarto ano de Josias correspondente ao primeiro ano de Nabucodonosor, a saber 605 a.C.[21] A data é a mesma que se encontra em 36,1, quando Baruc escreve o rolo ao ditado de Jeremias, e em 46,1, a introdução ao dito contra o Egito e o ano da vitória de Nabucodonosor sobre o exército do faraó em Carquêmis. Isso não pode ser mera coincidência. Os redatores dtr querem identificar o documento escrito por Baruc (Jr 36) com a primeira parte do livro de Jeremias (Jr 1-24). Na transmissão da palavra divina ao povo de Judá e Jerusalém em discurso direto (v. 2), o profeta faz um resumo de sua atuação profética desde sua vocação, no décimo terceiro ano de Josias (627/6; Jr 1,2), até o ano de 605, portanto durante 23 anos (v. 4).[22] O resultado dessa atuação é um fracasso total (v. 3b.4), porque o povo não deu ouvidos aos profetas, nem mesmo a Jeremias, o último da série de enviados de Deus. A missão principal dos profetas de acordo com a concepção dtr – chamar ao arrependimento da apostasia, ao retorno a YHWH e à obediência a sua palavra (v. 5) – não alcançou seu objetivo: por nada menos que cinco vezes se menciona que o povo não escutou as palavras dos profetas (v. 3b.4a.b.7.8), desprezando, assim, a

---

em especial para a Babilônia e Nabucodonosor. Para tanto, Thiel é obrigado a realizar algumas alterações no atual TM.

[19] Conforme Thiel I, p. 272s, o texto editado pela redação dtr não conhecia os ditos sobre as nações, de modo que 25,1-7 configurava um resumo dos ditos proféticos contidos no livro Jr 1-24. Após essa primeira parte do livro (1,1-25,13), os redatores dtr colocaram a segunda, a saber o bloco dos relatos (Jr 26-45).

[20] A proposta, no entanto, ainda não esclarece a relação global entre o atual TM e a LXX. Conforme Thiel I, p. 265, em Jr 25,1-13, há também indícios de que a LXX tenta corrigir inconsistências e redundâncias do TM; na mesma direção argumenta Schmidt II, p. 63s.

[21] Na verdade, 605/4 é o ano de acesso de Nabucodonosor ao trono; o primeiro ano completo de seu reinado inicia em março/abril de 604; cf. Rudolph, 1968, p. 159.

[22] Tanto o primeiro quanto o último ano contam como anos cheios.

314 *Primeira parte: Ditos a Israel, Judá e Jerusalém – Jeremias 1-25*

promessa de continuar residindo na terra dada aos antepassados. Os v. 6s retomam a primeira pessoa de YHWH e explicitam o que se entende, de acordo com a teologia dtr, por "mau caminho" e "maldade de suas mãos": a adoração de ídolos.

A segunda parte da unidade (v. 8-11) é um anúncio de juízo contra Judá e Jerusalém, por causa da não observância da mensagem profética. O inimigo do norte (Jr 4-6) é identificado com Nabucodonosor, que recebe o título "servo de YHWH" (v. 9; cf. 27,6; 43,10).[23] Autor último do juízo é, portanto, o próprio YHWH. A desgraça é descrita em imagens conhecidas, como o fim da alegria e das festas. Duas imagens novas se agregam: o apagar da lâmpada no final do dia e o ruído da mó manual no início da manhã. As duas imagens marcam o fim e o início da atividade humana diária numa casa israelita.[24] Esses sinais de vida cotidiana normal desaparecerão. A descrição do juízo culmina com a fixação do prazo de sua duração: setenta anos os judaítas servirão ao rei da Babilônia (v. 11s). As nações mencionadas na narrativa do cálice da morte e no bloco sobre as nações compartilharão a sorte dos judaítas (v. 11). Os setenta anos provavelmente provêm de Jr 29,10. Eles têm um significado ambíguo. Anunciados na época da destruição de Jerusalém, eles sinalizam que o fim da desgraça não será experimentado pela geração das pessoas que ouvem a mensagem. Anunciados na época da redação, no entanto, eles podem exprimir a expectativa do iminente fim da opressão babilônica.[25]

Essa perspectiva de salvação se encontra também na última parte do trecho (v. 12-14). Após setenta anos de domínio, o império babilônico – rei, povo e terra – sucumbirá, o que representará a libertação dos judaítas. Ele receberá o merecido castigo, anunciado "neste livro" (v. 13bα). Na atual configuração do texto (após o v. 12), o livro mencionado não mais é a primeira parte do livro dtr Jr 1-24, mas o bloco Jr 50-51 (LXX Jr 27-28), que anuncia o fim da Babilônia. No entanto, os v. 12 e 13bβ devem ser duas das diversas inclusões pós-dtr que estabelecem os nexos entre 25,1ss e o bloco das nações. O v. 14, por sua vez, deve ter sido incluído, como afirmado acima, quando o bloco das nações foi novamente

---

[23] De acordo com Schmidt II, p. 64, a LXX corta as menções a Nabucodonosor também por motivos teológicos: ela tem reservas em atribuir a Nabucodonosor o título honorífico de "servo de YHWH". Esse título é omitido pela LXX também em 43,10 e alterado em 27,6.

[24] Rudolph, 1968, p. 160s, com nota 20.

[25] Cf. comentário ao texto de Jr 29,10.

Jeremias 25: Resumo e transição

retirado de seu contexto após 25,13. Jr 25,14 inclui explicitamente as outras nações no juízo divino após os setenta anos (v. 12). Conforme o esquema escatológico (juízo contra Israel – juízo contra as nações – salvação para Israel), presente na estrutura de alguns livros proféticos (Jr LXX; Ez), o juízo contra as nações estrangeiras opressoras é condição para a salvação de Israel. O versículo forma, assim, também a costura com o trecho do cálice da ira que, no TM, vem a seguir (25,15ss).

Assim, o complicado trecho 25,1-14 representa um resumo dos anúncios do profeta desde sua vocação (Jr 1-24), e, ao mesmo tempo, aponta tanto para as narrativas sobre Jeremias (TM Jr 26ss) quanto para os ditos sobre as nações (TM Jr 46ss).[26] "Este livro" (v. 13ba) pode, portanto, ser tanto o bloco que antecedeu (Jr 1-24) quanto o que sucede (Jr 46-51=LXX 25,15-32,24).

Jr 25,15-38 O cálice da ira e o julgamento das nações

15 Pois assim me disse YHWH, o Deus de Israel: "Toma de minha mão este cálice de vinho da ira[27] e dá-o[28] de beber a todas as nações para as quais eu te enviar, 16 para que bebam, vomitem e fiquem enlouquecidas diante da espada que eu enviar em seu meio". 17 Então tomei o cálice da mão de YHWH e dei de beber a todas as nações às quais me enviara YHWH: 18 a Jerusalém e às cidades de Judá, com seus reis e ministros, para torná-los uma ruína, uma desolação, um alvo de zombaria e exemplo de execração, como acontece no dia de hoje; 19 ao faraó, rei do Egito, seus servos, seus ministros e a todo o seu povo 20 e a todos os mestiços; a todos os reis da terra de Us; a todos os reis da terra dos filisteus: a Ascalon, a Gaza, a Acaron e ao resto de Azoto; 21 a Edom, a Moab e aos filhos de Amon; 22 a todos os reis de Tiro e a todos os reis de Sidônia; aos reis dos litorais de além-mar;[29] 23 a Dadã, a Tema, a Buz e a todos os que têm a têmpora raspada; 24 a todos os reis da Arábia e a todos os reis dos mestiços[30] que habitam no deserto; 25 a todos os reis de Zambri,[31] a todos os reis de Elam, a todos os reis da Média; 26 a to-

---

[26] Schmidt II, p. 64.

[27] A construção (relação de construto anômala) sugere que "a ira" seja uma glosa (cf. BHS).

[28] O pronome oblíquo se refere a "vinho".

[29] Ou "ilhas".

[30] Dada a grande semelhança entre "a todos os reis dos mestiços (*'éreb*)" e "a todos os reis da Arábia (*'arab*)", podemos estar diante de uma ditografia.

[31] Lugar desconhecido; há proposta de alterar *simri* (Zambri) para *simki*, um criptograma (*atbash*) para Elam (cf. Rudolph, 1968, p. 164; Wanke II, p. 229, nota 355);

316   *Primeira parte: Ditos a Israel, Judá e Jerusalém – Jeremias 1-25*

dos os reis do norte, os próximos e os distantes, um depois do outro, e a todos os reinos que existem sobre a terra;[32] mas o rei de Sesac[33] beberá depois deles.

27 "Tu lhes dirás: 'Assim disse YHWH dos Exércitos, o Deus de Israel: Bebei, embriagai-vos, vomitai, caí e não vos levanteis diante da espada que eu enviar no meio de vós!' 28 Se eles se recusarem a tomar o cálice de tua mão para beber, então lhes dirás: 'Assim diz YHWH dos Exércitos: Tereis de beber! 29 Pois eis que começarei a desgraça com a cidade sobre a qual se invoca meu nome! E vós por acaso seríeis poupados? Não sereis poupados, pois convoco a espada contra todos os habitantes da terra'" – dito de YHWH dos Exércitos.

30 Tu lhes profetizarás todas estas palavras e lhes dirás:
"YHWH ruge do alto,
levanta sua voz de sua santa morada.
Ele ruge com força contra sua pastagem,
solta gritos[34] como os que pisam a uva,
contra todos os habitantes da terra.
31 O estrondo chega até os confins da terra,
pois YHWH tem uma demanda contra as nações,
vai a juízo contra toda carne;
os perversos ele entrega à espada" – dito de YHWH.
32 Assim diz YHWH dos Exércitos:
"Eis que a desgraça vai de nação a nação;
uma grande tempestade se arma
desde as extremidades da terra.
33 E haverá feridos de YHWH naquele dia
de um extremo da terra ao outro;
eles não serão pranteados nem recolhidos nem sepultados;
serão como esterco sobre a superfície da terra.
34 Gemei, pastores, e gritai!
Revolvei-vos no pó, donos do rebanho!
Pois chegou o tempo em que sereis abatidos e dispersos[35];
caireis como um vaso precioso.
35 Não há mais refúgio para os pastores
nem escapatória para os donos do rebanho.

---

cf. nota 44 abaixo. Nesse caso, a palavra (que falta na LXX e Siríaca) deveria ser considerada uma glosa, já que Elam é mencionado logo a seguir.

[32] O TM lê: "todos os reinos da terra que existem sobre a terra".

[33] Criptograma para Babilônia. Trata-se de um *atbash*; v. notas 44 e 45 abaixo.

[34] Os gritos (*hedad*) podem ser tanto de júbilo (Is 16,10) quanto de guerra (Jr 51,14); cf. HAL, p. 233.

[35] Tradução incerta; v. BHS e HAL, p. 1633.

Jeremias 25: Resumo e transição

36 Escuta! O grito dos pastores,
e o gemido dos donos do rebanho!
Sim, YHWH lhes destrói a pastagem.
37 Devastados estão os prados tranquilos
por causa do ardor da ira de YHWH.
38 Como um leão jovem, ele deixou sua toca.
Sim, a terra deles tornou-se uma desolação,
diante do ardor implacável,
diante do ardor de sua ira".

Vimos que Jr 25,1-14 marca o fim da primeira parte do livro de Jeremias, apresentando um resumo da atuação profética, que, segundo os redatores, redundou em fracasso, de modo que o juízo de YHWH atingiu Judá e Jerusalém. Esse juízo, no entanto, não será eterno; ele durará 70 anos.

A segunda grande unidade, Jr 25,15-38, também aborda o tema do juízo, mas desta vez contra as nações. O profeta se apresenta aqui, de acordo com o relato de vocação (1,5.10), como um "profeta para as nações". No TM o trecho forma, portanto, um "prelúdio"[36] aos ditos sobre as nações que constam nos capítulos 46 a 51. Na LXX, ele forma, contudo, um arremate ao bloco das nações (LXX 32). Há relativo consenso de que essa unidade não preserva palavras do profeta Jeremias. Pelo contrário, trata-se provavelmente de um texto recente, talvez até posterior à redação dtr.[37] Essa segunda unidade compõe-se de duas partes, ambas escritas na primeira pessoa do profeta: o cálice da ira distribuído às nações (v. 15-29) e o julgamento das nações (v. 30-38). Geralmente os v. 30-38 são considerados um comentário à perícope do cálice.[38] Eles não provêm de Jeremias.

A primeira parte (v. 15-29) pode ser dividida em duas seções: os v. 15-26 contêm uma ordem de YHWH ao profeta para dar de beber o cálice da ira às nações bem como sua execução; e os v. 27-29 apresentam a possibilidade de nações se recusarem a beber. Esses versículos transformam, além disso, o juízo contra as mencionadas nações em juízo universal (v. 29: "todos os habitantes da terra"). Essa primeira parte lembra os relatos sobre gestos simbólicos, pois há uma ordem ao profeta e um relato sobre sua execução; falta-lhe,

---

[36] Werner II, p. 11.
[37] Thiel I, p. 173, 282 (pós-dtr); cf. Schmidt II, p. 69s (a lista de nações em 25,19ss é mais recente do que a de 46-51); mas v. Rudolph, 1968, p. 163, 167, que atribui parte do texto a Jeremias.
[38] Werner II, p. 15; cf. Rudolph, 1968, p. 167 (um "desdobramento" do v. 29b).

318 *Primeira parte: Ditos a Israel, Judá e Jerusalém – Jeremias 1-25*

no entanto, uma interpretação.[39] Há algumas tensões nessa parte que apontam para diversas mãos: 1) o v. 17 relata que todas as nações bebem do cálice, mas o v. 28 admite a possibilidade de uma delas recusá-lo; 2) nos v. 19-26, existe uma alternância entre "nações" e "reis", sem que se possa perceber um motivo; 3) o v. 17 restringe o juízo àquelas nações às quais o profeta é enviado, mas os v. 26 e 29 ampliam o juízo a "todos os reinos" e a "todos os habitantes da terra". Essas tensões, no entanto, ainda não permitem delimitar camadas redacionais. O gesto simbólico é, em todo caso, uma construção literária, já que não é exequível.[40]

O profeta recebe a ordem de ir a um determinado número de nações com a missão de lhes dar de beber vinho com o propósito de embebedá-las e fazê-las vomitar. O profeta assume a função de um anfitrião traiçoeiro[41] que oferece a seus hóspedes o vinho que tira o entendimento e leva à sandice (Os 4,11) em vez do vinho que alegra o coração (Sl 104,15). A imagem aponta para o estado de loucura das pessoas quando confrontadas com a espada (v. 15s). O motivo do cálice como instrumento do juízo divino é recorrente na Bíblia.[42] O v. 17 relata a execução da tarefa.

Porém, antes de elencar as nações estrangeiras que beberão do cálice, mencionam-se Jerusalém e as cidades de Judá, que, na época do surgimento do texto, já se encontravam destruídas, ou seja, já provaram do vinho (v. 18; cf. v. 29). Mostra-se que YHWH não é juiz apenas de Judá e Jerusalém, mas de todas as nações. O juízo que atingiu o próprio povo também atingirá as outras nações, em especial as inimigas de Israel. A ordem em que aparecem as nações estrangeiras confere *grosso modo* com a sequência existente em Jr 46-51.

No início e no fim estão os dois impérios que subjugaram Israel durante boa parte de sua história: Egito (v. 19; Jr 46) e Babilônia (Sesac: v. 26; Jr 50s). O Egito (v. 19.20aα) é representado por seu rei e sua corte (os servos e ministros), além da população estrangeira que vivia no país (v. 20aα: "mestiços"; cf. Êx 12,38; Jr 50,37). Muitos desses estrangeiros eram mercenários no exército egípcio. Menciona-se, a seguir, a terra de Us, a pátria de Jó

---

[39] Cf. excurso "Ações simbólicas", sob Jr 13,1-11.
[40] Por isso Rudolph, 1968, p. 163, entende o trecho como uma visão; mas não existem os indícios formais de uma visão (cf. Jr 1,11s.13s; 24,1ss).
[41] Wanke II, p. 231; Rudolph, 1968, p. 165: "copeiro divino".
[42] Sl 75,9; Is 51,17.22; Jr 49,12; Ez 23,32ss; Ap 14,9s e.o.

Jeremias 25: Resumo e transição 319

(Jó 1,1), cuja localização é desconhecida; estima-se que se encontrava na Transjordânia.

Aparecem, então, as nações vizinhas, com as quais Israel teve que se confrontar diversas vezes. A oeste, as quatro cidades dos filisteus (Ascalom, Gaza, Acaron e Azoto); a leste e sudeste, os povos da Transjordânia (Amon, Moab e Edom); a noroeste as duas principais cidades fenícias (Tiro e Sidônia) e suas colônias ultramarinas. As tribos e povoações da Arábia se encontram mais distantes a sudeste de Israel. Dadã e Tema (cf. Gn 25,3.15; Is 21,13s) são oásis e centros comerciais no deserto da Arábia; a localização de Buz (cf. Gn 22,21) é incerta; o corte singular do cabelo ("têmpora raspada") de certas tribos árabes já foi mencionado em Jr 9,25. As tribos árabes restantes são representadas por "todos os reis da Arábia" e "todos os reis dos mestiços" (v. 24).[43] Aparecem, a seguir (v. 25), as nações do extremo leste da Mesopotâmia: Zambri, Elam e Média. No Antigo Testamento existem duas pessoas com o nome Zambri (Nm 25,14; 1Rs 16,9-20), mas não se conhece uma localidade com esse nome. Alguns leem *zimki* e entendem o termo como criptograma para Elam.[44] O Elam e a Média – provavelmente o império persa – se localizam entre o Golfo Pérsico e o mar Cáspio; tiveram participação decisiva na conquista do império babilônico, em 539. Por fim, menciona-se junto com os impérios do norte, que invadiram Judá e Jerusalém, ao lado de "todos os reinos da terra", também a grande e poderosa Babilônia, oculta no criptograma Sesac (v. 26).[45] A inclusão do império persa (v. 25: Média), que falta em Jr 46-52, sugere que o presente texto é uma versão mais recente do que o bloco das nações.

A perícope do cálice é desenvolvida nos v. 27-29 em duas direções. Após repetir o anúncio de juízo em conformidade com os v. 15-17 (v. 27), aborda-se o caso de uma nação negar-se a beber do cálice (v. 28). Essa possibilidade deve estar baseada no fato de que, à época do surgimento do texto, algumas das nações mencionadas acima ainda não terem passado pelo juízo divino. Por isso o v. 28 confirma o anúncio do v. 15: todas as nações terão que beber.

---

[43] Cf. nota 30 acima.

[44] Cf. nota 31 acima; Rudolph, 1968, p. 164, pensa num *atbash*: escreve-se uma primeira coluna com as letras do alfabeto hebraico na ordem tradicional e, ao lado, uma segunda coluna com as letras do alfabeto na ordem inversa; substitui-se, então, as letras da primeira pelas da segunda coluna, de modo que *alef* é substituído por *taw* [*a-t*] e *bet* por *shin* [*ba-sh*] e assim por diante. Mas por que citar duas vezes Elam?

[45] De acordo com Rudolph, 1968, p. 164, e grande parte dos exegetas, Sesac é *atbash* de Babel; cf. nota anterior.

320   *Primeira parte: Ditos a Israel, Judá e Jerusalém – Jeremias 1-25*

Acrescenta-se um motivo: se até a preciosa Jerusalém não pôde escapar do juízo, que dirá as outras (v. 29)! E o v. 29 amplia o juízo a "todos os habitantes da terra", em consonância com o v. 26 ("todos os reinos da terra"). YHWH é juiz de todas as nações e trará, a seu devido tempo, a justiça a todos os cantos do mundo tanto aos poderes políticos quanto a seus habitantes.

Também a segunda parte da unidade (25,30-38) inicia com uma ordem de Deus: Jeremias deve proclamar os dois ditos que seguem (v. 30s e v. 33-38). O v. 30 compara Deus com um leão[46] que ruge a partir de sua "santa morada" (cf. Am 1,2). Por causa do paralelismo entre "santa morada" e "do alto" (v. 30), o texto parece falar da morada celestial de Deus e não, como em Amós, de Sião. O rugido sinaliza, em todo caso, a proximidade do juízo. Imagem recorrente para o juízo é o repisar das uvas no lagar (Is 63,1ss; Lm 1,15; Jl 4,13). O suco da uva que mancha as vestes do pisador é identificado com o sangue derramado em batalha, que mancha as vestes do guerreiro. Aqui, quem pisa as uvas é o próprio Deus. O juízo será universal: ele chega aos "confins da terra" e atinge os "perversos" dentre todos os seus habitantes (v. 31: "toda carne"). Uma vez que a condenação atingirá os perversos, não se trata de arbitrariedade.

Após nova fórmula do mensageiro, o v. 32 introduz a imagem da tempestade para designar o juízo universal (cf. 23,19). As imagens da desgraça que atingiu Judá e Jerusalém são transferidas para as nações.[47] Em especial os governantes ("pastores" e "donos de rebanho") serão alvos do julgamento divino (v. 34ss). Eles são convocados a erguer seus lamentos, pois serão dispersos e despedaçados como louça que cai. Desta vez, não são os cordeiros que serão abatidos, mas os pastores e os donos de rebanho (v. 34). Não haverá escapatória (v. 35; cf. v. 28). Os v. 37s formam o arremate: eles tanto podem indicar um evento futuro – juízo às nações – quanto um evento passado – devastação de Judá e Jerusalém.[48] Em todo caso, a sorte de ambos – Judá e nações – está nas mãos do Deus da justiça.

---

[46] Em 4,7, o leão representa o "destruidor das nações" (cf. 2,15), posteriormente identificado com Nabucodonosor e os caldeus. Em Os 5,14, o leão é identificado, como aqui, com o próprio Deus. No v. 38, o leão pode representar tanto Deus quanto Nabucodonosor.

[47] Wanke II, p. 235 (cf. 8,2; 12,12; 14,18; 16,4 e.o.)

[48] No caso de um evento no passado, o "leão" do v. 38 deve ser identificado com Nabucodonosor.

SEGUNDA PARTE:
RELATOS E PROMESSAS DE SALVAÇÃO
JEREMIAS 26-45

A segunda parte do livro de Jeremias é formado por Jr 26-45, um bloco que contém principalmente relatos, em especial relatos de terceiros sobre Jeremias, mas também na primeira pessoa do profeta. A sequência de seus capítulos não respeita a ordem cronológica. Obedece, pelo contrário, critérios temáticos, responsáveis pela formação de blocos de capítulos e pelos entrelaçamentos entre esses. Na abertura desta segunda parte, encontra-se o marcante relato sobre as consequências do anúncio da destruição do templo (26; cf. 7,1-15), talvez o discurso mais contundente de Jeremias. Em todo caso, aquele que desencadeou uma série de conflitos com as autoridades da época. Os capítulos 27-29, por sua vez, constituem um bloco que enfoca os conflitos com os chamados profetas da mentira. Devido a certas particularidades linguísticas, esses capítulos possivelmente formavam uma unidade antes de serem colocados em seu atual contexto literário. A mensagem de salvação que se encontra na carta de Jeremias aos exilados (29,1-14) foi responsável pela inserção, após Jr 29, do chamado "livro da consolação" (30-31) e do relato sobre o gesto simbólico da compra do campo (Jr 32). Jr 33 constitui uma interpretação mais recente dos anúncios de salvação. Os capítulos 34-35, por sua vez, pretendem mostrar como a salvação anunciada nos capítulos anteriores teria sido possível se o rei (34,1-7; 36), os donos de escravos (34,8ss) e os habitantes de Jerusalém tivessem sido obedientes à vontade de YHWH, assim como os recabitas o foram à ordem de seu ancestral (Jr 35).[1] A história do registro da palavra de Deus num rolo (Jr 36) forma a dobradiça entre Jr 34s e os capítulos 37-44, que relatam o cumprimento das profecias de Jeremias nos eventos que levaram à conquista e destruição de Jerusalém, ao fim do estado de Judá e à fuga para o Egito. Para fechar o livro, os redatores colocaram, como selo avalizador do presumível autor dos relatos biográficos, uma breve mensagem de salvação a Baruc (45).

---

[1] Cf. Winters, 2000, p. 85s.

JEREMIAS 26-29: OS CONFLITOS

JEREMIAS 26: JEREMIAS NO TRIBUNAL

1 No início do reinado de Joaquim, filho de Josias, rei de Judá, veio a seguinte palavra[2] da parte de YHWH: 2 Assim disse YHWH:[3] "Coloca-te no átrio da casa de YHWH e fala a todas as cidades de Judá que vieram para se prostrar na casa de YHWH, todas as palavras que te ordenei falar-lhes; não omitas nenhuma palavra! 3 Talvez escutem e voltem atrás, cada um de seu caminho maldoso, e também eu me arrependa do[4] mal que pretendo fazer-lhes por causa da maldade de suas ações. 4 E lhes dirás: 'Assim diz YHWH: Se não me escutardes, andando em minha lei, que vos apresentei, 5 e atendendo às palavras de meus servos, os profetas, que eu vos envio com insistência, mas que vós não escutais, 6 farei com esta casa como fiz com Silo, e farei desta cidade uma maldição para todas as nações da terra'".

7 Os sacerdotes, os profetas e todo o povo ouviram Jeremias falando essas palavras na casa de YHWH. 8 Quando Jeremias parou de falar tudo que YHWH ordenara dizer a todo o povo, os sacerdotes e os profetas e todo o povo[5] o prenderam, dizendo: "Tu tens de morrer! 9 Por que profetizaste em nome de YHWH: 'Esta casa será como a de Silo, e esta cidade será uma ruína sem habitantes?'". E todo o povo se aglomerou em torno de Jeremias na casa de YHWH.

10 Quando os ministros de Judá foram informados desses acontecimentos, subiram do palácio do rei à casa de YHWH e se assentaram à entrada da porta Nova da casa[6] de YHWH. 11 Disseram, então, os sacerdotes e os profetas aos ministros e a todo o povo: "Este homem merece a pena de morte, pois profetizou contra esta cidade como ouvistes com os próprios ouvidos!". 12 Mas Jeremias disse a todos os ministros e a todo o povo: "YHWH me enviou para profetizar contra

---

[2] A Siríaca inclui, de acordo com o sentido, "a Jeremias".

[3] Apesar de ser estranho a fórmula do mensageiro encontrar-se numa fala divina, nenhuma fonte de peso a omite. Ela antecipa a retransmissão da mensagem ao povo pelo profeta.

[4] O texto não diferencia entre as preposições *'él* e *'al*.

[5] Rudolph, 1968, p. 170, sugere omitir, aqui, "todo o povo", já que o povo não promove a acusação (cf. v. 11.16); veja BHS.

[6] Inclua-se "casa" de acordo com muitos manuscritos hebraicos, a Vulgata e um manuscrito da LXX.

Jeremias 26: Jeremias no tribunal 323

esta casa e contra esta cidade todas as palavras que ouvistes. *13 E, agora, melhorai vossos caminhos e vossos atos e escutai a voz de YHWH, vosso Deus, e YHWH se arrependerá da desgraça que anunciou contra vós. 14 Quanto a mim, eis que estou em vossas mãos. Fazei comigo como parecer bom e justo a vossos olhos! 15 Mas ficai sabendo que, se me matardes, estareis colocando sangue inocente sobre vós e sobre esta cidade e seus habitantes, pois foi verdadeiramente YHWH que me enviou a vós para falar todas estas palavras diante de vossos ouvidos".*
16 Então os ministros e todo o povo disseram aos sacerdotes e aos profetas: "Este homem não merece a pena de morte, pois nos falou em nome de YHWH, nosso Deus!". 17 E alguns dos anciãos da terra se haviam levantado e disseram a toda a assembleia do povo: 18 "Miqueias de Morasti, que profetizava nos dias de Ezequias, rei de Judá, anunciou a todo o povo de Judá:
'Assim disse YHWH dos Exércitos:
Sião será um campo lavrado,
Jerusalém, um monte de ruínas,
e o monte do templo[7], uma colina coberta de mato'[8].
19 Por acaso Ezequias, rei de Judá, e todo Judá mandaram matá-lo? Ele não temeu, antes, a YHWH e não aplacou a face de YHWH, de modo que YHWH se arrependesse do mal que anunciara contra eles? Nós, porém, estamos prestes a trazer uma grande desgraça sobre nossas vidas!"
20 Houve, ainda, outro homem que profetizava em nome de YHWH: Urias, filho de Semeías, proveniente de Cariat-Iarim. Ele profetizou contra esta cidade e contra este país nos mesmos termos que Jeremias. 21 Mas quando o rei Joaquim, todos os seus oficiais e todos os ministros ouviram suas palavras, o rei procurou matá-lo. Quando Urias soube disso, teve medo e fugiu e foi para o Egito. 22 Então o rei Joaquim enviou (homens ao Egito),[9] Elnatã, filho de Acobor, com alguns homens ao Egito. 23 E tiraram Urias do Egito e o trouxeram ao rei Joaquim, que mandou matá-lo pela espada e lançar seu cadáver nas sepulturas da plebe.[10] 24 Mas a mão de Aicam, filho de Safã, estava com Jeremias, de modo que não foi entregue na mão do povo.

---

[7] Literalmente "casa".
[8] Cf. Mq 3,12.
[9] A expressão entre parênteses antecipa "alguns homens ao Egito" (ditografia?). A LXX, por sua vez, preserva "alguns homens ao Egito", mas omite o que segue (v. 22b).
[10] Literalmente "filhos do povo" (cf. 2Rs 23,6).

324   *Segunda parte: Relatos e promessas de salvação – Jeremias 26-45*

O capítulo 26[11] forma um texto paralelo ao discurso contra o templo de Jr 7,1-15. Trata-se do mesmo evento. O anúncio da destruição do templo de Jerusalém em analogia à destruição do templo de Silo aparecc em ambos os capítulos (7,12; 26,6.9). Também a ordem ao profeta para deslocar-se até o templo e falar aos que o visitam é muito semelhante (7,2; 26,2). Mas também há diferenças significativas. A que mais cai na vista é a forma: Jr 7 é um longo discurso, enquanto Jr 26 é um relato em terceira pessoa. Esse relato faz parte da chamada biografia de Baruc, que já se manifestou em Jr 20,1ss. Seu autor apresenta, em Jr 26, de forma muito breve, o anúncio da destruição do templo (v. 4-6). Seu interesse está nas consequências desse anúncio para a pessoa do profeta. Por isso, por um lado, omite, p. ex., a tripla menção do templo (7,4) e as normas sociais do decálogo (7,9). Por outro lado, amplia os alvos do anúncio de juízo: não só o templo, mas também a cidade de Jerusalém será destruída (v. 9). Obviamente o destino do templo pressupõe o de Jerusalém.

Há algumas tensões dentro do capítulo. 1) Muitos estranham a posição do povo: de um lado ele assume, juntamente com os sacerdotes e profetas, o papel de acusadores de Jeremias (v. 8); conforme o v. 24, o povo até parece querer linchar Jeremias. Por outro lado, ele se posiciona, juntamente com os ministros, a favor do profeta (v. 16). 2) Estranho também é o lugar em que se encontra, na narrativa, o argumento que os anciãos do interior de Judá ("anciãos da terra") apresentam em defesa do profeta (v. 17-19): após a sentença já ter sido pronunciada (v. 16). 3) Além disso, há uma tensão quanto à amplitude da mensagem profética: o v. 2aβb fala de "*todas as palavras* que te ordenei", dando a entender que se trata de toda a proclamação do profeta desde o início de sua atividade; talvez também o v. 8a partilhe essa visão ao dizer que Jeremias "parou de falar *tudo* o que YHWH ordenara"[12]. Por outro lado, o v. 1b apenas menciona "*esta palavra*", ou seja, uma palavra específica. De fato, os v. 6.9.11.12 aparentemente confirmam que Jeremias proclamou um único anúncio: a destruição de templo e cidade. Esse é, em todo caso, o anúncio que causa toda a celeuma. 4) Por fim, a profecia jeremiânica aparentemente tem intenções divergentes. De acordo com os v. 3.4b.5.13, o anúncio profético quer

---

[11] Para detalhes da análise do capítulo, cf. Kilpp, 2006, p. 52-70. O artigo também está disponível em: <http://periodicosest.edu.br/index.php/estudos_teologicos/article/view/498>.

[12] Em Kilpp, 2006, p. 57, atribuí o v. 2aβb (que contém o plural "todas as palavras") e v. 8a (que fala em "tudo" que o profeta falou) à redação dtr.

Jeremias 26: Jeremias no tribunal 325

chamar à conversão a fim de que Deus mude de ideia e revogue a desgraça anunciada (cf. 7,5-7). Mas chama a atenção que os adversários do profeta, ao acusá-lo, não contemplam essa possibilidade de evitar a tragédia (v. 9). Certamente os sacerdotes não teriam nada contra um chamado ao arrependimento e à conversão. Também Jeremias, em seu discurso de defesa, não usa, apesar do v. 13, em seu favor o argumento da possibilidade de evitar a desgraça por meio de conversão (v. 12.14s).

Essas tensões revelam que o texto não é totalmente coeso.[13] Isso levou os pesquisadores a empreenderem várias tentativas de alocar partes do texto a diferentes mãos, resultando em propostas bastante divergentes.[14] Tentaremos entender as tensões, primeiramente, dentro do contexto do próprio relato de Baruc. 1) A posição divergente do povo não exige necessariamente autores distintos, pois o povo pode muito bem ter sido utilizado, no início, como massa de manobra por parte dos sacerdotes e profetas (v. 8). Também é possível que houvesse diversas facções dentro do "povo". Quanto à tentativa de linchamento (v. 24), veja o comentário abaixo.[15] 2) Já a colocação do argumento dos anciãos (v. 14-17) após a sentença dos ministros em favor de Jeremias pode muito bem ser entendida como recurso literário *flash back*. O fenômeno também ocorre em Jr 36,8ss, onde o v. 8 antecipa o que vai ser relatado nos v. 9ss, respectivamente os v. 9ss retrocedem cronologicamente ao dito no v. 8. 3) Quanto ao conteúdo da mensagem proferida – toda a pregação profética até então ou apenas o anúncio específico – há duas possíveis explicações: a destruição de templo e cidade é entendida como cristalização de toda a pregação profética ou, então, os v. 2aβb e 8a são generalizações advindas dos redatores.[16] 4) A diferença de intenções da mensagem profética certamente é resultado da releitura redacional. Conforme os v. 3-5.13, a mensagem tem o objetivo de chamar os ouvintes à conversão. Essa é a função principal dos profetas de acordo com o movimento dtr. Nesses versículos,

---

[13] Rudolph, 1968, p. 169, no entanto, entende que o relato procede de uma única mão. Para detalhes de crítica literária, cf. Kilpp, 2006, p. 57ss.

[14] Cf. o apanhado feito por Werner II, p. 20.

[15] Cf. também Kilpp, 2006, p. 59s, 62.

[16] Essa última opção é defendida por Schmidt II, p. 76; Graupner, 1991, p. 189; Kilpp, 2006, p. 57. Além dessa generalização, há um outro argumento que depõe a favor da origem dtr: a fórmula canônica "não omitas uma só palavra" (cf. Dt 4,2; 13,1).

326   *Segunda parte: Relatos e promessas de salvação – Jeremias 26-45*

o conteúdo também coincide com a linguagem típica da redação dtr.[17] A origem dtr de Jr 36,3-5.13 é praticamente certa.[18]

Jr 26 apresenta a seguinte estrutura:

v. 1-6: o discurso do profeta;

v. 7-9: prisão e acusação;

v. 10-16: o tribunal presidido pelos ministros;

v. 17-19: o voto dos anciãos: um caso precedente;

v. 20-23: um caso semelhante;

v. 24: uma observação final.

A fórmula do acontecimento da palavra (v. 1) introduz uma fala de Deus a Jeremias, apesar de este não ser mencionado explicitamente. Essa fala se estende até o v. 6. A fórmula do mensageiro que segue, no início do v. 2, sem sentido após uma fala divina, pressupõe que o profeta repassou a mensagem recebida (cf. a ordem no v. 4). O v. 1 localiza o discurso e o conflito que segue no "início do reinado[19] de Joaquim", ou seja, no ano de seu acesso ao trono. O ano de acesso designa os meses de governo de um rei entre o falecimento do rei anterior e o início do ano civil seguinte, ou seja, em março/abril.[20] No presente caso, portanto, o ano de acesso são os meses entre a morte de Josias, no verão de 609, e o primeiro dia do mês *Nisan* de 608. Mesmo que o v. 1 seja redacional, não há motivos para duvidar dessa datação.

O v. 2 contém a ordem para o profeta posicionar-se no "átrio (ou pátio) da casa de YHWH" e proclamar aos peregrinos que vêm das "cidades de Judá". A ordem em 7,2 é semelhante, apesar de mencionar a "porta" do templo como lugar da proclamação, e "todos de Judá" em vez de "cidades de Judá" como destinatários. Supõe-se que seja por ocasião de uma das festas de peregrinação

---

[17] P. ex., no v. 3: "voltar atrás/converter-se" (1Rs 13,33; 2Rs 17,13; Jr 18,11; 25,5), "arrepender-se do mal planejado" (Jr 18,8; 42,10), "maldade dos atos/das ações" (Jr 4,4; 44,22); v. 4: "andar na lei" (2Rs 10,31; Jr 9,12); "a lei que vos apresento" (Dt 4,8); v. 5: "meus servos, os profetas" (2Rs 9,7; 17,13.23; Jr 7,25 passim), a fórmula da insistência (Jr 7,25; 25,4; 29,19; 35,15); v. 13: "melhorar o caminho" (Jr 7,3.5; 18,11; 35,15). Cf. também os excursos "Expressões idiomáticas dtr para caracterizar a apostasia" e "Linguagem, estilo e terminologia deuteronomistas", além de Thiel II, p. 3s. O conteúdo dos v. 3 e 13 reaparece em 36,3; cf. 18,8.

[18] Diferente é o caso no v. 19, onde conteúdo ("conversão" de Ezequias) e linguagem não coincidem. Aí a questão da autoria não é unívoca. Em Kilpp, 2006, p. 61, mencionei a possibilidade de o v. 19 ser dtr por causa da ideia do arrependimento de Deus (19aβ). Mas nem todo o v. 19 pode ser considerado dtr; cf. Thiel II, p. 3, com nota 1.

[19] *Reshit mamlekut* equivale ao babilônico *resh sharruti* ("início do reinado/governo"); cf. Rudolph, 1968, p. 169.

[20] O primeiro mês do ano (*Nisan*) inicia com a primeira lua nova após o início da primavera do hemisfério Norte.

Jeremias 26: Jeremias no tribunal

(Êx 23,14ss; Dt 16,16s), na qual também pessoas do interior de Judá se dirigem ao templo de Jerusalém. A presença de peregrinos assegura um público relativamente grande de todo o país.

O v. 3 apresenta a, ou melhor, uma intenção do anúncio de juízo. O "talvez" inicial aponta para a condicionalidade do juízo. Em vez de anunciar uma desgraça futura incondicional (v. 9), os v. 3-5.13 entendem que a desgraça futura depende da reação do povo à pregação profética. O anúncio de juízo torna-se mera ameaça. Essa é a visão da escola dtr que, na retrospectiva, entende a destruição do templo como resultado da desobediência do povo. Conforme esses versículos, a atuação de Deus depende da ação humana. Uma nova ordem de anunciar (v. 4) interpreta o "mau caminho" e "a maldade das ações" como desobediência à lei. Não escutar os profetas que atuaram até a época de Jeremias (v. 5) é entendido como não seguir a lei (deuteronômica). Essa desobediência redunda na destruição da cidade e do templo (v. 6). Esse anúncio corresponde ao teor de 7,1-15. A comparação da destruição do templo de Jerusalém com a destruição do templo de Silo (26,6; cf. 7,14) forma o cerne do anúncio.

O v. 7 pressupõe que Jeremias transmitiu a mensagem que recebera de YHWH (v. 1-6). Os v. 7-9 relatam a reação ao discurso jeremiânico entre sacerdotes e profetas, ou seja, entre o pessoal ligado ao templo. Sacerdotes e profetas dependiam, de uma ou outra forma, do templo, de modo que se sentiram especialmente ameaçados em sua existência. Por isso encabeçam um movimento de reação contra Jeremias, que podia incluir a participação de grupos populares (v. 8). O profeta é preso pelas autoridades do templo. Estas apresentam a justificativa e logo propõem a sentença. A justificativa ocorre em forma de pergunta (v. 9): o anúncio, em nome de YHWH, da destruição da casa de YHWH configura blasfêmia e, portanto, heresia, já que implica que YHWH não é capaz de defender sua própria moradia (cf. Mt 26,60s.65; At 6,13s). Heresia exige pena de morte (cf. Lv 24,16). Por isso a acusação já inclui a proposta da sentença de morte, enfaticamente anteposta (v. 8). Em sua decisão, os sacerdotes e profetas não levam em consideração a possibilidade de conversão. Como vimos acima, essa possibilidade não faz parte do relato original de Baruc. Um chamado ao arrependimento certamente não teria causado uma reação tão dramática como a descrita no relato. A reação dos profissionais do templo termina com uma

328 Segunda parte: Relatos e promessas de salvação – Jeremias 26-45

aglomeração em torno de Jeremias (v. 9b): as pessoas estão curiosas para ver o que vai acontecer a seguir.[21]

Os v. 10-16 descrevem a composição do tribunal e o julgamento de Jeremias. Como se trata de um caso que implica pena capital, os sacerdotes, apesar de encarregados da ordem no templo, não têm a competência jurídica para decidir o caso, pois a jurisdição em Jerusalém compete ao rei (21,11s; 22,15s), que pode delegá-la, como no presente caso, a altos funcionários da corte (sarim).[22] O trecho contém os elementos formais de um processo jurídico.[23] O discurso pré-processual com a acusação do profeta e a proposta de pena já foi mencionado acima (v. 8b.9a). Também já se falou da constituição do tribunal pelos ministros, que se assentam para assumir a função de juízes como representantes do rei (v. 10). Como os ministros se encontram no palácio real, onde cumpriam outras obrigações, devem deslocar-se até a entrada da porta Nova, onde certamente havia espaço suficiente para o julgamento.[24] Segue-se o discurso de acusação com proposta de sentença e menção da existência de testemunhas (v. 11: "como ouvistes com os próprios ouvidos"). A acusação é a mesma do discurso pré-processual, apesar de, aqui, mencionar-se apenas a destruição da cidade. A justificativa da pena de morte é a mesma: o anúncio fere o dogma da invulnerabilidade de templo e Sião, a residência de YHWH (cf. Sl 46; 48). A seguir, Jeremias apresenta sua defesa. Ele não contesta o mérito da acusação, mas se declara inocente pois não agiu por iniciativa própria, pelo contrário, profetizou em nome de YHWH (v. 12). Jeremias também está disposto a submeter-se à decisão dos juízes (v. 14), mas adverte para as consequências para quem derramar sangue inocente (v. 15; cf. 2Rs 9,36). O julgamento termina com o veredito dos ministros: o profeta é declarado inocente por ter falado não em seu próprio nome, mas em nome de YHWH.

O trecho 17-19 relata que alguns anciãos de Judá – ou seja, das cidades do interior do país – testemunharam em favor de Jeremias, trazendo o caso precedente do profeta Miqueias de Morasti[25],

---

[21] Diversas versões da Bíblia entendem que a aglomeração em torno de Jeremias (v. 9b) implica um ajuntamento contra o profeta; isso, no entanto, não pode ser confirmado pelo vocabulário utilizado no texto.

[22] Para detalhes sobre a jurisdição em Jerusalém, cf. Kilpp, 2006, p. 63ss. O termo sar (pl. sarim) designa um chefe ou funcionário graduado na corte (ministro) ou um oficial de alta patente no exército (oficial, comandante).

[23] Cf. também Graupner, 1991, p. 54s.

[24] Não sabemos onde ficava a porta Nova; cf. Jr 36,10.

[25] Morasti é uma cidade-satélite de Gat, na Sefelá meridional.

Jeremias 26: Jeremias no tribunal

que, um século antes, não fora condenado à morte embora tenha proferido o mesmo anúncio: a destruição de Jerusalém. Para tanto citam literalmente Mq 3,12. Isso demonstra o zelo dos anciãos em preservar a tradição profética. Por terem estado sentados (v. 17: "se haviam levantado"), os anciãos recebem a mesma função honrosa de juízes, que lhes cabia, no entanto, apenas nas cidades do interior (cf. Dt 21,2.19; 22,15; 1Sm 16,4; Pr 31,23). O v. 19 apresenta como argumento a favor de Jeremias o fato de o rei Ezequias (725-696) não ter ordenado a execução do profeta que falou em nome de YHWH (cf. 2Rs 18,1ss).

O autor do relato não apenas compara o caso de Jeremias com o de um profeta que viveu cerca de um século antes. Ele também compara o destino de Jeremias com o destino de um profeta contemporâneo: Urias (v. 20-23). Como Jeremias, também Urias provém do interior, de Cariat-Iarim, cerca de 15 km a oeste de Jerusalém.[26] Nada sabemos desse profeta além do que está dito em nosso texto. Ele não teve a mesma sorte de Jeremias, que pôde se defender diante de um tribunal. Aparentemente o rei de Judá podia negar a certas pessoas o direito a um julgamento regular ou até passar por cima de decisões tomadas por um tribunal. Ao saber das intenções de Joaquim, Urias se refugiou no Egito. Em vão: uma delegação chefiada por Elnatã, filho de Acobor (Jr 36,12.25; cf. 2Rs 22,12), conseguiu a extradição de Urias e o trouxe de volta para ser executado pelo rei.[27]

As cenas sobre Miqueias e Urias apresentam duas analogias ao caso de Jeremias. A mesma mensagem pode levar a diferentes desfechos. Elas também mostram que o anúncio profético tem consequências políticas.

O v. 24 é um tanto estranho, pois pressupõe que a decisão do tribunal não foi acatada por todos; uma vez que "o povo" que absolveu o profeta, no v. 16, agora tenta linchá-lo. Por isso o versículo é, muitas vezes, considerado uma complementação – talvez do próprio autor do relato – com o objetivo de ressaltar a atuação honrosa de Aicam, filho de Safã. Também em outros trechos, a simpatia do autor dos relatos biográficos recai sobre a família de Safã.

---

[26] HAL, p. 1066, identifica a localidade com *dheir al-Azhar*.

[27] A carta nº 3 de Laquis menciona um comandante de nome Conias, filho de Elnatã, que viajou ao Egito (cf. excurso "Os óstracos de Laquis", sob Jr 6,1-8).

330 *Segunda parte: Relatos e promessas de salvação – Jeremias 26-45*

A família de Safã

Uma família recebe destaque no livro de Jeremias: a família de Safã. No Antigo Testamento, são mencionados sete integrantes dessa família. O próprio Safã, filho de Azalias, foi o escriba real ou chanceler na época de Josias (639-609). Ele é mencionado diversas vezes em 2Rs 22, no contexto do encontro do livro da Lei no templo de Jerusalém. Como braço direito do rei, o chanceler Safã é incumbido de coordenar, juntamente com o sacerdote Helcias, a compra de material de construção e o pagamento dos operários que trabalhavam na reforma do templo. Como responsável pelos negócios da corte, o escriba Safã lê ao rei o livro da Lei encontrado pelo sacerdote Helcias e faz parte da comitiva que vai consultar a profetisa Hulda para verificar a autenticidade desse livro. Da comitiva também faz parte, entre outros, um filho de Safã, chamado Aicam.

A grande importância política de Safã também se pode constatar no fato de quatro filhos seus terem postos políticos de grande importância em Judá. O mencionado Aicam ocupava um posto importante já no governo de Josias, quando aparentemente participou da reforma josiânica (622 a.C.). Em Jr 26,24, durante o governo de Joaquim, Aicam evitou que o profeta Jeremias fosse linchado após ter sido julgado e considerado inocente por parte do tribunal de Jerusalém. Não sabemos se Aicam também era um dos ministros do tribunal que inocentou o profeta (26,10). Em todo caso, teve influência política suficiente para dar proteção a Jeremias numa situação conturbada.

Um segundo filho de Safã é Gemarias, mencionado diversas vezes em Jr 36. No reinado de Joaquim (608-598), Gemarias é um dos ministros do rei (36,12) e proprietário de uma câmara relativamente ampla no templo, onde Baruc fez a leitura do rolo ditado por Jeremias (36,10). Gemarias também fazia parte do conselho de ministros que evitou que Baruc e Jeremias fossem presos pelo rei. Nesse contexto também é citado o filho de Gemarias, Miqueias (36,11-13). Esse neto de Safã aparentemente tem bom trânsito no palácio real e entre os ministros.

Um terceiro filho de Safã, chamado Elasa, ocupa importante posição no governo de Sedecias. Conforme 29,3, ele faz parte de uma delegação de judaítas enviada à Babilônia. Não se menciona o objetivo dessa missão diplomática. A essa delegação Jeremias confiou uma carta aos judaítas exilados na Babilônia. Um quarto filho de Safã deve ter tido importância política na época de Sedecias (598-587): Jezonias (cf. Ez 8,11). Jezonias faz parte de um grupo de setenta anciãos de Israel que ofereciam incenso a ídolos. Chama a atenção que, dentre os setenta homens, somente Jezonias é chamado pelo seu nome. Isso mostra que tinha certa importância, de acordo com Ez 8, no contexto da idolatria no templo de Jerusalém.

Dois netos de Safã são conhecidos. Um deles, Miqueias, já foi mencionado acima (Jr 36). O segundo foi uma das pessoas mais importantes no período após a destruição de Jerusalém. Trata-se de Godolias, filho de Aicam, que foi colocado por Nabucodonosor como governador de Judá após 587. A vida no território de

Judá precisava retomar a normalidade após anos de devastação e abandono. Certamente a escolha recaiu sobre Godolias por este pertencer a uma família tradicional e respeitada em Judá, o que certamente ajudaria na criação de um ambiente de confiança entre a população judaíta que permaneceu na terra e o governo babilônico. Também Godolias parece ter tido a preocupação de proteger Jeremias (40,6). Em todo caso, o profeta optou por ficar com Godolias, na Palestina, declinando da oferta de Nabuzardã de levá-lo consigo à Babilônia (Jr 40,4).

JEREMIAS 27-29:
UM PANFLETO CONTRA OS PROFETAS

Os capítulos 27 a 29 formam uma unidade que provavelmente circulou como um panfleto[1] autônomo antes de ser incorporado no atual contexto do livro. O bloco apresenta características estilísticas singulares. O nome do rei da Babilônia, por exemplo, é grafado de forma diferente: *Nabukadneṣar* em vez de *Nabukadreṣar* (*Nabu-kudurru-ussur*) no restante do livro.[2] O elemento teofórico YHWH no nome de Jeremias tem a forma breve *yah* (*Yirmeyah*) em vez de *yahu* (*Yirmeyahu*) como no restante do livro. Por fim, Jeremias recebe com frequência fora do comum o título de "profeta", posposto ao nome (*Yirmayah ha-nabi'*). Também Ananias recebe esse título.[3] Além dessas peculiaridades formais, o tema dos profetas da salvação perpassa todos os três capítulos. Jeremias critica tanto os profetas de Judá (Jr 27 e 28) quanto os que atuam no exílio babilônico (Jr 29,21ss) e nas nações vizinhas (Jr 27,9s). Há um segundo tema que estabelece uma relação especial entre os capítulos 27 e 28: o destino dos utensílios do templo (27,16ss; 28,3). O tema comum e o fato de Jeremias continuar carregando, em Jr 28, a mesma canga mencionada em Jr 27 sugere a possibilidade de Jr 28 ter surgido para relatar os efeitos da ação simbólica contida no cerne de Jr 27 (v. 2-4.11).[4] A forma final do panfleto é obra da redação dtr, que expandiu consideravelmente o tema da falsa profecia e introduziu a questão do destino dos utensílios do templo.

---

[1] O termo "panfleto" é adotado de Rudolph, 1968, p. 173.
[2] Com exceção de 29,1. As traduções não fazem diferença na reprodução do antropônimo. O mesmo se dá com a dupla grafia de "Jeremias".
[3] Cf. Rudolph, 1968, p. 172. A tradução utiliza tanto "o profeta Jeremias" como "Jeremias, o profeta".
[4] Graupner, 1991, p. 72ss; Wanke II, p. 247; Schmidt II, p. 84.

JEREMIAS 27: A CANGA SIMBÓLICA

1 No início do reinado de Joaquim, filho de Josias, rei de Judá, esta palavra foi dirigida a Jeremias da parte de YHWH. 2 YHWH assim me falou: "Faze para ti correias e canzis e coloca-os sobre teu pescoço! 3 E envia uma mensagem[5] ao rei de Edom, ao rei de Moab, ao rei dos filhos de Amon, ao rei de Tiro e ao rei de Sidônia pelas mãos dos embaixadores que vieram a Jerusalém até Sedecias, rei de Judá, 4 e incumbe-os de transmitir a seus senhores o seguinte: 'Assim disse YHWH dos Exércitos, o Deus de Israel: Assim direis a vossos senhores: 5 Eu fiz a terra, os seres humanos e os animais que estão sobre a face da terra, com minha grande força e com meu braço estendido, e posso dá-la a quem parecer correto a meus olhos.[6] 6 Pois agora entrego todos esses países[7] na mão de Nabucodonosor, rei da Babilônia, meu servo.[8] Também lhe entrego as feras do campo para servi-lo. 7 E todas as nações servirão a ele, a seu filho e ao filho de seu filho, até que chegue o tempo determinado para seu próprio país, quando numerosas nações e grandes reis o[9] subjugarão. 8 A nação ou o reino que se recusar a servir a Nabucodonosor, rei da Babilônia, e não colocar seu pescoço sob o jugo do rei da Babilônia, eu castigarei essa nação pela espada, pela fome e pela peste – dito de YHWH – até que eu a tenha dado completamente em sua mão. 9 Quanto a vós, não escuteis as palavras de vossos profetas, adivinhos, intérpretes de sonhos,[10] áugures e mágicos que vos dizem: Não servireis ao rei da Babilônia! 10 Pois eles vos profetizam mentira para afastar-vos de vossos países, para que eu vos expulse de modo que pereçais. 11 Mas a nação que colocar seu pescoço sob o

---

[5] A tradução segue a LXX na recensão de Luciano, ou seja, sem o pronome pessoal sufixo da 3ª p. m. pl. ("envia-os"), como consta no TM. Um pronome sufixo no verbo "enviar", tanto no singular quanto no plural, só poderia se referir à canga que Jeremias carregava. A forma no plural pressuporia que o profeta teria tido outros cinco kits de canzis e cordas para entregar aos representantes das cinco nações (Fischer II, p. 51). A forma no singular pressuporia que o profeta enviou a canga que ele próprio carregava. Mas essa ele ainda carrega em Jr 28,1. Deve-se, portanto, subentender que ele tenha enviado um recado aos delegados das nações.

[6] Ou seja: "a quem eu quiser".

[7] Literalmente "terra(s)", também nos v. 7.10s.

[8] O códice Sinaítico da LXX omite a expressão "meu servo", os códices alexandrino e do Vaticano leem: "para servi-lo". A ideia de Nabucodonosor ser "servo" de Deus aparentemente era por demais escandalosa para a LXX.

[9] O pronome oblíquo (o) pode referir-se tanto ao país (terra) quanto ao rei da Babilônia.

[10] Ou "sonhadores" (Vulgata). O TM lê: "sonhos".

334   *Segunda parte: Relatos e promessas de salvação – Jeremias 26-45*

*jugo do rei da Babilônia e o servir, eu farei com que ela permaneça em seu país – dito de YHWH – para que a cultive e nela habite'".
12 E a Sedecias, rei de Judá, eu falei estas mesmas palavras:[11] "Colocai vossos pescoços[12] sob o jugo do rei da Babilônia, servi a ele e a seu povo e vivereis! 13 Por que quereis morrer, tu e teu povo, pela espada, pela fome e pela peste, como YHWH anunciou à nação que não quiser servir ao rei da Babilônia? 14 E não escuteis as palavras dos profetas que vos falam: 'Não servireis ao rei da Babilônia!', pois é mentira o que vos profetizam. 15 Pois eu não os enviei – dito de YHWH –; eles profetizam mentiras em meu nome, para que eu vos expulse e para que pereçais, vós e os profetas que vos profetizam".
16 E aos sacerdotes e a todo esse povo eu falei: "Assim disse YHWH:[13] Não deis ouvidos às palavras de vossos profetas que vos profetizam dizendo: 'Eis que os utensílios da casa de YHWH serão em breve trazidos de volta da Babilônia!', pois é mentira o que profetizam. 17 Não os escuteis! Servi ao rei da Babilônia e vivereis! Por que esta cidade se tornaria uma ruína?[14] 18 Se eles são, de fato, profetas e têm a palavra de YHWH, que intercedam junto a YHWH dos Exércitos para que os utensílios que ainda restam na casa de YHWH, no palácio do rei de Judá e em Jerusalém não sejam levados[15] à Babilônia! 19 Pois assim diz YHWH dos Exércitos sobre as colunas, o mar de bronze, os suportes móveis e o resto dos utensílios que ficaram nesta cidade, 20 os quais Nabucodonosor, rei da Babilônia, não carregou consigo quando de Jerusalém à Babilônia levou cativos a Jeconias, filho de Joaquim, rei de Judá, e todos os nobres de Judá e Jerusalém. 21 Pois assim diz YHWH dos Exércitos, o Deus de Israel, sobre os utensílios que restaram na casa de YHWH e no palácio do rei de Judá e em Jerusalém: 22 'Eles serão levados à Babilônia, e lá ficarão até o dia em que cuidar deles – dito de YHWH – e os fizer subir e voltar a este lugar'".*

---

[11] Literalmente: "de acordo com todas essas palavras".

[12] Nos v. 12-14, a LXX apresenta um texto bem mais breve; cf. BHS. Trata-se de haplografia por homoteleuto (omissão involuntária devido a salto do olho da forma verbal de *'abad*, no v. 12 ["servi"], para outra no v. 14 ["servireis"])?

[13] Apesar da fórmula do mensageiro, os v. 16-18 não são fala divina, pois YHWH aparece na 3ª pessoa nos v. 16 e 18.

[14] O v. 17 falta na LXX.

[15] Leia-se a forma verbal no imperf.

Jeremias 27: A canga simbólica 335

O capítulo é formado por três discursos precedidos de uma introdução:

1) Introdução com datação (errônea) do acontecimento (v. 1)
2) A ação simbólica e mensagem às delegações estrangeiras (v. 2-11)
3) A fala dirigida a Sedecias (v. 12-15)
4) A fala dirigida aos sacerdotes e ao povo (v. 16-22)

A linguagem estereotipada, o estilo repetitivo e o conteúdo mostram que o atual capítulo é obra de lavra dtr.[16] Geralmente se aceita que um texto mais antigo tenha servido de base para a atual composição. Esse deve ser buscado no relato sobre a ação simbólica de Jeremias, nos v. 2-4.11. O relato se encontra na primeira pessoa do profeta ("YHWH assim me falou") e contém os elementos constitutivos dos relatos de atos simbólicos: 1) a ordem ao profeta (v. 2-4); 2) a execução da ordem é pressuposta (como no caso do gesto com a bilha em Jr 19); 3) a interpretação da ação simbólica (v. 11).[17]

O profeta recebe a ordem de confeccionar e carregar no pescoço uma canga e enviar um recado às delegações estrangeiras presentes na corte de Jerusalém. A canga é formada por pedaços de madeira (canzis) amarrados com cordas ao pescoço da rês que traciona o arado ou o trilho. A mensagem a ser transmitida aos respectivos senhores das cidades e nações representadas em Jerusalém é sombria: a nação que colocar sobre seu pescoço o jugo de Nabucodonosor será poupada da deportação (v. 11). Esta é a primeira novidade desse gesto simbólico: sua mensagem se dirige às nações. O evento se dá num momento histórico tenso, no reinado de Sedecias (v. 3), ou seja, entre as duas deportações. Presume-se que as nações vizinhas de Judá – Moab e Amon a leste, Edom ao sul – e as duas cidades-estado fenícias mais importantes – Tiro e Sidônia – tenham vindo a Jerusalém para discutir com Sedecias a possibilidade de uma coalizão antibabilônica, em 594 a.C. A data a ser considerada depreende-se de 28,1 ("naquele mesmo ano"): o quinto mês do quarto ano de Sedecias. Não há outro texto que confirme essa tentativa de formar uma coalizão, talvez porque a negociação não tenha prosperado. A indicação cronológica de 27,1, que localiza o gesto simbólico no "início do reinado de Joaquim", está incorreta e pode ter sido influenciada pela datação de Jr 26,1.

---

[16] Detalhes serão apresentados no decorrer da análise do texto.
[17] V. excurso "Ações simbólicas", sob 13,1-11.

336 *Segunda parte: Relatos e promessas de salvação – Jeremias 26-45*

A ação simbólica certamente reflete uma visão realista[18] da conjuntura política da época, mas, sobretudo, mostra que Jeremias entende os acontecimentos macropolíticos como ação de Deus para concretizar seu juízo: o fim do sistema político e religioso de Judá. Dentro desse juízo inevitável existem, no entanto, opções. Existe a possibilidade de uma nação sobreviver e sua população permanecer em sua terra, caso se submeta ao poder babilônico. Essa é a segunda novidade dessa ação simbólica.

O relato original (v. 2-4.11) é simples e sua interpretação desprovida de profundas reflexões teológicas. Essa lacuna foi preenchida pelos redatores.[19] O aparente absurdo de YHWH lutar contra seu próprio povo requeria uma explicação. Recorre-se, então, à confissão ao Deus Criador (cf. 32,17). Como Criador, o Deus do pequeno Israel também é senhor da história universal, podendo dar o domínio sobre toda a terra, inclusive sobre os animais, a um rei estrangeiro, Nabucodonosor (v. 5s). Por ser instrumento de Deus, Nabucodonosor pode ser chamado de "servo" (cf. 25.9; 43,10), como também Ciro é chamado de "ungido" de Deus (Is 45,1). O senhorio de Deus sobre a história também se evidencia na limitação do domínio babilônico a três gerações: Nabucodonosor, seu filho e seu neto (v. 8). Depois disso, a Babilônia também será subjugada por outras nações. Essa indicação cronológica não coincide exatamente com os fatos históricos. O domínio babilônico sobre o Oriente se estendeu por quatro gerações – Nabucodonosor, Amel Marduc (2Rs 25,27: Evil-Merodac), Neriglissar e Nabonid. Esses reis, além disso, não são da mesma dinastia. As três gerações querem representar, antes, um ciclo completo (cf. 29,6).

Os v. 9s introduzem um tema novo, não necessariamente vinculado à ação simbólica: os profetas da mentira. Jeremias adverte, agora em discurso direto ("vós"), os embaixadores das nações a não darem ouvidos aos profetas da mentira. O tema é o elo entre as partes do conjunto Jr 27-29. Dt 13,2ss; 18,10ss formam a base

---

[18] Torres, 1999, p. 168, 176, entende que o conflito entre Jeremias e os profetas se deve a maneiras distintas de perceber e interpretar a realidade.

[19] No v. 5, as expressões "com minha grande força e com meu braço estendido" (Dt 9,29; 2Rs 17,36; Jr 32,17) e o binômio "seres humanos e animais" (Jr 7,20; 31,27; 32,43) bem como o tema da criação são característicos da redação dtr. No v. 8, o binômio "a nação ou o reino" (Jr 18,7.9) e a fórmula do tríplice juízo "pela espada, pela fome e pela peste", que também se encontra no v. 13 (cf. Jr 14,12; 21,7.9; 24,10 e.o.) são típica linguagem dtr. Os cinco especialistas de práticas mânticas do v. 9 remontam a dados de Dt 13,4; 18,10s.14.

Jeremias 27: A canga simbólica 337

para a crítica contra os falsos profetas nesse panfleto.[20] O resultado da pregação desses profetas da mentira é justamente o oposto do que prenunciam: o anúncio da não submissão a Nabucodonosor resultará em perda da terra e da liberdade.

O v. 11 abandona o tema da falsa profecia e passa do discurso direto à fala sobre as nações. Esse versículo deve ter sido o clímax do relato original sobre o gesto simbólico da canga: ele fornece sua interpretação.[21] Chama a atenção que, aqui, se dá às nações uma opção dentro da situação de juízo: a de permanecerem vivas cada uma em sua própria terra.

O segundo discurso (v. 12-15) se dirige a Sedecias, apesar de esse rei já ter sido um destinatário implícito da mensagem dos v. 3s e 11. O conteúdo da palavra destinada a Sedecias praticamente repete o transmitido às nações. O v. 12b é uma paráfrase do v. 11;[22] o v. 13 coloca em forma de pergunta o conteúdo do v. 8; os v. 14s repetem os v. 9s e ampliam a advertência contra os falsos profetas: eles não foram enviados por Deus, o que profetizam é mentira, suas profecias nacionalistas podem agradar aos ouvintes, mas provocarão o contrário do que anunciam: a expulsão da pátria.

O terceiro discurso (v. 16-22) se dirige aos sacerdotes e ao povo. Ele também inicia com uma advertência contra os falsos profetas, mas introduz um tema novo: o destino dos utensílios do templo. Os profetas da mentira anunciam o retorno dos utensílios levados por Nabucodonosor à Babilônia por ocasião da primeira deportação, em 597 (v. 16). O chamado à submissão ao rei da Babilônia ressoa brevemente no v. 17, mas o peso não mais se encontra no simbolismo do jugo. Repete-se a crítica aos profetas da mentira como nos dois discursos anteriores, mas um conceito novo é introduzido: um profeta verdadeiro é alguém que intercede junto a Deus (v. 18). Para os redatores, a prática da intercessão é um critério para distinguir entre verdadeira e falsa profecia.

Os dados sobre os utensílios do templo que permaneceram em Jerusalém – "na casa de YHWH e no palácio do rei" – por ocasião da deportação de 597, depreendem-se de informações disponíveis em 2Rs 25,13ss e Jr 52,17ss, onde se arrola o que foi levado à Babilônia por ocasião da segunda deportação, em 587. Mencionados são

---

[20] Cf. o excurso "Os profissionais de práticas mânticas", no final do capítulo.
[21] Wanke II, p. 248, advoga que o final do relato da ação simbólica não é o v. 11, mas o v. 12b. Mas, ao contrário do relato preexistente e do v. 11, o v. 12b é discurso direto ("vós") como o restante do trecho dtr.
[22] Thiel II, p. 8.

338   *Segunda parte: Relatos e promessas de salvação – Jeremias 26-45*

os suportes móveis, o mar de bronze a as colunas. Sobre as duas colunas de bronze, erguidas no pórtico do templo, uma à direita e outra à esquerda, nos informam 1Rs 7,15-22 e Jr 52,21-23. A coluna da direita se chamava Jaquin, a da esquerda, Booz. Geralmente se busca formar uma frase com essas duas palavras: "(Deus) estabelece/funda (*yakin*) com poder (*be'oz*)". Difícil é saber qual o objeto direto do verbo, ou seja, o *que* Deus estabelece com poder: sua morada no templo, o mundo criado, a cidade de Jerusalém ou a monarquia? O fato de haver duas colunas pode indicar para o duplo poder que sustenta o sistema político-religioso de Judá: o palácio e o templo (v. 18 e 21: "na casa de YHWH e no palácio do rei").

Sobre o mar de bronze informam 1Rs 7,23-26 e 2Cr 4,6. Se os dados forem confiáveis, esse objeto tinha cerca de cinco metros de diâmetro (1Rs 7,23) e servia para lavagens rituais (2Cr 4,6). Estava assentado sobre doze touros que olhavam para os quatro pontos cardeais. Admite-se que ele não tinha apenas uma função prática, mas também um significado teológico, mas não há consenso sobre qual. Os touros poderiam representar a fertilidade da natureza, e a água, o oceano cósmico de água doce que proporciona vida[23] ou, então, o mar original das águas caóticas dominadas por Deus por ocasião da criação do universo (cf. Gn 1,1 e o poema de *Enuma Elish*). Por fim, os suportes móveis são descritos em 1Rs 7,27-39. Esses suportes, em número de dez, estavam assentados sobre quatro rodas e serviam para guardar as bacias e panelas utilizadas nos sacrifícios.

Conclusão: um relato em primeira pessoa sobre uma ação simbólica que recomendava às nações vizinhas de Judá a submissão aos babilônios (27,2-4.11) recebeu duas ampliações por parte da redação: a polêmica contra os profetas da mentira, tema que perpassa os capítulos 27 a 29, e o destino dos utensílios do templo, que antecipa o conflito entre Jeremias e Hananias, no capítulo 28. Além disso, os redatores acharam necessário justificar teologicamente a ideia aparentemente absurda de YHWH permitir que um governante estrangeiro subjugue seu povo eleito.

---

[23] V. Werner II, p. 34, também para o que segue. Para o todo, cf. também Noth, 1983, p. 149ss.

Jeremias 27: A canga simbólica

Os profissionais de práticas mânticas

Jr 27,9 menciona diversos profissionais relacionados à prática da divinação. Jeremias anuncia às delegações das nações vizinhas presentes em Jerusalém: "Quanto a vós, não escuteis as palavras de vossos profetas, adivinhos, intérpretes de sonhos, áugures e mágicos que vos dizem: 'Não servireis ao rei da Babilônia!'" Os termos hebraicos usados (*neby'im*; *qosemim*; *holemim*; *'onenim* e *kashafim*) nem sempre são totalmente identificáveis com determinados ritos. Mas eles mostram a grande diversidade de práticas mânticas existentes no antigo Oriente, certamente conhecidas e também praticadas em Israel. O termo mais conhecido é *nabi'* ("profeta"). Não há consenso sobre sua etimologia, mas a tendência atual é de relacionar a palavra com a raiz acádica *nabu(m)*, que significa "mencionar, chamar". O termo é, portanto, um particípio ativo ("aquele que chama/clama") ou passivo ("aquele que é chamado/vocacionado"). O fenômeno profético aparece em todo o antigo Oriente sob diversos nomes e com diversas funções. Uma característica preponderante do profeta é a visão ou audição (cf. 1Sm 9,9: "vidente"; Lm 2,9; Mq 3,6 e.o.), que é entendida como revelação da palavra de Deus.

O *qosem*, traduzido pelo termo genérico "adivinho", provavelmente era um especialista em técnicas de vaticínio. Uma das técnicas mais conhecidas era a de lançar as sortes (dados, gravetos, conchas ou pedras; cf. *urim* e *tumim* em 1Sm 14,41s). De acordo com esse texto, tencionava-se obter, através do rito, uma de duas possíveis respostas (oráculos) da divindade (cf. Ez 21,26s). Outra prática muito conhecida no antigo Oriente era a hepatomancia. Um especialista, geralmente um sacerdote, examina o fígado de um animal sacrificado e o compara com um modelo de fígado feito de argila. Eventuais discrepâncias com o modelo são interpretadas como acontecimentos futuros favoráveis ou desfavoráveis. Critérios para a interpretação eram acontecimentos análogos do passado. Ez 21,26 ainda menciona a consulta aos "terafins", provavelmente um termo genérico para objetos cultuais.

O *holem* pode ser um "sonhador" ou um "intérprete de sonhos". Sob um sonhador profissional pode-se imaginar uma pessoa que dorme em lugar sagrado para receber uma revelação no sonho. Geralmente as cortes orientais possuíam especialistas na interpretação de sonhos (oniromantes).

O quarto termo mencionado em Jr 27,9, *'onen* ("áugure"), é de significado incerto. A prática do áugure pode ter incluído a necromancia, que era realizada sobre uma cova (*'ob*), que simbolizava a entrada ao mundo dos mortos. A necromante de Endor possuía uma dessas covas (1Sm 28,7: *ba'alat ha'ob*). De acordo com Is 8,19, o espírito do morto se comunicava por cochichos e murmúrios.

Também o último termo arrolado, *kashaf* (vertido por "mágico"), é de significado incerto. Presume-se que possa estar relacionado à raiz acádica *kasapu*, "enfeitiçar". Conforme Ez 13,18s, um texto de difícil interpretação, a confecção de pulseiras e véus parece ter sido uma prática mágica para "capturar" pessoas e até levá-las à morte. De acordo com Dt 18,9-11, todas as práticas mânticas mencionadas acima são condenadas, inclusive a profecia que desencaminha o povo. (Kaiser, 1993, p. 214-219; Jeremias, 1979, col. 7s; Werner II, p. 31s; Sicre, p. 29-61.)

JEREMIAS 28: PROFETAS EM CONFLITO

1 Naquele mesmo ano, no início do reinado de Sedecias, rei de Judá, no quarto ano, no quinto mês,[1] o profeta[2] Hananias, filho de Azur, natural de Gabaon, assim falou a Jeremias,[3] na casa de YHWH, diante dos sacerdotes e de todo o povo: 2 "Assim diz YHWH dos Exércitos, o Deus de Israel: 'Quebrei o jugo do rei da Babilônia! 3 Dentro de dois anos trarei de volta a este lugar todos os utensílios da casa de YHWH que Nabucodonosor, rei da Babilônia, tirou deste lugar e levou para a Babilônia. 4 Também farei voltar a este lugar Jeconias, filho de Joaquim, rei de Judá, e todos os deportados de Judá que foram para a Babilônia – dito de YHWH – pois quebrarei o jugo do rei da Babilônia'". 5 Então o profeta Jeremias respondeu ao profeta Hananias diante dos sacerdotes e de todo o povo que estava na casa de YHWH. 6 O profeta Jeremias disse: "Amém! Que assim faça YHWH! Que YHWH realize as palavras que profetizaste, trazendo de volta da Babilônia para este lugar os utensílios da casa de YHWH e todos os exilados. 7 Todavia, escuta bem esta palavra que digo a teus ouvidos e aos ouvidos de todo o povo: 8 os profetas que vieram antes de mim e antes de ti, desde tempos antigos, profetizaram a respeito de muitas terras e grandes reinos, anunciando guerra, desgraça e peste.[4] 9 Mas o profeta que profetiza bem-estar, só quando a palavra desse profeta se concretizar é que será reconhecido como profeta que, de fato, YHWH enviou". 10 Então o profeta Hananias tomou os canzis[5] do pescoço do profeta Jeremias e os quebrou.[6] 11 E Hananias disse o seguinte diante de todo o povo: "Assim diz YHWH: 'Dessa maneira quebrarei, dentro de dois anos,

---

[1] A indicação cronológica do v. 1 é contraditória: "o início do reinado" (*reshit mamléket*) é o período entre o início do governo de um rei e o início do ano novo seguinte, que ocorre com o primeiro dia do mês Nisan, ou seja, no final de março (cf. 27,1), o que não coincide com o "quinto mês do quarto ano" de Sedecias. Esta última informação deve ser considerada a mais antiga. Isso é corroborado pela LXX, que traduz: "E aconteceu no quarto ano de Sedecias, rei de Judá, no quinto mês...". A datação "no início do reinado" deve ser uma tentativa de aproximar Jr 28 ao capítulo anterior (27,1; cf. Rudolph, 1968, p. 178).

[2] A LXX traduz por "pseudoprofeta" de acordo com o juízo que se fazia em sua época.

[3] O TM lê "a mim" em vez de "a Jeremias", mas aqui se trata de um relato sobre o profeta, como atestam os v. 5ss, e não de um relato autobiográfico, como 27,2ss.

[4] "Desgraça e peste" faltam na LXX. Será que o TM busca reconstituir a conhecida tríade do juízo?

[5] Leia-se o plural de acordo com o v. 13 e a LXX (dois canzis formam uma canga/jugo).

[6] O final do v. 10 marca a metade do livro de Jeremias de acordo com a nota dos massoretas à margem do texto.

Jeremias 28: Profetas em conflito   341

o *jugo de Nabucodonosor, rei da Babilônia, que está sobre o pescoço de todas as nações'". E o profeta Jeremias seguiu seu caminho.* 12 *Depois de o profeta Hananias ter quebrado os canzis[5] do pescoço do profeta Jeremias, a palavra de YHWH foi dirigida a Jeremias:* 13 *"Vai e dize a Hananias o seguinte: 'Assim diz YHWH: Tu quebraste canzis de madeira! Mas, em lugar deles, produziste[7] canzis de ferro!'* 14 *Pois assim diz YHWH dos Exércitos, o Deus de Israel: 'Um jugo de ferro coloquei sobre o pescoço de todas essas nações, para que sirvam a Nabucodonosor, rei da Babilônia. E elas o servirão; também os animais do campo lhe dei'"[8].* 15 *E o profeta Jeremias disse ao profeta Hananias: "Escuta bem, Hananias! YHWH não te enviou, e tu fazes este povo confiar em mentiras.* 16 *Por isso, assim diz YHWH: 'Eis que te afasto da face da terra: ainda neste ano morrerás, porque anunciaste a rebelião contra YHWH![9]'".* 17 *E o profeta Hananias faleceu naquele mesmo ano, no sétimo mês.*

O capítulo dá continuidade ao relato de Jr 27,2-4.11, onde Jeremias carrega sobre o pescoço um par de canzis que simbolizam a decisão divina de conceder o domínio aos babilônios. Tudo indica que, em Jr 28, se trata da mesma ação simbólica. Ao contrário de Jr 27,2-4.11, que é um relato na primeira pessoa do profeta, o presente capítulo pertence, em analogia a Jr 20,1ss e 26, ao grupo de relatos em terceira pessoa, atribuídos tradicionalmente ao escriba Baruc. Há uma grande probabilidade de que o relato em primeira pessoa tenha servido de estímulo para que o autor do presente capítulo expusesse a reação das pessoas à ação simbólica de Jeremias. Do ponto de vista da história da redação, não há consenso. A terminologia dtr se resume a poucas palavras.[10] Mas faltam os temas típicos da redação dtr, como a condicionalidade do juízo, o chamado à conversão, a advertência contra os profetas ou a apostasia do povo. Temos, portanto, uma linguagem que guarda algumas semelhanças com a da redação dtr, mas que não é idêntica a ela.

---

[7]   A LXX lê a primeira pessoa (de YHWH): "eu produzi/fiz (canzis de ferro)". Seria uma tentativa de facilitar a compreensão do texto?

[8]   O trecho a partir de "E elas o servirão..." até o final do v. 14 falta na LXX. Talvez o v. 14b seja uma adequação a 27,6 (cf. BHS).

[9]   O motivo adicional da apostasia (v. 16bβ: "porque anunciaste a rebelião contra YHWH") falta na LXX. Trata-se provavelmente de um acréscimo dtr a partir de Dt 13,6 (cf. Jr 29,32).

[10] As três pragas do v. 8 ("guerra, desgraça e peste") lembram a tríade do juízo "espada, fome, peste" (14,12; 21,7.9; 24,10 e.o.); no v. 14, a oração "também os animais do campo lhe dei" retoma 27,6; quanto ao termo "rebelião contra YHWH" (v. 16), cf. a nota anterior.

342 *Segunda parte: Relatos e promessas de salvação – Jeremias 26-45*

Há tentativas de separar o relato biográfico de Jr 28 em diversas camadas pré-deuteronomistas.[11] Muitos veem um cerne em 28,10-13(14), em torno do qual foi construído o restante do capítulo. Esse cerne é considerado complementação em terceira pessoa ao relato de 27,2-4.11.[12] Mas, como já constatado em Jr 26, é muito difícil inferir da linguagem dos relatos biográficos ou do modo como esses são construídos a existência de camadas literárias.

Pode-se estruturar o capítulo da seguinte forma:

v. 1: introdução com indicação cronológica;

v. 2-4: discurso de Hananias em reação ao gesto de Jeremias;

v. 5-9: resposta de Jeremias;

v. 10-11: gesto simbólico de Hananias;

v. 12-14: reação de Jeremias;

v. 15-17: desfecho da disputa.

O v. 1 contém uma indicação cronológica e introduz um novo personagem. O quinto mês do quarto ano do reinado de Sedecias é 594/3 a.C.[13] O novo personagem é o profeta Hananias ("YHWH é misericordioso"), filho de Azur, natural de Gabaon. Gabaon, geralmente identificada com *el-Djib*, fica a cerca de 9 km a noroeste de Jerusalém, no território de Benjamim. Assim como Jeremias, também Hananias procede, portanto, da terra de Benjamim. No espaço do templo, esses dois personagens, ambos chamados de profetas e ambos estribados na autoridade de YHWH, vão confrontar-se publicamente.[14] A mensagem de Hananias é uma reação ao ato simbólico de Jeremias (Jr 27,2-4.11). Após a fórmula do mensageiro, que o identifica como porta-voz de YHWH, aquele profeta anuncia exatamente o oposto de Jeremias: a hegemonia babilônica será breve, os utensílios do templo levados à Babilônia por Nabucodonosor em 597 serão trazidos de volta num prazo de dois anos e, além disso, o rei Joiaquin/Jeconias e as pessoas que com ele foram exiladas naquele ano retornarão à pátria. Nada se fala sobre a reação dos ouvintes. Expostos a duas mensagens contraditórias, ambas declaradamente procedentes de Deus, eles certamente

---

[11] Confira para o que segue, Graupner, 1991, p. 189; Wanke II, p. 249; Werner II, p. 36; Schmidt II, p. 88, com nota 39.

[12] Os relatos em terceira pessoa (biografia de Baruc) não seriam, portanto, uma obra independente, mas complementações aos relatos em primeira pessoa (como Jr 20,1ss complementa 19,1-2.10-11a); assim Graupner, 1991, p. 62ss.

[13] Veja a nota 1 acima.

[14] Lisbôa, 2016, p. 28, designa o conflito entre os profetas de disputa "midiática".

Jeremias 28: Profetas em conflito 343

estavam confusos, uma vez que não havia critérios objetivos para afirmar qual delas era verdadeira.[15]

A reação de Jeremias é um tanto inesperada. Em vez de rebater seu antagonista, parece ceder à sua mensagem (v. 5-9). O anúncio de Hananias vem ao encontro do desejo não só de sua plateia, mas também do próprio Jeremias (v. 6). Nota-se, aqui, que Jeremias separa desejo pessoal e palavra de Deus.[16] Esta não é mera expressão de desejos ou vontades humanas. *Vox populi* nem sempre é *vox Dei*. Jeremias traz para o debate a longa tradição profética de Israel (v. 8s). Ele se entende na continuidade dos grandes profetas de juízo que o antecederam e que "profetizaram a respeito de muitas terras e grandes reinos, anunciando guerra, desgraça e peste" (v. 8). Provavelmente ele tem em mente os profetas que anunciaram o fim do reino do norte, Israel, e cujas profecias se concretizaram em 722. O argumento de que o verdadeiro profeta só se conhece quando suas profecias se concretizarem é, aqui, estranhamente restringido aos profetas de salvação. Isso destoa da norma de Dt 18,21s,[17] que não faz diferença entre profetas de juízo e de salvação: somente a realização da profecia – qualquer que seja – comprova que ela é (foi) palavra de Deus. Manifesta-se, aqui, a experiência de que palavras que anunciam bem-estar e felicidade correm o perigo de ser tentativas de falar o que o público deseja ouvir para, assim, colher aplausos? De qualquer forma, também o critério do cumprimento da profecia não ajuda os ouvintes concretos no momento do anúncio. Pois somente na retrospectiva é que se pode afirmar o que foi profecia verdadeira.

Para reforçar a mensagem de que o jugo babilônico terminará em dois anos, o profeta Hananias também realiza um gesto simbólico, aliás, bem mais impactante do que o do próprio Jeremias. Ele quebra os canzis de madeira que Jeremias carregava no pescoço (v. 10). Esse confronto termina numa aparente derrota de Jeremias. Ele se retira em silêncio como se nada tivesse a responder (v. 11b). Mas a sequência da narrativa mostra que o gesto simbólico de Hananias não chegou a convencer Jeremias. A atitude de "seguir seu caminho", portanto, não é sinal de derrota no embate profético, mas atesta que o profeta de Anatot não dispõe

---

[15] Cf. Mincato, 1996, p. 44; Kirst, 1984, p. 202, e o excurso "Verdadeiros e falsos profetas", abaixo.

[16] Kirst, 1984, p. 204: "Aqui fala o ser humano Jeremias".

[17] Não se sabe qual texto depende de qual: Dt 18,21s pode ser uma generalização de Jr 28,9 ou, então, este último texto, uma tentativa de restringir a norma de Dt 18,21s.

344   *Segunda parte: Relatos e promessas de salvação – Jeremias 26-45*

imediatamente de uma palavra de Deus para a situação. A palavra de Deus é algo externo ao ser humano, não podendo ser identificada com vontades, desejos ou reflexões humanas. Por isso ela nem sempre está disponível (cf. 42,7).[18] O que parece ser uma derrota é, antes, sinal de que a mensagem do profeta não é mera expressão de sua vontade.

A reação de Jeremias acontece algum tempo depois, quando recebe uma ordem de Deus para transmitir uma mensagem ao profeta Hananias (v. 12ss). O relato não narra o cumprimento dessa ordem, apenas o pressupõe. A mensagem dita a Hananias (v. 13) é de difícil compreensão: "Tu quebraste canzis de madeira! Mas, em lugar deles, produziste canzis de ferro!". Há quem entende que Jeremias foi incumbido de confeccionar canzis de ferro e, com eles no pescoço, dirigir-se a Hananias.[19] Mas uma ordem para um segundo gesto simbólico falta. Também há quem traduza o perfeito consecutivo do segundo verbo ("fazer, produzir") como jussivo ("tu deves fazer"), ou seja, Hananias deve fazer para si uma canga de ferro.[20] Mas é improvável que Hananias fosse fazer ou mesmo carregar essa nova canga. A LXX lê o mesmo verbo na primeira pessoa de YHWH: "mas eu farei canzis de ferro", entendendo que Deus endurecerá o domínio babilônico sobre as nações. Devemos entender também o TM nessa direção. Ao quebrar os canzis de madeira, Hananias provocou o contrário do intencionado: o domínio babilônico é agravado (v. 14: "um jugo de ferro coloquei sobre o pescoço de todas essas nações").[21]

O v. 15 introduz uma nova fala de Jeremias a Hananias. Fazendo uso de conceitos tradicionais Jeremias afirma que Hananias é um "falso" profeta, ou seja, que não foi enviado por YHWH e prega mentiras enganando, assim, o povo. Após essa denúncia, anuncia a morte de Hananias ainda no mesmo ano. Como motivo alega que ele pregou a rebeldia contra YHWH, que, conforme Dt 13,6, requer a pena de morte.[22] O capítulo termina com a notícia da morte de Hananias no sétimo mês do ano corrente, ou seja, apenas dois meses após o conflito. Essa informação tem por objetivo confirmar que Jeremias

---

[18] Kirst, 1984, p. 210.
[19] Cf. Weiser II, p. 248, nota 2; também Schmidt II, p. 93, parece pressupor um segundo ato simbólico de Jeremias com canzis de ferro.
[20] Assim Fischer II, p. 65, 76.
[21] Kirst, 1984, p. 212.
[22] Cf. nota 9.

Jeremias 28: Profetas em conflito   345

é o verdadeiro profeta. Mais tarde, quando o povo vive em situação de juízo, o anúncio de Hananias é retomado positivamente (30,8).

Verdadeiros e falsos profetas

O livro de Jeremias contém muitas disputas entre profetas pela verdadeira palavra e vontade de Deus, em especial nos capítulos 23; 27-29. A pesquisa distingue entre verdadeiros e falsos profetas, mas o termo "falso profeta" não aparece na língua hebraica. Ele é uma criação da Septuaginta, que traduz diversas vezes o termo *nabi'* por "pseudoprofeta" (Jr 6,13; 28,1 e.o.). A expressão hebraica mais utilizada para designar o que se convenciou chamar de "falso profeta" é "profeta da mentira (*shéqer*)" (Jr 5,31; 14,14; 27,10 e.o.). A pesquisa tentou encontrar, a partir dos textos, critérios para distinguir entre falsos e verdadeiros profetas. Relativamente fácil seria taxar de falsos aqueles profetas que falam explicitamente em nome de uma outra divindade que não o Deus de Israel, p. ex., os profetas de Baal (1Rs 18,17ss; Jr 2,8; 23,13). Na maioria das vezes, no entanto, os profetas reportam-se à autoridade de YHWH e utilizam a mesma fórmula do mensageiro. Não temos motivos para afirmar que todos esses profetas que os textos consideram falsos tenham sido motivados por interesses escusos e enganado deliberadamente seus ouvintes. Não há por que duvidar de que também esses profetas estivessem convictos de terem sido enviados por YHWH para anunciar sua palavra. A mera afirmação do profeta de que anuncia em nome de YHWH não basta, portanto, para que os ouvintes saibam se a mensagem é verdadeira ou não. A busca por critérios objetivos, no entanto, é bem difícil. Em alguns textos, atribuem-se aos "falsos" profetas deslizes éticos. Jr 23,14 menciona o adultério e a mentira. Mas, no livro de Jeremias, essas falhas morais são atribuídas a toda a população, não somente aos profetas (Jr 9,1ss). Uma conduta ética indevida pode até ser indício de falta de honestidade, mas não precisa ser critério de falsa profecia. O profeta Miqueias, filho de Imlá, p. ex., mentiu, mas nem por isso deixou de ser considerado um profeta verdadeiro (1Rs 22,13ss). A veracidade da palavra não depende apenas da integridade moral da pessoa. Certamente havia profetas imorais e subornáveis (Mq 3,5-8), mas isso não valia para todos aqueles profetas considerados falsos.

No livro de Jeremias, muitos textos afirmam que os profetas que apenas anunciam paz, felicidade e bem-estar são "falsos", porque expressam seus próprios desejos (Jr 23,16: "visões do coração"), anunciam o que o povo gosta de ouvir e, assim, não motivam uma mudança de atitude (5,12s; 6,13s; 14,13ss; 23,17 e.o.). Certamente é mais fácil anunciar aquilo que agrada à plateia, mas isso tampouco constitui prova definitiva de que a mensagem de "profetas da salvação" seja mentira, pois também o anúncio de salvação é parte integrante da mensagem de profetas clássicos como Oseias, Isaías e o próprio Jeremias.

Por fim, também o critério do cumprimento não é objetivo (Dt 18,21s; Jr 28,9). Não se pode afirmar de forma unívoca que um acontecimento ou uma realidade existente é cumprimento de

346   *Segunda parte: Relatos e promessas de salvação – Jeremias 26-45*

uma profecia. Um juízo a respeito sempre será uma entre várias interpretações possíveis desse acontecimento ou dessa realidade. A deportação de 597 ou a morte de Hananias (Jr 28,17), p. ex., não precisam necessariamente ser interpretadas como cumprimento do anúncio de Jeremias. Além do mais, há profecias do próprio Jeremias que nunca se concretizaram (cf. 22,19; 32,5), mas nem por isso ele deixou de ser considerado um verdadeiro profeta. Em todo caso, o critério do cumprimento de nada serve para quem ouve o anúncio profético, pois somente a uma razoável distância da proclamação é possível verificar se ela se cumpriu ou não.

A busca por critérios objetivos não leva a conclusões inequívocas. As mensagens contraditórias surgem de convicções pessoais que não podem ser comprovadas objetivamente. O julgamento dos profetas é feito geralmente por gerações posteriores, que, a uma razoável distância dos conflitos proféticos e a partir de sua posição ideológica, interpretam a atuação de um profeta. No confronto entre Jeremias e os "profetas da salvação" podem-se, no máximo, vislumbrar algumas características que marcam o profeta "verdadeiro". Por um lado, uma profecia que tem consequências negativas para a vida do profeta ou que resulta em sofrimento físico e espiritual para a pessoa do profeta tem pouca probabilidade de ser reflexo de desejos ou interesses próprios. Por outro lado, uma profecia que colhe aplausos sempre será suspeita. O verdadeiro profeta geralmente nada contra a corrente, assume uma postura mais crítica diante das tradições e não considera a salvação algo automático. Sua mensagem procura manter o equilíbrio entre o Deus misericordioso e o Deus da justiça. (Klein, 2015; Hossfeld; Meyer, 1973; Sicre, 2002, p. 133-135.)

JEREMIAS 29: A CARTA AOS EXILADOS

1 Estas são as palavras da carta que o profeta Jeremias enviou de Jerusalém ao resto[1] dos anciãos entre os exilados, bem como aos sacerdotes, aos profetas e a todo o povo que Nabucodonosor deportara de Jerusalém à Babilônia – 2 depois que o rei Jeconias saíra de Jerusalém juntamente com a rainha-mãe, os funcionários da corte, os ministros de Judá e Jerusalém, os artesãos e os serralheiros –, 3 por intermédio de[2] Elasa, filho de Safã, e de Gemarias, filho de Helcias, os quais Sedecias, rei de Judá, enviara à Babilônia, junto a Nabucodonosor, rei da Babilônia: 4 "Assim diz YHWH dos Exércitos, o Deus de Israel, a todos os deportados que eu deportei[3] de Jerusalém à Babilônia:

5 'Edificai casas e morai nelas;
plantai pomares e comei de seus frutos!
6 Tomai mulheres e gerai filhos e filhas;
tomai mulheres para vossos filhos
e dai vossas filhas em casamento,
para que gerem filhos e filhas![4]
Multiplicai-vos aí e não diminuais!
7 Procurai o bem-estar da cidade[5]
para onde vos deportei!
Orai por ela a YHWH,
porque seu bem-estar será vosso bem-estar!'
8 Pois assim diz YHWH dos Exércitos, o Deus de Israel: 'Não vos deixeis enganar pelos profetas e adivinhos que estão no meio de vós nem deis ouvidos aos sonhos que eles sonham,[6] 9 pois eles vos profetizam mentiras em meu nome; eu não os enviei' – dito de YHWH.
10 Pois assim diz YHWH: 'Quando se completarem setenta anos para a Babilônia, eu vos visitarei e realizarei em vós minha boa

---

[1] A palavra "resto" não se encontra na LXX.

[2] Literalmente "pelas mãos de".

[3] A Siríaca lê voz passiva (*hof.*): "que foram deportados", certamente para corrigir a primeira pessoa de Deus na fórmula do mensageiro.

[4] Esta linha ("para que gerem filhos e filhas") falta na LXX. Essa "terceira geração" talvez tenha sido acrescentada para adaptar a permanência no exílio aos setenta anos do v. 10 ou à realidade histórica.

[5] A LXX lê "país" em vez de cidade, o que pode ser uma tentativa de adaptar o texto à realidade histórica, já que os deportados não viveram somente na capital da Babilônia.

[6] De acordo com um manuscrito da LXX; o TM lê: "...não deis ouvidos a vossos sonhos que vós fazeis sonhar (encomendais [?])".

348   *Segunda parte: Relatos e promessas de salvação – Jeremias 26-45*

palavra de vos fazer voltar a este lugar. 11 Sim, eu conheço os planos que fiz[7] a vosso respeito – dito de YHWH –, planos de paz e não de desgraça para vos dar futuro e esperança. 12 Então vós me invocareis, vireis e orareis a mim, e eu vos escutarei. 13 Vós me procurareis e me encontrareis, porque se me procurardes de todo o coração, 14 eu me deixarei encontrar por vós[8] – dito de YHWH. Então mudarei vossa sorte e vos reunirei de todas as nações e de todos os lugares para onde vos dispersei – dito de YHWH – e vos trarei de volta ao lugar de onde vos deportei.'

15 Vós dizeis: 'YHWH suscitou para nós profetas na Babilônia'.[9]

16 Assim disse YHWH a respeito do rei que está sentado no trono de Davi e a respeito de todo o povo que mora nesta cidade, vossos irmãos que não foram levados ao exílio convosco. 17 Assim disse YHWH dos Exércitos: 'Eis que enviarei contra eles a espada, a fome e a peste, e os farei semelhantes a figos podres que não podem ser comidos de tão ruins que são. 18 Eu os perseguirei pela espada, pela fome e pela peste, e farei deles um objeto de espanto para todos os reinos da terra, um exemplo de maldição, uma desolação, um alvo de zombaria e desprezo entre todas as nações para onde os dispersei, 19 porque não escutaram minhas palavras – dito de YHWH. Embora eu lhes tenha enviado sem cessar meus servos, os profetas, eles não escutaram[10] – dito de YHWH. 20 Mas vós, escutai a palavra de YHWH, todos os deportados que lancei de Jerusalém à Babilônia'.[11]

21 Assim disse YHWH dos Exércitos, o Deus de Israel, a respeito de Acab, filho de Colaías, e a respeito de Sedecias, filho de Maasias, que vos profetizam mentiras em meu nome: 'Eis que eu os entregarei na mão de Nabucodonosor, rei da Babilônia, que os matará diante de vós. 22 Eles servirão de exemplo de maldição para todos os deportados de Judá na Babilônia: Que YHWH te trate como a Sedecias e a Acab, os quais o rei da Babilônia queimou com fogo! 23 Porque eles praticaram uma infâmia em Israel: cometeram adultério com as mulheres de seus próximos e falaram mentiras em meu nome sem que eu lhes tenha ordenado. Mas eu sei e sou testemunha – dito de YHWH'''.

---

[7]   Literalmente "os planos que planejei" (figura etimológica).

[8]   LXX: "eu me manifestarei a vós". Toda a última frase do v. 14 (a partir do primeiro "dito de YHWH") não se encontra na LXX original.

[9]   Esse versículo provavelmente é a introdução aos v. 21-23, que também falam de profetas.

[10]   De acordo com a Siríaca (cf. BHS); o TM lê 2ª p. pl.: "vós não escutastes". No TM, o relato resvala para a pregação que exige o discurso direto.

[11]   A LXX omite todo esse parágrafo (v. 16-20).

Jeremias 29: A carta aos exilados 349

24 "Então dirás ao naalamita Semeías:[12] 25 'Assim diz YHWH dos Exércitos, o Deus de Israel:[13] Por teres enviado em teu nome cartas[14] a todo o povo que está em Jerusalém e ao sacerdote Sofonias, filho de Maasias, e a todos os sacerdotes, no seguinte teor: 26 YHWH te constituiu sacerdote em lugar do sacerdote Joiada para exerceres a vigilância na casa de YHWH sobre todo homem insano e que se fizer passar por profeta, para colocá-lo no tronco e na corrente. 27 Então por que não repreendeste Jeremias de Anatot, que se faz de profeta entre vós? 28 Pois ele até nos enviou, para a Babilônia, a seguinte mensagem: Será longo! Edificai casas e morai! Plantai pomares e comei de seus frutos!'".
29 Mas o sacerdote Sofonias leu esta carta ao profeta Jeremias. 30 Então a palavra de YHWH foi dirigida a Jeremias: 31 "Envia esta mensagem a todos os deportados: 'Assim diz YHWH acerca do naalamita Semeías: Por Semeías vos ter profetizado sem que eu o tivesse enviado e por ele vos ter feito acreditar em mentiras, 32 por isso, assim diz YHWH: Eis que castigarei o naalamita Semeías e sua descendência. Nenhum deles habitará no meio desse povo nem verá o bem que eu fizer a meu povo – dito de YHWH – porque ele pregou a rebelião contra YHWH'".

A estrutura do capítulo parece ser bem simples. Jeremias escreve uma carta às pessoas que, em 597, foram exiladas à Babilônia. O conteúdo dessa carta se encontra nos v. 4-23. Nos v. 24-28, Semeías escreve uma carta ao sacerdote Sofonias reclamando do profeta Jeremias. Sofonias lê a carta a Jeremias (v. 29), que envia, a seguir, uma segunda missiva aos exilados (v. 30-32). Todavia, as múltiplas introduções com a fórmula do mensageiro ("assim diz/ disse YHWH": v. 4.8.10.16.17.21.25.31.32), as variações de estilo e linguagem, as diferenças entre TM e LXX, um versículo deslocado

---

[12] Nos v. 24-32 "reina uma confusão incapaz de ser superada" (Duhm, 1901, p. 234: "*eine geradezu unüberbietbare Konfusion*").

[13] Assim lê o TM. A oração subordinada causal que inicia, no v. 25, com "Por teres enviado..." (prótase), no entanto, não tem complemento, formando um "grande anacoluto" (Thiel II, p. 12), que se estende até o v. 28. Além disso, onde se esperaria a apódose, encontra-se um relato (v. 29): "Mas o sacerdote Sofonias leu esta carta ao profeta Jeremias". O relato biográfico que forma a base de Jr 29 ficou bastante prejudicado pelas intervenções dos redatores dtr. A reconstrução dos v. 24s proposta por Duhm, 1901, p. 235, ainda é a mais simples e mais lógica: "Mas Semeías, o naalamita, enviou em seu nome uma carta (ou: cartas) ao sacerdote Sofonias, filho de Maasias, no seguinte teor:".

[14] De acordo com a LXX, somente foi enviada uma carta ao sacerdote Sofonias, o que parece mais lógico (cf. v. 29).

350 *Segunda parte: Relatos e promessas de salvação – Jeremias 26-45*

(v. 15), além da diversidade de conteúdos da carta sugerem uma situação literária bem mais complexa, sem dúvida, resultado da movimentada história do texto. Buscar-se-á desvendar essa história, na medida do possível, no decorrer da análise de cada seção do texto. De acordo com seus conteúdos, pode-se estruturar o capítulo da seguinte forma:

v. 1-3: introdução do relato;
v. 4-7: o cerne da carta;
v. 8-9: os falsos profetas;
v. 10-14: salvação após setenta anos;
v. 15: versículo isolado sobre os falsos profetas;
v. 16-20: juízo aos não exilados;
v. 21-22: dois falsos profetas;
v. 23-32: reação à carta de Jeremias.

A base do capítulo é um relato em terceira pessoa que abarca Jr 29,1-7.23-32. Esse relato tem certas características que também se encontram nos capítulos 26 e 28: o uso do título "profeta" aposto a Jeremias (29,1; cf. 20,2; 28,5.6.11.12.15 e.o.), os "sacerdotes e profetas [e todo o povo]" como destinatários preferenciais (29,1; cf. 26,7s.11.16; 28,1.5), detalhes genealógicos dos personagens (29,3.11.23; cf. 20,1; 26,22.24; 28,1; 36,11s.14; 37,3) e a identificação dos simpatizantes e opositores do profeta (29,24-29; cf. 26; 36; 38).[15] A intenção desses relatos em terceira pessoa é narrar as reações e consequências do anúncio profético.

Uma oração nominal ("Estas [são] as palavras da carta que...") inicia o relato, introduzindo a carta de Jeremias aos exilados de 597 (v. 1-3). O v. 2 interrompe a conexão entre o v. 1 e o v. 3 e é, comumente, considerado um parêntese, acrescentado pela redação dtr a partir de 2Rs 24,10ss. A intenção é fornecer mais detalhes sobre o contexto em que foi enviada a carta. O círculo de destinatários é o mais amplo possível: "o resto dos anciãos entre os exilados, bem como os sacerdotes, profetas e todo o povo". Como normalmente os interlocutores de Jeremias são os profetas, os sacerdotes e o povo, presume-se qué os anciãos tenham sido os destinatários originais da missiva, também porque, no exílio, os anciãos reassumiram a liderança que tinham anteriormente, em especial, no interior de Judá. São os anciãos que decidem os assuntos mencionados na carta a seguir (v. 5-7). Difícil é explicar

---

[15] Cf. Kilpp, 1988, p. 11s, com nota 11.

Jeremias 29: A carta aos exilados 351

o que significa "o resto [dos anciãos]". Como a LXX não contém a palavra "resto", muitos a consideram um acréscimo. Mas como explicar sua inclusão? Pretende-se aludir ao fato de que muitos anciãos foram mortos ou, então, que nem todos se encontram na Babilônia?[16] Ou se pensa no sentido teológico do termo: o "resto" que experimentará a salvação (31,7)?[17]

A carta foi levada por uma delegação do rei Sedecias à Babilônia. Não se sabe qual era o objetivo dessa delegação. Talvez seja uma visita para prestar homenagem e levar tributos e presentes ao soberano, como cabia aos reis vassalos.[18] A alta patente dos delegados judaítas mostra que se trata de um assunto importante para Judá.[19]

Os v. 4-7 reproduzem a fala, ou melhor, a escrita do profeta. Dentro da fórmula do mensageiro causa estranheza a primeira pessoa de YHWH após nova menção dos destinatários ("que eu deportei"; v. 3). Sem dúvida se trata de uma pequena correção dos redatores ao relato, que, no v. 1, afirmara que Nabucodonosor foi o autor da deportação. Os redatores dtr, no entanto, interpretam o acontecido como obra de YHWH.

O teor da carta se encontra nos v. 5-7. O trecho tem forma poética; somente a chamada terceira geração não se enquadra nela (v. 6aβ: "para que gerem filhos e filhas").[20] A poesia é formada, nos v. 5s, por duas séries de imperativos: a primeira contém uma ordem para realizar uma ação concreta no presente (edificar casas, plantar pomares, tomar mulheres para si e cônjuges para os filhos e as filhas) e a segunda, para usufruir dos futuros resultados da ação do presente (morar em casas, comer os frutos) e alegrar-se com eles (ter filhos e multiplicar-se). Os dois imperativos do v. 7 ("procurai o bem-estar"; "orai") culminam com a promessa de felicidade e bem-estar (*shalom*).

As ordens da primeira série de imperativos são perfeitamente realizáveis. Elas mostram que existia a possibilidade de uma vida quase normal no país estrangeiro.[21] Na segunda série de imperativos está embutida a promessa de que o trabalho realizado no presente não será em vão. O texto lembra o anúncio de juízo

---

[16] Fischer II, p. 90.
[17] Werner II, p. 43.
[18] Rudolph, 1968, p. 182; Fischer II, p. 91.
[19] Cf. excurso sobre "A família de Safã", sob Jr 26.
[20] Cf. Kilpp, 1988, p. 13, nota 14; cf. Jr 27,7 e nota 4 acima.
[21] Veja o excurso "A vida dos exilados na Babilônia", no final do capítulo.

352   *Segunda parte: Relatos e promessas de salvação – Jeremias 26-45*

de Jeremias (5,17; 6,12) e a maldição de Dt 28,30, que diz: "Terás uma mulher prometida, mas outro homem se deitará com ela; construirás uma casa, mas não habitarás nela; plantarás uma vinha, mas dela não colherás". A mensagem de Jeremias transforma essa maldição em bênção. Essa não está restrita à Palestina, mas também se realizará na Babilônia. A atuação de YHWH transcende, portanto, "seu" território e prescinde da peregrinação ao templo, "sua" morada. *Shalom* independe de *Yeru-shalem*.

A salvação que Jeremias anuncia aos judaítas deportados se expressa no termo *shalom* (v. 7). Esse *shalom*, no entanto, não é nem individual nem restrito ao grupo dos exilados; ele está atrelado ao *shalom* das localidades onde vivem os deportados. Isso inclui babilônios e representantes de outras etnias que aí residiam. O bem-estar e a salvação individual se concretizam somente no bem-estar e na salvação coletiva. Por esse bem-estar coletivo os judaítas são motivados a interceder; isso inclui a intercessão pelos ex-inimigos. Jeremias fora proibido de interceder por seu povo, porque o juízo contra Judá e Jerusalém era inevitável (14,11; 15,1). Mas dentro da situação de juízo, a intercessão é novamente possível: Deus volta a escutar.

A salvação é anunciada aos que passaram pelo juízo do exílio e ainda vivem nele. Essa salvação se expressa de forma bem material como sobrevivência pessoal e familar, a possibilidade de um modesto sucesso e a continuidade da família. Essa salvação modesta tem um gosto amargo. Ela não vai ao encontro da expectativa de alguns grupos de exilados, em especial dos que muito perderam com o exílio. Muitos exilados esperavam retornar em breve à pátria e certamente ficaram decepcionados com a mensagem de Jeremias (v. 28). O profeta, de fato, não anuncia um retorno à pátria, pois isso significaria um retorno ao sistema político-religioso fadado a sucumbir. Também não anuncia a restauração de uma grandeza política independente nem do culto tradicional no templo de Jerusalém. Nesse sentido, até o anúncio de salvação implica uma crítica ao sistema político-religioso da época.[22]

Uma nova fórmula do mensageiro introduz, nos v. 8-9, um assunto totalmente novo: os profetas da mentira. O mesmo assunto encontra-se nos v. 15.21-23, que serão tratados abaixo. A polêmica contra os falsos profetas perpassa e unifica os capítulos 27-29. Ela é um tema preferido da redação dtr. A carta original de

---

[22] Kilpp, 1988, p. 19s.

Jeremias 29: A carta aos exilados

353

Jeremias não faz nenhuma alusão ao assunto. Ele foi inserido pela redação justamente para vincular Jr 29 aos capítulos anteriores. Jr 29,8 retoma a linguagem de 27,9 (profetas, adivinhos, [intérpretes de] sonhos; cf. Dt 18,10.14). Ambas as passagens repetem expressões típicas dtr.[23]

Os v. 10-14 não mais são considerados pertencentes à carta original de Jeremias. Além de conterem linguagem mais recente, de cunho dtr,[24] expressam ideias semelhantes às de Dêutero-Isaías (Is 55,6-8) e pressupõem a diáspora judaica (Jr 29,14aβb). Trata-se de um anúncio de salvação que desenvolve o conteúdo da carta do profeta e ameniza seu sabor amargo. O retorno dos exilados à pátria, anunciado por Hananias (28,4) e considerado falsa profecia antes da destruição de Jerusalém, em 587, torna-se autêntica palavra de Deus em um novo contexto, após a concretização do juízo. O retorno do exílio não acontecerá de imediato, mas é esperado para quando, após setenta anos, o domínio babilônico chegar ao fim (v. 10; cf. 25,11s). Conforme o Sl 90,10, setenta anos representam a duração de uma vida inteira. Também correspondem aproximadamente ao período de três gerações (27,7; 29,6aβ). Em todo caso, a geração exilada ainda não experimentará essa salvação.

Apesar de setenta ser um número redondo e simbólico, ele se aproxima bastante da real duração da hegemonia babilônica no antigo Oriente. Se tomarmos a conquista de Nínive, em 612, por Nabopolassar, como início da hegemonia babilônica, teremos setenta e quatro anos até 539, a conquista da Babilônia pelo persa Ciro. Se, no entanto, definirmos a subida de Nabucodonosor ao trono caldeu após a batalha de Carquêmis, em 605, o que parece ser o mais lógico, o domínio babilônico alcançaria sessenta e seis anos. Em ambos os casos, os setenta anos estão muito próximos da realidade. Em sendo uma profecia exílica, os setenta anos podem espelhar uma expectativa de mudança numa época em que os pilares do domínio babilônico começavam a desmoronar.[25] Épocas posteriores entendem, por um lado, o número setenta literalmente (Zc 1,12; Dn 9,2), por outro, reinterpretam-no como número simbólico de eventos salvíficos futuros (Dn 9,24ss).

---

[23] "Não deis ouvidos"; "profetizam mentiras"; "eu não os enviei"; cf. Dt 13,4; Jr 14,15; 27,14s e.o.

[24] Cf. 1Rs 2,4; 6,12; 8,20; 12,15 para "realizar/cumprir a palavra/promessa" (v. 10b); 2Sm 7,25; Jr 18,11.18 para "fazer/planejar planos"; Dt 4,29 para "quem procurar [Deus] de todo o coração encontrá-lo-á" (v. 13s); além disso, Thiel II, p. 15; Wanke II, p. 267; Schmidt II, p. 101.

[25] Assim Thiel II, p. 17, que localiza o trecho 29,10-14 por volta de 550.

354   *Segunda parte: Relatos e promessas de salvação – Jeremias 26-45*

O v. 11 confirma a mensagem de salvação aos exilados contida na visão dos dois cestos de figos (24,5-7). Os v. 11-14aα retomam e desenvolvem a ordem de interceder pela localidade onde os exilados moram (29,7): YHWH promete que sempre estará acessível às preces de seu povo.[26]

O v. 15 está deslocado. Provavelmente ele forma a introdução dos v. 21-23, o segundo parágrafo sobre os falsos profetas. Comumente se explica a separação da unidade v. 15.21-23 como tendo sido causada pela interpolação do trecho secundário v. 16-20.[27] Todo esse último parágrafo (v. 16-20) não se encontra na LXX e é considerado recente.[28] A linguagem é típica do movimento dtr[29] e o tema repete o anúncio do destino dos que não foram exilados encontrado em 24,8-10. Causa muita estranheza que se inclua, mesmo que posteriormente, numa carta aos exilados o destino dos que permaneceram em Jerusalém e Judá. Teriam os autores sentido a falta de um aspecto importante da visão de Jr 24?[30] Não sabemos! O v. 20 revela um contexto de pregação, pois introduz a fala direta aos ouvintes ("mas vós").

O parágrafo formado pelos v. 15.21-23 retoma o tema dos falsos profetas, já presente em v. 8s. O v. 15 cita uma afirmação dos exilados: também há profetas entre nós! Essa afirmação revela, no atual contexto de conflito entre profetas, um tom polêmico contra Jeremias. Na opinião dos exilados, Jeremias não é o único a ter uma palavra de Deus para eles; os profetas que vivem no exílio têm uma mensagem talvez até mais adequada, uma vez que conhecem o contexto. O v. 21 menciona dois nomes de supostos profetas: Acab, filho de Colaías, e Sedecias, filho de Maasias.[31] Nada sabemos desses personagens além do que se encontra nesse parágrafo. Os v. 22s afirmam que eles foram mortos pelos babilônios por

---

[26] O v. 12 ("vós me procurareis") não necessariamente pressupõe a existência do santuário de Jerusalém, como pensa Werner II, p. 44s.

[27] Desde Duhm, 1901, p. 231.

[28] Thiel II, p. 17, entende que o trecho pertence à mesma mão da qual surgiram os v. 10-13(14). Ele contorna o argumento da interpolação, afirmando que o v. 15 deve ter sido a introdução dos v. 8s e não dos v. 21-23, mas não explica por que o v. 15 se encontra em seu atual lugar.

[29] O tríade do juízo (v. 17s), a fórmula da catástrofe (v. 18), a fórmula da atuação incansável de Deus (v. 19), a constatação de o povo não ter escutado a palavra de Deus, apesar do envio constante de seus servos, os profetas (v. 19). Cf. os excursos "Expressões idiomáticas dtr para caracterizar a apostasia" e "Linguagem, estilo e terminologia deuteronomistas".

[30] Thiel II, p. 17, afirma que os v. 10-14 e v. 16-20 formam um paralelo a 24,4-10.

[31] Não confundir com os reis Acab e Sedecias. Ambos são nomes bastante comuns.

Jeremias 29: A carta aos exilados 355

causa de adultério e falsa profecia. Apesar de a linguagem que caracteriza Acab e Sedecias como profetas de "mentiras em nome de Deus" (v. 21), mas que "não foram enviados" por ele (v. 23), ser típica dos redatores deuteronomistas, o trecho pode preservar uma tradição isolada mais antiga sobre dois judaítas mortos pelo fogo na Babilônia. Talvez a narrativa tenha surgido em torno de uma maldição que circulava entre os exilados (v. 22).[32] Mas não conhecemos o fundo histórico dessa tradição. Apesar de a morte pelo fogo existir na Babilônia, ela é muito rara.[33] É muito questionável se alguém flagrado em adultério ou um pregador estrangeiro numa província babilônica teriam sido condenados à pena máxima. Talvez a narrativa tenha sido influenciada pela pena de morte prevista para crimes sexuais em Dt 22,22ss.

Os v. 24ss dão continuidade ao relato em terceira pessoa dos v. 1-7. Depois de citar a carta de Jeremias, o autor quer narrar a reação à mensagem profética. A confusão nos v. 24s, no início da retomada do relato, deve-se ao fato de os redatores entenderem o que segue como fala de Deus a Semeías, o naalamita, antecipando, portanto, o anúncio do v. 31. Isso reflete o contexto de pregação dos redatores que transmitem o texto. Acima foi apontada uma tentativa simples e plausível de reconstruir o relato original (v. 24s): "Mas Semeías, o naalamita, enviou em seu nome uma carta (ou: cartas) ao sacerdote Sofonias, filho de Maasías, no seguinte teor:...".[34] Mas mesmo sem essa tentativa de reconstrução, o sentido global do texto fica claro. Semeías é natural de uma localidade desconhecida chamada Naalam. "Naalamita" deve ser o gentílico correspondente e não um epíteto para caracterizar Semeías como "sonhador" (de *ḥalam* "sonhar").[35] Sofonias, o provável destinatário original da carta de Semeías, era um importante sacerdote, pois supervisionava o policiamento do templo de Jerusalém (v. 26). Além disso, ele é mencionado duas vezes como um dos enviados do rei Sedecias ao profeta Jeremias (21,1; 37,3). Ele exercia a mesma função que Fassur (20,1ss), mas aparentemente não foi seu sucessor imediato, já que este, de acordo com o texto, se chamava Joiada, de resto desconhecido.[36] Além de Sofonias, são mencionados como

---

[32] Wanke II, p. 265.
[33] Rudolph, 1968, p. 185; Fischer II, p. 105.
[34] Duhm, 1968, p. 235; cf. acima nota 13.
[35] Cf. Fischer II, p. 106.
[36] Esse Joiada não deve ser confundido com seu xará de 2Rs 11,4ss, que viveu dois séculos antes.

356 *Segunda parte: Relatos e promessas de salvação – Jeremias 26-45*

destinatários da missiva de Semeías "todos os sacerdotes" e "todo o povo de Jerusalém". Esses foram incluídos para atestar a publicidade de seu conteúdo, de forma análoga à ampliação dos destinatários da carta de Jeremias, em 29,1.[37]

Cabia ao chefe da polícia do templo zelar pela ordem. Essa podia ser perturbada pela presença de "homens insanos" (*'ish m^{e}shuga'*) e de pessoas que se "fazem passar", ou seja, se comportam como profetas (a raiz *naba'* no tronco *hitp.*). A formulação dá a entender que, conforme Semeías, não havia grandes diferenças entre profetas e pessoas insanas. Provavelmente se pensa, aqui, no fenômeno do êxtase que caracterizava muitos profetas (cf. 1Sm 19,19ss). Em sua carta, Semeías repreende Sofonias por ele não ter agido com o devido rigor com Jeremias, tal qual o fizera Fassur (20,1s). Por ter essa autoridade de repreender um sacerdote tão importante como Sofonias e por ter uma visão tão negativa dos profetas, Semeías provavelmente também ocupava um cargo importante na hierarquia sacerdotal; ele certamente não foi um "profeta da mentira" (v. 31b). Essa pecha de falso profeta ele recebe, assim como Fassur em 20,6, da redação dtr certamente por ter-se colocado contra Jeremias.

A carta de Semeías contém uma interpretação da missiva de Jeremias, da qual é citado o início – "Edificai casas e morai [nelas]! Plantai pomares e comei de seus frutos!" (v. 28) –, ao qual é anteposta a interpretação: "Será longo!" Essa interpretação está correta, pois os imperativos pressupõem a duração do exílio. Ela mostra que a mensagem de salvação de Jeremias não veio ao encontro da expectativa de grupos de exilados que esperavam um retorno imediato à pátria. Para esses grupos a mensagem não foi um anúncio de salvação. Após o sacerdote Sofonias dar conhecimento da carta recebida de Semeías, Jeremias recebe a incumbência de escrever uma segunda vez aos exilados com um anúncio de juízo a Semeías (v. 29-32).[38] Não se trata, aqui, de um gesto de vingança. Já que Semeías não aceita a salvação anunciada por Jeremias, ele e sua família também não participarão dela.

---

[37] Assim, por último, Graupner, 1991, p. 90.
[38] Quanto a "pregar a rebelião contra YHWH", cf. Dt 13,6; Jr 28,16.

A vida dos exilados na Babilônia

A carta de Jeremias enviada aos judaítas exilados para a Babilônia em 597 revela alguns aspectos da vida dessas pessoas desarraigadas. O teor da carta citada pelo biógrafo (v. 4-7) contém incentivos a realizar tarefas bem concretas: construir casas, plantar pomares e constituir famílias. Não há motivos para duvidar de que essas ordens podiam, de fato, ser cumpridas. Os exilados não viviam, portanto, encarcerados, mas tinham uma certa liberdade para cuidar de suas próprias vidas. Tampouco eram escravos que podiam ser vendidos. Tinham a oportunidade de possuir casas e pomares próprios e ter uma vida familiar quase normal. Certamente os exilados judaítas tinham que prestar serviços à coroa babilônica. Os cargos e as profissões das pessoas exiladas dão alguns indícios. O rei Joiaquin, sua família e alguns funcionários do corte certamente permaneceram na capital. Havia um interesse político em manter os reis de territórios subjugados sob controle dos monarcas caldeus. Esses reis representavam um trunfo para o caso de haver rebeliões nos respectivos territórios. Muitos deles recebiam tratamento especial. Um texto extrabíblico informa que o rei Joiaquin recebia uma quantia de azeite para si e seus cinco filhos (cf. também 2Rs 25,27-30). Os soldados e oficiais do exército judaíta exilados (2Rs 24,12.14) provavelmente foram incorporados ao exército babilônico. Grande parte dos artesãos – ferreiros, serralheiros e carpinteiros (2Rs 24,14) – eram muito úteis na indústria bélica e em projetos da coroa, como na construção de canais de irrigação (Sl 137). Os nomes de algumas localidades onde os judaítas foram assentados também podem ser um indicativo de como viviam. Ezequiel menciona a localidade de Tel-Abib junto ao rio Cobar (Ez 1,1.3; 3,15.23; 10,15.22; 43,3). Esse rio ou canal (em acádico *nar kabari* = "canal grande") atravessava a antiga cidade de Nipur e é, muitas vezes, identificado com o atual *shatt en-Nil.* Tel-Abib (*til abubi*, em acádico) significa "ruínas do dilúvio", ou seja, ruínas muito antigas. A partir desse topônimo pode-se deduzir que muitos judaítas foram assentados em cidades destruídas que precisavam ser reconstruídas ou cujas áreas agrícolas necessitavam de trabalhadores para reativá-las. Esd 2,59 menciona outras duas localidades com o indicativo Tel (*tell* = "ruínas"): Tel-Melá e Tel-Harsa.

Sabe-se também que os babilônios costumavam assentar cativos em colônias étnicas. Por viverem juntos no mesmo lugar, havia a possibilidade de grupos judaítas preservarem seus costumes e sua cultura. Isso foi um fator importante para a preservação da identidade e fé israelitas. Mas certamente também não era raro que judaítas se sentissem atraídos pelas pomposas procissões religiosas da Babilônia e se convertessem ao culto a Marduc. O confronto da fé israelita com a religião babilônica, porém, exigiu dos exilados uma profunda reflexão sobre sua própria fé. Nesse contexto algumas tradições, em parte antigas, ganharam nova importância, como a circuncisão, o descanso sabático e a dieta alimentar.

Nas colônias judaítas, a organização da vida passou novamente aos chefes de família, os "anciãos". Não é acaso que a carta de Jeremias é endereçada especialmente aos anciãos (29,1), pois são eles que determinam onde construir casas, plantar pomares, são eles que realizam os acordos matrimoniais e representam o povo (cf. Ez 8,1; 14,1; 20,1). Assim também se explica a grande importância que os anciãos tiveram na comunidade pós-exílica.

Apesar do dito acima, a vida das pessoas desarraigadas não era fácil. Muitas pessoas haviam perdido suas propriedades e sua posição social. Muitos tiveram problemas de integração numa cultura totalmente diferente. Mas o arquivo da casa bancária *bin Murashu*, mais de um século depois das deportações (455-403), revela que grande parte da população judaíta estava plenamente integrada à sociedade babilônica, gozando dos mesmos direitos que os babilônios. Registros bancários mostram que alguns judaítas até experimentaram certa ascensão social e econômica. Isso se depreende também das generosas contribuições dadas ao grupo de judaítas que queriam retornar a Jerusalém após o édito de Ciro (Esd 2,68s; 8,24ss; Zc 6,10s). Além disso, muitos descendentes dos exilados estavam tão bem integrados na sociedade babilônica que preferiram não retornar à antiga pátria. (Donner, 1997, p. 435-439; Albertz, 2001, p. 65-116; Kilpp, 1988, p. 9-20; Eph'al, 1978, p. 74-90.)

JEREMIAS 30-33: PROMESSAS DE SALVAÇÃO

O complexo contra os profetas (Jr 27-29) termina com um anúncio de salvação aos judaítas exilados na Babilônia (Jr 29,4-7[.10-14]). Esse fato influenciou a inclusão, por parte dos redatores dtr, de um conjunto de textos que tratam do tema salvação (Jr 30-32[33]). O capítulo 32, que está em prosa marcadamente dtr, gira em torno da palavra de salvação aos habitantes de Judá (32,15), formando, assim, com o capítulo 29, uma moldura em torno do conjunto Jr 30-31. O capítulo 33 geralmente é considerado uma complementação mais recente.

JEREMIAS 30-31: O "LIVRO DA CONSOLAÇÃO"

Os capítulos 30 e 31 formam o cerne desse complexo de salvação e são chamados "livro da consolação (de Efraim)" (cf. 31,9.13). Eles são majoritariamente poéticos e provavelmente circularam como panfleto avulso (v. 2: *sêfer* "livro") antes de este ser introduzido pelos redatores no atual contexto literário.

Os ditos desse "livro" não podem ser considerados todos jeremiânicos. Um bloco de anúncios de salvação como esse facilmente atrai complementações que expressam expectativas de gerações posteriores. Há, no entanto, ditos com linguagem, estilo e teologia característicos de Jeremias, que podem ser considerados autênticos ainda que embrulhados em material de épocas posteriores. Antecipo, aqui, minha visão sobre o provável surgimento de Jr 30s. No capítulo 30, temos ditos jeremiânicos que antecipam o futuro juízo contra Judá e Jerusalém em 30,5-6 e 30,12-15. Esses foram, após a catástrofe de 587, reutilizados em outro contexto. Em celebrações litúrgicas de lamentação no exílio, esses ditos se transformaram em descrições da angústia vivida pelo povo, que, por sua vez, receberam os tradicionais oráculos de salvação (30,10s; 30,16s).[1] No capítulo 31, podem ser atribuídos ao profeta, pelo menos, os trechos 31,2-6.15-17.18-20. Esses têm como destinatários os habitantes do extinto reino do norte, Israel (Efraim, Raquel), ou os descendentes daqueles que, por ocasião da conquista de Samaria, em 722, fugiram de Israel para o sul, inclusive para a região em torno de Anatot, cidade natal de Jeremias. Esses ditos fazem parte, portanto, juntamente com trechos de Jr 3, da primeira fase de atuação de Jeremias.[2] No exílio, os ditos de salvação aos remanescentes do antigo reino do norte e o material litúrgico foram reunidos num pequeno livro, que recebeu alguns acréscimos pré-deuteronomistas como os trechos em prosa 30,8s e 31,23-25. Esse livrinho recebeu a introdução: "Estas são as palavras que YHWH falou a Israel e a Judá" (30,4). A redação deuteronomista colocou esse livrinho no atual contexto literário e o complementou com expectativas de salvação próprias, como 31,1.27s.29s.31-34, e lhe antepôs uma nova introdução (30,1-3). Por fim, deve-se contar, ainda, com acréscimos pós-deuteronomistas como 31,7-14.35-40. Há vezes em que não se tem certeza quanto a qual fase pertencem determinados textos.

---

[1] Sobre o assunto, cf. Kilpp, 2017, p. 117ss.
[2] Quanto a essa primeira fase de atuação profética, cf. Kilpp, 2013, p. 43ss.

JEREMIAS 30

30,1-3.4 Introdução

30,1 A palavra que veio a Jeremias da parte de YHWH: 2 "Assim disse YHWH, o Deus de Israel: 'Escreve para ti em um livro todas as palavras que te falei. 3 Pois eis que virão dias – dito de YHWH – em que mudarei a sorte de meu povo Israel e Judá – disse YHWH – e os farei retornar à terra que dei a seus pais para que dela tomem posse'".
4 Estas são as palavras que YHWH falou a Israel e a Judá.

A coletânea Jr 30s inicia com uma dupla introdução: v. 1-3 e v. 4. Presume-se que a essa dupla introdução corresponda uma dupla conclusão, de modo que o livro estaria dentro de uma dupla moldura. Enquanto a moldura inicial é bastante clara, a moldura final, no entanto, é mais difícil de discernir. Presume-se que 31,26 seja o comentário de um leitor ("Nisso despertei e abri os olhos, e meu sono tinha sido agradável.") colocado no final do panfleto original. O trecho que o antecede (Jr 31,23-25) teria formado, então, a moldura final interna; a moldura final externa poderia ser, nesse caso, 31,27-34, que culmina com a conhecida promessa da nova aliança (v. 31-34).

A moldura externa (30,1-3; 31,27-34) contém linguagem marcadamente dtr, deve provir, portanto, dos redatores que introduziram a coletânea no atual contexto, entre os capítulos 29 e 32; a moldura interna (30,4; 31,23-25), por sua vez, não contém linguagem típica da redação, devendo, portanto, ser pré-dtr. Isso fica bem evidente nas introduções (moldura inicial). Jr 30,1 apresenta o título característico dos redatores ("A palavra que veio/foi dirigida a Jeremias da parte de YHWH"; cf. 7,1; 11,1; 18,1 e.o.); o v. 3 utiliza a fórmula escatológica ("eis que virão dias"; cf. 7,32; 19,6; 23,7 e.o.) e a figura etimológica *shub shebut* ("volver a volta" no sentido de "mudar o destino/a sorte"; cf. Dt 30,3; Jr 29,14; 32,44; Am 9,14), também típicas da escola dtr. Além disso, Jr 30,3 apresenta os temas preferidos da redação: o retorno dos exilados à pátria, à terra prometida aos pais (cf. 7,7; 16,15; 24,6 e.o.).[3]

O v. 4 é uma introdução independente, ou seja, não pode ser continuação de 30,1-3. O pronome demonstrativo ("estas") aponta

---

[3] Cf. Kilpp, 2017, p. 115, também para o que segue.

362 *Segunda parte: Relatos e promessas de salvação – Jeremias 26-45*

para as palavras que seguem. O v. 4 não menciona Jeremias como receptor e transmissor das palavras de YHWH. Mas a forma e o conteúdo dos trechos arrolados como autênticos acima não deixam dúvidas quanto à origem jeremiânica. Para o autor dessa introdução mais antiga talvez ainda não houvesse necessidade de mencionar o profeta, por ser algo óbvio. Para os redatores dtr, no entanto, era necessário deixar claro quem proferiu e registrou essas palavras de Deus no "livro". "Todas as palavras que te falei" (30,2) referem-se às que se encontram no livro que segue. A expressão, no entanto, alude a 36,2, onde Baruc escreve as palavras ditadas por Jeremias num "livro". Assim, os redatores conseguem traçar um paralelismo entre esses dois "livros". Enquanto Jr 36 reúne as palavras proféticas de juízo, o livro que segue reúne as palavras de salvação.

Ambas as introduções mencionam "Israel e Judá" como destinatários.[4] Isso condiz com o afirmado na introdução acima: os textos autênticos em Jr 30 preservam anúncios de juízo contra Judá e Jerusalém e os textos que, em Jr 31, mencionam Samaria, Efraim e Raquel se destinam aos descendentes dos antigos habitantes do reino do norte, Israel. O capítulo 30 não contém ditos ao reino do norte. Aí, os nomes "Israel" e "Jacó" (30,7.10.18) devem ser entendidos em sua dimensão teológica: todo o povo eleito de Deus.[5]

As fórmulas do mensageiro ("Assim disse YHWH") e da citação ("dito de YHWH") estruturam o capítulo 30 da seguinte maneira:

30,5-11: primeira unidade litúrgica, com um acréscimo (v. 8s);
30,12-17: segunda unidade litúrgica;
30,18-21: terceira unidade litúrgica;
30,22-31,1: um acréscimo (v. 23s) emoldurado por temas e linguagem dtr (30,22; 31,1).

---

[4] O editor do texto de Jeremias na BHS, W. Rudolph, 1968, p. 188s, propõe cortar "Judá" em 30,3.4, mas essa conjetura se baseia na suposição de que os conteúdos de Jr 30s se dirijam unicamente ao reino do norte e que as alusões a Judá sejam secundárias.

[5] Cf. Thiel II, p. 22; Kilpp, 2017, p. 116, e o excurso "O uso de 'Israel' no livro de Jeremias", sob 2,14-19.

Jeremias 30   363

Jr 30,5-11 Salvação da angústia

5 Assim disse YHWH:
"Ouço[6] gritos de pavor; há terror e não paz!
6 Interrogai e vede se um homem pode dar à luz!
Por que vejo todos os homens com as mãos nos quadris
como mulheres em trabalho de parto?[7]
Por que todos os rostos se tornaram lívidos?
7 Ai! pois grande é aquele dia, não há outro igual a ele!
Um tempo de angústia para Jacó, mas dele será salvo!
8 E naquele dia – dito de YHWH dos Exércitos – eu quebrarei seu
jugo sobre seu[8] pescoço e rebentarei suas[8] cadeias, e estrangeiros
não mais o reduzirão à servidão. 9 Então servirão a YHWH, seu
Deus, e a Davi, seu rei, o qual estabelecerei para eles.
10 Mas tu, Jacó, meu servo, não temas – dito de YHWH –
e não te apavores, Israel!
Pois eis que te salvarei de terras distantes
e teus descendentes da terra de seu cativeiro.
Jacó voltará a ter sossego,
viverá tranquilo sem que ninguém o assuste.
11 Pois eu estou contigo – dito de YHWH – para te salvar!
Sim, darei um fim a todas as nações,
para onde te dispersei.
Mas a ti não darei um fim.
Castigar-te-ei na justa medida,[9]
mas não te deixarei totalmente impune!"[10]

---

[6] De acordo com Rudolph, 1968, p. 188, que sugere ler a 1ª p. sing. em vez do plural "ouvimos", em analogia à 1ª p. sing. usada no v. 6 ("vejo"). O plural pode refletir o uso litúrgico das palavras do profeta repetidas pela comunidade. Schmidt II, p. 110s, mantém o plural, pois entende que o versículo cita a reação de pessoas atingidas: "ouvimos gritos de pavor...".

[7] Essa linha verte a expressão *kayyoledah* ("como a parturiente") e falta na LXX. Rudolph, 1968, p. 190, a considera uma glosa explicativa, já que também extrapola a métrica (cf. BHS).

[8] Prefira-se a 3ª p., de acordo com a LXX, em vez da 2ª p. do TM, já que é a 3ª p. que aparece nos v. 8b.9 (Rudolph, 1968, p. 190). A mudança para a 2ª p. é tentativa de adequar o dito à situação do liturgo que transmite o oráculo de salvação à comunidade (v. 10s).

[9] Literalmente "conforme o direito".

[10] Os v. 10s não constam na LXX. Eles aparecem quase que literalmente em 46,27s, no final dos ditos sobre o Egito. Neste último contexto, os versículos aparecem na LXX. Geralmente se afirma que a LXX tende a omitir um texto quando ele aparece pela segunda vez no livro. De fato, Jr 30 TM (= Jr 37 LXX) é a segunda ocorrência do texto na sequência dos capítulos da LXX, onde o dito contra o Egito (Jr 46 TM) aparece

364 *Segunda parte: Relatos e promessas de salvação – Jeremias 26-45*

A unidade literária é composta de dois trechos poéticos (v. 5-7.10s) separados por dois versículos em prosa (v. 8s). Por causa da forma prosaica, do conteúdo e da inconsistência formal,[11] os v. 8s devem ser considerados secundários no atual contexto. Os dois trechos poéticos formam uma unidade litúrgica formada pelos dois elementos característicos de um lamento: descrição da situação de aflição (v. 5-7) e oráculo de salvação (10s). A unidade tem seu paralelo no segundo texto poético do capítulo: descrição da aflição (v. 12-15) seguida de oráculo de salvação (v. 16s).

Apesar da fórmula do mensageiro no início do v. 5, o que segue não é fala divina. Os verbos ("ouço", "vejo") mostram que, aqui, se trata do relato de uma visão e audição do profeta. O que mais causa estranheza, no entanto, é que o complexo de palavras de salvação inicia com gritos de pavor e descreve o terror que atinge até os mais valentes (v. 5-6). A imagem da mulher em trabalho de parto é usada com frequência nos anúncios de juízo do profeta contra Judá e Jerusalém.[12] O trabalho de parto e as dores que o acompanham são descritos em seus mais diversos aspectos e com terminologia variada. Em 30,6, os homens estão na posição de uma mulher prestes a dar à luz: estão imóveis e lívidos e, por causa das cólicas, pressionam com força o assoalho pélvico (cf. 49,22). Também a expressão "não (há) paz" é frequente em anúncios de juízo de Jeremias.[13] Qual a função desse anúncio de juízo numa palavra de salvação?

O v. 7 ainda não consegue responder a essa pergunta de forma direta. Ele apenas aponta para um dia no futuro, incomparavelmente trágico. Provavelmente se alude ao "dia de YHWH", o dia em que as nações opressoras serão destruídas,[14] mas no qual também o povo de Israel não será poupado.[15] O final do versículo afirma, no entanto, que no grande dia da angústia Jacó/Israel será salvo. A salvação brotará dentro da situação de sofrimento. A temática do dia de YHWH é incomum na teologia de Jeremias. Aqui a expressão não mais aponta para um futuro escatológico. O autor

---

. em Jr 26 LXX (cf. Wanke II, p. 273; Schmidt II, p. 115). O trecho faz mais sentido no contexto do livro da consolação, sendo, portanto, aqui seu provável lugar original.

[11] Cf. Kilpp, 2017, p. 115, 117s, também para o que segue.

[12] Jr 4,31; 6,24; 13,21; 22,23.

[13] Jr 6,14; 8,15 (=14,19); 12,12. Em 13,23 também aparece a imagem da transformação da cor da pele como em 30,6.

[14] Is 2,10-17; Jl 2,1-11; 3,3-5; Ab 15-21; Sf 1,7.14-18; sobre o dia de YHWH cf. Niewöhner, 2020.

[15] Am 5,18-20

Jeremias 30

do v. 7 já vive na situação de sofrimento causada pelo grande dia. O anúncio de juízo profético pôde ser usado, após sua concretização, como um lamento da comunidade litúrgica no exílio, que, agora, aguarda de seu Deus a salvação. "Jacó" designa todo o povo de Israel. Prefere-se, aqui, o termo "Jacó" por ser mais pessoal e, assim, expressar maior proximidade e afeição do que "Israel".[16]

Os v. 8s querem dar conteúdos concretos ao "grande dia" mencionado no v. 7. Para o autor, a salvação "naquele dia" consiste numa mudança política radical: libertação da opressão do domínio estrangeiro e independência política com um governante próprio. O "jugo" da servidão, que será quebrado por Deus, remete ao gesto simbólico de Jr 27, onde o jugo carregado pelo profeta representa a submissão das nações ao domínio babilônico. Ou seja, a mensagem de 30,8s é oposta à de 27,11. O anúncio de Hananias (28,11), considerado mentiroso antes de 587, pode, em outro contexto, tornar-se autêntica promessa divina. A palavra de Deus pode mudar de acordo com a situação para dentro da qual é proclamada. Aqui, o autor vive depois da queda da monarquia judaíta e espera o fim do domínio estrangeiro, provavelmente babilônico.[17] O povo terá um novo governo, a quem "servirá": YHWH e Davi. Aqui se pensa num governo teocrático, ou seja, num governante que se orienta na vontade divina. Davi tornou-se personagem simbólico de um governo autônomo (Os 3,5; Ez 34,23s; 37,24s). Não se fala de um descendente de Davi, mas de um governante semelhante a Davi.

Os v. 10s são a continuação de 30,5-7: ao lamento segue o oráculo de salvação. As conexões entre os dois elementos litúrgicos estão claras: a fórmula tranquilizadora ("Não temas!") contrasta com o pavor e o terror descritos em 30,5; retoma-se o destinatário da salvação, "Jacó", do v. 7.[18] O "não temas" e a fórmula da companhia divina ("eu estarei contigo") são elementos típicos do oráculo de salvação. Esse é a resposta divina aos suplicantes que trazem suas dores a Deus no contexto do culto.[19] Essa resposta é dada por um liturgo, que pode ser um sacerdote ou um profeta vinculado ao culto. O oráculo utiliza o tratamento carinhoso "Jacó, meu servo", que expressa pertença divina e ligação especial entre

---

[16] Cf., p. ex., Wanke II, p. 272.

[17] Em Is 10,27, o jugo estrangeiro a ser quebrado é o assírio.

[18] Além disso, o passivo divino "será salvo" do v. 7 reaparece no "eu te salvarei" (v. 10); o anúncio de juízo contra as nações (v. 11) repercute o dia de YHWH (v. 7).

[19] O oráculo de salvação é muito frequente em Dêutero-Isaías; cf. Is 41,8-10.14-16; 43,1-7; 44,1-5; e Schmitt, 2020.

366 *Segunda parte: Relatos e promessas de salvação – Jeremias 26-45*

Israel e Deus. O conteúdo da salvação será o retorno do povo à Palestina, vida tranquila na pátria e destruição das nações inimigas. As "terras distantes", para onde o povo foi exilado, provavelmente designam, além da Babilônia, também o Egito, para onde se bandearam grupos de fugitivos judaítas, e as regiões para onde os assírios levaram a elite do reino do norte, em 722 a.C. Mas a localização é bastante vaga. Uma vida tranquila no corredor sírio-palestinense, um trecho de terra cobiçado pelos impérios de todos os tempos, ainda é inconcebível sem a destruição das potências da hora. Um tanto inusitada, no oráculo de salvação, é a afirmação "Castigar-te-ei na justa medida, mas não te deixarei totalmente impune" (v. 11). Ela somente é possível se o autor já experimentou a situação de "castigo" e o entende por merecido e, ao mesmo tempo, limitado e temporário. Assim, Deus é considerado justo e, ao mesmo tempo, também gracioso, pois o castigo terá um fim, já que não é sua última palavra (10,24).

Jr 30,12-17 Da doença à cura

12 Sim, assim disse YHWH:
"Incurável é tua fratura,
sem remédio, tua ferida.
13 Não há quem defenda tua causa[20],
não há cura para a úlcera,
nem cicatrização para ti.
14 Todos os teus amantes te esqueceram,
eles não te procuram,
pois te feri com ferimento de inimigo,
uma correção cruel,
por causa da quantidade de teus delitos
e da multidão de teus pecados.
15 Por que gritas por causa de tua fratura,
que tua dor é incurável?

---

[20] A frase "não há quem defenda tua causa" pode ser uma inclusão, pois destrói a métrica e não cabe na imagem da ferida que perpassa o texto (cf., por último, Schmidt II, p. 117, nota 1).

Jeremias 30 367

Por causa da quantidade de teus delitos
e da multidão de teus pecados
é que te tratei dessa maneira![21]
16 Mas[22] todos os que te devoraram serão devorados.
e todos os teus adversários, todos eles[23] irão ao cativeiro,
todos os que te saqueavam se converterão em objetos de saque,
todos os que te apresavam, eu os transformarei em presa.
17 Porque eu te trarei a cura
e tuas feridas irei sarar – dito de YHWH.
Pois te chamaram 'repudiada' – a saber: Sião –[24]
pela qual ninguém pergunta".

A segunda unidade do capítulo tem a mesma estrutura da primeira. Os v. 12-15 são um anúncio de juízo profético transformado, após sua concretização, num lamento da comunidade litúrgica sobre sua situação adversa. Esse lamento recebe uma resposta divina em forma de oráculo da salvação (v. 16s). Não resta dúvida sobre a origem jeremiânica dos v. 12-15.[25] A fórmula do mensageiro (v. 12) introduz uma fala divina para uma 2ª p. f. sing., a qual deve ser identificada com Judá ou, mais provavelmente, Jerusalém, como o faz a glosa do v. 17. A visão descreve, originalmente, uma situação de aflição futura. A imagem predominante é a de uma mulher ferida e doente. Essa imagem é utilizada por Jeremias, com frequência e com riqueza de vocabulário, para descrever a ruína e destruição futura de Judá e Jerusalém.[26] Também

---

[21] O v. 15 falta na LXX, talvez para evitar a repetição da frase de 14bβ: "por causa da quantidade de teus delitos e da multidão de teus pecados". Rudolph, 1968, p. 190, pelo contrário, prefere cortar o v. 14bβ por ser antecipação indevida de 15b; v. BHS.

[22] A conjunção *laken* tem normalmente significado conclusivo ("por isso"). Aqui, no entanto, se espera uma conjunção adversativa (cf. Bíblia de Jerusalém). Rudolph, 1968, p. 192, corta a conjunção por entendê-la como ditografia da última palavra do v. 15, *lak* ("te"). De acordo com Kilpp, 2017, p. 123, a relação causal entre o início do v. 16 e os v. 12-15 pode advir do contexto litúrgico. V. a interpretação.

[23] "Todos eles" falta na Vulgata e na Siríaca.

[24] A expressão marcada por duplo travessão é glosa que identifica a pessoa "repudiada" com Jerusalém.

[25] Kilpp, 2017, p. 122.

[26] O substantivo *shéber* ("quebradeira") designa tanto a "ruína/desastre" de um país quanto a "destruição" de uma construção e a "ruptura" de um membro ou "ferida" de uma pessoa (4,6.20; 6,1; 8,21; 10,19 e.o.), enquanto *makkah* significa o "golpe" ou "ferimento" (10,19; 14,17). Frequentes são também os adjetivos *'anush*, "incurável/fatal" (15,18; 17,16) e *nahalah*, "grave/incurável", "sem remédio" (10,19; 14,17). Menos frequente é o termo *te'alah* ("cura"; literalmente "cicatriz[ação]", ou seja, a pele que cobre a ferida: 8,22; 46,11).

a imagem dos "amantes" é bem conhecida na mensagem profética. Eles representam os aliados políticos de Judá/Jerusalém que abandonam a "amiga" no momento decisivo (4,30; 22,20.22). A ferida incurável é consequência dos muitos delitos do povo e, ao mesmo tempo, castigo divino. O Deus pedagogo, que aplica o corretivo (*musar*) no aluno indisciplinado, transforma-se em inimigo que fere gravemente seu povo (v. 14). Esse futuro funesto previsto pelo profeta pôde ser relido, após sua concretização, como descrição da realidade desoladora que aflige a comunidade do autor. Os gritos sem justificativa do povo na pergunta retórica do profeta (v. 15) se transformam num autêntico clamor por ajuda da comunidade exílica.

Os v. 16s são a resposta a esse clamor. Apesar de não apresentarem a forma de um oráculo de salvação, eles exercem a mesma função. No contexto de culto, o sofrente que traz sua dor e súplica à presença divina tem a esperança de receber uma resposta positiva de Deus. A certeza de receber essa resposta pode ter sido o motivo de se usar a conjunção *laken* na costura entre lamento e resposta divina: só o lamento já basta para provocar a intervenção misericordiosa de Deus.

A salvação se concretiza de duas formas: as nações opressoras serão castigadas (v. 16) e a ferida do povo será curada (v. 17). No lamento dos v. 12-15, o sofrimento do povo é causado pelo próprio Deus; aqui, no v. 16, no entanto, ele é causado pelas nações inimigas. Apesar de essas aparentemente terem agido com a anuência de YHWH, elas têm que responder por seus atos. O mesmo mal que praticaram recairá sobre elas. O pedido por vingança contra as nações opressoras é elemento recorrente nos salmos de lamentação coletiva (Sl 79; 83; 137). Na mente da comunidade exílica, a "cura" (v. 17) somente é possível com uma mudança política radical. Em sua desolação, o povo de Jerusalém se sente rejeitado ("repudiado") pelas outras nações e pelo próprio Deus como se fosse alguém com uma doença contagiosa. Mas o Deus que fere também é o Deus que cura.

Jr 30,18-31,1 Restauração da terra e juízo dos ímpios

18 Assim disse YHWH:
"Eis que mudarei a sorte das tendas de Jacó
e terei misericórdia de suas habitações.

Jeremias 30 369

Cada cidade[27] será edificada sobre suas ruínas,
e cada palácio[27] ocupará seu lugar habitual.
19 Deles sairão cantos de ações de graças
e as vozes de pessoas alegres.
Eu os multiplicarei, para que não diminuam,
e os exaltarei e não mais serão menosprezados.
20 Seus filhos[28] serão como outrora,
e sua comunidade será estável diante de mim.
Todos os seus opressores castigarei.
21 E dele próprio[28] surgirá seu chefe,
de seu meio sairá seu governante.
Deixarei que se aproxime, e ele se achegará a mim.
De fato, quem mais penhoraria seu coração
para aproximar-se de mim? – dito de YHWH.
22 E vós sereis meu povo,
e eu serei vosso Deus".[29]
23 Eis[30] que sairá a tempestade de YHWH, um furor,
um furacão que se agita[31]
e se abate sobre a cabeça dos ímpios.
24 A ira inflamada de YHWH não se afastará
até que execute e realize os planos de seu coração.
No fim dos dias o compreendereis.
31,1 "Naquele tempo – dito de YHWH –
eu serei Deus de todas os clãs de Israel,
e eles serão meu povo."

As duas fórmulas do mensageiro (30,18; 31,2) delimitam a unidade, que é composta por duas seções (30,19-21 e 30,22-31,1), separadas pela fórmula de citação ("dito de YHWH"). A palavra de YHWH se dirige a Jacó, que, aqui, representa todo o povo de Israel (v. 20: "comunidade"). Ao contrário das duas unidades litúrgicas precedentes, não há, aqui, um sinal claro de uso litúrgico. O anúncio busca, na verdade, complementar as expectativas de salvação já expressas e dar-lhes um caráter global. A figura etimológica

---

[27] Literalmente "uma cidade" e "um palácio" (no sentido de edifício público); o singular tem sentido coletivo.

[28] De "Jacó"; os pronomes sufixos são masculinos. Mas, aqui, "Jacó" aparentemente é identificado com a "comunidade" exílica.

[29] O v. 22 falta na LXX.

[30] Os v. 23s repetem quase literalmente Jr 23,19s.

[31] Termo incerto, v. HAL, p. 176s; geralmente interpretado com o auxílio de 23,19: "um furacão que redemoinha".

370 Segunda parte: Relatos e promessas de salvação – Jeremias 26-45

shub shebut (v. 18: "mudar a sorte"), colocada em 30,3 como lema da salvação contida nos capítulos 30s, resume, também aqui, as diferentes expectativas de restauração da situação anterior à catástrofe de 587 (v. 20: "como outrora"). Há muitos conteúdos reunidos nessa unidade. Predomina a ideia da inversão da realidade existente. Quer-se marcar o fim da situação de juízo e o início de uma nova época. As moradas destruídas (9,10; 10,20) serão reedificadas: cada cidade sobre suas próprias ruínas (*tell*); cada cidadela ou prédio público em seu lugar costumeiro. Tudo voltará a ser como antes. A volta da alegria (v. 19) revoga o anúncio de 16,9: "Eis que farei cessar... o grito de júbilo e o grito de alegria". Em vez de lamentos (8,18ss; 9,9ss.16ss e.o.), haverá gritos de alegria e hinos de louvor e ação de graças (v. 19). A população de Judá, dizimada pela guerra, deportação e fuga (9,18; 10,20), voltará a ser numerosa. A multiplicação do povo será acompanhada pela reabilitação de sua honra: em vez de "repudiado" (30,17), ele será exaltado (v. 19). Também se retomam promessas de salvação de outros contextos. O verbo "edificar" retoma um dos termos-chave da atuação salvífica de Deus: "plantar" e "edificar" (1,10; 31,4). A promessa de multiplicação da população alude à exortação de Jr 29,6: "Multiplicai-vos e não diminuais!". O fim da opressão estrangeira (v. 20) repete os anúncios de 30,8.16.

Também o anúncio de um novo governante (v. 21) retoma e amplia a expectativa de um rei à semelhança de Davi de 30,9. Há algumas diferenças entre essas duas visões do futuro governante. Ao contrário de 30,9, o v. 21 não utiliza o termo "rei", talvez por ter uma carga bastante negativa. Usam-se os termos genéricos "governante" (*moshel*; cf. Mq 5,1) e "grande", "nobre", "chefe" (*'addir*), menos carregados e precisos. Tampouco se faz referência a Davi e a sua descendência. O que mais chama a atenção, no entanto, é que não se fala da atuação propriamente política desse governante, mas de sua função sacerdotal como intermediário entre Deus e a "comunidade" (*'edah*). A aproximação de um humano de Deus sempre é algo perigoso. Somente a pessoa escolhida pode achegar-se a Deus sem correr risco de vida. É óbvio que essa dupla função somente alguém do próprio povo pode assumir (cf. Dt 17,15). Aparentemente uma única pessoa assume ambas as funções: a sacerdotal e a política ("real"). Era essa a necessidade da comunidade pós-exílica (*'edah*) para garantir sua estabilidade (v. 20)?

A segunda seção (30,22-31,1) está emoldurada pela fórmula da aliança. Essa é elemento tradicional da teologia dtr (7,23; 11,4; 24,7). O v. 22 se dirige a uma 2ª p. m. pl.: o discurso direto revela

Jeremias 30 371

o contexto de pregação. Aparentemente se busca incorporar as diversas expectativas concretas nessa relação fundamental do povo com seu Deus: a aliança.[32]

O cerne da seção (v. 23s) é formado por um trecho que já apareceu no contexto da coletânea sobre os profetas (23,19s). Ele tem uma perspectiva escatológica ("no fim dos tempos"). Mas quem são os ímpios? As nações estrangeiras opressoras (v. 20)?[33] No contexto de uma comunidade pós-exílica preocupada com sua preservação, é mais provável que os ímpios sejam grupos desestabilizadores dentro da própria comunidade.[34] Evidencia-se, aqui, a consciência de que, na realidade, a salvação não é plena. Ela somente será perfeita no fim dos tempos, quando não mais predominarem grupos que desintegram o espírito comunitário. Jr 31,31-34 vai expressar essa ideia de outra forma: a salvação perfeita acontecerá com o perdão dos pecados e a transformação de todos os corações.

O versículo 31,1 é, ao mesmo tempo, o fechamento de Jr 30 e a transição para Jr 31. Deus retoma a fala e anuncia, para o futuro ("naquele tempo"), a relação de mútua pertença entre YHWH e seu povo, aqui designado "todos os clãs de Israel". O clã (*mishpahah*) é o grupo de parentesco consanguíneo mais amplo do que a família que vive na mesma "casa" (*bet 'ab*).[35] O termo lembra Gn12,3: Abraão será uma bênção a todos os "clãs" da terra.

---

[32] Schmidt II, p. 123.
[33] Rudolph, 1968, p. 193.
[34] Schmidt II, p. 124.
[35] Thiel, 1993, p. 29ss.

JEREMIAS 31

O capítulo 31 é composto de diversas unidades menores identificadas pela fórmula do mensageiro (31,2.7.15.23.35), pela fórmula escatológica (31,27.31.38) e pelo convite para ouvir (31,10). Essas unidades menores são de proveniência diversa, podendo-se encontrar material jeremiânico nos anúncios destinados aos habitantes do antigo reino do norte, Israel, ou a seus descendentes (31,2-5[6].15ss). De resto, postulam-se vários trechos redacionais, como já visto na introdução ao "livro da consolação". Não há, no entanto, consenso sobre a matéria. A diversidade de origem se manifesta também na diversidade de destinatários e, por conseguinte, no uso diferenciado do nome "Israel". Quando se encontra em paralelo com Efraim e Raquel ou vinculado à região montanhosa de Samaria, Israel designa os habitantes do antigo reino do norte (p. ex. 31,4-6.15-17.18ss). O mesmo acontece quando Israel está lado a lado com Judá, ou seja, quando as mensagens são destinadas a ambos os reinos (31,23.27.31). Mas Israel pode também designar o povo eleito do passado (31,2) ou todo o povo para o qual está reservada a salvação futura (31,1.33).[1] Às vezes não mais se pode distinguir um significado do outro. Essas observações todas decorrem da complexa história de Jr (30-)31.

Jr 31,2-6 Restauração de Israel

2 Assim disse YHWH:
"Encontrou graça no deserto
um povo que escapara da espada.
A caminho[2] de seu lugar de descanso[3] estava Israel,
3 quando YHWH lhe[4] apareceu de longe:
'Com amor eterno te amei,
por isso te conservei a lealdade por muito tempo.
4 Quero edificar-te de novo, e serás reedificada,
ó virgem Israel!
Novamente te enfeitarás com teus tamborins
e sairás em meio a danças alegres.[5]

---

[1] Cf. o excurso "O uso de 'Israel' no livro de Jeremias".
[2] O infinitivo absoluto normalmente não tem função adverbial; talvez se deva pressupor metátese e ler um particípio (cf. BHS).
[3] De acordo com Vulgata e Targum; cf. BHS.
[4] De acordo com a LXX; TM lê sufixo da 1ª p. sing. ("a mim"); cf. BHS.
[5] Literalmente "na dança de pessoas alegres".

Jeremias 31   373

5 Novamente plantarás vinhas
sobre as montanhas de Samaria.
Aqueles que plantarem também colherão!
6 Sim! virá o dia em que vigias clamarão
sobre a montanha de Efraim:
Levantai-vos! Subamos a Sião,
a YHWH, nosso Deus!'".

A primeira unidade é introduzida pela fórmula do mensageiro, mas a fala divina começa apenas com 3b: "com amor eterno te amei...". O que antecede é uma retrospectiva histórica feita pelo profeta, à semelhança de Jr 2,2: "Lembro-me de ti, da devoção de tua juventude, do amor da época de teu noivado, quando me seguias no deserto, em uma terra em que não se semeia". Aqui também aparecem o "amor" (*'ahabah*) e a lealdade/devoção (*ḥésed*) bem como a caminhada no "deserto". A retrospectiva lembra o início da relação amorosa entre Deus e o povo de Israel. O motivo do deserto como lugar onde Deus escolheu seu povo provém de Os 9,10: "Achei Israel como uvas no deserto" (cf. Os 2,16s; 11,1). O amor que Deus demonstrou no passado, ao libertar o povo da escravidão no Egito (os que "escaparam" da espada; cf. Êx 5,21; 18,4), guiá-lo pelo deserto, manifestar-se a ele no Sinai (manifestar-se "de longe") e levá-lo à terra prometida ("lugar de descanso"; cf. Êx 33,14), não esmoreceu na situação de juízo: seu "amor é eterno" e a "lealdade" ficou preservada por "muito tempo".[6]

Destinatários desse primeiro trecho são os habitantes do antigo reino do norte. Em todo caso, a salvação se realizará na região da Samaria. Jeremias lembra o juízo ocorrido com o reino do norte, Israel, em 722, e anuncia à população que não foi deportada e aos descendentes que vivem em Judá um novo início, assim como o fizera em 3,12s. Aqui, a salvação não consiste, portanto, no retorno dos israelitas deportados pelos assírios por ocasião da queda da Samaria; os exilados tampouco são os destinatários dessa promessa. A presente palavra profética cabe bem na primeira fase da atuação profética, sob o reinado de Josias.[7]

A retrospectiva histórica coloca a base para a promessa: o amor de Deus do passado não se extinguiu; pelo contrário, ele é

---

[6] Kilpp, 1990, p. 137s.

[7] Em Kilpp, 1990, p. 138s, trouxe alguns indícios do caráter secundário de 31,2-3a em relação a 2,2s. Esses indícios, no entanto, não são suficientes para comprovar a inautenticidade de 31,2-3a. Se um texto apresenta linguagem e conteúdo jeremiânico, ele deve ser considerado autêntico mesmo que tenha sido reelaborado por outras mãos.

374 *Segunda parte: Relatos e promessas de salvação – Jeremias 26-45*

responsável pela solicitude divina no presente e base da promessa de salvação futura. Essa se expressa pelos dois verbos da atuação salvífica de Deus: edificar (v. 4) e plantar (v. 5). O termo "edificar" (*banah*) é usado, no v. 4, no sentido metafórico de constituir família e fazê-la crescer, já que o objeto é a "virgem Israel". A ideia do crescimento numérico do povo como aspecto da salvação também se encontra na carta de Jeremias aos exilados (29,6). Mas a "edificação" não se resume ao crescimento da população; ela também se manifesta na alegria da vida: a música e as alegres danças, que acompanham os louvores entoados a Deus (cf. Êx 15,20; Sl 149,3). Também faz parte da salvação o retorno à normalidade econômica no país: o plantio de vinhedos nas montanhas de Samaria. O produto dos vinhedos não é apenas uma mercadoria, mas também símbolo da alegria da confraternização. O v. 5b é, muitas vezes, considerado acréscimo a partir de Dt 28,30, para destacar que o trabalho humano não será em vão: os trabalhadores fruirão do resultado de seu trabalho (cf. 29,5). Isso é sinal de bênção.

A retomada da vida econômica na região da Samaria e a alegria resultante do trabalho abençoado fazem parte da visão de salvação do profeta Jeremias, como se pode ver em outros textos (Jr 29,5s; 32,15). Mas a peregrinação a Sião não cabe bem na visão de Jeremias, pelo que sabemos de textos autênticos do profeta. Por isso, o v. 6 é considerado, por muitos, um complemento posterior com o propósito de integrar os habitantes do antigo reino do norte no culto de Jerusalém (cf. a mesma ideia em 31,12).[8] O convite à peregrinação ao Sião é conhecido dos Salmos (122,1).

Jr 31,7-9 Retorno dos exilados a Sião

7 Sim, assim disse YHWH:
"Aclamai a Jacó com alegria!
Recebei com entusiasmo a primeira das nações!
Fazei-vos ouvir! Jubilai! Proclamai:
'YHWH salvou seu povo,[9]
o restante de Israel!'.
8 Eis que eu os trarei
da terra do norte,

---

[8] Assim, por último, Schmidt II, p. 127.

[9] "YHWH salvou/salva seu povo", de acordo com a LXX; o TM lê imperativo: "YHWH, salva teu povo!". Cf. BHS; Rudolph, 1968, p. 195. A prece por salvação faz pouco sentido num hino de louvor.

Jeremias 31

e os reunirei dos confins da terra.
Entre eles haverá cegos e coxos,
junto com grávidas e parturientes:
uma grande multidão[10] que retorna!
9 Com lágrimas vêm,
com misericórdia[11] eu os reconduzo.
Eu os levo às correntes de água,
por caminho plano onde não tropeçam.
Pois eu me tornei um pai para Israel,
e Efraim é meu primogênito".
10 Escutai a palavra de YHWH, ó nações!
Anunciai-a às ilhas longínquas e dizei:
"Aquele que dispersou Israel o reunirá,
e ele o guardará como um pastor a seu rebanho".
11 Pois YHWH redimiu Jacó,
e o resgatou da mão de alguém mais forte do que ele.
12 Virão em júbilo ao cume de Sião,
afluirão aos bens de YHWH:
o trigo, o mosto e o azeite,
as crias do rebanho e do gado.
Eles próprios[12] serão como um jardim irrigado
e não mais desfalecerão.
13 Então a virgem dançará com alegria,
juntamente com jovens e velhos.
"Seu luto transformarei em alegria,
eu os consolarei e os alegrarei em sua aflição.[13]
14 Saciarei os sacerdotes com carnes gordas,
e meu povo se fartará com meus bens" – dito de YHWH.

Dois hinos de louvor introduzidos pela fórmula do mensageiro complementam e atualizam a mensagem profética de 31,2-5. O primeiro inicia com um chamado ao louvor a Deus por aquilo que ele realizou em "seu povo, o restante de Israel". O texto não explicita a quem se dirige esse chamado. Em analogia ao v. 10, deve-se pensar nas outras nações. Neste caso, as nações são conclamadas a reconhecer e a divulgar os feitos de YHWH a seu povo, que, aqui,

---

[10] Literalmente: "assembleia/comunidade".
[11] "Com misericórdia", de acordo com a LXX; o TM lê: "enquanto suplicam" (metátese!); cf. Rudolph, 1968, p. 195 (BHS). Ambas as traduções dão sentido.
[12] Literalmente "suas almas/vidas".
[13] Literalmente "para longe de sua aflição."

376   *Segunda parte: Relatos e promessas de salvação – Jeremias 26-45*

é identificado com "Jacó" e "o restante de Israel", sem dúvida uma alusão aos que escaparam da "espada" (v. 2), ou seja, no atual contexto, os que sobreviveram às deportações de Israel e Judá e seus descendentes. Já se percebe nessa identificação a proximidade carinhosa de Deus, evidente em seu cuidado com o povo (v. 8s). O grande feito de YHWH a ser proclamado é a reunião do povo exilado no "norte" e nos "confins da terra" e trazê-lo de volta à Palestina. O que se diz, em Jr 6,22s, sobre o povo do norte que invadirá a Palestina apresenta-se, aqui, numa variante positiva.[14]

Hinos de louvor não são característicos de Jeremias. O trecho lembra bastante a linguagem e os conteúdos de Dêutero-Isaías, particularmente quando se descreve o retorno dos exilados, em especial o caminho plano e as fontes de água que brotam no deserto (v. 9; cf. Is 40,3s; 41,18; 43,20; 44,3s; 49,9-11). O v. 8 mostra o cuidado de Deus para com as pessoas fragilizadas e com deficiência, que dificultam a caminhada pelo deserto. Além disso, as mulheres grávidas e as parturientes (ou puérperas) que fazem parte do cortejo simbolizam a esperança de vida nova para o povo. A menção de cegos e coxos significa que também pessoas com deficiência fazem (deveriam fazer) parte da "comunidade" pós-exílica?[15]

O v. 9 acrescenta a causa do retorno de Israel a sua pátria: a "misericórdia" de Deus e sua condição de "pai" do povo. Em Jr 31,20, Efraim é chamado "meu filho caro". A designação "primogênito" pode parecer estranha, já que Efraim não é o primeiro filho de José (Gn 41,50-52). A honraria e o direito de primogênito se devem, portanto, ao fato de Efraim ser, aqui, identificado com Israel (cf. Êx 4,22). A atuação salvadora de Deus é incondicional. Por isso se pode chorar de alegria.

O segundo hino (v. 10-14) também inicia, como o primeiro (v. 7), com imperativos: "escutai" e "anunciai". Destinatários são as nações. Essas recebem uma ordem para transmitir uma mensagem às terras mais distantes. Também aqui as semelhanças com Dêutero-Isaías são palpáveis (Is 42,10.12; 49,1; 51,4s e.o.). O conteúdo da mensagem a ser proclamada em todo o mundo é a milagrosa atuação de Deus: a reunião de seu povo disperso (v. 10b). O louvor assume a forma de duas falas: uma profética (v. 11-13a) e outra divina (v. 13b-14). Em especial a primeira descreve, em cores vivas, a restauração da vida na pátria. Antes disso, no entanto,

---

[14] Cf. Wanke II, p. 283.
[15] Schmidt II, p. 129. Note-se que o termo traduzido por "multidão" é o mesmo que se usa para designar a "comunidade" (*'edah*).

Jeremias 31

acentua-se a dimensão política da salvação (v. 10s):[16] em vez das incertezas vinculadas à opressão do império ("alguém mais forte"), o povo viverá em segurança como um rebanho bem guardado. Com mesa farta Jerusalém-Sião receberá os que retornam: os bens provenientes da agricultura e da criação de gado, resultado da bênção divina, serão abundantes. Salvação é algo bem concreto: ausência de fome. Mas também é mais: é a alegria da festa. O trigo é alimento básico, mas o mosto e o azeite representam a alegria e a qualidade de vida (Sl 23,5; 45,8; 104,15).[17] Cabras e ovelhas fornecem a carne e a vestimenta; as reses servem como animais de tração. Mas elas também são sacrificadas e consumidas nas festas comunitárias. Nas festas, jovens e velhos expressarão sua alegria com dança (v. 13). Aqui se fala de vida abundante. As próprias pessoas serão "como um jardim irrigado" (v. 12).

A fala divina encerra com a afirmação de que ninguém precisa passar por necessidade. Também os sacerdotes serão beneficiados pela fartura concedida ao povo. Eles receberão o que lhes é de direito: as partes mais valorizadas dos sacrifícios ("carnes gordas"; cf. Nm 18,11ss; Dt 18,3s).

Jr 31,15-22 Fim do choro de Raquel

15 Assim disse YHWH:
"Ouve-se um clamor em Ramá,
um lamento, um choro amargo.
Raquel chora por seus filhos,
ela recusa ser consolada,
por causa de seus filhos, pois não mais estão aí.[18]"
16 Assim disse YHWH:
"Reprime o pranto em tua voz,
e as lágrimas em teus olhos,
pois há uma recompensa por teu sofrimento – dito de YHWH –:
eles voltarão da terra do inimigo.
17 Há uma esperança para teu futuro – dito de YHWH –:
os filhos voltarão para sua pátria".

18 "Claramente ouço
como Efraim se lamenta:

---

[16] Werner II, p. 60.
[17] Werner II, p. 60.
[18] Literalmente: "ninguém deles está mais aqui"; cf. GK § 145l.m.

378   *Segunda parte: Relatos e promessas de salvação – Jeremias 26-45*

'Tu me corrigiste, e eu me deixei corrigir
como novilho não domado.
Faze-me voltar, e eu voltarei,
pois tu, YHWH, és meu Deus!
19 Sim, depois de me afastar, eu me arrependi,
depois de me dar conta, eu me bati na coxa.
Eu me envergonhei e passei por humilhação,
pois carregava a desonra de minha juventude'.
20 Seria Efraim um filho caro para mim,
ou minha criança preferida?
Pois toda vez que falo dele
tenho de me lembrar dele!
Por isso minhas entranhas se comovem por ele,
e tenho de me compadecer dele" – dito de YHWH.

21 Levanta marcos para ti,
coloca indicadores de caminho,
presta atenção na estrada,
no caminho pelo qual andaste!
Volta, ó virgem Israel,
Volta a estas tuas cidades!
22 Até quando andarás sem rumo,
ó filha rebelde?
Pois YHWH cria algo novo sobre a terra:
a mulher cerca o homem.

A unidade é composta de três seções, cada uma dirigida a personagens distintos: Raquel (v. 15-17), Efraim (v. 18-20) e a virgem Israel (v. 21s). O conteúdo gira em torno do termo *shub*, que pode significar: retornar à pátria (v. 15-17.21-22), afastar-se de YHWH (v. 19) ou retornar a YHWH (v. 18). Os antropônimos Raquel e Efraim remetem claramente ao reino do norte, Israel. Raquel é mãe de José e Benjamim (Gn 30,22ss; 35,16ss), que representam as tribos ao norte. Efraim é um dos filhos de José (Gn 41,50ss) e representa a população residente na região montanhosa do mesmo nome ao norte de Judá/Jerusalém. Os destinatários dos três ditos devem, portanto, ser os habitantes do ex-reino do norte, Israel, destruído em 722 a.C. Suas partes autênticas devem, portanto, provir da primeira fase de atuação de Jeremias, quando o profeta anunciou um novo começo para essa população (cf. 3,12s). No contexto do atual livro da consolação, a composição é, no entanto, entendida como destinada a todo o povo de Israel.

Jeremias 31   379

A primeira seção (v. 15-17) inicia com uma fala profética
(v. 15) que desemboca numa fala divina (v. 16s). A fórmula do
mensageiro inicial (v. 15) deve, portanto, ser entendida como uma
introdução a toda a composição (v. 15-22). Ela incorpora a audição
profética na fala divina. No v. 15, o profeta descreve um lamento
que ele ouve em Ramá. A localidade é identificada com *er-ram*, a
dez quilômetros ao norte de Jerusalém e, em linha reta, a cinco
quilômetros de Anatot, a cidade natal do profeta. De acordo com
uma tradição antiga, a sepultura de Raquel se encontrava nas proximidades de Ramá (1Sm 10,2; cf. Js 18,25; Jz 4,5). Uma tradição
mais recente, no entanto, localiza essa sepultura nas proximidades
de Belém (Gn 35,19).[19] Esta última tradição é adotada por Mt 2,18.
Mas Ramá era uma localidade da tribo de Benjamim, o filho mais
novo de Raquel (Js 18,25). Raquel chora por causa dos acontecimentos que ocorreram um século antes no reino do norte (722):
perda da propriedade, destruição das cidades, deportação de parte
da população, fuga para países vizinhos. É possível que os habitantes da região realizassem celebrações de lamento junto à sepultura da matriarca (cf. 3,21).

Uma nova fórmula do mensageiro introduz uma promessa
divina (v. 16s). O pranto terá um fim e Raquel será recompensada
por seu sofrimento. Qual é essa recompensa? As duas fórmulas de
citação ("dito de YHWH") apontam para uma recompensa bem concreta: o retorno dos deportados. Estranhamente a mensagem jeremiânica de salvação aos habitantes do reino do norte vista até aqui
(Jr 3,12s.19-25; 31,4-6) nunca mencionou o retorno de exilados.
Também o trecho a seguir (31,18s) não fala da volta de deportados.
Parece que essa não fazia parte da mensagem original do profeta,
pelo menos não a destinada a judaítas exilados na Babilônia (cf.
Jr 29,5-7). Nesse caso, os v. 16bβ.17b e também os v. 21-22, que
fecham a unidade, seriam uma tentativa de incluir os judaítas deportados na mensagem de salvação dirigida ao reino do norte. Em
caso de serem textos autênticos, seria esse o único lugar onde o
profeta anuncia o retorno de parte da elite exilada em 722.

A recompensa de Raquel, expressa de modo genérico por "esperança para teu futuro" (v. 17a), poderia consistir em mero aumento natural da população como em 31,4, onde "edificar" significa

---

[19] Rudolph, 1968, p. 197; Wanke II, p. 287. Essa tradição mais recente surge por causa
da glosa "isto é Belém", introduzida em Gn 35,19 para explicar a localização de Éfrata. Mas Éfrata também pode ser identificado com o *wadi fara*, a uns seis quilômetros
de Anatot (cf. Jr 13,4.6).

380   *Segunda parte: Relatos e promessas de salvação – Jeremias 26-45*

"constituir família"[20]. Os v. 16b.17b ampliariam, neste caso, – se-cundariamente – a promessa: ela passa a abarcar também o retor-no dos exilados.

Na segunda seção (v. 18s), uma fala divina cita o lamento de Efraim, que deve ser idêntico ao choro da mãe, Raquel. O lamento é, na verdade, uma confissão de culpa. Observa-se, nesses versículos, claramente a influência de Oseias na teologia jeremiânica, ao usar a metáfora do novilho teimoso (Os 4,16; 10,11); os temas da vergonha (Os 4,18; 10,6; Jr 9,18; 12,13), do filho amado de Deus (Os 11,1) e do castigo entendido como correção (Os 7,15; 10,10). Tipicamente jeremiânico é o estilo encontrado em Jr 31,18: o ativo divino corresponde ao passivo humano: "Tu me corrigiste, e eu me deixei corrigir", "faze-me voltar, e eu voltarei" (cf. 11,18; 17,14; 20,7; 31,4; em especial o trocadilho de 15,19: "se retorna-res, eu te farei retornar"). Efraim confessa que se afastou (*shub*) de YHWH (v. 19), mas se arrependeu e está disposto a retornar a Deus (*shub*; v. 18). Aqui o retorno não tem nada a ver com a volta de exilados. Os habitantes do antigo reino do norte confessam que os acontecimentos de 722 foram castigo de Deus e, assim, justi-ficam a ação divina ao mesmo tempo em que enxergam nela uma medida disciplinar que levou o povo a reconhecer sua culpa e a desejar voltar à antiga relação com seu Deus. O "pecado da juven-tude" refere-se à apostasia e "bater na coxa" expressa luto e arre-pendimento. A resposta de Deus ao lamento do povo (v. 20) é uma declaração de amor de um pai a seu filho predileto. "Toda vez que falo dele" deve ser entendido como "sempre que o repreendo": tam-bém as repreensões são sinal do amor divino. A comunhão desfeita com a destruição do reino do norte pode, agora, ser restabelecida pela iniciativa amorosa de Deus.

A última seção (v. 21s) volta ao assunto do retorno (*shub*) dos exilados. No atual contexto literário, certamente se trata do retorno dos exilados de ambos os reinos. Em forma de uma fala do profeta, incentivam-se os deportados a prepararem a volta à pátria. Os mar-cos e os indicadores à beira da estrada evitam que os caminhantes errem o caminho. O caminho "andado" talvez aluda ao trajeto tri-lhado por ocasião da ida ao exílio, que agora é chamado à memória para por ele retornar. Os imperativos parecem pressupor que os de-portados ainda estão indecisos quanto a querer ou não querer re-tornar. O v. 22 abandona a ideia dos deportados indecisos e retoma

---

[20] Cf. Schmidt II, p. 136.

Jeremias 31 381

a imagem do povo "rebelde" (*shobeb*) para designar a apostasia (cf. 3,12; 31,18s). No atual contexto, no entanto, a rebeldia está atrelada à indecisão ou recusa do povo a retornar.[21]

O v. 22b é um dos versículos do livro mais difíceis de entender. Gramaticalmente o texto é claro, mas seu significado, obscuro. Muitas hipóteses foram levantadas. Para motivar o retorno do povo ("virgem Israel") à pátria ou a Deus, afirma-se que Deus criou algo novo na terra. O termo utilizado para expressar o ato de criação (*bara'*) é usado tendo apenas Deus como sujeito. Ou seja: a coisa nova criada não tem analogias humanas[22]: "a mulher cerca o homem". Mas o que significa isso?[23] São Jerônimo viu na mulher a Virgem Maria, cujo útero envolve o Messias.[24] O termo usado para "mulher" (*n^eqebah*) acentua a dimensão sexual (fêmea), dando a entender que a mulher toma a iniciativa na relação amorosa. Mas o termo para homem (*géber*) aponta para a valentia e a força física masculina. O gesto implícito no verbo "cercar" denota, nesse caso, proteção. Pensa-se, portanto, no "empoderamento" da mulher: aquela considerada fisicamente mais fraca terá condições de garantir a segurança aos homens, geralmente considerados mais fortes fisicamente.[25]

Jr 31,23-30 Bênção e multiplicação

23 Assim disse YHWH dos Exércitos, o Deus de Israel: "Ainda dirão esta palavra na terra de Judá e em suas cidades quando eu mudar sua sorte: 'Que YHWH te abençoe, vale da justiça e monte santo'[26]. 24 E nela habitarão juntos Judá e todas as suas cidades, os agricultores e os que saem com os rebanhos. 25 Pois dei de beber à alma abatida e saciei toda alma que desfalecia". 26 Nisso despertei e abri os olhos[27], e meu sono tinha sido agradável.

---

[21] Werner II, p. 62.

[22] Schmidt II, p. 138.

[23] A proposta da BHS de alterar o texto não convence: "a amaldiçoada se torna senhora". A tradução da LXX é incompreensível: "Pois o Senhor criou salvação em uma nova plantação; na salvação andarão os homens".

[24] Apud Rudolph, 1968, p. 198. Rudolph, p. 199, ainda menciona uma proposta curiosa de explicação, que, no entanto, ele próprio refuta: na marcha dos que retornam à pátria, as mulheres andarão pelo lado de fora da caravana protegendo os homens, que caminham no meio.

[25] García Bachmann, 2007, p. 366. Kepler, 2019, p. 144, também acentua o caráter de proteção, mas entende que o masculino representa o território de Judá e o feminino, o santuário de Jerusalém, de modo que a segurança da bênção depende da vontade divina e não da obediência humana (cf. 31,31-34).

[26] Literalmente "monte de santidade" ou também "monte do santuário".

[27] Literalmente "vi". Quer esse "ver" aludir a uma visão noturna?

382   *Segunda parte: Relatos e promessas de salvação – Jeremias 26-45*

27 "Eis que virão dias – dito de YHWH – em que semearei a casa de Israel e a casa de Judá com semente de seres humanos e semente de animais. 28 E assim como vigiei sobre eles para arrancar, derrubar, demolir, eliminar e fazer o mal, também vigiarei sobre eles para edificar e plantar – dito de YHWH. 29 Naqueles dias não mais dirão:
'Os pais comeram uvas verdes,
e os dentes dos filhos se embotaram'.
30 Pelo contrário, cada um morrerá por sua própria culpa. Embotados ficarão os dentes de todo aquele que comer uvas verdes".

A unidade é composta de dois anúncios de salvação em prosa (v. 23-26.27-30). Formalmente ambos são fala divina que citam respectivamente uma bênção e um provérbio popular (v. 23b.29). O primeiro anúncio não contém indícios inequívocos de linguagem dtr. A expressão "mudar a sorte" (*shub sh^{e}but*) não é exclusividade da redação dtr.[28] O segundo, ao contrário, apresenta expressões típicas dessa redação, em especial, a relação de verbos que expressam a dupla atuação de Deus (v. 28).[29] Também o tema da responsabilidade individual é característico da teologia dtr (Dt 24,16; 2Rs 14,6; Jr 32,19). Como já mencionado na introdução dos capítulos 30-31, a primeira seção (v. 23-25) forma provavelmente o final da coletânea pré-dtr de anúncios de salvação. Em favor disso também depõe o comentário do editor ou de um leitor no v. 26. A segunda seção (v. 27-30), por sua vez, forma a primeira parte da moldura final do livro dtr, que se encerra com um segundo texto: a promessa da nova aliança (v. 31-34). Dificilmente se encontram vestígios jeremiânicos nesses dois anúncios.

Ao contrário dos versículos anteriores (31,15-20), o primeiro anúncio restringe a salvação ao território de Judá. Após a forma extensa da fórmula do mensageiro, YHWH anuncia o que vai acontecer após a total restauração da situação anterior à catástrofe. A expressão *shub shebut* resume as mais diversas expectativas existentes para esse período (v. sob 30,3). Aqui se destaca o restabelecimento dos votos de bênção em nome de YHWH (cf. 23,7s). O voto de bênção se dirige ao "vale da justiça" e ao "monte santo", que certamente devem ser identificados com Sião/Jerusalém. A expressão "monte santo" designa o monte de Sião em diversas passagens

---

[28] A redação dtr usa a expressão em Jr 29,14; 30,3; 32,44 (cf. Dt 30,3; Am 9,14 [da escola dtr]). De resto, a expressão aparece em Jr 30,18; 33,7.11; 48,47; 49,6; Ez 29,14; Os 6,11; Sf 3,20 e.o.

[29] Cf. o excurso "Verbos que expressam a dupla atuação de Deus", sob1,4-10.

Jeremias 31 383

(Sl 15,1; 48,2s; 87,1; 99,9 e.o.).[30] Sendo assim, a frase "vale da justiça" deve remontar à antiga tradição de Jerusalém ser a cidade da justiça (cf. Is 1,21.26). O atributo "justiça" (*ṣedeq*) também se preservou no nome do rei e sacerdote jebusita Melquisedec ("meu rei é justiça") de (Jeru)Salém (Gn 14,18; Sl 76,3; 110,4) e reaparece na designação "YHWH, nossa justiça", conferida a Jerusalém em Jr 33,16. A bênção conferida a Jerusalém/Sião se irradia do templo para todas as cidades do país e atinge toda a sua população (Sl 67,7s; 128,5; 134,3). Resultado dessa bênção é a vida harmoniosa e a relação pacífica entre os diversos grupos do povo: a população urbana, os agricultores e os pastores de ovelhas e cabras. A bênção se materializa concretamente em comida e bebida (v. 25; cf. 31,12), renovando o vigor dos cansados e sobrecarregados. Essa promessa desenvolve aquele "algo novo" criado por Deus (v. 22).

O significado do v. 26 é bastante controvertido. O versículo não mais é fala divina. Para alguns é uma observação à margem do texto feita por um leitor extasiado com as grandiosas promessas de salvação lidas. Mais provável, no entanto, é que seja uma observação do editor pré-deuteronomista da coletânea 30,4-31,25, que entende as promessas de salvação como resultado de visões noturnas do profeta (cf. Zc 1,8; 4,1).[31]

A segunda seção (v. 27-30), introduzida pela fórmula escatológica, procede da redação dtr. Também ela é um duplo desdobramento do "novo" criado por Deus (v. 22). Trata-se de duas promessas divinas (v. 27s e 29s) destinadas, agora, aos habitantes dos dois reinos, Israel e Judá. Em primeiro lugar, a bênção sobre a terra é entendida como multiplicação da população e do rebanho. A procriação é a mais clara expressão da bênção, já que cria vida nova (Gn 1,22.28; 9,1). A catástrofe de 587 havia dizimado a população da Palestina. Um retorno à grandeza anterior dependia, antes de tudo, do aumento do número de habitantes e de animais que pudessem alavancar a economia. Revoga-se, assim, o anúncio da morte de humanos e animais (Jr 21,6; 36,29). Usa-se o termo "semear" (sêmen humano e animal) provavelmente para permanecer na imagem agrícola evocada pelo "plantar" que segue (v. 28). Recorrendo ao termo-chave da visão do ramo da amendoeira (1,12:

---

[30] Rudolph, 1968, p. 199, afirma, no entanto, que a expressão se refere a todo o território montanhoso de Judá (cf. Is 11,9).

[31] Wanke II, p. 290. Kepler, 2019, p. 145, afirma que a observação provém do próprio profeta, satisfeito por seus anúncios não provocarem, dessa vez, nenhuma reação adversa de seus ouvintes.

384   *Segunda parte: Relatos e promessas de salvação – Jeremias 26-45*

shaqad) e aos verbos da dupla atuação divina do relato de vocação (1,10), anuncia-se que a promessa de bem-estar se concretizará tão certo quanto se realizou a profecia de juízo: depois do "arrancar" e "demolir" virá, com certeza, a hora do "plantar" e "edificar".

A segunda promessa está vinculada à primeira ("naqueles dias"): no futuro, somente a pessoa culpada será responsabilizada por seus atos (v. 30). Como base de sua reflexão, o redator cita um provérbio popular que circulava na Palestina após a catástrofe de 587: "Os pais comeram uvas verdes, e os dentes dos filhos se embotaram". A relação com a promessa anterior não é bem evidente. Existe uma sequência lógica entre "semear" – "plantar" – "comer uvas verdes"?[32] Ou os "dentes embotados" são identificados com a falta de povo na Palestina? O mesmo provérbio é citado em Ez 18,2 e pressuposto em Lm 5,7.[33] A geração que experimenta as agruras e o sofrimento causado pela catástrofe de 587 ("os filhos" cujos "dentes ficaram embotados") responsabiliza a geração anterior pelas decisões erradas que tomaram ("os pais" que "comeram uvas verdes"). Para os "filhos" que sofrem as consequências dos erros de gerações anteriores, isso é uma injustiça. Essa ideia da responsabilidade coletiva, pressuposta no provérbio, provém do âmbito da família ampliada (*bet 'ab*), na qual conviviam diversas gerações.[34] As decisões tomadas pelo chefe de família afetavam todos os integrantes da família, também filhos e netos. Essa responsabilidade solidária da grande família se expressa em fórmulas como a de Êx 20,5, em que Deus pune "o delito dos pais nos filhos até a terceira e quarta geração" (cf. Êx 34,7; Nm 14,18; Dt 5,9) e se evidencia em relatos como o de Js 7,24s bem como no costume da vingança de sangue, em que o assassinato de um membro de uma família deve ser vingado com a morte não necessariamente do assassino, mas de qualquer membro de sua família (cf. Jz 8,18s). Para a escola dtr, esse conceito deve ser substituído pelo da responsabilidade individual (Dt 24,16; 2Rs 14,6; Jr 32,19). Em eventos ou fenômenos duradouros e de grande envergadura como, p. ex., uma guerra ou o uso predatório dos recursos naturais, ainda se pode constatar que gerações mais novas pagam por decisões e ações irresponsáveis de gerações passadas. A afirmação de que cada indivíduo deverá morrer por sua própria culpa encontra-se em tensão com a expectativa do trecho que segue (31,34).

---

[32] Schmidt II, p. 141.
[33] Sobre o provérbio, cf. Kilpp, 1985, p. 210-220.
[34] Thiel, 1993, p. 80.

Jeremias 31   385

Jr 31,31-34 A nova aliança

31 Eis que virão dias – dito de YHWH – em que firmarei[35] com a casa de Israel e a casa de Judá uma nova aliança. 32 Não como a aliança que firmei com seus pais no dia em que tomei sua mão e os fiz sair da terra do Egito, porque eles anularam minha aliança, de modo que tive de me manifestar como senhor sobre eles[36] – dito de YHWH. 33 Mas esta é a aliança que firmarei com a casa de Israel depois desses dias – dito de YHWH: colocarei[37] minha lei em seu íntimo e a escreverei em seu coração, e, assim, serei seu Deus, e eles serão meu povo.[38] 34 E não mais ensinarão cada um a seu próximo ou a seu irmão, dizendo: "Conhecei a YHWH!", pois todos eles me conhecerão, dos menores aos maiores – dito de YHWH –, pois eu perdoarei seus delitos e seu pecado não mais lembrarei.

A promessa da nova aliança forma o final e, ao mesmo tempo, o auge do "livro da consolação" dtr. A fórmula escatológica aponta para o caráter definitivo da promessa e para uma época bem depois do retorno à pátria, da multiplicação do povo e da restauração da vida na Palestina. A fala divina em prosa é da lavra dos redatores deuteronomistas. Tanto a fraseologia quanto o conteúdo são típicos.[39] Também o paralelismo com os trechos dtr de Jr 11,3s.10; 24,7 e 32,38-40 depõe a favor da procedência dtr. Tentativas de destilar um núcleo original pré-dtr, seja ele jeremiânico ou não, são demasiadamente hipotéticas,[40] apesar de o "conhecimento de Deus/YHWH" ser tema importante em Jeremias (2,8; 4,22; 9,2.5; 22,16). A expressão "nova aliança" é singular no Antigo Testamento. O termo "aliança" não se encontra em textos autênticos de Jeremias.[41] Por causa da radicalidade de seu conteúdo, que

---

[35] Literalmente "cortarei, cortei" (também no v. 33).

[36] A tradução "apesar de eu ser senhor sobre eles" também é possível.

[37] O verbo no perfeito designa um futuro certo (cf. GK § 106m.n).

[38] Literalmente "Eu serei Deus para eles, e eles serão povo para mim".

[39] A fórmula escatológica introdutória se encontra nos trechos dtr de Jr 7,32; 19,6; 23,7; 30,3; 31,27; a fórmula da aliança, por sua vez, em Jr 7,23; 11,4; 24,7; 31,1; 32,38 (cf. Dt 26,17s; 29,12; 2Sm 7,24); o verbo *salah* ("perdoar") é muito frequente na literatura dtr (1Rs 8,30.34.36.39.50; 2Rs 24,4; cf. Jr 36,3 dtr). Argumentação detalhada em Thiel II, p. 24ss. Cf. também Kirst, 1984, p. 227s. Quanto ao conteúdo, veja a análise.

[40] Cf. uma tentativa em Werner II, p. 68s (núcleo formado pelos v. 31.34a). Rudolph, 1968, p. 201, é um dos poucos que ainda atribuem o trecho integralmente a Jeremias. Para isso, no entanto, precisa cortar "a casa de Judá" (v. 1) como destinatária (cf. BHS).

[41] Os únicos textos pré-dtr no livro que utilizam o termo são Jr 34,8.10.18, dentro de um relato biográfico e em sentido não teológico.

386 *Segunda parte: Relatos e promessas de salvação – Jeremias 26-45*

ultrapassa conceitos dtr anteriores, pode-se, no entanto, afirmar que a perícope está imbuída de "espírito profético"[42].

Na época do exílio, certamente era candente a questão da continuidade da relação de Deus com seu povo. Com a destruição de Jerusalém e de seu templo, o fim do culto tradicional, a ruína de um reino independente, o fim da dinastia davídica, o exílio e a consequente perda de propriedade de muitos, e, em especial, a dispersão do povo para os quatro cantos do antigo Oriente exigia uma profunda reflexão sobre os reais fundamentos da fé israelita. A relação amorosa com YHWH, codificada na Lei e vivida na prática cultual, ou seja, a "aliança" entre YHWH e seu povo, não estava, agora, rompida?

O termo "aliança" (*berit*) provém do campo da política. Ele pode designar acordos militares ou comerciais internacionais (1Rs 5,20; 15,19; 22,3s). Conhecem-se, no antigo Oriente, tratados de vassalagem, firmados entre reinos suseranos e seus estados vassalos, ou seja, acordos entre partes desiguais. O termo também é utilizado para acordos entre o rei e grupos da sociedade judaíta, como em 2Rs 11,17; Ne 5 e Jr 34. Este último texto relata o estabelecimento de um acordo entre o rei Sedecias e os proprietários de escravos que deveriam libertar seus escravos durante o cerco de Jerusalém. O termo, por vezes, expressa um compromisso unilateral de uma das partes do acordo.[43] A expressão "cortar" (*karat*) para "estabelecer" ou "firmar" uma aliança ou acordo provém de um antigo rito realizado por ocasião da solenidade (Gn 15,17s; Jr 34,15.18s). As partes de um animal sacrificado são cortadas e colocadas em duas fileiras. As pessoas que assumem o compromisso estabelecido na aliança passam por entre essas fileiras como garantia de que cumprirão as estipulações do acordo. Trata-se de um rito de automaldição: em caso de não cumprimento das cláusulas do acordo, acontecerá com essas pessoas o mesmo que aconteceu com o animal sacrificado.

A "antiga" aliança entre YHWH e Israel firmada com "os pais" é vinculada ao êxodo do Egito. Deve tratar-se da aliança no Sinai (Êx 24), cujas estipulações se encontram na Lei. A aliança firmada com os pais é assunto recorrente na literatura dtr (Dt 5,3; 1Rs 8,21; 2Rs 17,15; Jr 11,4.7.10). Também os textos de Dt 5

---

[42] Schmidt II, p. 143. Rad, 2006, p. 637s, postula autenticidade jeremiânica do conteúdo, mas não da forma e da linguagem.

[43] Kutsch, 1978, col. 342s. Esse é o caso em Gn 15,17s, onde apenas YHWH passa, em forma de "tocha/forno fumegante", por entre os animais sacrificados.

Jeremias 31   387

e Jr 11 vinculam essa aliança ao êxodo. Seu conteúdo é a lei de Moisés, sintetizada no decálogo (Dt 4,13) e interpretada pela lei deuteronômica.[44] Essa aliança foi "anulada" ou revogada unilateralmente pelo povo. Não se diz como, mas, de acordo com Jr 11,10, a causa foi a apostasia de Judá, ou seja, o descumprimento do primeiro mandamento. Esse rompimento redundou em castigo. Deve ser esse o sentido de "manifestar-se como senhor (*ba'al*)". Aqui o termo *ba'al* não é nome, mas título. A expressão foi escolhida certamente também para lembrar o delito do povo: a adoração da divindade Baal. A nova aliança marca o início de uma nova história de Deus com seu povo, assim como o êxodo foi o evento fundante da história passada de Israel (antiga aliança).[45]

Também a "nova aliança" terá a Lei como conteúdo. A novidade é que essa Lei será inscrita no coração. Guardar a Lei no coração é um conceito conhecido do Deuteronômio (Dt 6,6s; 11,18s), já que o coração é, sobretudo, a sede do conhecimento e da vontade.[46] No decálogo, a Lei foi escrita em tábuas de pedra (Dt 4,13; 5,22; 10,2.4) e deve ser estudada, ensinada e observada (Dt 4,9.14; 5,1.31; 6,1; 11,18-20 e.o.). Em Jr 31,33, pelo contrário, a Lei não mais será algo externo que deve ser exigido ou imposto, mas algo interno. Assim como a culpa estava gravada na tábua do coração (Jr 17,1), agora a Lei e o conhecimento de Deus serão gravados no coração das pessoas. Vontade de Deus e vontade humana coincidirão. O que era exigência tornou-se vontade própria.[47] Isso pressupõe que as pessoas, no fundo, são incapazes de cumprir a lei? Ecoa, aqui, a percepção do profeta de que seus ouvintes são incapazes de mudar, eles próprios, sua vida (Jr 2,22; 13,23; 17,1)?

Uma vez que não haverá mais necessidade de ensinar o conhecimento de Deus, dispensam-se todos os tipos de mestres ou intermediários. Sacerdotes, escribas e profetas – que, no fundo, falharam em suas funções (Jr 2,8; 8,8; 23,11.14 e.o.) – não mais serão necessários. A Lei deixa de ser monopólio de sacerdotes.[48] Se todas as pessoas, sem exceção, conhecerem Deus, isto é, reconhecerem sua atuação na história e sua vontade, as diferenças entre mestres e discípulos, homens e mulheres, ricos e pobres, livres e

---

[44] Cf. a explicação de Jr 11,1-14.
[45] Kirst, 1984, p. 231s.
[46] Wolff, 2007, p. 89ss.
[47] Kepler, 2019, p. 152: "O querer será a fonte, não o dever!".
[48] Zabatiero, 2019, p. 131: "A autoridade exterior do dogma é substituída pela certeza interior da razão pesquisadora do sujeito autônomo".

388 *Segunda parte: Relatos e promessas de salvação – Jeremias 26-45*

escravos, grandes e pequenos (5,4s) desaparecerão (cf. Jl 3,1s; Gl 3,28). Conhecer Deus não é apenas algo teórico, mas eminentemente prático. Não se distingue entre saber e fazer.[49]

O v. 34b é o fundamento do novo: o perdão dos pecados liberta da carga do passado, inclusive daquela deixada pelos pecados das gerações anteriores, e abre as portas para um novo futuro. Na futura nova relação com Deus não mais haverá necessidade de perdão, uma vez que todos (re)conhecerão Deus e viverão de acordo com sua vontade, não mais havendo, portanto, desobediência e necessidade de conversão. Assim, a promessa da nova aliança ultrapassa a expectativa de 24,7, onde ainda não se prescinde da conversão. Na verdade, ela ultrapassa todas as possibilidades humanas. É, portanto, escatológica, definitiva.

A comunidade cristã entende que essa aliança se realiza com a salvação trazida por Jesus Cristo. As palavras da instituição da Ceia do Senhor de acordo com Paulo (1Cor 11,25) e Lucas (Lc 22,20) relacionam a nova aliança com a morte vicária de Jesus: "o cálice da nova aliança (Vulgata: *novum testamentum*) em meu sangue". A partir dessa apropriação da promessa feita pela comunidade cristã (2Cor 3,6), o apóstolo Paulo pode denominar as escrituras dos judeus de "antiga aliança" (2Cor 3,14). Mas também a comunidade cristã ainda espera pela concretização definitiva da promessa da nova aliança.[50]

Jr 31,35-40 Graça duradoura e a cidade santa

35 Assim disse YHWH,
que estabeleceu o sol
para ser a luz do dia,
as fases[51] da lua e as constelações
para iluminarem a noite;
que agita o mar
a ponto de rugirem suas ondas,
YHWH dos Exércitos é seu nome:
36 "Se essas leis falharem
diante de mim – dito de YHWH –,
também a descendência[52] de Israel deixará
de ser uma nação diante de mim todos os dias".

---

[49] Kirst, 1984, p. 235.
[50] Kirst, 1984, p. 240: "...a nova realidade ainda não chegou à sua concretização total. Ela está aí apenas em sinais...". A relevância de Jr 31,31-34 para pessoas em situação de tragédia, em especial refugiadas, foi estudada por Kepler, 2019, p. 160ss.
[51] Literalmente "normas, leis"; o mesmo vocábulo aparece no início do v. 36 ("leis").
[52] Literalmente "semente".

Jeremias 31   389

37 Assim disse YHWH:
"Se os céus acima puderem ser medidos,
e os fundamentos da terra, embaixo, sondados,
também eu rejeitarei toda a descendência[53] de Israel
por tudo que fizeram" – dito de YHWH.

38 Eis que virão[54] dias – dito de YHWH – quando a cidade será reedificada para YHWH, desde a torre de Hananeel até a porta do Ângulo. 39 E a corda de medir ainda se estenderá em linha reta sobre a colina do Gareb e, de lá, em direção a Goa. 40 E todo o vale dos Cadáveres e das Cinzas, e todos os terrenos até o vale de Cedron e até o ângulo da porta dos Cavalos, a leste, serão santos para YHWH. Nunca mais serão arrancados ou demolidos.

Duas interpretações mais recentes – certamente pós-exílicas – da nova aliança encerram o capítulo 31. A primeira (v. 35-37) está em forma de poesia e contém duas promessas complementares. A fórmula do mensageiro que introduz a fala divina é ampliada por uma doxologia que enaltece o poder criador de Deus. O louvor ao Criador exalta a ordem existente no cosmo, particularmente a ordem do tempo. Acentua-se, no v. 35a, o caráter duradouro e cíclico observado nos dias (noite e dia), meses (fases da lua) e anos (constelações), que os astros imprimem ao tempo. O v. 35b, por sua vez, louva Deus pelos fenômenos grandiosos e, por vezes, assustadores como os vagalhões do mar turbulento.[55] Esse hino de louvor lembra o relato de criação (Gn 1,14-18) e o profeta Dêutero-Isaías (Is 51,15) e pressupõe a importância da teologia da criação na comunidade pós-exílica. Responsável pela beleza, grandiosidade e estranheza do universo é YHWH.

A constância da ordem da criação forma a base para as duas promessas que seguem (cf. Gn 8,22). De acordo com a primeira, os descendentes ("semente") de Israel formarão uma nação duradoura (v. 36: "todos os dias"). Também a segunda promessa tem sua fundamentação na magnífica criação divina (v. 37). Aqui, a ênfase recai sobre as coisas que são impossíveis para os humanos: medir o espaço nas alturas e desvendar as profundezas da terra (cf. Is 40,12). Essa impossibilidade humana serve de analogia para a promessa de Deus de nunca rejeitar seu povo. Isso porque seu amor sempre será maior do que a culpa de Israel. Ao contrário

---

[53] Cf. nota 52.
[54] Acrescente-se a forma verbal de acordo com o *qere*.
[55] Cf., p. ex., Schmidt II, p. 150.

390 *Segunda parte: Relatos e promessas de salvação – Jeremias 26-45*

de 31,33, aqui ainda se conta com possíveis delitos do povo que resultam em culpa. O apóstolo Paulo parece concordar com a impossibilidade da rejeição do povo (Rm 11,1s.25ss).

A segunda interpretação da nova aliança se encontra em prosa e trata da delimitação da área da nova cidade de Jerusalém (v. 38-40). A promessa de reconstrução das cidades, anunciada em 30,18, é, aqui, afunilada em Jerusalém. A vida duradoura prometida ao povo de Israel (31,36) deve valer também para sua cidade mais importante. O texto pretende traçar o perímetro da nova cidade. Nem todos os lugares mencionados podem ser identificados. A trena inicia a medição com a torre de Hananeel, na muralha setentrional (Ne 3,1; 12,39; Zc 14,10), e se estende para o oeste até a porta do Ângulo (2Rs 14,13; idêntica à porta Velha de Ne 3,6; 12,39), a noroeste da cidade. A partir daí, o traçado aparentemente se dirige na direção sul, incorporando dois lugares não identificados ("colina do Gareb" e "Goa" ou "Goat"). O vale dos Cadáveres e das Cinzas deve ser o vale de Ben-Enom ou Tofet (7,32; 19,6; cf. 33,5), a sudoeste da cidade. As cinzas são o produto da combustão de sacrifícios; os cadáveres podem aludir à existência de um cemitério. Em todo caso, tratava-se de uma área impura. O limite sul passa pelo vale do Cedron e termina na porta dos Cavalos, na ponta sudeste de Jerusalém. Todas essas áreas impuras devem ser santificadas para poderem ser incluídas na cidade dedicada a YHWH. O muro oriental da cidade não é mencionado, talvez por pertencer à área do templo e, por conseguinte, já ter sido santificada.

Esse mapa topográfico da nova Jerusalém pressupõe uma ampliação da cidade para oeste e sul, incluindo novos espaços de moradia, antes impuros. A preocupação com a reconstrução de Jerusalém não é tema da mensagem de Jeremias, mas é assunto candente na época de Neemias, em meados do séc. V a.C. O trecho deve ser a contribuição da classe sacerdotal para esse importante empreendimento.

JEREMIAS 32-33: ADENDOS AO "LIVRO DA CONSOLAÇÃO"

JEREMIAS 32

Jr 32,1-15 O campo de Anatot

1 A palavra que foi dirigida a Jeremias da parte de YHWH no décimo ano de Sedecias, rei de Judá, ou seja, no décimo oitavo ano de Nabucodonosor. 2 O exército do rei da Babilônia cercava, então, Jerusalém, e o profeta Jeremias estava preso no pátio da guarda do palácio do rei de Judá, 3 onde Sedecias, rei de Judá, o havia feito prender com a seguinte alegação: "Por que profetizas dizendo: 'Assim disse YHWH: Eis que entregarei esta cidade nas mãos do rei da Babilônia para que a conquiste!? 4 E Sedecias, rei de Judá, não escapará das mãos dos caldeus, pelo contrário, certamente será entregue nas mãos do rei da Babilônia, de modo que falará com ele cara a cara, e seus olhos verão os olhos dele. 5 Ele levará Sedecias à Babilônia, onde permanecerá[1] até que eu cuide dele[2] – dito de YHWH –, pois batalhareis contra os caldeus, mas não tereis êxito'?".
6 E disse Jeremias: "A palavra de YHWH veio a mim dizendo: 7 'Eis que Hanameel, filho de teu tio Selum, virá a ti e dirá: Compra para ti meu campo que está em Anatot, pois tu tens o direito do resgate para comprá-lo!' 8 E Hanameel, filho de meu tio, veio a mim, de acordo com a palavra de YHWH, até o pátio da guarda e me disse: 'Compra meu campo que está em Anatot, na terra de Benjamim, pois teu é o direito de propriedade e o dever de resgate. Compra-o!' Reconheci, então, que isso era a palavra de YHWH. 9 Então comprei o campo de Hanameel, filho de meu tio, que está em Anatot,[3] e lhe pesei a prata: dezessete siclos de prata. 10 Redigi, então, a escritura e a selei, tomei testemunhas e pesei a prata na balança. 11 Tomei, então, a escritura de compra, tanto a cópia selada – com as estipulações e cláusulas[4] – quanto a cópia aberta. 12 E entreguei

---

[1] O restante do versículo falta na LXX.

[2] Também é possível traduzir "até que eu o visite" ou, mesmo, "até que eu o castigue". Refere-se à morte de Sedecias em terra estrangeira?

[3] A LXX não lê "que está em Anatot".

[4] Os termos inseridos em duplo travessão estão relacionados ao conteúdo da escritura toda. Talvez seja uma glosa explicativa transferida erroneamente da margem para o atual local no texto.

392   Segunda parte: Relatos e promessas de salvação – Jeremias 26-45

a escritura de compra a Baruc, filho de Nerias, filho de Maasias, diante de Hanameel, filho[5] de meu tio, e diante das testemunhas que assinaram[6] a escritura de compra, e na presença de todos os judaítas que se encontravam no pátio da guarda. 13 E, diante deles, ordenei a Baruc: 14 'Assim disse YHWH dos Exércitos, o Deus de Israel: Toma esses documentos,[7] essa escritura de compra, tanto a cópia selada quanto a cópia aberta, e coloca-os em um vaso de argila, para que se conservem por muito tempo. 15 Porque assim diz YHWH dos Exércitos, o Deus de Israel: Ainda se comprarão casas e campos e vinhas nesta terra!'".

Jr 32 forma o capítulo final do complexo dtr de palavras de salvação Jr 29-32. Juntamente com Jr 29, forma a moldura em torno do "livro da consolação" (Jr 30-31). Às palavras de salvação aos judaítas exilados na Babilônia (Jr 29) os editores houveram por bem acrescentar, com Jr 32, uma promessa aos que permaneceram na terra de Judá na época do exílio. O capítulo é uma "composição barroca"[8] de três partes: a introdução (v. 1-5), o relato de uma ação simbólica (v. 6-15) e uma longa reflexão sobre a mesma (v. 16-44). O cerne do capítulo é um relato na primeira pessoa do profeta (v. 6b-15). O evento narrado cabe cronologicamente após Jr 37, quando Jeremias foi preso. Mas devido a seu conteúdo positivo, ele foi colocado pelos editores no atual contexto, o que tornou necessária uma breve introdução que situasse o evento (v. 1-5). O aparente absurdo de uma palavra de salvação ser proferida momentos antes da catástrofe que se abateu sobre Jerusalém exigiu dos editores dtr uma profunda reflexão sobre a relação entre juízo e salvação.[9] Essa se encontra em forma de oração do profeta (v. 16-25) com a respectiva resposta de YHWH (v. 26-44). A introdução e a reflexão contêm conteúdos, estilo e fraseologia nitidamente dtr. O relato em primeira pessoa sobre a ação simbólica, no entanto, pode ser atribuído ao profeta.[10]

---

[5] "Filho" não consta no TM, mas deve ser inserido de acordo com a LXX e a Siríaca. Hanameel é primo de Jeremias.

[6] Muitos manuscritos hebraicos, além da Vulgata e da Siríaca, leem: "que estavam inscritos/constavam na escritura". Se as testemunhas assinaram ou foram apenas registradas depende de sua alfabetização. O conteúdo não se altera.

[7] A LXX não lê "esses documentos". O v. 14 recebeu algumas demãos que sobrecarregam o TM. A tradução acima busca aplainar algumas arestas do TM.

[8] Thiel II, p. 29.

[9] Kilpp, 1990, p. 70.

[10] Thiel II, p. 31; Wanke II, p. 299; argumentos contrários em Werner II, p. 76.

Jeremias 32 393

A introdução (v. 1-5) é um "mosaico"[11] de dados retirados de diversos textos do livro. O título que abre a introdução é típico da redação dtr (7,1; 11,1; 18,1; 30,1 e.o.); os dados históricos são tomados de 34,1.7; 37,5.21; 38,13.28; as circunstâncias da prisão de Jeremias no pátio da guarda são tiradas de 37,21; e o anúncio de juízo responsável por sua prisão provém de 27,22; 34,2s. Os dados são apresentados de forma abreviada e imprecisa. Os ministros responsáveis pela prisão de Jeremias, p. ex., não são mencionados (37,15); tampouco se fala da atitude amigável de Sedecias (37,20s). Além disso, a causa da prisão do profeta não é, de acordo com 37,11-15, sua mensagem de juízo, mas sua tentativa de sair da cidade. Apesar dessas imprecisões, os dados apresentados combinados com a datação no décimo ano do reinado de Sedecias (588/7) transportam o leitor para a situação do cerco de Jerusalém entre janeiro de 588 e julho de 587.[12] Não há motivos para duvidar dessa informação.

Uma dificuldade existe no v. 5a, mais precisamente na interpretação do verbo *paqad*, vertido acima por "cuidar" ("até que eu cuide dele"), uma vez que a raiz pode designar tanto algo positivo ("importar-se com") quanto algo negativo ("castigar").[13] A partir de 34,4s, que anuncia a Sedecias uma morte natural, o sentido positivo tem, aqui, a preferência.[14]

Através do v. 6a ("e disse Jeremias"), o editor faz a transição da introdução, que está na terceira pessoa, para o relato na primeira pessoa do profeta (v. 6b-15). Esse relato tem os elementos típicos de uma ação simbólica.[15] Após a fórmula do acontecimento da palavra a Jeremias (v. 6a), espera-se uma ordem ao profeta. Em vez disso, no entanto, anuncia-se a vinda de seu primo Hanameel com a proposta da venda de seu campo (v. 7), o que também se concretiza (v. 8a). O único imperativo que possa indicar uma ordem se encontra na boca de Hanameel: "compra meu campo!"

---

[11] Thiel II, p. 30.

[12] O sincronismo com o reinado de Nabucodonosor é impreciso; de acordo com Jr 52,29, seu décimo oitavo ano cai em 587/6; cf. Wanke II, p. 299s, 466, nota 1132. A mesma imprecisão ocorre em 2Rs 25,8. Responsável por ela talvez tenha sido Jr 46,2, onde aparentemente se supõe que Nabucodonosor já era rei por ocasião da batalha de Carquêmis, mas ele subiu ao trono somente depois da batalha, após a morte de seu pai, Nabopolassar.

[13] Cf. Schottroff, 1979, col. 467, 470ss, 476ss.

[14] Wanke II, p. 300. Mas Rudolph, 1968, p. 208, pensa na visita derradeira de Deus, ou seja, a morte.

[15] Veja o excurso "Ações simbólicas", sob Jr 13,1-11. Para o que segue, cf. Kilpp, 1990, p. 71ss.

394   *Segunda parte: Relatos e promessas de salvação – Jeremias 26-45*

Jeremias entende que essa palavra de seu primo é ordem de Deus. "Comprar" é o verbo-chave de toda a ação: ele se encontra também na execução da ordem, narrada amplamente nos v. 9-14, e na interpretação do ato simbólico (v. 15).

A execução da ordem é bem mais longa do que em outras ações simbólicas. Ao longo dos v. 9-14 aparecem nada menos do que nove formas verbais que descrevem três ações interligadas: a compra e o pagamento do campo (v. 9), a confecção da escritura de compra e venda (v. 10-12) e a guarda da escritura (v. 13-14). Na verdade, a compra e o pagamento do campo teriam sido suficientes para a compreensão do gesto. A interpretação, no v. 15, também retoma somente um verbo: "ainda se comprarão". Por causa da dupla menção do ato de pagamento ("pesar a prata"; v. 9 e 10) e uma possível dupla interpretação da ação simbólica – a preservação da palavra profética em forma de escritura (v. 14) e a retomada da vida econômica no país (v. 15; cf. as duas fórmulas do mensageiro) –, os v. 10-14 podem ter sido acrescentados secundariamente.[16] Mas também é possível que, por causa de seu conteúdo, o trecho tenha recebido diversas glosas explicativas, parcialmente apontadas nas notas referentes à tradução acima.[17]

De suma importância é, no entanto, o contexto da ação simbólica. E esse está claro. O exército babilônico cercava a cidade de Jerusalém, poucos meses antes de sua queda e destruição (34,1), e Jeremias estava preso no pátio da guarda, para onde havia sido transferido por ordem do rei Sedecias (37,21). Apesar do cerco, havia aparentemente a possibilidade de indivíduos entrarem e saírem da cidade por lugares não controlados pelos inimigos (cf. 37,11s). Jeremias estava impedido de circular livremente na cidade, mas tinha contato com as pessoas que frequentavam o pátio da guarda e com aqueles que lhe traziam a ração diária (37,21); além disso, podia receber visitas. Aí o profeta recebe a visita de seu primo, que lhe oferece seu campo, assim como lhe anunciara Deus. O cumprimento desse anúncio divino o profeta entende como manifestação ("palavra") de Deus. Por conseguinte, a proposta de Hanameel é

---

[16] Schmidt II, p. 156.

[17] Trata-se das seguintes possíveis glosas, algumas já mencionadas nas notas referentes à tradução acima: "que está em Anatot" e a primeira ocorrência de "prata", no v. 9; "(com) as estipulações e cláusulas", no v. 11; no v. 14, a expressão "esses documentos" – essas quatro ocorrências mencionadas faltam na LXX –; a segunda menção de *sefer* ("escritura") antes de "a cópia aberta" (termo não traduzido acima) e a fórmula do mensageiro que abre o v. 14, uma vez que não é seguida de fala divina. Cf. Kilpp, 2014, p. 113, com nota 17.

Jeremias 32 395

uma ordem de Deus. Deus fala pela boca de pessoas necessitadas e pede coisas aparentemente bem profanas: comprar um imóvel.

Jeremias deve ter sido o parente mais próximo com condições de adquirir o campo pertencente a alguém da família ampliada e, por isso, cabe a ele a função de resgatador (veja excurso abaixo). O texto não diz por que motivo Hanameel é obrigado a vender o imóvel. Normalmente alguém era obrigado a vender um imóvel por empobrecimento ou por dívida. Numa situação de guerra, com guarnições acampadas nas redondezas de Jerusalém e necessitadas de alimentação, não é difícil imaginar que um agricultor tenha sua colheita e produção confiscada a ponto de não mais poder sustentar sua família. Qualquer que tenha sido o motivo, Hanameel se vê obrigado a recorrer ao instituto do resgate. Aqui não se trata de comprar de volta um campo já vendido para fora da família (Lv 25,25-28; Rt 4,1-4), mas evitar que ele seja alienado. Provavelmente o caso do resgate do campo de Hanameel é o mesmo que o da "herança no seio da família" mencionado em 37,12.

Jeremias assume sua responsabilidade de resgatador e adquire o campo de Hanameel. Ficamos sabendo, aqui, que Jeremias possuía algumas economias. É difícil dizer se dezessete siclos de prata é muito ou pouco para um campo. Tudo depende do valor da prata na época e do tamanho do terreno. Dezessete siclos correspondem a aproximadamente duzentos gramas de prata.[18] O preço não é alto comparado aos quatrocentos siclos de prata pagos pelo campo de Efron (Gn 23,15), às cem peças dadas por um terreno nos arredores de Betel (Gn 33,19) ou aos cinquenta siclos desembolsados pela eira e os bois de Araúna (2Sm 24,24). Como, na época, ainda não existiam moedas cunhadas, a prata tinha que ser pesada à vista do vendedor.

Os versículos seguintes fornecem os detalhes sobre a confecção da escritura de compra e venda para sublinhar a legalidade do negócio (v. 10-12). Todos os requisitos formais exigidos na época foram cumpridos. Conforme o costume da época, as mesmas estipulações e cláusulas da escritura eram escritas duas vezes numa única folha de papiro. O papiro era, então, enrolado até a metade e amarrado com cordas e lacrado. Essa metade continha a cópia "fechada". A segunda metade, com a cópia "aberta", era enrolada, de forma solta, em torno da primeira. A cópia aberta podia ser consultada a qualquer momento quanto a seu teor. A cópia lacrada

---

[18] Um siclo equivale a 11,4 gramas.

396   *Segunda parte: Relatos e promessas de salvação – Jeremias 26-45*

impedia a falsificação dos termos da escritura. O lacre era rompido apenas em caso de haver dúvidas sobre a autenticidade do conteúdo da cópia aberta.

Além da legalidade do negócio, a escritura também garante publicidade adicional à ação simbólica. Além do próprio Hanameel, havia outras pessoas presentes no pátio da guarda por ocasião da formalização da compra do campo. A escritura preserva os nomes de algumas pessoas que testemunharam o ato. Em caso de dúvidas, elas podiam ser consultadas. Com isso, o profeta se expõe a uma eventual condenação pública caso seu anúncio não se concretizar. Além disso, o fato de deixar um registro escrito da ação simbólica mostra a disposição do profeta de submeter sua profecia ao julgamento de gerações futuras, quando já não houver testemunhas oculares do gesto. Documentos guardados em vasos de cerâmica podem durar séculos numa região árida como a Palestina. O v. 14b interpreta corretamente o significado da confecção de documentos escritos: "para que se conservem por muito tempo".

O v. 15 retoma o termo-chave do pedido de Hanameel ("compra meu campo") e do ato simbólico ("eu comprei"), sendo, portanto, a meta do relato que inicia no v. 6b: "Ainda se comprarão casas e campos e vinhas nesta terra"[19]. Como entender essa palavra? A compra do campo por parte de Jeremias antecipa uma situação que vigorará no futuro: uma época em que valerá a pena comprar bens imóveis e investir no cultivo da terra, porque esse investimento não será em vão. Apesar de não se mencionarem destinatários dessa palavra, pode-se, a partir do conteúdo, inferir que os destinatários sejam as pessoas presentes no pátio da guarda, mas, em especial, aos que lidam com a terra, ou seja, aos judaítas do interior representados no ato por Hanameel.

O que chama a atenção nesse anúncio? Em primeiro lugar, a salvação é, à primeira vista, algo bem profano e material. Salvação é a possibilidade de viver do fruto do próprio trabalho. Não haverá ninguém para expropriar a colheita do agricultor. Uma família ("casa"), a unidade básica de produção, poderá viver do fruto do próprio trabalho. Uma promessa demasiadamente sóbria, nada extraordinária; simplesmente o restabelecimento de uma vida

---

[19] Wanke II, p. 302, entende que a interpretação original do gesto simbólico não é o v. 15, mas o v. 14b. Nesse caso, não se trata de uma palavra de salvação, mas de juízo: a terra da Palestina ficará "muito tempo" sem ser cultivada. Essa visão, no entanto, não leva em conta nem a forma nem a essência da ação simbólica: a compra do campo.

Jeremias 32   397

"normal". Em segundo lugar, chama a atenção o que a palavra
não promete. No contexto da iminente conquista de Jerusalém, a
audiência do profeta provavelmente preferiria que ele anunciasse
a retirada do exército inimigo e a salvação da cidade. Evidencia-se,
aqui, um traço característico dos anúncios de salvação do profeta:
as pessoas que já vivem a situação amarga e desesperadora de
juízo, como, no caso, os judaítas do interior, cujo território está
ocupado por invasores, recebem o anúncio de um futuro promissor. As pessoas que ainda não sofreram ou ainda não vivem sob o
juízo anunciado pelo profeta, como, no caso, os habitantes de Jerusalém, ainda não recebem nenhuma promessa.[20] Acrescente-se,
em terceiro lugar, que a visão de futuro do profeta não menciona
nem Jerusalém, nem seu templo, nem a monarquia. Essas gran-
dezas aparentemente não são necessárias para uma vida abençoada e feliz. Nesse ponto, existe uma afinidade muito grande com
Jr 29,5-7. Jeremias nunca pôde usufruir dos bens cultivados no
campo adquirido de Hanameel nem participar da nova vida prometida para o território da Palestina, porque foi levado ao Egito contra
sua vontade. Mas sua mensagem certamente animou as pessoas
que permaneceram na terra após a queda de Jerusalém a retoma-
rem sua vida produtiva no seio da família.

A lei do resgate

À base da lei do resgate está o direito consuetudinário do clã
no antigo Oriente. Sua intenção é manter a integridade do clã,
impedindo que ele diminua, enfraqueça ou desapareça. Ao
mesmo tempo, a instituição do resgate procura manter, dentro
do clã, um equilíbrio de forças entre as famílias que o compõem,
de modo que uma família não se torne demasiadamente forte em
detrimento de outras. Por isso o resgate (*ge'ullah*) é, na origem,
um termo jurídico. Dentro das estipulações da Lei da Santidade
sobre o ano do jubileu (Lv 25), foram incorporadas as normas
sobre dois casos de resgate. Lv 25,25-28 trata de um imóvel rural
que um israelita em necessidade teve que vender. O parente mais
próximo do que vendeu o imóvel tem o dever de comprá-lo de
volta para novamente integrar o patrimônio do clã. Esse parente
é designado de resgatador (*go'el*). Em Rt 4,1-4, Booz compra de
volta um campo que pertencia a seu parente e que fora vendido
para fora da grande família. Um campo resgatado volta a pertencer juridicamente ao antigo proprietário, ainda que o resgatador
possa ter alguns direitos de usufruto. Em Jr 32,7-8, o campo
de Hanameel ainda não foi vendido. Nesse caso, Jeremias é o

---

[20] Ver excurso "A salvação futura de acordo com Jeremias", no final do capítulo.

398 *Segunda parte: Relatos e promessas de salvação – Jeremias 26-45*

parente mais próximo de Hanameel com as condições necessárias para assumir a responsabilidade de resgatador, evitando, assim, que o campo seja alienado para fora do clã.

Lv 25,47-49 trata de um segundo caso de resgate. Quando um israelita, por necessidade, teve que se vender como escravo a uma outra pessoa, no caso estrangeira, o resgatador tem o dever de comprar seu parente de volta ("redimi-lo") e restituí-lo à liberdade. Em Ne 5,8, Neemias afirma que muitos judeus resgataram seus "irmãos" da escravidão para a liberdade. Por isso não é lógico que, em sua época, judeus escravizem seus compatriotas por causa de dívidas.

O dever de resgatar a propriedade e as pessoas da família que se tornaram escravas também se conhece no direito babilônico (Códigos de Hamurábi e de *Eshnuna*). Também a vingança de sangue está relacionada com o resgate. O *go'el* de sangue é aquele que vinga a morte de um parente (Nm 35,9ss; Dt 19,4ss; Js 20,3ss). Essa vingança de sangue – algo condenável para nós – era, na época, uma tentativa de restabelecer o equilíbrio de poder entre as famílias. Provavelmente também a lei do levirato (Dt 25,5-10) esteve originalmente vinculada à instituição do resgate. Essa lei prevê que o parente mais próximo de um homem casado que falece sem deixar herdeiro deve desposar a viúva e gerar um descendente ao parente falecido, para que o nome deste não desapareça e seus direitos sejam preservados. Em Rt 4,1-5, o resgatador, além de resgatar a propriedade do marido falecido de Noemi, também tem o dever de gerar descendência ao falecido. (Thiel, 1993, p. 65ss, 70ss, 81ss; Stamm, 1978, col. 383ss; Winters, 1994, p. 19ss.)

Jr 32,16-44 Oração de Jeremias e resposta de Deus

16 Depois de entregar a escritura de compra a Baruc, filho de Nerias, orei a YHWH: 17 "Ah, Senhor YHWH! Eis que fizeste o céu e a terra por teu grande poder e teu braço estendido. Nada é maravilhoso demais para ti, 18 que praticas a misericórdia a milhares e retribuis os delitos dos pais em seus filhos[21] depois deles, grande e poderoso Deus, cujo nome é YHWH dos Exércitos, 19 grande em conselho e magnífico em ações, cujos olhos estão abertos sobre todos os caminhos dos humanos, para retribuir a cada um de acordo com seus caminhos e segundo o fruto de seus atos. 20 Tu fizeste sinais e prodígios na terra do Egito e até o dia de hoje, em Israel e entre os humanos, de modo que fizeste para ti um nome como hoje se vê. 21 Fizeste sair teu povo Israel da terra do Egito sob sinais e prodígios, com mão forte e braço estendido e com grande terror.

---

[21] Literalmente "no colo dos filhos".

Jeremias 32   **399**

22 Tu lhes deste esta terra que juraste dar a seus pais, uma terra que mana leite e mel. 23 Eles vieram e dela tomaram posse, mas não escutaram tua voz e não andaram em tua lei,[22] e não fizeram nada daquilo que lhes ordenaste fazer; fizeste, então, cair sobre eles toda essa desgraça. 24 Eis que as rampas de assalto já chegam até a cidade para conquistá-la. Pela espada, pela fome e pela peste, a cidade será entregue nas mãos dos caldeus que contra ela combatem. O que disseste se realiza. Tu mesmo o vês! 25 Mas tu me dizes, Senhor YHWH: 'Compra para ti um campo por prata e toma testemunhas!' – justamente agora que a cidade está sendo entregue na mão dos caldeus!?".

26 E a palavra de YHWH foi dirigida a Jeremias:[23] 27 "Eis que sou YHWH, o Deus de toda carne.[24] Por acaso algo é maravilhoso demais para mim? 28 Por isso – assim disse YHWH –, eis que eu entregarei esta cidade na mão dos caldeus e na mão de Nabucodonosor, rei da Babilônia, para que a tome. 29 Os caldeus que combatem contra esta cidade entrarão e incendiarão esta cidade e a queimarão juntamente com as casas em cujos terraços se queimava incenso a Baal e se ofereciam libações a outros deuses, a fim de me ofender. 30 Pois, desde sua juventude, os filhos de Israel e os filhos de Judá só fizeram o que era mau a meus olhos. Sim, os filhos de Israel só me ofenderam com a obra de suas mãos[25] – dito de YHWH. 31 Sim, esta cidade foi motivo de minha ira e de meu furor, desde o dia em que a edificaram até o dia de hoje, de modo a ter que afastá-la de minha presença, 32 por toda a maldade que os filhos de Israel e os filhos de Judá fizeram para me ofender, eles, seus reis, seus ministros, seus sacerdotes e seus profetas, os homens de Judá e os habitantes de Jerusalém. 33 Eles me deram as costas e não o rosto e, apesar de tê-los instruído sem cessar, não houve entre eles quem escutasse a ponto de aceitar a correção. 34 Colocaram suas imundícias na casa sobre a qual se invoca meu nome a fim de torná-la impura. 35 Edificaram os lugares altos a Baal que se encontram no vale de Ben-Enom para ali fazer passar pelo fogo[26] seus filhos e suas filhas como oferenda a Moloc – o que não lhes ordenei, nem

---

[22] Leia-se o singular de acordo com *qere*.
[23] A LXX lê 1ª p. sing.: "a mim" (cf. v. 6).
[24] Ou seja: "de todo ser vivo".
[25] A saber: os ídolos. O v. 30b é omitido pela LXX.
[26] O TM omite a palavra "fogo".

400   *Segunda parte: Relatos e promessas de salvação – Jeremias 26-45*

sequer me passou pelo coração pedir que praticassem essa abominação para induzir Judá ao pecado".
36 Agora, pois, assim diz YHWH, o Deus de Israel, sobre esta cidade da qual dizeis que foi entregue nas mãos do rei da Babilônia por meio da espada, da fome e da peste: 37 "Eis que eu os reunirei de todas as terras para onde os dispersei em minha ira, em meu furor e em minha grande indignação, e os trarei de volta a este lugar e os farei morar em segurança. 38 E eles serão meu povo, e eu serei seu Deus.[27] 39 Eu lhes darei um só coração e um só caminho, o de me temerem todos os dias, para seu bem e o de seus filhos depois deles. 40 Eu firmarei com eles uma aliança eterna, pela qual não me afastarei deles, pelo contrário, lhes farei o bem; e o temor diante de mim lhes colocarei no coração para que não se afastem de mim. 41 Então terei neles minha alegria em fazer-lhes o bem, e os plantarei de verdade[28] nesta terra, de todo o meu coração e de toda a minha alma".
42 Pois assim diz YHWH: "Assim como trouxe sobre este povo toda essa grande desgraça, assim também trarei sobre eles todo o bem que lhes anuncio: 43 Comprar-se-ão campos[29] nesta terra da qual dizeis: 'É um lugar desolado, sem humanos e sem animais; foi entregue na mão dos caldeus'. 44 Comprar-se-ão campos por prata, e escrituras de compra serão redigidas, seladas e confirmadas por testemunhas na terra de Benjamim, nos arredores de Jerusalém, nas cidades de Judá, nas cidades da montanha, nas cidades da Sefelá e nas cidades do Negueb, pois eu mudarei sua sorte" – dito de YHWH.

Essa parte de Jr 32 contém uma oração do profeta (v. 16-25) e uma resposta de YHWH (v. 26-44), composta, por sua vez, de três seções: a) a motivação para o juízo divino (26-35); b) promessa genérica de salvação (36-41); e c) promessa específica a Judá (42-44). Estilo, terminologia, expressões idiomáticas e teologia revelam que todo o trecho é uma criação dos redatores dtr.[30] Tentativas de reconstruir um cerne original jeremiânico[31] ou de

---

[27] Literalmente "eles serão povo para mim e eu serei Deus para eles".
[28] Ou seja: de modo que não mais possam ser arrancados.
[29] O TM lê o singular "campo", o que deve ser entendido como um coletivo (cf. 32,15.44).
[30] Thiel II, p. 31s; cf. os excursos "Lista de líderes", "Expressões idiomáticas dtr para caracterizar a apostasia" e "Linguagem, estilo e terminologia deuteronomistas".
[31] Rudolph, 1968, p. 211, 213.

Jeremias 32   401

separar diversas camadas no texto são pouco convincentes.[32] Mesmo que se pudesse comprovar a existência de camadas literárias nessa parte do capítulo, terminologia e teologia são de tal forma semelhantes que devem proceder do mesmo movimento teológico. De fato, o trecho apresenta, de forma clara e resumida, toda a visão dtr a respeito da complexa relação entre juízo de Deus para o povo e suas promessas de salvação.

O v. 16 forma a transição da ação simbólica da compra do campo para a oração. Dá-se, aqui, continuidade à forma da narrativa em primeira pessoa. Após a interjeição e invocação introdutória ("Ah, Senhor YHWH!"; cf. 14,13), que já sinalizam a surpresa do orante, segue uma confissão ao Deus Criador, para quem nada é impossível. Em conformidade com a oração judaica tradicional, a confissão desemboca num louvor à onipotência desse Deus (cf. Ne 9,6ss). Esse louvor é expresso por atributos em forma de particípios (18a), adjetivos (18b.19a) e orações subordinadas relativas (19b.20-23).[33] A ideia decisiva se encontra na oração principal do v. 17b: tudo é possível a YHWH, mesmo aquilo que escapa à compreensão humana. Por meio do recurso ao decálogo (Êx 20,5s), o hino exalta o Deus que é, ao mesmo tempo, misericordioso e justo. Sua justiça punitiva alcança três a quatro gerações, sua misericórdia, no entanto, extrapola os limites imagináveis ("milhares"). A responsabilidade coletiva implícita no decálogo é, no entanto, logo no v. 19 ("cada um de acordo com seus caminhos"), relativizada em conformidade com a concepção dtr da responsabilidade individual (cf. 31,29s). Ainda que governe sobre toda a humanidade e zele pela justiça no mundo (v. 19), YHWH é especialmente lembrado por sua poderosa intervenção em favor do povo oprimido no Egito (v. 20) e pela dádiva da terra prometida (v. 22s; cf. Dt 26,8s). A essa história salvífica do passado, o povo, no entanto, não correspondeu com sua conduta. A desobediência à lei acarretou a desgraça que atinge o povo no presente: a iminente conquista de Jerusalém pelos caldeus (v. 24). Dentro da lógica de causa e efeito, esse desfecho

---

[32] Wanke II, p. 307ss. Cesuras e diferenças estilísticas ou sintáticas menores não apontam necessariamente para diferentes mãos quando um trecho é prolixo e busca interpretar, como acontece aqui, um texto existente a partir de diversos olhares e adota, além disso, o estilo de um sermão catequético.

[33] No hebraico, os v. 18 a 23 formam uma corrente de atributos e orações secundárias, todos dependentes sintaticamente de uma única oração principal: "Nada é maravilhoso demais para ti" (v. 17b). A tradução acima não conseguiu preservar a forma de orações subordinadas.

402   *Segunda parte: Relatos e promessas de salvação – Jeremias 26-45*

é compreensível: Deus é justo e o juízo do povo é merecido. O que, no entanto, não cabe nessa lógica é a promessa de nova vida no território de Judá justamente nessa situação de juízo. Os redatores dtr apontam corretamente para o aparente absurdo da promessa divina encerrada no gesto do profeta. Existe uma falta de lógica entre a realidade e o gesto. É possível explicar a desgraça, mas não entender a promessa. Resta apenas a confissão: "nada é maravilhoso demais para ti!".

A resposta de Deus à oração do profeta ocorre em três passos. O primeiro (v. 26-35) confirma o anúncio de juízo do profeta e sublinha suas causas. A sutil mudança de estilo – Jeremias passou da primeira (v. 16) para a terceira pessoa (v. 26) – aponta para a situação de pregação dos redatores: a resposta de Deus não é mensagem particular para o profeta, mas é transmitida à comunidade. A resposta de Deus retoma e confirma a confissão do v. 17: nada é impossível ao Deus de todos os seres vivos ("carne"; v. 27). Essa afirmação é a chave hermenêutica para o que segue: a concretização do anúncio jeremiânico de que a cidade de Jerusalém será tomada pelos caldeus não é sinal da fraqueza de Deus, mas, pelo contrário, um ato de liberdade e justiça divina. O amplo espectro de motivos para a catástrofe de Judá e Jerusalém (v. 29b-35) representa um resumo da denúncia dtr: idolatria, desobediência, obstinação, sacrifício de crianças, conspurcação do templo. Flagrante é a semelhança de 32,34s com os trechos dtr de 7,30b-31 e 19,5. Podem-se ressaltar três aspectos. Primeiro, a conduta do povo é basicamente uma infração do primeiro mandamento. Afirma-se, a seguir, que essa conduta não é de agora, mas faz parte da história do povo (v. 30: "desde sua juventude"); no caso de Jerusalém, ela remonta à fundação da cidade (v. 31) – provavelmente uma alusão à sua origem cananeia (Ez 16). Por fim, ainda que a culpa seja de todos, cabe responsabilidade especial à liderança política e religiosa (v. 32).

A segunda parte da resposta de Deus (v. 36-41) enfoca, agora, a salvação ("agora, pois"). Os redatores transferem, aqui, a promessa de salvação destinada ao interior de Judá (v. 15) para a cidade de Jerusalém (v. 36), pois, ao contrário de Jeremias, não conseguem imaginar um futuro de felicidade sem a capital. Assim como não foi impossível para Deus realizar o juízo, também não lhe será impossível trazer a salvação. Uma pequena mudança de estilo revela a situação dos pregadores dtr: o v. 36 se dirige aos

Jeremias 32   403

destinatários ideais dos redatores ("[vós] dizeis").[34] Os v. 37-41(44)
adotam o estilo de um sermão, que eventualmente acolhe observações, ainda que fictícias, do auditório imaginário. Seu conteúdo
é um resumo das expectativas salvíficas tipicamente dtr: reunião
dos dispersos, retorno à pátria, vida em segurança, nova e duradoura relação com Deus. Predomina o caráter genérico da salvação
futura. Chama a atenção a grande semelhança com as expectativas que aparecem nos trechos dtr de 24,4-7 e 31,31-34.

O texto pressupõe a existência da diáspora judaíta (v. 37).
Como nada lhe é impossível, o mesmo Deus que dispersou
(Dt 29,27; Jr 8,3) também reunirá o povo (Jr 23,3; 29,14) e o levará a sua pátria, onde morará em segurança (v. 37; Dt 12,10). A
fórmula da aliança (Jr 32,38) aponta para uma nova relação entre Deus e seu povo à semelhança de 31,33s: a vontade humana
coincidirá com a vontade divina. Em 32,40, o temor de Deus será
colocado no coração; em 31,33 havia sido a lei. O temor de Deus
reconhece e respeita a vontade de Deus. O conhecimento e a prática dessa vontade de Deus não mais é exigência, mas pura dádiva.
Essa aliança será eterna (32,40), ou seja, Deus se compromete a
não mais se afastar de seu povo (Dt 23,25) e a impedir que esse se
afaste dele. Tudo aqui é graça.

Após nova introdução, a última parte da resposta divina
(v. 42-44) retorna ao juízo anunciado por Jeremias e à promessa
de salvação concreta contida na ação simbólica do profeta e verba-
lizada no v. 15: "comprar-se-ão campos nesta terra" (v. 43s). Esse
trecho final tem, portanto, a função de concluir a reflexão motivada pelo gesto de Jeremias em torno do tema salvação. Também
aqui se nota o estilo de sermão que acolhe observações de ouvintes
imaginários: "é um lugar desolado" (v. 43). A destruição de Jerusalém é fato consumado; a terra de Judá é considerada totalmente
despovoada. Por isso a futura salvação na terra somente poderá
concretizar-se com o retorno dos exilados. O v. 44 arrola as regiões que serão beneficiadas com a nova vida na "terra". Enquanto
a promessa contida na ação simbólica de Jeremias se destinava,
em especial, à população rural de Benjamim (Anatot) e dos arredores de Jerusalém, aqui a salvação é ampliada a todas as regiões
administrativas de Judá (cf. 17,26). Além disso, os redatores dtr

---

[34] O v. 37, no entanto, já não acompanha essa mudança de estilo: o povo aparece novamente na terceira pessoa.

404 *Segunda parte: Relatos e promessas de salvação – Jeremias 26-45*

também incluem as cidades (v. 44). Sem Jerusalém e as cidades de Judá, a salvação é inimaginável na concepção dtr. O profeta tem uma visão de salvação bem mais sóbria e modesta.

A salvação futura de acordo com Jeremias

Como outros profetas pré-exílicos, Jeremias não só anunciou juízo, mas também salvação. A partir dos textos que podem ser atribuídos com razoável segurança ao próprio profeta, conseguem-se vislumbrar a visão que Jeremias tinha da futura salvação de seu povo e a relação existente entre juízo e salvação. Podemos analisar os anúncios de salvação de acordo com os destinatários. Nos inícios de sua atuação, Jeremias se ocupou com os habitantes das redondezas de sua terra natal em Benjamim, na divisa com a província assíria da Samaria, que eram, em grande parte, descendentes de refugiados do antigo reino do norte, Israel, conquistado, em 722, pelas tropas assírias. Temos resquícios dessa atuação jeremiânica em 3,12s.21ss; 31,2-6.15.18-20. Apesar de terem decorrido cem anos desde a invasão assíria, a população ainda sofria as consequências dessa desgraça e lamentava a perda de suas propriedades, suas famílias e sua pátria. Para muitos, também se haviam perdido a esperança e a fé no Deus de Israel. A esses o profeta chama à conversão e anuncia que a ira divina deu lugar à misericórdia de YHWH (3,12). O amor de Deus trará de volta a alegria e a possibilidade de plantar nas montanhas de Samaria (31,4s).

Após a primeira deportação de judaítas à Babilônia, em 597, o profeta tem a visão dos dois cestos de figos (Jr 24). O cerne jeremiânico desse capítulo deixa entrever que, para o profeta, Deus tem planos de salvação para o grupo dos exilados, que, por assim dizer, experimentaram e ainda vivem as consequências do juízo. Para os habitantes não deportados de Judá e Jerusalém, no entanto, o juízo ainda está por vir. Essa intuição vaga sobre o futuro torna-se bem mais concreta na carta do profeta aos judaítas exilados na Babilônia (29,5-7). Ela prenuncia uma vida em que vale a pena plantar, construir e constituir família, pois a bênção de YHWH se manifestará no estrangeiro. Os chefes de família (anciãos) recebem a responsabilidade de administrar a vida social. Não se fala de um retorno dos exilados. Isso vai, de certa maneira, contra expectativas de grupos que querem retornar logo à pátria. Percebe-se aí um elemento crítico da mensagem de salvação: nem a monarquia davídica nem Jerusalém e seu templo são necessários na visão jeremiânica da salvação futura.

Isso também se evidencia em Jr 32,15, onde a população rural, que já vive em situação de juízo por ter suas propriedades invadidas e parcialmente destruídas pelo exército invasor, recebe a promessa de que, no futuro, será vantajoso comprar campos, casas e vinhas na terra, porque o trabalho das famílias do interior de Judá será abençoado. Também aqui não se fala da reconstrução de Jerusalém nem da restauração da monarquia. A salvação é sobremaneira sóbria e permanece basicamente no âmbito da família.

Jeremias 32

As promessas destinadas a indivíduos são quase decepcionantes. A Baruc o profeta anuncia que ele não deve esperar coisas grandes da vida: ele apenas sobreviverá à catástrofe que se abate sobre o povo (Jr 45). Também a Ebed-Melec se anuncia mera sobrevivência: "Tua vida te será como despojo" (39,18). Talvez também o rei Sedecias tenha recebido a promessa de ter sua vida poupada pelos babilônios (34,4b.5). Não há, no anúncio jeremiânico, a possibilidade de evitar o juízo divino, mas existe a possibilidade de sobreviver nele (21,9). Ao grupo dos recabitas, que o profeta coloca como exemplo de pessoas que permaneceram na tradição dos pais, ele anuncia que seu clã sobreviverá na desgraça (35,19).

Ao contrário das visões grandiosas e até fantásticas dos editores e de gerações posteriores, o próprio profeta teve uma visão bem mais realista e modesta da salvação futura. Sobreviver e tocar a vida normal: trabalhar, constituir família, fazer negócios, viver a espiritualidade e, de resto, colher os frutos do próprio trabalho. Volta dos exilados à pátria, restauração do culto no templo de Jerusalém ou retorno da dinastia davídica não fazem parte da visão de Jeremias. Isso certamente desagradou muita gente de sua época. (Kilpp, 1990.)

JEREMIAS 33

Jr 33,1-26 Restauração de Jerusalém e aliança com Davi e os levitas

1 A palavra de YHWH foi dirigida pela segunda vez a Jeremias enquanto ainda estava preso no pátio da guarda. 2 Assim disse YHWH, que realiza, YHWH, que forma as coisas para concretizá-las,[1] YHWH é seu nome: 3 "Invoca-me, e eu te responderei e te anunciarei coisas grandes e misteriosas[2] que não conhecias. 4 Pois assim disse YHWH, o Deus de Israel, a respeito das casas desta cidade e das casas dos reis de Judá, que foram derrubadas para trincheiras e para as espadas 5 dos que vinham para combater os caldeus, que, no entanto, as encheram[3] de cadáveres de seres humanos que, em minha ira e em meu furor, deixei ferir por ter ocultado minha face dessa cidade em razão de toda a sua maldade. 6 Eis que lhe trarei a convalescença e a cura, e os curarei e lhes revelarei a riqueza[4] da paz duradoura. 7 E mudarei a sorte de Judá e a sorte de Israel[5], e os edificarei como no início. 8 Eu os purificarei de toda a sua culpa com que pecaram contra mim e perdoarei todos os seus delitos que cometeram contra mim e com que se rebelaram contra mim. 9 E isso me redundará em renome e alegria, em louvor e esplendor junto a todas as nações da terra, quando ouvirem todo bem que eu fizer a elas. Elas estremecerão e se comoverão diante de todo bem e de toda paz que eu lhes proporcionar".
10 Assim disse YHWH: "Neste lugar do qual dizeis: 'É um monte de ruínas, sem humanos e sem animais!', nas cidades de Judá e nas ruas de Jerusalém, desoladas, sem gente, sem habitantes e sem animais, novamente se ouvirão 11 gritos de júbilo e vozes de alegria, a voz do noivo e a voz da noiva, a voz dos que trazem sacrifícios de ação de graças à casa de YHWH e dizem: 'Dai graças a

---

[1] Literalmente "Assim disse YHWH, que o/a realiza, YHWH, que o/a forma para concretizá-lo/la". O pronome sufixo feminino deve expressar o neutro ("as coisas"). A LXX lê, no v. 2: "Assim disse YHWH que fez a terra e a formou para firmá-la...".

[2] Literalmente "inacessíveis ao conhecimento".

[3] O final do v. 4 e a primeira parte do v. 5 são apenas em parte compreensíveis. A tradução acima é uma sugestão que procura se ater o máximo possível ao TM.

[4] Significado incerto; cf. HAL, p. 857.

[5] A LXX lê "Jerusalém" em vez de "Israel".

Jeremias 33

YHWH dos Exércitos, porque YHWH é bom, e sua lealdade é para sempre!', pois mudarei a sorte da terra para que seja como era no princípio" – diz YHWH.

12 Assim disse YHWH dos Exércitos: "Ainda haverá neste monte de ruínas, sem humanos e mesmo sem animais, e em todas as suas cidades, pastagens onde pastores farão repousar o rebanho.

13 Nas cidades da montanha, nas cidades da Sefelá e nas cidades do Negueb, na terra de Benjamim, nos arredores de Jerusalém e nas cidades de Judá novamente passarão ovelhas pela mão daquele que as conta" – disse YHWH.

14 "Eis que virão dias – dito de YHWH – em que cumprirei a boa palavra que falei à casa de Israel e à casa de Judá. 15 Naqueles dias e naquele tempo, farei brotar para Davi um rebento justo, que fará o direito e a justiça na terra. 16 Naqueles dias, Judá será salvo, e Jerusalém habitará em segurança. E este é o nome[6] com que ela[7] será chamada: 'YHWH é nossa justiça!'" 17 Pois assim disse YHWH: "Não faltará a Davi um descendente que se assente no trono da casa de Israel. 18 Também não faltará aos sacerdotes levitas alguém que, diante de mim, ofereça holocaustos, queime oferendas e faça sacrifícios todos os dias".

19 E a palavra de YHWH foi dirigida a Jeremias. 20 Assim disse YHWH: "Se conseguirdes anular minha aliança com o dia e minha aliança com a noite, de modo que não haja mais dia nem noite em seu tempo certo, 21 então também minha aliança com Davi, meu servo, será anulada, de forma que não mais haverá nenhum descendente seu para ocupar seu trono como rei, assim como minha aliança com os levitas, os sacerdotes que me servem. 22 Como o exército dos céus, que não pode ser contado, e como a areia do mar, que não pode ser medida, assim multiplicarei a descendência de Davi, meu servo, e os levitas que me servem".

23 E a palavra de YHWH foi dirigida a Jeremias: 24 "Não viste como fala este povo: 'YHWH rejeitou as duas famílias que ele havia eleito!', desprezando meu povo como se, para eles, não mais fora uma nação?". 25 Assim disse YHWH: "Se minha aliança com o dia e a noite não existisse e se não tivesse estabelecido as leis do céu e da terra, 26 então também rejeitaria a descendência de Jacó e de Davi, meu servo, deixando de tomar entre seus descendentes aqueles que governarão sobre a descendência de Abraão, Isaac e Jacó! Pois eu mudarei sua sorte e deles me compadecerei".

---

[6] O TM omite "o nome"; cf. BHS e o Targum.
[7] Isto é, Jerusalém.

408   *Segunda parte: Relatos e promessas de salvação – Jeremias 26-45*

O capítulo 33 contém dois acréscimos a Jr 32: v. 1-13 e v. 14-26. O estilo prolixo, a dependência de outros textos e o conteúdo revelam a procedência recente de Jr 33, certamente posterior à redação dtr. O segundo acréscimo (v. 14-26) ainda não se encontra na LXX, deve, portanto, pertencer a uma fase ainda mais recente do que o primeiro (v. 1-13).[8]

Os v. 1-13 contêm uma introdução (v. 1-3) e três palavras de salvação, cada uma introduzida pela fórmula do mensageiro: v. 4-9.10-11.12-13. O v. 1 entende o texto a seguir como segunda resposta de Deus à oração de Jeremias ("segunda vez"), após a primeira que se encontra em 32,26ss. A situação é a mesma mencionada em 32,2: Jeremias está preso no pátio da guarda antes da queda de Jerusalém. Os v. 4s, no entanto, já pressupõem a destruição das casas da capital. Após a fórmula do mensageiro ampliada pelo louvor ao Senhor da história ou ao Deus Criador, Jeremias recebe de Deus a ordem de invocá-lo, pois sua oração não ficará sem resposta. Pelo contrário, Deus revelará mistérios inacessíveis à inteligência humana. Não se relata o cumprimento dessa ordem. O mistério a ser revelado é desdobrado nas três palavras de salvação que seguem.

A primeira (v. 4-9) coloca o foco em Jerusalém. Retoma-se, inicialmente, a situação de cerco e conquista da cidade em 587 a.C. Apesar das dificuldades do texto preservado em 33,4s, entende-se que as casas de Jerusalém – inclusive prédios públicos – foram destruídas e estão cheias de cadáveres, o que deixa a cidade impura (cf. 19,7.13). A desolação da capital é comparada a uma doença que precisa ser curada (cf. 30,17). A salvação, circunscrita pela figura etimológica *shub shebut* ("mudar a sorte"), consiste em paz e bem-estar duradouros (v. 6), na total restauração não só de Jerusalém, mas de Israel e Judá (v. 7), na purificação do povo (ou da cidade) e no perdão dos pecados (v. 8; cf. 31,34). Tudo isso redundará na glorificação de YHWH pelas nações (v. 9).

A segunda promessa (v. 10s) é uma resposta ao questionamento que aponta para a falta de seres vivos, tanto humanos quanto animais, nas cidades destruídas de Judá. Pressupõe-se um território de Judá vazio e despovoado na época exílica (cf. 32,43). Mas a alegria da animada vida social será restabelecida e a prática do culto sacrificial, retomada quando a terra for repovoada (30,19; 31,4s.13). O lamento será substituído pela ação de graças (v. 11;

---

[8]   Thiel II, p. 37, admite duas fases de crescimento do capítulo.

Jeremias 33

cf. Sl 136,1). A terceira promessa (v. 12s) acrescenta a restauração da atividade pastoril, importante fator econômico do território de Judá, formado por três regiões geográficas (montanhas; colinas; Negueb) e três unidades políticas (distrito ["arredores"] de Jerusalém; cidades de Judá; território de Benjamim; cf. 17,26; 32,44). A palavra conclui com a visão idílica do pastor contando as ovelhas que desfilam sob seu cajado ao entrarem no curral (Ez 20,37).

O segundo acréscimo (v. 14-26), um dos trechos mais recentes do livro, parece ser um panfleto contra o pessimismo que não mais conta com o cumprimento das promessas proféticas de salvação e que busca, por conseguinte, ressaltar a confiabilidade dessas profecias.[9] O trecho é composto de três partes: v. 14-18, v. 19-22 e v. 23-26. A primeira parte, introduzida pela fórmula escatológica, anuncia o cumprimento da "boa palavra" (cf. 29,10) às duas casas, Israel e Judá. No atual contexto, essa boa palavra se refere à promessa messiânica: um rebento de Davi governará o povo com justiça (v. 15; cf. 23,5s). Ao contrário de 23,6, esse governo não abarcará Judá e Israel, mas Judá e Jerusalém (33,16). E o título "YHWH é nossa justiça" será atribuído a Jerusalém, não ao futuro governante como em 23,6. Na verdade, não se fala, aqui, de um governante ideal do futuro ("messias"), mas de uma ininterrupta sucessão de descendentes de Davi no trono de Israel (cf. 1Rs 2,4; 8,25; 9,5). A mesma promessa se faz, estranhamente, com relação aos sacerdotes levitas: nunca faltará um sacerdote levita para oferecer sacrifícios. Palácio e altar estão novamente unidos na promessa. Espelha-se, aqui, a visão dos dois ungidos que deveriam governar a comunidade pós-exílica (Zc 4,11ss; 6.12s)?

A segunda parte desse acréscimo (v. 19-22) reforça o caráter inabalável da promessa acima feita à casa de Davi e aos sacerdotes levitas. Para tanto recorre às leis imutáveis estabelecidas pelo Deus Criador (cf. 31,35-37). A ordem da criação é entendida como "aliança" (*berit*). No v. 20, a "aliança" com o dia e a noite, ou seja, a alternância constante entre noite e dia, é garantia da imutabilidade da "aliança" com os davididas e os sacerdotes levitas. O conteúdo dessa aliança consiste na garantia de descendência eterna e numerosa. Assim, as promessas de numerosa descendência feitas aos ancestrais do povo são transferidas à posteridade de Davi e aos levitas (v. 22).

---

[9] Rudolph, 1968, p. 217.

410   *Segunda parte: Relatos e promessas de salvação – Jeremias 26-45*

A última parte (v. 23-26) dirige-se a pessoas dentro do judaísmo ("esse povo!") que duvidam da continuidade da eleição divina de Judá e Israel. A fala desses céticos é citada no v. 24: "YHWH rejeitou as duas famílias que ele havia eleito!". As duas famílias são Israel e Judá. Como com a dispersão dos judaítas após 587 não mais existia uma nação coesa Israel ou Judá, é bastante compreensível que muitos pensassem que também a eleição do povo chegara ao fim. Se Israel não mais existir como nação, as promessas de uma dinastia davídica perdem seu sentido. Novamente se recorre à ordem da criação – constância da periodicidade do tempo (dia e noite) e da delimitação do espaço (céu e terra) – como garantia para a não rejeição do povo (Jacó=Israel) e da dinastia davídica (Davi).

Todo esse segundo acréscimo procura renovar as esperanças de grupos com sérias dúvidas quanto ao cumprimento das profecias que constam no livro, em especial em Jr 29-32. O autor argumenta com a imutabilidade das leis da natureza criadas por Deus e reafirma a promessa de um futuro governo sob um descendente de Davi e a continuidade do culto em Jerusalém liderado por sacerdotes levitas. A promessa de um reino davídico não se concretizou.

JEREMIAS 34-35: OPORTUNIDADES PERDIDAS

Os capítulos 34 a 35 (36) formam um apêndice à coletânea dtr de ditos de salvação (Jr 29-32) e mostram como o juízo contra Judá e Jerusalém poderia ter sido evitado se as autoridades e o povo tivessem tomado a decisão correta. Cada capítulo coloca um exemplo positivo que poderia ter sido seguido, mas não foi. Jr 34 coloca a decisão positiva da elite judaíta de libertar seus escravos, mas que voltou atrás dessa sua decisão. Jr 35 mostra a obediência exemplar dos recabitas a suas tradições em contraste com a desobediência do povo de Jerusalém. Jr 36, por sua vez, compara a atitude inflexível do rei Joaquim diante da mensagem profética (36,24) em contraposição à reação de seu pai, Josias (2Rs 22,11).[1] Jr 34 e 35 formam uma pequena composição redacional própria de três unidades, cada uma introduzida pelo título característico dos redatores: "A palavra que foi dirigida a Jeremias da parte de YHWH" (34,1-7; 34,8-22; 35,1-19). Ambos os capítulos foram amplamente retrabalhados pelos redatores dtr. Jr 36, por sua vez, forma, em sua atual posição, juntamente com Jr 45, a moldura para o bloco final da segunda parte do livro, Jr 37-44. O capítulo serve, portanto, de dobradiça entre ambos os blocos (34s e 37ss).

---

[1] Winters, 2000, p. 85s, afirma que os cap. 34; 36s são ilustrações de como os reis não atenderam a palavra de Deus e que o cap. 35 mostra a alternativa correta.

JEREMIAS 34

Jr 34,1-7 Mensagem a Sedecias

1 A palavra que foi dirigida a Jeremias da parte de YHWH, quando Nabucodonosor, rei da Babilônia, todo o seu exército e todos os reinos da terra submetidos a seu domínio e todos os povos estavam em guerra contra Jerusalém e contra todas as suas cidades.[2] 2 Assim disse YHWH, o Deus de Israel: "Vai e fala a Sedecias, rei de Judá, e dize-lhe: 'Assim diz YHWH: Eis que entregarei esta cidade na mão do rei da Babilônia, que a queimará pelo fogo. 3 E tu não escaparás de sua mão, pois certamente serás capturado e entregue em sua mão, de modo que teus olhos verão os olhos do rei da Babilônia, e sua boca falará à tua boca, e então irás à Babilônia. 4 Mas escuta a palavra de YHWH, Sedecias, rei de Judá! Assim disse YHWH a teu respeito: Não morrerás pela espada[3]; 5 morrerás em paz. Assim como queimaram perfumes para teus antepassados, os antigos reis que vieram antes de ti, também queimarão perfumes para ti e lamentarão por ti, dizendo: Ai, senhor! Pois a palavra sou eu quem a disse – dito de YHWH'". 6 E o profeta Jeremias falou a Sedecias, rei de Judá, todas essas palavras em Jerusalém. 7 E o exército do rei da Babilônia combatia contra Jerusalém e contra todas as cidades de Judá que ainda resistiam, a saber, contra Laquis e Azeca, pois somente essas restavam dentre as cidades fortificadas de Judá.

A primeira unidade contém uma palavra ao rei Sedecias.[4] Repetições, redundâncias e tensões no texto revelam intenso trabalho redacional. No v. 2, chamam a atenção as duas fórmulas do mensageiro ("assim disse YHWH")[5] e a dupla ordem a Jeremias para "falar" a Sedecias (v^e'*amarta*; vertido acima por "e fala" e "e dize"). Além disso, nota-se que, no v. 1, a situação em que foi proferida a palavra profética não coincide totalmente com a situação refletida no v. 7. Ao contrário do v. 7, o v. 1 afirma que o exército

---

[2] Em vez de "contra todas as suas cidades", a LXX lê "contra todas as cidades de Judá".

[3] "Não morrerás pela espada" falta na LXX.

[4] Os outros anúncios a Sedecias se encontram em 21,1-10; 37,7-10.17-21; 38,17-23.

[5] A primeira fórmula do mensageiro se encontra estranhamente não na boca do mensageiro, mas do narrador.

Jeremias 34 413

babilônico foi engrossado por contingentes de "todos os reinos" submetidos a seu poder. Esse exército combate, de acordo com o v. 1, contra Jerusalém e "todas as suas cidades" – ou seja: de Judá – enquanto o v. 7 menciona apenas duas. Por fim, no v. 1, o próprio Nabucodonosor está no comando das tropas, o que não se depreende do v. 7. Nabucodonosor provavelmente se fez presente somente na etapa final da guerra, quando as cidades do interior não mais ofereciam resistência e o combate se concentrara na capital (cf. Jr 39,1-3). Geralmente se dá preferência aos dados mais precisos e menos extravagantes do v. 7. Costuma-se, portanto, atribuir os v. 1-2a (até "dize-lhe") aos redatores dtr. Esses aparentemente tomaram os dados do v. 7 e os colocaram após seu título característico (v. 1a).[6]

O contexto da mensagem profética está claro: estamos no primeiro estágio da ocupação de Judá pelas tropas babilônicas (589/8), quando as cidades do interior estavam sob ataque. Aqui são mencionadas Laquis (*tell ed-duwer*) e Azeca (*tell zakariya*); ambas são cidades fortificadas da Sefelá. Os óstracos de Laquis nos dão uma vívida imagem dessa situação. O óstraco nº 4 apresenta um estágio da guerra em que a cidade de Azeca já havia sido conquistada, pois já não emitia seus sinais luminosos às tropas judaítas.[7]

O cerne do trecho contém dois ditos de Jeremias a Sedecias (v. 2b.3 e v. 4s) preservados num relato em terceira pessoa (v. 2b-8; cf. v. 6), pertencente, portanto, à chamada biografia de Baruc. O primeiro desses ditos é, na verdade, uma palavra de juízo contra Jerusalém e o rei: Jerusalém será conquistada e incendiada e o rei preso e confrontado e responsabilizado por Nabucodonosor – que o instituiu como rei de Judá – e, por fim, levado à Babilônia. O segundo dito contrasta com o primeiro, pois é uma palavra de salvação: o rei não morrerá de forma violenta, mas de morte morrida e, além disso, será sepultado com os ritos funerários dignos da realeza: queima de aromas (cf. 2Cr 16,14; 21,19) e lamento fúnebre: "Ai, senhor!" Como entender a relação entre esses dois ditos?

Por um lado, é traço característico de Jeremias que o anúncio de juízo não é suspenso pela promessa de salvação.[8] Em meio ao juízo abrem-se possibilidades de sobrevivência, como é o caso de

---

[6] Para Thiel II, p. 38, os v. 6s formaram a introdução original da palavra a Sedecias e, por conseguinte, do relato em terceira pessoa. Esse continuaria com a segunda ocorrência da fórmula do mensageiro no v. 2. A proposta tem sua lógica.

[7] Cf. o excurso "Os óstracos de Laquis", sob Jr 6,1-8.

[8] Cf. o excurso "A salvação futura de acordo com Jeremias", sob Jr 32,16-44.

414   *Segunda parte: Relatos e promessas de salvação – Jeremias 26-45*

Ebed-Melec (39,16-18), Baruc (45,5) e dos recabitas (35,19). É o que acontece aqui: Sedecias sobreviverá. Por isso não há motivos para duvidar da origem jeremiânica dessa profecia.[9] Também em Jr 38,17-23 anuncia-se a Sedecias a possibilidade de sobreviver se tomar a decisão certa: entregar-se aos babilônios. Da decisão de Sedecias depende, portanto, o destino da cidade.

Existe uma outra tensão entre anúncio de juízo e promessa de salvação, esta irreconciliável: os ritos fúnebres dignos da realeza são concebíveis somente em Jerusalém, mas não no exílio.[10] O anúncio de deportação não pode ter sido concomitante ao anúncio de um sepultamento real. Deve-se, portanto, contar com algumas tentativas de adequar o anúncio jeremiânico ao que realmente aconteceu. Esse provavelmente é o caso da informação, no final do v. 3, de que Sedecias foi deportado.[11]

A profecia a Sedecias só se concretizou parcialmente. Ele, de fato, não foi morto à espada (2Rs 25,6s; Jr 39,6s; 52,11). Mas certamente também não teve um sepultamento digno de rei na Babilônia. Que significa isso? Em primeiro lugar, pode-se afirmar que uma profecia não cumprida dificilmente foi inventada. Ela deve, portanto, provir do profeta. Em segundo lugar, também profetas verdadeiros podem errar nos detalhes. A profecia de um sepultamento humilhante de Joaquim (22,18s) também não se realizou. A afirmação de que só o cumprimento de uma profecia consegue comprovar que o profeta foi, de fato, enviado por Deus (Jr 28,9) não deve ser absolutizada.[12] A mensagem de Jeremias foi preservada e atualizada em gerações posteriores justamente por ter sido considerada, em seu todo, autêntica palavra de Deus.

Jr 34,8-22 Libertação dos escravos

8 A palavra que foi dirigida a Jeremias da parte de YHWH depois que o rei Sedecias celebrara um acordo[13] com todo o povo que estava em Jerusalém para proclamar, com sua anuência,[14] uma alforria: 9 cada um libertaria seu escravo e sua escrava, hebreu ou hebreia, a fim de que ninguém mais submetesse um judaíta, irmão

---

[9]   Cf. Kilpp, 1990, p. 86ss.
[10] Rudolph, 1968, p. 220, transfere, por isso, o termo "Jerusalém" do final do v. 6 para o início do v. 5; cf. BHS.
[11] Wanke II, p. 320; cf. BHS.
[12] Cf. o excurso "Verdadeiros e falsos profetas", sob Jr 28.
[13] Literalmente "uma aliança"; o mesmo ocorre nos v. 10.13.15.18 onde aparece "acordo".
[14] Literalmente "para eles".

Jeremias 34   415

seu, a trabalho escravo. 10 E todos os ministros e todo o povo que participaram[15] do acordo consentiram[16] em libertar cada um seu escravo e sua escrava para não mais submetê-los a trabalho escravo. Consentiram e libertaram. 11 Mas, depois disso, voltaram atrás e fizeram retornar os escravos e as escravas que haviam libertado e os obrigaram a ser novamente escravos e escravas. 12 Então a palavra de YHWH foi dirigida a Jeremias da parte de YHWH: 13 Assim disse YHWH, o Deus de Israel: "Eu celebrei uma aliança com vossos pais no dia em que os fiz sair da terra do Egito, da casa da escravidão, dizendo: 14 'Ao cabo de sete[17] anos cada um de vós libertará seu irmão hebreu que se tiver vendido a ti. Seis anos será teu escravo, então o deixarás ir embora livre'. Mas vossos pais não me escutaram nem me deram ouvidos. 15 Mas hoje vós vos havíeis convertido e feito o que é certo a meus olhos, proclamando cada um a libertação de seu próximo e celebrando um acordo diante de mim, na casa sobre a qual se invoca meu nome. 16 Mas voltastes atrás e profanastes meu nome e fizestes retornar cada um seu escravo e cada um sua escrava que vós havíeis deixado ir livres para fazer o que quisessem,[18] obrigando-os a ser novamente vossos escravos e escravas". 17 Por isso, assim diz YHWH: "Vós não me escutastes quanto à minha ordem de proclamar cada um a alforria de seu irmão e de seu próximo. Eis que agora eu vos proclamarei uma alforria – dito de YHWH – para a espada, a peste e a fome, e farei de vós um objeto de espanto para todos os reinos da terra. 18 E farei com que os homens que transgrediram meu acordo por não terem observado os termos do acordo que firmaram diante de mim, sejam como[19] o bezerro que cortaram em duas partes, entre as quais passaram:[20] 19 os ministros de Judá e os ministros de Jerusalém, os funcionários da corte, os sacerdotes e todo o povo da terra que passaram entre as partes do bezerro. 20 Eu os entregarei nas mãos de seus inimigos e nas mãos dos que atentam contra sua vida; seus cadáveres servirão de alimento para os pássaros do céu e para os animais da terra. 21 Também entregarei Sedecias, rei de Judá, e seus ministros nas

---

[15] Literalmente "entraram (no acordo/na aliança)".

[16] Literalmente "ouviram, obedeceram".

[17] A LXX lê "seis (anos)"; cf. Dt 15,1.12.

[18] "Para fazer o que quisessem" reproduz a expressão *lenafsham* ("para sua vida, para si mesmos/as").

[19] Veja BHS; o TM omite a preposição de comparação.

[20] A LXX altera o sentido de 18b: "(sejam como) o bezerro que fizeram para com ele praticar (o mal)", em alusão à idolatria vinculada ao bezerro (Êx 32). De forma coerente, também omite o v. 19b.

416 *Segunda parte: Relatos e promessas de salvação – Jeremias 26-45*

mãos de seus inimigos, nas mãos dos que atentam contra sua vida, nas mãos do exército do rei da Babilônia, que acaba de afastar-se de vós. 22 Eis que darei uma ordem – dito de YHWH – e os trarei de volta a esta cidade; eles combaterão contra ela, a tomarão e a queimarão pelo fogo. E farei das cidades de Judá um lugar desolado e sem habitantes".

A segunda unidade do conjunto Jr 34s enfoca o tema da libertação de escravos. Ela é uma ampliação dtr de um relato subjacente sobre Jeremias que, agora, se encontra nos v. 8b-11.18.[21] A unidade é introduzida, como em 34,1 e 35,1, pelo título típico dos redatores (v. 8a: "A palavra que foi dirigida a Jeremias da parte de YHWH"). A terminologia, o estilo prolixo e a forma de sermão, conhecidas características dtr, predominam nos v. 13-17.19-22.[22] Além disso, há uma grande diferença de conteúdo entre o relato original e o sermão dtr. Conforme o relato em terceira pessoa, a libertação dos escravos nada tem a ver com a lei da libertação periódica de escravos hebreus e escravas hebreias prevista em Dt 15,12ss (cf. Êx 21,2ss), como o entende a redação. Essa interpretação dos redatores influenciou a configuração do atual texto.[23]

O relato original (v. 8b-11)[24] fala de um acordo celebrado pelo rei Sedecias com "todo o povo" que se encontrava em Jerusalém com o propósito de libertar todos os escravos e todas as escravas. Tratava-se possivelmente de pessoas endividadas que tinham que trabalhar para seus credores ou foram vendidas por esses a terceiros. O "povo" mencionado no v. 8 são, aqui, os donos de escravos e escravas que se encontravam em Jerusalém. Para entender o motivo desse acordo é importante conhecer o contexto. Esse nos é dado por Jr 34,7.21s e 37,7-9. Durante o cerco de Jerusalém, escravos representavam um fator de instabilidade social. Provavelmente também eram um peso para seus proprietários, já que tinham que ser alimentados em época de escassez. Além disso, escravos dispensados de trabalhar para seus donos ou credores

---

[21] Cf. Thiel II, p. 39ss: v. 8b.9a*.10-13a.18*; assim também Wanke II, p. 321.

[22] Cf. os excursos "Expressões idiomáticas dtr para caracterizar a apostasia" e "Linguagem, estilo e terminologia deuteronomistas", sob 5,15-19 e 7,1-8,3.

[23] Thiel II, p. 39ss.

[24] Na atual configuração do texto hebraico, a "palavra" mencionada no v. 8, a rigor, somente é transmitida no v. 13. Uma prótase tão longa é anormal. Isso se explica pelo fato de o início do relato original (v. 8bss) ter sido subordinado sintaticamente ao título dtr (v. 8a). O relato deve ter iniciado com uma oração principal, p. ex.: "O rei Sedecias celebrou um acordo..."; cf. Thiel II, p. 40.

Jeremias 34 417

podiam ser utilizados para a defesa da cidade. Essa conjunção de fatores fez com que uma alforria geral fosse benéfica tanto para os proprietários de escravos quanto para o governo. Conhecem-se paralelos na história antiga. Já o rei babilônico Hamurábi havia promovido, em 1765/4 a.C., a libertação de escravos para reforçar seu exército. Conforme Diodoro, caso semelhante ocorreu por ocasião do cerco à cidade de Morgantina, na Sicília, em 104 a.C.[25] Trata-se, portanto, de uma alforria num caso de emergência: o cerco de uma cidade. Quando, porém, as tropas babilônicas levantaram o cerco a Jerusalém para enfrentar o exército egípcio (34,21; 37,7ss), a vida parecia voltar à normalidade. Pelo menos, era o que muitos esperavam. Mudada a situação, muitos tentaram recuperar seus antigos escravos libertados e restabelecer a relação de serviço interrompida. Não sabemos se o acordo firmado era temporário ou se foi revogado passada a situação de emergência ou se os homens livres descumpriram o acordo ao tentar submeter os escravos libertos novamente à escravidão.

Os redatores interpretaram a libertação emergencial de escravos como cumprimento da lei de Dt 15,12ss, que previa a alforria de um escravo hebreu ou uma escrava hebreia após seis anos de trabalho escravo. O v. 14a cita a lei numa combinação de Dt 15,1 e Dt 15,12, copiando inclusive a imprecisão de Dt 15,1: "ao cabo de sete anos" (em vez de "no sétimo ano").[26] Mas certamente a alforria promovida por Sedecias não abrangia somente escravos "hebreus", apesar de esses terem sido a maioria. Tampouco se faz, no acordo de Sedecias, qualquer menção a uma norma legal. Além disso, uma libertação de um escravo ou uma escrava no sétimo ano não se coaduna com uma libertação generalizada que não respeita o tempo de serviço de cada pessoa escravizada. Independente dessas discrepâncias, os redatores entendem que submeter escravos libertos novamente à escravidão infringe as leis divinas. Sentem-se, portanto, à vontade para ressignificar o relato que está em suas mãos.

Além de expressar sua visão do assunto inserindo, no v. 9, a restrição étnica dos escravos ("hebreu ou hebreia, a fim de que ninguém mais submetesse um judaíta, irmão seu, a trabalho escravo"), os redatores viram na fórmula do mensageiro do v. 13a uma ótima oportunidade para colocar seu sermão estilizado como fala divina dirigido a um coletivo não especificado ("vós"). Numa retrospectiva

---

[25] Cf. Rudolph, 1968, p. 223.
[26] Cf. nota 17 acima.

418   *Segunda parte: Relatos e promessas de salvação – Jeremias 26-45*

histórica, traz à memória a aliança realizada com os antepassados que foram libertados do Egito, "a casa da escravidão".[27] Essa referência é importante, porque a ação libertadora de Deus forma a base para a lei da libertação dos escravos citada no v. 14 (cf. Dt 15,1.12). Israel deveria imitar a ação libertadora de seu Deus. Após lembrar que os antepassados não respeitaram essa vontade divina,[28] os redatores elogiam a atuação dos ouvintes que fizeram o acordo. Eles chamam isso de "conversão" (*shub*) e "fazer o que é certo aos olhos" de Deus.[29] Ao colocarem a celebração da aliança promovida por Sedecias no recinto do templo (v. 15), conferiram a ela uma dimensão teológica especial. Por isso, ao voltarem atrás (*shub*) e novamente submeterem os antigos escravos e escravas à servidão, seus proprietários "profanaram" o nome de Deus. O castigo para a desobediência é formado por um trocadilho com a expressão "proclamar a alforria" (v. 17). Já que os donos de escravos não proclamaram a alforria como o exigia a lei deuteronômica, Deus proclamará a alforria de seus instrumentos de morte: a espada, a peste e a fome.[30]

O v. 18 deve ter sido a conclusão do relato em terceira pessoa, pois é difícil conceber que esse relato tenha sido preservado sem uma palavra profética.[31] Sem o complemento dtr – a primeira oração subordinada relativa (18aβ) –, recupera-se um perfeito quiasma:

"Farei com que os homens/
que transgrediram (ha'ob^erim) meu acordo...,/
que firmaram (kar^etu) diante de mim,
sejam como o bezerro/
que cortaram (kar^etu) em duas partes/
entre as quais passaram (ya'ab^eru)"[32].

Aqui se faz alusão ao rito realizado por ocasião de uma aliança. Um animal é sacrificado e cortado em diversas partes, que são dispostas em duas fileiras de modo a formar um corredor, pelo

---

[27] Quanto à aliança com a geração do Egito, cf. 7,22; 11,4; quanto à expressão "casa da escravidão", cf. Dt 5,6; 6,12; 8,14; Js 24,17.

[28] Cf. 7,24; 11,8; 25,4 e.o.

[29] "Fazer o que é certo/reto": Dt 6,18; 12,25.28; 13,19; 1Rs 11,33 e.o.

[30] Quanto à tríade do juízo, v. o excurso "Linguagem, estilo e terminologia deuteronomistas", sob 7,1-8,3

[31] Note-se a mudança da forma de sermão, que se dirige a uma 2ª p. pl. ("vós"), para o gênero narrativo do v.18, que faz uso da 3ª p. ("eles").

[32] Thiel II, p. 41.

Jeremias 34 419

qual passam os parceiros do acordo (Gn 15,9ss). Assim, esses parceiros lançam sobre si próprios a maldição de tornar-se igual ao animal sacrificado e despedaçado caso não cumpram os termos do acordo. Isso tudo ocorre tendo as divindades dos parceiros como testemunhas ("diante de mim"). A palavra profética apenas confirma o que o rito significa: a maldição recairá sobre os parceiros que transgrediram o acordo.

Os redatores sentiram a necessidade de complementar esse anúncio de juízo. Em primeiro lugar, especificam os culpados pelo desrespeito ao acordo (v. 19): a elite política, os funcionários graduados da corte, a liderança do templo e a classe proprietária rural de Judá ("o povo da terra"). Em segundo lugar, descrevem com terminologia típica em que consiste essa "maldição" que recairá sobre os infratores (v. 20). Por fim, acrescentam uma palavra de juízo específica para o rei Sedecias, seu conselho de ministros (v. 21) e sobre Jerusalém (v. 22). Juntamente com essa palavra somos informados sobre o contexto (v. 21b.22) do ocorrido: o exército babilônico se afastou para enfrentar tropas egípcias (37,7-9), mas retornará e retomará o cerco de Jerusalém. Não há motivos para duvidar dessa informação.

Em sua atual configuração e posição, a unidade 34,8-22 mostra exemplarmente como os jerosolimitas, em especial sua liderança, desrespeitaram uma lei divina e, com isso, desprezaram a oportunidade de evitar a catástrofe que atingiu Jerusalém e Judá. O próximo capítulo trará o exemplo de um grupo de pessoas que permaneceu fiel à sua tradição e, por isso, sobreviverá à catástrofe.

JEREMIAS 35: O EXEMPLO DOS RECABITAS

1 A palavra que foi dirigida a Jeremias da parte de YHWH nos dias de Joaquim, filho de Josias, rei de Judá: 2 "Vai à casa[1] dos recabitas, fala com eles e leva-os à casa de YHWH, a uma das salas, e oferece-lhes vinho para beber". 3 Então tomei Jezonias, filho de Jeremias,[2] filho de Habsanias, bem como seus irmãos, todos os seus filhos e toda a casa dos recabitas, 4 e os levei à casa de YHWH, à sala dos filhos de Hanã, filho de Jegdalias, homem de Deus, que fica ao lado da sala dos ministros, acima da sala de Maasias, filho de Selum, o guarda da entrada. 5 Então coloquei diante dos filhos da casa dos recabitas ânforas cheias de vinho e taças, e lhes disse: "Bebei vinho!" 6 Mas eles responderam: "Não bebemos vinho, porque nosso pai, Jonadab, filho de Recab, nos deu esta ordem: 'Não bebereis vinho, nem vós, nem vossos filhos para sempre, 7 nem edificareis casas nem semeareis sementes nem plantareis vinhas nem as possuireis. Pelo contrário, morareis em tendas todos os vossos dias, para que vivais muitos dias sobre a terra em que sois peregrinos'. 8 Nós obedecemos à voz de nosso pai, Jonadab, filho de Recab, a tudo que nos ordenou. Em todos os nossos dias, nunca bebemos vinho, nem nós, nem nossas mulheres, nem nossos filhos, nem nossas filhas, 9 nem edificamos casas para morar nem possuímos vinhas, campos ou sementes; 10 pelo contrário, vivemos em tendas. Obedecemos e fizemos tudo que nos ordenou nosso pai, Jonadab. 11 Mas, quando Nabucodonosor, rei da Babilônia, subiu contra a terra, dissemos: 'Vamos, entremos em Jerusalém para escapar do exército dos caldeus e do exército de Aram!' Então permanecemos em Jerusalém".
12 E a palavra de YHWH veio a Jeremias:[3] 13 Assim disse YHWH dos Exércitos, o Deus de Israel: "Vai e dize aos homens de Judá e aos habitantes de Jerusalém: 'Não quereis aceitar a correção, ouvindo minhas palavras? – dito de YHWH. 14 As palavras de Jonadab, filho de Recab, foram observadas, pois ele ordenou a seus filhos que não bebessem vinho, e não beberam até o dia de hoje, obedecendo à ordem de seu pai. Eu, porém, vos falei e falei, mas vós não me

---

[1] A "casa", aqui, é o "clã" dos recabitas.
[2] Esse Jeremias não deve ser confundido com o profeta.
[3] A LXX lê "veio a mim" (cf. BHS), o que cabe melhor como sequência do relato em 1ª pessoa que antecede. Se permanecermos com o TM (*lectio difficilior*), devemos entendê-lo como uma adaptação redacional ao sermão que segue.

Jeremias 35: O exemplo dos recabitas

421

escutastes. 15 Eu enviei e enviei a vós todos os meus servos, os profetas, para dizerem: Voltai atrás cada um de seu caminho maldoso, melhorai vossas ações e não andeis atrás de outros deuses para servi-los! Assim ficareis morando na terra que dei a vós e a vossos pais. Mas não me destes ouvidos nem me escutastes. 16 Sim, os filhos de Jonadab, filho de Recab, observaram a ordem que seu pai lhes dera, mas este povo aí não me escutou!'". 17 Por isso, assim disse YHWH, Deus dos Exércitos, o Deus de Israel: "Eis que trarei sobre Judá e sobre todos os habitantes de Jerusalém toda a desgraça que lhes anunciei, uma vez que lhes falei, mas eles não me escutaram; chamei-os, mas eles não responderam".[4] 18 E à casa dos recabitas Jeremias disse: "Assim disse YHWH dos Exércitos, o Deus de Israel: 'Já que obedecestes à ordem de Jonadab, vosso pai, e observastes todas as suas ordens, fazendo tudo de acordo com o que ele vos ordenou, 19 por isso, assim diz YHWH dos Exércitos, o Deus de Israel: Nunca faltará a Jonadab, filho de Recab, alguém que fique de pé em minha presença todos os dias'".

A terceira e última unidade da composição Jr 34s destaca a fidelidade do clã dos recabitas. Após a típica introdução dtr (v. 1; cf. 34,1.8), seguem o relato de uma ação simbólica escrito na primeira pessoa do profeta (v. 2-11: "então tomei...") e, após a fórmula do acontecimento da palavra (v. 12), um sermão dirigido, não aos recabitas, mas, em discurso direto (v. 14: "eu vos falei..."), aos "homens de Judá e habitantes de Jerusalém". Tudo culmina numa palavra de salvação aos recabitas (na 3ª pessoa: v. 19). Geralmente se admite que o relato da ação simbólica (v. 2-11) foi complementado por um sermão dtr sobre a desobediência dos judaítas e jerosolimitas (v. 13-16), que desemboca, de um lado, num anúncio de juízo para esses (v. 17) e, de outro, por contraste, numa palavra de salvação para os recabitas (v. 18s). O relato de um gesto simbólico necessita de uma palavra divina que o interprete ou conclua. Essa deve ser buscada no v. 19, que forma, no caso, a conclusão original do relato pré-dtr de v. 2-11.[5]

---

[4] Os v. 17b.18aα.19a faltam na LXX; cf. BHS.

[5] Thiel II, p. 44-46. Thiel II, p. 44, também atribui o v. 7bβ ("para que vivais muitos dias sobre a terra em que sois peregrinos") à redação, dada sua dependência de Dt 4,40; 5,16.33; 22,7. A passagem do discurso direto no v. 18 ("obedecestes") para o uso da 3ª pessoa do relato no v. 19 é indício de que o v. 19 é a palavra divina que encerra o relato, enquanto a motivação do v. 18 foi acrescentada pela redação.

422   *Segunda parte: Relatos e promessas de salvação – Jeremias 26-45*

O relato da ação simbólica contém os três elementos característicos principais: a ordem (v. 2), a execução da ordem (v. 3-5) e a interpretação do gesto ou palavra conclusiva de Deus (v. 19).[6] Diferentemente de outras ações simbólicas, essa tem uma reação à execução da ordem por Jeremias (v. 6-11). Essa reação – a recusa de beber vinho – é importante para a palavra divina final, substitui, portanto, o objeto concreto que normalmente constitui o símbolo da mensagem, como o cinto de linho apodrecido (Jr 13,1-11) ou a bilha quebrada (Jr 19,1-11).

O v. 1 situa o acontecido na época de Joaquim (608-598). De acordo com o v. 11, os recabitas buscaram refúgio em Jerusalém diante do avanço do exército caldeu, engrossado por tropas aliadas (2Rs 24,2). Trata-se das primeiras invasões inimigas nos últimos anos do rei Joaquim. O ato simbólico é, portanto, cronologicamente anterior à libertação dos escravos descrita no capítulo 34. A "casa" dos recabitas é um clã nômade, cujo ancestral é Jonadab, filho de Recab. Esse Jonadab é considerado o líder espiritual do grupo. A ele se atribui a proibição de construir casas, cultivar a terra, plantar vinhas, beber vinho e possuir bens imóveis. Jonadab é mencionado em 2Rs 10,15s, onde se relata sua participação na revolta de Jeú contra Acab, o rei de Israel, e contra sua política de apoio à religião cananeia, centrada na adoração do Deus da fertilidade Baal (845 a.C.?). Os motivos para Jonadab ter proibido o usufruto dos bens da vida sedentária centrada na agricultura devem, portanto, ter sido religiosos. Abstendo-se dos bens da agricultura, evita-se o que aparentemente pertencia à esfera de domínio de Baal.[7] Não se trata, portanto, de mero tradicionalismo. Os recabitas entendem a vida nômade como expressão de fé em YHWH, o Deus do deserto (31,2s). Além de destoarem da cultura urbana de Jerusalém, eles também podiam ser considerados religiosamente inortodoxos, já que não se importavam com uma das confissões básicas de Israel: a dádiva da terra que escorre leite e mel. Numa situação excepcional tiveram que buscar refúgio numa cidade fortificada, certamente evitada em tempos normais. Em Jerusalém talvez não pudessem armar suas tendas, mas podiam evitar o consumo de vinho.

---

[6] Cf. o excurso "Ações simbólicas", sob 13,1-11.

[7] De acordo com Fischer II, p. 268, os nomes do porta-voz recabita e de seus antepassados (Jezonias, Jeremias e Habsanias) contêm o elemento teofórico -*yahu* (-ias), o que depõe a favor de um estreito vínculo da família com YHWH. Schmidt II, p. 186, lembra a crítica de Os 3,1 às tortas de passas consagradas a outras divindades.

Jeremias 35: O exemplo dos recabitas 423

Mesmo dois séculos e meio depois de Jonadab e mais de quatro séculos de vida sedentária dos israelitas, os recabitas ainda aderem ao estilo de vida nômade. Não sabemos ao certo se sobreviviam como comerciantes ou carpinteiros e metalúrgicos itinerantes.[8] Ao buscar refúgio em Jerusalém (cf. 4,5s), esse grupo certamente chamou a atenção dos habitantes da capital. Muitos devem tê-los encarado com estranheza senão com menosprezo. Jeremias recebe a incumbência de levar justamente esse grupo, liderado pelo xeique Jezonias, a uma sala do templo e, aí, oferecer-lhe vinho.

O templo tinha várias salas ou câmaras construídas no lado externo de suas paredes. Essas salas pertenciam a indivíduos, famílias ou corporações e podiam ser usadas como armazéns ou espaços para reuniões (cf. 1Rs 6,5; Ne 10,38ss; 13,4ss; Jr 36,10). Jeremias levou o grupo à sala da família de Hanã, que recebe o título de "homem de Deus" (1Rs 17,18.24 para Elias; 2Rs 4,7.9.16 para Eliseu). Na família de Hanã talvez houvesse profetas vinculados ao culto que utilizavam uma das câmaras do templo para o exercício de sua função. A localização exata da sala e a menção de diversos nomes (Hanã, Jegdalias, Maasias,[9] Selum) e cargos (homem de Deus, ministros, guarda da entrada) revelam conhecimento e conferem credibilidade ao relato. A ida de Jeremias ao templo com um grupo de pessoas que já chamavam a atenção por sua própria aparência deve ter sido acompanhada por muitos olhares curiosos. A ação simbólica requer presença de público. A sala ocupada pelo grupo provavelmente dava acesso ao pátio do templo (36,10), de modo que também outras testemunhas além do grupo restrito dos recabitas pudessem presenciar a ação simbólica.

Os recabitas naturalmente se recusam a beber o vinho oferecido e justificam sua recusa: as gerações de recabitas observaram, por mais de dois séculos, a norma de seu ancestral Jonadab: morar em tendas, conservar o estilo de vida nômade, não praticar a agricultura nem beber do fruto da videira. A esse grupo de nômades os redatores atribuem a promessa do decálogo (Êx 20,12; Dt 5,16; cf. 8,1): "para que vivais muitos dias sobre a terra" (v. 7). Isso não deixa de causar estranheza, já que originalmente essa promessa se

---

[8] Werner II, p. 100, aponta para o parentesco entre recabitas e quenitas (1Cr 2,55), entre cujos membros (descendentes de Caim) se encontravam fabricantes de instrumentos de bronze e ferro (Gn 4, 22).

[9] Esse Maasias talvez seja o mesmo que aparece em Jr 21,1; 29,25; 37,3 como pai do sacerdote Sofonias (este também mencionado em 52,24; 2Rs 25,18). Os três guardas da entrada ou porta (2Rs 25,18; Jr 52,24) tinham funções sacerdotais e aparentemente também administrativas de certa importância (2Rs 12,10; 22,4; 23,4).

424 *Segunda parte: Relatos e promessas de salvação – Jeremias 26-45*

vincula à posse da terra dada por Deus ao povo.[10] Mas essa terra era um bem imóvel não desejado pelos recabitas. Por isso torna-se necessário o acréscimo: "(sobre a terra) em que sois peregrinos".

Em consonância com outros relatos de ações simbólicas, espera-se uma palavra divina que interprete toda a ação relatada. Após a fórmula do acontecimento da palavra, encontramos, no entanto, uma ordem a Jeremias para dirigir-se não aos recabitas, mas aos "homens de Judá e aos habitantes de Jerusalém". Isso causa estranheza. Os redatores aproveitaram a fórmula do mensageiro para inserir sua pregação, destinada a um público maior. A forma de sermão se evidencia pelo uso do discurso direto a um coletivo ("vós"), e a origem dtr, pelo estilo redundante e por fórmulas e conteúdos típicos.[11] Os v. 14b.15 formam um paralelo com 25,3b-6a. O sermão inicia perguntando aos ouvintes se eles, de fato, são incapazes de aceitar correção (v. 13: *musar*). A intenção dos redatores é contrastar a obediência dos recabitas à norma de seu antepassado humano com a desobediência do povo à palavra divina, apesar dos constantes apelos dos profetas. O v. 16 repete, de forma condensada, o tema de fundo para desembocar no anúncio de uma desgraça não especificada (v. 17: *ra'ah* "desgraça").

Para contrastar com essa desgraça, o capítulo termina com um anúncio de salvação ao clã dos recabitas (v. 18s), anúncio esse que se esperava logo após o v. 11, ou seja, antes da palavra de juízo aos judaítas e jerosolimitas. O v. 19 abandona, de fato, a forma de discurso direto para retomar a forma de relato dos v. 2-11(12). Por isso ele é considerado o final desse relato, sendo que o v. 18 serve de transição redacional do sermão para a palavra de salvação aos recabitas: "Nunca faltará a Jonadab, filho de Recab, alguém que fique de pé em minha presença todos os dias" (v. 19). A palavra contém uma dupla promessa: o clã será preservado e também manterá sua relação pessoal com YHWH. A preservação do clã se expressa através de uma fórmula usada para prometer a continuidade da dinastia davídica ("nunca faltará a..."; cf. 1Rs 2,4; 8,25; 9,5). Isso acentua a importância da sobrevivência do clã.[12] Para expressar a relação dos recabitas com YHWH, usa-se a expressão "ficar de pé", no sentido de "servir". Muitas vezes ela é utilizada para o serviço

---

[10] Duhm, 1901, p. 286.

[11] Veja os excursos "Expressões idiomáticas dtr para caracterizar a apostasia" e "Linguagem, estilo e terminologia deuteronomistas", sob 5,15-19; 7,1-8,3; quanto a "não aceitar a correção", cf. Jr 7,28; 17,23; 32,33.

[12] Em Ne 3,14 menciona-se um tal de "Melquias, filho (=descendente) de Recab".

Jeremias 35: O exemplo dos recabitas

sacerdotal (cf. Jz 20,28; Ez 44,15 e.o.) ou levítico (Dt 10,8 e.o.), o que não é o caso aqui. Na compreensão dos recabitas, a renúncia à propriedade imóvel e aos bens agrícolas é uma decisão de fé.[13] E essa fé é considerada "serviço a YHWH". A opção de fé desse grupo que vive à margem da sociedade da época é colocada como autêntica e até exemplar. Os redatores entenderam muito bem a intenção do relato e da teologia jeremiânica: a promessa de salvação a esse grupo associal é uma crítica velada ao sistema religioso predominante. Ao contrário dos ricos proprietários de escravos, que não cumprem a lei divina (34,11), um grupo que não possui bens imóveis permanece fiel a seus princípios.

---

[13] Kilpp, 1990, p. 96.

JEREMIAS 36-45: O FIM DA NAÇÃO E O DESTINO DO PROFETA

Os capítulos 37 a 44 formam um grande complexo narrativo que descrevem os últimos tempos da nação judaíta – desde o cerco de Jerusalém até a conquista da cidade e a fuga de um grupo de refugiados ao Egito – e inserem nesses relatos dramáticos os últimos momentos da atuação de Jeremias e suas consequências para a pessoa do profeta. Os capítulos 36 e 45 formam a moldura editorial em torno desse conjunto de relatos.[1] Isso se evidencia, em primeiro lugar, na menção da mesma data em ambos os capítulos: o quarto ano de Joaquim (36,1; 45,1). Além disso, 45,1 remete explicitamente ao narrado em Jr 36: Baruc escreve as palavras ditadas por Jeremias num rolo. Por fim, em ambos os capítulos se destaca o escriba Baruc. A moldura – cronologicamente deslocada – tem significado teológico: Jr 37-44 querem relatar o cumprimento das palavras que Baruc escreveu no livro, que é o personagem central de Jr 36. E a promessa ao escriba Baruc, em Jr 45, aponta para o personagem cuja assinatura confere autenticidade ao relatado e mostra uma modesta réstia de luz dentro da escuridão do juízo. Mais uma vez, as palavras do profeta e seu próprio destino estão intimamente ligados aos acontecimentos políticos que, no presente caso, levaram ao fim da existência de Judá e Jerusalém.

No conjunto Jr 37 a 44, há certos conectivos que perpassam, em especial, a primeira parte do bloco. É o caso da expressão "e Jeremias ficou/permaneceu ali (no átrio da guarda, muitos dias, no meio do povo)"[2], que aparentemente busca dividir a narrativa em diversas cenas.[3] Por um lado, em todo o complexo há informações detalhadas e aparentemente confiáveis (como 37,21 e 38,11s) bem como dados precisos sobre locais (38,7.14) e pessoas (37,13; 38,1; 39,3), evidências de que o autor não estava muito distante dos eventos narrados.

Por outro lado, há aparentes indícios de trabalho editorial que levou pesquisadores a pensar num complexo processo de crescimento do conjunto Jr 37-44. Há quem encontre diversas

---

[1] Werner II, p. 104; Fischer II, p. 279, 285; Schwantes, 2006, p. 101.
[2] 37,16.21; 38,(6.)13.28a; 39,14; 40,6.
[3] As cenas seriam as seguintes: 37,11-16; 37,17-21; (38,1-6;) 38,7-13; 38,14-28a; 38,28b-39,14; (39,15-18); 40,1-6.

Jeremias 36-45: O fim da nação e o destino do profeta

427

narrativas básicas que teriam sido combinadas e complementadas.[4] As aparentes duplicações existentes no bloco levaram outros pesquisadores a admitirem fontes ou tradições paralelas dos mesmos acontecimentos. De fato, duas vezes narra-se a prisão de Jeremias (37,11ss e 38,1ss); duas vezes Jeremias recebe auxílio e é levado ao pátio da guarda (37,17ss e 38,7ss); duas (ou até três) vezes se menciona um encontro do profeta com o rei Sedecias ([37,3ss;] 37,17ss e 38,14ss); e duas vezes o profeta é libertado pelos babilônios (38,28b-39,1-14 e 40,1ss). As diferenças entre as diversas situações são, no entanto, tão grandes, em especial na prisão de Jeremias e nos diversos encontros com Sedecias, que é improvável que se trate dos mesmos eventos. Além disso, não se conseguem reconstruir duas narrativas coerentes a partir do texto existente. Também faltam evidências linguísticas e estilísticas que deponham a favor de narrativas distintas.[5] No decorrer da análise, observaremos que, em momentos decisivos, os redatores dtr inseriram sua própria visão teológica do ocorrido.

---

[4] Wanke II, p. 339s, advoga em favor da existência de uma narrativa que fala da prisão e libertação do profeta (37,3.6.9-10; 38,1.3-9.10-17.21-22.28; 39,3-14) e outra que trata do assassinato de Godolias (40,13-14; 41,1-15), na qual Jeremias não aparece. Ambas teriam sido complementadas pela narrativa da fuga para o Egito. Sobre a complexidade dos cap. 37s, cf. Kaefer, 2006, p. 35s.

[5] Sobre toda a questão, cf. Graupner, 1991, p. 112ss.

JEREMIAS 36: ORIGEM E DESTINO DO ROLO

1 No quarto ano de Joaquim, filho de Josias, rei de Judá, foi dirigida esta palavra a Jeremias da parte de YHWH: 2 "Toma um rolo e escreve nele todas as palavras que te falei a respeito de Israel,[6] de Judá e de todas as nações, desde o dia em que comecei a falar contigo, desde os dias de Josias até o dia de hoje. 3 Talvez a casa de Judá perceba toda a desgraça que planejo fazer-lhe e se converta cada qual de seu caminho maldoso, para que perdoe seu delito e seu pecado". 4 Então Jeremias chamou Baruc, filho de Nerias, e Baruc escreveu em um rolo, conforme o ditado de Jeremias, todas as palavras que YHWH lhe havia transmitido. 5 E Jeremias deu a seguinte ordem a Baruc: "Estou impedido, não posso entrar na casa de YHWH. 6 Mas tu irás e, no dia do jejum, lerás aos ouvidos do povo, na casa de YHWH, o rolo em que escreveste, eu ditando, as palavras de YHWH. Também as lerás a todos de Judá que vierem de suas cidades. 7 Talvez sua súplica chegue[7] à presença de YHWH, e se convertam cada qual de seu caminho maldoso, pois grandes são a ira e o furor com que YHWH ameaçou este povo". 8 E Baruc, filho de Nerias, fez tudo conforme lhe ordenara o profeta Jeremias, lendo do livro as palavras de YHWH na casa de YHWH.

9 No quinto[8] ano de Joaquim, filho de Josias, rei de Judá, no nono mês, proclamaram um jejum diante de YHWH para todo o povo em Jerusalém e para todo o povo que vinha das cidades de Judá para Jerusalém. 10 Então Baruc leu do livro as palavras de Jeremias na casa de YHWH, na sala de Gemarias, filho do escriba Safã, no pátio superior, à entrada da porta Nova da casa de YHWH, aos ouvidos de todo o povo. 11 Ora, quando Miqueias, filho de Gemarias, filho de Safã, ouviu todas as palavras de YHWH que estavam no livro, 12 desceu ao palácio real, à sala do escriba, e eis que ali estavam sentados todos os ministros: o escriba Elisama; Delaías, filho de Semeías; Elnatã, filho de Acobor; Gemarias, filho de Safã; Sedecias, filho de Hananias, e todos os ministros. 13 E Miqueias lhes transmitiu todas as palavras que ouvira quando Baruc lera o livro aos ouvidos do povo.

---

[6] A LXX lê "Jerusalém" em vez de "Israel".
[7] Literalmente "caia (na presença)".
[8] A LXX lê "oitavo"; nesse caso, a leitura pública teria acontecido somente depois de três anos.

Jeremias 36: Origem e destino do rolo   429

14 Então todos os ministros enviaram Judi, filho de Natanias, e[9] Selemias, filho de Cusi, a Baruc com o seguinte recado: "Toma em tua mão o rolo que leste aos ouvidos do povo e vem!"[10]. E Baruc, filho de Nerias, tomou o rolo em sua mão e foi até eles. 15 Eles lhe disseram: "Senta-te e lê para nós!". E Baruc leu aos ouvidos deles. 16 E depois de escutarem todas as palavras, eles se assustaram e disseram entre si:[11] "Temos que relatar todas essas palavras ao rei!". 17 E perguntaram a Baruc: "Explica-nos: como escreveste todas essas palavras?"[12]. 18 E Baruc lhes respondeu: "Ele[13] me ditava todas essas palavras de sua boca, e eu as escrevia no livro com tinta". 19 Então os ministros disseram a Baruc: "Vai e te esconde, tu e Jeremias! Que ninguém saiba onde estais!".

20 Então foram ao rei, no pátio do palácio, deixando o rolo guardado na sala do escriba Elisama, e informaram ao rei todas essas[14] coisas. 21 O rei mandou Judi buscar o rolo; e ele o trouxe da sala do escriba Elisama; e Judi o leu aos ouvidos do rei e de todos os ministros que estavam em pé em torno do rei. 22 O rei estava sentado na casa de inverno – era o nono mês –, e o fogo[15] do braseiro ardia diante dele. 23 Assim que Judi lia três ou quatro colunas, o rei as cortava[16] com a faca do escriba e as lançava ao fogo do braseiro, até que todo o rolo se consumisse pelo fogo do braseiro. 24 Mas eles não se assustaram nem rasgaram suas vestes, nem o rei nem nenhum de seus servos que ouviram todas essas palavras. 25 Apesar[17] de Elnatã, Delaías e Gemarias terem insistido com o rei para não queimar o rolo, ele não os escutou. 26 Então o rei ordenou a Jerameel, filho do rei, a Saraías, filho de Azriel, e a Selemias, filho de Abdeel,

---

[9]   Leia-se "e" em vez do "filho de" do TM; cf. BHS. Uma genealogia tão ampla – até o bisavô – seria anormal para um personagem secundário como Judi (Rudolph, 1968, p. 230).

[10] Literalmente "vai!".

[11] O TM lê "eles se assustaram entre si e disseram a Baruc". A tradução acima relaciona "entre si" à forma verbal "disseram" e omite "a Baruc", que falta na LXX; cf. BHS e Rudolph, 1968, p. 230.

[12] O TM acrescenta a expressão "de sua boca" no final do versículo, mas essa não consta na LXX e antecipa a resposta de Baruc dada no versículo seguinte; cf. BHS e Rudolph, 1968, p. 232.

[13] A versão original da LXX e a Siríaca leem "Jeremias".

[14] Inclui-se o pronome demonstrativo ("essas") de acordo com muitos manuscritos hebraicos, diversas versões da LXX além da Siríaca; cf. BHS.

[15] Leia-se *'esh* ("fogo") de acordo com LXX, Siríaca e Targum, em vez da partícula do acusativo *'et* do TM; cf. BHS.

[16] O TM lê "ele (Judi) as cortava" em vez de "o rei as cortava"; mas dificilmente Judi cortaria as "páginas" do rolo.

[17] A conjunção *gam* também pode ter significado adversativo: "por sua vez" (HAL, p. 188).

430 *Segunda parte: Relatos e promessas de salvação – Jeremias 26-45*

que prendessem o escriba Baruc e o profeta Jeremias. Mas YHWH os havia escondido.[18]

27 E a palavra de YHWH foi dirigida a Jeremias depois de o rei ter queimado o rolo com as palavras escritas por Baruc e ditadas por Jeremias: 28 "Toma outro rolo e escreve nele todas as palavras anteriores, que estavam no primeiro rolo, o qual Joaquim, rei de Judá, queimou! 29 E, a respeito de Joaquim, rei de Judá, dirás: 'Assim disse YHWH: Tu queimaste este rolo, dizendo: Por que escreveste nele que o rei da Babilônia certamente virá, devastará essa terra e fará desaparecer dela os humanos e os animais?'". 30 Por isso, assim disse YHWH a respeito de Joaquim, rei de Judá: "Ele não terá nenhum descendente para assentar-se no trono de Davi; e seu cadáver ficará exposto ao calor do dia e ao frio da noite. 31 E castigarei nele, em seus descendentes e em seus servos os seus delitos, e farei vir sobre eles, sobre os habitantes de Jerusalém e sobre os homens de Judá toda a desgraça que lhes anunciei sem que me escutassem". 32 E Jeremias[19] tomou outro rolo, deu-o ao escriba Baruc, filho de Nerias, que nele escreveu, ditadas por Jeremias, todas as palavras do livro que Joaquim, rei de Judá, queimara no fogo. E ainda foram acrescentadas muitas palavras como essas.

O capítulo é um relato sobre o profeta, cujas características indicam a mesma autoria de outros relatos biográficos como Jr 26; 28 e partes de 29 e 34. Mencionem-se detalhes como o uso do título "profeta" para Jeremias (v. 8.26; cf. 20,2; 28,10.11.12; 29,1.29), as informações precisas sobre locais e pessoas (v. 10-12.14.20.22.25s; cf. 20,2; 26,10.22; 29,3), as visões diferenciadas dos ouvintes (v. 19.24s; cf. Jr 26).[20] Os relatos biográficos estão interessados em mostrar não tanto a vida do profeta, mas a história de sua mensagem, em especial, a reação dos ouvintes e suas consequências para a pessoa do profeta. Em Jr 36, no entanto, a personagem central é um livro.

Há alguns indícios de trabalho redacional dtr. Os v. 3 e 7 iniciam ambos com "talvez" e têm a mesma função: uma possível reação positiva dos ouvintes à mensagem profética poderia levar à conversão e, por conseguinte, à suspensão do juízo anunciado

---

[18] A LXX omite a ação de YHWH e lê "e eles se haviam escondido".
[19] De acordo com a LXX, é Baruc quem toma a iniciativa de tomar um outro rolo.
[20] Graupner, 1991, p. 100.

Jeremias 36: Origem e destino do rolo 431

(cf. 26,3.13). A terminologia utilizada é típica da redação dtr.[21] Transparece aqui sua visão da missão profética: anunciar a Lei para que o povo se converta.[22] Também no v. 31 aparecem expressões típicas da redação dtr.[23] A intenção desse versículo obviamente é corrigir o anúncio de juízo contra o rei Joaquim (v. 30), que, assim como está, não se concretizou. O v. 31 relata, na retrospectiva, o que realmente aconteceu.

Talvez também os v. 29-30 sejam um acréscimo ao relato original, pois interrompem a ordem dada por Deus a Jeremias para tomar um outro rolo (v. 28) e o cumprimento dessa ordem (v. 32). Além disso, é bastante inverossímel que o profeta pudesse dirigir-se, na situação dada, diretamente ao rei Joaquim.[24] Por fim, por questões de conteúdo, muitos autores entendem que, no v. 2, "Israel" e "todas as nações" dificilmente podem ter sido codestinatárias das mensagens contidas no rolo. Sobre isso falaremos abaixo.[25]

O capítulo é composto de três partes:[26]

I. v. 1-8: a confecção do rolo;

II. v. 9-26: três leituras do rolo:

    1. v. 9-13: no templo,

    2. v. 14-19: na sala do ministro,

    3. v. 20-26: perante o rei;

III. v. 27-32: confecção de um segundo rolo.

O contexto histórico é fornecido pelas datas indicadas nos v. 1 e 9. O quarto ano de Joaquim (v. 1) vai, conforme o calendário babilônico, de março/abril de 605 até março/abril de 604 a.C. É o ano da morte do rei babilônico Nabopolassar e ano da ascensão de seu sucessor, Nabucodonosor (25,1). Também é o ano da batalha de Carquêmis, na qual os babilônios derrotam o exército do faraó Necao (46,2). Não se sabe se esses acontecimentos influenciaram o que se relata em Jr 36. O nono mês do quinto ano de Joaquim (v. 9) cai no mês de dezembro de 604, no inverno do hemisfério

---

[21] Cf. os excursos "Expressões idiomáticas dtr para caracterizar a apostasia" e "Linguagem, estilo e terminologia deuteronomistas", sob 5,15-19; 7,1-8,3 (p. ex.: "toda a desgraça que planejo fazer"; "converter-se cada qual de seu caminho maldoso"; "ira e furor" de Deus); assim Thiel II, p. 49, e muitos outros depois dele.

[22] Cf. 18,11; 25,5; 26,3 e.o.

[23] P. ex., "habitantes de Jerusalém e homens de Judá"; "fazer vir a desgraça que anunciei" (cf. os excursos mencionados na nota 21).

[24] Nesse caso, tratar-se-ia de um acréscimo pré-dtr; cf. Graupner, 1991, p. 102ss, 190; Schmidt II, p. 192

[25] Há tentativas de diversificar bem mais a história do surgimento de Jr 36 (cf. os dados em Werner II, p. 104ss). Essas tentativas, no entanto, são muito desencontradas.

[26] Schmidt II, p. 191s; Fischer II, p. 286.

432 *Segunda parte: Relatos e promessas de salvação – Jeremias 26-45*

Norte. O rolo foi, portanto, lido por Baruc cerca de um ano depois de tê-lo escrito. Não se sabe por qual motivo. Um jejum nacional representa, em todo caso, um momento propício para alcançar um público maior (v. 6: "[tu] as lerás a todos de Judá que vierem de suas cidades").

Jeremias recebe a ordem de escrever suas palavras num rolo. O rolo era composto de diversas páginas coladas de papiro, nas quais se escrevia, com pena e tinta (v. 18), em colunas. Essas podiam ser lidas à medida que se desenrolava o rolo. O tamanho do rolo variava de acordo com seu conteúdo.[27] Não se diz por que Jeremias delega a função de escrever a Baruc. Certamente Jeremias sabia ler e escrever (Jr 29,1). Talvez um rolo escrito por um escriba profissional como Baruc lhe desse mais confiabilidade. O v. 5 apresenta um motivo para registrar as palavras do profeta por escrito: Jeremias está "impedido" (*'aṣur*) de entrar no templo. Em outros textos, o termo *'aṣur* significa "preso, encarcerado" (Jr 33,1; 39,15). Mas isso contradiz a informação do v. 19, onde Jeremias e Baruc são aconselhados a se esconderem. O impedimento do profeta deve estar relacionado com a reação sacerdotal à sua crítica contra o templo, que já o levara ao tribunal (Jr 26) e a uma noite no tronco (20,2). Não seria absurdo se o profeta estivesse proibido de pisar no recinto do templo. Jr 35 é cronologicamente posterior ao ocorrido em Jr 36, e, ao que parece, o profeta não mais está proibido de frequentar o recinto do templo. Com seu registro por escrito, a palavra profética torna-se independente e ganha vida própria. Ela pode ser lida e transmitida por qualquer pessoa.

Que conteúdos tinha esse "rolo original"? A questão é muito controvertida. De acordo com a reação adversa à leitura do rolo, tem-se a impressão de que sua mensagem é exclusivamente de desgraça e juízo (cf. v. 29s). De outra forma não se explicaria o conselho dos ministros para Baruc e Jeremias se esconderem nem a atitude do rei Joaquim de queimar o rolo. Se isso conferir, o rolo dificilmente poderia conter anúncios de salvação ao reino de Israel (Jr 3) ou ditos contra as nações (Jr 46ss), já que esses implicam indiretamente salvação a Judá. Por isso muitos entendem que esse primeiro rolo incluía somente ditos de juízo contra Judá e Jerusalém. A atual lista de destinatários do v. 2, que inclui "Israel"[28]

---

[27] O primeiro rolo de Isaías de Qumrã (1QIsa) tinha 54 colunas e pouco mais de sete metros de comprimento.

[28] Vimos na nota 6 acima que a LXX substitui "Israel" por "Jerusalém" no v. 2. Seria essa uma leitura mais antiga?

Jeremias 36: Origem e destino do rolo 433

e "todas as nações", seria, então, uma tentativa de contemplar, numa releitura posterior, a totalidade da mensagem profética.[29] De acordo com o v. 2, Jeremias deveria incluir no rolo toda a sua pregação desde os tempos de Josias, ou seja, desde sua vocação, o que perfaz uma atividade profética de duas décadas (627 a 605). Também essa informação tende a ser includente. Na verdade, não sabemos quais capítulos do atual livro de Jeremias faziam parte desse primeiro rolo nem quais capítulos foram incluídos na segunda versão do rolo (v. 32). Candidatos privilegiados para o chamado "rolo original" são os capítulos Jr 2-3 e 4-6.[30]

Após o v. 8 informar-nos antecipadamente que Baruc cumpriu a ordem que lhe fora dada de ler o rolo no templo de Jerusalém, a parte central do capítulo (v. 9-26) passa a relatar sobre cada uma das três leituras do rolo no mesmo dia com as respectivas reações dos ouvintes. A primeira leitura é feita por Baruc numa sala do templo por ocasião de um jejum nacional. O jejum é um rito de contrição e arrependimento, no qual as pessoas se humilham diante de Deus vestindo pano de saco e colocando cinza na cabeça. Na época anterior ao exílio, não havia dias fixos para o jejum. Individualmente se jejua durante o luto (1Sm 31,13). Um jejum coletivo pode ser convocado em tempos de aflição ou perigo nacional, por ocasião de estiagens, pragas, invasão de inimigos ou outras calamidades de alcance nacional (1Rs 21,9.12; Jl 1,14; Jn 3,5 e.o.). Não sabemos o motivo do jejum do ano de 604 a.C. Em todo caso, ele deve ter concentrado muita gente no templo.

A primeira leitura do rolo aconteceu na "sala de Gemarias, filho do escriba Safã, no pátio superior, à entrada da porta Nova da casa de YHWH".0 Não sabemos onde fica a "porta Nova" do templo, mas ficamos sabendo que a sala pertencia à conhecida família de Safã, que já prestara um inestimável auxílio a Jeremias em outra ocasião (Jr 26,24).[31] Como no caso da sala da família de Hanã (35,4), também a sala de Gemarias abria para o pátio do templo, de modo que parte das pessoas presentes no pátio pudessem ouvir a leitura. Nada se diz sobre a reação do povo presente. Somente se relata que Miqueias, filho do responsável pela sala, sentiu-se no dever de comunicar o evento e o conteúdo das palavras aos ministros reunidos no palácio. O rolo causou impacto político.

---

[29] Cf. Graupner, 1991, p. 102ss, 190; Schmidt II, p. 188, com nota 1.
[30] Cf., p. ex., Schmidt I, p. 33, com nota 224.
[31] Cf. o excurso "A família de Safã" sob Jr 26.

434   *Segunda parte: Relatos e promessas de salvação – Jeremias 26-45*

O v. 12 menciona cinco pessoas do mais alto escalão político do governo de Joaquim (*sarim*). Eles exercem a função de ministros. O autor deve ter conhecido essas pessoas. O primeiro nome citado é da pessoa mais importante do grupo: Elisama, o escriba real. A função é equivalente à de um chanceler ou primeiro-ministro. Em sua sala estava reunido o conselho de ministros. Na época de Josias, essa função fora exercida por Safã (2Rs 22,8ss). Um dos filhos desse Safã está presente na reunião: Gemarias, pai de Miqueias. Não sabemos qual era sua função. Tampouco conhecemos as funções dos outros ministros mencionados. Elnatã, filho de Acobor, é o mesmo que recebeu do rei Joaquim a incumbência de buscar o profeta Urias no Egito (26,22s).

Após a narrativa de Miqueias, os ministros decidem chamar Baruc para dele ouvir o conteúdo do livro e confirmar sua potencial ameaça política. Baruc é muito bem recebido, pois é convidado a se sentar antes de ler. Após essa segunda leitura, os ministros "se assustaram" com o caráter explosivo do livro (v. 16). Eles tomam duas decisões aparentemente contraditórias. Por um lado, dado o conteúdo politicamente ameaçador, são obrigados, pelo cargo que ocupam, a levar o assunto ao rei. Por outro lado, após certificar-se da origem jeremiânica do conteúdo do livro, aconselham Baruc a que ele e Jeremias se escondam para evitar represálias por parte do rei. O relato quer mostrar que os ministros de Joaquim têm respeito e até simpatia por Baruc e pelo profeta. Não sabemos se isso é um indício de que, por ocasião do surgimento do relato, as famílias mencionadas tinham interesse em se apresentar como simpatizantes do profeta.[32]

Baruc é poupado de fazer a terceira leitura do rolo (v. 21-26). Esse estava guardado na chancelaria enquanto o rei era informado do assunto pelos ministros. Como era inverno, o rei se aquecia diante de um braseiro numa sala especial do palácio ("casa de inverno"; cf. Am 3,15). O mesmo Judi que buscou Baruc no templo foi enviado para trazer o rolo da chancelaria e lê-lo perante o rei. À medida que o rolo ia sendo lido e desenrolado – "a cada três ou quatro colunas" – o rei cortava – friamente[33] – a parte lida e a lançava no braseiro. A reação a essa terceira leitura não é unânime. Enquanto alguns ministros presentes tentavam impedir a queima do rolo, outras pessoas se omitiram, concordando aparentemente

---

[32] Alguns autores postulam uma "redação safanida" de Jr 36; cf. Werner II, p. 107s; Stipp, 1992, p. 99.
[33] Rudolph, 1968, p. 234.

Jeremias 36: Origem e destino do rolo 435

com a atitude de Joaquim (v. 24-26). Com a queima do rolo, o rei tenta destruir também o conteúdo das palavras proféticas. Isso, no entanto, ele não consegue.

Há quem entenda, especialmente a partir da informação de que Joaquim não se assustou nem rasgou suas vestes (v. 24), que o relato foi escrito no intuito de contrapor a reação de Joaquim à de Josias, que rasgou suas vestes em sinal de arrependimento após ouvir a leitura do livro encontrado no templo (2Rs 22,11).[34] Essa comparação entre Joaquim e Josias (cf. 22,15s) dificilmente foi a intenção do relato original, já que este apresenta muitos aspectos singulares, que não têm analogias ao relato de 2Rs 22s, mas certamente foi intenção da redação dtr.[35]

Após a destruição do rolo, o rei envia três homens, de resto desconhecidos, para prenderem Baruc e Jeremias. Não sabemos se Jerameel ("filho do rei") era membro da família real ou se o título se refere a um cargo específico na corte. Em todo caso, Baruc e Jeremias não foram presos porque – numa interpretação teológica do conselho prático dado pelos ministros (v. 19) – "YHWH os havia escondido".

A última parte do capítulo (v. 27-32) contém uma ordem de Deus a Jeremias para reescrever o rolo (v. 27s.32) e outra para anunciar uma palavra de juízo ao rei Joaquim (v. 29-31). Vimos acima que a palavra contra Joaquim (v. 30) é uma possível inclusão a partir de Jr 22,19, onde o profeta prenuncia ao rei um sepultamento de jumento, que é lançado no lixão. É verdade que, aqui, se acrescenta uma segunda profecia: Joaquim não terá descendentes no trono de Davi. Sabemos que essas duas profecias do v. 30 não se concretizaram. Isso depõe a favor de sua autenticidade. Devem, portanto, ter sido acrescentadas antes do v. 31 (dtr). Este v. 31 estende a profecia contra o rei a toda a sua corte e até a toda a população de Jerusalém e Judá. Com essa generalização do juízo, os redatores corrigem a profecia específica contra Joaquim e apresentam o que realmente aconteceu. Com isso também se reforça a ideia de que a catástrofe que atingiu todos é consequência do comportamento do rei.

Assim como não sabemos com certeza quais conteúdos do atual livro de Jeremias constavam do primeiro rolo, tampouco sabemos quais são as "muitas palavras" que foram acrescentadas na segunda edição do rolo (v. 32). O texto, no entanto, dá uma ideia

---

[34] Werner II, p. 108; Fischer II, p. 285.
[35] Wanke II, p. 338, considera os v. 24s.29-31 uma inserção dtr para contrapor a atitude de ambos os reis. De fato, pelo menos os v. 24 e 31 contêm linguagem e expressões dtr.

436 *Segunda parte: Relatos e promessas de salvação – Jeremias 26-45*

de como o livro de Jeremias foi surgindo aos poucos. O capítulo 36 mostra, além disso, que a forma escrita da palavra profética adquire importância especial, pois ela consegue sobreviver sem seus autores humanos e depois deles.[36] Além disso, gerações posteriores podem verificar se as palavras proféticas foram autênticas mensagens divinas ou não. Mas o relato mostra, sobretudo, que a destruição de um rolo com palavras de Deus não consegue anular a vontade de Deus contida nelas. O rolo destruído ressurge maior.

---

[36] De acordo com Füglister, 2004, p. 240, 242, a palavra escrita "não se imobiliza, mas permanece viva" e prolonga, por assim dizer, a pregação oral.

JEREMIAS 37-44: O FIM DE JUDÁ E JERUSALÉM

JEREMIAS 37: A PRISÃO DE JEREMIAS

1 O rei Sedecias, filho de Josias, tornou-se rei no lugar de Conias, filho[1] de Joaquim, pois Nabucodonosor, o rei da Babilônia, o estabelecera como rei na terra de Judá. 2 Mas nem ele nem seus servos nem o povo da terra escutaram as palavras que YHWH falara através do profeta Jeremias. 3 O rei Sedecias enviou Jucal, filho de Selemias, e o sacerdote Sofonias, filho de Maasias, ao profeta Jeremias, para pedir: "Intercede em nosso favor a YHWH, nosso Deus!" 4 Ora, Jeremias ia e vinha entre o povo;[2] ainda não o tinham colocado na prisão. 5 Entretanto, o exército do faraó havia saído do Egito e, ao ouvir isso, os caldeus que sitiavam Jerusalém suspenderam o cerco de Jerusalém. 6 E a palavra de YHWH foi dirigida ao profeta Jeremias: 7 "Assim disse YHWH, o Deus de Israel: 'Assim direis ao rei de Judá que vos enviou a mim para consultar-me: Eis que o exército do faraó, que saiu do Egito em vosso auxílio, retornará à sua terra, o Egito! 8 E os caldeus voltarão para lutar contra esta cidade para conquistá-la e queimá-la pelo fogo. 9 Assim disse YHWH: Não vos enganeis dizendo: Certamente os caldeus se afastarão de nós! – pois não irão! 10 Ainda que derrotásseis todo o exército dos caldeus que vos combate a ponto de não lhes restarem senão alguns homens feridos, estes se levantariam, cada um em sua tenda, para queimar esta cidade pelo fogo'".

11 Quando o exército dos caldeus se havia afastado de Jerusalém por causa do exército do faraó, 12 Jeremias quis sair de Jerusalém para ir à terra de Benjamim a fim de ali tratar de uma herança[3] no seio da família.[4] 13 Quando chegou ao portão de Benjamim, estava lá um chefe da guarda chamado Jerias, filho de Selemias, filho de Hananias; e ele prendeu o profeta Jeremias, dizendo: "Tu estás passando para os caldeus!" 14 E Jeremias respondeu: "É mentira!

---

[1] A LXX omite a expressão "Conias, filho de", suprimindo, portanto, o breve reinado de Joiaquin.

[2] Em vez de "entre o povo", a LXX lê "no meio da cidade".

[3] Literalmente "dividir, partilhar", ou seja, "participar da partilha de uma herança" (HAL, p. 310); cf. a Vulgata. As versões da LXX apresentam leituras distintas (cf. BHS).

[4] Literalmente "em meio ao povo". "Povo" deve ser entendido, aqui, no sentido de "parentela, clã" (HAL, p. 792).

438 *Segunda parte: Relatos e promessas de salvação – Jeremias 26-45*

*Não estou passando para os caldeus!" Mas Jerias não quis ouvi-
-lo e prendeu Jeremias e o levou aos oficiais. 15 Mas os oficiais
se irritaram com Jeremias, bateram nele e o colocaram na prisão,
na casa do escriba Jônatas, pois haviam feito dela uma prisão.
16 Assim Jeremias veio parar no espaço abobadado da cisterna. Ali
Jeremias permaneceu por muitos dias.*

*17 Então o rei Sedecias mandou buscar Jeremias. Em segredo, o
rei o consultou em seu palácio, dizendo: "Há uma palavra por parte
de YHWH?" E Jeremias respondeu: "Sim!" E acrescentou: "Serás
entregue na mão do rei da Babilônia!" 18 Depois disso, Jeremias
disse ao rei Sedecias: "Que fiz de errado contra ti, teus servos e
este povo para que me jogásseis na prisão? 19 E onde estão vossos
profetas que vos profetizavam: 'O rei da Babilônia não virá contra
vós e contra essa terra'? 20 E, agora, escuta, ó rei, meu senhor, que
minha súplica chegue a ti[5]: Não me faças voltar à casa do escriba
Jônatas para que eu não pereça lá!" 21 Então o rei Sedecias ordenou que mantivessem Jeremias sob custódia no pátio da guarda.
E lhe deram, cada dia, uma broa de pão da rua dos padeiros, até
terminar todo o pão na cidade. Enquanto isso, Jeremias permane-
cia no pátio da guarda.*

Os editores dtr que colocaram o bloco Jr 37-44 no atual lugar tinham a necessidade de fazer uma transição entre o ocorrido
na época do rei Joaquim, relatado no capítulo anterior, e os acontecimentos dos últimos anos do governo de Sedecias narrados a
seguir. Os v. 1s fazem essa transição lançando mão do padrão utilizado pela história deuteronomista para introduzir um novo governo (1Rs 15,25s; 16,29s; 2Rs 13,1s.10s; 14,23s e.o.).[6] As pequenas
tensões no restante do capítulo – a serem tratadas no decorrer da
análise – não são suficientes para postular a existência de outras
mãos no capítulo com exceção do v. 19 (dtr). O relato faz parte dos
relatos biográficos atribuídos a Baruc.

Jr 37 compõe-se de três seções: a prisão de Jeremias (v. 11-16)
está emoldurada por dois anúncios ao rei Sedecias, um antes
(v. 3-10) e o outro (v. 17-21) depois de ser preso. O contexto
histórico é extremamente dramático. O primeiro encontro com
a delegação enviada por Sedecias e a prisão de Jeremias ocorreram durante o levantamento temporário do cerco de Jerusalém

---

[5] Literalmente "caia diante de ti".
[6] Thiel II, p. 52. Não sabemos se a atual introdução dtr substituiu uma outra
(Jr 34,7?). Além dos v. 1s, Thiel ainda atribui o v. 19 à redação dtr.

Jeremias 37: A prisão de Jeremias   439

(588 a.C.) por parte dos caldeus por causa do avanço do exército egípcio sob o faraó Hofra/Apries (34,21s; 44,30). Por ocasião do segundo anúncio, as tropas caldeias já haviam retomado o cerco. A incerteza sobre o futuro da cidade era inquietante. Duas observações dos primeiros versículos já prenunciam a catástrofe iminente: Sedecias fora colocado no trono pela autoridade de Nabucodonosor; a ele deverá, portanto, prestar contas de sua administração. A frase usada para avaliar o governo de Sedecias e sua corte (v. 2: "não escutaram as palavras que YHWH falara através do profeta Jeremias") já antecipa o desfecho do confronto com os babilônios.

Sedecias envia uma delegação a Jeremias com o pedido de "interceder/orar" pelo povo (v. 3), respectivamente para "consultar" o profeta (v. 7). A delegação é formada por Jucal e Sofonias. Este último, um sacerdote do alto escalão de Jerusalém, já fez parte da delegação mencionada em 21,1.[7] De acordo com 29,25.29, Sofonias demonstrou simpatia pelo profeta ao revelar-lhe a carta recebida de seu colega exilado. 2Rs 25,18 (Jr 52,24) relata sua execução pelos babilônios. O ministro Jucal, entretanto, pertencia ao grupo de adversários de Jeremias (38,1). Em todo caso, o peso da delegação mostra o respeito que Sedecias tinha por Jeremias. Ao contrário do rei Joaquim, Sedecias não demonstra nenhuma inimizade contra o profeta. Pelo contrário, preza seus conselhos; o livro nos brinda com duas delegações do rei ao profeta (21,1-7; 37,3-10) e dois encontros entre ambos (37,17-21; 38,14-28a). Inversamente, os ministros de Sedecias aparentemente não toleravam o profeta (37,11ss; 38,4ss), ao contrário dos ministros de Joaquim, que demonstraram alguma simpatia pelo profeta (26,24; 36,19.25).

A busca por um oráculo divino quando o cerco de Jerusalém foi aliviado é compreensível. O ocorrido podia ser sinal de que Deus salvaria a cidade, assim como milagrosamente fizera em 701, quando o exército assírio desistiu inesperadamente do sítio de Jerusalém (2Rs 19,35s). Não há necessariamente nenhuma contradição entre pedido de "intercessão" e "consulta" ao profeta.[8] Na necessidade e na dúvida – como na situação do levantamento do cerco –, a busca por uma palavra divina pode implicar um desejo de o profeta interceder junto a Deus por um oráculo positivo

---

[7] 21,1-10 contém um relato dtr paralelo ao de 37,3-10.
[8] Por causa dessa tensão e da duplicidade dos ditos de YHWH, Wanke II, p. 343s, postula duas tradições nos v. 3-10.

440   *Segunda parte: Relatos e promessas de salvação – Jeremias 26-45*

(cf. 42,2-5).[9] A resposta de Jeremias continua a mesma: nem a eventual ajuda de tropas egípcias impedirá a destruição de Jerusalém. A esperança de que Deus poupará a cidade por causa do templo é enganosa (Jr 7,4.8). Essa certeza é expressa por uma hipérbole (v. 10): mesmo que restassem apenas alguns babilônios mortalmente feridos, a cidade sucumbiria.

O v. 4 já estava a indicar o que ocorreria na segunda seção do capítulo (v. 11-16): a prisão do profeta. Durante a pausa do cerco babilônico, Jeremias quer ir a Anatot para "tratar de um assunto de herança na família". Da terminologia não se conseguem depreender detalhes sobre o "assunto". Possivelmente se trata da questão do campo de Hanameel, que será, não muito tempo depois, tema da ação simbólica em Jr 32. O profeta quis sair pelo portão de Benjamim,[10] no muro setentrional da cidade, que abria na direção de Anatot, terra natal do profeta. Um dos guardas do portão de nome Jerias – de resto desconhecido apesar de sua extensa árvore genealógica – prende o profeta sob a alegação de querer bandear-se aos babilônios. A alegação não é totalmente absurda, uma vez que o profeta havia anunciado submissão aos babilônios (27,11ss) e que permanecer na cidade implicaria a morte (21,9; 38,2). Sabe-se também que havia judaítas que se passaram para o lado dos caldeus (38,19). Ainda assim, durante a ausência temporária do exército babilônico, a acusação é antes um pretexto para prender Jeremias. Um ato de solidariedade com a família é, aqui, interpretado como tentativa de salvar a própria pele pela fuga ou pelo bandeamento para o inimigo.

O alto escalão político-militar – o termo *sarim* pode designar tanto os principais políticos, os ministros, como a liderança militar, os oficiais do exército – golpeia e depois prende Jeremias. O profeta já havia sofrido golpes e prisão em 20,2. Os principais líderes decidem, aqui, sem consulta prévia ao rei. Isso pode demonstrar sua relativa independência numa situação equiparável a um estado de sítio. Mas também pode ser um sinal de fraqueza política do rei Sedecias, observável também em outras ocasiões (38,5.24s). Apesar disso, o rei pode ser responsabilizado por omissão (37,18). O profeta foi preso numa residência particular – a do escriba Jônatas – que havia sido transformada em cárcere, talvez por causa do crescimento do número de presos durante o sítio. A cisterna (*bor*),

---

[9]   Schmidt II, p. 202.
[10]   O portão de Benjamim também aparece em 38,7; Zc 14,10; ele não deve ser confundido com a porta de Benjamim que dá acesso ao recinto do templo (Jr 20,2)

Jeremias 37: A prisão de Jeremias 441

que recolhe as águas das chuvas de inverno, tem, muitas vezes, a forma de uma pera ("espaço abobadado"). Em certas circunstâncias ela pode ser utilizada como cárcere (Gn 40,15; Êx 12,29; Jr 38,6). Nessa prisão úmida, escura e insalubre do escriba, o profeta permaneceu muitos dias sem poder comunicar-se com ninguém. 37,20s dá a entender que aí estava ameaçado de morrer, provavelmente de fome.

A última seção do capítulo fala do primeiro encontro secreto com o rei Sedecias (v. 17-21). Ao contrário de 37,3-10, o rei não envia uma delegação ao profeta, mas manda buscá-lo ao palácio, pois, dessa vez, a conversa deve acontecer sem testemunhas. Dois assuntos são abordados nesse encontro: a palavra de Deus a Sedecias e a situação precária do prisioneiro Jeremias. Uma nova consulta por uma palavra de YHWH é compreensível, já que, entrementes, o exército babilônico retomara o cerco a Jerusalém. A pergunta de Sedecias ao profeta ("Há [*yesh*] uma palavra por parte de YHWH?") revela que nem sempre "existe" uma palavra divina, ou seja, nem sempre ela está à disposição. A palavra de Deus "acontece" (*hayah*),[11] como mostra a fórmula do "acontecimento" da palavra: "A palavra foi dirigida (veio; aconteceu) a Jeremias por parte de YHWH". Desta vez existe uma palavra, a mesma já proferida anteriormente: Sedecias será entregue a Nabucodonosor (21,7; 32,4; 34,3; 38,17s). Diante desse anúncio, o rei não manifesta nenhuma reação.

O v. 18 introduz o segundo assunto. Jeremias pede ao rei para aliviar as condições em que vive como prisioneiro na cisterna de Jônatas, onde corre perigo de vida (v. 20). É um apelo ao senso de justiça do rei,[12] porque Jeremias foi preso injustamente por traição. Por ter a função de zelar pela justiça, o rei é responsabilizado pela prisão do profeta, ainda que ela tenha ocorrido sem sua participação ou mesmo sem seu conhecimento. A menção dos profetas de salvação, no v. 19, está completamente deslocada no contexto. Ela não só interrompe o nexo que existe entre o pedido de Jeremias (v. 20) e sua motivação (v. 18), mas também é um elemento estranho em todo o capítulo. Trata-se de um acréscimo redacional[13] que quer mostrar como os fatos desabonam os profetas de salvação (5,12; 23,17) e dão razão à mensagem do prisioneiro Jeremias.

---

[11] Schmidt II, p. 208.

[12] Rudolph, 1968, p. 237, 239.

[13] Thiel II, p. 53s, lembra que a expressão "vossos profetas" somente aparece em textos dtr (27,9.16; 29,8).

442   *Segunda parte: Relatos e promessas de salvação – Jeremias 26-45*

O rei atende ao pedido do profeta e o transfere para o pátio da guarda do palácio. Aqui ele se encontra sob a autoridade e, por conseguinte, a proteção do rei. Além disso, não corre o risco de morrer de fome como possivelmente em seu cárcere anterior. Cada dia o profeta recebia seu pão. Ficamos sabendo, aqui, que Jerusalém tinha ruas específicas para determinadas profissões, no caso, a rua dos padeiros e, além disso, que o pão não mais era feito apenas no âmbito da família para consumo próprio, mas produzido profissionalmente. Mas a melhoria mais importante talvez tenha sido a possibilidade de, no pátio da guarda, o profeta receber visitas (32,8) e comunicar-se com as pessoas (38,1ss). No pátio da guarda, Jeremias ficou durante o período final do cerco da cidade, até que a falta de cereal impossibilitou a produção de pão.

JEREMIAS 38: JEREMIAS NA CISTERNA E O ÚLTIMO ENCONTRO COM SEDECIAS

1 Safatias, filho de Matã, Godolias, filho de Fassur, Jucal, filho de Selemias, e Fassur, filho de Melquias, ouviram as palavras que Jeremias falava a todo o povo: 2 "Assim disse YHWH: 'Quem permanecer nesta cidade morrerá pela espada, pela fome e pela peste; mas quem sair aos caldeus permanecerá vivo; sua vida lhe será como despojo, e viverá'. 3 Assim disse YHWH: 'Esta cidade certamente será entregue na mão do exército do rei da Babilônia, que a tomará'". 4 E os ministros disseram ao rei: "Que este homem seja morto! Pois ele afrouxa as mãos dos guerreiros que ainda restam nesta cidade e as mãos de todo o povo ao dizer-lhes palavras como essas. Sim, este homem não procura o bem-estar desse povo, mas a desgraça". 5 O rei Sedecias respondeu: "Eis que ele está em vossas mãos, pois o rei nada pode contra vós!" 6 Então agarraram Jeremias e o colocaram na cisterna de Melquias, filho do rei, que se encontrava no pátio da guarda. Fizeram Jeremias descer com cordas. Mas na cisterna não havia água, apenas lodo; e Jeremias atolou-se no lodo.

7 Ora, o cuchita Ebed-Melec, um alto funcionário[1] que atuava no palácio real, ouviu que haviam colocado Jeremias na cisterna. Como o rei estava assentado à porta de Benjamim, 8 Ebed-Melec saiu do palácio real e dirigiu-se ao rei dizendo: 9 "Meu senhor e rei, esses homens agiram mal em tudo que fizeram ao profeta Jeremias, lançando-o na cisterna para que, lá embaixo, morra de fome, pois não há mais pão na cidade".[2] 10 Então o rei deu a seguinte ordem ao cuchita Ebed-Melec: "Leva contigo[3] três[4] homens daqui e tira o profeta Jeremias da cisterna antes que ele morra". 11 Ebed-Melec levou os homens consigo[3] e foi ao palácio real, ao andar inferior[5] do depósito. De lá tomou trapos de roupa velha e trapos de vestes rasgadas e os fez descer a Jeremias na cisterna por meio de cordas. 12 Então o cuchita Ebed-Melec disse

---

[1] LXX omite "alto funcionário"; v. HAL, p. 727.
[2] A complementação "de fome, pois não há mais pão na cidade" provavelmente é uma inserção secundária a partir de 37,21; cf. Rudolpf, 1968, p. 240, e BHS.
[3] Literalmente "em tuas mãos"; também no v. 11 ("em suas mãos").
[4] "Três" de acordo com um manuscrito hebraico; BHS lê "trinta".
[5] O editor da BHS (Rudolph, 1968, p. 240) propõe ler "vestiário" (cf. 2Rs 10,22) em vez de "andar inferior".

444   *Segunda parte: Relatos e promessas de salvação – Jeremias 26-45*

a Jeremias: "Coloca os trapos de roupa velha e rasgada debaixo das axilas em volta das cordas!" E Jeremias fez isso. 13 Então puxaram Jeremias pelas cordas e o tiraram da cisterna. E Jeremias permaneceu no pátio da guarda.

14 O rei Sedecias mandou buscar o profeta Jeremias à sua presença, na terceira entrada da casa de YHWH. E o rei disse a Jeremias: "Quero fazer-te uma pergunta. Não me ocultes nada!" 15 E Jeremias respondeu a Sedecias: "Se eu te anunciar algo, não terás de me matar? Mas se eu te der um conselho, não me escutarás!" 16 Mas o rei Sedecias jurou a Jeremias em segredo: "Tão certo como vive YHWH que nos deu[6] esta vida, não te farei morrer nem te entregarei nas mãos desses homens que buscam tirar tua vida!" 17 Então Jeremias respondeu a Sedecias: "Assim disse YHWH, o Deus dos Exércitos, o Deus de Israel: 'Se realmente saíres ao encontro dos oficiais do rei da Babilônia, salvarás tua vida, e esta cidade não será queimada pelo fogo, e sobreviverás, tu e tua casa. 18 Mas, se não saíres ao encontro dos oficiais do rei da Babilônia, esta cidade será entregue nas mãos dos caldeus que a queimarão pelo fogo, e tu não escaparás de suas mãos'". 19 Então o rei Sedecias disse a Jeremias: "Tenho medo dos judaítas que passaram para o lado dos caldeus. Esses poderiam entregar-me nas mãos deles, e eles me maltratariam". 20 Jeremias respondeu: "Eles não entregarão! Escuta, pois, a voz de YHWH, como eu te falei, então ficarás bem e salvarás tua vida! 21 Mas, se recusares a render-te, esta é a palavra que YHWH me fez ver: 22 'Eis que todas as mulheres que ainda estão na casa do rei de Judá serão levadas aos oficiais do rei da Babilônia. E elas dirão:

*Eles te enganaram e te dominaram, os homens de tua confiança,[7]
teus pés afundaram na lama, mas eles sumiram!*

23 Todas as tuas mulheres e teus filhos serão levados aos caldeus, e tu não escaparás de suas mãos. Pelo contrário, serás entregue como prisioneiro nas mãos do rei da Babilônia. E esta cidade será queimada[8] pelo fogo'". 24 Sedecias disse a Jeremias: "Que ninguém tome conhecimento dessas palavras, para que não morras! 25 Se os ministros ouvirem que falei contigo e vierem te perguntar: 'Conta-nos o que disseste ao rei; não escondas nada de nós, e não te

---

[6] Literalmente "fez para nós".
[7] Literalmente "(os homens) de tua paz/salvação".
[8] A voz passiva ("ela será queimada") de acordo com a LXX; o TM lê a voz ativa: "tu queimarás/incendiarás". Trata-se de mera alteração da vocalização.

Jeremias 38: Jeremias na cisterna e último encontro com Sedecias

mataremos! E o que é que o rei te disse?', 26 então lhes responderás: 'Eu apresentei ao rei meu pedido: que não me mande de volta para a casa de Jônatas para lá morrer'". 27 E todos os ministros vieram a Jeremias e o interrogaram; e ele lhes respondeu todas essas palavras, conforme o rei havia ordenado. Então o deixaram em paz,[9] pois a conversa não fora ouvida. 28a E Jeremias permaneceu no pátio da guarda até o dia em que Jerusalém foi tomada.

No presente capítulo, o mesmo narrador de Jr 37 dá continuidade a seu relato sobre a perseguição e o sofrimento de Jeremias nos últimos dias da existência de Jerusalém.[10] A redação dtr deixou poucas marcas em Jr 38. Geralmente lhe são atribuídos apenas os v. 2 e 23.[11] O v. 2 se destaca por encontrar-se entre duas fórmulas do mensageiro (no início do v. 2 e no início do v. 3), por repetir a palavra de 21,9 e por usar a típica tríade do juízo (espada, fome e peste). O v. 23, por sua vez, é uma explicação em prosa do verso poético precedente (v. 22). Outros prováveis acréscimos menores serão tratados no decorrer da análise.

O capítulo se subdivide em três seções: uma tentativa de calar Jeremias (v. 1-6); a salvação do profeta por um cuchita (v. 7-13); e um segundo encontro secreto com Sedecias (v. 14-28a). O contexto é o cerco de Jerusalém por parte dos babilônios (v. 4) após o breve levantamento mencionado em 37,5. De acordo com 37,1, Jeremias se encontrava no pátio da guarda, uma área em que podia receber visitas e onde também tinha a liberdade de falar publicamente. Especialmente soldados da guarda, talvez também oficiais e alguns setores da população ouviam a mensagem do profeta. Seu anúncio permanece o mesmo: Jerusalém será entregue aos babilônios (v. 3). No v. 2, a redação acrescenta, em conformidade com o espírito da mensagem profética, que, dentro da desgraça que acometerá a cidade, existe a possibilidade de sobreviver, no caso, bandeando-se para o lado dos inimigos. É compreensível que essa mensagem abalasse o moral dos soldados que defendiam a cidade. Portanto também se pode entender que os *sarim* – ministros ou comandantes do exército – busquem calar o profeta. Mencionam-se quatro dignitários que tomam a iniciativa de calar

---

[9] Literalmente "eles se calaram".

[10] Quanto à teoria de que Jr 38 é uma tradição paralela do mesmo evento narrado em 37,11ss (Wanke II, p. 350), v. a introdução do cap. 36.

[11] Thiel II, p. 54; cf. Hahn; Konzen, 2005, p. 75.

446 *Segunda parte: Relatos e promessas de salvação – Jeremias 26-45*

o profeta. Dois deles já apareceram como membros de delegações do rei ao profeta: Fassur (21,1)[12] e Jucal (37,3). Os outros dois são desconhecidos. Sua argumentação chega a ser convincente: a mensagem de Jeremias desencoraja os guerreiros que ainda defendem a cidade (v. 4). O versículo dá a entender que já houve considerável baixa no exército por causa de mortes e deserções (v. 19). A mensagem de Jeremias fragiliza ainda mais a defesa da cidade. Portanto é compreensível que os oficiais concluam: Jeremias não busca o bem-estar (*shalom*) da cidade. Aqui se chocam duas visões sobre o efeito da mensagem profética: enquanto que o próprio profeta procura dar alternativas para que pessoas possam, pelo menos, salvar suas vidas em meio à catástrofe iminente, os dignitários entendem que a mensagem leva à desgraça da população da cidade. Por isso é necessário silenciar o profeta.

Ao contrário da primeira prisão de Jeremias, desta vez os ministros e oficiais militares consultam o rei. Sedecias, no entanto, confessa sua impotência diante de suas principais lideranças e lhes dá carta branca.[13] Essas colocam o profeta numa cisterna que havia no pátio da guarda. Ao contrário da cisterna doméstica da casa de Jônatas, a cisterna de Melquias era aberta e pública.[14] Como as cisternas abertas recebiam as águas pluviais das ruas, a quantidade de lodo acumulado em seu fundo geralmente era grande. Na cisterna, Jeremias não mais teria condições de se comunicar com ninguém; além disso, corria o risco de morrer sufocado no lodo da cisterna (cf. Sl 69,3).

A segunda seção introduz um novo personagem, Ebed-Melec (="servo do rei"). Não sabemos se esse era seu nome ou um apelido alusivo à sua condição de servo real. O título *saris*, traduzido acima por "alto funcionário", pode ser um eunuco ou qualquer funcionário importante da corte e de confiança do rei.[15] Em todo caso, ele tem toda a liberdade de movimentar-se no palácio para executar suas tarefas e também a liberdade de dirigir-se pessoalmente ao rei. O texto diz que Ebed-Melec é cuchita. Os cuchitas habitavam a região da Núbia, ao sul do Egito. Tudo indica que ou Ebed-Melec

---

[12] Não deve ser confundido com o sacerdote Fassur de 20,1.

[13] Werner II, p. 122: Sedecias "lava suas mãos na impotência" (*wäscht seine Hände in Ohnmacht*).

[14] Não sabemos se "Melquias, filho do rei" é o proprietário da cisterna ou o responsável por sua construção.

[15] Rüterswörden, 1985, p. 96ss; Ventura Campusano, 2015, p. 17s, afirma que Ebed-Melec tem algum poder na corte e autoridade diante do rei.

Jeremias 38: Jeremias na cisterna e último encontro com Sedecias

ou seu pai nasceram em Cuche. Não se sabe como Ebed-Melec chegou a ocupar seu atual posto no palácio real.[16]

Ebed-Melec vai ter com o rei Sedecias, que estava no portão de Benjamim (cf. 37,13), no muro setentrional da cidade, onde se concentravam as forças inimigas, e lhe põe a par do que aconteceu com Jeremias e como o profeta corre o risco de morrer. O complemento "de fome, pois não há mais pão na cidade" geralmente é considerado um acréscimo proveniente de 37,21, já que, na cisterna, o risco era de morrer sufocado no lodo.[17] A falta de pão também teria sido um problema se Jeremias não estivesse na cisterna. A decisão de Sedecias de ajudar Jeremias contradiz, de certa forma, sua decisão de entregá-lo nas mãos dos oficiais (v. 5). Também evidencia sua pusilanimidade, ora cedendo à pressão dos altos dignitários, ora cedendo a Ebed-Melec. Em todo caso, o rei não fica indiferente quanto ao destino do profeta. O funcionário africano recebe a autorização de, juntamente com três outras pessoas, socorrer Jeremias.

Os detalhes com que se descreve o ato de salvamento do profeta mostram o extremo cuidado que Ebed-Melec teve para não machucar Jeremias. Trapos de roupa velha e gasta servem para acolchoar as cordas cortantes, de modo que elas não firam o corpo de Jeremias. Esse cuidado contrasta com a brutalidade com que Jeremias é tratado pelas autoridades políticas e militares – chamadas depreciativamente por "esses homens" (v. 9). Quem tem comportamento exemplar aqui é justamente um estrangeiro (cf. Jó 1,1; Jn 1,5; 3,5ss).[18]

A terceira e última seção (v. 14-28a) reúne, outra vez, Jeremias e o rei Sedecias num encontro secreto na terceira entrada do recinto do templo, um lugar desconhecido, talvez uma passagem entre o palácio e o templo pouco utilizada pelo público, o que garantiria uma certa privacidade ao encontro. Esse será o último encontro entre os dois. O relato desse encontro é mais extenso do que o de outros. É provável que haja alguns acréscimos à narrativa original.[19] Nesse caso, eles têm a intenção de acentuar

---

[16] Ventura Campusano, 2015, p. 20, cogita, a partir de Jr 36,14, onde também se menciona um "cuchita" (presente no antropônimo "Cusi"), da possibilidade de haver uma significativa presença de cuchitas vinculados à corte.

[17] Rudolph, 1968, p. 240; Graupner, 1991, p. 122; Schmidt II, p. 215.

[18] Cf. Mena López, 2002, p. 52; Schmidt II, p. 216; Ventura Campusano, 2015, p. 17.

[19] O v. 17αβ trata da sorte de Jerusalém, interrompe, portanto, a lógica entre v. 17αα e v. 17b, que tratam da sorte do rei; o v. 18 não representa uma real alternativa ao destino futuro de Sedecias; o v. 23 repete, em local inadequado, a palavra sobre o

448   *Segunda parte: Relatos e promessas de salvação – Jeremias 26-45*

que a destruição da cidade se deve unicamente à decisão errada de Sedecias. O fato de o rei buscar novamente uma palavra de Deus por ocasião do agravamento do cerco mostra que Sedecias reconhece Jeremias como verdadeiro profeta. Mas isso também pode evidenciar uma grande indecisão do rei quanto à sua atuação política. A falta de convicção e de pulso do rei é, como vimos acima, uma das características mais marcantes dessa "figura trágica"[20]. Nesse último encontro com Sedecias, o profeta mostra-se desconfiado e reticente. Em primeiro lugar, dizer a verdade no atual momento político representa risco de vida. Em segundo lugar, o profeta suspeita que sua palavra não vá mudar a opinião do rei. Mas com um juramento formal, introduzido pela fórmula "tão certo como vive YHWH" (v. 16), o rei garante que não vai entregar o profeta aos que querem matá-lo (v. 4ss). Aqui, Sedecias demonstra ser uma pessoa piedosa, que crê no Deus da vida e que, portanto, também não quer a morte do profeta. A palavra de Jeremias ao rei Sedecias continua a mesma de sempre (34,2ss; 37,17; 38,3): caso Sedecias entregar-se aos babilônios, a cidade será conquistada, mas não destruída, e a vida do rei e de sua família será preservada (v. 17). Ficamos sabendo, agora, por que o rei Sedecias tem medo de se render: ele teme ser entregue aos abusos e maus-tratos dos soldados judaítas que se bandearam para o lado babilônico (v. 19). Jeremias afirma que isso não vai acontecer. Acrescenta, por fim, uma visão que teve para o caso de Sedecias não se entregar: o harém do rei, o símbolo do poder e do prestígio de um governante, sairá em procissão ao encontro dos inimigos vitoriosos cantando um lamento[21] – em forma poética – sobre o rei traído e abandonado por seus "amigos" do alto escalão.[22] A perda do harém é a vergonha maior de um governante oriental.

---

destino do rei e de sua família do v. 17 e expande o dito poético do v. 22; de acordo com Graupner, 1991, p. 122s, esses versículos são acréscimos pré-dtr.

[20] Fischer II, p. 329 (*tragische Gestalt*). Sobre a personalidade de Sedecias, cf. Siqueira, 2006, p. 50s.

[21] Ottermann, 2003, p. 177, fala em "canto de zombaria"; a autora atribui a inclusão desse canto a mulheres que se encontram no grupo de Godolias (p. 168, 170).

[22] Ottermann, 2003, p. 177, identifica os "amigos" com os egípcios, o que também é possível, já que esses não conseguiram ajudar Sedecias.

Jeremias 38: Jeremias na cisterna e último encontro com Sedecias   449

O relato encerra com um acordo entre o rei e o profeta: não revelar o conteúdo da conversa de ambos (v. 24-28a).[23] Trata-se de uma estratégia para proteger tanto o rei quanto o profeta. A mentira pode salvar ambos. Para alguns intérpretes, o fato de Jeremias ter mentido conscientemente representa um problema teológico. Para o Antigo Testamento, o mal da mentira reside no dano que ela provoca. Também o decálogo não exige contar sempre a verdade, mas evitar que um mal suceda a uma pessoa por causa do falso testemunho. Ou seja: a vida é o critério maior para avaliar o peso moral da mentira (cf. Êx 1,15ss).

O v. 28b é transição para o capítulo 39.

---

[23] Há quem sustente que os v. 24-28 se encontravam originalmente após o trecho 37,17-21 (cf. Rudolph, 1968, p. 243), por causa do pedido de Jeremias (v. 16) de não mais querer voltar à cisterna de Jônatas (cf. 37,15), onde não mais se encontra no atual contexto, e devido ao fato de os ministros não (mais) terem o interesse em eliminar o profeta (v. 27: "e o deixaram em paz"), interesse esse expresso no início do capítulo 38. Mas é difícil explicar por qual motivo o trecho foi deslocado.

JEREMIAS 39: A CONQUISTA DE JERUSALÉM

38,28b Quando Jerusalém foi tomada – 39,1 no nono ano de Sedecias, rei de Judá, no décimo mês, Nabucodonosor, rei da Babilônia, e todo o seu exército haviam chegado a Jerusalém e a sitiaram; 2 no décimo primeiro ano de Sedecias, no quarto mês, no nono dia do mês, fora aberta uma brecha na cidade –, 3 todos os oficiais do rei da Babilônia entraram e se estabeleceram na porta do Meio: Nergalsareser, Samgar-Nebo, Sar-Sequim, administrador-chefe[1] (Nergalsareser era o chefe dos oficiais)[2] e todos os outros oficiais do rei da Babilônia.
4 Tão[3] logo os[4] viram, Sedecias, rei de Judá, e todos os soldados fugiram, saindo da cidade à noite, através do jardim do rei e pela porta entre os dois muros, para tomar o caminho da Arabá.[5] 5 Mas o exército dos caldeus os perseguiu, e alcançaram[6] Sedecias nas estepes de Jericó. Ali o prenderam e o levaram a Ribla, na terra de Emat, à presença de Nabucodonosor, rei da Babilônia, que lhe proferiu a sentença. 6 Em Ribla, o rei da Babilônia mandou executar os filhos de Sedecias diante de seus olhos. O rei da Babilônia também mandou executar todos os notáveis de Judá. 7 Então mandou vazar os olhos de Sedecias e amarrá-lo em duas correntes de bronze para conduzi-lo à Babilônia. 8 Os caldeus queimaram o palácio real e as casas[7] do povo, e derrubaram as muralhas de Jerusalém. 9 E Nabuzardã, o chefe da guarda, deportou para a Babilônia o resto do povo que ainda estava na cidade, os desertores que se haviam entregado a ele – e o restante do povo.[8] 10 Mas Nabuzardã, o chefe da guarda,

---

[1] Não há clareza última sobre as funções por trás dos títulos babilônicos *rab saris* ("administrador-chefe", melhor do que "chefe dos eunucos") e *rab mag* ("chefe dos oficiais[?]"); cf. HAL, p. 727, 1094. Aliás, nem sempre nomes e títulos podem ser distinguidos.

[2] O trecho entre parênteses deve ser uma glosa que acrescenta o título ao oficial já mencionado.

[3] Os v. 4-13 faltam no original da LXX. Alguns postulam haplografia por homoteleuto, ou seja, o olho do tradutor grego escorregou do final do v. 3 ao final idêntico do v. 13 ("rei da Babilônia"); cf. BHS. Mas também é possível que o trecho seja mais recente do que o original hebraico à disposição do tradutor da LXX (cf. Wanke II, p. 358).

[4] Muitos preferem ler "tão logo o/a viram", a saber, a abertura da brecha no muro da cidade (v. 2); cf. BHS. Rudolph, 1968, p. 245, argumenta que Sedecias não pode ter visto os oficiais no meio de Jerusalém, pois fugira antes da ocupação da cidade.

[5] A depressão do rio Jordão.

[6] Por ser um coletivo, o exército também pode ser sujeito de um verbo no plural.

[7] Leia-se, aqui, o plural "casas" de acordo com a Siríaca e Jr 52,13; 2Rs 25,9. O TM lê sing. Fischer II, p. 349, 355, crê ter havido um prédio destinado a assembleias do povo. Mas não há nenhuma evidência no Antigo Testamento de uma tal "casa do povo".

[8] "E o restante do povo" deve ser uma repetição involuntária (cf. Jr 52,15; 2Rs 25,11).

Jeremias 39: A conquista de Jerusalém

451

deixou na terra de Judá parte do povo pobre, que nada possuía, e lhes deu, naquele dia, vinhas e terras.
11 E Nabucodonosor, rei da Babilônia, havia dado a Nabuzardã, o chefe da guarda, a seguinte ordem a respeito de Jeremias: 12 "Toma-o, cuida dele e não lhe faças nenhum mal! Pelo contrário, faze o que ele te pedir!" 13 Então mandou Nabuzardã, o chefe da guarda, Nabuzesbã, administrador-chefe, e Nergalsareser, o chefe dos oficiais, e todos os chefes do rei da Babilônia, 14 e mandaram buscar Jeremias do pátio da guarda e o entregaram a Godolias, filho de Aicam, filho de Safã,[9] para levá-lo[10] à casa.[11] Assim ele permaneceu entre o povo.
15 E a palavra de YHWH foi dirigida a Jeremias, quando ainda estava preso no pátio da guarda: 16 "Vai e dize ao cuchita Ebed-Melec: 'Assim disse YHWH dos Exércitos, o Deus de Israel: Eis que concretizarei minhas palavras contra esta cidade para o mal e não para o bem. E elas se cumprirão diante de ti, naquele dia. 17 Mas a ti eu, com certeza, salvarei naquele dia – dito de YHWH –, e não serás entregue nas mãos dos homens dos quais tens medo. 18 Sim, certamente te farei escapar, e não cairás pela espada. Tua vida te será como despojo, pois em mim confiaste!'" – dito de YHWH.

Apesar de breve, o capítulo apresenta diversas dificuldades. As notas de rodapé acima são apenas a ponta do iceberg. Aponto para as mais evidentes. a) Quase unanimemente se separa 38,28a de 38,28b, como na apresentação da tradução acima, porque enquanto, no v. 28a, a conquista da cidade está no futuro, em 28b, ela se encontra no passado: "quando Jerusalém foi tomada". b) Essa oração temporal (v. 28b) não tem continuidade no que segue em 39,1-2, uma vez que esses versículos retrocedem cronologicamente para antes da ocupação da cidade, a saber, para o início do cerco babilônico até a abertura de uma brecha na muralha de Jerusalém. Além disso, os v. 1s formam um paralelo a 52,4-6 (2Rs 25,1-4). A continuação de 38,28b ocorre somente em 39,3. c) Os v. 4-13 não se encontram na LXX original. Pode ter havido um lapso do tradutor grego, mas também é possível que esses versículos sejam uma interpolação mais recente do que o texto da LXX.

---

[9] Alguns pesquisadores entendem que a expressão "a Godolias, filho de Aicam, filho de Safã" foi introduzida aqui prematuramente a partir de Jr 40,6; cf. Rudolph, 1968, p. 245 (BHS). Assim se evitaria o conflito com 40,1ss.
[10] Literalmente: "para conduzi-lo para fora" (!?).
[11] A LXX lê apenas: "para libertá-lo" (omite, portanto, a referência à "casa").

452   *Segunda parte: Relatos e promessas de salvação – Jeremias 26-45*

d) Os v. 4-10 são um extrato de Jr 52,7-11.13-16 (2Rs 25,4-12).
e) Os v. 11s introduzem dois novos personagens – Nabucodonosor e Nabuzardã – que, por ocasião da ocupação de Jerusalém, não estavam presentes: Nabucodonosor se encontrava em Ribla (52,9) e Nabuzardã veio a Jerusalém somente quatro semanas após a conquista da cidade (52,12). O tema da libertação de Jeremias talvez tenha levado o autor desses dois versículos a antecipar dados que aparecerão somente no relato de libertação do profeta em 40,1-6. Também é possível que os v. 11s tenham formado originalmente o início desse relato no início do cap. 40.[12] f) O v. 13, por sua vez, deve ser redacional, pois retoma parcialmente nomes dos oficiais do v. 3 e menciona outros, talvez para acomodar Nabuzardã, já introduzido nos v. 9.11s. Ele procura fazer a transição da interpolação (v. 4-12) de volta para o relato original (38,28b; 39,3), que se manifesta novamente em 39,14.[13] g) Por fim, os v. 15-18 trazem uma palavra de salvação a Ebed-Melec, que o profeta recebeu, de acordo com o v. 15, antes de sua libertação do pátio da guarda (v. 14).[14] A palavra alude ao relato em que Ebed-Melec salva Jeremias da cisterna (38,7-13), mas não há certeza quanto ao momento em que essa palavra foi efetivamente transmitida a Ebed-Melec. Por estar preso no pátio da guarda, Jeremias dificilmente poderia ter correspondido à ordem: "Vai e diz!" (v. 16).

Essas observações sugerem a seguinte história do texto. a) O relato original em terceira pessoa era bem breve; continha somente 38,28b; 39,3.14:[15] "Quando Jerusalém foi tomada, todos os oficiais do rei da Babilônia entraram e se estabeleceram na porta do Meio: Nergalsareser, Samgar-Nebo, Sar-Sequim, administrador-chefe e todos os outros oficiais do rei da Babilônia. E mandaram buscar Jeremias do pátio da guarda e o entregaram a Godolias, filho de Aicam, filho de Safã, para levá-lo à casa. Assim ele permaneceu entre o povo". b) Os redatores houveram por bem (1) enriquecer esse texto seco e breve com dados históricos encontrados em outros lugares (39,1-2.4-10); (2) fornecer maiores informações sobre a libertação de Jeremias (v. 11-13) com dados de 40,1-6; e (3) incluir uma palavra

---

[12] Rudolph, 1968, p. 246; cf. BHS e a explicação de Jr 40,1-6.
[13] Cf. a tensão entre o sing. "mandou" (Nabuzardã), no v. 13, e o pl. "mandaram" (os oficiais), no v. 14.
[14] Os v. 16b.17 revelam linguagem redacional dtr. No v. 16: "concretizar/cumprir/fazer cair as palavras" (11,8; 25,13); "para o mal/a desgraça e não para o bem/a felicidade" (21,10; 44,27); v. 17: "ser entregue nas mãos de" (20,4s; 21,7.10 e.o.).
[15] Essa hipótese é apoiada por grande parte dos exegetas; cf. Rudolph, 1968, p. 246; Thiel II, p. 55; Schmidt II, p. 226, e.o.

Jeremias 39: A conquista de Jerusalém   453

do profeta a Ebed-Melec (39,15-18) no contexto da ocupação de Jerusalém. Os motivos serão tratados na análise abaixo.

No relato original, a conquista de cidade de Jerusalém é mencionada de forma breve e seca: "quando Jerusalém foi tomada" (38,28b). Um evento tão importante exigia maiores detalhes. Lançando mão de Jr 52,4-7 (2Rs 25,1-4), os redatores acrescentaram, numa primeira fase, dois versículos (Jr 39,1s), que retrocedem cronologicamente ao início do cerco de Jerusalém, no décimo mês do nono ano do reinado de Sedecias (dez. 589/jan. 588), para, então, avançar até o momento em que as muralhas da cidade cedem no quarto mês do décimo primeiro ano (jun/jul 587). No início do cerco de Jerusalém, o próprio Nabucodonosor aparentemente estava presente (v. 1); mas, na conquista da cidade, ele se encontrava em seu quartel-general em Ribla, no rio Orontes, na Síria (52,9; 2Rs 25,6).

O v. 3 menciona alguns oficiais babilônicos que ocuparam Jerusalém após sua conquista e instalaram seu centro de operações num espaço aberto defronte ao portão do Meio, a noroeste da muralha setentrional de Jerusalém, de onde controlavam a saída e a entrada da cidade (cf. 1,15s). São mencionados três altos oficiais babilônicos responsáveis pela administração da ocupação da cidade: Nergalsareser, Samgar-Nebo, Sar-Sequim. Talvez se possa identificar Nergalsareser com Neriglissar, genro de Nabucodonosor e sucessor de Evil-Merodac (=Amel-Marduc; cf. 2Rs 25,27) no trono da Babilônia (560-556).[16] Os outros não são conhecidos.

O acréscimo de 39,4-10 traz uma retrospectiva histórica com dados de 52,7-11.13-16 (cf. 2Rs 25,4-7.9-11). Os versículos tratam do destino de Sedecias, de sua família e dos altos funcionários, da destruição de Jerusalém, da deportação sob Nabuzardã e a distribuição de terras aos pobres que ficaram na Palestina. Há, no entanto, algumas diferenças em comparação com o relato de Jr 52. Se permanecermos com o TM (39,4: "tão logo *os* viram"), a fuga de Sedecias ocorreu quando avistou os oficiais babilônicos ocupando a cidade, enquanto, em 52,7, ele fugiu quando os babilônios conseguiram abrir uma brecha na muralha. Essa é a primeira diferença. O resto da narrativa sobre o destino de Sedecias corresponde ao relato de Jr 52,7ss: a fuga se deu "através do jardim do rei (cf. Ne 3,15) e pela porta entre os dois muros (cf. Is 22,11)", ou seja, no declive oriental da cidade de Davi, na direção da depressão do rio Jordão ("Arabá"), provavelmente para alcançar o território de Moab. Nas

---

[16] Wanke II, p. 358; Fischer II, p. 352.

454   *Segunda parte: Relatos e promessas de salvação – Jeremias 26-45*

estepes da planície de Jericó, o rei foi preso pelas tropas inimigas e levado a Ribla, onde se encontrava Nabucodonosor. Esse mandou executar os filhos de Sedecias e os notáveis da corte diante dos olhos do rei antes de ele próprio ser cegado. A visão da execução de seus filhos é, portanto, a última imagem que ficou gravada na retina de seus olhos.[17]

Uma segunda diferença é a omissão da destruição do templo em Jr 39,4-10, fato muito importante em Jr 52,13, que até menciona a destruição do templo por primeiro. Não sabemos o motivo dessa omissão. Uma última diferença é de ordem cronológica. Conforme 39,8ss, Nabuzardã, o chefe da guarda de Nabucodonosor, parece já estar presente por ocasião da conquista de Jerusalém. Na verdade, Nabuzardã veio a Judá somente um mês mais tarde (Jr 52,12; 2Rs 25,8) para organizar a destruição de Jerusalém, a deportação de parte da população de Jerusalém e Judá e garantir a continuidade da produção agrícola na Palestina. Para o exílio foram levados um "resto de povo" de Jerusalém, provavelmente parte da elite jerosolimita e profissionais que podiam ser de utilidade para a economia babilônica. A distribuição de campos e vinhas pertencentes a proprietários mortos ou exilados para pessoas pobres e sem propriedade não foi, em primeiro lugar, um gesto de solidariedade social. O império babilônico tinha interesse em manter gente ocupando e trabalhando nas terras de Judá, já que era uma região de importância geopolítica por sua vizinhança com o Egito. Também era importante que as cidades fossem reconstruídas e os campos voltassem a produzir, pois a produção possibilitava uma nova organização local e a geração de riqueza passível de tributação.[18] Angariar a simpatia dos novos proprietários de terra com os novos governantes pode ter sido um efeito colateral dessa "reforma agrária".

Já foi mencionado acima que os v. 11s enriquecem as parcas informações sobre a libertação de Jeremias do pátio da guarda (v. 14) com dados retirados de 40,1-6. O chefe da guarda, Nabuzardã, recebe ordem direta de Nabucodonosor para preocupar-se com a pessoa de Jeremias (v. 12). Não é impossível, mas bastante improvável que Nabucodonosor tenha mostrado interesse pessoal pelo profeta. É verdade que a pregação de Jeremias podia ser interpretada como manifestação pró-babilônica (27,11). Mas os v. 11s também podem ter a intenção de exaltar o "profeta das nações". O

---

[17] Fischer II, p. 355.

[18] Schwantes, 2013, p. 192, lembra que os "pobres (ou fracos) da terra" não se tornam proprietários, mas "arrendatários" de vinhas e campos.

Jeremias 39: A conquista de Jerusalém 455

v. 13, por sua vez, procura retornar ao relato original abandonado no v. 3. Para construir essa transição os redatores retomam alguns dos nomes dos oficiais mencionados no v. 3, mas acrescentam Nabuzardã, já que fora mencionado anteriormente nos v. 9-11.

Na atual configuração do texto, os v. 11-13 dão a entender que foi Nabuzaradã quem libertou Jeremias e não os oficiais mencionados no v. 3. O sujeito do v. 13 (sing: "Nabuzaradã mandou") está claramente em tensão com o sujeito do v. 14 (pl.: "[os oficiais] mandaram"). A consequência é que as duas libertações do profeta, a primeira do pátio da guarda (v. 14) e a segunda, em Ramá, quando Jeremias foi retirado dentre o grupo a ser deportado e libertado de suas amarras (40,1s) estão embaralhadas.[19] De acordo com o v. 14, Jeremias foi libertado do espaço aberto do pátio da guarda e conduzido a uma casa. Provavelmente se trata de uma casa nas cercanias do pátio da guarda, onde também se encontravam outras pessoas ("ele permaneceu no meio do povo"). Aparentemente o profeta ficou em lugar abrigado, mas ainda não estava totalmente livre para ir e vir. Uma decisão final sobre seu destino ainda estava por ser tomada. O v. 14 já menciona Godolias. Não sabemos se esse importante personagem já tinha uma função nessa primeira libertação do profeta ou se o papel assumido por ele na segunda libertação (40,5s) foi antecipado.

A última seção do capítulo (v. 15-18) é uma palavra de salvação ao cuchita Ebed-Melec, o mesmo que salvou Jeremias da cisterna (38,7-13). Estilo e terminologia indicam a origem redacional dos v. 16aβb.17. Além disso, conforme o v. 15, a palavra foi dita ao profeta quando ele ainda estava preso no pátio da guarda, cronologicamente antes do evento narrado no v. 14. Os redatores colocaram no atual contexto o fragmento de uma autêntica palavra do profeta a Ebed-Melec. Esse fragmento se encontra no v. 18: "Sim, certamente te farei escapar, e não cairás pela espada. Tua vida te será como despojo". Esse deve ter sido aproximadamente o dito original; o conteúdo é, sem dúvida, profético.[20] A palavra dita a Baruc (45,5), p. ex., usa a mesma expressão: "tua vida como despojo". Não sabemos quando essa palavra foi transmitida a Ebed--Melec. Também não sabemos a que inimigos o texto se refere (v. 17).[21] O atual contexto da palavra ao cuchita, após a conquista

---

[19] As situações de ambas as libertações são muito diferentes, de modo que não pode se tratar de uma única libertação.

[20] Kilpp, 1990, p. 89.

[21] Peterlevitz, 2006, p. 60, pensa nos babilônios.

456 *Segunda parte: Relatos e promessas de salvação – Jeremias 26-45*

de Jerusalém, deve ter um significado. Provavelmente quer-se contrastar a sorte de Ebed-Melec com o destino de Sedecias, sua família, sua corte e dos notáveis de Judá, pois, ao contrário desses, Ebed-Melec confiou em YHWH. Sua iniciativa de salvar Jeremias é entendida, aqui, como confiança em Deus, certamente porque implicava risco de vida.[22] Sedecias, contudo, não teve essa confiança, pois não ousou se opor a seus dignitários (38,5) e não se entregou aos babilônios por medo de seus próprios súditos (38,19).

O capítulo 39, apesar de confuso, mostra que, por ocasião da conquista de Jerusalém, Jeremias foi libertado pelos babilônios e tratado com respeito. Talvez os babilônios tivessem tomado conhecimento de sua pregação. O interesse do relato original gira em torno do profeta, mas o texto silencia sobre detalhes de sua vida nessa época conturbada: em que casa o profeta foi abrigado? Como ele chegou a Ramá e como passou a fazer parte do grupo de pessoas a serem deportadas (40,1)? A sorte de Jeremias é comparável à de Ebed-Melec e Baruc (45): em meio à catástrofe geral, sua vida foi preservada. Para o profeta, isso reflete a vontade salvadora de Deus.

---

[22] Cf. Mena López, 2002, p. 51; cf. Peterlevitz, 2006, p. 61.

JEREMIAS 40: JEREMIAS SOB O GOVERNADOR GODOLIAS

1 A palavra que foi dirigida a Jeremias da parte de YHWH depois de Nabuzardã, o chefe da guarda, tê-lo deixado partir de Ramá, onde o havia tomado. Encontrava-se, então, preso por amarras, no meio de todos os cativos de Jerusalém e de Judá, que estavam sendo deportados para a Babilônia. 2 E o chefe da guarda tomou Jeremias e lhe disse: "YHWH, teu Deus, prenunciou[1] essa desgraça sobre este lugar 3 e também a realizou. E YHWH fez conforme havia falado, pois pecastes contra YHWH e não escutastes sua voz, de modo que isso[2] vos aconteceu. 4 Mas, agora, eis que hoje te liberto das amarras que prendem tuas mãos. Se te parecer bem[3] vir comigo à Babilônia, vem e eu porei meus olhos sobre ti. Mas, se te parecer mal vir comigo à Babilônia, deixa estar! Olha! Tens diante de ti toda a terra! Vai para onde te parecer bom e oportuno ir! 5 (Como ainda não voltara:)[4] Volta para Godolias, filho de Aicam, filho de Safã, a quem o rei da Babilônia nomeou governador sobre as cidades de Judá, e fica com ele no meio do povo, ou, então, vai para onde quer que te pareça oportuno ir!" E o chefe da guarda lhe deu suprimentos e um presente e o deixou partir. 6 Então Jeremias foi ter com Godolias, filho de Aicam, em Mispá, e ficou com ele no meio do povo que permanecera na terra.

7 Todos os oficiais de tropas que se encontravam, com seus homens, no campo souberam que o rei da Babilônia havia constituído Godolias, filho de Aicam, como governador na terra e lhe tinha confiado homens, mulheres, crianças e parte do povo pobre da terra, ou seja, aqueles que não haviam sido deportados à Babilônia. 8 Então vieram a Godolias, em Mispá: Ismael, filho de Natanias, Joanã e Jônatas, filhos de Carea, Saraías, filho de Taneumet, os filhos do

---

[1] Literalmente "falou".
[2] Literalmente "essa palavra/coisa".
[3] Literalmente "se parecer bem a teus olhos"; assim também no v. 5.
[4] As três primeiras palavras hebraicas do v. 5 (o trecho entre parênteses) não fazem sentido no contexto. O texto certamente foi corrompido. Muitas traduções seguem a sugestão de ler a forma verbal no hif. (*yashib*), em vez de qal (*yashub*), na acepção "responder": "como ainda não respondera". Rudolph, 1968, p. 246, apresenta outra conjectura, que se afasta ainda mais do TM; cf. BHS.

458 *Segunda parte: Relatos e promessas de salvação – Jeremias 26-45*

netofatita[5] Ofi, e Jezonias, filho do maacateu,[6] eles e seus homens. 9 E Godolias, filho de Aicam, filho de Safã, fez o seguinte juramento a eles e a seus homens: "Não temais servir aos caldeus! Permanecei na terra e servi ao rei da Babilônia, e tudo vos correrá bem. 10 Quanto a mim, eu ficarei em Mispá como responsável diante dos caldeus que vierem a nós. Quanto a vós, fazei a colheita do vinho, das frutas de verão e do azeite, colocai-a em vossos jarros e permanecei em vossas cidades, aquelas que ocupais!" 11 Da mesma forma, todos os judaítas que estavam em Moab, entre os filhos de Amon, em Edom e em todos os outros países souberam que o rei da Babilônia deixara um resto em Judá e sobre eles nomeara como governador a Godolias, filho de Aicam, filho de Safã. 12 Voltaram, então, todos os judaítas de todos os lugares para onde haviam sido dispersos e vieram à terra de Judá, para junto de Godolias, em Mispá. E fizeram uma colheita muito grande de vinho e frutas.

13 Então Joanã, filho de Carea, e todos os oficiais de tropas que estavam no campo vieram a Godolias, em Mispá. 14 E lhe disseram: "Por acaso sabes que Baalis, o rei dos filhos de Amon, mandou Ismael, filho de Natanias, para te matar?" Mas Godolias, filho de Aicam, não acreditou neles. 15 Então Joanã, filho de Carea, falou em segredo a Godolias, em Mispá: "Irei matar Ismael, filho de Natanias, sem que ninguém saiba! Por que iria ele matar-te, de modo que se dispersem todos os judaítas que se reuniram em torno de ti, e pereça o resto de Judá?" 16 Mas Godolias, filho de Aicam, respondeu a Joanã, filho de Carea: "Não faças tal coisa! Pois é mentira o que dizes a respeito de Ismael!"

O capítulo é composto de duas partes bem distintas: os v. 1-6 tratam da segunda libertação de Jeremias e os v. 7-16 introduzem a atuação de Godolias como governador de Judá designado pelos babilônios. A primeira parte apresenta algumas tensões.[7] Causa estranheza que, no v. 1, se anuncia uma palavra de YHWH ao profeta, que, no entanto, não acontece. Além disso, para o v. 1, a fala de Nabuzardã que segue (v. 2ss) já é coisa do passado, ou seja, acontece quando Jeremias já foi embora. A introdução do título típico da redação dtr (v. 1a)[8] pode ter sido responsável por essas

---

[5] Natural da localidade de Netofá (Esd 2,22; Ne 7,26; entre Belém e Técua?).
[6] Pertencente ao clã calebita de Maaca (cf. 1Cr 2,48) ou oriundo da localidade de Maaca, a nordeste do lago de Genesaré (Js 13,11; 2Sm 10,6).
[7] A LXX apresenta um texto um quarto menor (Wanke II, p. 360).
[8] Cf. 7,1; 11,1; 18,1 e.o.

Jeremias 40: Jeremias sob o governador Godolias 459

tensões no texto. A fala de Nabuzardã, nos v. 2b.3, também utiliza diversas expressões idiomáticas dtr.[9] Ademais, ela não mais se dirige unicamente ao profeta, mas a um público maior (v. 3: "vós"). O relato biográfico original foi afetado pelas intervenções dos redatores e não mais pode ser reconstruído totalmente. Deve-se buscá-lo nos v. 1b.2a.4-6: 1b "... ele (Jeremias) estava preso por amarras (em Ramá), no meio de todos os cativos de Jerusalém e de Judá, que estavam sendo deportados para a Babilônia. 2 E o chefe da guarda tomou Jeremias e lhe disse: 4 'Eis que hoje te liberto das amarras...'".[10]

Apesar de um tanto truncado, Jr 40,1-6 dá sentido. E os dados oferecidos por ele podem ser considerados historicamente confiáveis. Aqui não se trata de um relato paralelo à libertação de Jeremias do pátio da guarda (39,14). A situação é completamente diferente. Trata-se de uma segunda libertação. De acordo com 39,14, o profeta ainda não tinha total liberdade de ir e vir. Ele se encontrava entre pessoas ("no meio do povo") sobre cuja sorte ainda não havia sido decidido por ocasião da conquista da cidade. Em 39,14, foram os oficiais do exército babilônico que libertaram Jeremias, em 40,1-6, é Nabuzardã, o chefe da guarda. Esse veio um mês depois da conquista da cidade (cf. 52,6.12). Nada sabemos sobre o que aconteceu durante esse mês, mas é bem plausível que Jeremias tenha sido levado juntamente com outras pessoas a Ramá,[11] onde aconteceria a triagem daqueles que seriam deportados à Babilônia. Responsável pela coordenação das ações babilônicas pós-conquista, Nabuzardã manda destruir a cidade de Jerusalém, organiza a deportação à Babilônia e a instalação de um novo governo em Judá (52,12ss). Não há motivo para duvidar de que Nabuzardã tivesse ouvido falar de Jeremias e o tratasse com respeito e até simpatia, já que suas profecias podiam ter sido entendidas

---

[9] Quanto a "anunciar/falar a desgraça/o mal" (v. 2b), cf. 16,10; 19,15 e.o.; "não escutar a voz de YHWH" é motivo recorrente da redação dtr, cf. o excurso "Expressões idiomáticas dtr para caracterizar a apostasia", sob 5,15-19.

[10] Ousada, mas não destituída de lógica é a hipótese de Rudolph, 1968, p. 247, corroborada por Thiel II, p. 59, de que Jr 39.11s formaram originalmente a introdução do relato do cap. 40 (v. a análise de Jr 39). A sequência proposta seria então: (39,11) "E Nabucodonosor, rei da Babilônia, deu a Nabuzardã, o chefe da guarda, a seguinte ordem a respeito de Jeremias: (39,12) 'Toma-o, cuida dele e não lhe faças nenhum mal! Pelo contrário, faze o que ele te pedir!' (40,2a) E o chefe da guarda tomou Jeremias. (40,1b) Este se encontrava, então, preso por amarras, no meio de todos os cativos de Jerusalém e de Judá, que estavam sendo deportados para a Babilônia, (40,2b) e lhe disse: (40,4-6) Eis que hoje te liberto das amarras que prendem tuas mãos...'" (v. BHS).

[11] Ramá pertence ao território de Benjamim (Js 18,25) e fica cerca de 9 km ao norte de Jerusalém (cf. 31,15).

460   *Segunda parte: Relatos e promessas de salvação – Jeremias 26-45*

como um posicionamento político pró-babilônico (cf. 38,4.17). Com Nabuzardã o profeta teve a liberdade de poder escolher onde viver. Caso optasse por ir à Babilônia, o próprio chefe da guarda se responsabilizaria pelo seu bem-estar ("por os olhos sobre ele"). Jeremias optou por permanecer em Judá, onde provavelmente esperava um novo início da vida do povo sob seu Deus (32,15). De Nabuzardã recebeu suprimentos para sua viagem e até um presente. Será que o autor do relato exagerou o tratamento amistoso dispensado pela autoridade babilônica ao profeta para aumentar o prestígio deste? Jeremias se dirige, então, a Mispá,[12] onde Godolias estabelecera a sede de governo, certamente por essa cidade ter sido menos destruída pela guerra. Aí ele se encontrava no meio do povo.

A redação dtr dá um significado teológico ao ocorrido. Ao colocar a libertação de Jeremias logo após a promessa a Ebed-Melec (39,15-18), os redatores apontam para a semelhança do destino de duas pessoas que, ao contrário de outras (40,3), permaneceram fiéis a YHWH. A preservação de Jeremias num momento difícil de sua vida também pode ser considerada cumprimento da promessa concedida ao profeta em sua vocação: "estarei contigo para te salvar" (1,8.19).

Mencionou-se acima que o v. 1 introduz uma palavra de YHWH a Jeremias. A única palavra dirigida ao profeta, no entanto, é a fala do chefe da guarda. Nabuzardã transforma-se, aqui, portanto, em mensageiro do Deus de Israel.[13] Algo semelhante ocorreu em 32,6ss, onde a palavra de YHWH se dirige a Jeremias no pedido de seu primo Hanameel.[14] Em sua fala, o chefe da guarda lembra a profecia de Jeremias e confirma seu cumprimento e, assim, também a veracidade de sua mensagem. Além disso, confessa que a destruição de Jerusalém e o fim da monarquia judaíta não foram obra do poder babilônico, mas juízo de YHWH (v. 3). Essas palavras os redatores entendem como sendo dirigidas aos ouvintes e às leitoras de sua época ("vós").

A segunda parte do capítulo fala do início do governo de Godolias.[15] Jeremias desaparece de cena até o final do capítulo 41.[16]

---

[12] Normalmente se identifica Mispá com *tell en-nasbe*, cerca de 12 km ao norte de Jerusalém, no território de Benjamim.

[13] Cf. Silva, 2006, p. 63.

[14] Cf. Schmidt II, p. 234, também para o que segue.

[15] Não se deve confundir Godolias, filho de Aicam, com Godolias, filho de Fassur, mencionado em 38,1.

[16] O fato de o profeta Jeremias não aparecer em Jr 40,7-41,18 não depõe necessariamente a favor de um relato distinto do observado até agora, que estava interessado na sorte do profeta e nas reações a sua pregação (20,1-4; 26; 28; 29,1.3.24s.26ss; 36

Jeremias 40: Jeremias sob o governador Godolias 461

O trecho tem seu paralelo em 2Rs 25,22-24.[17] Godolias não é de descendência davídica, mas pertence à importante e conceituada família de Safã.[18] O pai de Godolias, Aicam, já estendera, em outra ocasião, sua mão protetora sobre Jeremias (26,24). A influência política dessa família certamente foi determinante na escolha de Godolias para administrar "as cidades de Judá" (v. 5) como comissário babilônico. Já um membro da dinastia davídica não entrava em cogitação, dadas as decepções que os babilônios tiveram com ela.

A situação pressuposta, em 40,7-16, é a de cidades parcialmente destruídas e abandonadas. Parte da população havia fugido para países vizinhos durante a guerra ou se havia refugiado em lugares pouco acessíveis. Unidades do exército judaíta estavam dispersas pela região, agrupadas em torno de seus comandantes ("oficiais de tropas"), ocupando cidades do interior. Nos campos, a produção agrícola havia sido interrompida durante a guerra; olivais e parreirais necessitavam de trabalhadores que colhessem seus frutos. Uma parte do povo não deportado se agrupava em torno de Godolias, em Mispá, onde também estava acasernado um contingente de soldados babilônicos. Também Jeremias deve ter estado nesse grupo. O governo de Godolias tinha a tarefa de promover o retorno à normalidade em Judá. Os comandantes das unidades militares ainda existentes foram incumbidos de ocupar as cidades do interior de Judá e torná-las, assim, minimamente seguras para que o povo pudesse retomar o trabalho produtivo nos campos e nas cidades. Provavelmente também a "reforma agrária" promovida pelos babilônios (2Rs 25,12; Jr 39,10; 52,16) estivesse ao encargo de Godolias. A ocupação dos vazios urbanos e rurais era importante também para o império babilônico, pois evitava ocupação por parte de nações rivais e garantia, a médio prazo, uma produção agrícola que podia ser tributada.

Esse projeto de retomada da vida produtiva normal seria demorado. Godolias conta com a colaboração dos oficiais de tropas remanescentes do antigo exército judaíta. Jr 40,8 menciona alguns nomes, que parcialmente também se encontram em 2Rs 25,23. Pouco sabemos sobre esses oficiais: Ismael, filho de Natanias, era de linhagem

---

etc.). Tampouco é necessário admitir mais do que uma mão no complexo 40,7-41,18 (como propõe Wanke II, p. 363ss), pois as pequenas tensões existentes são facilmente explicáveis. Não se observa linguagem dtr nessa segunda parte do capítulo.

[17] Geralmente se admite que a versão mais breve de 2Rs 25 seja posterior à versão mais detalhada de Jr 40 (cf. Graupner, 1991, p. 131s).

[18] Veja o excurso "A família de Safã", sob Jr 26.

462   *Segunda parte: Relatos e promessas de salvação – Jeremias 26-45*

real (41,1) e vai trair e assassinar Godolias (41,1-3); Joanã, filho de Carea, vai manter-se fiel a Godolias (40,13; 41,11ss; 42,1); Jezonias, filho do maacateu, talvez deva ser identificado com o oficial do mesmo nome que foi ao Egito (42,1: Jezonias, filho de Osaías).

Assim como descrita, a tarefa a ser realizada por Godolias coincide com a visão de Jeremias: o retorno à vida normal e a possibilidade de viver do fruto do próprio trabalho lembra Jr 29,5; o retorno da produtividade no território de Judá lembra 32,15; a colheita farta (40,12) pode ser considerada um sinal de bênção divina. O projeto de Godolias pode ser entendido, por conseguinte, como concretização política da promessa jeremiânica. Esse novo início foi, em todo caso, suficientemente atraente para que aquelas pessoas que se haviam refugiado nos países vizinhos retornassem a Judá (40,12). Mas as relações não eram totalmente harmonio-sas. Instigado pelo rei amonita Baalis, um dos comandantes de tropas, Ismael, tencionava assassinar Godolias. O texto não apre-senta motivos. É possível que Baalis não quisesse um território de Judá forte em sua vizinhança. Ou, então, Ismael reivindicava o cargo ocupado por Godolias por ter linhagem davídica. Apesar de alertado sobre as más intenções de Ismael, Godolias não adotou as medidas necessárias para sua proteção.

JEREMIAS 41: O ASSASSINATO DE GODOLIAS

1 E aconteceu que, no sétimo mês, Ismael, filho de Natanias, filho de Elisama, de linhagem real – dentre os grandes do rei[1] –, acompanhado de dez homens, foi ter com Godolias, filho de Aicam, em Mispá. E, ali em Mispá, tomavam juntos sua refeição, 2 quando se levantaram Ismael, filho de Natanias, e os dez homens que estavam com ele e feriram Godolias, filho de Aicam, filho de Safã, com a espada e, assim, mataram[2] a quem o rei da Babilônia havia nomeado governador sobre a terra. 3 Ismael matou também todos os judaítas que estavam com Godolias em Mispá, bem como os guerreiros caldeus que lá se encontravam.

4 No dia seguinte[3] ao assassinato de Godolias, quando ainda ninguém sabia do fato, 5 vieram homens de Siquém, Silo e Samaria, oitenta homens com a barba raspada, as vestes rasgadas e incisões no corpo, trazendo em suas mãos oferendas e incenso para levar à casa de YHWH. 6 E Ismael, filho de Natanias, saiu de Mispá ao encontro deles chorando sem parar.[4] E, ao encontrar-se com eles, disse-lhes: "Vinde a Godolias, filho de Aicam!" 7 Mas, quando chegaram no meio da cidade, Ismael, filho de Natanias, e os homens que estavam com ele os massacraram e jogaram na cisterna.[5] 8 Mas havia entre eles dez homens que disseram a Ismael: "Não nos mates, pois temos provisões escondidas no campo: trigo, cevada, azeite e mel!" Então Ismael desistiu de matá-los junto com seus irmãos. 9 A cisterna na qual Ismael lançara todos os cadáveres dos homens que matara era uma cisterna grande,[6] aquela que o rei Asa construíra por causa de Baasa, rei de Israel.[7] Foi essa que Ismael, filho de Natanias, encheu de cadáveres.

---

[1] Literalmente "e os grandes do rei"; esse grupo não se encontra na LXX nem no texto paralelo de 2Rs 25,25ss. Como "os grandes do rei" não mais aparecem a seguir, Rudolph, 1968, p. 250, conclui que se trata de ditografia (cf. BHS). Pode-se preservar o texto se o entendermos como atributo adicional de Ismael, como o acolhemos na tradução.

[2] O TM lê o singular: "ele matou". O plural consta na LXX, na Vulgata e na Siríaca.

[3] Literalmente "no segundo dia". O dia do assassinato é contado como primeiro dia.

[4] Assim o TM; de acordo com a LXX, quem chorava eram os peregrinos.

[5] O TM ("e os mataram para o meio da cisterna") não dá sentido. Geralmente se acrescenta o verbo "lançar, jogar (na cisterna)", de acordo com a Siríaca, e se omite *tok* ("meio"; repetição involuntária de "no meio [da cidade]"?); v. BHS.

[6] "Uma cisterna grande" de acordo com a LXX; o TM ("pela mão de Godolias") não dá sentido. Provavelmente a semelhança gráfica das letras hebraicas levou o copista ao erro (cf. BHS).

[7] Cf. 1Rs 15,16ss, em especial v. 22.

464   *Segunda parte: Relatos e promessas de salvação – Jeremias 26-45*

10 Então Ismael levou cativo todo o resto do povo que estava em Mispá, as filhas do rei e todo o povo que permanecera em Mispá, o qual Nabuzardã, o chefe da guarda, confiara a Godolias, filho de Aicam. A esses Ismael, filho de Natanias, levou cativos e partiu para passar aos filhos de Amon. 11 Mas, quando Joanã, filho de Carea, e todos os oficiais de tropas que estavam com ele souberam de todo mal que fizera Ismael, filho de Natanias, 12 tomaram todos os homens e partiram para pelejar contra Ismael, filho de Natanias, e o encontraram junto às grandes águas de Gabaon.[8] 13 Ao ver Joanã, filho de Carea, e todos os oficiais de tropas que estavam com ele, todo o povo que estava com Ismael se alegrou. 14 E todo o povo que Ismael havia levado cativo de Mispá deu meia-volta e retornou[9] a Joanã, filho de Carea. 15 Mas Ismael, filho de Natanias, escapou de Joanã com oito homens e foi para os filhos de Amon. 16 Então Joanã, filho de Carea, e todos os oficiais de tropas que estavam com ele tomaram todo o resto do povo que Ismael, filho de Natanias, trouxera[10] de Mispá, após ter matado Godolias, filho de Aicam: homens fortes, guerreiros, mulheres e crianças, bem como funcionários da corte – aqueles que ele trouxe de volta de Gabaon. 17 Partiram e fizeram uma parada na estalagem de Quimaam, junto a Belém, para em seguida ir ao Egito, 18 por causa dos caldeus – pois tinham medo deles, porque Ismael, filho de Natanias, matara Godolias, filho de Aicam, a quem o rei da Babilônia havia nomeado governador sobre o país.

O capítulo é uma continuação de Jr 40 e faz parte do relato do biógrafo. Jeremias não é mencionado no texto, mas pressupõe-se que presencie os acontecimentos relatados. Não há indícios de trabalho redacional. O texto da LXX é bem mais breve que o TM, mas não há como decidir cabalmente qual é o texto mais antigo. Pode-se dividir o capítulo em três cenas: o assassinato de Godolias (v. 1-3), o assassinato dos peregrinos (v. 4-10) e a libertação dos reféns e fuga para o Egito (v. 11-18). Nelas se retrata o conflito entre

---

[8] 2Sm 2,13 fala do "açude" de Gabaon, pátria de Hananias (Jr 28), a 10 km a noroeste de Jerusalém. Mas a localização de Gabaon não é totalmente certa. Tradicionalmente se identifica Gabaon com *el-djib*, a oeste de Mispá (*tell en-naṣbe*), o que suscita a pergunta por que Ismael foi para oeste se estava fugindo para Amon, que fica a leste?!

[9] O TM é redundante ao acrescentar a "retornou" um segundo verbo ("e foi/foram"), que a LXX omite.

[10] Em concordância com uma conjectura de Rudolph, 1968, p. 252 (v. BHS). O TM lê: "todo o resto do povo que [Joanã] trouxera/fizera voltar de Ismael, filho de Natanias, de Mispá".

Jeremias 41: O assassinato de Godolias 465

três líderes no Judá do pós-guerra, que podem representar duas opções políticas da época: Godolias e Joanã representam a opção de colaborar com a Babilônia, e Ismael, a tentativa de restabelecer a dinastia davídica. Depois da morte de Godolias, Joanã se decide por uma terceira opção, a de buscar refúgio e, eventualmente, auxílio junto a um antigo aliado, o Egito.[11]

A primeira cena (v. 1-3) tem seu paralelo em 2Rs 25,25. Não há consenso sobre qual texto depende de qual. O texto de Jr traz algumas informações que a história dtr (2Rs) não tem. O episódio a ser narrado é datado no sétimo mês (*tishri*), mas não se diz o ano (v. 1). Dificilmente se trata do mesmo ano da destruição de Jerusalém e da instalação de Godolias, que ocorreu no quinto mês de 587 (52,12). O espaço de dois meses é muito curto para comportar todas as ações relatadas em 40,7-16: o início da reorganização administrativa de Judá, com a ajuda dos comandantes de tropas, o retorno de fugitivos e seu reassentamento bem como a colheita dos frutos. É verdade que o governo de Godolias não deve ter durado muito, mas certamente mais de dois meses. Se a terceira deportação, ocorrida em 582 (Jr 52,30), foi uma represália dos babilônios ao assassinato de Godolias, seu governo teria durado cerca de cinco anos.[12] Esse seria, então, o ano dos acontecimentos narrados neste capítulo.

Mesmo alertado por Joanã para as possíveis intenções criminosas de Ismael (40,13ss), Godolias lhe oferece, junto com seus dez homens, hospitalidade. Num ato de traição, esses matam Godolias, uma guarda babilônica e outras pessoas que participaram da refeição oferecida pelo governador. O texto não diz quais foram os motivos que levaram a esse crime traiçoeiro. Por ser de linhagem real (v. 1), supõe-se que Ismael não concordasse com a submissão à Babilônia e reivindicasse para si o direito de restabelecer a dinastia davídica no país. Para tanto contaria com o apoio do rei amonita (40,14). O fato de o assassinato ter ocorrido durante a comunhão de mesa configura abuso de hospitalidade e acentua o caráter abominável do ato. A guarda babilônica presente deve ter sido bem pequena para ser dominada por dez homens. Nenhum dos outros oficiais de tropas mencionados em 40,8 esteve presente para impedir o crime. Certamente é exagerada a informação de que

---

[11] Fischer II, p. 382.
[12] Fischer II, p. 383.

466 Segunda parte: Relatos e promessas de salvação – Jeremias 26-45

Ismael "matou também *todos* os judaítas" de Mispá (v. 3). O próprio v. 10 o desmente.

A segunda cena ocorre no dia seguinte ao assassinato, quando a notícia ainda não se havia espalhado. Oitenta homens estavam a caminho do templo de YHWH e passavam por Mispá. Não se diz onde fica esse templo, mas deve ser o templo destruído em Jerusalém.[13] O texto afirma três coisas sobre esses peregrinos. Em primeiro lugar, eles vêm de três centros religiosos importantes do ex-reino do Norte: Samaria, Siquém e Silo. A promessa de que os habitantes das montanhas de Efraim novamente peregrinarão a Sião (31,6) cumpre-se aqui. Mas não há nenhum motivo de alegria, pois, em segundo lugar, os peregrinos demonstram sua dor e seu luto de três formas: a barba, símbolo da honra masculina, está raspada, as vestes, símbolo de status social, estão rasgadas, e o corpo está coberto de incisões (cf. 16,6). Todos eles, sinais de humilhação diante de Deus.[14] Por fim, estão levando consigo oferendas e incenso, ou seja, sacrifícios não sangrentos para oferecerem a Deus no santuário. Tem-se discutido muito para que finalidade essas pessoas estavam indo ao templo destruído de Jerusalém. Sabe-se que um lugar sagrado não perde sua santidade mesmo quando está em ruínas. A partir da indicação do "sétimo" mês pensou-se na festa das tendas (Lv 23,33ss) ou no dia da expiação (*yom kippur*, Lv 16,29ss). Em todo caso, não é um dia de festa, mas de luto e lamentação. Na época pós-exílica, celebra-se um dia de jejum e lamento no sétimo mês alusivo ao assassinato de Godolias (Zc 7,5; 8,19).[15]

Após chorar com os peregrinos, fingindo solidariedade, Ismael os convida a entrar em Mispá para serem recebidos pelo governador. No meio da cidade, quando não mais há escapatória, são cruelmente degolados. A sanha assassina de Ismael somente encontra limites na cobiça. Dez peregrinos conseguem salvar-se revelando onde esconderam seus mantimentos. Os cadáveres são lançados numa grande cisterna, construída na época do conflito entre Asa de Judá (908-868) e Baasa de Israel (906-883; cf. 1Rs 15,22). Não se sabe o que levou Ismael a cometer tamanha monstruosidade. Tudo parece sem sentido. O assassinato de pessoas inocentes certamente não o ajudaria se tivesse interesses políticos. Além de matar os peregrinos, ele os lança na cisterna, contaminando a água

---

[13] Não pode ser o santuário de Betel, porque ao chegarem a Mispá, os peregrinos já passaram por Betel.
[14] Fischer II, p. 386.
[15] Na atualidade celebra-se esse jejum anualmente no terceiro dia do mês *tishri*.

Jeremias 41: O assassinato de Godolias

e, assim, deixa a cidade desabastecida por muito tempo. Isso não revela nenhum tino político. Pode-se perguntar, por isso, se o autor não carrega nas tintas ao descrever os detalhes horrorosos do ocorrido no intuito de expor Ismael à ignomínia.

A terceira cena inicia com o sequestro de um grupo de pessoas que estavam em Mispá. Também aqui, certamente não foi levado cativo "*todo* o resto do povo" de Mispá (v. 10), dada a reduzida tropa de Ismael. Jeremias estaria entre os sequestrados? Chama a atenção a menção de "filhas do rei". Deve tratar-se, aqui, de mulheres da corte real não deportadas pelos babilônios, mas deixadas com Godolias. Mulheres representavam, nas cortes orientais, o poder e o prestígio do soberano. O sequestro das "filhas do rei" por Ismael pode revelar, portanto, sua intenção de restabelecer a dinastia davídica. Com elas e um grupo reduzido de judaítas, Ismael tentou evadir-se para o território de seus aliados amonitas (40,14).

Ao tomar conhecimento do ocorrido, um contingente comandado por Joanã foi ao encalço de Ismael. Em Gabaon houve um confronto entre ambos os grupos. Em decorrência, as pessoas sequestradas se uniram a Joanã, enquanto que Ismael, agora com apenas oito homens, consegue escapar para a Transjordânia. O grupo que se juntou a Joanã é descrito no v. 16: além das mulheres da corte, havia funcionários da corte,[16] soldados, homens, mulheres e crianças. Não sabemos o tamanho desse grupo. Seus líderes querem fugir para o Egito. Com a fuga de Ismael, esses líderes não mais conseguiriam apresentar aos babilônios nenhum culpado pelo assassinato de Godolias e, por isso, temem que a vingança do império recaia sobre eles. Preferem, portanto, fugir. No caminho, acampam no caravançará de Quimaam, na divisa meridional de Judá com o território edomita. Jeremias e Baruc fazem parte desse "resto de povo" (cf. 42,2).

---

[16] Literalmente "eunucos"; mas esses funcionários não são apenas responsáveis pelo harém (cf. Ebed-Melec; 38,7).

JEREMIAS 42: A FUGA PARA O EGITO

1 Então todos os oficiais de tropas, liderados por Joanã, filho de Carea, e Jezonias,[1] filho de Osaías, bem como todo o povo, pequenos e grandes, se aproximaram 2 do profeta Jeremias e lhe disseram: "Que nossa súplica chegue a ti! Intercede por nós junto a YHWH, teu Deus, em favor de todo este resto – pois somente poucos restamos de muitos, como teus olhos podem comprovar em nós! 3 Que YHWH, teu Deus, nos indique o caminho que devemos tomar e o que devemos fazer!" 4 Então o profeta Jeremias lhes respondeu: "Eu ouvi! Eis que intercederei junto a YHWH, vosso Deus, como pedis. E toda palavra que YHWH vos responder eu transmitirei a vós; não vos omitirei nada". 5 Então eles responderam a Jeremias: "Que YHWH seja testemunha verdadeira e fiel contra nós, se não agirmos conforme toda palavra com a qual YHWH, teu Deus, te enviar a nós! 6 Quer seja coisa boa ou má, obedeceremos à voz de YHWH, nosso Deus, a quem te enviamos, a fim de que nos corra bem por termos obedecido à voz de YHWH, nosso Deus".

7 Ao cabo de dez dias, a palavra de YHWH foi dirigida a Jeremias. 8 Então chamou Joanã, filho de Carea, e todos os oficiais de tropas que estavam com ele, bem como todo o povo, pequenos e grandes, 9 e lhes disse: "Assim diz YHWH, Deus de Israel, a quem me enviastes para apresentar-lhe vossa súplica: 10 'Se, de fato,[2] permanecerdes nesta terra, eu vos edificarei e não demolirei, vos plantarei e não arrancarei. Pois me arrependo da desgraça que vos fiz. 11 Não temais o rei da Babilônia, de quem tendes medo. Não tenhais medo dele – dito de YHWH –, pois estou convosco para vos salvar e vos livrar de sua mão. 12 Eu vos concederei misericórdia, e ele será misericordioso convosco e vos deixará voltar para vosso chão'. 13 Mas, se disserdes: 'Não queremos permanecer nesta terra!', desobedecendo, assim, à voz de YHWH, vosso Deus, 14 dizendo: 'Não! É para a terra do Egito que iremos, onde não mais veremos guerra, nem ouviremos o som da trombeta, nem nos faltará pão. É lá que queremos morar!', 15 então escutai, agora, a palavra de YHWH, ó resto de Judá! Assim diz YHWH dos Exércitos, o Deus de Israel: 'Se, de fato, tendes a intenção de ir para o

---

[1] Esse Jezonias (filho de Osaías) deve ser o mesmo que o Jezonias (filho do maacateu) mencionado em 40,8. A LXX lê "Azarias" por influência de 43,2 ("Azarias, filho de Osaías").

[2] Leia-se *yashob* (inf. abs.), de acordo com a LXX, Vulgata e Targum; cf. BHS.

Jeremias 42: A fuga para o Egito 469

Egito e lá fordes para viver como migrantes, 16 então a espada que tanto temeis vos alcançará lá na terra do Egito, e a fome da qual tendes medo se apegará em vós lá no Egito, de modo que morrereis ali. 17 Todos os homens que tiverem a intenção de entrar no Egito para lá viver como migrantes morrerão pela espada, pela fome e pela peste. Não haverá entre eles ninguém que possa escapar ou fugir da desgraça que trarei sobre eles'. 18 Pois assim diz YHWH dos Exércitos, o Deus de Israel: 'Assim como minha ira e meu furor se derramaram sobre os habitantes de Jerusalém, também se derramará meu furor sobre vós quando entrardes no Egito, de modo que sereis exemplo de maldição, desolação, execração e humilhação, e não mais vereis este lugar'. 19 Isto YHWH falou sobre vós, ó resto de Judá: 'Não entreis no Egito!' Sabei que hoje vos adverti! 20 Sim, vós colocastes em risco a própria vida³ quando me enviastes a YHWH, vosso Deus, com o seguinte pedido: 'Intercede por nós junto a YHWH, nosso Deus, e comunica-nos tudo o que YHWH, nosso Deus, disser, para que o façamos!' 21 Mas, quando hoje eu vos comuniquei, não obedecestes à voz de YHWH, vosso Deus, em nada do que vos mandou dizer por meu intermédio. 22 Mas agora deveis saber que morrereis pela espada, pela fome e pela peste no lugar onde escolhestes ir para viver como migrantes'".

No capítulo 42 reaparece Jeremias. Ele se encontra no grupo acampado no caravançará de Quimaam, próximo à divisa meridional de Judá (41,17). Dois dos oficiais mencionados em 40,8 lideram esse grupo: Joanã, filho de Carea, citado por primeiro, portanto o mais importante, e Jezonias, filho de Osaías. O capítulo dá, assim, continuidade ao relato do biógrafo sobre os acontecimentos após o assassinato de Godolias.⁴ Com aparente atraso, os líderes do grupo decidem, com a anuência deste, consultar YHWH através de Jeremias a respeito de seu plano de descer ao Egito. O relato de Jr 42 consiste em duas partes: nos v. 1-6, Jeremias é solicitado a consultar YHWH; nos v. 7-22, segue a resposta de YHWH a essa consulta.

Uma grande comitiva ("todo o povo") se dirige a Jeremias com duas questões interligadas. Primeiramente as pessoas pedem, de modo bastante formal – literalmente dizem: "que nossa súplica caia diante de teu rosto" (v. 2) – que ele interceda junto a YHWH

---

³ Literalmente "agistes errado pelo preço de vossas vidas" (leia-se o *qere*). Cf. HAL, p. 1626.
⁴ O uso do título "profeta" para Jeremias é típico desses relatos (cf. 36,8.26; 37,2s.6; 38,9 e.o.).

470   *Segunda parte: Relatos e promessas de salvação – Jeremias 26-45*

pelo grupo, já que são poucos e se encontram em situação de insegurança. O profeta é abordado em sua função de intercessor do povo (cf. 15,11). Após a concretização da catástrofe anunciada por Jeremias, não mais vigora a proibição de interceder (7,16; 11,14; 14,11). O argumento de que o povo é pequeno também foi usado por Amós ao interceder por Israel (Am 7,2.5). Em segundo lugar, solicitam que o profeta consulte YHWH sobre "o caminho a tomar" (v. 3). Naturalmente, não se trata de saber qual o melhor roteiro para chegar ao Egito, mas receber orientação divina sobre o melhor objetivo a ser buscado: permanecer em Judá ou não. O pedido revela a indecisão por parte da liderança sobre onde estaria o melhor futuro para esse resto de povo. Nesse contexto de insegurança e incerteza, intercessão e consulta estão intimamente ligadas (cf. 37,3.7). Jeremias está disposto a interceder e consultar YHWH e promete transmitir tudo o que YHWH disser. No v. 5, os consulentes juram, sob invocação de YHWH, que agirão de acordo com o que Deus responder.

Chama a atenção, nessa parte, que, por três vezes, a liderança diz "YHWH, teu Deus" quando se dirige a Jeremias (v. 2.3.5) como se YHWH não fosse também o Deus dos consulentes. O profeta parece tentar mostrar isso quando diz, em sua resposta: "vosso Deus" (v. 4). Seria isso apenas indício de que Jeremias tem uma ligação especial com YHWH ou de que, no grupo, não havia somente seguidores de YHWH?[5] O v. 6 tenta amenizar esse problema ao falar duas vezes em "nosso Deus". Por ser uma paráfrase do v. 5 e conter expressões idiomáticas típicas, o v. 6 deve provir da redação dtr.[6] Esta busca harmonizar. O v. 6, em todo caso, reforça o juramento do grupo de seguir fielmente a orientação de Deus independentemente de seu conteúdo.

Na segunda parte do capítulo (v. 7-22) nos é transmitida a resposta de YHWH (v. 10ss). A introdução a essa palavra de Deus traz uma indicação cronológica: "ao cabo de dez dias". Aparentemente o profeta teve que esperar dez dias para ter uma resposta de Deus. Evidencia-se, aqui, que a palavra de Deus não está disponível a qualquer hora. Já observamos isso em Jr 28,11s, quando Jeremias se retirou calado após Hananias ter quebrado os canzis que Jeremias carregava. Ele não tinha uma palavra pronta. A palavra de Deus nem sempre "acontece" quando as pessoas por ela

---

[5]   Cf. Galleazzo, 2006, p. 80.
[6]   Thiel II, p. 64; v. excurso "Expressões idiomáticas dtr para caracterizar a apostasia", sob 5,15-19, e "Linguagem, estilo e terminologia deuteronomistas", sob 7,1-8,3.

Jeremias 42: A fuga para o Egito   471

esperam. A menção do tempo de demora certamente reforça a veracidade da palavra profética: Jeremias não caiu na tentação de dar sua própria opinião quando Deus permaneceu calado.

Espera-se que o relato conclua com uma breve palavra orientadora de YHWH para o grupo de Joanã. O que segue, no entanto, é um longo sermão que se dirige a um coletivo ("vós") e é caracterizado por um estilo prolixo e redundante, típico de um sermão dtr. Além do estilo e do vocabulário utilizado,[7] o sermão coloca os ouvintes diante de duas alternativas, estratégia observada também em outros textos dtr.[8] Por fim, em 42,19ss, a resposta de Deus já antecipa a reação dos ouvintes a essa resposta, que só aparece em 43,1ss.[9] Mas o relato original deve ter concluído com uma resposta de Deus. Onde ela está? O mais provável é que ela se encontre no v. 17, pois nesse versículo se abandona o estilo de sermão ("vós") e se adota a forma narrativa ("ele").[10] Todo o resto dessa segunda parte do capítulo é uma extensa reflexão teológica.

A reflexão dtr se apresenta na forma de duas alternativas dadas ao grupo que buscou a orientação de Deus por meio do profeta. Nos v. 10-12, se encontra a alternativa positiva: caso o grupo sob Joanã permanecer em Judá haverá possibilidade de vida. Para tanto se usam os verbos da dupla atuação divina[11] em sua função positiva: edificar e não demolir; plantar e não arrancar. O texto coloca duas motivações para que essa opção deva ser escolhida. Primeiramente, afirma-se que YHWH está arrependido da desgraça que permitiu que se abatesse sobre o povo.[12] Não que Deus quisesse voltar atrás e desfazer o que aconteceu, mas que ele lastima o ocorrido e sente dó dos que sofrem.[13] Em segundo lugar, afirma-se que o medo de uma represália por parte dos babilônios não tem fundamento, pois Deus vai fazer valer sua misericórdia.

---

[7] Quanto ao "arrependimento" de Deus, cf. 18,8; 26,3.13; quanto a "conceder misericórdia", cf. Dt 13,18; de resto v. os excursos mencionados na nota 6.

[8] V. excurso "A pregação dtr de duas alternativas", sob 7,1-15.

[9] Não há, portanto, necessidade de alterar a sequência dos versículos para restabelecer a ordem cronológica dos fatos como Rudolph, 1968, p. 256, propõe (cf. BHS); para os redatores é possível incluir a reação dos ouvintes em sua reflexão teológica.

[10] Thiel II, p. 63. Verdade é que também o v. 17 foi complementado pela redação (cf. a tríade do juízo). De acordo com Thiel II, p. 63, a resposta que constava no relato original deve ter sido a seguinte (v. 17): "Todos os homens que tiverem a intenção de entrar no Egito para lá viver como migrantes morrerão. Não haverá entre eles ninguém que possa escapar ou fugir".

[11] Cf. excurso "Verbos que expressam a dupla atuação de Deus", sob 1,4-10.

[12] Cf. nota 7 acima.

[13] Cf. HAL, p. 650: verbete *naham*; cf. também Mendes Filho, 2017.

472   *Segunda parte: Relatos e promessas de salvação – Jeremias 26-45*

Quem optar pela permanência na Palestina demonstrará que sua fé é maior do que o poder babilônico.

Os v. 13-17 apresentam a alternativa negativa: caso o grupo for ao Egito para lá morar, desobedecendo, assim, à orientação de YHWH, experimentará o juízo divino (cf. 24,8). Os perigos dos quais o grupo pretende fugir – espada e fome – serão seu destino no Egito. Os v. 18-22 expandem essa segunda alternativa lembrando que a opção de ir ao Egito é uma quebra do juramento feito pelo grupo de acatar o oráculo divino (42,5). As consequências nefastas desse rompimento se manifestam na fórmula da catástrofe (v. 18) e na tríade do juízo (v. 22). Essa reflexão antecipa a reação do grupo que consta em 43,2s.

A reflexão dtr concorda com o conteúdo da pregação profética em diversos aspectos. O futuro do povo que não foi deportado para Babilônia está na Palestina (32,15). A vida é possível sob a hegemonia dos babilônios (27,11; 29,4-7; 38,17 e.o.). Essa também era a plataforma política de Godolias, mas a proposta não teve aceitação. A rebeldia que o povo demonstrou antes da catástrofe (6,16s; 8,4ss) também se manifesta depois dela, tanto no assassinato de Godolias quanto na fuga ao Egito.[14] Além disso, a visão de salvação do profeta é que após o juízo ou, melhor, dentro da situação de juízo existe a possibilidade de novo início (24,1ss; 29,4ss; 32,6ss). Até aí vão as analogias teológicas. Diferentemente da pregação jeremiânica, no entanto, os redatores acentuam que Deus pode agir ou, melhor, reagir de acordo com a decisão das pessoas. A forma de duas alternativas mostra que existe a possibilidade de as pessoas influenciarem, senão determinarem a atuação divina. O profeta, pelo contrário, experimentou, em sua vida e atuação, a liberdade de Deus (20,7ss; 23,23).

---

[14] Cf. Schmidt II, p. 255, também para o que segue.

JEREMIAS 43: JEREMIAS NO EGITO

1 Quando Jeremias terminou de falar a todo o povo todas essas palavras – todas as palavras de YHWH seu[1] Deus, com as quais YHWH, seu[1] Deus, o havia enviado a eles –, 2 Azarias, filho de Osaías, e Joanã, filho de Carea, e todos os homens atrevidos[2] disseram a Jeremias: "É mentira o que dizes! Não foi YHWH, nosso Deus, que te enviou para nos dizer: 'Não entreis no Egito para lá viver como migrantes!' 3 Pelo contrário, é Baruc, filho de Nerias, que te incita contra nós, para entregar-nos nas mãos dos caldeus, a fim de que nos matem ou nos deportem para a Babilônia". 4 E Joanã, filho de Carea, todos os oficiais de tropas e todo o povo não escutaram a voz de YHWH, ou seja, de permanecer na terra de Judá. 5 Então Joanã, filho de Carea, e todos os oficiais de tropas tomaram todo o resto de Judá, os que haviam retornado de todas as nações, para onde se haviam dispersado, para ficar[3] na terra de Judá: 6 homens, mulheres, crianças, as filhas do rei e todas as pessoas que Nabuzardã, o chefe da guarda, deixara com Godolias, filho de Aicam, filho de Safã, bem como o profeta Jeremias e Baruc, filho de Nerias, 7 e foram à terra do Egito, pois não obedeceram à voz de YHWH, e chegaram a Táfnis.

8 E a palavra de YHWH foi dirigida a Jeremias em Táfnis: 9 "Toma em tuas mãos algumas pedras grandes e, na presença de homens judaítas, enterra-as no barro[4] do pátio[5] que se encontra à entrada da casa do faraó, em Táfnis! 10 Então lhes dirás: 'Assim disse YHWH dos Exércitos, o Deus de Israel: Eis que mandarei buscar Nabucodonosor, rei da Babilônia, meu servo,[6] e colocarei[7] seu trono sobre estas pedras que enterrei, e ele estenderá sobre elas seu baldaquino.[8] 11 E ele virá e ferirá a terra do Egito: com a morte para os destinados à morte, com o cativeiro para os destinados ao cativeiro

---

[1] "Deles", ou seja, do povo. A LXX omite "seu Deus".
[2] Esse adjetivo falta na LXX.
[3] Literalmente "viver como migrantes".
[4] O termo hebraico é singular no AT. Deve tratar-se, aqui, de um terreno argiloso ou lamacento, em analogia ao siríaco e árabe (cf. HAL, p. 558), onde pedras podiam facilmente ser enterradas.
[5] Significado incerto (HAL, p. 555s: "terraço de tijolos de barro").
[6] A LXX omite "meu servo".
[7] LXX: "ele colocará".
[8] O termo é singular no AT (cf. HAL, p. 1510).

474 *Segunda parte: Relatos e promessas de salvação – Jeremias 26-45*

e com a espada para os destinados à espada. 12 E ele ateará[9] fogo nas casas dos deuses do Egito, e ele os queimará ou deportará,[10] ele tirará os piolhos da terra do Egito como o pastor tira os piolhos de sua capa. E ele sairá dali em paz. 13 Ele ainda quebrará as colunas de pedra de Bet-Sames, na terra do Egito, e as casas dos deuses do Egito queimará com fogo'".

O capítulo dá continuidade ao relato em terceira pessoa do capítulo anterior e é composto por duas partes: a primeira fala da reação do grupo de refugiados à resposta de Deus transmitida por Jeremias (v. 1-7); a segunda relata um gesto simbólico do profeta no Egito (v. 8-13). O relato do biógrafo recebeu algumas pequenas complementações dos redatores na primeira parte – perceptíveis pela terminologia e teologia dtr –, nos v. 1.4 e 7. No v. 1, a complementação – identificada por duplo travessão na tradução – qualifica "todas essas palavras" como palavras de YHWH. Além disso, todo o v. 4 e parte do v. 7 ("pois não obedeceram à voz de YHWH, e chegaram") consideram a reação do grupo como desobediência a Deus. Na segunda parte não há vestígios dtr.[11]

Após Jeremias ter transmitido ao grupo em torno de Joanã o que Deus respondera à consulta encomendada, espera-se uma reação desse grupo. Essa reação é amplamente negativa à resposta de YHWH. Apesar do juramento feito em 42,5, de seguir a orientação divina, o grupo decide descer ao Egito. A reação negativa é de todos, mas aparentemente liderada por um oficial de tropas de nome Azarias, filho de Osaías, já que é mencionado em primeiro lugar.[12] O autor do relato emite sua opinião ao taxar o grupo de "homens atrevidos". Estranhamente esses "homens" desautorizam Jeremias como profeta. Utilizam contra ele o mesmo argumento que Jeremias utilizou contra os falsos profetas: "YHWH não te enviou!" Eles acusam o profeta de se ter deixado influenciar por Baruc, o que demonstra não só o prestígio de Baruc, mas também a que tendência política ele pertencia. Por

---

[9]   Assim a LXX, Siríaca e Vulgata; o TM lê "eu atearei".
[10] Ou seja "(as imagens d)os deuses".
[11] Veja a argumentação em Thiel II, p. 67s.
[12] Esse Azarias pode ser irmão de "Jezonias, filho de Osaías", mencionado em 42,1 (TM). Aí a LXX lê "Azarias" em vez do TM "Jezonias", identificando, portanto, as duas pessoas (42,1 e 43,2).

Jeremias 43: Jeremias no Egito

fim, a ala em favor da emigração consegue impor sua vontade e leva "o resto de Judá" (v. 5) consigo ao Egito.

Conforme os v. 5s, as pessoas que migraram ao Egito pertenciam a três grupos: 1) os oficiais de tropas sob o comando de Joanã; 2) as pessoas que, durante a guerra, se haviam refugiado nas nações vizinhas e, sob Godolias, retornado a Judá (40,11s); 3) o grupo de pessoas em torno de Godolias em Mispá, assim especificado: a) homens, mulheres e crianças; b) as "filhas do rei", provavelmente também os funcionários da corte ("eunucos") mencionados em 41,16; c) Jeremias e Baruc. Observe-se, quanto ao primeiro grupo, que nem todos os oficiais de tropas mencionados em 40,8 reaparecem aqui. Dificilmente todos eles teriam abandonado suas cidades (40,10) para juntar-se a Joanã. O segundo grupo aparece aqui de forma inesperada, já que não são mencionados depois de seu assentamento em Judá e do início de sua labuta na colheita (40,12). Dificilmente ele esteve entre os que fugiram para o Egito. O terceiro grupo deve ter sido um grupo reduzido de habitantes de Mispá sequestrado por Ismael e seus dez homens e libertado por Joanã (41,16). Não se mencionam os pobres que foram assentados como agricultores e vinhateiros por Nabuzardã (40,7; 52,16). Todas essas considerações levam a crer que o grupo mal deve ter chegado, também por motivos logísticos, a uma centena de pessoas (cf. 42,2). O conceito de "resto de Judá" não deve ser entendido literalmente, pois a maior parte da população não deportada à Babilônia permaneceu vivendo na Palestina. A visão de um território de Judá desabitado (cf. 44,2; 2Cr 36,21) tem cunho teológico: os que retornaram do cativeiro babilônico são o verdadeiro povo de Deus (Esd 9,2.8.13ss).

Os emigrantes chegam à cidade-fortaleza fronteiriça de Táfnis, uma porta de entrada para quem vem da Palestina, onde talvez já existisse um núcleo de refugiados judaítas.[13] Aí o profeta realiza um gesto simbólico (v. 8-13). A comunicação de Deus com seu povo, portanto, não encerra com a ida ao Egito. O relato sobre a ação simbólica contém 1) uma introdução (v. 8: fórmula do acontecimento da palavra); 2) a ordem ao profeta para executar a ação (v. 9); e 3) a interpretação da ação simbólica (v. 10-13). A execução da ordem não é narrada, mas pressuposta.[14] A interpretação

---

[13] Rudolph, 1968, p. 257.
[14] Cf. Jr 16; 19; e o excurso sobre "Ações simbólicas", sob 13,1-11.

476 *Segunda parte: Relatos e promessas de salvação – Jeremias 26-45*

do gesto é bastante longa e pode ter sido enriquecida por atualizações (como, p. ex., também em 13,10s; 18,7ss). Por não haver certeza sobre o significado exato de alguns termos hebraicos, em especial nos v. 9s,[15] fica difícil precisar os detalhes da ação ordenada a Jeremias. Depreende-se, no entanto, que Jeremias deve realizar uma tarefa de pedreiro: assentar ("enterrar") pedras num espaço à frente da "casa do faraó" (v. 9) em Táfnis. Como Táfnis não é residência do faraó, a "casa" mencionada deve ser um prédio da administração local. As pedras colocadas nesse "pátio" de terra devem servir de base sobre a qual será colocado o trono de Nabucodonosor, quando esse invadir o Egito. Colocar o trono em espaço público significa assumir o poder desse local, no caso, a porta de entrada para toda a terra do Egito. Assim, aquilo que os emigrantes judaítas quiseram evitar – a represália dos babilônios – os alcançará no Egito. O anunciado em 42,17 aqui se realizará. Nabucodonosor cumpre, assim, a palavra divina (v. 10: "meu servo"). Chama a atenção que, nos v. 10 e 12, o agir de Deus e o agir de Nabucodonosor se confundem (terceira pessoa de Nabucodonosor ao lado da primeira pessoa de YHWH).[16] O gesto é realizado na presença de algumas testemunhas judaítas, mas o anúncio de juízo que ele encerra diz respeito a todo o Egito.

A interpretação da ação simbólica chega a um fecho já no v. 10, uma vez que a instalação do trono simboliza a ocupação da terra do Egito. Os v. 11-13 são complementos que buscam desenvolver essa ocupação.[17] O v. 11 recorre a 15,2 para designar três possíveis consequências da invasão babilônica: a morte, a espada e o cativeiro.[18] O mesmo juízo anunciado aos judaítas antes da queda de Jerusalém atingirá o Egito e aqueles que lá foram em busca de refúgio. O juízo também atingirá os templos egípcios, que serão queimados, e as imagens de suas divindades, que serão destruídas ou levadas em cativeiro (v. 12). A metáfora da despiolhação utilizada não é totalmente clara. Quem ou que são os "piolhos" que Nabucodonosor tirará do Egito? O contexto depõe a favor dos santuários ou das imagens de divindades que serão destruídas ou tiradas do Egito. Talvez também a facilidade com que Nabucodonosor conquista o

---

[15] Veja as notas à tradução acima.
[16] Fischer II, p. 425; Schmidt II, p. 259.
[17] Graupner, 1991, p. 143.
[18] Omite-se, aqui, a quarta desgraça – a fome. A fome não é necessariamente consequência de uma invasão inimiga.

Jeremias 43: Jeremias no Egito

Egito, sem sofrer nenhuma resistência ("sairá em paz"), seja comparável à facilidade com que um pastor consegue despiolhar seu manto.[19] Como exemplo de um templo a ser destruído cita-se o santuário dedicado à divindade solar em Bet-Sames ("casa do sol") ou Heliópolis (= On, em egípcio), famoso por seus obeliscos ("colunas de pedra"; v. 13). Em 568/7, Nabucodonosor travou uma batalha em solo egípcio com o faraó Amásis, mas não temos conhecimento de nenhuma destruição de santuários.

O Egito era um país procurado por migrantes de povos vizinhos em situações adversas. O Egito também acolhia esses migrantes. Também os ancestrais de Israel encontraram acolhida no Egito em época de carestia e fome. Entretanto, o Egito também lembra a experiência traumática da escravidão. Um retorno ao Egito após o fim de Judá como nação pode também ser considerado um retorno à escravidão. Certamente os que migraram sob Joaná ao Egito – voluntariamente ou não – passaram por momentos de muita dificuldade. Mas, a longo prazo, a realidade parece ter sido diferente. A comunidade judaica no Egito não parou de crescer nos séculos subsequentes, como atestam, p. ex., as cartas de Elefantina (do final do séc. V). Na época helenística, a comunidade judaica de Alexandria tornou-se um centro de referência para todo o judaísmo da época. O juízo anunciado em Jr 42,15ss foi, assim, revertido pela misericórdia divina.

---

[19] Rudolph, 1968, p. 259.

JEREMIAS 44: ÚLTIMA PROFECIA DE JEREMIAS

1 Palavra que foi dirigida a Jeremias para todos os judaítas que moravam na terra do Egito, os que moravam em Magdol, Táfnis, Nof e na terra de Patros. 2 Assim diz YHWH dos Exércitos, o Deus de Israel: "Vós vistes toda a desgraça que fiz cair sobre Jerusalém e sobre todas as cidades de Judá: eis que estão hoje em ruínas e sem habitantes, 3 por causa de sua maldade, que cometeram a fim de me ofender, indo queimar incenso e servir a outros deuses, os quais eles não conheciam, nem eles, nem vós, nem vossos pais. 4 E, apesar de ter enviado e enviado a vós todos os meus servos, os profetas, para dizer: 'Não façais essa abominação que eu detesto!', 5 não me escutaram nem deram ouvidos para se converterem de sua maldade e não mais queimarem incenso a outros deuses. 6 Derramaram-se, pois, meu furor e minha ira, e se inflamaram contra as cidades de Judá e as ruas de Jerusalém, que se transformaram em ruínas e em desolação, como hoje se vê".

7 E, agora, assim diz YHWH, Deus dos Exércitos, o Deus de Israel: "Por que causais a vós mesmos um mal tão grande que vos exterminais – homens, mulheres, crianças e lactentes – do meio de Judá, a ponto de não vos deixar nenhum resto? 8 Pois me ofendestes com as obras de vossas mãos, queimando incenso a outros deuses na terra do Egito, onde entrastes para ali viver como migrantes, provocando, assim, vosso próprio extermínio e tornando-vos exemplo de maldição e humilhação entre todas as nações da terra. 9 Acaso esquecestes as maldades de vossos pais, as maldades dos reis de Judá, as maldades de suas[1] mulheres, vossas maldades e as maldades de vossas mulheres, cometidas na terra de Judá e nas ruas de Jerusalém? 10 Eles não mostraram contrição até o dia de hoje, nem temeram, nem andaram em minha lei e conforme minhas prescrições, as quais coloquei diante de vós e diante de vossos pais".

11 Por isso, assim diz YHWH dos Exércitos, o Deus de Israel: "Eis que voltarei minha face contra vós para a desgraça e para fazer perecer todo Judá. 12 E tomarei o resto de Judá que decidiu ir à terra do Egito para lá viver como migrante, e todos perecerão na terra do Egito: cairão pela espada e perecerão pela fome, do menor ao maior; morrerão pela espada e pela fome; tornar-se-ão palavra de

---

[1] No TM o pronome sufixo está no singular ("mulheres dele [*scil.* do rei]"), mas o contexto sugere o plural ("mulheres deles" [*scil.* dos reis]"); cf. BHS.

Jeremias 44: Última profecia de Jeremias 479

maldição, objeto de espanto e exemplo de execração e humilhação. 13 E castigarei os que foram morar na terra do Egito tal qual castiguei Jerusalém: pela espada, pela fome e pela peste. 14 Não haverá quem possa escapar ou fugir dentre o resto de Judá que entrou na terra do Egito para ali viver como migrante. E, ainda que² desejem voltar à terra de Judá para ali morarem, certamente não voltarão, a não ser alguns que escaparem".

15 Então todos os homens que sabiam que suas mulheres queimavam incenso a outros deuses, juntamente com todas as mulheres que estavam presentes, uma grande assembleia, e todo o povo que se estabelecera na terra do Egito, em Patros, responderam a Jeremias: 16 "Quanto à palavra que nos anunciaste em nome de YHWH, não te escutaremos! 17 Pois certamente faremos tudo que saiu de nossa boca: queimar incenso à Rainha dos Céus e fazer-lhe libações, como fazíamos nós e nossos pais, nossos reis e nossos ministros nas cidades de Judá e nas ruas de Jerusalém. Então tínhamos fartura de pão, estávamos bem e não víamos nenhuma desgraça! 18 Mas, desde que paramos de queimar incenso à Rainha dos Céus e de fazer-lhe libações, temos falta de tudo e perecemos por causa da espada e da fome. 19 E,³ quando queimávamos incenso à Rainha dos Céus e lhe fazíamos libações, acaso era sem o conhecimento de nossos maridos que lhe preparávamos bolos que a representavam e lhe fazíamos libações?"

20 Jeremias disse, então, a todo o povo, aos homens, às mulheres e a todo o povo que lhe havia dado essa resposta: 21 "O incenso que queimastes nas cidades de Judá e nas ruas de Jerusalém, vós, vossos pais, vossos reis, vossos ministros e o povo da terra, não foi justamente isso⁴ que YHWH lembrou e que lhe veio ao coração? 22 E YHWH já não pôde suportá-lo por causa da maldade de vossos atos e por causa das abominações que fizestes; assim, vossa terra tornou-se uma ruína, um lugar desolado, motivo de execração, e sem habitantes, como hoje se vê. 23 Porque queimastes incenso e pecastes contra YHWH e não obedecestes à voz de YHWH e não andastes

---

² A sintaxe da segunda metade do v. 14 é confusa. A tradução acima é uma tentativa de entendê-la.

³ A LXX na recensão de Luciano contém, no início do versículo: "e as mulheres disseram" (cf. BHS), o que deve ser uma tentativa de facilitar a compreensão, já que se depreende da expressão "nossos maridos" que são, de fato, mulheres que tomam a palavra no v. 19.

⁴ O TM lê o plural "esses", ou seja, as pessoas mencionadas anteriormente (cf. BHS), mas o contexto sugere a forma neutra ("isso"); cf. BHS.

480   *Segunda parte: Relatos e promessas de salvação – Jeremias 26-45*

em sua lei, conforme seus preceitos e mandamentos, por isso vos atingiu essa desgraça como hoje se vê".
24 Jeremias disse a todo o povo e a todas as mulheres: "Escutai a palavra de YHWH, todo Judá que se encontra na terra do Egito! 25 Assim diz YHWH dos Exércitos, o Deus de Israel: 'Aquilo que vós e vossas mulheres[5] prometestes com vossa boca também realizastes com vossas mãos ao dizerdes: Cumpriremos nossos votos exatamente como os fizemos: queimar incenso à Rainha dos Céus e fazer-lhe libações!' Pois bem, confirmai vossos votos e cumpri fielmente vossas promessas! 26 Mas escutai a palavra de YHWH, todo Judá que mora na terra do Egito: 'Eis que juro por meu grande nome – disse YHWH – que, em toda a terra do Egito, meu nome não mais será invocado pela boca de nenhum homem de Judá, dizendo: Tão certo quanto vive meu Senhor YHWH! 27 Eis que vigiarei sobre eles para o mal e não para o bem, de modo que todos os homens de Judá que estão na terra do Egito perecerão pela espada e pela fome até que se extingam. 28 Contudo, os poucos que escaparem da espada retornarão da terra do Egito à terra de Judá. Então todo o resto de Judá que foi à terra do Egito para ali viver como migrante saberá qual a palavra que se realiza: a minha ou a deles'.
29 'E este será para vós o sinal – dito de YHWH – de que vos castigarei neste lugar, para que saibais que verdadeiramente se cumprem minhas palavras contra vós para vossa desgraça. 30 Assim diz YHWH: Eis que entregarei o faraó Hofra, rei do Egito, nas mãos de seus inimigos e nas mãos dos que atentam contra sua vida, assim como entreguei Sedecias, rei de Judá, nas mãos de seu inimigo Nabucodonosor, rei da Babilônia, que atentou contra sua vida'".

O capítulo contém a última pregação de Jeremias. Ela é dirigida aos judaítas no Egito para criticar sua idolatria e anunciar seu castigo. Trata-se de um discurso longo, prolixo e repetitivo, em forma de sermão, eivado de termos e expressões típicas da redação dtr, cuja loquacidade chega a atropelar a sintaxe.[6] Terminologia e estilo dtr, no entanto, não se distribuem de forma igual

---

[5] A LXX lê "vós mulheres" em vez do TM "vós e vossas mulheres" (cf. BHS). De fato, três formas verbais conjugadas do v. 25 são femininas ("prometestes, confirmai, cumpri"). Os pronomes possessivos sufixos, no entanto, são masculinos. A LXX facilitou a leitura ou preserva um texto mais antigo? A confusão se deve à intenção dos redatores de ampliar a crítica a toda a população judaíta no Egito?

[6] Quanto ao vocabulário e estilo dtr, cf. os excursos "Lista de líderes", "Expressões idiomáticas dtr para caracterizar a apostasia" e "Linguagem, estilo e terminologia deuteronomistas", sob 1,17-19, 5,15-19; 7,1-8,3.

Jeremias 44: Última profecia de Jeremias 481

em todas as partes do capítulo. Por isso muitos consideram que o discurso dtr é um midraxe construído em torno de um relato ou uma tradição que tratava exclusivamente de um conflito entre Jeremias e mulheres que prestavam culto à Rainha dos Céus. Segundo diversos autores, esse relato ainda é perceptível nos v. 15-19 e v. 24-28, onde a fraseologia dtr é menos marcante.[7] Também há diversas tensões no texto que depõem a favor dessa hipótese. Em primeiro lugar, existe uma inconsistência quanto ao círculo de destinatários da mensagem profética. De um lado, fala-se em "todos os judaítas/todo Judá" no Egito (v. 1.24.26.27), "todos os homens" ou "todo o povo" (15.20.24). De outro lado, a interlocução parece acontecer particularmente com as mulheres. O v. 15 fala de "todas as mulheres presentes"; no v. 24, "as mulheres" são destacadas do restante do povo; no v. 25, as formas verbais conjugadas têm terminações femininas e a LXX menciona somente mulheres.[8] No v. 19, são claramente apenas mulheres que falam ("nossos maridos"). Em segundo lugar, os v. 2-10.20-23 falam de forma genérica da adoração de outros deuses, enquanto os v. 17-19.25 falam do caso específico do culto a Ishtar, a Rainha dos Céus.[9] Essa tradição, que tratava do caso específico do culto a Ishtar, é considerada a origem do longo sermão dtr. Verdade é que ela não mais pode ser reconstruída com precisão.[10] A ampliação do público e a generalização da temática da apostasia são típicas tendências redacionais.[11]

O capítulo pode ser estruturado da seguinte maneira:

v. 1: Introdução
v. 2-6: Retrospectiva: a idolatria do passado
v. 7-10: Crítica da atual idolatria no Egito
v. 11-14: Anúncio de juízo
v. 15-19: Protesto das mulheres
v. 20-23: Primeira resposta de Jeremias
v. 24 -28: Segunda resposta de Jeremias
v. 29-30: Sinal comprobatório

As partes estão demarcadas pela fórmula do mensageiro (v. 2.7.11) ou pela introdução de falas (das mulheres, no v. 15, e do profeta nos v. 20.24). O v. 1 qualifica, por meio da fórmula dtr

---

[7] Thiel II, p. 69ss; Graupner, 1991, p. 144ss.
[8] Veja nota acima referente ao v. 25.
[9] Veja excurso "A Rainha dos Céus", sob 7,16-20.
[10] Veja as tentativas de uma reconstrução detalhada, p. ex. em Graupner, 1991, p. 145s.
[11] Thiel II, p. 71.

482   *Segunda parte: Relatos e promessas de salvação – Jeremias 26-45*

do acontecimento da palavra, o discurso a seguir como palavra de Deus e introduz os destinatários da mensagem: "todos os judaítas" residentes no Egito. Mencionadas são três cidades e uma região. As três cidades são: Magdol (46,14; cf. Êx 14,2) e Táfnis (Jr 2,16; 43,7) a nordeste do delta do rio Nilo, e Nof (= Mênfis; Jr 2,16; 46,14.19), a capital do baixo Egito. A região é o território de Patros, que representa o alto Egito (44,15; Is 11,11). Os redatores pressupõem, portanto, a existência de uma diáspora judaíta espalhada por todo o Egito, um público bem maior do que aquele pequeno grupo que se refugiou na cidade limítrofe de Táfnis (43,7). A nova situação deve refletir a época dos redatores. A ideia de que todos os judaítas das localidades mencionadas se tenham reunido numa grande assembleia (v. 15) é fictícia. Mediante esse recurso, os redatores deixam claro que as palavras do profeta afetam todos os judaítas no Egito.

Os v. 2-6 não apresentam uma fala ao profeta, como se esperaria após o v. 1, mas uma fala de Jeremias aos destinatários finais, como confirma a fórmula do mensageiro. O texto faz uma retrospectiva histórica, na qual a destruição de Jerusalém e Judá é atribuída à "maldade" do povo, que consistiu em cultuar outras divindades e não escutar a mensagem dos profetas. Linguagem e argumentos são típicos da redação dtr e muito similares aos encontrados em Jr 7 (7,9s,18ss.24.26.34). Predomina a temática predileta dos redatores: a idolatria. Também encontramos sua típica visão de conjunto das diversas gerações ("nem eles, nem vós, nem vossos pais"; v. 3). A idolatria perpassa toda a história do povo.

Os v. 7-10 passam a criticar os judaítas do Egito. Por meio de perguntas retóricas, o profeta os acusa do mesmo pecado praticado antes da catástrofe de 587: o culto a outras divindades (v. 8). Por isso eles terão o mesmo fim. A presente geração nada aprendeu da história e, com suas ações, provocou sua própria ruína. Aqui, o motivo da desgraça é a apostasia. Jr 42,19ss, pelo contrário, afirma que a causa da desgraça é a quebra do juramento de seguir a orientação divina. Em todo caso, esse juízo negativo dos redatores sobre a diáspora do Egito corresponde à sua tese de que somente o povo exilado à Babilônia conhecerá a salvação (cf. 24,5-10).

Com uma linguagem típica, os v. 11-14 anunciam o extermínio do "resto de Judá" que desceu para o Egito. Ao contrário de Jr 42s, onde o grupo de fugitivos não quer voltar à Palestina, 44,14 pressupõe que haja pessoas que queiram voltar à Palestina, mas não conseguirão. Isso reflete a situação na época dos redatores ou é um recurso para mostrar que é totalmente impossível escapar do

Jeremias 44: Última profecia de Jeremias 483

juízo (cf. 22,27)? Difícil de entender também é o final do v. 14: "a não ser alguns que escaparem". Admite-se, aqui, em contraposição ao que foi dito na primeira metade do versículo, que existe a possibilidade, ainda que hipotética, de fugir do Egito e, assim, escapar da desgraça anunciada. O v. 28 confirma o v. 14b quando diz que "poucos" voltarão a Judá. Costuma-se explicar essa aparente contradição de diversas maneiras. O final do v. 14 e o v. 28 podem ser profecias *ex eventu*, ou seja, inclusões corretivas de uma época posterior que sabia de pessoas que, de fato, voltaram do Egito. Ou, então, o v. 28 é uma verdadeira profecia – cujo cumprimento ainda se espera do futuro – e faz parte do relato ou da tradição original em mãos dos redatores, que, por respeito, não foi eliminado, mas incluído como pequena ressalva no final do v. 14. Ou será que a menção de *"poucos* que escaparam" quer apenas acentuar o tamanho da desgraça da grande maioria?[12]

Nos v. 15-19, encontramos fragmentos de um relato mais antigo sobre uma demonstração ("grande assembleia") de mulheres a favor de seu culto à Deusa Ishtar. A ampliação do público ("todo o povo; todos os homens") e da temática ("sacrificar a outros deuses") é ressignificação editorial. As mulheres declaram que não atenderão à palavra de YHWH transmitida por Jeremias (v. 16).[13] Essa palavra, no atual contexto, teria que ser todo o trecho dos v. 2-14. Mas aí não se encontra nenhuma admoestação ou orientação às mulheres a respeito do culto a Ishtar. Apenas se relata o que aconteceu no passado, o que está acontecendo no presente e o que vai acontecer no futuro. Não sabemos, portanto, qual foi a palavra de Jeremias dirigida às mulheres. Tampouco sabemos quais votos as mulheres fizeram (v. 17.25). Mas tomamos conhecimento de alguns detalhes sobre a prática do culto a Ishtar. Mencionados são votos à Deusa (v. 17.25), a queima de incenso – dez vezes no capítulo – e a oferta de libações – cinco vezes no capítulo. A raiz hebraica *qaṭar* (tronco *piel*), traduzida por "queimar incenso", tornou-se termo técnico para designar sacrifícios ilegítimos.[14] Essa oferta não se restringe à queima de resinas aromáticas. O objeto a ser queimado também pode ser pão fermentado (Am 4,5). Também aqui, como em Jr 44, o verbo *qaṭar* não vem acompanhado de objeto direto.

---

[12] Assim Schmidt II, p. 267.
[13] Maiztegui Gonçalves, 2017, p. 144, acentua o fato de o autor – em sua opinião, Baruc – ter colocado as mulheres no centro da narrativa, mesmo sem necessariamente concordar com elas.
[14] HAL, p. 1022s; única exceção é Am 4,5.

484 *Segunda parte: Relatos e promessas de salvação – Jeremias 26-45*

Não sabemos, portanto, se, no culto doméstico a Ishtar, somente eram queimadas resinas e ervas ou também os bolos oferecidos à Deusa (v. 19). Esses bolos podiam ter a forma da Deusa ou conter, impresso na massa, seu símbolo – a estrela – ou a imagem da Deusa nua. As competências da divindade eram, sobretudo, as necessidades das famílias. Ela garantia alimento suficiente ("fartura de pão") e bem-estar à família (v. 17). É muito provável que as pessoas que cultuavam Ishtar não considerassem isso uma apostasia de YHWH. Nesse caso, o culto à Rainha dos Céus não substituía o culto a YHWH, mas era uma forma particular de adoração ao Deus de Israel.[15]

Interessante é a interpretação que essas mulheres fazem da história recente de Judá. Conforme o v. 18, as pessoas que cultuavam a Rainha dos Céus tiveram que deixar de fazê-lo, o que ocasionou, conforme elas, carestia. Geralmente se pensa que essa interrupção do culto a Ishtar tenha a ver com a reforma de Josias, em 622 a.C., que aboliu todas as formas sincréticas de cultuar YHWH (2Rs 23). Nesse caso, essa reforma também é considerada responsável pela desgraça que atingiu toda a população de Judá em 587. Essa interpretação permanece singular no Antigo Testamento.

Os v. 20-23 trazem uma primeira resposta de Jeremias à declaração das mulheres. Eles repetem os conteúdos dos v. 2-14 e atacam justamente essa forma sincrética de cultuar YHWH. Uma segunda resposta, essa focada na questão concreta do culto a Ishtar, segue nos v. 24-28 e é dirigida particularmente às mulheres.[16] Após repetir a afirmação das mulheres de que certamente cumprirão suas promessas feitas a Ishtar, Jeremias responde – com um toque de ironia? – que devem fazer isso mesmo (v. 25). Aponta, a seguir, para as consequências dessa atitude: o nome de YHWH não mais será invocado em juramento "por nenhum homem de Judá" no Egito (v. 26). O significado dessa resposta não é totalmente claro. O versículo que segue (v. 27) parece entender que não mais haverá quem invoque YHWH no Egito, porque todos os judaítas do Egito serão extintos. Ou o profeta está insinuando que a fé e a cultura israelitas desaparecerão no Egito, porque os judaítas optarão por outra fé e outra cultura? O mais provável, no entanto, é que o texto quer apontar para a falta de coerência existente entre cultuar Ishtar e, em caso de necessidade, invocar YHWH. Nesse caso,

---

[15] Thiel II, p. 75.
[16] Quanto às formas femininas dos verbos, veja a nota referente à tradução do v. 25.

Jeremias 44: Última profecia de Jeremias 485

transpareceria claramente a exigência de YHWH por exclusividade de culto (Dt 6,4).

O anúncio de juízo aos judaítas que moram no Egito predomina no capítulo. Os redatores do livro de Jeremias tendem a ver no grupo de exilados à Babilônia a continuidade da história de Deus com seu povo. Estão propensos a ignorar a população que permaneceu na Palestina e o grupo que se refugiou no Egito. Mas a tradição em mãos dos redatores parece conhecer uma salvação futura também para esse grupo. Haverá pessoas – mesmo que poucas – que serão poupadas da desgraça e voltarão para a Palestina (v. 28a).

O capítulo conclui com um sinal de que o anúncio de juízo realmente se cumprirá (v. 29s): o faraó Hofra (= Apries; 589-570 a.C.) será entregue nas mãos de seus inimigos. Trata-se aqui de uma profecia *ex eventu*. Em 570, o faraó Hofra foi vítima de um motim de tropas do exército, que elevaram seu líder, o general Amásis, ao trono do Egito. Pouco tempo depois, Hofra também foi morto numa última batalha contra os revoltosos. Esse sinal aponta, de acordo com o autor dos v. 29s, para a futura dizimação dos judaítas no Egito. Essa, no entanto, nunca ocorreu. A campanha de Nabucodonosor contra o faraó Amásis, em 568/7, foi apenas uma demonstração de força dos babilônios. Nabucodonosor não chegou a invadir o Egito.[17] Também depois disso não há registro de nenhuma grande destruição na terra do Egito. A profecia da dizimação dos judaítas, portanto, não se cumpriu. Pelo contrário, as comunidades judaicas no Egito se desenvolveram nos séculos seguintes. Na época helenística havia uma importante comunidade judaica em Alexandria, onde provavelmente também surgiu a Septuaginta (LXX).

Lendas a respeito de Jeremias

Além do que nos é narrado em seu livro nada sabemos sobre a vida de Jeremias nem antes nem depois da ida ao Egito (Jr 43s). Aí desaparecem seus rastros. Mas a importância do profeta para gerações posteriores, já evidenciada no amplo trabalho redacional do livro e nas diversas atualizações de sua mensagem, levou à criação de diversas lendas a seu respeito. Talvez o texto de 2Mc 2,1-8 seja uma das primeiras tentativas de complementar as informações canônicas sobre Jeremias. O texto se encontra numa carta dirigida à comunidade judaica no Egito (séc. II a.C.) convidando-a para celebrar a festa da dedicação do templo de Jerusalém. De acordo com o texto, Jeremias levou consigo a tenda e a arca da aliança e as escondeu numa gruta no monte Sinai. A entrada da

---

[17] Thiel II, p. 79.

486 *Segunda parte: Relatos e promessas de salvação – Jeremias 26-45*

gruta foi obstruída e não foi permitido que se registrasse sua localização. Na realidade, o santuário da tenda já há muito não existia e a arca desaparecera após a destruição de Jerusalém (587). Aqui, a intenção é equiparar Jeremias ao profeta ideal de Israel, Moisés. De acordo com a obra *A vida dos profetas* (séc. I d.C.), Jeremias não foi somente rejeitado em Táfnis (43,7), mas também apedrejado pelos judaítas que se refugiaram no Egito. Ele foi sepultado nas imediações do palácio do faraó (cf. 43,8). Por ter realizado diversos milagres, Jeremias era muito estimado entre os egípcios; seu túmulo tornou-se, inclusive, alvo de veneração. Seu corpo foi levado, mais tarde, por Alexandre, o Grande, para Alexandria, onde prenuncia o nascimento de um Salvador nascido de uma virgem.

Conforme a obra *4º Baruc* (séc. II d.C.), Jeremias esconde os utensílios do templo de Jerusalém antes de sua destruição em 587, e acompanha os deportados judaítas à Babilônia, de onde retorna mais tarde. Abimelec (=Ebed-Melec) e Baruc também sobrevivem à catástrofe; o primeiro cai em sono profundo, do qual acorda somente depois de sessenta e seis anos. Esse despertar é considerado uma ressurreição dos mortos. Também Jeremias aparentemente morre e é reavivado. No fim, Jeremias morre apedrejado por seus conterrâneos. Assim, o profeta é rejeitado até o fim de sua vida. A ressurreição é um tema muito importante nesse escrito. A arca, engolida por uma pedra antes da conquista de Jerusalém, será a primeira a ser "ressuscitada" no futuro e será colocada no monte Sinai, onde os santos aguardarão a segunda vinda do Senhor. Essas duas últimas obras judaicas foram nitidamente reelaboradas por teólogos cristãos. (Fischer II, p. 421s, 678s; Charlesworth, 1985.)

JEREMIAS 45: PROMESSA A BARUC

*1 A palavra que o profeta Jeremias falou a Baruc, filho de Nerias,
quando esse escreveu em um livro essas palavras, ditadas por Jeremias, no quarto ano de Joaquim, filho de Josias, rei de Judá:
2 "Assim disse YHWH, o Deus de Israel, a teu respeito, Baruc:
3 'Tu disseste: Ai de mim,
pois YHWH acrescenta desgosto à minha dor;
estou cansado de tanto gemer, sossego não encontro!'
4 (Então dirás a ele:)[1] Assim diz YHWH:
'Eis que demolirei o que edifiquei
e arrancarei o que plantei! (Isso se refere a todo o país!)[2]
5 E tu procuras coisas grandes para ti? Não as procures!
Pois eis que trarei desgraça sobre toda a carne – dito de YHWH.
Mas a ti darei tua vida como despojo,
em todos os lugares aonde fores!'"*

Esse breve capítulo contém uma promessa a Baruc, o companheiro do profeta Jeremias. Essa se encontra numa narrativa em
terceira pessoa com as características do relato biográfico: o uso do
título "profeta" para Jeremias;[3] a identificação implícita da palavra
de Jeremias com a palavra de YHWH[4] e a grande semelhança com
a palavra a Ebed-Melec em 39,15-18. Parece haver um consenso
quanto às duas glosas recentes do v. 4 (trechos entre parênteses).
Controvertida é a participação da redação dtr no capítulo. Muito
do sentido do texto vai depender da extensão que se atribui a esses
redatores. Mas o inverso também é verdadeiro: a extensão atribuída ao trabalho redacional depende, em grande parte, da interpretação que se tem do capítulo. Por esse motivo, a análise a seguir
vai pressupor nenhuma atividade dtr no capítulo, até porque não
há indícios nem linguísticos nem de conteúdo indubitavelmente
atribuíveis à redação.

---

[1] Deve tratar-se de uma glosa, pois uma ordem de YHWH ao profeta não cabe na fala
   deste a Baruc (cf. BHS). O glosador sentiu falta de um comissionamento do profeta
   por parte de YHWH no início do relato (cf. Graupner, 1991, p. 161, nota 8)?

[2] O trecho entre parênteses é uma glosa explicativa que quer vincular – corretamente –
   os verbos da ação destruidora de Deus a todos os habitantes do país. Falta na LXX. A
   glosa foi motivada pela expressão "toda a carne" (v. 5)? A tradução "...a toda a terra"
   em vez de "...a todo o país" também é possível, mas improvável.

[3] Cf. 20,2; 28,10.11.12; 36,8.26 e.o.

[4] Compare 45,1 com 29,1.

488   *Segunda parte: Relatos e promessas de salvação – Jeremias 26-45*

O v. 1 forma o título do capítulo. A forma se assemelha à fórmula dtr do acontecimento da palavra de Deus ao profeta, mas aqui não se trata de uma palavra de YHWH a Jeremias, mas de uma palavra do profeta a Baruc. O título fornece o momento em que "essas palavras" foram ditas, inclusive com indicação cronológica: o quarto ano do rei Joaquim, ou seja, 605/4 a.C. Estabelece-se, assim, uma relação entre Jr 45 e Jr 36, onde Baruc escreve num rolo as palavras ditadas por Jeremias. Se essa informação conferir, a promessa a Baruc deveria estar logo após o capítulo 36. Por que, então, ela se encontra no atual lugar? Ou há motivos convincentes de que a promessa a Baruc foi vinculada apenas posteriormente ao episódio de Jr 36? Para responder a essas questões, devemos auscultar primeiramente o conteúdo de Jr 45.

Após a introdução (v. 1) e a fórmula do mensageiro (v. 2), segue o cerne do texto: um lamento de Baruc (v. 3) recebe de YHWH uma resposta (v. 4s) que consiste de uma admoestação e uma palavra de consolo ou promessa. Há resquícios de poesia nos v. 3-5.[5] O lamento inicia com o típico "Ai de mim!" Chama a atenção que o lamento de Baruc é citado por Deus. Isso significa que Deus ouviu e agora responde à queixa de Baruc. Essa é descrita com termos bastante genéricos, típicos dos salmos de lamentação: à dor física e moral (*mak'ob*; Lm 1,12; Sl 32,10) Deus acrescenta a dor existencial (*yagon*; Jr 20,18; Sl 13,3; 31,11); os gemidos (Sl 6,7; Lm 1,22), no entanto, não trazem descanso e tranquilidade (Sl 23,2) ao espírito atormentado. É muito difícil dizer quais são as dores concretas que afligem Baruc. Se levarmos em conta o momento histórico indicado pelo v. 1, poder-se-ia dizer que o escriba sofria por causa da perseguição promovida pelo rei Joaquim (36,26) ou até por causa da desgraça anunciada pelo profeta e fixada no rolo pelo escriba (36,4.32). Assim o entende presumivelmente o v. 1 ("[quando escreveu] essas palavras").[6]

A resposta de YHWH, em parte, confirma essa hipótese. Através dos conhecidos verbos da dupla atuação divina,[7] anuncia-se, para o futuro, a destruição ("demolirei" e "arrancarei"). De outro lado, os verbos da atuação salvífica do v. 4 se encontram no passado ("edifiquei" e "plantei"). A salvação está, portanto, no passado,

---

[5] Wanke II, p. 386, propõe três versos (v. 3+4aβ.5a+5b), cada qual com três estíquios (ou seja, as nove linhas poéticas na tradução acima, com exceção das glosas e da fórmula do mensageiro no v. 4).

[6] Graupner, 1991, p. 174.

[7] Veja excurso "Verbos que expressam a dupla atuação de Deus", sob 1,4-10.

Jeremias 45: Promessa a Baruc 489

e o juízo, no futuro. Em todas as outras vezes é o contrário: a salvação está no futuro e o juízo, no passado.[8] A palavra a Baruc se insere, pois, na situação de desastre iminente que atingirá todos os habitantes de Judá. Assim também deve ser entendida a expressão "toda a carne" (v. 5; cf. 12,12), já que um significado universal (como em 25,31) dificilmente caberia no contexto da promessa pessoal a Baruc. Dentro da situação de iminente desgraça, não se podem esperar "grandes coisas". Também essa expressão é genérica. Podemos imaginar que uma pessoa instruída, de boa família e politicamente bem relacionada como Baruc aspirasse sucesso profissional e pessoal em sua vida. Em tempos normais, esse sonho provavelmente não seria impossível de se realizar. Mas em tempos de guerra, todas as expectativas devem ser reduzidas a dimensões concretas.[9] Nesse sentido vai a primeira parte da resposta divina (v. 5a): "Não procures!"

Mas a resposta de YHWH não fica nessa admoestação. Ela também contém uma promessa bem concreta: Baruc vai sobreviver no desastre que se aproxima (v. 5b), como se a vida fosse a recompensa que o soldado leva do campo de batalha. A metáfora do "despojo" também é usada na promessa a Ebed-Melec (39,18; cf. 21,9; 38,2). Numa situação de total destruição, a preservação da vida é o melhor presente de Deus. Confirma-se também em Baruc o prometido por Deus a Jeremias em sua vocação: "Estarei contigo para te salvar" (1,8).

Essa promessa só pode ter sido dada a Baruc antes da destruição de Jerusalém, quando "coisas grandes" ainda podiam ser esperadas. A expressão final ("em todos os lugares aonde fores"), em todo caso, faria pouco sentido depois da fuga ao Egito. Se o momento histórico da promessa é anterior à destruição de Jerusalém, o mais provável é que seu contexto literário original tenha sido logo após Jr 36, como afirma o v. 1b. Se a menção da data do quarto ano do rei Joaquim e a conexão com o cap. 36 (v. 1b) forem redacionais, o lugar literário de Jr 45 também poderia ter sido após o relato de 43,8ss.[10] Em todo caso, a promessa a Baruc foi transferida para o final dos relatos biográficos atribuídos a ele para expressar que a promessa se realizara. Também a promessa a Ebed-Melec havia sido transferida para o contexto literário da tomada de Jerusalém (39,15-18). Dessa forma, Jr 45 seria um memorial

---

[8] Graupner, 1991, p. 162s.
[9] Fischer II, p. 460.
[10] Thiel II, p. 87; Graupner, 1991, p. 164ss.

490 *Segunda parte: Relatos e promessas de salvação – Jeremias 26-45*

de Baruc à misericórdia de Deus, que o amparou durante todo o tempo de aflição.[11]

Atualmente, o capítulo forma o final do complexo literário Jr 37-44, que fala do fim de Judá e Jerusalém. Esse complexo representa, na visão dos redatores, a concretização das palavras escritas por Baruc em Jr 36. Em termos redacionais, portanto, Jr 36 e 45 formam a moldura desse complexo. Para os redatores, portanto, a última palavra de Deus não é desgraça, mas salvação. Com a promessa a Baruc, abre-se a possibilidade de pessoas como Baruc – ao contrário de Joaquim e alguns de seus ministros (36,26) – experimentarem salvação na situação de juízo.

> **Baruc**
>
> Um importante personagem na vida de Jeremias foi o escriba Baruc, filho de Nerias, neto de Maasias, mencionado em Jr 32,12; 36; 43 e 45. Baruc certamente provinha de família abastada e influente da sociedade judaíta já que, como escriba, deve ter tido uma educação esmerada, acessível a pouquíssimas pessoas na época. Provavelmente Baruc era um escriba profissional que podia ser contratado. O termo escriba também podia ser o título do chanceler real, cargo ocupado por Safã (Jr 36,10) e Elisama (Jr 36,12.20s). Também o irmão de Baruc, Saraías, deve ter sido um profissional competente, uma vez que era camareiro-mor, ou seja, o encarregado da logística da delegação de Sedecias à Babilônia (51,59). No gesto simbólico em que o profeta Jeremias compra, durante o cerco de Jerusalém (588/7), um campo em Anatot, Baruc confecciona a escritura de compra e venda de acordo com as formalidades da época, e fica responsável pela guarda do documento (Jr 32,7-15). Dezoito anos antes, em 605, Baruc escreve num rolo palavras ditadas pelo profeta e as lê publicamente no templo. Nesse episódio, ele representa o profeta no impedimento deste. O episódio narrado também revela que Baruc tem bom trânsito no alto escalão da política, pois é recebido e tratado com cortesia pelo conselho de ministros do rei Joaquim. Após o assassinato de Godolias, Jeremias e Baruc se encontram no grupo de judaítas que buscam refúgio no Egito. Aqui, os líderes desse grupo deixam transparecer o espírito de liderança de Baruc, já que acusam Jeremias de ter sido influenciado por ele (43,1-3). Apesar de toda a sua dedicação ao profeta, Baruc recebe um anúncio de salvação modesto: sua sobrevivência na catástrofe (Jr 45).
>
> Existe uma possível evidência extrabíblica do escriba Baruc: a impressão de um selo (bula) com os dizeres: *lᵉ Bᵉrakyahu ben Nᵉriyahu ha-sofer* ("pertencente a Berekyahu, filho de Nerias, o escriba"). Nome (Berekyahu é a forma longa de Baruc), nome paterno, profissão e datação do selo (séc. VII a.C.) depõem a favor

---

[11] Rudolph, 1968, p. 265.

da identificação com o companheiro de Jeremias. O fogo que preservou o selo também queimou o papiro que ele lacrava. Não temos nenhum texto comprovadamente escrito por Baruc, mas grande parte dos pesquisadores do livro de Jeremias atribui os relatos biográficos sobre Jeremias a Baruc ("biografia de Baruc"), já que este teria tido acesso tanto aos detalhes da vida do profeta quanto às informações sobre os bastidores da política da época contidas nesses relatos. O livro de Baruc, que está entre os deuterocanônicos do Antigo Testamento, não é da lavra de Baruc, mas foi escrito no séc. II a.C. (164-162), durante a perseguição dos judeus sob Antíoco IV Epífanes. (Smelik, 1987, p. 133s.)

TERCEIRA PARTE:
DITOS SOBRE AS NAÇÕES
JEREMIAS 46-51

Ditos sobre as nações

Os capítulos 46-51 formam um bloco autônomo de ditos sobre (ou contra) as nações. Esses ditos, geralmente de juízo e desgraça, são bastante estranhos à nossa teologia. Eles transmitem a imagem de um Deus militarizado, violento e vingativo.[1] Ainda assim, eles se encontram em quase todos os livros proféticos do Antigo Testamento (Am 1,3-2,3; Is 13-23; Na; Ez 25-32; Ab) e perfazem em torno de 13,5% da literatura profética. No livro de Jeremias, eles chegam a ocupar 15% do espaço.[2] Esses ditos refletem experiências do povo de Israel com seus vizinhos e com os impérios do antigo Oriente. Por isso, ainda que possamos entendê-los, não podemos simplesmente repeti-los.[3]

Na LXX, os ditos sobre as nações se encontram após Jr 25,13abα, versículo que marca o fechamento da primeira parte do livro ("tudo que está escrito nesse livro").[4] A oração que segue ("o que Jeremias profetizou sobre todas as nações"; 25,13bβ), por sua vez, é uma espécie de título da coletânea TM Jr 46-51, como o indica a sequência na LXX (LXX Jr 26-31). Há indícios que depõem a favor de que, também no TM, a coletânea de ditos sobre as nações uma vez se encontrava onde a LXX os traz. Pois o título "sobre todas as nações" (TM 25,13bβ) está totalmente isolado em seu atual lugar. Além disso, Jr 25,14, um versículo que não consta na LXX, entende-se melhor como enchimento do vácuo que surgiu com a retirada do bloco das nações.[5] Também a segunda parte do capítulo 25 (TM 25,15-38), que trata do cálice da ira contra as nações, está mais bem posicionado após esse bloco de ditos, como está na LXX (Jr 32). Por fim, a localização do complexo na LXX

---

[1] García Bachmann, 2007, p. 380.
[2] Cf. Fischer II, p. 462.
[3] García Bachmann, 2007, p. 380: "es muy difícil encontrar una Palabra de Dios para nuestro tiempo en estos capítulos".
[4] Cf. a análise de Jr 25,1-14.
[5] Thiel I, p. 273.

494   *Terceira parte: Ditos sobre as nações – Jeremias 46-51*

reflete o esquema escatológico usado também na estrutura do livro de Ezequiel: juízo ao próprio povo (Jr 1,1-25,13; cf. Ez 1-24) – juízo às nações (Jr 46-51; cf. Ez 25-32) – salvação para o próprio povo (Jr 26-45; cf. Ez 33-48). Tudo isso reflete intenso labor editorial.[6]

As diferenças entre a LXX e o TM se estendem também à sequência dos diversos ditos destinados às nações.[7] Geralmente se admite que a sequência das nações do TM é mais lógica do que a ordem existente na LXX. Aquela também apresenta maior concordância com a ordem apresentada na narrativa do cálice da ira (TM 25,15-38=LXX 32). De acordo com o TM, os dois grandes impérios do antigo Oriente emolduram o bloco: o Egito (46) se encontra no início – também da história de Israel – e a Babilônia (50-51), no fim – que, em certo sentido, também representa o fim de um ciclo da história de Israel.[8] No centro se encontram os vizinhos próximos de Israel – os filisteus a oeste, e Moab, Amon e Edom a leste (47,1-49,22) – e os vizinhos mais distantes – Damasco e Elam a nordeste, e as tribos árabes (Cedar e Hasor) a sudeste (49,23-39).

Não há consenso quanto à autoria dos ditos. Predomina atualmente a ideia de que todos eles sejam exílicos ou pós-exílicos.[9] Quando se pergunta quais ditos concordam com a mensagem jeremiânica e quais não, conclui-se que os ditos contra a Babilônia não condizem com a pregação do profeta (cf., p. ex., 27,3.11).[10] Por outro lado, os ditos contra o Egito (46,3-12.14-24) refletem, de certo modo, a mensagem jeremiânica. O caráter compósito da maioria dos ditos – a ser verificado no decorrer da análise –, em todo caso, aponta para um complexo crescimento dos mesmos.

Qual o significado teológico dos ditos sobre (ou contra) as nações? Salmos de lamentação coletiva (Sl 79; 83; 137; cf. Ab) dão a entender que, ao expressar o sofrimento causado por potências opressoras ou por vizinhos aproveitadores, o povo também extravasa seu ódio e desejo de vingança. Isso talvez se aplique aos ditos contra a Babilônia (50s), cuja culpa é amiúde relacionada à opressão de Israel e de outros povos, e cuja desgraça redundaria, por conseguinte, em salvação para Israel e outras nações. Mas,

---

[6]   Thiel I, p. 273, admite que o bloco de ditos contra as nações foi inserido atrás de 25,13 por uma redação pós-deuteronomista, mas novamente retirado por uma intervenção posterior. Essa hipótese se funda nas observações realizadas em Jr 25,1-14.

[7]   Cf. a Introdução.

[8]   Fischer II, p. 463.

[9]   Wanke II, p. 389; Fischer II, p. 463 (séc. IV).

[10]   De acordo com Croatto, 2000, p. 16, para o Jeremias histórico, a Babilônia é instrumento de Deus, mas para os redatores, a Babilônia é o império opressor.

Terceira parte: Ditos sobre as nações – Jeremias 46-51   495

nos capítulos 46-49, a culpa das nações é pouco explicitada. Onde ela ocorre, não sobressai o desejo de vingança. Criticam-se, pelo contrário, a arrogância, o sentimento de segurança e a confiança nas próprias forças (46,8; 48,7.14.26.29s; 49,4.16.31), faltas essas que não têm nenhuma relação explícita com Israel.

Os ditos sobre as nações dificilmente foram transmitidos às mesmas. Tampouco faziam parte de um ritual mágico que colocava em movimento um poder que destruiria as nações mencionadas. A maioria dos ditos se destinava, sobretudo, aos ouvidos de Israel. Nesse caso, falar da desgraça das nações aproxima-as de Israel, que sofreu o mesmo destino. Israel não está sozinho na dor. As nações participam dessa sua dor. Existe algo como que uma solidariedade na desgraça e no sofrimento que une as nações e Israel?[11] A maioria dos ditos de Jr 46-49, de fato, não destila ódio nem se alegra com a desgraça alheia. Existem também palavras de salvação a algumas nações (46,26; 48,47; 49,6.39). Mas isso não vale para os ditos contra a Babilônia (50-51).

Nas palavras sobre as nações, Israel reflete sobre a história e confessa que YHWH determina, mesmo que de forma não visível, o destino de todos os povos. E nessa sua história com as nações, YHWH se revela como um Deus da justiça, que trata todos os povos com a mesma medida. A história de Israel se encontra num emaranhado político internacional dirigido por um único Senhor da história.

---

[11] Schmidt II, p. 276.

JEREMIAS 46: SOBRE O EGITO

1 O que foi dirigido como palavra de YHWH ao profeta Jeremias a respeito das nações.[12]
2 Sobre o Egito. Contra o exército do faraó Necao, rei do Egito, que se encontrava junto ao rio Eufrates, em Carquêmis,[13] e que Nabuco-donosor, rei da Babilônia, derrotou no quarto ano de Joaquim, filho de Josias, rei de Judá.
3 "Preparai o escudo e o pavês,[14]
aproximai-vos para o combate!
4 Arreai os cavalos e montai nos corcéis!
Alinhai-vos com os capacetes, afiai as lanças, vesti as couraças!
5 Por que os vejo apavorados, recuando?
Seus valentes, derrotados, fugindo sem olhar para trás!
Terror por todos os lados – dito de YHWH!
6 O veloz não pode fugir, nem o valente escapar;
no norte, às margens do rio Eufrates, vacilam e caem.

7 Quem é que sobe como o Nilo,
como torrentes de águas agitadas?
8 O Egito é que sobe como o Nilo,
como torrentes de águas agitadas.
Ele dizia: 'Quero subir e cobrir a terra,
quero fazer desaparecer as cidades e seus habitantes!
9 Cavalos, empinai! Carros de guerra, correi!
Que avancem os valentes:
Cuch[15] e Fut,[16] que manejam o escudo,
e os ludeus[17] que retesam[18] o arco!'
10 Aquele dia será para o Senhor, YHWH dos Exércitos,
um dia de vingança, de vingar-se de seus inimigos:
a espada devora e se sacia, embriaga-se do sangue deles.

---

[12] O v. 1 não consta na LXX. Ditos sobre o Egito também se encontram em Is 19; Ez 29-32; Jl 4,19.

[13] A atual *tell djerablus*, a nordeste de Alepo.

[14] O pavês cobre todo o corpo do soldado, enquanto o escudo (menor) serve para defender-se das flechas.

[15] A Núbia, ao sul do Egito (cf. Jr 38,7ss).

[16] Localização ao sul ou a oeste do Egito (cf. Gn 10,6). De acordo com a LXX, trata-se da Líbia; outros sugerem a atual Somália.

[17] Os ludeus, muitas vezes identificados com os lídios da Ásia Menor, provavelmente são uma etnia africana; cf. Gn 10,13 (Wanke II, p. 393).

[18] O TM acrescenta a forma verbal do estíquio anterior: "que manejam e retesam o arco".

Jeremias 46: Sobre o Egito   497

Sim, há um sacrifício para o Senhor, YHWH dos Exércitos,
na terra do norte, às margens do rio Eufrates!
11 Sobe a Galaad e busca bálsamo,[19] virgem filha do Egito!
Em vão multiplicas remédios, não há cura[20] para ti!
12 As nações sabem de tua desonra,
teu lamento enche a terra.
Pois um guerreiro cambaleia sobre o outro, e juntos caem os dois."

13 A palavra que YHWH falou ao profeta Jeremias, quando Nabuco-
donosor, rei da Babilônia, veio para ferir a terra do Egito:

14 "Anunciai no Egito, fazei ouvir em Magdol,[21]
fazei ouvir em Nof[22] e Táfnis![23]
Dizei: 'Levanta-te e prepara-te,
porque a espada já devora ao teu redor!'
15 Por que teu poderoso[24] foi derrubado?
Não ficou de pé, porque YHWH o derrubou.
16 Ele multiplicou os que cambaleiam,[25]
cada um caía sobre seu companheiro.
E diziam: 'Levanta! Voltemos a nosso povo,
e à nossa terra natal, longe da espada opressora!'
17 Chamai[26] o faraó, o rei do Egito, de:
'Fanfarrão que deixa passar o momento certo!'
18 Tão certo quanto estou vivo – dito do Rei,
YHWH dos Exércitos é seu nome –,
sim, tão certo como o Tabor está entre os montes
e como o Carmelo está junto ao mar, ele há de vir!
19 Prepara tua trouxa do exílio,
ó morador da filha[27] do Egito,
pois Nof se tornará uma desolação,
será incendiada e ficará sem habitantes!

---

[19] A resina aromática do lentisco (*Pistacia lentiscus*), cf. Jr 8,22.
[20] Literalmente "cicatrização".
[21] Fortaleza na fronteira nordeste do delta do Nilo.
[22] Mênfis, capital do baixo Egito.
[23] Uma fortaleza fronteiriça na região oriental do delta (*tell-defenneh*; v. Jr 2,16; 43,7s).
[24] O TM lê plural "teus poderosos"; as formas verbais, porém, estão no sing. Pensa-se num plural majestático ("teu poderoso")? A forma sing. de *'abbir* também pode signi-ficar a divindade Ápis, simbolizada pelo touro (assim a LXX).
[25] O início desse versículo não é muito claro; cf. as propostas alternativas na BHS.
[26] Substitua o advérbio "lá" pelo substantivo "nome" ("dai ao faraó o nome [de]"); Rudolph, 1968, p. 270; cf. BHS.
[27] "Filha" é a personificação da terra do Egito (também v. 24); cf. HAL, p. 159.

498   *Terceira parte: Ditos sobre as nações – Jeremias 46-51*

20 *O Egito é uma novilha muito formosa,*[28]
mas a mutuca[29] *do norte vem sobre ela.*
21 *Até seus mercenários, em seu meio,*
são como novilhos cevados.
Também eles dão as costas,
fogem todos juntos, não resistem!
Sim, o dia de sua ruína vem sobre eles,
o tempo de seu castigo.
22 *Seu*[30] *ruído é como o da serpente que foge,*
enquanto eles marcham com força militar.
Com machados avançam contra ela,[30]
como lenhadores.
23 *Derrubam-lhe a floresta – dito de YHWH –,*
ainda que seja impenetrável,
pois são mais numerosos que gafanhotos;
é impossível contá-los.
24 *Coberta de vergonha está a filha do Egito,*
entregue nas mãos do povo do norte".
25 *Disse YHWH dos Exércitos, o Deus de Israel: "Eis que castigarei*
Ámon de Nó,[31] *o faraó – o Egito, seus deuses, seus reis e o faraó –,*[32]
e os que nele confiam. 26 *E os entregarei nas mãos daqueles que*
atentam contra sua vida e nas mãos de Nabucodonosor, rei da Ba-
bilônia, e nas mãos de seus servos. Mas, depois disso, ela[33] *será*
novamente habitada como nos dias de outrora" – dito de YHWH![34]

27 *"Mas*[35] *tu, Jacó, meu servo, não temas,*
e não te apavores, Israel!
Porque eis que te salvarei de terras distantes
e a teus descendentes da terra de seu cativeiro.
Jacó voltará a ter sossego,
viverá tranquilo sem que ninguém o assuste.
28 *Mas tu, Jacó, meu servo, não temas – dito de YHWH –,*
pois estou contigo!

---

[28] Cf. HAL, p. 405, e BHS.
[29] O termo ocorre somente aqui, no AT; cf. HAL, p. 1071.
[30] Os pronomes se referem ao Egito, aqui considerado personagem feminino ("filha do Egito").
[31] Ámon, o Deus oficial do Egito, cultuado no templo de Karnak em Nó=Tebas.
[32] O trecho entre duplo travessão falta na LXX; trata-se provavelmente de uma glosa.
[33] A saber, a cidade de Nó=Tebas.
[34] O v. 26 falta na LXX.
[35] Os v. 27s formam um texto paralelo a Jr 30,10s.

Jeremias 46: Sobre o Egito

Sim, darei um fim a todas as nações,
para onde te dispersei.
Mas a ti não darei um fim;
eu te castigarei na justa medida,
mas não te deixarei totalmente impune!"

O capítulo sobre o Egito, que abre o bloco dos ditos sobre as nações, inicia com uma tripla introdução (v. 1-2). O v. 1 traz o título de todo o bloco, ou seja, dos cap. 46 a 51.[36] O breve título no início do v. 2 ("sobre o Egito") abarca todo o capítulo 46 (cf. 47,1; 48,1; 49,1.7.23.28.34). O restante do versículo introduz o primeiro poema sobre o Egito (v. 3-12) e informa sobre seu contexto histórico. Um segundo poema sobre o Egito (v. 14-26) recebe um título próprio no v. 13. Com isso, temos a seguinte estrutura do cap. 46:

Introdução – v. 1(2)
Primeiro poema – v. (2)3-12
Segundo poema – v. (13)14-26
Adendo – v. 27s

O primeiro poema contém duas estrofes: v. 3-6 e v. 7-12. Elas estão contextualizadas no "quarto ano de Joaquim" (605 a.C.), mesmo ano da batalha de Carquêmis, um posto avançado às margens do Eufrates. As crônicas babilônicas relatam que o faraó Necao foi derrotado nessa batalha pelos caldeus sob Nabucodonosor, o príncipe herdeiro ("rei") do trono babilônico.[37] Depois disso, os egípcios não mais conseguiram impedir o avanço dos caldeus. Essa batalha representa, portanto, uma reviravolta na constelação política do antigo Oriente: a transição da supremacia assíria-egípcia para a dos caldeus ou neobabilônios. No mesmo ano são datados também Jr 36 e 45.

A primeira estrofe inicia com sete imperativos (v. 3s). Ouvem-se ordens breves gritadas por um comandante a suas tropas para que se preparem para a batalha. Todo o ambiente é de tensão, nervosismo e urgência. Infantaria, cavalaria e o corpo de lanceiros são convocados a se postarem em linha de combate. O texto não descreve esse combate. Nos v. 5s, relatam-se apenas suas consequências: soldados egípcios recuam em pânico, mas a fuga é difícil mesmo para os mais velozes.

A segunda estrofe recua ao tempo em que o exército egípcio sai de sua terra rumo ao local do futuro combate. Com uma pergunta retórica, a movimentação das tropas egípcias é comparada à enchente do Nilo: o exército é tão grande que ameaça inundar os

---

[36] A mesma forma do título também se encontra em 14,1; 47,1; 49,34.
[37] Nabucodonosor ainda não é rei, porque seu pai, Nabopolassar, ainda está vivo.

500 *Terceira parte: Ditos sobre as nações – Jeremias 46-51*

países por onde passa. Nos v. 8b.9, cita-se uma fala do faraó, na qual transparece sua arrogância e sede de dominar. Agora o próprio faraó grita as ordens a suas divisões para que marchem. Além dos carros de guerra, são mencionados alguns povos que integram a infantaria egípcia, provavelmente como mercenários (v. 9): cuchitas, líbios e ludianos.[38]

O v. 10 intercala uma interpretação teológica da batalha: é dia da vingança de YHWH. Não se menciona explicitamente nenhuma razão para essa vingança contra o Egito. Motivos do dia de YHWH (Is 2,11ss; Sf 1,7ss; Ez 30,2ss; cf. Is 34,6ss) apontam para a justiça que Deus fará no futuro julgamento sobre todas as nações opressoras.[39] Por trás dos acontecimentos políticos se encontra a mão de YHWH, o Senhor da história. A estrofe termina constatando que a ferida infligida à "filha do Egito" é tão grande que nem o famoso bálsamo de Galaad (8,15.22) pode curá-la. A derrota em batalha leva à humilhação e vergonha internacional.

O segundo poema recebe outra contextualização (v. 13): a invasão de Nabucodonosor no Egito. Não sabemos se aqui se pensa na campanha de Nabucodonosor de 601, contra Necao (cf. 43,12s), que terminou em fracasso, ou na sua invasão do delta do Nilo, em 568/7, sob o faraó Amásis. Nenhuma dessas campanhas, no entanto, redundou em grande destruição no país.

Também esse segundo poema é formado por duas estrofes: v. 14-19 e v. 20-26. A primeira inicia, como acima (v. 3s), com ordens dadas por alguém desconhecido a mensageiros para levarem às cidades fronteiriças do Egito – Magdol e Táfnis ficam na entrada do delta para quem vem do norte – a notícia de que os países vizinhos já estão sendo atacados ("espada"), de modo que o inimigo dentro de pouco invadirá a região do delta alcançando sua cidade mais importante, Mênfis (Nof). Os versículos que seguem não relatam a invasão, mas suas consequências. O v. 15 não está muito bem preservado, de modo que a tradução acima não é absolutamente segura. O "poderoso" a que se alude no v. 15 provavelmente é o faraó e não o Deus Ápis, como entende a LXX, já que a crítica religiosa aparece somente no v. 25. Em todo caso, a invasão resulta na derrocada do poder político e militar e na fuga dos mercenários estrangeiros de volta a sua pátria (v. 16). Diante do ocorrido, o faraó recebeu um novo apelido: "Fanfarrão que deixa passar o momento certo" (v. 17), certamente uma alusão a alguém que costuma fazer alarde, mas não realiza nada. YHWH jura, por sua própria vida,

---

[38] Veja as notas acima referentes à tradução do v. 9.
[39] Cf. Niewöhner, 2020, p. 41ss.

Jeremias 46: Sobre o Egito 501

que o invasor virá, tão certo quanto o Carmelo (546 m) se agiganta para dentro do mar Mediterrâneo e o Tabor (588 m) se ergue imponente no meio da planície de Jezrael. A primeira estrofe termina com uma convocação para preparar a bagagem para o exílio.

A segunda estrofe traz uma série de metáforas para designar as partes em conflito: o Egito é comparado a uma "novilha formosa" e seus mercenários a "novilhos cevados", simbolizando certamente a vida de tranquilidade e fartura do país. O invasor, porém, é um inseto picante ("mutuca") que põe fim a essa tranquilidade (v. 20s). O tamanho do exército invasor é comparado a uma nuvem de gafanhotos (v. 23) e a lenhadores que avançam, com seus machados, para derrubar a imensa floresta (v. 22s), imagem para a densa população da região do delta. A fuga dos egípcios se dará sem ruído e com a agilidade de uma serpente (símbolo do poder do faraó?),[40] enquanto os invasores vêm em marcha militar.

Os v. 25s estão em prosa e formam o arremate teológico do segundo poema de Jr 46. O Deus mais importante do Egito, Ámon de Tebas, sofrerá a derrota juntamente com aquele que o representa – o faraó – e os que nele confiam. Mas essa derrota será temporária, pois o Egito será repovoado no futuro e voltará a viver em paz (v. 26b).

Não sabemos ao certo se os dois poemas – os trechos poéticos – provêm da boca de Jeremias ou não. Há semelhanças com estilo e vocabulário jeremiânico. Jr 46,14-19 muito se assemelha a 4,5-8. Pode-se também aduzir o argumento de que o profeta não acreditava numa aliança com o Egito contra os babilônios (cf. 2,18; 37,5ss; 41,17). Os dois poemas dificilmente são profecia *ex eventu*, uma vez que o segundo nem se cumpriu como anunciado. Tudo isso, no entanto, não é unívoco. Temos que nos contentar em não saber quem proferiu quando essa mensagem.

A sinalização de uma salvação para o Egito após o juízo evocou um dito de salvação dirigido a Israel em 30,10s.[41] Quem acrescentou essa palavra no final dos ditos sobre o Egito (v. 27s) pensou nos exilados judaítas no Egito, que juntamente com os egípcios devem ter sofrido com a invasão do povo inimigo – um castigo na "justa medida" –, mas retornarão a sua pátria e novamente terão, como os egípcios, seu sossego e sua paz: aqui existe uma solidariedade na dor e na paz.[42]

---

[40] Fischer, II, p. 484.
[41] V. a interpretação detalhada em 30,10s.
[42] Cf. as palavras sobre o Egito em Is 19; Ez 29-32; Jl 4,19.

JEREMIAS 47: SOBRE OS FILISTEUS

*1 O que foi dirigido como palavra de YHWH ao profeta Jeremias a
respeito dos filisteus,[1] antes de o faraó ter ferido Gaza.[2]
2 Assim disse YHWH:
"Eis que águas sobem a partir do norte
e se tornam um córrego que transborda,
inundando o país e o que nele há,
as cidades[3] e seus habitantes.
Os seres humanos gritam,
e gemem todos os habitantes do país,
3 ao estrépito dos cascos de seus corcéis,[4]
ao estrondo de seus carros e
ao retumbar de suas rodas.
Os pais já não se voltam aos filhos,
porque suas mãos fraquejaram,
4 por causa do dia que veio
para destruir todos os filisteus,
para cortar de Tiro e de Sidônia
toda ajuda que restasse.[5]
Porque YHWH destruiu os filisteus,
o que restou[6] da ilha de Caftor.
5 Raspada foi a cabeça de Gaza,
muda ficou Ascalon!
Tu que restas em seu vale,[7]
até quando farás incisões em ti?
6 Ai, espada de YHWH,
até quando ficarás sem dar descanso?*

---

[1] Cf. outros ditos sobre os filisteus em Is 14,28-32; Ez 25,15-17; Jl 4,4; Am 1,6-8; Sf 2,4-7; Zc 9,5-7.

[2] No v. 1, a LXX lê apenas "a respeito dos estrangeiros (= filisteus)".

[3] O sing. "cidade" do TM tem função de coletivo. O mesmo vale para "todo habitante do país" no final do versículo.

[4] Literalmente "fortes"; cf. HAL, p. 6.

[5] Literalmente "para cortar de Tiro e de Sidônia todo sobrevivente [filisteu] que ajudasse [Tiro e Sidônia]".

[6] A tradução "os descendentes (da ilha de Caftor)" também é possível.

[7] O "vale" é a planície litorânea. Esta linha a LXX lê: "o resto dos enaquitas" (mudança de uma consoante hebraica). Os enaquitas são considerados a população original da área ocupada pelos filisteus (Js 11,22).

Jeremias 47: Sobre os filisteus

Volta à tua bainha;
para e sossega!
7 Como ela[8] pode descansar
se YHWH lhe deu ordens?
Para Ascalon e para a orla do mar,
é para lá que ele a convocou!"

Com a mesma fórmula utilizada em 46,1, é introduzido o dito contra os filisteus (47,1). A introdução também informa que o dito foi proferido "antes de o faraó ter ferido Gaza". Isso causa estranheza, pois o v. 2 fala que a destruição vem do norte, o que não condiz com a geografia, já que o Egito fica ao sul de Gaza. Também não temos nenhum conhecimento sobre quando qual faraó possa ter atacado Gaza. Se considerarmos apenas o conteúdo do poema, o inimigo do norte pode ser identificado com os babilônios. As crônicas babilônicas relatam sobre a destruição da cidade filisteia de Ascalon, em 604, por Nabucodonosor, mas não de Gaza. Portanto não sabemos a que evento o autor de 47,1 se refere.

A fórmula do mensageiro (v. 2) caracteriza o anúncio de juízo a seguir como sendo palavra e plano de YHWH. Os filisteus fazem parte dos "povos do mar" que, no início do séc. XII, invadiram a Síria-Palestina a partir do nordeste do mar Mediterrâneo e, após terem sido rechaçados pelos egípcios, ocuparam o sul da planície litorânea palestinense, em torno de cinco cidades: Gat, Acaron, Azoto, Ascalon e Gaza (Js 13,3). De acordo com Gn 10,14 e Am 9,7, os filisteus têm sua origem na ilha de Caftor, geralmente identificada com Creta. No início da história de Israel, houve diversos conflitos com os filisteus (1Sm 4-7; 13s; 31 e.o.), mas o cap. 47 não os menciona nem faz alusão a um eventual delito que os filisteus tivessem cometido contra Israel ou contra qualquer outra nação. O presente poema menciona apenas duas cidades – Gaza e Ascalon – e o "seu vale", a planície litorânea.[9] Essa região, a oeste de Israel e Judá, era atravessada pela *via maris*, a principal rota que unia as duas potências do antigo Oriente Médio: o povo do vale do Nilo e as nações da Mesopotâmia.

---

[8]   Ou seja, a espada, de acordo com a LXX, Vulgata e Siríaca; o TM tem discurso direto: "como tu [espada] podes descansar?"; cf. BHS.

[9]   Jr 25,20 menciona, além de Gaza e Ascalon, também Acaron e Azoto (assim também Am 1,6-8; Sf 2,4). Aparentemente Gat já não tinha importância na época desses profetas.

504   *Terceira parte: Ditos sobre as nações – Jeremias 46-51*

Para descrever o avanço do exército inimigo que vem do norte, usa-se a metáfora das águas que, na época das chuvas, enchem repentinamente os *wadis* da Palestina formando uma enxurrada que arrasta o que está pela frente (cf. Is 8,7s). Retoma-se, assim, a imagem do rio que inunda a terra para descrever o exército egípcio (46,7s). O barulho dos cascos dos cavalos e o tremor causado pelos carros de guerra (v. 3) lembram a descrição do avanço do inimigo do norte de Jr 8,16. O pavor da população é tão grande que pais abandonam seus filhos, "reprimindo os mais primitivos sentimentos de piedade".[10] Difícil é a compreensão do v. 4aβ: "para cortar de Tiro e de Sidônia toda ajuda que restasse" (literalmente: "para cortar de Tiro e de Sidônia todo sobrevivente que ajudasse"). A LXX entende que também Tiro e Sidônia serão destruídas juntamente com as cidades filisteias. Mas provavelmente o texto combina duas possíveis experiências: não haverá sobrevivente filisteu que possa se refugiar em Tiro e Sidônia, onde, portanto, não engrossarão as tropas que poderiam vir em ajuda às cidades filisteias. Em todo caso, é bem estranha a menção das duas cidades mais importantes da Fenícia no contexto de Jr 47. Elas foram incluídas aqui por não haver ditos específicos sobre essas cidades, apesar de mencionadas em Jr 25,22 e 27,3?

As consequências da destruição são lamentos pelos mortos ("Ai!"; v. 6) e ritos de humilhação: raspar a cabeça e fazer incisões no corpo (v. 5). O poema termina com um diálogo com a espada personificada (v. 6s): o apelo que se lhe faz para cessar a matança não é correspondido, pois ela deve cumprir a ordem de YHWH. A brutalidade que, aqui, se vincula com Deus é assustadora, ainda mais por ser arbitrária, já que não se mencionam delitos que a motivem. As nações vizinhas de Judá aparentemente passaram pelo mesmo sofrimento que Israel e Judá. Existe aí uma solidariedade na dor?

---

[10] Rudolph, 1968, p. 277: *die primitivsten Gefühle der Pietät ersticken.*

JEREMIAS 48: SOBRE MOAB

1 Sobre Moab.[1]
Assim diz YHWH dos Exércitos, o Deus de Israel:
"Ai de Nebo, pois foi destruída;
Cariataim, coberta de vergonha, foi tomada.
Envergonhado ficou o lugar de refúgio, abalado.
2 Já não existe a fama de Moab;
em Hesebon, tramaram[2] a desgraça dele:[3]
'Vamos eliminá-lo dentre as nações!'
Também tu, Madmen, perecerás;[4]
uma espada te persegue!
3 Escuta![5] Gritos vêm de Horonaim:
'Devastação e grande desastre!'
4 'Fraturado ficou Moab!'
Seus pequenos fazem ouvir seu grito.[6]
5 Sim, a subida de Luit
as pessoas sobem em lágrimas;
na descida de Horonaim,
ouve-se o clamor do desastre.[7]
6 'Fugi, salvai vossas vidas,
tornai-vos como o zimbro[8] do deserto!'
7 Sim, por teres confiado em tuas obras e em teus tesouros,
também tu serás tomado.
Camos irá para o exílio,
seus sacerdotes juntamente com seus ministros.

---

[1] Cf. Is 11,14; 15s; 25,10s; Ez 25,8-11; Am 2,1-3; Sf 2,8-11.

[2] Jogo de palavras entre "Hesebon" (Ḥeshbon) e "tramar" (ḥashab).

[3] Ou seja, do povo de Moab.

[4] Jogo de palavras entre "Madmen" e "perecer" (damam).

[5] O substantivo *qol* "barulho, ruído, voz" pode adotar, antes de um genitivo e no início de uma oração (aqui: "barulho de gritos"), a função de interjeição; cf. HAL, p. 1015; GK & 146,1b.

[6] Alguns adaptam essa linha a Is 15,5: "fazei ouvir o grito até Zohar" (semelhança entre as consoantes de "Zohar" e "seus pequenos"); cf. BHS e Rudolph, 1968, p. 274.

[7] O v. 5 tem seu paralelo em Is 15,5b; incluído no atual contexto por causa da menção de Horonaim no v. 3? Jr 48,5b lê adicionalmente "inimigos" antes de "clamor do desastre", o que não dá sentido; omita-se de acordo com LXX e Is 15,5.

[8] Possível jogo de palavras entre "zimbro" ('ar'ar) e a cidade de Aroer (v. 19).

506   *Terceira parte: Ditos sobre as nações – Jeremias 46-51*

8 O destruidor entrará em toda cidade,
não haverá cidade que escape;
o vale perecerá,
e o altiplano será destruído – como disse YHWH.
9 Fazei um monumento funerário[9] para Moab,
pois será totalmente devastado!
Suas cidades se tornarão lugares desolados,
sem ninguém para habitá-las.
(10 Maldito quem faz com negligência a obra de YHWH,
maldito quem retém sua espada do sangue!)[10]

11 Despreocupado vivia Moab desde sua juventude,
repousava sobre sua borra,
nunca foi transvasado,
nunca teve que ir para o exílio;
por isso manteve seu sabor,
e seu aroma não se alterou.
12 Por isso, eis que virão dias – dito de YHWH –
em que lhe enviarei decantadores
que o transvasarão,
esvaziarão suas vasilhas
e despedaçarão suas jarras.
13 Moab passará vergonha por causa de Camos, como a casa de
Israel passou vergonha por causa de Betel, objeto de sua confiança.
14 Como podeis dizer: 'Somos valentes,
soldados aptos para a guerra'?
15 Moab está destruído: subiram a suas cidades,
e a elite de sua juventude desceu ao matadouro –
dito do Rei, YHWH dos Exércitos é seu nome.
16 Próxima está a ruína de Moab,
sua desgraça muito se apressa.
17 Dai-lhe as condolências, vós todos que sois vizinhos,
vós todos que conheceis seu nome!
Dizei: 'Como está quebrado o cetro poderoso,
o bastão do esplendor!'

---

[9] De acordo com a conjectura; cf. BHS; HAL, p. 959; LXX e 2Rs 23,17. O TM lê "flor (artificial)". Quanto à forma verbal ("ser devastado") cf. HAL, p. 675; Jr 4,7b.

[10] O v. 10 deve ser um comentário originalmente escrito à margem do texto.

Jeremias 48: Sobre Moab

18 *Desce da glória e senta-te em solo sedento,*
ó, moradora[11] da filha de Dibon.
Pois o destruidor de Moab subiu contra ti,
arrasou tuas fortalezas.
19 *Posta-te no caminho e espreita,*
ó, moradora[11] de Aroer!
Pergunta ao fugitivo e àquela que escapou,
dize: 'Que foi que aconteceu?'
20 *Moab passa vergonha, pois está alquebrado!*
Gemei e gritai!
Anunciai junto ao Arnon
que Moab foi destruído!
21 *O julgamento veio sobre a região do altiplano, sobre Holon, Jasa*
e Mefaat, 22 *sobre Dibon, Nebo e Bet-Deblataim,* 23 *sobre Caria-*
taim, Bet-Gamul e Bet-Meon, 24 *sobre Cariot, Bosra e sobre todas as*
cidades da terra de Moab, as distantes e as próximas.
25 *O chifre de Moab foi cortado,*
e seu braço, quebrado – dito de YHWH.
26 *Embriagai-o, porque ele se enalteceu contra YHWH. Que Moab*
vomite seu próprio vômito e se torne, também ele, objeto de zomba-
ria! 27 *Israel não se tornou objeto de zombaria para ti? Ou foi por*
acaso flagrado entre ladrões, para que balances a cabeça toda vez
que falas[12] dele?
28 *Abandonai as cidades e acampai nos rochedos,*
habitantes de Moab!
Sede como a pomba que constrói seu ninho
nas escarpas, à beira do precipício.[13]

29 *Ouvimos falar do orgulho de Moab,*
de como é muito arrogante,
de sua soberba, seu orgulho, sua arrogância,
e da altivez de seu coração.
30 *Eu conheço sua insolência – dito de YHWH –,*
sua tagarelice vazia[14]
e a inconsistência de seus atos!

---

[11] O substantivo feminino ("moradora") denota, aqui, um coletivo ("população/morado-res"); GK 122s.

[12] Leia-se inf. pi. de *dabar*, de acordo com Símaco; cf. BHS.

[13] Literalmente "nos lados da boca do precipício".

[14] Literalmente "e não é assim [*scil.* um fato] sua tagarelice"; "não são assim seus atos".

508   *Terceira parte: Ditos sobre as nações – Jeremias 46-51*

31 Por isso eu gemo por causa de Moab
e grito por todo Moab,
pelos homens de Quir-Heres suspiro.[15]
32 Por ti choro mais do que por Jazer,
ó vinha de Sabama,
teus sarmentos alcançam o mar
e chegam até Jazer.[16]
Sobre tua colheita e tua vindima
caiu o destruidor.
33 Desapareceram[17] a alegria e o júbilo
dos pomares e da terra de Moab.
Acabei com o vinho dos lagares,
ninguém mais pisa as uvas com júbilo,
o grito não mais é de júbilo![18]
34 A gritaria de Hesebon e de Eleale vai até Jasa, seus gritos ecoam
de Zoar até Horonaim e Eglat-Selisia,[19] pois até as águas de Nemrim
se converterão em desolação. 35 Farei desaparecer de Moab – dito
de YHWH – aquele que leva oferendas aos lugares altos e queima
incenso a seu Deus.[20] 36 Por isso meu coração ulula sobre Moab
como uma flauta; sim, meu coração ulula como uma flauta sobre
os homens de Quir-Heres, porque se perderam as economias[21] que
fizeram. 37 Sim, toda cabeça foi raspada, toda barba, aparada, em
todas as mãos há incisões, e, sobre os quadris, pano de saco.
38 Sobre todos os terraços das casas de Moab e em suas praças,
tudo é lamento, pois quebrei Moab como um vaso que não se quer
mais – dito de YHWH. 39 Ah, como está destruído! Gemei! Como
Moab, de vergonha, deu as costas! Moab tornou-se objeto de zomba-
ria e de espanto para todos os seus vizinhos.

40 Pois assim diz YHWH:
"Eis que ele[22] plana como uma águia
e estende suas asas sobre Moab!
41 Tomadas foram as cidades,
capturadas, as fortalezas.

---

[15] O TM lê "ele/a gente suspira"; cf. BHS.
[16] O TM lê "chegam até o mar de Jazer"; cf. BHS.
[17] Literalmente "foram colhidos".
[18] Mas "de guerra".
[19] A primeira parte do v. (34a), de acordo com Rudolph, 1968, p. 282; cf. BHS.
[20] O plural "deuses" também é possível.
[21] Literalmente "a sobra (que fizeram)".
[22] Ou seja, o inimigo.

Jeremias 48: Sobre Moab

*O coração dos guerreiros de Moab será, naquele dia,
como o coração de uma mulher em dores de parto.
42 Moab foi exterminado, não mais é um povo,
porque se enalteceu contra YHWH.
43 Terror, fosso e rede[23]
virão sobre ti, habitante de Moab! – dito de YHWH.
44 Quem fugir diante do terror
cairá no fosso;
quem subir do fosso
será apanhado pela rede.
Pois trarei isso[24] sobre Moab
no ano de seu castigo" – dito de YHWH.
45[25] Nas sombras de Hesebon pararam,
exaustos, os fugitivos.
Mas fogo saiu de Hesebon,
uma labareda do meio de Seon,
e devorou as têmporas de Moab
e o crânio dos turbulentos.
46 Ai de ti, Moab!
Perdeu-se o povo de Camos!
Pois teus filhos foram levados para o exílio,
e tuas filhas, para o cativeiro.
47 Mas eu mudarei a sorte de Moab no fim dos dias – dito de
YHWH.
Até aqui a sentença sobre Moab!*

O bloco sobre Moab forma um mosaico de ditos soltos e desconexos difícil de estruturar. Há uma mescla de poesia e prosa,
uma grande dependência de outros livros bíblicos, em especial,
de Is 15s na segunda parte do capítulo (v. 29ss), e uma relação
enorme de topônimos.[26] Estranha o fato de um país tão pequeno e
de relativamente pouca importância merecer tanta atenção. Ele só
perde para a Babilônia (Jr 50s). Isso indica, em todo caso, um longo processo de crescimento do texto: um cerne, difícil de distinguir,
foi gradativamente complementado com releituras e enxertos de

---

[23] Aliteração: *pahad wapahat wapah.*
[24] De acordo com a LXX e a Siríaca; cf. BHS.
[25] Os v. 45-47 não se encontram na LXX.
[26] Rudolph, 1968, p. 284-288, arrola e busca identificar 26 lugares e acidentes geográficos do cap. 48.

510   *Terceira parte: Ditos sobre as nações – Jeremias 46-51*

outros livros. Não há consenso sobre a procedência dos ditos nem sobre seus contextos históricos.

Moab se encontra no altiplano da Transjordânia, tradicionalmente entre o rio Arnon e o córrego Sered, limitando-se, ao norte, com Amon e, ao sul, com Edom. A oeste o altiplano cai abruptamente para o mar Morto e o vale do Jordão meridional; a leste limita-se com o deserto sírio-arábico. Nos ditos sobre Moab, busca-se com maior intensidade arrolar as causas da desgraça que atinge o país (p. ex., v. 7.18.26.29s.35.42): sobressai a arrogância do povo moabita. A relação entre Moab e Israel/Judá é ambivalente.[27] Essa ambivalência se evidencia, p. ex., em Gn 19,30ss, onde se afirma seu parentesco com Israel, mas também sua distância, que é expressa em sua origem espúria. De um lado, Moab é um país que acolhe refugiados e oferece proteção (1Sm 22,3s; Rt 1,1; Jr 40,11); de outro, há conflitos (Jz 3,12-30; 2Rs 3,4-27; cf. Nm 22-24; 25,1) e talvez até rancor (2Rs 24,2).

O capítulo tem um título (v. 1: "sobre Moab"; cf. 46,2) e um fecho, no v. 47: "até aqui a sentença sobre Moab". É difícil estruturar o capítulo. A divisão em cinco seções a seguir é uma tentativa de agrupar assuntos para facilitar a análise.

V. 1-10: Após o título, que menciona os destinatários das palavras do capítulo, e a fórmula do mensageiro, que as qualifica como expressão da vontade de YHWH, um "Ai!" abre a primeira seção com um lamento fúnebre para ilustrar a destruição provocada pelo inimigo que, a partir do norte, invade Moab (v. 1s). As duas cidades-fortalezas no extremo norte do país, Nebo – ao pé do monte do mesmo nome – e Cariataim, que deveriam ter barrado a invasão inimiga, na visão profética, já caíram, desmentindo a fama de Moab de ser um país muito bem protegido e ter lugares escarpados inacessíveis que oferecem refúgio (v. 18). Os planos de ocupação de Moab foram tramados em Hesebon,[28] localizada bem ao norte, na estrada principal do altiplano,[29] e provavelmente a primeira a ser ocupada. Ouvem-se os gritos da população atingida, que alcança o extremo sul do país (v. 3-6).[30] Aparentemente a única saída é fugir

---

[27] Fischer II, p. 503.

[28] Provavelmente haja um jogo de palavras entre a cidade Hesebon (*Ḥeshbon*) e o verbo "tramar" (*ḥashab*); cf. nota 2.

[29] A cidade de Hesebon, a somente 20 km ao sul da capital amonita (*rabat 'amon*), na região fértil do *mishor* no altiplano, era disputada por Moab, Amon e Israel. Em 49,3, ela pertence aos amonitas, aqui, no entanto, aos moabitas.

[30] Luit e Horonaim estão localizadas na ponta meridional do mar Morto. A localidade de Madmen é desconhecida. Rudolph, 1968, p. 274, a identifica com Dibon, na estrada real, um pouco ao norte do rio Arnon.

Jeremias 48: Sobre Moab   511

para o deserto para, aí, tentar sobreviver como o zimbro, que se adapta muito bem a regiões áridas.

Na segunda parte dessa primeira seção (v. 7-9), a fala é dirigida em discurso direto à terra de Moab, tratada aqui, ao contrário das outras seções, como um ser feminino, visível nos sufixos pronominais (v. 7.9; cf. já o v. 4). A causa do desastre que sobrevirá a Moab é atribuída à sua confiança em "obras e tesouros" (v. 7), certamente uma alusão à produção agrícola supostamente bem guardada em suas fortalezas. A estátua do Deus nacional, Camos (Jz 11,24; 2Rs 23,13), liderará a procissão para o exílio, seguido pela liderança religiosa – sacerdotes – e política – ministros. Todo Moab será ocupado, tanto o vale do Jordão quanto o altiplano (*mishor*), de modo que já se pode erguer um sepulcro para ele, uma vez que não mais existe como povo (v. 8s). O "Ai!" do lamento fúnebre do v. 1 chega, no 9, à beira da sepultura. O v. 10 – em prosa – deve ser uma maldição proferida por um leitor que não conseguiu reprimir seu rancor contra Moab.

V. 11-17: A segunda seção compara o passado de Moab com vinho velho que nunca foi transvasado e, por isso, não perdeu seu sabor nem seu aroma. A imagem alude à vida tranquila dos moabitas, pouco perturbada pelas grandes potências, já que vivia à margem das grandes movimentações do Crescente Fértil. A via marítima, que atravessava a planície litorânea, era bem mais movimentada do que a estrada dos reis, que atravessava o altiplano da Transjordânia. Mas essa vida tranquila está prestes a terminar: os inimigos são comparados a decantadores que, em vez de separar o líquido da borra, jogarão o vinho fora e quebrarão as jarras. A imagem não é bem clara. A desgraça consiste em perder o vinho bom ou, então, no fato de o vinho estragar por ter repousado demais sobre a levedura e não ter sido transvasado no tempo certo? O "descanso" reflete a tranquilidade que nasce da confiança no poder militar (v. 14). Um comentário em prosa (v. 13) atribui a desgraça que atinge Moab à sua confiança no Deus nacional, Camos, e a compara com a confiança que Israel depositou no santuário de Betel e que levou ao fim do reino de Israel (cf. Os 10,5s; 1Rs 12,26ss; 2Rs 15,9.18; 2Rs 17,16.21s). O poder militar moabita não resistirá ao exército inimigo. Por isso as nações vizinhas já são convocadas a erguer seu lamento fúnebre (v. 17).

V. 18-28: A terceira seção é um poema – interrompido em duas ocasiões por comentários em prosa (v. 21-24 e v. 26s) – no qual sobressaem imperativos, o que lhe confere um clima de tensão e urgência. Os habitantes de Dibon, uma das mais importantes

512   *Terceira parte: Ditos sobre as nações – Jeremias 46-51*

cidades do altiplano, situada na estrada dos reis, ao norte do rio Arnon (*wadi mudjib*) são solicitados a descer das alturas de seu orgulho e sentar-se no pó seco. Já existe um movimento de fugitivos que se dirigem para o sul e passam por Aroer para atravessar o profundo cânion do Arnon. Esses fugitivos confirmarão a destruição do poder militar ("chifre" e "braço") de Moab (v. 19s.25). A solução é esconder-se nas escarpas inacessíveis dos rochedos (v. 28).

Com os v. 21-24, alguém incluiu onze localidades do altiplano ao norte do Arnon, para mostrar que a destruição não atingiu somente as cidades mencionadas nos v. 18s.[31] O segundo acréscimo (v. 26s) entende que a desgraça de Moab se deve ao fato de ter zombado de Israel sem nenhum motivo, o que é considerado um ato de soberba diante de YHWH. Por isso, Moab merece sofrer as mesmas consequências que Israel: beber do cálice da ira, embriagar-se e vomitar (v. 26; cf. 25,27).

V. 29-39: Essa quarta seção é um mosaico composto de ditos adaptados de Is 16,6-11 e 15,2-7, organizados em outra ordem. Não há dúvidas de que eles se enquadram melhor no contexto das palavras de Isaías contra Moab do que em Jr 48. Aqui eles são, portanto, secundários. Provavelmente sentiu-se a necessidade de reforçar as causas da desgraça que atinge Moab, pois arrola-se, nos v. 29s, uma série de sinônimos para a soberba e a jactância de Moab (cf. v. 7 e Is 16,6). Os v. 31-33 formam um lamento sobre a destruição das vinhas de Moab; o lamento se nutre de Is 16,7-10. Mencionam-se a capital moabita, Quir-Heres,[32] na estrada dos reis, e as vinhas que se estendem até o mar Morto (cf. v. 11s). A destruição da colheita e das vinhas calará os gritos de alegria dos viticultores. Chama a atenção que o "eu" que geme e lamenta é, de acordo com o contexto, Deus: aquele que traz a desgraça (v. 33: "[eu] acabei") também sofre junto com as pessoas atingidas.

Após acrescentar uma relação de localidades onde também se ouve o lamento (v. 34; cf. Is 15,4-6),[33] o texto apresenta mais um motivo para o juízo de Moab: sua idolatria (v. 35). A seção conclui retomando o lamento sobre a capital, Quir-Heres, e destaca os rituais que o acompanham (v. 36s): cabeça raspada, barba aparada,

---

[31] Quanto à localização dessas localidades, cf. Rudolph, 1968, p. 284ss.

[32] Idêntica a Kir-Moab e *el kerak* (cf. 2Rs 3,25; Is 16,7.11 [Kir-Hareset]). A localização dos outros topônimos é incerta.

[33] A localização de parte dos topônimos é incerta; quanto a Hesebon e Horonaim, v. notas 29s acima; Zoar se localiza na extremidade sul do mar Morto; Eleale talvez seja idêntica a *ḥirbet el-'al*, três km ao norte de Hesebon; as águas de Nemrim podem ser o *wadi numera*, que deságua no mar Morto ao sul do *lisan*.

Jeremias 48: Sobre Moab 513

incisões nas mãos e pano de saco nos quadris (cf. Is 15,2s.11). A nação orgulhosa tornou-se objeto de zombaria (v. 39).

V. 40-47: A complexidade dessa última seção do capítulo já se mostra em sua construção. Os v. 41a.42 (com a fórmula do mensageiro no v. 40) resumem os ditos contra Moab, funcionam, portanto, como arremate do cap. 48: a destruição de Moab é total, de modo que deixou de ser uma nação. Esse fecho foi enriquecido, em primeiro lugar, pelas metáforas da caça e da pesca encontradas em Is 24,17s, que apontam para a impossibilidade de escapar do juízo: do terror à fossa, da fossa à rede (v. 43s). O restante da seção (v. 40.41b.45-47) falta na LXX, certamente porque ainda não constava no exemplar hebraico nas mãos do tradutor grego. Após a edição da LXX, o texto hebraico teve vida autônoma e recebeu novas complementações. Uma primeira transfere um dito contra Edom (49,22) a Moab (48,40.41b): o juízo é como uma águia que estende suas asas sobre todo o país e apavora os guerreiros. Uma segunda complementação (v. 45s) cita trechos de Nm 21,28; 24,17; 21,29, vinculando o juízo sobre Moab com o triunfo dos israelitas sobre os moabitas e com a bênção de Balaão por ocasião da entrada de Israel na terra prometida. Como o juízo de Deus não é sua última palavra – nem mesmo quando dirigida às nações – o v. 47a conclui com um anúncio de salvação a Moab. Já nos v. 31s, transparecia a solidariedade de Deus com o povo sofredor. O v. 47b, por fim, é a nota de um escriba marcando o fim dos ditos sobre Moab.

JEREMIAS 49

49,1-6 Sobre os filhos de Amon

1 Sobre os filhos de Amon.[1] Assim disse YHWH:
"Acaso Israel não tem filhos
ou não tem ele herdeiros?
Por que Melcom[2] herdou Gad,
e seu povo habita nas cidades dele?
2 Por isso, eis que virão dias – dito de YHWH –
em que farei ressoar, em Rabá[3] dos filhos de Amon,
os gritos da batalha.
Ela se transformará em ruínas desoladas,
e suas aldeias serão queimadas pelo fogo.
Então Israel herdará daqueles que dele herdaram – disse YHWH!
3 Geme, Hesebon, pois Hai[4] foi destruída,
gritai, ó aldeias[5] de Rabá!
Cingi-vos de pano de saco, lamentai!
Andai errantes pelas muralhas,
porque Melcom vai para o exílio,
seus sacerdotes juntamente com seus ministros.
Por que te glorias dos vales,
de teu vale que transborda,
ó filha rebelde?
Tu que confias em teus tesouros,
dizendo:[6] 'Quem virá contra mim?'
5 Eis que trarei o terror contra ti –
dito do Senhor, YHWH dos Exércitos –
de todos os teus lados,
e sereis dispersos, cada qual para seu lado,
de modo que não haverá quem possa reunir os fugitivos.
6 Mas,[7] depois disso, mudarei a sorte dos filhos de Amon – dito de
YHWH!"

---

[1] Cf. Am 1,13-15; Sf 2,8-11; Ez 21,23ss.33ss; 25,1-7.
[2] De acordo com a LXX, Vulgata e Siríaca; o TM lê "seu rei" (vocalização diferente), também no v. 3.
[3] A capital ("a grande") dos amonitas (*rabat 'amon*), nas nascentes do rio Jaboc; atualmente na região de Amã, capital da Jordânia.
[4] Uma localidade Hai (= "ruínas") é desconhecida na região; por isso alguns alteram "Hai foi destruída" por "o destruidor sobe" (cf. 48,18); Rudolph, 1968, p. 286, e BHS.
[5] Literalmente "filhas".
[6] Inclua-se "dizendo" de acordo com alguns manuscritos hebraicos, a LXX e a Vulgata; cf. BHS.
[7] O v. 6 falta na LXX.

Jeremias 49   515

A palavra se dirige aos amonitas, vizinhos de Israel na Transjordânia, a sul e norte do rio Jaboc. Assim como Moab, também Amon tem parentesco com Israel (cf. Gn 19,30ss). O Antigo Testamento menciona diversos conflitos bélicos entre ambos os povos desde a época dos juízes (Jz 11s; 1Sm 11; 2Sm 10-12 e.o.). Mas Amon também acolhe fugitivos judaítas (Jr 40,11). O trecho é composto por duas palavras de juízo (v. 1-3 e v. 4-5) que culminam num anúncio de salvação (v. 6). Na primeira palavra, perguntas retóricas formam a denúncia (v. 1). Essa traz à memória a política expansionista de Amon – aqui representado por seu Deus nacional, Melcom –, que teria ocupado o território israelita pertencente à tribo de Gad (cf. Nm 32,34-36; Js 13,24-28). Am 1,13 menciona a crueldade do exército amonita por ocasião da conquista de Galaad, a região fértil ao norte do rio Jaboc, reivindicada pela tribo de Gad. A disputa por esse território se reflete, p. ex., em 1Sm 11, onde se narra uma batalha em torno da cidade israelita de Jabes de Galaad, vencida por Saul. O anúncio de juízo (49,2) menciona a destruição da capital, Rabá, e das cidades dela dependentes ("filhas") por um inimigo não identificado (cf. 48,18). Não é normal, no complexo dos ditos sobre as nações (com exceção de Jr 50s), que o motivo da desgraça de um país seja um ato cometido contra Israel, como é o caso aqui.[8] O v. 2b pressupõe que a destruição de Amon resultará na devolução do território israelita perdido. A primeira palavra termina com uma convocação ao lamento dirigida a Hesebon, Hai e às cidades satélites de Rabá, devido ao exílio de sua elite política e religiosa. Como Camos, o Deus dos moabitas (48,7), também Melcom, o Deus dos amonitas – ou seja, sua imagem – liderará a marcha para o exílio (49,3).

Também na segunda palavra, perguntas retóricas assinalam a denúncia (v. 4): Amon confia nas ricas provisões de seus vales férteis ("tesouros"). Insinua-se uma certa arrogância de quem pensa que nada pode acontecer a quem tem condições de estocar alimentos. A desgraça anunciada consiste na dispersão da população (v. 5). Mas a desgraça de Amon não é a última palavra de YHWH (v. 6). O Deus de Israel não pode deixar de ser juiz, mas no fim prevalece sua misericórdia. Esse anúncio de salvação tem sido relacionado com o florescimento da cidade de Rabá e sua região na época ptolomaica, quando recebeu o nome de Filadélfia em honra

---

[8] Wanke II, p. 417; Schmidt II, p. 305.

516 *Terceira parte: Ditos sobre as nações – Jeremias 46-51*

a Ptolomeu II Filadelfo (285-284).[9] Não se conhece o autor das palavras sobre Amon; dificilmente foi Jeremias.

49,7-22 Sobre Edom

7 Sobre Edom.[10] Assim disse YHWH dos Exércitos:
"Não há mais sabedoria em Temã?
Perdeu-se o conselho dos entendidos?
Sua sabedoria ficou deteriorada?
8 Fugi! Dai as costas! Escondei-vos em buracos,
habitantes de Dadã!
Pois a ruína de Esaú trarei sobre ele,
o tempo de seu castigo.
9 Se vindimadores[11] vierem a ti,
não deixarão nada para ser rebuscado.
Se forem ladrões, à noite,
farão o estrago que quiserem.[12]
10 Pois eu mesmo desnudo Esaú,
ponho seus esconderijos a descoberto,
de modo que não mais poderá esconder-se.
Destruídos foram seus descendentes,
seus irmãos e seus vizinhos – ele já não existe!
11 Abandona teus órfãos,
eu farei com que sobrevivam!
Tuas viúvas podem confiar em mim!"
12 Pois assim diz YHWH:
"Eis que mesmo os que não foram condenados a beber do cálice
terão de beber dele. E tu queres ficar impune? Não ficarás impune, pois certamente beberás! 13 Pois juro por mim mesmo – dito de
YHWH – que Bosra será uma desolação e uma humilhação, uma
ruína e um exemplo de execração. E todas as suas cidades se transformarão em ruínas perpétuas".
14 Ouvi uma mensagem de YHWH,
um mensageiro foi enviado entre as nações:
"'Reuni-vos! Marchai contra ele!
Erguei-vos para a batalha!'

---

[9] Schmidt II, p. 306.
[10] Cf. Is 11,14; 21,11s; 34; 63,1-6; Ez 25,12-14; 32,29; 35; Jl 4,19; Am 1,11s; Ab; Ml 1,2-5.
[11] O termo "vindimador" (*boṣer*) forma uma assonância com a capital de Edom, Bosra (v. 13.22).
[12] Literalmente "até que lhes baste".

Jeremias 49 517

15 *Sim, eis que te farei pequeno entre as nações,*
desprezado entre os seres humanos!
16 *O terror*[13] *que infundes te seduziu,*
a arrogância de teu coração,
tu que moras nas fendas dos rochedos[14]
e ocupas os picos da montanha.
Ainda que construas teu ninho tão alto como a águia,
eu te farei descer de lá" – dito de YHWH.
17 *"Então Edom será uma desolação. Quem passar por ele ficará*
estupefato e assoviará à vista de todos os ferimentos recebidos.
18 *Como na destruição de Sodoma, de Gomorra e de suas cidades*
vizinhas – disse YHWH –, ninguém mais habitará ali, e nenhum ser
humano ali se demorará.
19 *Como um leão que sobe do matagal do Jordão*
para o pasto sempre verde,
assim[15] *os afugentarei dali num piscar de olhos*[16]
e estabelecerei o escolhido sobre eles.[17]
Pois quem é como eu? Quem pode me intimar?
Qual é o pastor que resistirá diante de mim?"
20 *Por isso, ouvi a decisão de YHWH,*
que ele tomou sobre Edom,
e os planos que ele fez
sobre os habitantes de Temã:
"Certamente serão arrastadas as ovelhas menores do rebanho;
por sua causa, as pastagens ficarão desoladas.
21 *Ao estrondo de sua queda, estremecerá a terra;*
uma gritaria que se ouvirá até no mar dos Juncos.[18]
22 *Eis que ele sobe e plana como uma águia*
e estende suas asas sobre Bosra.
O coração dos guerreiros de Edom será, naquele dia,
como o coração de uma mulher em dores de parto".

Edom é o povo vizinho de Israel que habita o território ao
sul do mar Morto, em ambos os lados da depressão síria, portanto

---

[13] O termo hebraico (*tifléṣet*) só aparece aqui no AT.
[14] O TM têm o sing. "rocha, rochedo" (*sel'a*), aqui entendido como coletivo. O sing. pode
também designar a localidade de Sela (2Rs 14,7), comumente identificada com *Umm
el-Biyara*, em Petra (cf. HAL, p. 716).
[15] Cf. BHS.
[16] Cf. HAL, p. 1109.
[17] Literalmente "ela" = Edom.
[18] O Golfo de Ácaba.

518 *Terceira parte: Ditos sobre as nações – Jeremias 46-51*

ao sul de Judá e de Moab. A região, também conhecida por Seir (Gn 32,4; 33,14ss; Jz 5,4), se estende até as proximidades do Golfo de Ácaba ("mar dos Juncos"; 1Rs 9,26). É uma região de difícil acesso por causa dos rochedos e das montanhas escarpadas. Há muita pouca chuva e, portanto, pouca agricultura. A relação com Israel é ambivalente. Edom é identificado com Esaú, irmão gêmeo de Jacó/Israel (Gn 25,24ss.30; Dt 23,8), o que expressa parentesco bem próximo. Esse parentesco se estende à religião, pois YHWH está vinculado à região montanhosa dos edomitas (Jz 5,4; cf. Dt 33,2). Por outro lado, a relação com Israel/Judá é conflituosa. Após serem, por muito tempo, dependentes de Israel/Judá, os edomitas reconquistaram sua independência durante o reinado de Jorão (2Rs 8,20-22) e, com a fragilidade de Judá em decorrência das deportações no final do séc. VI, ocuparam grande parte do território de Judá. De acordo com Ab 14, os edomitas também não trataram bem os judaítas que fugiram diante do exército babilônico que cercara as cidades de Judá. Os ditos sobre Edom de Jr 49, no entanto, não fazem nenhuma alusão a essa inimizade.

O poema sobre Edom é composto de um cerne enriquecido por vários trechos que também se encontram em outros contextos: o v. 9 tem seu paralelo em Ab 5; Jr 49,12s se encontra de forma semelhante em Jr 25,28s; os v. 14-16 são quase iguais a Ab 1-4; o v. 17 se assemelha a Jr 19,8; os v. 18.19-21 são praticamente idênticos a Jr 50,40.44-46 (contra a Babilônia); o v. 22 tem seu paralelo em Jr 48,40.41b. Há relativa concordância quanto ao caráter secundário dos trechos em prosa (Jr 49,12s.17s) e dos ditos que também aparecem no bloco da Babilônia (v. 19-21). Há controvérsias sobre o contexto literário original dos ditos de Jr 49 (9.14-16) que têm seus paralelos em Abdias. Assim, o cerne do cap. 49 deve consistir dos v. 7-8(9)10-11(14-16)22. A autoria desse cerne é controvertida.[19] Para fins de análise, pode-se estruturar o bloco sobre Edom em seis ditos.

V. 7-11: O primeiro dito inicia com três perguntas retóricas que podem ser assim resumidas: que fim levou a notória sabedoria dos edomitas (cf. Ab 8; Jó 2,11; 15,17s [Elifaz]; Baruc 3,22s)? A sabedoria falhou na interpretação dos sinais dos tempos. Em vez de Edom menciona-se Temã ("sul"), um outro nome para o território edomita (cf. Am 1,12; Ez 25,13).[20] Seguem-se três imperativos

---

[19] Schmidt II, p. 310, admite a origem jeremiânica dos v. 7-11.14-16.
[20] Temã é neto de Esaú em Gn 36,11.15. Talvez Temã tenha originalmente sido uma região de Edom antes de ser identificado com todo o território.

Jeremias 49

incitando Dadã a fugir e esconder-se. Dadã é um posto comercial de caravaneiros ao sul de Edom, já no deserto arábico (Is 21,13s; Ez 27,20; 38,13). Talvez as caravanas dadanitas em território edomita estejam sendo convocadas a fugir por causa da iminente desgraça. Para ilustrá-la, o v. 9 introduz as figuras do vindimador que não deixa uvas nos parreirais e do ladrão que leva tudo que consegue carregar. A destruição será total. Para descrever a totalidade da desgraça, o v. 10 usa o termo "desnudar": YHWH des-cobrirá até os que se refugiaram nos esconderijos mais inacessíveis. A desgraça que atinge Edom também atinge seus vizinhos e irmãos, entre os quais se encontra o próprio Judá. Existe, aqui, um indício de solidariedade na desgraça? O v. 11 certamente não é irônico ao afirmar que o próprio Deus ("eu") cuidará das vítimas da guerra: as viúvas e os órfãos. Distingue-se entre os homens que lutam na guerra e as pessoas que sofrem as consequências da guerra (18,21).[21]

V. 12-13: O trecho em prosa transfere 25,28s, da perícope sobre o cálice da ira, a Edom: se nações inocentes beberam do cálice, Edom não pode escapar impune. O texto pressupõe que nações inocentes – Judá e Israel? – foram atingidas pela desgraça e que Edom não é inocente, antecipando a falta descrita no v. 16. A fórmula da catástrofe (v. 13) descreve o resultado da destruição da capital dos edomitas, Bosra,[22] que se tornará objeto de zombaria internacional.

V. 14-16: Numa audição, o profeta toma conhecimento do envio de um arauto para convocar nações para a guerra contra Edom. Ficamos sabendo, agora, qual o motivo da ruína de Edom: seu orgulho. Esse provém da confiança na inacessibilidade de suas localidades nos altos dos rochedos e entre escarpas e gargantas, onde as águias fazem seus ninhos. A imponência dos paredões infunde medo aos que se aproximam (v. 16). A desgraça consiste na reversão da situação: quem se crê grande torna-se pequeno (v. 15).[23]

V. 17-18: O trecho combina textos de Jr 19,8; 49,33b; 50,13.40 para estender a desolação de Bosra (v. 13) a todo o território de Edom. A ruína de Edom será tão aterradora quanto a de Sodoma e Gomorra e das vizinhas Adama e Seboim (Dt 29,22), a ponto de os que passarem por seus escombros assobiarem para espantar os maus espíritos.

---

[21] Schmidt II, p. 310, lembra o Sl 68,6: Deus é "pai dos órfãos e defensor das viúvas".
[22] El Busera, a sul-sudeste do mar Morto.
[23] Cf. Schmidt II, p. 311.

520 *Terceira parte: Ditos sobre as nações – Jeremias 46-51*

V. 19-21: Esses versículos correspondem ao dito contra a Babilônia em 50,44-46. Talvez a semelhança entre o v. 18 e 50,40 (menção de Sodoma e Gomorra) tenha motivado essa inclusão aqui em Jr 49. O lugar literário original dessa palavra deve ser entre os ditos contra a Babilônia, porque é mais fácil a "terra estremecer" (v. 21) com a queda de um império do que com a ruína de um povo pequeno como Edom. YHWH se compara com um leão que sai de seu denso matagal para invadir o lugar de pastoreio do rebanho e, assim, afugentar o rebanho, ou seja, dispersar a população. E não há governante ("pastor") que resista. O "escolhido" de Deus (v. 19) faz sentido somente no dito contra a Babilônia, onde pode ser alusão ao rei persa Ciro. A gritaria de dor pela queda de Edom será percebida até o Golfo de Ácaba ("mar dos Juncos").

O v. 22 é um dito isolado em seu atual contexto, mas pode muito bem ter sido o fecho dos ditos sobre Edom. A favor disso depõe a metáfora da águia, já mencionada no v. 16. Enquanto lá a águia simbolizava o povo que encontrava segurança nos penhascos de Edom, aqui ela é imagem do exército destruidor que ameaça Bosra (cf. 48,40).

Os ditos sobre Edom não demonstram alegria pela destruição de Edom. A desgraça também não é castigo por delitos cometidos contra Israel/Judá. Embora existissem, não são mencionados. Edom sofre o mesmo juízo que Israel/Judá. Nisso fazem parte do mesmo plano de Deus. O mesmo Deus que é responsável pela desgraça, no entanto, também dá condições de sobreviver a ela (v. 8) e cuida das vítimas que ela produz (v. 11). Os edomitas pouco sofreram com as investidas babilônicas do início do séc. VI. Pelo contrário, conseguiram aumentar seu território com a ocupação do sul de Judá até a altura de Hebron. No séc. IV a.C., os nabateus estabeleceram um novo reino no território edomita com sede em Petra.[24]

49,23-27 Sobre Damasco

23 Sobre Damasco.[25]
"Emat e Arfad estão cobertas de vergonha,
porque ouviram uma notícia má,
de preocupação se agitam como o mar,
que não consegue se acalmar.
24 Damasco desfalece, volta-se para a fuga,
o terror tomou conta dela!

---

[24] Rudolph, 1968, p. 293.
[25] Cf. Is 17,1-3; Am 1,3-5; Zc 9,1.

Jeremias 49   521

Angústia e dores como de uma parturiente tomam conta dela.[26]
25 Como está[27] *abandonada a cidade do esplendor,*
o lugar da alegria!
26 Sim, seus jovens tombarão em suas praças,
e todos os guerreiros perecerão naquele dia – dito de YHWH dos
Exércitos.
27 Eu atearei fogo nas muralhas de Damasco,
que devorará os palácios de Ben-Adad."

O dito contra Damasco é o mais breve do bloco sobre as nações. Ele foi construído com trechos de outros contextos. O v. 23 toma emprestada uma imagem de Is 57,20; o v. 26 cita Jr 50,30; o v. 27 é um empréstimo de Am 1,14; além disso, o v. 24b não consta na LXX, o que pode indicar acréscimo. Dificilmente o dito provém de Jeremias.

Mencionam-se três cidades: Damasco, Emat e Arfad. As duas últimas são cidades-estado arameias independentes do norte da Síria, que nunca pertenceram à cidade-estado de Damasco. Emat está situada às margens do rio Orontes, e Arfad a 30 km ao norte de Alepo. Damasco se localiza num oásis muito fértil à margem do deserto sírio e transformou-se num importante centro comercial por sua localização privilegiada (Ez 27,18). O v. 25 lhe dá títulos de honra: "cidade do esplendor" e "lugar da alegria".[28] A relação com Israel foi tensa. No séc. IX a.C., o reino do Norte, Israel, esteve em constante conflito com o estado arameu (1Rs 20,1ss; 2Rs 6,8ss; 13,3ss). Mas Israel e Damasco têm o mesmo destino: foram vítimas do expansionismo assírio, no séc. VIII, e posteriormente tanto Judá quanto Damasco foram incorporados nos impérios babilônico e persa. Não sabemos a que evento específico o presente dito se refere.

Os v. 23s descrevem o estado de espírito das três cidades arameias ao ouvirem a má notícia da aproximação de um exército: o pânico se apodera de seus habitantes e, no caso de Damasco, há uma fuga em massa. Três coisas chamam a atenção: Damasco é elogiada pelo porta-voz de Deus. Isso demonstra admiração e talvez até empatia. Também causa estranheza que a sorte de Damasco é tão amena em comparação com as outras nações mencionadas no complexo de Jr 46-51: ela não é destruída, apenas abandonada (v. 25).

---

[26] Essa linha falta na LXX.
[27] O TM lê "como *não* está abandonada"; a negação reforça, aqui, o estado de abandono.
[28] Ainda hoje ela é considerada a pérola do Oriente (Rudolph, 1968, p. 293).

522   *Terceira parte: Ditos sobre as nações – Jeremias 46-51*

Os acréscimos dos v. 26s (de Jr 50,30; Am 1,14) aumentam a dimensão da desgraça: morte dos soldados, adultos e jovens, e destruição dos muros da cidade e dos palácios da dinastia de Ben--Adad.[29] Por fim, não se menciona nenhuma falta de Damasco que motivasse esse anúncio de desgraça.

49,28-33 Sobre as tribos árabes

28 Sobre Cedar e os reinos de Hasor[30] que Nabucodonosor, rei da Babilônia, feriu. Assim diz YHWH:
"'Erguei-vos e subi a Cedar,
destruí os filhos do oriente!'
29 Tomarão suas tendas e seus rebanhos,
suas lonas e todos os seus utensílios.
Levarão seus camelos
e gritarão contra eles: 'Terror por todos os lados!'"
30 "Fugi, escapai depressa! Escondei-vos em buracos,
ó habitantes de Hasor! – dito de YHWH.
Pois Nabucodonosor, rei da Babilônia, planejou contra vós
e formulou contra vós[31] um plano:
31 'Erguei-vos e subi contra uma nação despreocupada,
que habita em segurança! – dito de YHWH.
Eles não têm portas nem ferrolhos,
e moram isolados'.
32 Seus camelos se tornarão presa,
e a multidão de seus rebanhos, despojo.
Vou espalhá-los a todos os ventos,
os que têm a têmpora raspada.
E de todos os lados trarei sobre eles a ruína – dito de YHWH.
33 Hasor se tornará abrigo de chacais,
uma desolação eterna.
Ninguém mais habitará lá
e nenhum ser humano ali se demorará."

O trecho reúne dois ditos: o primeiro contra Cedar, uma tribo de beduínos do deserto sírio-arábico, ao leste da Palestina. Gn 25,13 inclui a tribo entre os ismaelitas, e o complemento "filhos

---

[29] A dinastia conhece diversos reis com o nome Ben-Hadad: 1Rs 15,18.20; 20,1ss; 2Rs 6,24; 8,7ss; 13,3.24s.
[30] Cf. Is 21,13-17 (tribos árabes).
[31] O TM lê "contra eles" por influência da 3ª p. do v. seguinte.

Jeremias 49 523

do oriente" a vincula com a tradicional sabedoria oriental (cf. Jó 1,1.3). O segundo dito se destina a Hasor. Não se trata, aqui, da conhecida cidade no norte de Israel, ocupada pelos assírios em 733 a.C. (2Rs 15,29), pois afirma-se que Hasor não tem "portas nem ferrolhos" (v. 31). Por isso presume-se que Hasor seja um coletivo que designa grupos que moram em cercados (*haserim*), ou seja, tribos árabes semissedentárias.[32]

No início do dito contra Cedar, Deus conclama um exército não nominado para atacar e destruir seus habitantes (v. 28). O v. 29 passa a descrever o resultado da campanha militar: os rebanhos (a base da economia), os camelos (a possibilidade de comércio internacional; Gn 37,25) e as tendas tornam-se despojo dos inimigos. Conclui-se com a conhecida expressão: "terror por todos os lados" (Jr 6,25; 20,3).

O dito contra as tribos ("reinos") de Hasor inicia com chamados à fuga (v. 30). Menciona-se também o inimigo: Nabucodonosor. Alude-se, aqui, provavelmente a uma razia do exército babilônico contra tribos árabes ocorrida em 599/8, o sexto ano de Nabucodonosor, registrada nos anais babilônicos.[33] Os imperativos dos v. 28b.31 estimulam as tropas a atacar as tribos árabes, insinuando que a vitória será fácil, pois suas moradas não são fortificadas e seus habitantes se sentem seguros por viverem distantes das principais rotas ("isolados") e, por isso, não serem alvos frequentes de ataques (cf. Ez 38,11). O v. 32 descreve o resultado dessa razia: os animais tornam-se despojo e os moradores são dispersos. Menciona-se, ainda, o estranho costume de os árabes rasparem o cabelo na região das têmporas (cf. Jr 9,25; 25,23). O v. 33 talvez seja um acréscimo, pois pressupõe que Hasor seja uma cidade, fadada a transformar-se em deserto (9,10; 49,18b; 50,40b). Isso não condiz com o fato de as tribos árabes morarem em tendas e cercados (v. 29.31).

Não é possível determinar a autoria desses dois ditos. Eles não mencionam nenhum delito das tribos que tivesse motivado um ataque inimigo. Também não existe nenhuma relação das tribos com Israel. Entende-se, apenas, que YHWH também está por trás desse acontecimento da história.

---

[32] Rudolph, 1968, p. 294; Wanke II, p. 428.

[33] O texto se encontra em Werner II, p. 173: "No sexto ano (*scil.* 599), no mês Kislev, o rei de Acad reuniu suas tropas e marchou para a terra dos hititas. Da terra dos hititas enviou suas tropas para percorrerem o deserto. De numerosos árabes levaram seus bens, seu gado e seus deuses, em grande quantidade. No mês Adar, o rei retornou à sua terra".

524   *Terceira parte: Ditos sobre as nações – Jeremias 46-51*

49,34-39 Sobre Elam

34 O que foi dirigido como palavra de YHWH ao profeta Jeremias
sobre Elam, no início do reinado de Sedecias, rei de Judá.
35 Assim disse YHWH dos Exércitos:
"Eis que vou quebrar o arco de Elam,
o melhor de sua força.
36 Vou trazer contra Elam quatro ventos,
dos quatro cantos do céu.
E os espalharei na direção de todos esses ventos,
não haverá nação
aonde não cheguem os dispersos de Elam.[34]
37 Farei com que Elam se apavore de seus inimigos,
diante dos que atentam contra sua vida.
Trarei uma desgraça sobre eles,
o ardor de minha ira – dito de YHWH.
Enviarei a espada atrás deles
até que os tenha exterminado.
38 Então colocarei meu trono em Elam
e eliminarei de lá reis e ministros – dito de YHWH.
39 Mas no fim dos dias mudarei a sorte de Elam" – dito de YHWH.

O último país a ser contemplado antes da grande Babilônia é
Elam. Seu território se encontra ao norte do Golfo Pérsico e a leste
da Babilônia. Sua capital é Susa. O país tinha influência política
antes do primeiro milênio a.C. Depois disso, foi integrado, conse-
cutivamente, nos impérios assírio, babilônico e persa. Voltou a ter
destaque quando sua capital, Susa, tornou-se uma das capitais do
império persa (Ne 1,1; Est 1; Dn 8,2).

O dito recebe uma nova introdução: "no início do reinado de
Sedecias", ou seja, 597 a.C., logo após a primeira deportação. Não
sabemos o motivo dessa nova datação (após 46,1). O redator se
lembrou de que alguns dos judaítas exilados por Nabucodonosor
acabaram morando em Elam (cf. Esd 2,7; Ne 7,12; At 2,9)? É até
estranho que haja um dito contra Elam, já que não se tem conhecimento de relações entre Israel e esse país tão distante. Muitas
vezes se conjetura que Elam representa, aqui, o império persa. Assim se explicaria, p. ex., por que a LXX coloca o dito contra Elam
no início de sua coletânea, logo após Jr 25,13, portanto, antes dos

---

[34] Leia-se o *qere*: "de Elam"; o *ketib* "(os dispersos) da eternidade" não dá sentido.

Jeremias 49 525

impérios egípcio e babilônico.[35] Dessa forma, os três impérios da época marcariam o início do complexo sobre as nações na LXX.

Formalmente, todo o texto é fala de YHWH. Deus é o sujeito dos eventos que sobrevirão a Elam. A destruição do poder militar é expressa pela metáfora da quebra do arco (Os 1,5; cf. Sl 46,10; Os 2,20; Zc 9,10), uma alusão aos exímios arqueiros elamitas (Is 22,6). Não há indícios de qual exército irá concretizar a destruição. De acordo com o v. 38, o próprio YHWH colocará seu "trono em Elam", ou seja, será o general-rei a ocupar e governar o país (cf. 1,15; 43,10) em substituição aos "reis e ministros" locais. A população será dispersa aos quatro cantos da terra. A destruição, no entanto, não é a vontade definitiva de Deus. Por isso o dito conclui com um anúncio de salvação (v. 39), à semelhança do anúncio ao Egito (46,26b), Moab (48,47) e Amon (49,6). Essa promessa se concretizou parcialmente na época persa. Entre os que presenciaram o evento de Pentecostes também havia peregrinos de Elam (At 2,9).

---

[35] P. ex., Schmidt II, p. 281.

JEREMIAS 50-51: SOBRE A BABILÔNIA

Dois capítulos inteiros são dedicados à Babilônia.[1] Com seus 110 versículos, o bloco é apenas um pouco menor do que os 121 versículos destinados a todas as outras nações nos cap. 46-49. Aparentemente constituem uma coletânea própria. Eles se caracterizam por serem um mosaico de ditos soltos, muitas vezes desconexos e difíceis de delimitar. O bloco revela dependência de textos do livro de Jeremias, sobretudo do complexo das nações, e de outros livros proféticos, em especial de Is 13s. Dois temas básicos se repetem: a queda da Babilônia e o retorno de Israel/Judá à sua pátria. Os ditos poéticos são, por vezes, complementados por trechos em prosa. Outra característica do bloco é que se apresentam amiúde os motivos para a queda da Babilônia, em especial seus delitos como império opressor de outras nações, particularmente de Israel/Judá e Jerusalém. Mencionam-se, além disso, sua arrogância, prepotência e até insolência contra Deus.

Os capítulos não podem provir de Jeremias, porque contrastam com sua visão profética. Para Jeremias, a Babilônia era o instrumento de Deus para concretizar seu plano.[2] Jeremias tampouco esperava por um retorno próximo dos exilados na Babilônia (29,5-7). A informação de que o profeta teria incumbido Saraías de afundar um documento com os anúncios de juízo no Eufrates para simbolizar o fim da Babilônia (51,59-64) não é histórica, pois para o profeta os judaítas exilados foram exortados a orar pelo bem-estar do país (29,7). Também é difícil determinar a época do surgimento dos ditos contra a Babilônia. Se fossem da época de Jeremias, teriam que provir de seus adversários, os profetas da mentira (cf. 28, 2ss.11). Muitas vezes se sustenta que as profecias foram formuladas um pouco antes da conquista da Babilônia por Ciro, ou seja, antes de 538 a.C.[3] Mas como os ditos dificilmente provêm de um único autor, deve-se pressupor um processo demorado de crescimento de Jr 50s. Além disso, a Babilônia tornou-se, com o decorrer do tempo, a representação por excelência do império opressor, de modo que os ditos podem ter sido entendidos como dirigidos também a impérios que sucederam a Babilônia (cf. Ap 17-19).[4]

---

[1] Cf. Is 13s; 21,1-10; 47; Hab.
[2] Croatto, 2000, p. 16.
[3] P. ex., Rudolph, 1968, p. 299; cf. Schmidt II, p. 331.
[4] Cf. Fischer II, p. 569.

Jeremias 50-51: Sobre a Babilônia   527

As cores vivas com que, muitas vezes, se pinta a destruição total da Babilônia afrontam nossos conceitos teológicos. Os textos, no entanto, querem mostrar que toda opressão, mesmo a de um grande império como o babilônico, terá um fim. O Deus da justiça não admite que a Babilônia não seja responsabilizada pelos seus atos. Não se convoca o povo à vingança – pois essa pertence a Deus –, mas a confiar no Deus que restabelece a ordem que possibilita a convivência entre as nações, quando impérios se arrogam o direito divino de dominar sobre outros. Assim, a ruína da Babilônia abre a possibilidade de vida nova para as populações subjugadas.

As muitas repetições e redundâncias dificultam a estruturação dos dois capítulos. A divisão em 13 unidades, compostas de diversas estrofes ou ditos afins, é uma tentativa de facilitar a análise.

(1) 50,1-7 Queda da Babilônia e volta a Sião

1 A palavra que YHWH falou contra a Babilônia, contra a terra dos caldeus, através do profeta Jeremias.[5]
2 Anunciai entre as nações e fazei ouvir,
erguei um sinal e fazei ouvir,
não oculteis nada, dizei:
"A Babilônia foi tomada!
Bel foi envergonhado!
Merodac está arrasado!
Envergonhadas estão suas imagens,
arrasados, seus ídolos!"[6]
3 Pois uma nação do norte sobe contra ela,
que transformará sua terra em um lugar desolado,
de modo que ninguém mais morará nela.
Humanos e animais fugiram e se foram.
4 Naqueles dias e naquele tempo – dito de YHWH –,
virão os filhos de Israel juntamente com os filhos de Judá;
caminharão aos prantos
e buscarão YHWH, seu Deus.
5 Perguntarão por Sião,
seus rostos voltados em sua direção.
"Vinde, unamo-nos a YHWH
em uma aliança eterna que não será esquecida!"

---

[5] A LXX apresenta somente "Palavra de YHWH que ele falou contra a Babilônia", não atribuindo os ditos explicitamente a Jeremias. Aliás, em toda essa primeira perícope, a LXX preserva um texto bem mais breve.

[6] As duas últimas linhas do v. 2 não constam na LXX.

528   *Terceira parte: Ditos sobre as nações – Jeremias 46-51*

6 Como ovelhas desgarradas era meu povo,
seus pastores as fizeram vagar
sobre montanhas sedutoras;
andando de montanha em colina,
esqueceram seu aprisco.
7 Todos os que as encontravam as devoravam,
seus inimigos diziam: "Não somos culpados,
porque pecaram contra YHWH,
o vale da justiça e a esperança de seus pais – YHWH!"

O v. 1 forma, à semelhança de 46,3, a introdução do novo conjunto de ditos dos cap. 50-51: sobre a cidade da Babilônia e o território caldeu. A primeira unidade do bloco é composta de três estrofes: v. 2-3.4-5 e 6-7. A primeira inicia com uma ordem dada a arautos para anunciarem, entre as nações, a queda da Babilônia. A cidade será destruída por um exército inimigo do norte. Talvez se possa pensar nos medos ou persas. Em todo caso, retribui-se à Babilônia o mesmo destino sofrido por Israel, destruído que foi pelo inimigo do norte (cf. Jr 4,6 e.o.). Como, no antigo Oriente, vitórias e derrotas militares eram atribuídas às respectivas divindades nacionais, a ruína da Babilônia representa uma humilhação de seu Deus nacional, Merodac (=Marduc). Bel (=Baal, "senhor") é, aqui, cognome do Deus maior do império, Marduc (cf. 51,44; Is 46,1).

De acordo com a segunda estrofe (v. 4s), uma das consequências da devastação e do despovoamento total da Babilônia (v. 3) será o retorno de todo o povo – Israel e Judá – a sua terra. Esse retorno acontece em forma de procissão a Sião, onde o Deus de Israel será buscado e poderá ser encontrado. Depois do exílio, Sião retoma sua posição de destaque como lugar de encontro com YHWH e início de uma nova relação com Deus. Os prantos devem ser de alegria por esse encontro. Uma citação fecha a estrofe: o povo quer assumir um compromisso ("aliança") eterno com seu Deus.

A última estrofe (v. 6s) relembra, numa retrospectiva histórica, a culpa passada das autoridades ("pastores") que deixaram o povo desorientado, de modo que não mais encontrassem seu pasto e refúgio. As "colinas" e as "montanhas sedutoras" podem ser uma alusão ao culto nos "altos" criticado pelo profeta (2,20; 3,2). A unidade termina com uma citação dos inimigos que arruinaram Israel/Judá: eles estranhamente confessam que o Deus de Israel é "vale da justiça" e "esperança dos pais". Também entendem que não podem – contra 2,3 – ser responsabilizados pela espoliação do povo, já que esse abandonou seu Deus, o verdadeiro "aprisco".

(2) 50,8-20 Convocação ao combate e retorno de Israel

8 Fugi do meio da Babilônia e saí da terra dos caldeus!
Sede como bodes à frente do rebanho!
9 Pois eis que suscitarei e farei subir contra a Babilônia
uma coalizão de grandes nações da terra do norte;
elas se preparam contra ela,
é a partir de lá que ela será tomada.
Suas flechas são como um guerreiro vitorioso
que não volta de mãos vazias.
10 A Caldeia se converterá em despojo,
todos que a despojarem se fartarão – dito de YHWH.
11 Sim, alegrai-vos, jubilai,
ó saqueadores de minha herança!
Saltai como uma novilha na relva,
relinchai como garanhões!
12 Vossa mãe será profundamente envergonhada,
a que vos deu à luz ficará coberta de vergonha.
Eis que ela será a última das nações:[7]
deserto, terra árida, estepe!
13 Por causa da indignação de YHWH permanece desabitada,
toda ela se tornará uma desolação.
Quem quer que passe pela Babilônia ficará estupefato
e assobiará diante de todos os ferimentos que ela sofreu.
14 Colocai-vos em ordem ao redor da Babilônia,
vós todos que manejais o arco!
Atirai contra ela, não poupeis flechas!
Porque contra YHWH ela pecou.[8]
15 Erguei, de todos os lados, gritos de guerra contra ela!
Ela se entrega,[9] seus pilares caem,
suas muralhas são demolidas.
Sim, é a vingança de YHWH! Vingai-vos dela!
Fazei com ela o mesmo que ela fez!
16 Eliminai da Babilônia o que semeia
e o que maneja a foice no tempo da ceifa!
Diante da espada opressora,
cada um volte a seu povo,
e cada qual fuja para sua pátria.[10]

---

[7] Também é possível traduzir: "Eis o fim das nações:".
[8] A linha falta na LXX.
[9] Literalmente "ela entrega sua mão (à submissão)".
[10] Também é possível traduzir: "cada um volta..."; "cada qual foge...".

530 *Terceira parte: Ditos sobre as nações – Jeremias 46-51*

17 Israel era uma ovelha desgarrada,
que as leoas afugentaram.
O primeiro a devorá-la foi o rei da Assíria; e este foi o último a roer
seus ossos: Nabucodonosor, rei da Babilônia! 18 Por isso, assim diz
YHWH dos Exércitos, o Deus de Israel: "Eis que castigarei o rei da
Babilônia e sua terra, assim como castiguei o rei da Assíria".
19 Farei Israel retornar à sua pastagem,
e pastará no Carmelo e em Basã,
nas montanhas de Efraim e em Galaad
ele será saciado.
20 Naqueles dias e naquele tempo – dito de YHWH –
procurar-se-á a culpa de Israel, mas ela já não existirá,
e buscar-se-ão os pecados de Judá, mas já não se encontrarão,
pois terei perdoado aqueles que eu deixar como resto.

A segunda unidade é composta de quatro estrofes: v. 6-10. 11-13.14-16 e 17a.19-20. Os v. 17b.18 encontram-se em prosa e são claramente secundários, pois querem identificar as "leoas" da metáfora que, na história passada, afugentaram Israel. As três primeiras estrofes têm por tema a destruição do império babilô-nico; a última volta a tratar de Israel. A primeira estrofe (v. 8-10) é formalmente um chamado à fuga dirigido, particularmente, aos estrangeiros que se encontram tanto na capital como no país cal-deu ou neobabilônico, diante da iminente invasão de uma coalizão de países do norte. Diante da habilidade de seus flecheiros, a vi-tória do invasor é certa, e o saque do país será abundante para os soldados inimigos – uma alusão à riqueza acumulada nas cidades do império? A metáfora do "bode" que lidera o rebanho (v. 8) talvez queira acentuar a urgência da fuga: cada qual deve tentar ser o primeiro a fugir.

A segunda estrofe (v. 11-13) é um convite ao júbilo dirigido aos babilônios. Esse convite só pode ser irônico, já que a devasta-ção se aproxima. As metáforas da "novilha" saltitante e do alegre "garanhão" são uma alusão à despreocupação e soberba dos gover-nantes babilônicos, acostumados que estavam com o sucesso. Mas dessa vez a terra da Babilônia – considerada a "mãe" da popula-ção – será devastada e se tornará um deserto inabitável. A nação, antes a primeira em honra e poder, será a "última" (v. 12). Já que são resultado da indignação divina, os escombros e as ruínas das cidades são malditas e assombradas por espíritos malignos, diante dos quais os transeuntes se protegem através de assobios (v. 13).

Jeremias 50-51: Sobre a Babilônia 531

A terceira estrofe (v. 14-16) conclama os inimigos a se prepararem para a batalha contra o centro do império. As grandes muralhas não conseguem protegê-lo. De acordo com o final do v. 15, a destruição da Babilônia é a vingança das nações oprimidas ("fazei com ela o mesmo que ela fez!"). Um teólogo interpreta isso como vingança do próprio Deus. Por meio das metáforas do semeador e do ceifador, o v. 16 anuncia o fim da produção agrícola, corroborando o v. 12: no solo devastado e deserto nada mais cresce. A estrofe conclui conclamando novamente os estrangeiros a fugir e retornar à sua pátria.[11]

A última estrofe (v. 17a.19-20) contém dois anúncios de salvação. Com a queda da Babilônia, os povos levados ao cativeiro têm a oportunidade de retornar à sua pátria. Também Israel, antes caçado qual ovelha desgarrada, poderá voltar a suas "pastagens": o monte Carmelo, ao lado da fértil planície de Jezrael, a montanha de Efraim, o planalto de Basã e a terra de Galaad, todas elas regiões férteis do antigo reino do norte, Israel. Aí não mais haverá fome. Um comentário (v. 17b.18) identifica as leoas que dispersaram Israel com os assírios (em 722) e os babilônios (em 597 e 587). O segundo anúncio de salvação (v. 20) afirma que, no futuro, não mais se encontrará culpa em Israel e Judá – entre os que sobreviveram as deportações – pois todos foram perdoados (cf. a nova aliança em 31,31-34).

(3) 50,21-28 Objeto de espanto entre as nações

21 "Contra a terra de Merataim!
Sobe contra ela e contra os habitantes de Facud!
Ataca-os e extermina-os – dito de YHWH –,
faze tudo conforme te ordeno!"
22 Gritos de batalha na terra,
um grande desastre!
23 Como foi quebrado, feito em pedaços,
o martelo de toda a terra!
Como a Babilônia se tornou
objeto de espanto entre as nações!
24 Eu te preparei uma armadilha,
e também foste presa, Babilônia,
mas tu não o percebeste!
Tu foste flagrada e apanhada,
pois te insurgiste contra YHWH.

---

[11] Ou constatando a fuga de estrangeiros a sua pátria.

532   *Terceira parte: Ditos sobre as nações – Jeremias 46-51*

25 YHWH abriu seu arsenal
e tirou as armas de sua ira,
pois há trabalho para o Senhor, YHWH dos Exércitos,
na terra dos caldeus.
26 "Vinde a ela das extremidades,
abri seus celeiros;
empilhai tudo como a fardos e devotai-o ao anátema,
de modo que não sobre nada!
27 Matai todos os seus novilhos,
que eles desçam ao matadouro!
Ai deles, porque chegou seu dia,
o tempo de seu castigo."
28 Escuta! Os que fogem e escapam da terra da Babilônia
anunciam, em Sião, a vingança de YHWH, nosso Deus,
a vingança de seu templo.

A unidade é composta por duas estrofes (v. 21-24,25-28). Ambas são convocações ao combate dirigidas aos inimigos do império e seguidas de lamentos. A primeira estrofe convoca um inimigo da Babilônia para destruí-la. Mencionadas são duas regiões babilônicas: Merataim (*nar marratu*) fica na desembocadura dos rios Eufrates e Tigre, e Facud (*puqudu*) designa uma tribo aramaica da Babilônia oriental (Ez 23,23).[12] Essas regiões representam todo o país e provavelmente foram escolhidas porque seus nomes oportunizam um jogo de palavras no hebraico: Merataim ("dupla rebelião"; de *marah*, "rebelar-se [contra YHWH]") designa a culpa, e Facud (de *paqad*, "castigar"), o merecido castigo.[13] Os v. 23s formam um lamento (irônico?) pela destruição do "martelo de toda a terra" que batia em todas as nações (cf. 51,20-26). A opressão das nações significa rebelião contra Deus (v. 24).

Por isso, na segunda estrofe, YHWH abre seu próprio arsenal e escolhe as armas para combater a Babilônia. Essas armas certamente são as nações exploradas. Essas são chamadas a saquear as riquezas da Babilônia, acumuladas às custas dos povos subjugados. Alguns fugitivos – provavelmente israelitas (v. 8) – anunciam em Sião a queda da Babilônia e a interpretam como vingança de YHWH pela destruição do templo de Jerusalém (cf. 51,11).

---

[12] Rudolph, 1968, p. 303.
[13] Cf. Werner II, p. 182.

Jeremias 50-51: Sobre a Babilônia 533

(4) 50,29-32 Cidade da arrogância

29 Convocai arqueiros[14] contra a Babilônia,
todos os que manejam o arco!
Acampai ao redor dela,
de modo que ninguém escape!
Pagai-lhe de acordo com seus atos,
tudo o que ela fez, fazei com ela.
Pois ela foi insolente com YHWH,
com o Santo de Israel.
30 Sim, seus jovens tombarão em suas praças,
e todos os seus guerreiros perecerão naquele dia – dito de YHWH.
31 Eis que me volto contra ti, ó "Insolência" –
dito do Senhor, YHWH dos Exércitos –,
porque teu dia chegou,
o tempo de teu castigo.
32 A "Insolência" tropeçará e cairá,
e não haverá quem a levante!
Atearei fogo em suas cidades,[15]
e ele devorará todos os seus arredores.

As duas estrofes (v. 29-30.31-32) da unidade repetem a temática anterior. Novamente são conclamados arqueiros inimigos para cercar e destruir a cidade (v. 9.14). Eles são chamados a vingar-se da Babilônia por todo o mal que ela fez. O v. 30 repete 49,26, onde o versículo é secundário. A unidade resume o pecado da Babilônia com o termo "insolência" (v. 29.31s). A palavra torna-se nome próprio do império (v. 31s). Os desmandos do império babilônico são interpretados como insolência diante de YHWH. Em fala direta à Insolência Babilônia, YHWH anuncia o juízo de todas as suas cidades ou, segundo a LXX, de todos os templos, palácios e edifícios públicos da capital. O v. 31b repete o v. 27b, e o v. 32b se apoia em 21,14b.

(5) 50,33-40 Libertação dos oprimidos

33 Assim disse YHWH dos Exércitos:
"Os filhos de Israel estão oprimidos
e, junto com eles, os filhos de Judá.

---

[14] O TM lê "muitos" em vez de "arqueiros" (outra vocalização; cf. BHS).
[15] A LXX lê "em sua floresta" (cf. Jr 21,14), ou seja, nos edifícios públicos e construções importantes da parte nobre da capital.

534   *Terceira parte: Ditos sobre as nações – Jeremias 46-51*

Todos os que os deportaram os retêm,
recusam libertá-los.
34 Mas seu Resgatador é forte –
YHWH dos Exércitos é seu nome –
e certamente pleiteará a causa deles,
para dar descanso à terra,
mas deixar abalados os habitantes da Babilônia.
35 A espada contra os caldeus – dito de YHWH –
e contra os habitantes da Babilônia,
contra seus ministros e contra seus sábios!
36 A espada contra os que proferem oráculos
– que se tornem insensatos!
A espada contra seus heróis – que fiquem apavorados!
37 A espada contra seus cavalos e seus carros,
e contra todos os mercenários estrangeiros[16] em seu meio
– que fiquem como mulheres!
A espada contra seus tesouros – que sejam saqueados!
38 A espada[17] contra suas águas – que sequem!
Pois ela é terra de ídolos,
imagens horrendas os fazem comportar-se como loucos!
39 Por isso, feras do deserto morarão ali, junto com chacais,
e filhotes de avestruz farão nela sua morada.
Ela nunca mais será habitada,
tampouco será povoada, de geração em geração.
40 Como quando Deus destruiu Sodoma,
Gomorra e suas cidades vizinhas – dito de YHWH –,
ninguém mais habitará ali,
e nenhum ser humano ali se demorará.[18]

    Essa quinta unidade tem três estrofes. A primeira (v. 33-34) é um anúncio de salvação para Israel. Apesar da fórmula do mensageiro que a introduz, trata-se de uma fala profética, uma vez que YHWH se encontra em 3ª p. no v. 34. Descreve-se a situação dos exilados: tanto Israel quanto Judá estão oprimidos e, como no Egito, os poderosos recusam deixá-los partir. Mas Deus defenderá

---

[16] Literalmente "um misto de etnias (estrangeiras)", geralmente servindo como solda-dos; cf. HAL, p. 831.
[17] O TM altera a vocalização do termo hebraico e, assim, transforma a "espada" em "aridez", certamente porque a metáfora da espada não combina com a destruição do sistema de irrigação mesopotâmico.
[18] O v. 40 já foi citado em 49,18, onde é secundário.

Jeremias 50-51: Sobre a Babilônia 535

sua causa e os libertará qual um resgatador (*go'el*) que compra a liberdade de seu parente escravizado.[19] Com a libertação não somente Israel, mas toda a terra se beneficiará. Com o fim do jugo babilônico, ela novamente terá tranquilidade.

A segunda estrofe (v. 35-38) tenta explicitar o que significa o "abalo" que Deus proporcionará aos babilônios (v. 34, final). Através da "espada" – que aqui personifica a guerra – todas as instituições que sustentam o império serão destruídas: o poder político ("ministros" e "sábios"), o poder religioso (os vaticinadores), o poder militar (os "heróis", "mercenários", "carros" e "cavalos) e o poder econômico (os "tesouros" e as "águas", ou seja, o sistema de irrigação). O sistema de canais de irrigação é a base do processo de acumulação de riquezas da Baixa Mesopotâmia. O v. 38 acrescenta uma causa teológica para a desgraça do império: a idolatria fez com que a liderança perdesse sua sobriedade, deixando-a sonsa.[20]

A última estrofe (v. 39s) descreve, com auxílio de Is 13,19ss, as consequências ("por isso") da queda do império: sem as águas dos canais, a terra será um deserto, onde somente certas espécies de animais podem sobreviver. Com a Babilônia acontecerá o mesmo que houve com Sodoma e Gomorra: nunca mais haverá quem queira morar ou sequer deter-se nesse lugar. Esse é o triste fim de um grande império.

(6) 50,41-46 O plano de Deus

41 Eis que um povo vem do norte,
uma grande nação;
numerosos reis se levantam
dos confins da terra.
42 Eles empunham arco e cimitarra,
são cruéis e não têm compaixão;
seu alarido é como o bramido do mar,[21]
eles vêm montados em cavalos,
cada um[22] armado para o combate
contra ti, ó filha da Babilônia!
43 O rei da Babilônia ouviu a notícia sobre eles,
e suas mãos ficaram frouxas,

---

[19] Quanto à lei do resgate, cf. Lv 25,47ss e excurso "A lei do resgate", sob Jr 32,1-15.
[20] Quanto às imagens, v. excurso "O culto e as imagens", sob 10,1-6.
[21] Literalmente "como o mar que brame" (como em 6,23).
[22] Leia-se *kol 'ish* ("cada homem") em vez de *ke'ish* ("como um só homem"), cf. 6,23.

536   *Terceira parte: Ditos sobre as nações – Jeremias 46-51*

uma angústia apoderou-se dele,
uma dor como a da parturiente.
44 "Como um leão que sobe do matagal do Jordão
para o pasto sempre verde,
assim[23] os afugentarei dali num piscar de olhos[24]
e estabelecerei o escolhido sobre eles.[25]
Pois quem é como eu? Quem pode me intimar?
Qual é o pastor que resistirá diante de mim?"
45 Por isso, ouvi a decisão de YHWH,
que ele tomou a respeito da Babilônia,
e os planos que ele fez
sobre a terra dos caldeus:
"Certamente serão arrastadas as ovelhas menores do rebanho!
Por sua causa, a pastagem ficará desolada.
46 À notícia: 'A Babilônia foi tomada!', estremecerá a terra,
os gritos se ouvirão entre as nações".

As duas estrofes dessa sexta unidade coincidem quase literalmente com dois outros ditos: 50,41-43 = 6,22-24 e 50,44-46 = 49,19-21. Com a inclusão do anúncio jeremiânico do inimigo do norte (6,22-24) no atual contexto (50,41-43), o redator expressa que o império babilônico será destruído da mesma forma como destruiu Judá. A segunda estrofe já foi tratada na profecia contra Edom (49,19-21), onde, no entanto, é secundária. Deus se compara a um leão que invade as pastagens e afugenta as ovelhas. Os governantes babilônicos ("pastores") são incapazes de proteger seus rebanhos, de modo que toda a população ("ovelhas") será afetada. Por isso um novo governante ("escolhido") será instituído – talvez uma alusão ao rei persa Ciro II, que tomou a cidade da Babilônia sem derramar sangue. Em todo caso, a notícia da queda do maior império da época é como um terremoto de abrangência mundial.

---

[23] Leia-se *ken* em vez de *ki* (como em 49,19).
[24] Cf. HAL, p. 1109 (como em 49,19).
[25] Literalmente "ela" (Babilônia).

Jeremias 50-51: Sobre a Babilônia 537

(7) 51,1-19 O julgamento da Babilônia

1 Assim disse YHWH:
"Eis que suscitarei contra a Babilônia[26]
e contra os habitantes de Leb-Camai
um vento destruidor.
2 Enviarei contra a Babilônia estrangeiros que a joeirem
e que devastem sua terra.
Sim, avançarão contra ela de todos os lados
no dia da desgraça.
3 Quem maneja o arco retese-o contra o arqueiro
e contra aquele que se ergue em sua couraça![27]
Não poupeis seus jovens,
exterminarei todo o seu exército!"
4 Os feridos tombam na terra dos caldeus,
e os traspassados, em suas ruas,
5b porque sua terra está repleta de culpa
contra o Santo de Israel.[28]
5a Mas Israel e Judá não enviuvaram
de seu Deus, YHWH dos Exércitos.
6 Fugi do meio da Babilônia,
cada um salve sua vida!
Não pereçais por causa de seu delito!
Sim, esse é o tempo da vingança de YHWH!
Essa é a retaliação com a qual ele lhe paga.

7 A Babilônia era uma taça de ouro nas mãos de YHWH:
ela embriagava toda a terra;
de seu vinho bebiam as nações,
por isso as nações se comportavam como loucas.
8 Mas, de repente, a Babilônia caiu e se quebrou:
"Gemei sobre ela!
Buscai bálsamo[29] para sua dor!
Talvez ela possa ser curada!"

---

[26] "Contra a Babilônia (e)" pode ser glosa explicativa de Leb-Camai (Rudolph, 1968, p. 306; BHS); veja a explicação.

[27] O TM do v. 3a não está bem conservado; a tradução acima é a mais próxima possível do *ketib*. A LXX lê: "o arqueiro retese seu arco, e vista sua armadura quem a tiver!"

[28] A antecipação do v. 5b para o início do versículo dá melhor sentido, uma vez que o país culpado é a Babilônia e não Israel/Judá (v. 5a). Cf. Rudolph, 1968, p. 306, e BHS.

[29] A resina aromática do lentisco (*Pistacia lentiscus*), cf. 8,22.

9 *"Queríamos curar a Babilônia,*
mas ela não pôde ser curada."
"Então, abandonai-a!
Vamo-nos! Cada um para sua terra!"
Sim, seu julgamento atinge o céu
e se eleva até as nuvens.
10 *YHWH trouxe à luz nossas justas reivindicações![30]*
Vinde, anunciemos em Sião a obra de YHWH, nosso Deus!

11 *Afiai as setas e enchei as aljavas!*
YHWH suscitou o espírito dos reis da Média,
porque seu plano é contra a Babilônia, a fim de destruí-la.
Sim, esta é a vingança de YHWH, a vingança de seu templo!
12 *Levantai o estandarte contra as muralhas da Babilônia!*
Reforçai a guarda! Postai sentinelas! Armai emboscadas!
Pois YHWH planeja e também executa
aquilo que falou contra os habitantes da Babilônia.
13 *Tu que habitas às margens de grandes águas,*
tu que és rica em tesouros:
chegou teu fim, cortou-se o fio de tua vida![31]
14 *YHWH dos Exércitos jurou por si mesmo:*
"Eu te encherei de gente[32] qual nuvem de gafanhotos;
eles lançarão gritos de guerra contra ti!"

15 *Foi ele quem fez a terra em seu poder,*
estabeleceu o mundo em sua sabedoria
e por sua inteligência estendeu os céus.
16 *Quando ressoa sua voz,[33]*
as águas nos céus se agitam;
ele faz subir as nuvens dos confins da terra,
produz os raios para a chuva
e faz sair o vento de seus reservatórios.
17 *Todo ser humano fica bobo, sem entender,*
todo ourives se envergonha do ídolo,
porque suas esculturas fundidas são fraude,
não há nelas fôlego.

---

[30] Literalmente "nossas justiças".
[31] Literalmente "chegou teu fim, o côvado de teu corte"; quando chega o último "côvado" da vida, o fio é cortado.
[32] A saber, de inimigos.
[33] Veja Jr 10,13 com respectiva nota.

Jeremias 50-51: Sobre a Babilônia   539

18 Elas nada são, obra ridícula.
No tempo de seu castigo, elas perecerão.
19 A porção de Jacó não é como elas,
porque ele formou o universo,
e Israel[34] é a tribo de sua herança.
Seu nome é YHWH dos Exércitos.

A sétima unidade pode ser subdividida em quatro estrofes: v. 1-6.7-10.11-14 e 15-19. Ela é introduzida pela fórmula do mensageiro, mas geralmente YHWH se encontra na terceira pessoa. Nem sempre o texto é claro. Também há divergências quanto à distinção entre poesia e prosa e quanto a possíveis acréscimos. A primeira estrofe é um anúncio de juízo contra a Babilônia. Chama a atenção que, no v. 1, o vento da destruição atingirá os habitantes de "Leb-Camai". Trata-se de uma expressão composta por duas palavras que podem ser traduzidas por "coração de meus inimigos". Ela deve ser um criptograma para "caldeus" do tipo *atbash*.[35] O v. 2 desenvolve a metáfora do "vento destruidor" (v. 2) quando atribui aos invasores a tarefa de joeirar a Babilônia, ou seja, dispersar sua população e devastar a terra. O v. 3 aparentemente se dirige aos inimigos e incentiva os arqueiros a atacar o exército babilônico sem compaixão até exterminá-lo. Essa sanha sanguinária é teologicamente problemática assim como o é a cena lúgubre do v. 4: cadáveres por todos os lados. Pode o Deus de Israel querer que não haja compaixão na guerra? Temos que admitir que, para alguns textos proféticos, isso parece não ser um grande problema. Eles ainda não diferenciam entre um sistema opressor que deve ser destruído e as pessoas que fazem parte desse sistema, seja como corresponsáveis ou como cúmplices cooptados. O argumento teológico básico é que cada nação colhe o que plantou. Em meio à devastação iminente há, no entanto, a possibilidade de sobreviver através da fuga (v. 5a.6). Inocentes não deveriam tornar-se vítimas.

A segunda estrofe (v. 7-10) introduz uma nova metáfora para designar a Babilônia: a taça de ouro. O ouro simboliza a riqueza do império, mas também sua preciosidade nas "mãos de Deus". No

---

[34] "Israel" não consta, aqui, em 51,19, mas está no texto paralelo 10,16.
[35] Num *atbash*, colocam-se, numa coluna, as 22 consoantes do alfabeto hebraico na sequência normal e, numa coluna paralela, na sequência inversa. O criptograma surge com a substituição das consoantes de uma coluna pelas da outra. Assim, as cinco consoantes de *K(a)sdym* ("caldeus") transformam-se em *l(e)b q(e)m(a)y*. A LXX lê corretamente "caldeus". V. Jr 25,25 com respectivas notas.

540 *Terceira parte: Ditos sobre as nações – Jeremias 46-51*

passado, a Babilônia serviu como instrumento de Deus na história da humanidade, mas o império abusou dessa sua tarefa, ao subjugar e destruir nações inteiras. O vinho, por sua vez, lembra que a dominação aliena povos submetidos, pois as deixa inebriadas, afastadas da realidade, sem senso crítico. Mas essa taça se rompeu (v. 8). Com o termo "ruptura, fratura" evoca-se uma outra metáfora: a da doença incurável. Babilônia está gravemente enferma. Médicos de toda a parte buscam curá-la sem sucesso, desistem do caso e abandonam a moribunda. O v. 10 – talvez um acréscimo – entende a queda da Babilônia como um ato de justiça ao povo de Israel.

A terceira estrofe (v. 11-14) dirige-se novamente ao exército inimigo conclamando-o a preparar o ataque. Uma série de imperativos domina a cena (v. 11s): afiai, enchei, levantai, reforçai, postai, armai. No v. 11, alguém achou necessário identificar os inimigos com os reis da Média. O versículo também repete 50,28b: o fim da Babilônia se deve à destruição do templo de Jerusalém em 587. Os inimigos que invadirão a Babilônia serão tão numerosos quanto uma nuvem de gafanhotos. O v. 14 reafirma que o fim do vasto e rico império é ato divino.

A última estrofe (v. 15-19) é uma cópia de 10,12-16.

(8) 51,20-26 O martelo de Deus

20 "Tu foste para mim um martelo,
uma arma[36] de guerra.
Contigo martelei nações,
contigo destruí reinos.
21 Contigo martelei cavalos e seus cavaleiros,
contigo martelei carros e seus condutores.
22 Contigo martelei homens e mulheres,
contigo martelei velhos e crianças,
contigo martelei rapazes e moças.
23 Contigo martelei pastores e seus rebanhos,
contigo martelei lavradores e suas juntas de bois,
contigo martelei governadores e magistrados.
24 Agora retribuirei à Babilônia
e a todos os habitantes da Caldeia
toda a maldade que fizeram a Sião,
diante de vossos olhos – dito de YHWH!

---

[36] Leia-se o singular; cf. BHS.

Jeremias 50-51: Sobre a Babilônia

25 Eis que me volto contra ti, monte da destruição
– dito de YHWH –, que destruíste toda a terra!
Estendo contra ti minha mão,
te farei rolar dos rochedos
e farei de ti um monte em brasa,
26 de modo que não se tomará de ti
nem pedra angular nem pedra de alicerce,
porque te transformarás em desolação eterna" – dito de YHWH!

A unidade contém duas estrofes que são formalmente falas de YHWH. A primeira estrofe (v. 20-24) apresenta um problema gramatical. O tempo verbal de "martelar", nos v. 20-23, é passado, presente ou futuro? A mera forma gramatical (perfeito consecutivo) sugere o futuro ou presente: "(contigo) martelarei". Nesse caso, no entanto, o destinatário da fala divina, identificado com o "martelo de Deus", teria que ser um inimigo da Babilônia. Jr 50,23 (Babilônia é "o martelo de toda a terra") e o contexto geral (cf. 51,24), no entanto, exigem que o martelo seja a Babilônia. Nesse caso, as formas verbais devem ser traduzidas pelo perfeito, pois expressam ações da história passada do império babilônico.

O texto levanta um problema teológico: as ações opressoras do martelo babilônico sobre as outras nações – que atingem não apenas seus exércitos e lideranças, mas também a população de todas as idades, sexos e profissões – são consideradas atos de YHWH ("contigo martelei"). Como justificar isso? Pode-se entender que a visão monoteísta não podia atribuir as conquistas do império babilônico ao Deus Marduc. Também se pode compreender que, na visão de Jeremias, a Babilônia foi considerada instrumento de YHWH, o Senhor da história. Mas atribuir a YHWH massacres e opressões não contraria a experiência fundamental de Israel de que YHWH é o Deus que liberta da opressão? Essa incongruência teológica consegue, em parte, ser desfeita pelo v. 24: as ações descritas nos versículos anteriores são atos de "maldade que *eles* [= os babilônios] fizeram", pelos quais também devem ser punidos. Ou seja, a reflexão teológica que vê Deus por trás da história mundial não isenta as nações de culpa por sua opressão e violência. Há, aqui, uma tensão entre ação humana e obra de Deus, que perpassa toda a teologia bíblica.

A segunda estrofe (v. 25s) também se dirige à Babilônia e anuncia sua destruição. A metáfora utilizada é de difícil interpretação: por que a Babilônia, que se encontra numa ampla planície, é comparada a um "monte de destruição"? Seria uma forma de

542 *Terceira parte: Ditos sobre as nações – Jeremias 46-51*

expressar o enorme poder destrutivo do império, o "cúmulo" da destruição? Também a metáfora do v. 25b não é clara. Já que um monte não pode "rolar dos rochedos", mas os picos mais altos podem desabar, deve-se provavelmente pensar na queda da cúpula do poder. O "monte em brasa" pode aludir à destruição da cidade pelo fogo. De acordo com o v. 26, a Babilônia – ou sua elite política – é comparada a uma pedreira de onde não mais se tira nenhuma pedra para lançar o fundamento de uma nova construção.

(9) 51,27-33 O fim está próximo

27 Levantai um estandarte na terra,
tocai a trombeta entre as nações!
Consagrai contra ela nações,
convocai contra ela reinos – Ararat, Meni e Asquenez![37]
Estabelecei contra ela um oficial de recrutamento,[38]
fazei subir contra ela cavalos, como gafanhotos eriçados.
28 Consagrai contra ela nações: os reis da Média,
seus governadores e todos os seus magistrados,
e toda a terra sob seu domínio!
29 A terra se abalou e se contorceu
quando se realizaram os planos de YHWH contra a Babilônia,
para transformar a terra da Babilônia
num lugar desolado, sem habitantes.
30 Os heróis da Babilônia desistiram de combater,
instalaram-se nas fortalezas.
Seu heroísmo se esgotou,
tornaram-se qual mulheres.
Incendiaram-se suas habitações,
seus ferrolhos quebraram.
31 Um estafeta corre ao encontro de outro estafeta,
um mensageiro ao encontro de outro mensageiro,
para anunciar ao rei da Babilônia
que sua cidade foi tomada de um extremo ao outro:
32 os vaus foram ocupados,
os baluartes, incendiados,
e os guerreiros, tomados de pânico.

---

[37] Esses três topônimos talvez sejam acréscimos, como também o v. 28, que especifica as nações convocadas contra a Babilônia; cf. Wanke II, p. 452s.
[38] Cf. HAL, p. 362; Na 3,17.

Jeremias 50-51: Sobre a Babilônia

543

33 Pois assim disse YHWH dos Exércitos, o Deus de Israel:
"A filha Babilônia é como uma eira
em época de ser compactada:
ainda um pouco e chegará para ela
o tempo da ceifa".

Essa nona unidade é composta de duas estrofes: uma convocação para combater a Babilônia (v. 27-29) e uma descrição da situação da cidade prestes a ser conquistada (v. 30-33). Os v. 28.29a são, por muitos, considerados acréscimos, já que interrompem o nexo entre o v. 27 e 29b.[39] A primeira estrofe faz uso de linguagem profética (cf. 4,5s.21): o toque da trombeta dá a ordem de marchar e o estandarte na terra marca o local de encontro das tropas procedentes de várias nações. Ararat (=Urartu), Meni (=Manaia) e Asquenez são regiões do planalto da Armênia, em torno dos lagos Van e Úrmia, que faziam parte do império persa (Média). O exército é tão grande que sua cavalaria se assemelha a um bando de gafanhotos. A conquista da Babilônia é concretização do plano de YHWH (v. 29a).

A segunda estrofe (v. 30-33) desloca o leitor para dentro da cidade. Aqui a situação é desesperadora: o exército babilônico recuou para dentro das fortalezas e os invasores colocam fogo nas casas e quebram os ferrolhos que trancavam os portões (v. 30). Os acessos à cidade pelos vaus do rio Eufrates foram ocupados, as primeiras torres de defesa, incendiadas (32). Estafetas não param de levar mensagens ao rei sobre o avanço do inimigo. A unidade conclui comparando a Babilônia com uma eira que está sendo limpa e repisada para receber o cereal a ser trilhado: a ceifa da cidade está próxima.

(10) 51,34-43 Castigo merecido

34 Devorou-me,[40] exauriu-me Nabucodonosor, rei da Babilônia,
colocou-me de lado como um prato vazio,
como um monstro me engoliu,
encheu seu ventre com minhas iguarias,[41]
mas a mim rejeitou.[42]

---

[39] Wanke II, p. 452s.
[40] No v. 34, leiam-se todos os pronomes oblíquos (sufixos às formas verbais) na 1ª p. sing. de acordo com o *qere* e as versões (o *ketib* tem 1ª p. pl.); cf. a continuidade no v. 35.
[41] Cf. HAL, p. 576.
[42] Cf. HAL, p. 636.

544   *Terceira parte: Ditos sobre as nações – Jeremias 46-51*

35 *"Que a violência e as dilacerações[43] que sofri caiam sobre a Babilônia!",*
diz a população de Sião.
"Que meu sangue caia sobre os habitantes da Caldeia!",
diz Jerusalém.
36 Por isso, assim disse YHWH:
"Eis que pleitearei tua causa
e me encarregarei de tua vingança:
secarei seu mar[44]
e estancarei suas fontes!
37 Então a Babilônia será um monte de pedras,
um refúgio de chacais,
objeto de espanto e zombaria,
sem nenhum habitante.
38 Juntos rugem como leões jovens,
rosnam como filhotes de leoas.
39 Mas, em meio à sua agitação,[45] preparo seu banquete,
então eu os embebedarei, para que fiquem alegres,[46]
para que durmam um sono eterno,
do qual não mais acordem – dito de YHWH!
40 Eu os farei descer como cordeiros ao matadouro,
como carneiros e bodes.
41 Como Sesac[47] foi tomada,
e o esplendor de toda a terra, conquistado!
Como a Babilônia se tornou uma desolação entre as nações!
42 O mar inundou a Babilônia,
ela foi coberta pela rebentação de suas ondas.
43 Suas cidades tornaram-se lugares desolados,
uma terra seca e uma estepe;
uma terra onde já ninguém habita,
e onde já não passa nenhum ser humano."

A unidade compõe-se de duas estrofes: um julgamento no tribunal (v. 34-40) e uma elegia sobre a Babilônia (v. 41-43). Na primeira estrofe, Jerusalém acusa o rei da Babilônia de ter engolido, como um monstro ou dragão guloso (cf. Dn 14,23ss), todas as suas

---

[43] Literalmente "minha violência (=contra mim) e minha carne (minha ferida?)."
[44] Provavelmente o rio Eufrates.
[45] Cf. HAL, p. 315.
[46] A LXX e a Vulgata leem "para que fiquem entorpecidos"; cf. BHS.
[47] Criptograma para Babilônia; cf. Jr 25,26 e respectivas notas. Falta na LXX.

Jeremias 50-51: Sobre a Babilônia

riquezas, deixando um prato vazio para trás (v. 34) e por isso pede vingança (v. 35). Nos v. 36s, YHWH, o juiz, assume a causa da vítima de violência e opressão e decide castigar o opressor. As imagens para expressar esse castigo são conhecidas: as nascentes do Eufrates secarão, de modo que o império não mais poderá sobreviver. As ruínas da Babilônia servirão de refúgio para animais do deserto. Os versículos finais (v. 38-40) acrescentam outras metáforas. Os caldeus são comparados a leões agressivos e seguros de si, acostumados a vitórias e despojos. Mas desta vez o "banquete" será indigesto: a bebida os levará à embriaguez e à morte ("sono eterno"). Os leões se transformam em cordeiros que são levados ao matadouro.

A segunda estrofe (v. 41-43) é um lamento antecipado sobre a Babilônia destruída. Sesac é criptograma de Babilônia (25,26; cf. 51,1). A gloriosa capital do império e suas cidades tornaram-se terra seca. A imagem da Babilônia submersa sob as vagas do mar (v. 42) aparentemente contradiz a metáfora do deserto. Ela deve ser entendida teologicamente: as águas caóticas (Tiamat), que no poema babilônico são derrotadas por Marduc, agora se voltam contra o império para destruí-lo, e não há ninguém que possa impedi-las.

(11) 51,44-48 Visita aos ídolos

44 Visitarei Bel na Babilônia
e tirarei de sua boca o que engoliu.
As nações não mais afluirão a ele.[48]
Até a muralha da Babilônia cairá!
45 Saí do meio dela, meu povo!
Cada um salve sua vida
diante do ardor da ira de YHWH!
46 Que vosso coração não vacile e que não tenhais medo diante da notícia que se ouvir na terra – quando em um ano surgir uma notícia e, no próximo ano, outra – de que a violência reina na terra e de que um tirano se levanta contra outro tirano.
47 Por isso, eis que virão dias
em que visitarei os ídolos da Babilônia.
Toda a sua terra passará vergonha,
todos os seus traspassados cairão em seu meio.

---

[48] Todo o restante da unidade (v. 44b-48) falta na LXX (que também não lê o v. 49a).

546 *Terceira parte: Ditos sobre as nações – Jeremias 46-51*

48 Então os céus e a terra e tudo o que neles há
entoarão um canto de triunfo sobre a Babilônia,
pois do norte os destruidores virão contra ela
– dito de YHWH.

A unidade é composta de dois breves anúncios de juízo (v. 44-46.47-48). Ambos são fala de Deus apesar de YHWH aparecer em terceira pessoa no v. 45. No primeiro anúncio, YHWH promete visitar o Deus maior da Babilônia e o patrono do império: Bel ("senhor") ou Marduc (=Merodac; cf. 50,2). Mas essa visita não será nada fraterna ou amigável. Os despojos das nações, "engolidos" pelo império (cf. 51,34), aqui representado por seu Deus, serão devolvidos. Como em Dn 14,23ss, Bel é identificado com um dragão ou monstro guloso que suga as riquezas das nações. A imponente e grandiosa muralha que cercava a capital (v. 44.58), um feito arquitetônico ímpar no antigo Oriente e símbolo do poder imperial, não sobreviverá à visita de YHWH. Mas salvação é possível para aquelas pessoas – particularmente israelitas – que fugirem da cidade (v. 45).

O v. 46 está em prosa. No atual contexto ele motiva o povo que se encontra na Babilônia a não se deixar abalar pela notícia da iminente queda da cidade. Mas o conteúdo extrapola esse contexto ao mencionar os boatos – desencontrados – que se repetem a cada ano sobre disputas entre governantes ou pretendentes ao trono. A época em que a "violência reinar sobre a terra" transcende o espaço geográfico e o tempo histórico e aponta para um tempo escatológico, no qual não se deve perder a confiança em Deus (cf. Mt 24,6s).

O segundo anúncio de juízo (v. 47s) retoma e generaliza o v. 44: lá era Bel a divindade visitada, aqui são os ídolos.[49] O tema da visita aos ídolos reaparece em 51,52s. No v. 47 transparece a ideia de que a ruína de um país é consequência da derrota de uma divindade. A ruína da Babilônia será motivo de júbilo não somente para as nações subjugadas, mas também para "os céus e a terra e tudo o que neles há" (v. 48). O evento assume proporções cósmicas.

---

[49] Sobre a identificação errônea de imagens com divindades, veja o excurso "O culto e as imagens", sob 10,1-16.

Jeremias 50-51: Sobre a Babilônia

547

(12) 51,49-58 Fim das fortificações da cidade

*49 Também a Babilônia deverá cair
por causa dos[50] traspassados de Israel,
assim como pela Babilônia caíram
os traspassados de toda a terra.
50 Vós que escapastes da espada,
ide embora! Não vos detenhais!
De longe, lembrai-vos de YHWH!
Jerusalém esteja em vosso coração!
51 "Estamos envergonhados, pois ouvimos humilhações,
o opróbrio cobre nossos rostos!
Pois estrangeiros invadiram
os espaços sagrados da casa de YHWH."
52 Por isso, eis que virão dias – dito de YHWH –
em que visitarei seus ídolos,
e em toda a sua terra gemerão feridos.
53 Ainda que a Babilônia se elevasse até os céus,
tornando inacessíveis as alturas de suas fortificações,
a meu comando, destruidores virão sobre ela – dito de YHWH.
54 Gritos de socorro vêm da Babilônia,
o ruído de um grande desastre, da terra dos caldeus!
55 Pois YHWH destrói a Babilônia
e faz desaparecer seu grande estardalhaço.
Ainda que suas ondas bramam como grandes águas,
ainda que sua[51] voz se torne estrondosa,
56 (sim, o destruidor virá contra ela, contra a Babilônia)[52]
seus heróis serão apanhados,
e seus arcos, quebrados,
pois YHWH é um Deus de retribuição:
ele certamente fará pagar.
57 Eu embebedarei seus ministros, seus sábios, seus governadores, seus magistrados e seus heróis, para que durmam um
sono eterno e não mais despertem – dito do rei, cujo nome é
YHWH dos Exércitos.
58 Assim disse YHWH dos Exércitos:
"A larga muralha[53] da Babilônia*

---

[50] O TM não lê "por causa (de)"; cf. Rudolph, 1968, p. 314; v. BHS.
[51] A saber: das ondas.
[52] A linha provavelmente é uma glosa ao v. 55a.
[53] De acordo com a LXX e a Vulgata; o TM lê o plural: "as muralhas".

548   *Terceira parte: Ditos sobre as nações – Jeremias 46-51*

será completamente arrasada,
e seus altos portões
serão queimados pelo fogo".
Assim, os povos se esforçam em vão,[54]
e as nações se extenuam para o fogo.

A unidade pode ser dividida em três ditos de diferentes tamanhos: uma fala profética (v. 49-51) e duas falas de YHWH (v. 52-57 e v. 58). O primeiro dito combina um anúncio de juízo contra a Babilônia com um chamado à fuga e um convite para se lembrar de YHWH e Jerusalém. A decisão sobre a destruição da Babilônia está tomada. O motivo está claro: as inúmeras vítimas causadas pelo expansionismo imperialista em todas as nações, particularmente em Israel/Judá, clamam por vingança (v. 49). Há possibilidade de sobreviver à queda da Babilônia através da fuga. Os israelitas exilados que sobreviverem não devem esquecer YHWH e Jerusalém, apesar da lembrança da cidade destruída ser dolorosa. O v. 51 cita o que os exilados sentem: vergonha diante da destruição do templo de Jerusalém por estrangeiros. A violação de um santuário representava, no antigo Oriente, também uma derrota da divindade nele cultuada. Não surpreende, portanto, que devotos dessa divindade sejam ridicularizados.

O segundo dito – uma fala de YHWH – é uma resposta a esse sentimento de humilhação (v. 52-57). Ele retoma o tema da visita aos ídolos já abordado nos v. 44.47s. YHWH não foi derrotado; pelo contrário, ele derrotará o império representado pelos ídolos. Entre os habitantes da Babilônia certamente predominava uma fé inabalável na inexpugnabilidade da cidade, por causa das fortificações que a defendiam, em especial a muralha e suas torres. O v. 53 menciona – não sem ironia – a possibilidade de a Babilônia "elevar-se até os céus", talvez uma alusão à torre de Babel (Gn 11,4). Mas a destruição da capital é tão certa que já se ouvem os gritos das pessoas que presenciam a invasão inimiga (cf. 50,22). A gritaria nascida do pavor substitui as falas ostensivas e arrogantes ("estardalhaço") dos poderosos do império. Os soldados babilônicos serão feitos prisioneiros e suas armas, destruídas. Com o desmantelamento do poder militar, o império ruirá (v. 55s). O segundo dito termina com um trecho em prosa (v. 57), provavelmente

---

[54] A LXX lê "os povos *não* se esforçam em vão", pois identifica os povos, nesta linha, com aqueles que destruirão a Babilônia e "as nações" da linha seguinte, com aqueles que estão no poder.

Jeremias 50-51: Sobre a Babilônia 549

um acréscimo. Esse vincula a embriaguez que leva ao sono eterno (51,39) com os altos dignitários babilônicos (cf. 50,35s; 51,23b.28) no intuito de apontar os verdadeiros responsáveis pela opressão e, por conseguinte, pela derrocada do império.

O dito final (v. 58) é dedicado à imensa muralha que cerca a capital do império. Ela impressiona por sua altura e espessura e por suas torres. Por mais maravilhosa e impressionante que seja, ela será arrasada e seus portões queimados. Uma citação de Hc 2,13 conclui, de forma apropriada, o bloco de ditos contra a capital do poderoso e temido império babilônico: por maiores que sejam as obras das nações, elas não duram para sempre. *Sic transit gloria imperii.*

(13) 51,59-64 Uma ação simbólica

59 A ordem que o profeta Jeremias deu a Saraías, filho de Nerias, filho de Maasias, quando este foi à Babilônia com[55] Sedecias, rei de Judá, no quarto ano de seu reinado. Saraías era o camareiro-mor.[56] 60 Jeremias escrevera em um só documento[57] toda a desgraça que viria sobre a Babilônia, todas essas palavras escritas sobre a Babilônia. 61 Jeremias disse a Saraías: "Quando chegares à Babilônia, atenta para ler em voz alta todas essas palavras. 62 Dirás: 'YHWH, tu disseste a respeito deste lugar que ele seria destruído, de modo que nele não mais houvesse habitantes, nem humanos nem animais, porque se tornaria uma desolação eterna'. 63 E, quando terminares de ler este documento, atarás a ele uma pedra e o lançarás no meio do Eufrates 64 e dirás: 'Que assim afunde a Babilônia e que não mais se erga da desgraça que eu faço vir sobre ela'".[58]Até aqui as palavras de Jeremias.[59]

O trecho em prosa no final dos ditos sobre a Babilônia é um relato de uma ação simbólica.[60] Dos três elementos que constituem esse tipo de relato, dois estão presentes: a ordem para realizar a ação (v. 61-63) e a interpretação da mesma (v. 64a): a Babilônia

---

[55] A LXX lê "por ordem de (Sedecias)" em vez de "com (Sedecias)".

[56] Literalmente "chefe do descanso"; a LXX lê "chefe dos presentes".

[57] Literalmente "livro" ou "rolo".

[58] O TM contém, no fim dessa oração, a forma verbal "se extenuam", ou seja, a última palavra hebraica de 51,58. Quando o relato sobre o gesto simbólico foi introduzido no final de 51,58, a última palavra desse versículo foi acidentalmente deslocada para o final do v. 64. V. BHS e Rudolph, 1968, p. 316.

[59] Essa nota final obviamente não aparece na LXX, porque nela ainda não é o fim do livro de Jeremias.

[60] Veja o excurso "Ações simbólicas", sob 13,1-11.

550   *Terceira parte: Ditos sobre as nações – Jeremias 46-51*

afundará assim como o escrito afundou no Eufrates. A execução da ordem não é narrada, apenas pressuposta (cf. Jr 16;19). À diferença de outras ações ou gestos simbólicos, aqui a ordem é dada pelo profeta, não por Deus; além disso, a ação não é para ser realizada pelo profeta, mas por Saraías (cf. 18,3s), e a interpretação não é expressa em forma de palavra de Deus. O profeta ocupa, por assim dizer, o lugar reservado a Deus nos outros relatos. Isso não depõe a favor da autenticidade do trecho.

Três observações formais chamam a atenção. A primeira oração do v. 59 é incompleta, devendo ser considerada, portanto, um título, à semelhança da introdução à promessa a Baruc (45,1), irmão do Saraías mencionado em nosso trecho. Em segundo lugar, o v. 60 é um parêntese que separa o título (v. 59) da ordem dada por Jeremias (v. 61). Ele acrescenta uma informação necessária para a compreensão da ação simbólica, pois relaciona esta com os ditos contidos em Jr 50s ("todas essas palavras"). Essas formariam, portanto, o conteúdo do documento – um único rolo ou uma única página – a ser lido e jogado no Eufrates. De fato, o v. 62 cita partes de 50,3 e 51,26b. Por fim, o v. 64 conclui com a informação de que aí terminam "as palavras de Jeremias". É provável que essa observação se encontrava originalmente no final do v. 58. Com a inclusão do presente relato, ela foi deslocada para seu atual lugar, arrastando junto consigo a última palavra do v. 58: "(e as nações) se extenuam (para o fogo)".[61]

Conforme o texto, um documento com as profecias de Jeremias contra a Babilônia foi dado a Saraías, que participou de uma delegação de judaítas que viajou à Babilônia. Esse Saraías era irmão de Baruc e responsável pela logística da viagem da delegação de Sedecias.[62] Essa teria ocorrido no ano de 594/3, o mesmo ano do conflito com Hananias (28,1). Conforme o TM, Sedecias liderou essa delegação; de acordo com a LXX, no entanto, o rei não participou dela. Delegações de países subjugados ao centro do império para prestar homenagem ao soberano ou para entregar tributos eram normais (cf. 29,3). Mas nada sabemos sobre uma delegação judaíta em 594. Nesse ano, em todo caso, Jeremias não poderia ter anunciado o fim da Babilônia. Esse anúncio caberia perfeitamente na boca de Hananias (cf. 28,2-4). O trecho ainda deixa em aberto a questão dos destinatários do gesto. Para quem Saraías deve ler

---

[61] Veja a nota 58 acima.
[62] V. excurso "Baruc", sob Jr 45.

Jeremias 50-51: Sobre a Babilônia

551

o escrito? Para os membros da comitiva ou para os judaítas exilados? Dificilmente seria para os babilônios! Ou talvez nem se esperasse haver um auditório para a leitura do documento, pressupondo que a mera articulação das palavras em voz alta provocaria, de forma mágica, a concretização das profecias!? O gesto de deixar o documento afundar nas águas do Eufrates aponta nessa direção.

Assim como os ditos reunidos nos cap. 50-51, também a ordem para realizar um gesto simbólico (51,59ss) não provém de Jeremias. Para o profeta, os exilados judaítas na Babilônia são exortados a orar pela paz das cidades babilônicas onde foram assentados (29,7). O relato sobre a ação simbólica provavelmente surgiu numa época em que as profecias contra a Babilônia estavam demorando para se concretizar. A intenção seria, então, reafirmar a confiança no cumprimento dos anúncios de juízo contra a Babilônia.[63]

O fim da Babilônia

Os ditos que profetizaram a queda e destruição total da Babilônia não se concretizaram com a conquista da capital do império por Ciro II, em 539 a.C. O último rei caldeu no trono da Babilônia foi Nabonid (556-538). Em seu governo se acirraram as tensões internas entre os econômica e politicamente poderosos sacerdotes de Marduc na capital e os representantes das divindades rivais *Shamash* (Deus Sol), de Larsa e Sipar, e *Nannar-Sin* (Deus Lua), de Ur e Harã. Procedente de Harã e influenciado por sua mãe, uma sacerdotisa de Sin, Nabonid deu preferência aberta a esse culto, angariando, com isso, a inimizade dos sacerdotes de Marduc. Por motivos não muito claros, o rei Nabonid retirou-se para o interior de seu império, o oásis de Tema, um entroncamento de rotas de caravanas a noroeste da Arábia, onde viveu por dez anos, deixando seu filho, Baltazar, para governar a capital. Este deu continuidade à política anti-Marduc de seu pai, o que levou os sacerdotes de Marduc a fazerem propaganda em favor do rei persa, Ciro II. Com isso aparentemente concordavam os descendentes dos exilados judaítas (cf. Is 44,28; 45,1). Devido a essa desunião interna no império, o rei Ciro entrou triunfalmente com suas tropas na capital sem derramar sangue e, de acordo com o Cilindro de Ciro, foi aclamado como libertador. Pelo que sabemos, a cidade não foi destruída nessa ocasião. Pelo contrário, Ciro passou a residir no palácio real babilônico.

Um dano maior a cidade da Babilônia sofreu somente sob o rei persa Xerxes I, em 485 a.C., mas a cidade ainda existia por ocasião da conquista de Alexandre, o Grande, em 331 a.C., que, aliás, mandou reconstruir alguns templos. Somente uma notícia do historiador Strabo, no séc. I a.C., menciona que a cidade se transformara num deserto. A grande metrópole do império babilônico não foi destruída por uma única invasão inimiga, mas

---

[63] Cf. Wanke II, p. 462.

552

Terceira parte: Ditos sobre as nações – Jeremias 46-51

decaiu no decorrer dos tempos, à medida que a alternância de impérios causava a transferência dos centros de poder. Com isso também as exortações à fuga de israelitas diante da iminente destruição da cidade (cf. 50,8; 51,6.45) perderam sua relevância. De fato, após o decreto de Ciro (Esd 6,3-5) possibilitar o retorno dos descendentes de judaítas exilados, não houve, entre eles, um entusiasmo muito grande para voltar à antiga pátria. A terceira geração de exilados já havia criado vínculos na nova pátria, muitos estavam até bem instalados. Além disso, havia a incerteza de como sobreviveriam na Palestina, já que seria difícil recuperar antigas propriedades. Por isso, somente aos poucos, grupos de israelitas aceitaram o desafio de retornar à Palestina e formar uma comunidade em torno do templo de Jerusalém. A comunidade judaica na Babilônia, no entanto, permaneceu forte e influente durante os séculos seguintes. (Werner II, p. 177-179; Rudolph, 1968, p. 315s; Donner II, p. 415-418, 444ss, 459ss; VVAA. Israel e Judá, p. 89-92.)

JEREMIAS 52:
UM APÊNDICE HISTÓRICO

1 Sedecias tornou-se rei aos vinte e um anos de idade e reinou por onze anos em Jerusalém. O nome de sua mãe era Hamital, filha de Jeremias, de Lebna.[1] 2 Mas ele fez o que era mau aos olhos de YHWH, exatamente como fizera Joaquim. 3 Sim, o que aconteceu em Jerusalém e Judá provocou a ira de YHWH, a ponto de ele os lançar para longe da face dele.

Sedecias rebelou-se contra o rei da Babilônia 4 e, no nono ano de seu[2] reinado, no décimo mês, no décimo dia do mês, Nabucodonosor, o rei da Babilônia, marchou com todo o seu exército contra Jerusalém. Eles acamparam diante dela e edificaram uma circunvalação[3] ao redor dela. 5 E a cidade ficou sitiada até o décimo primeiro ano do rei Sedecias. 6 No quarto mês, no nono dia do mês, quando a fome já tomara conta da cidade e não mais havia pão para o povo da terra, 7 uma brecha foi aberta na muralha da cidade. E todos os soldados fugiram, saindo da cidade à noite pelo caminho da porta entre os dois muros, junto ao jardim do rei, apesar de os caldeus sitiarem a cidade, e tomaram o caminho da Arabá. 8 Mas o exército dos caldeus perseguiu o rei, e alcançaram Sedecias nas estepes de Jericó; todo o seu exército se havia dispersado para longe dele. 9 Aprisionaram o rei e o levaram a Ribla, na terra de Emat, à presença do rei da Babilônia, que lhe proferiu a sentença. 10 E o rei da Babilônia mandou executar os filhos de Sedecias diante de seus[4] olhos; também mandou executar, em Ribla, todos os ministros de Judá. 11 Então mandou vazar os olhos de Sedecias e amarrá-lo em duas correntes de bronze; e o rei da Babilônia o conduziu à Babilônia e o colocou no cárcere até o dia de sua morte.

12 No quinto mês, no décimo dia do mês – este era o décimo nono ano do rei Nabucodonosor, rei da Babilônia –, Nabuzardã, o chefe da guarda, que servia[5] ao rei da Babilônia, veio a Jerusalém. 13 Ele incendiou a casa de YHWH, a casa do rei e todas as casas de Jerusalém, ou seja, queimou pelo fogo todas as casas dos

---

[1] Provavelmente *tell bornat*, na Sefelá (Rudolph, 1968, p. 318), não muito longe de Morasti, a terra natal de Miqueias.

[2] De Sedecias.

[3] O termo também pode significar "torre de assalto"; HAL, p. 212.

[4] De Sedecias.

[5] Literalmente "estava de pé diante de (o rei da Babilônia)".

554   *Jeremias 52: Um apêndice histórico*

grandes. 14 Todo o exército dos caldeus que permanecera com o chefe da guarda derrubou todas as muralhas em torno de Jerusalém. 15 Então Nabuzardã, o chefe da guarda, deportou[6] o resto do povo que ainda estava na cidade, os desertores que se haviam entregado ao rei da Babilônia e o resto dos artesãos. 16 Mas uma parte do povo humilde da terra, Nabuzardã, o chefe da guarda, deixou ficar, como vinhateiros e agricultores.

17 Os caldeus despedaçaram as colunas de bronze que pertenciam à casa de YHWH, os suportes rolantes e o "mar" de bronze que estavam na casa de YHWH; todo o bronze carregaram para a Babilônia. 18 Eles também levaram as panelas, as pás, as espevitadeiras, as bacias de aspersão, as bandejas e todos os utensílios de bronze utilizados no culto. 19 O chefe da guarda ainda tomou as taças, os braseiros, as bacias de aspersão, as panelas, as menorás, as bandejas e as travessas, tudo que era de ouro ou de prata. 20 Quanto às duas colunas, ao "mar", aos doze bois de bronze que o sustentavam e aos suportes rolantes que o rei Salomão fizera para a casa de YHWH, não se podia calcular quanto pesava o bronze de todas essas peças. 21 Quanto às colunas: a primeira tinha dezoito côvados de altura, doze côvados de circunferência e quatro dedos de espessura, e era oca. 22 Sobre ela estava um capitel de bronze, e a altura de cada capitel era de cinco côvados; em volta do capitel havia trançados e romãs, tudo de bronze. Como essa era também a segunda coluna, inclusive quanto às romãs. 23 Havia noventa e seis romãs nas laterais; e cem era o total das romãs sobre os trançados ao derredor.

24 O chefe da guarda também prendeu Saraías, o sacerdote-chefe, e Sofonias, o segundo sacerdote, e três guardas da porta. 25 Da cidade levou presos o funcionário da corte responsável pelos soldados, sete[7] homens do séquito do rei que ainda se encontravam na cidade, o secretário do ministro do exército, encarregado do recrutamento do povo da terra, bem como sessenta homens do povo da terra que se encontravam no meio da cidade. 26 Nabuzardã, o chefe da guarda, os prendeu e levou até o rei da Babilônia, em Ribla. 27 O rei da Babilônia, então, mandou feri-los e executá-los em Ribla, na terra de Emat. Assim Judá foi deportado de seu chão.

---

[6]   O TM inclui, entre os deportados, "parte do povo humilde", o que, no entanto, parece contradizer o v. 16. Os textos paralelos de Jr 39,9 e 2Rs 25,11 não contêm esse acréscimo. O v. 15 falta na LXX.

[7]   2Rs 25,19: cinco.

Jeremias 52: Um apêndice histórico

28 Este foi o povo que Nabucodonosor deportou: no sétimo ano[8], três mil e vinte e três judaítas; 29 no décimo oitavo ano de Nabucodonosor, oitocentos e trinta e duas pessoas de Jerusalém; 30 no vigésimo terceiro ano de Nabucodonosor, Nabuzardã, o chefe da guarda, deportou setecentos e quarenta e cinco pessoas judaítas. Ao todo: quatro mil e seiscentas pessoas.
31 No trigésimo sétimo ano da deportação de Joiaquin, rei de Judá, no décimo segundo mês, no vigésimo quinto dia do mês – no mesmo ano em que começou a reinar – Evil-Merodac, rei da Babilônia, reabilitou[9] Joiaquin, rei de Judá, e o tirou da prisão. 32 Falou com ele amigavelmente e colocou seu trono acima dos tronos de outros reis que estavam com ele na Babilônia. 33 Permitiu também que trocasse as vestes de prisioneiro e sempre comesse à mesa do rei, todos os dias de sua vida. 34 E o rei da Babilônia lhe garantiu sustento de forma permanente: cada dia a porção necessária até o dia de sua morte, todos os dias de sua vida.

Há consenso na pesquisa de que o cap. 52 foi retirado de 2Rs 24,18-25,30 e colocado no final do livro de Jeremias. Fenômeno semelhante conhecemos do livro de Isaías, onde os capítulos históricos Is 36-39 foram retirados de 2Rs 18,13-20,19 e colocados no final das profecias do (Proto-)Isaías (Is 1-39). À semelhança do cabeçalho do livro (1,1-3), o apêndice histórico Jr 52 mostra que os anúncios proféticos foram proferidos num determinado momento histórico e também se concretizaram.[10]

Há duas diferenças maiores entre Jr 52 e o relato de 2Rs. De um lado, omite-se, em Jr 52, o relato sobre o breve governo de Godolias (2Rs 25,22-26), certamente porque o episódio já havia sido tratado extensamente em Jr 40,7-41,15. De outro lado, Jr 52,28-30 apresenta os dados de três deportações efetuadas pelos babilônios que não se encontram em nenhum outro lugar. De resto, os relatos são paralelos e, em muitos trechos, idênticos.[11]

Pode-se estruturar o capítulo em sete seções:

V. 1-3a: o governo de Sedecias

V. 3b-11: queda de Jerusalém e destino de Sedecias

V. 12-16: destruição de Jerusalém

V. 17-23: destino dos objetos do templo

---

[8] Do governo de Nabucodonosor.

[9] Literalmente "ergueu a cabeça de (Joiaquin)".

[10] Rudolph, 1968, p. 319; Fischer II, p. 657.

[11] Quanto à discussão sobre as diferenças entre TM e LXX, cf. Fischer II, p. 639s.

556 *Jeremias 52: Um apêndice histórico*

V. 24-27: deportação da elite
V. 28-30: detalhes sobre as deportações
V. 31-34: reabilitação de Joiaquin

Na primeira seção (v. 1-3a), reaparece o modelo utilizado pela história deuteronomista para introduzir e avaliar os reis de Israel e Judá: idade do governante ao iniciar seu governo, duração do governo, nome e procedência da mãe, e avaliação do governo, geralmente negativa (cf. 1Rs 14,21s; 15,1-3; 2Rs 8,25-27 e.o.). Para os dtr, "mau aos olhos de YHWH" equivale a não ter observado o primeiro mandamento e ter tolerado os cultos paralelos ao de YHWH. Jeremias, o avô materno de Sedecias, não deve ser confundido com o profeta. Aparentemente o nome era bastante difundido. Sedecias é irmão pleno do rei Joacaz (=Selum), levado ao Egito em 609 (2Rs 23,31; Jr 22,10-12), tio do rei Joiaquin, deportado em 597 (2Rs 24,12ss) e irmão do rei Joaquim. A introdução atribui ao mau governo de Sedecias o trágico fim de Judá e Jerusalém.

O autor relata, na segunda seção (v. 3b-11), de forma fria e sem emoções, a conquista de Jerusalém e o cruel destino de Sedecias. Depois de um cerco de um ano e meio, quando a fome já assolava Jerusalém, a muralha da cidade cede ao impacto dos aríetes babilônicos. Apesar do cerco, o rei Sedecias consegue fugir, com parte de sua guarda, por uma saída secreta, na direção do vale do Jordão (Arabá), certamente em busca de asilo na Transjordânia. Na fuga, o rei, no entanto, é abandonado por sua guarda e, na altura de Jericó, preso por soldados babilônicos e levado a Ribla, às margens do rio Orontes, onde Nabucodonosor havia instalado seu quartel-general. Este, portanto, não estava pessoalmente no comando do cerco de Jerusalém, na ocasião. Em Ribla, Sedecias teve que assistir a degola de seus próprios filhos antes de ser cegado e levado cativo à Babilônia. Essa seria a última imagem gravada na retina do pai cego. A crueldade do império já se tornara rotina.

Os dados cronológicos da terceira seção são bastante precisos (v. 12-16): o cerco de Jerusalém iniciara no nono ano (do reinado de Sedecias), no décimo mês, no décimo dia do mês, ou seja, final de dezembro de 589/início de janeiro de 588 (v. 4), e a cidade foi tomada um ano e meio depois, no décimo primeiro ano, no quarto mês, no nono dia do mês, ou seja, final de junho/início de julho de 587 (v. 5s). Jerusalém não foi destruída logo após a conquista, mas somente um mês depois: no quinto mês, no décimo dia do

Jeremias 52: Um apêndice histórico 557

mês (v. 12).[12] Isso evidencia que a destruição não ocorreu no furor da batalha, mas de uma decisão política consciente. Nabuzardã, um alto funcionário babilônico ("chefe da guarda"), foi encarregado de toda a operação pós-guerra: destruição do templo, do palácio e das casas – ressaltam-se as moradias dos poderosos – pelo fogo; a derrocada da muralha; a deportação de um "resto" do povo da cidade – certamente pessoas da nobreza – juntamente com artesãos e desertores. A população mais pobre foi deixada na Palestina para retomar a produção agrícola e pastoril da região. Não era interesse babilônico deixar um importante espaço geopolítico totalmente desocupado nem perder possíveis fontes de receita tributária futura. Detalhes sobre essa "reforma" agrária babilônica na análise de Jr 39.

Nos v. 17-23, chamam a atenção os detalhes com que o autor descreve o destino das colunas, do mar de bronze e dos preciosos utensílios do templo (cf. 1Rs 7,15-51; 2Rs 25,13-17). Não se reflete tanto sobre a devastação do lugar sagrado, mas se nota um ressentimento sobre a enorme quantidade de metal precioso e de objetos sagrados levada como despojo para a Babilônia. Os utensílios do templo serão tema da narrativa de Dn 5. Sob Ciro, eles serão, em parte, devolvidos a seu lugar de origem (Esd 5,14; 6,5).

A quinta seção (v. 24-27) acrescenta nomes de pessoas que, à diferença das deportadas no v. 15, foram condenadas à morte, certamente por terem tido responsabilidade maior pela rebelião contra o império. Mencionam-se os dois principais sacerdotes do templo, Saraías e Sofonias, além de funcionários do templo, altos oficiais do exército, conselheiros do rei e sessenta pessoas cujo cargo ou função desconhecemos.

Os v. 28-30 trazem dados que não se encontram em 2Rs 25 nem na LXX. Conforme esses versículos, houve três deportações: a primeira, no sétimo ano de Nabucodonosor (597 a.C.), com 3.023 judaítas cativos; a segunda, no décimo oitavo ano (587 a.C.), com 832 pessoas de Jerusalém; a terceira, no vigésimo terceiro ano (582 a.C.), com 745 judaítas deportados. Os dados referentes a 597 diferem daqueles apresentados em 2Rs 24,14.16, onde se mencionam dez mil respectivamente oito mil pessoas deportadas. Chama a atenção que os números de Jr 52 são quebrados e menores – um total de quatro mil e seiscentas pessoas para as três deportações.

---

[12] A equiparação do décimo primeiro ano de governo de Sedecias com o décimo nono ano de Nabucodonosor (v. 12; 2Rs 25,8) contrasta com o décimo oitavo ano de 52,29 (32,1). Sobre essa incoerência, veja Wanke II, p. 299, 466, com nota 1132; cf. detalhes na análise de Jr 32,1-5.

558 Jeremias 52: Um apêndice histórico

Normalmente números não arredondados têm maior plausibilidade de serem históricos. Mas desconhecemos a modalidade de contagem. Se, p. ex., 3.023 representam apenas homens,[13] o total com mulheres e crianças poderia chegar a dez mil pessoas.[14] Nada sabemos da deportação ocorrida no ano de 582 a.C. Se admitirmos que o governo de Godolias tenha durado cinco anos, a terceira deportação poderia ter sido uma retaliação babilônica contra envolvidos no assassinato de Godolias.[15] Em todo caso, todos os números depõem a favor de que a maior parte da população judaíta não foi deportada, mas permaneceu vivendo na Palestina.

Como 2Rs 25, também Jr 52 conclui seu relato com a informação sobre a reabilitação do rei Joiaquin, exilado com sua família em 597 a.C. Evil-Merodac (=Amel-Marduc) era filho e sucessor de Nabucodonosor. A reabilitação ocorreu no ano de seu acesso ao trono (561/560), mais exatamente em 21 de março de 560 (dia 25 do mês 12 do ano 37 da deportação).[16] A partir dessa data, o ex-rei de Judá não mais precisava viver na prisão e podia usufruir de algumas benesses da corte babilônica. Textos extrabíblicos comprovam o fornecimento mensal de óleo da despensa real ao "rei do país de Judá", a cinco filhos seus e a outros oito judaítas.[17] Em meio aos eventos sombrios e funestos narrados nesse último capítulo do livro, abre-se uma portinhola de esperança nos últimos versículos. Seria um sinal de que a desgraça descrita não é a última palavra de Deus? E que a história de Israel com Deus tem continuidade para além do juízo?

---

[13] Assim, p. ex., Almeida, 1997, p. 101.

[14] Donner II, p. 425, nota 28, entende que os 3.023 deportados (de 597 a.C.) teriam sido apenas judaítas, ou seja, do interior de Judá, aos quais deveriam ser acrescentados cerca de sete mil jerosilimitas para chegar ao total de dez mil exilados mencionados em 2Rs 24,14.

[15] Assim Almeida, 1997, p. 102s.

[16] 2Rs 25,27 lê "dia 27 do mês 12" e LXX Jr 52,31, por sua vez, "dia 24 do mês 12".

[17] Israel e Judá, p. 89; Werner II, p. 195 (seis litros a Joiaquin; dois litros a seus filhos; e quatro litros aos outros judaítas). Alguns datam esses textos extrabíblicos no ano de 592. Nesse caso, Joiaquin já teria recebido rações mensais de óleo sob Nabucodonosor.

BIBLIOGRAFIA SELECIONADA

Literatura primária

A BÍBLIA. São Paulo: Paulinas, 2023

A BÍBLIA. Tradução Ecumênica da Bíblia (TEB). Nova edição revista e corrigida. São Paulo: Paulinas; Loyola, 1995.

BÍBLIA de Jerusalém. Nova edição, revista e ampliada. São Paulo: Paulus, 2002.

BIBLIA Hebraica Stuttgartensia. 3. verbesserte Aufl. Stuttgart: Deutsche Bibelgesellschaft, 1987. (TM)

BÍBLIA Peshitta em português. Niterói: bvbooks, 2019. (Siríaca)

BIBLIA sacra iuxta Vulgatam versionem. Editio minor. 3. verbesserte Aufl. Stuttgart: Deutsche Bibelgesellschaft, 1984. (Vulgata)

BÍBLIA sagrada. Tradução oficial da CNBB. 2. ed. Brasília: Edições CNBB, 2019.

BÍBLIA sagrada. Tradução de João Ferreira de Almeida. Edição revista e atualizada. 2. ed. Barueri: Sociedade Bíblica do Brasil, 1993.

BROCKELMANN, *Hebräische Syntax*. Neukirchen-Moers: Buchhandlung des Erziehungsvereins, 1956.

CÓDIGO de Hamurábi. Disponível em: <www.cpihts.com/PDF/C%C3%B3digo%20 hamurabi.pdf>. Acesso: fev. 2022.

GESENIUS, Wilhelm; BUHL, Frants. *Hebräisches und aramäisches Handwörterbuch*. 17. Aufl. Berlin; Göttingen; Heidelberg: Springer, 1962. (Gesenius; Buhl)

GESENIUS, Wilhelm; KAUTZSCH, Ernst; BERGSTRÄSSER, Gotthelf. *Hebräische Grammatik*. 28. Aufl. Hildesheim; Zürich; New York: Georg Olms, 1985. (GK)

GUSSO, Antônio Renato. *Gramática Instrumental do Hebraico*. 3. ed. rev. e ampl. São Paulo: Vida Nova, 2017.

HOLLENBERG, Wilhelm; BUDDE, Karl; BAUMGARTNER, W. *Gramática Elementar da Língua Hebraica*. Trad. Nelson Kirst. São Leopoldo: Sinodal, 1972. (Hollenberg; Budde)

JOSEFO, Flávio. Antiguidades Judaicas. In: _____ *História dos Judeus*. Obra Completa. Rio de Janeiro: CPAD, 1992. p. 41-468.

KELLEY, Page H. *Hebraico Bíblico*: uma gramática introdutória. São Leopoldo: Sinodal; IEPG, 1998.

KIRST, Nelson et al. *Dicionário Hebraico-Português e Aramaico-Português*. São Leopoldo: Sinodal; Petrópolis: Vozes, 1988.

KOEHLER, Ludwig; BAUMGARTNER, Walter. *Hebräisches und Aramäisches Lexikon*. 3. Aufl. Leiden: E. J. Brill. 4 Bd., 1967, 1974, 1983, 1990. (HAL)

LISOWSKY, Gerhard. *Konkordanz zum Hebräischen Alten Testament*. 2. Aufl. Stuttgart: Deutsche Bibelgesellschaft, 1981.

LIDDELL, Henry George; SCOTT, Robert. *A Greek-English Lexikon*. With a Supplement. (1968). 9th ed. Oxford: Clarendon, 1978.

SEPTUAGINTA deutsch. *Das griechische Alte Testament in deutscher Übersetzung*. Hg. KRAUS, Wolfgang; KARRER, Martin. Stuttgart: Deutsche Bibelgesellschaft, 2009.

SEPTUAGINTA id est Vetus Testamentum graece iuxta LXX interpretes. Ed. Alfred Rahlfs. Editio minor. Duo volumina in uno. Stuttgart: Deutsche Bibelgesellschaft, 1935. (LXX)

SEPTUAGINTA. Vetus Testamentum Graecum. Auctoritate Academiae Scientiarum Gottingensis editum. Göttingen, 1931ss.

Comentários, monografias e artigos

ACHENBACH, Reinhard. Verbete Klagefeiern. *WiBiLex*. Deutsche Bibelgesellschaft, 03/2007. Disponível em: <www.bibelwissenschaft.de/stichwort/23616>. Acesso em: 14 dez. 2020.

ADRIANO FILHO, José. "Como está escrito": releitura de LXX Isaías 29.14b e LXX Jeremias 9.22-23 em 1 Coríntios 1.18-31. *Estudos Teológicos,* São Leopoldo, v. 59, p. 168-182, 2019.

ALBERTZ, Rainer. *Die Exilszeit.* 6. Jahrhundert v. Chr. Stuttgart: Kohlhammer, 2001. (Biblische Enzyklopädie 7).

ALBERTZ, Rainer. Jer 2-6 und die Frühzeitverkündigung Jeremias. *ZAW*, Berlin: de Gruyter, 94, p. 20-47, 1982.

ALMEIDA, Joãozinho Thomaz de. *Jeremias*: homem de carne e osso. São Paulo: Paulinas, 1997.

AMMANN, Sonja. Fremde Religionen. *WiBiLex*, 2018. Disponível em: <www.bibelwissenschaft.de/stichwort/18545>. Acesso em: 20 dez. 2020.

AUERBACH, Reinhard. Klagefeier. *WiBiLex*, 2007. Disponível em: <www.bibelwissenschaft.de/stichwort/23616>. Acesso em: 14 dez. 2020.

BACH, Robert. Bauen und pflanzen. In: RENDTORFF, R.; KOCH, K. (Hg.). *Studien zur Theologie der alttestamentlichen Überlieferungen.* Neukirchen-Vluyn: Neukirchener, 1961. p. 7-32. (Festschrift Gerhard von Rad).

BAUCKS, Michaela. Menschenopfer. *WiBiLex*. 2016. Disponível em: <www.bibelwissenschaft.de/stichwort/21218>. Acesso em: 20 out. 2020.

BEGRICH, Joachim. Das priesterliche Heilsorakel. (1934). In. _____. *Gesammelte Studien zum Alten Testament.* München: Chr. Kaiser, 1964. p. 217-231. (Theologische Bücherei 21).

BORGES DE SOUSA, Ágabo. O "Povo da Terra" no livro de Jeremias. *Estudos Bíblicos,* Petrópolis: Vozes; São Leopoldo: Sinodal, n. 44, p. 53-58, 1994.

BORGES DE SOUSA, Ágabo. El significado del verbo "plantar" en el libro de Jeremías: Yavé como agricultor. *RIBLA,* Quito, n. 24, p. 25-34, 1997. Disponível em: <www.centrobiblicoquito.org/images/ribla/24.pdf>. Acesso em: 10 set. 2023.

BORGES DE SOUSA, Ágabo. *Studien zum Menschenverständnis von Jer 2-6 aus einer lateinamerikanischen Perspektive*: ein Beitrag zur Anthropologie des Jeremiabuches. Hamburg: Verlag an der Lottbek, 1993. (Wissenschaftliche Beiträge aus europäischen Hochschulen, Reihe 01-Theologie, Bd. 4).

BRENNER, Athalya (Ed.). A *Feminist Companion to the Latter Prophets.* Sheffield Press: Sheffield, 1995.

BRENNER, Athalya; DIJK-HEMMES, Fokkelien van (Ed.). *On Gendering Texts*: Female and Male Voices in the Hebrew Bible. Leiden; New York; Köln: Brill, 1996.

BRUEGGEMANN, Walter. *A Commentary on Jeremiah*: Exile and Homecoming. Grand Rapids: The Westminster Press, 1998.

BRUEGGEMANN, Walter. *The Theology of the Book of Jeremiah.* New York: Cambridge University Press, 2007. (Old Testament Theology).

CARROLL, Robert P. *From Chaos to Covenant*: Uses of Prophecy in the Book of Jeremiah. London: SCM Press, 1981.

CARROLL, Robert P. *Jeremiah*: A Commentary. Philadelphia: The Westminster Press, 1986. (The Old Testament Library).

CHARLSWORTH, J. H. (Ed.). *The Old Testament Pseudepigrapha.* New York, 1985. v. 2. Disponível em: <www.richard-2782.net/TheOldTestPseudvol2.pdf>. Acesso em: 03 fev. 2023.

Bibliografia selecionada 561

CORNELIUS, Izak. Anat. *WiBiLex*, 2008. Disponível em: <www.bibelwissen schaft.de/stichwort/13361>. Acesso em: 17 out. 2020.

CROATTO, José Severino. La estructura de los libros proféticos (Las relecturas en el interior del corpus profético). *RIBLA*, Quito, n. 35-36, p. 7-24, 2000.

CROATTO, José Severino. De la alianza rota (Sinaí) a la alianza nueva y eterna (Jeremías 11-20 + 30-33). *RIBLA*, Quito, n. 35-36, p. 87-96, 2000.

CROATTO, José Severino. La Diosa Asherá en el Antiguo Testamento: el aporte epigráfico a la arqueologia. *RIBLA*, Quito, n. 38/1, p. 29-39, 2001.

DEISSLER, Alfons. Das 'Echo' der Hosea-Verkündigung im Jeremiabuch. In: RUPERT, L. et al. (Hg.). *Künder des Wortes*: Beiträge zur Theologie der Propheten. Würzburg, 1982. (Festschrift J. Schreiner).

DIAMOND, A. R. *The Confessions of Jeremiah in Context*: Scenes of Prophetic Drama. Sheffield: JSOT Press, 1987. (JSOT.SS 45).

DIAS DA SILVA, Cássio Murilo. E o SENHOR tinha razão em se vingar contra seu povo: estudo exegético de três perícopes de Jeremias. *Teocomunicação*, Porto Alegre, v. 50, n. 2, p. 1-15, jul./dez. 2020.

DIETRICH, José Luiz; SILVA, Rafael Rodrigues. *Em busca da palavra de Deus*: leitura do Deuteronômio entre contradições, ambiguidades, violências e solidariedade. São Paulo: Paulus; São Leopoldo: CEBI, 2020.

DONNER, Herbert. *História de Israel e dos povos vizinhos*. São Leopoldo: Sinodal; Petrópolis: Vozes, 1997. 2 v.

DUEMES, Nestor; RAYMANN, Acir. A teologia da esperança: uma análise de Jeremias 33.1-8. *Igreja Luterana*, Porto Alegre, v. 60, n. 1, p. 13-36, 2001.

DUHM, Bernhard. *Das Buch Jeremia*. Kurzer Hand-Commentar zum Alten Testament. Tübingen; Leipzig: J. C. B. Mohr, 1901.

EPH'AL, I. The Western Minorities in Babylon in the 6th-5th Centuries. *Orientalia*, 47, p. 74-90, 1978.

FABRY, Heinz-Joseph. Verbete *marzeah*. In: *Theologisches Wörterbuch zum Alten Testament*. Stuttgart: Kohlhammer, 1984. Bd. V, col. 11-16.

FINSTERBUSCH, Karin. Konfessionen Jeremias. *WiBiLex*, 2015. Disponível em: <www.bibelwissenschaft.de/stichwort/23904>. Acesso em: 31 dez. 2020.

FISCHER, Alexander Achilles. *O texto do Antigo Testamento*. Ed. reformulada da *Introdução à Bíblia Hebraica* de Ernst Würthwein. Barueri: SBB, 2013. (Fischer, A. A.)

FISCHER, Georg. Verbete "Jeremia/Jeremiabuch". In: *Religion in Geschichte und Gegenwart*. Bd. 4. 4. Aufl. Studienausgabe. Tübingen: Mohr Siebeck, 2008. p. 414-423.

FISCHER, Georg. *Jeremia 1-25*. Freiburg; Basel; Wien: Herder, 2005. (Herders Theologischer Kommentar zum Alten Testament). (Fischer I)

FISCHER, Georg. *Jeremia 26-52*. Freiburg; Basel; Wien: Herder, 2005. (Herders Theologischer Kommentar zum Alten Testament). (Fischer II)

FOHRER, Georg. Die Gattung der Berichte über symbolische Handlungen der Propheten. *ZAW*, v. 64, p. 101-120, 1952.

FREITAS FARIA, Jacir de. Perdón y nueva alianza: propuesta jubilar de Jr 31,23-34. *RIBLA*, Quito, n. 33, p. 104-121, 1999.

FÜGLISTER, Notker. Jeremias: completamente tomado por Deus para o seu serviço. In: SCHREINER, Josef (Ed.). *Palavra e mensagem do Antigo Testamento*. 2. ed. São Paulo: Teológica; Paulus, 2004. p. 239-258.

GALLEAZZO, Vinicius. A defesa profética da permanência na terra: Jeremias 42. *Estudos Bíblicos*, v. 91, p. 78-82, 2006.

GARMUS, Ludovico. Justiça e esperança em Jeremias. *Estudos Bíblicos*, Petrópolis, v. 32, n. 125, p. 34-44, jan./mar. 2015.

562 Bibliografia selecionada

GILULA, M. An Egyptian Parallel to Jeremiah I:4-5. *Vetus Testamentum*, 17, p. 114, 1967.

GARCÍA BACHMANN, Mercedes. Jeremías. In: LEVORATTI, Armando J. (Ed.). *Comentário Bíblico latinoamericano*. Antiguo Testamento II: Libros proféticos y sapienciales. Estella (Navarra): Verbo Divino, 2007. p. 329-382.

GARCÍA BACHMANN, Mercedes. Jeremías: profeta en tiempo de crisis. *Cuadernos de Teología*, Buenos Aires, v. XXI, p. 11-26, 2002.

GERSTENBERGER, Erhard S. *Das 3. Buch Mose* – Leviticus. Göttingen: Vandenhoeck & Ruprecht, 1993. (Altes Testament Deutsch 6).

GERSTENBERGER, Erhard S. Israel in der Perserzeit. Stuttgart: Kohlhammer, 2005. (Biblische Enzyklopädie 8).

GRAUPNER, Axel. *Auftrag und Geschick des Propheten Jeremia*: literarische Eigenart, Herkunft und Intention vordeuteronomistischer Prosa im Jeremiabuch. Neukirchen-Vluyn: Neukirchener Verlag, 1991. (Biblisch-theologische Studien 15).

HAHN, Noli Bernardo; KONZEN, Léo Zeno. Una voz contraria a la guerra: lectura de Jeremías 38,1-6. *RIBLA*, Quito, v. 50, p. 73-76, 2005.

HARDMEIER, Christof. Totenklage (AT). *WiBiLex*. Deutsche Bibelgesellschaft, 02/2007. Disponível em: <www.bibelwissenschaft.de/stichwort/36058>. Acesso em: 14 dez. 2020.

HOLLADAY, William L. *Jeremiah*. A Commentary on the Book of Jeremiah Chapters 1-25. 2. ed. Minneapolis: Fortress Press, 1989. (Hermeneia: A Critical and Historical Commentary on the Bible). (Holladay I)

HOLLADAY, William L. *Jeremiah*. A Commentary on the Book of Jeremiah Chapters 26-52. Minneapolis: Fortress Press, 1986. (Hermeneia: A Critical and Historical Commentary on the Bible). (Holladay II)

HORST, Friedrich. Die Anfänge des Propheten Jeremia. *ZAW*, p. 94-153, 1923.

HOSSFELD, F. L.; MEYER, I. *Prophet gegen Prophet*. Freiburg, 1973. (Biblische Beiträge Bd. 9).

ISRAEL E JUDÁ. Textos do Antigo Oriente Médio. Documentos do mundo da Bíblia 2. ed. São Paulo: Paulinas, 1985.

ITTMANN, Norbert. *Die Konfessionen Jeremias*: ihre Bedeutung für die Verkündigung des Propheten. Neukirchen-Vluyn: Neukirchener, 1981.

JENNI, Ernst; WESTERMANN, Claus (Hg.). *Theologisches Handwörterbuch zum Alten Testament*. München: Christian Kaiser, 1978/1979. 2 Bd. (THAT).

JEREMIAS, Jörg. *Der Prophet Amos*. Göttingen: Vandenhoeck & Ruprecht, 1995. (Altes Testament Deutsch 24/2).

JEREMIAS, Jörg. Verbete *nabi'* Prophet. In: *THAT*. München: Christian Kaiser, 1979. Bd. 2, col. 7-26.

KAEFER, José Ademar. A paixão do profeta: Jeremias 38,1-6. *Estudos Bíblicos*, Petrópolis, v. 91, p. 34-38, 2006.

KAISER, Otto. *Der Gott des Alten Testaments*. Theologie des Alten Testaments. Bd. 1: Grundlegung. Göttingen: Vandenhoeck & Ruprecht, 1993.

McKANE, William. *A Critical and Exegetical Commentary on Jeremiah* v. 1. Edinburgh: T.&T. Clark, 1986. (International Critical Commentary).

McKANE, William. *A Critical and Exegetical Commentary on Jeremiah* v. 2. Edinburgh: T.&T. Clark, 1996. (International Critical Commentary).

KEEL, Othmar. *Die Welt der altorientalischen Bildsymbolik und das Alte Testament*. Am Beispiel der Psalmen. Zürich: Benzinger; Neukirchen-Vluyn: Neukirchener, 1972. p. 193s.

KEEL, Othmar; UEHLINGER, Christoph. *Göttinen, Götter und Gottessymbole*. Freiburg; Basel; Wien: Herder, 1992. p. 296s. (Keel; Uehlinger, 1992).

Bibliografia selecionada 563

KEPLER, Karl Heinz. *A nova aliança em tempos de juízo*: uma visão aplicada da mensagem de Jeremias. 2019. Tese (Doutorado em Teologia) – IEPG, Faculdades EST, São Leopoldo, 2019.

KILPP, Nelson. Eine frühe Interpretation der Katastrophe von 587. *ZAW*, Berlin: de Gruyter, v. 97, p. 210-220, 1985.

KILPP, Nelson. Jeremias escreve aos exilados: a dimensão crítica do anúncio profético de salvação. *Estudos Teológicos*, São Leopoldo: EST, ano 28, n. 1, p. 9-20, 1988.

KILPP, Nelson. *Niederreissen und aufbauen:* das Verhältnis von Heilsverheissung und Unheilsverkündigung bei Jeremia und im Jeremiabuch. Neukirchen-Vluyn: Neukirchener, 1990.

KILPP, Nelson. Jeremias diante do tribunal. *Estudos Teológicos,* São Leopoldo: EST, v. 46, p. 52-70, 2006.

KILPP, Nelson. Um profeta que nasce da atuação pastoral. *Reflexus*, Vitória/ES, ano 7, n. 9, p. 43-60, maio 2013.

KILPP, Nelson. O uso litúrgico de ditos proféticos. *Estudos Teológicos,* São Leopoldo: EST, v. 57, n. 1, p. 112-125, 2017.

KILPP, Nelson. A salvação passa pelo campo. In: SANTOS, Francisco Assis Souza dos; GONÇALVES, José Mário; RIBEIRO, Osvaldo Luís (Orgs.). *Ciências das Religiões Aplicadas*. Vitória/ES: Editora Unida, 2014. p. 105-120.

KIRST, Nelson. *Jeremias*: textos selecionados. São Leopoldo: Faculdade de Teologia, 1984. (Série Exegese v. 6 – polígrafo).

KLEIN, Anja. Prophetie, falsche. In: *WiBiLex,* 2015. Disponível em: <http:// bibelwissenschaft.de/stichwort/31336>. Acesso em: 31 out. 2021.

KOCH, Klaus. Verbete ṣdq gemeinschaftstreu/heilvoll sein. In: *THAT.* 1979. v. 2, col. 507-530.

KOENEN, Klaus. Zerstörung Jerusalems (587 v. Chr.). *WiBiLex*, 2013. Disponível em: <www.bibelwissenschaft.de/stichwort/43966>. Acesso em: 17 out. 2020.

KOENEN, Klaus. Anatot. *WiBiLex*, 2018. Disponível em: <www.bibelwissenschaft.de/stichwort/13373>. Acesso em: 17 out. 2020.

KÖHLMOOS, Melanie. Trauer (AT). *WiBiLex*, 2012. Disponível em: <www.bibelwissenschaft.de/stichwort/36154>. Acesso em: 14 dez. 2020.

KRAMER, Pedro. Um jovem torna-se profeta: "Eu sou ainda criança!" (Jr 1,6). *Estudos Bíblicos*, Petrópolis, v. 28, n. 110, p. 28-36, abr./jun. 2011.

KUTSCH, Ernst. Verbete *berit* Verpflichtung. In: *THAT.* München: Christian Kaiser, 1978. Bd 1, col. 339-352.

LEEUWEN, C. van. Verbete *rash' frevelhaft/schuldig sein.* In: *THAT.* München: Christian Kaiser, 1979. Bd 2, col. 814-818.

LIEDKE, G. špṭ richten. In: *THAT.* München: Christian Kaiser, 1979. Bd. 2, col. 999-1009.

LISBOA, Célia M. P. Mídia e profecia em Jeremias: quem fala em nome do povo? *Estudos Bíblicos*, Petrópolis, v. 33, n. 132, p. 22-31, out./dez. 2016.

LIWAK, Rüdiger. *Der Prophet und die Geschichte*: eine literar-historische Untersuchung zum Jeremiabuch. Stuttgart: Kohlhammer, 1987. (Beiträge zur Wissenschaft vom Alten und Neuen Testament, 7. Folge, Heft 1.)

LIWAK, Rüdiger. Vierzig Jahre Forschung zum Jeremiabuch. *Theologische Rundschau*, ano 76, fasc. 2, p. 131-179, 2011 / ano 76, fasc. 3, p. 265-295, 2011 / ano 76, fasc. 4, p. 415-475, 2011 / ano 77, fasc. 1, p. 1-53, 2012.

LOHFINK, Norbert. Der junge Jeremia als Propagandist und Poet: zum Grundstock von Jer 30-31. In: BOGAERT, P. M. (Ed.). *Le livre de Jérémie*: Le profète e son milieu, les oracles e son transmission. Louvain: Peters, 1981. p. 351-368.

564 *Bibliografia selecionada*

MAIER, Christl M. "Himmelskönigin". *WiBiLex,* 2010. Disponível em: <www. bibelwissenschaft.de/stichwort/21218>. Acesso em: 17 jul. 2023.

MAIZTEGUI GONÇALVES, Humberto. Jeremias e as refugiadas no Egito: uma desconstrução de Jr 44. *Estudos Bíblicos,* São Paulo, v. 134, n. 34, p. 136-146, 2017.

MENA LÓPEZ, Maricel. Ebed-Melec, o cuchita, salva Jeremias da cisterna: um testemunho de seguimento profético no tempo do cerco e queda de Jerusalém (Jeremias 38,7-13 e 39,15-18). *Estudos Bíblicos,* Petrópolis, v. 73, p. 42-54, 2002.

MENDES FILHO, José Jacinto de Ribamar. *O arrependimento de Deus no Antigo Testamento*: um estudo do verbo *nacham*. 2017. Dissertação (Mestrado) – Faculdades EST, São Leopoldo, 2017.

MESTERS, Carlos. *O profeta Jeremias*: boca de Deus, boca do povo. São Paulo: Paulinas, 1992.

MESTERS, Carlos. *O profeta Jeremias*: um homem apaixonado. São Paulo: Paulus; CEBI, 2016.

MEYER, Ivo. O livro de Jeremias. In: ZENGER, Erich et al. *Introdução ao Antigo Testamento.* São Paulo: Loyola, 2003. (2. ed. 2016).

MINCATO, Ramiro. Jeremias 29,1-7: 'O futuro começa agora'. *Estudos Bíblicos,* Petrópolis, São Leopoldo, v. 49, p. 37-47, 1996.

MOWINKEL, Sigmund. *Zur Komposition des Buches Jeremia.* Kristiania (Oslo), 1914.

NIEWÖHNER, Stéfani. *Dia de justiça e libertação*: o dia de Javé no Antigo Testamento como temática intertextual. 2020. Tese (Doutorado) – Faculdades EST, São Leopoldo, 2020.

NOTH, Martin. *Geschichte Israels.* 6. Aufl. Göttingen: Vandenhoeck & Ruprecht, 1966.

NOTH, Martin. *I Könige 1-16.* 2. ed. Neukirchen-Vluyn: Neukirchener, 1983. (Biblischer Kommentar zum Alten Testament Bd. IX/1).

NUNN, Astrid. Götterbild. *WiBiLex,* 2014. Disponível em: <www.bibelwissen schaft.de/stichwort/19712>. Acesso em: 31 dez. 2020.

ODASHIMA, Taro. *Heilsworte im Jeremiabuch*: Untersuchungen zu ihrer vordeuteronomistischen Bearbeitung. Stuttgart: Kohlhammer, 1989. (Beiträge zur Wissenschaft vom Alten und Neuen Testament, 7. Folge, Heft 5).

OTTERMANN, Monika. *As vítimas de guerra que manifestaram seu juízo.* Encontrando mulheres de voz profética a partir de Jeremias 38,14-28a. 2003. Dissertação (Mestrado) – UMESP, São Bernardo do Campo, 2003.

OTTERMANN, Monika. Defender a vida em meio a fracassos e catástrofes: uma introdução a Jeremias 37-45. *Estudos Bíblicos,* Petrópolis, v. 91, p. 9-16, 2006.

PETERLEVITZ, Luciano R. A esperança de um poder que não faça sofrer: Jeremias 39,11-18. *Estudos Bíblicos,* Petrópolis, v. 91, p. 57-61, 2006.

PETERLEVITZ, Luciano R. *Eis que livrarei da prisão o meu povo Israel e Judá:* as palavras de salvação em Jr 30-31 como projeto de retribalização. 2014. Tese (Doutorado) – UMESP, São Bernardo do Campo, 2014.

PIXLEY, Jorge. Jeremías, el profeta para las naciones confronta a su próprio pueblo (Jeremías 21-24 + 26-29), *RIBLA*, Quito, n. 35-36, p. 97-102, 2000.

PSCHIBILLE, Judith. *Hat der Löwe erneut gebrüllt?*: Sprachliche, formale und inhaltliche Gemeinsamkeiten in der Verkündigung Jeremias und Amos. Neukirchen-Vluyn: Neukirchener, 2001.

RAD, Gerhard von. *Teologia do Antigo Testamento.* 2. ed. São Paulo: ASTE; Targumim, 2006. v. 1-2.

Bibliografia selecionada 565

REIMER, Haroldo. Praticou direito e justiça: anotações sobre Jeremias 22,13-19. *Tempo e Presença*, Rio de janeiro, n. 290, p. 40-42, nov./dez. 1996.

REVENTLOW, Henning Graf. *Liturgie und prophetisches Ich bei Jeremia*. Gütersloh: Gerd Mohn, 1963.

RIBEIRO, Osvaldo Luiz. Hipótese da intertextualidade de Jr 4,5-31 em Gn 1,1-2,4b. *Estudos Teológicos*, São Leopoldo, v. 58, n. 2, p. 547-568, 2018.

RINGGREN, Helmer. *Die Religionen des Alten Orients*. Göttingen: Vandenhoeck & Ruprecht, 1979. (Altes Testament Deutsch Ergänzungsreihe-Sonderband).

RIPOLI, Fernando. *A crítica social do dito de Jeremias contra o rei Joaquim*: uma análise exegética de Jeremias 22,13-19 (609-598 a.C.). Dissertação (Mestrado) – UMESP, São Bernardo do Campo, 2014.

RÖMER, Thomas. Jeremias. In: RÖMER, Thomas; MACCHI, Jean-Daniel; NIHAN, Christophe (Orgs.). *Antigo Testamento*: história, escritura e teologia. São Paulo: Loyola, 2010.

ROSSI, Luiz Alexandre Solano. *Como ler o livro de Jeremias*: profecia a serviço do povo. São Paulo: Paulus, 2002.

RUDOLPH, Wilhelm. *Jeremia*. 3. Aufl. Tübingen: J. C. B. Mohr, 1968. (Handbuch zum Alten Testament).

RÜTERSWÖRDEN, Udo. *Die Beamten der israelitischen Königszeit*: eine Studie zu śr und vergleichbaren Begriffen. Stuttgart: Kohlhammer, 1985. (Beiträge zur Wissenschaft vom Alten und Neuen Testament, 6. Folge, Heft 17).

SAEBO, M. Verbete *śkl* einsichtig sein. In: *THAT*. 1979. v. 2, col. 824-828.

SCHARBERT, Josef. Jeremia und die Reform des Joschija. In: BOGAERT, P.-M. (Ed.). *Le livre de Jérémie*: Le prophète et son milieu, les oracles e leur transmission. Leuven: University Press, 1981. p. 40-57.

SCHMIDT, Werner H. *A fé do Antigo Testamento*. São Leopoldo: Sinodal; EST, 2004.

SCHMIDT, Werner H. *Das Buch Jeremia*: Kapitel 1-20. Göttingen: Vandenhoeck & Ruprecht, 2008. (Altes Testament Deutsch 20). (Schmidt I)

SCHMIDT, Werner H. *Das Buch Jeremia*: Kapitel 21-52. Göttingen: Vandenhoeck & Ruprecht, 2013. (Das Alte Testament Deutsch 21). (Schmidt II)

SCHMIDT, Werner H. *Introdução ao Antigo Testamento*. 5. ed. São Leopoldo: Sinodal; EST, 2013.

SCHMITT, Flávio. Uma confissão de Jeremias. In: MOTA, Sônia G.; LINDENAU, Maribel R. *Da tradição profética à esperança*. Porto Alegre: Palavra Bordada, 2019. p. 83-110.

SCHMITT, Gustavo. *Um projeto de esperança*: os oráculos de salvação em Dêutero-Isaías. 2020. Tese (Doutorado) – Faculdades EST, São Leopoldo, 2020.

SCHÖKEL, L. Alonso; SICRE DIAZ, J. L. *Profetas I*: Isaías. Jeremias. São Paulo: Paulinas, 1988.

SCHOTTROFF, Willy. Verbete *pqd* heimsuchen. In: *THAT*. München: Christian Kaiser, 1979. Bd. 2, col. 466-486.

SCHRÖTER, Ulrich. Jeremias Botschaft für das Nordreich: zu N. Lohfinks Überlegungen zum Grundbestand von Jeremia XXX-XXXI. *Vetus Testamentum* XXXV, p. 312-329, 1985.

SCHWANTES, Milton. "Eu te darei a tua vida para lucro": observações em Jeremias 45. *Estudos Bíblicos*, v. 91, p. 98-102, 2006.

SCHWANTES, Milton. *O direito dos pobres*. São Leopoldo: Oikos; São Bernardo do Campo: Editeo, 2013 (= SCHWANTES, Milton. *Das Recht der Armen*. Frankfurt: Peter Lang, 1977).

566   *Bibliografia selecionada*

SICRE, José Luís. *Profetismo em Israel*: o profeta, os profetas, a mensagem. 2. ed. Petrópolis: Vozes, 2002.

SILVA, Airton José da. Arrancar e destruir, construir e plantar: a vocação de Jeremias. *Estudos Bíblicos,* Petrópolis, v. 15, p. 11-22, 1987.

SILVA, Airton José da. *Nascido profeta*: a vocação de Jeremias. São Paulo: Paulinas, 1992.

SILVA, Airton José da. O discurso de Jeremias contra o templo. *Estudos Bíblicos,* Petrópolis, v. 33, n. 129, p. 85-96, jan./mar. 2016.

SILVA, Célio. Uma oportunidade após a catástrofe?: Jeremias 40,1-12. *Estudos Bíblicos,* Petrópolis, v. 91, p. 62-65, 2006.

SIQUEIRA, Tércio Machado. Um pouco da história da pesquisa sobre o "Povo da Terra". *Estudos Bíblicos,* Petrópolis: Vozes; São Leopoldo: Sinodal, v. 44, p. 9-16, 1994.

SIQUEIRA, Tércio Machado. Jeremias: entreguista ou realista? Jeremias 38,14-28. *Estudos Bíblicos,* v. 62, p. 37-44, 1999.

SIQUEIRA, Tércio Machado. O "resto" em Jeremias. *Estudos Bíblicos,* Petrópolis: Vozes; São Leopoldo: Sinodal, v. 44, p. 9-16, 1994.

SMELIK, Klaas A. D. *Historische Dokumente aus dem alten Israel:* mit zahlreichen Abbildungen im Text. Göttingen: Vandenhoeck & Ruprecht, 1987.

SNOEK, Juan. La lucha profética contra el templo: un análisis de Jeremías 7:1-15. *Xilotl,* Manágua (Nicarágua), ano 5, n. 9, p. 90-103, 1992.

STAUDER, Eduardo Paulo. A memória da derrota anuncia esperança: Jeremias 40,13-41,10. *Estudos Bíblicos,* Petrópolis, v. 91, p. 66-72, 2006.

STEYMANS, Hans Ulrich. Götterpolemik (AT). *WiBiLex,* 2007. Disponível em: <www.bibelwissenschaft.de/stichwort/19736>. Acesso em: 31 dez. 2020.

SOGGIN, J. A. Verbete *Mélek* König. In: *THAT*. München: Christian Kaiser, 1978. Bd. 1, col. 918s.

STAMM, J. J. Verbete *g'l* erlösen. In: *THAT*. München: Christian Kaiser, 1978. Bd. 1, col. 383-394.

STIPP, Hermann-Josef. *Jeremia im Parteienstreit*. Frankfurt (Main): Vandenhoeck & Ruprecht, 1992. (Bonner Biblische Beiträge 82).

STOLZ, Fritz. Verbete *leb* Herz. In: *THAT*. München: Christian Kaiser, 1978. Bd. 1.

THIEL, Winfried. *Die deuteronomistische Redaktion von Jeremia 1-25*. Neukirchen-Vluyn: Neukirchener, 1973. (Wissenschaftliche Monographien zum Alten und Neuen Testament 41). (Thiel I)

THIEL, Winfried. *Die deuteronomistische Redaktion von Jeremia 26-45*. Neukirchen-Vluyn: Neukirchener, 1981. (Wissenschaftliche Monographien zum Alten und Neuen Testament 52). (Thiel II)

THIEL, Winfried. *A sociedade de Israel na época pré-estatal*. São Leopoldo: Sinodal; São Paulo: Paulinas, 1993.

THOMPSON, John Arthur. *O comentário de Jeremias*. São Paulo: Shedd Publicações, 2022 (= THOMPSON, John Arthur. *The Book of Jeremiah*. Grand Rapids: Eerdmans, 1980. [The New International Commentary on the Old Testament]).

TORREBLANCA, Jorge. Jeremías: una lectura estructural. *RIBLA,* Quito, n. 35-36, p. 68-82, 2000.

TORRES, Otávio Júlio. *"Verdadeira" e "falsa" profecias*: uma nova leitura da controvérsia entre Jeremias e os profetas da paz – Jeremias 23,9-40. 1999. Dissertação (Mestrado) – UMESP, São Bernardo do Campo, 1999.

VEENHOF, Klaas R. *Geschichte des Alten Orients bis zur Zeit Alexander des Grossen*. Göttingen: Vandenhoeck & Ruprecht, 2001. (Altes Testament Deutsch Ergänzungsreihe, Bd. 11).

Bibliografia selecionada

567

VENTURA CAMPUSANO, María Cristina. Un cushita habla ¡como el Dios del profeta! Una lectura intercultural de Jeremías 38,7-13. *Estudos Teológicos,* São Leopoldo, v. 55, n. 1, p. 12-24, 2015.

VIEIRA NOGUEIRA, Antônio Ronaldo. Política e profecia: a atuação do profeta Jeremias no reinado de Sedecias. *Horizonte Teológico,* Belo Horizonte, ano 14, n. 28, p. 57-81, jul./dez. 2015.

VITÓRIO, Jaldemir. "Ai de quem constrói a casa sem justiça" (Jr 22,13: crítica profética à monarquia em Jr 21,1-23,8). *Estudos Bíblicos,* Petrópolis, v. 78, p. 32-55, 2003.

VITÓRIO, Jaldemir. Jeremias, profeta crítico do poder imperial: a hegemonia e grandeza babilônica numa leitura profética da história à luz da fé. *Estudos Bíblicos,* Petrópolis, v. 30, n. 120, p. 389-412, out./dez. 2013.

WANKE, Günther. *Jeremia 1.* Zürich: Theologischer Verlag, 1995. (Zürcher Biblischer Kommentar 20). (Wanke I)

WANKE, Günther. *Jeremia 2.* Zürich: Theologischer Verlag, 2003. (Zürcher Biblischer Kommentar 20). (Wanke II)

WEISER, Artur. *Das Buch Jeremia Kapitel 1-25,14.* 8. Aufl. Göttingen: Vandenhoeck & Ruprecht, 1981. (Altes Testament Deutsch 20). (Weiser I)

WEISER, Artur. *Das Buch Jeremia Kapitel 25,15-52,34.* 6. Aufl. Göttingen: Vandenhoeck & Ruprecht, 1977. (Altes Testament Deutsch 21). (Weiser II)

WERNER, Wolfgang. *Das Buch Jeremia:* Kapitel 1-25. Stuttgart: Katholisches Bibelwerk, 1997. (Neuer Stuttgarter Kommentar 19/1). (Werner I)

WERNER, Wolfgang. *Das Buch Jeremia.* Kapitel 25-52. Stuttgart: Katholisches Bibelwerk, 2003. (Neuer Stuttgarter Kommentar 19/2). (Werner II).

WINTERS, Alícia. El goel en el Antiguo Testamento. *RIBLA,* San Juan (Costa Rica), n. 18, p. 19-29, 1994.

WINTERS, Alícia. Oid la palabra (Jeremías 7-10 + 34-38). *RIBLA,* Quito, n. 35-36, p. 83-86, 2000.

WOLFF, Hans Walter. *Hosea.* Dodekapropheton 1. 3. Aufl. Neukirchen-Vluyn: Neukirchener, 1976. (Biblischer Kommentar zum Alten Testament Bd. XIV/1).

WOLFF, Hans Walter. *Joel-Amos.* Dodekapropheton 2. 2. Aufl. Neukirchen-Vluyn: Neukirchener, 1975. (Biblischer Kommentar zum Alten Testament Bd. XIV/2).

WOLFF, Hans Walter. *Antropologia do Antigo Testamento.* São Paulo: Hagnos, 2007.

WÜRTHWEIN, Ernst. *Die Bücher der Könige.* 1 Könige 1-16. Göttingen: Vandenhoeck & Ruprecht, 1977. (Altes Testament Deutsch 11/1).

ZABATIERO, Júlio Paulo M. Tavares. *Uma história cultural de Israel.* São Paulo: Paulus, 2013.

ZABATIERO, Júlio Paulo M. Tavares. A espiritualidade da nova aliança em Jeremias 31. In: MOTA, Sônia G.; LINDENAU, Maribel R. *Da tradição profética à esperança.* Porto Alegre: Palavra Bordada, 2019. p. 123-133.

ZAMMIT, Abigail. *The Lachish Letters*: a Reappraisal of the Ostraca Discovered in 1935 and 1938 at Tell ed-Duweir. v. 1. St. Anthony's College, 2016. (Dissertation University of Oxford). Disponível em: <www.academia.edu>. Acesso em: 07 set. 2020.

ZENGER, Erich *et al. Introdução ao Antigo Testamento.* São Paulo: Loyola, 2003. (2. ed. 2016).

ZIMMERLI, Walther. *Ezechiel 1-24.* Neukirchen-Vluyn: Neukirchener, 1979. (Biblischer Kommentar Altes Testament, Bd. XIII/1).

Palestina

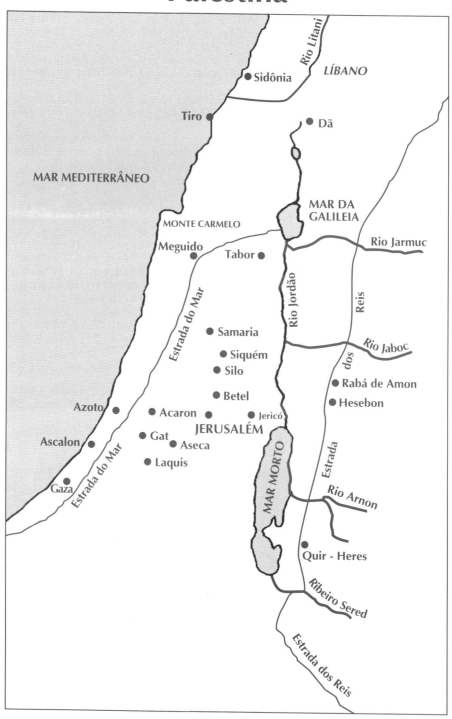

Antigo Oriente

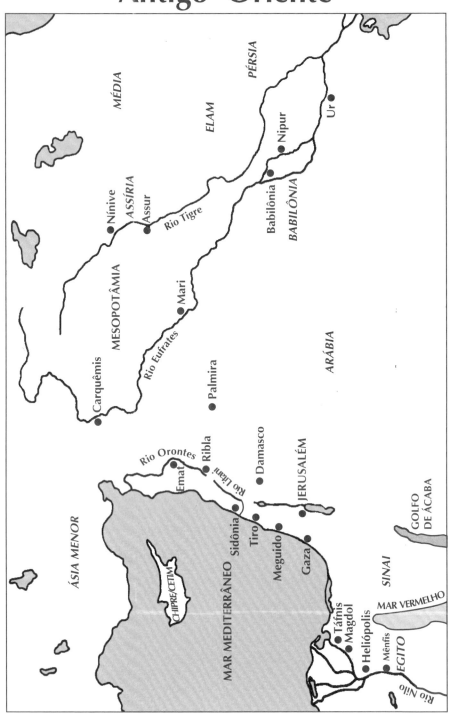

O Mundo de Jeremias

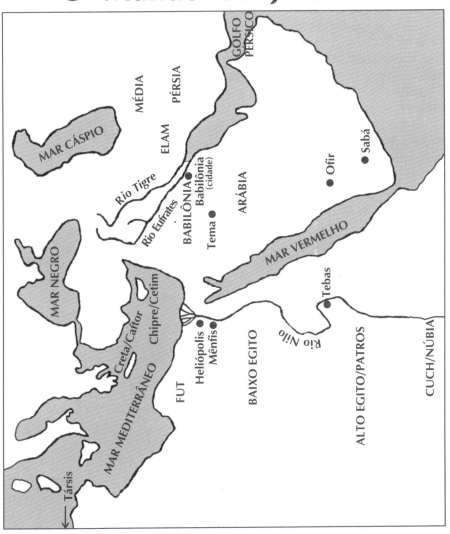

Jerusalém do séc. VII a.C.

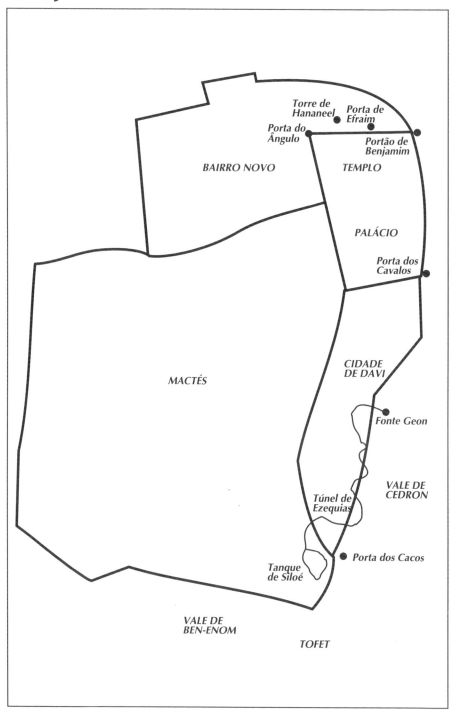

Este livro foi composto na tipografia Bookman Old Style 10,5,
com os títulos em Bookman Old Style 12, impresso em papel Ivory FSC 65 g,
a capa em cartão Supremo FSC 250 g.